JN442068

거시경제학입문

INTRODUCTION TO MACROECONOMICS

4.0

김진욱 저

fides 도서출판

들어가는 글

이 책은 각종 시험대비용 거시경제학 입문서입니다. 이 책은 원래 5급 공채 및 국립외교원시험을 준비하는 학생들을 위해 쓴 책이지만 다른 시험을 준비하는 학생들에게도 도움이 될 수 있습니다. 본서의 주된 특징은 다음과 같습니다.

첫째, 수험서이자 입문서로서의 역할에 충실하고자 하였습니다. 시험에 나오지 않는 내용은 과감히 생략하였고 시험에 나올 수 있는 내용들만 가능한 쉽게 서술하였습니다.

둘째, 거시경제모형의 연립방정식으로의 성격을 강조하였습니다. 대부분 거시경제모형은 연립방정식의 형태로 주어집니다. 따라서 어떤 모형이 주어지든지 모형을 구성하는 방정식의 개수를 확인하고 내생변수와 외생변수를 정확히 파악하는 것이 좋은 답을 쓰는 출발점이 됩니다.

셋째, 각 모형이 갖는 여러 가정들을 체계적으로 정리하였습니다. 이러한 작업은 처음에는 번거롭겠지만 거시경제학을 제대로 이해하는데 큰 도움이 됩니다.

본서가 기존 대학교재들을 대체하지는 못하겠지만 이들을 보완하는 책으로서는 나름의 가치가 있을 것이라 생각합니다. 본서를 더 좋은 입문서이자 수험서로 발전시키기 위해 계속 노력하겠습니다.

이번 개정에는 대학교 후배 김성욱 군이 큰 도움을 주었습니다. 학원과 출판사 관계자 여러분들도 많은 도움을 주었습니다. 어머니와 아내 지민에게 감사의 뜻을 전합니다. 여덟 명의 조카(채현, 민준, 채민, 유준, 승유, 유현, 고운, 서우)에게도 삼촌의 사랑을 전합니다.

2022년 4월
서림동 연구실에서
김진욱 올림

차 례

PART I 거시경제학의 기초

PART II 거시경제의 주요시장 및 장기균형

PART III 거시경제의 일반균형 및 단기변동

PART IV 거시경제학의 미시적 기초

PART V 거시경제 정책을 둘러싼 논쟁

PART VI 거시경제의 동태적 분석

PART VII 개방경제의 분석

I

PART 1

거시경제학의 기초

CHAPTER 01
거시경제의 주요변수

CONTENTS

CHAPTER PREFACE | 들어가며

거시경제학이란 경제성장, 경기변동, 실업, 인플레이션, 국제수지 등과 같이 경제전반에 관한 현상들을 연구하는 경제학의 한 분야이다. 경제학자들은 흔히 미시경제학이 국민경제를 현미경으로 관찰하는 것이라면, 거시경제학은 국민경제를 망원경으로 관찰하는 것이라고 비유하곤 한다. 두 가지 접근은 상호보완적이므로 경제현상을 제대로 이해하기 위해서는 두 가지 방법을 조화롭게 활용할 수 있어야 한다. 이번 장에서는 거시경제학의 기초개념 및 주요문제들을 살펴본다. 또한 거시경제학에서 주요 집계변수인 국내총생산, 물가지수, 실업률을 정의하고 각각의 한계에 대해 살펴볼 것이다.

01 거시경제학의 기초

1.1 거시경제학의 중요성

거시경제학에서 다루는 현상들은 일상생활과 밀접히 관련되어 있다. 거시경제의 중요한 문제들을 예를 들면 다음과 같다.

1. 거시경제는 왜 확장(expansion)과 수축(contraction)을 반복하는가? 즉 경기변동은 왜 발생하는가?
2. 왜 어떤 국가는 빠르게 성장하는 반면 다른 국가들은 느리게 성장하는가? 즉 경제성장의 동인은 무엇인가?
3. 실업은 왜 발생하며 경기가 좋을 때에도 실업이 사라지지 않는 이유는 무엇인가?
4. 인플레이션의 원인과 영향은 무엇이며 어떻게 이를 방지할 수 있는가?
5. 경상수지 불균형의 원인은 무엇이며 경상수지 불균형을 해소하기 위해 어떤 정책을 사용할 수 있는가?
6. 환율변동의 원인은 무엇이며 환율변동은 일상생활에 어떤 영향을 미치는가?
7. 중앙은행의 기준금리 인상은 아파트가격에 어떤 영향을 미치는가?
8. 사회적 고령화 현상으로 한국 사회는 어떻게 달라질 것인가?
9. 제4차 산업혁명과 같은 기술혁신은 한국 경제에 어떤 영향을 미칠 것인가?

이러한 문제들은 모든 사람들의 삶에 큰 영향을 미친다. 경제활동을 하는 사람이라면 누구라도 거시경제현상으로부터 자유로울 수 없다. 이는 가계(household)를 책임지는 가장이든, 회사(firm)를 경영하는 경영진이든, 정부(government)의 정책방향을 결정하는 대통령이든 마찬가지이다. 따라서 시장경제의 참여자로서, 또한 민주국가의 시민으로서 올바른 판단을 내릴 수 있기 위해서는 거시경제에 대한 기초적인 지식이 필수적이다.

1.2 거시경제학의 의미 및 목표

거시경제학이란 한 나라의 경제를 전체적인 관점에서 분석하고 그 문제를 진단하여 필요한 정책을 처방하는 경제학의 한 분야이다. [그림 1]은 한 나라의 거시경제를 단순하게 나타낸 것이다. 이 그림을 보면 장기적으로 경제의 규모가 지속적으로 커져가는 추세를 볼 수 있는데 이를 경제성장(economic growth)이라고 한다. 또한 장기추세선을 중심으로 단기적으로 경제가 확장과 수축을 반복하는 움직임을 보이는데 이를 경기변동(economic fluctuation)이라고 한다. 이처럼 한 나라의 거시경제는 장기적인 경제성장의 추세 상에서 단기적인 경기변동을 반복한다.

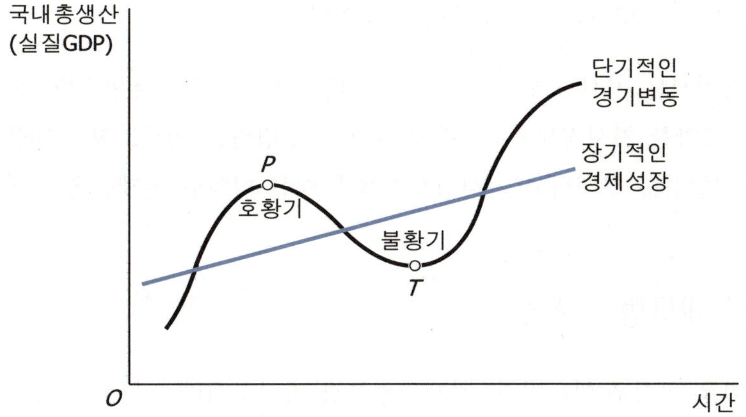

[그림 1] 경제성장과 경기변동

거시경제학은 이러한 과정에서 나타나는 국민경제 전체의 집계변수(aggregate variables) 및 그 변화를 연구대상으로 한다. 집계변수란 개별시장에서의 변수들을 집계하여 거시경제 전반의 변화를 나타낼 수 있도록 정의한 변수로서 총계변수라고도 한다. 대표적인 집계변수로는 국내총생산(gross domestic product)과 경제성장률(economic growth rate), 물가(price level)와 인플레이션율(inflation rate), 실업률(unemployment rate), 환율(exchange rate)과 경상수지(current account) 등이 있다.

거시경제학의 관점에서 한 나라 경제가 달성하고자 하는 목표는 완전고용, 물가안정, 장기성장, 대외균형 등이다. 각각의 목표에 대해 가장 보편적으로 받아들여지는 정의는 다음과 같다.[1] 첫째, 완전고용(full employment)이란 일할 능력과 의사가 있는 사람들에

1) 이러한 목표들은 추상적인 개념이기 때문에 각각이 구체적으로 무엇을 의미하는지에 대해 모든 사람

게 충분한 일자리가 주어지는 상황을 말한다. 둘째, 물가안정(price stability)이란 물가수준이 급격히 상승하거나 하락하지 않고 안정되어 경제활동에 지장을 미치지 않는 것을 말한다. 셋째, 장기성장(long-run growth)이란 경제의 잠재적인 생산능력이 꾸준히 증가하는 것을 말한다. 넷째, 대외균형(external balance)은 외국과의 생산물 또는 자산 거래의 결과로 나타나는 국제수지가 지나치게 큰 흑자나 적자를 보이지 않고 장기적으로 균형을 이루어 대외지급능력에 문제가 발생하지 않는 것을 말한다.

거시경제분석은 다음의 세 가지 단계로 이루어진다. 첫 번째 단계는 집계변수들을 정의하고 측정하는 것이다. 두 번째 단계는 집계변수들 간의 관계를 설명할 수 있는 거시경제이론모형을 만드는 것이다. 세 번째 단계는 실증연구를 통해 거시경제이론모형이 현실을 얼마나 잘 설명하는지를 검증하는 것이다.

우선 제1장에서는 거시경제학에서 기초가 되는 몇 가지 집계변수를 설명할 것이다. 제2장부터는 다양한 거시경제변수들간의 관계를 설명하는 이론모형을 만들고, 이를 사용해 거시경제현상을 분석하고 거시경제정책에 대한 다양한 논쟁들을 살펴볼 것이다.

1.3 거시경제모형의 특징

거시경제학은 어려운 학문일까? 경제학원론과 미시경제학을 착실히 공부했다면 거시경제학이 특별히 어렵게 느껴질 이유는 없다. 하지만 많은 학생들이 거시경제학이 어렵다고 느낀다. 그 이유는 아마도 앞서 언급한 많은 문제들이 모두 서로 연관되어 있기 때문이다. 예를 들어 이자율은 환율과 연관되어 있고, 환율은 물가와 연관되어 있으며, 이 모든 변수들은 다시 국민소득과 연관되어 있는 등 거시경제학의 모든 변수는 다른 모든 변수와 연관되어 있다. 따라서 본질적으로 거시경제학의 분석은 일반균형분석(general equilibrium analysis)으로 이루어질 수밖에 없다. 구체적으로 거시경제모형은 여러 개의 미지수를 포함하는 연립방정식의 형태로 나타내어진다.

연립방정식형태를 갖는 거시경제모형을 제대로 이해하기 위한 첫 번째 단계는 외생변수와 내생변수를 잘 구분하는 것이다. 외생변수(exogenous variables)란 모형 밖에서

이 동의하는 정의를 내리기는 어렵다. 이는 민주사회에 사는 우리가 민주주의나 자유, 평등이 중요하다는 것은 모두 동의하지만 구체적으로 각각이 무엇을 의미하는지에 대해 모든 사람이 동의하는 정의를 내리기 어려운 것과 마찬가지이다.

주어지는 변수이며, 내생변수(endogenous variables)는 모형이 답으로 구하고자 하는 변수로서 보통 연립방정식의 해(solution)가 되는 변수이다. 많은 모형들에 있어 결론의 차이는 어떤 변수를 외생변수로 두고, 어떤 변수를 내생변수로 두는지와 밀접한 관련이 있다. 따라서 새로운 거시경제모형을 만나게 되면 항상 이 모형을 구성하는 변수 중 어떤 것이 외생변수이며 어떤 것이 내생변수인지를 최우선으로 살펴보아야 한다.[2)]

1.4 거시경제 분석을 위한 기간구분

거시경제학에서는 분석을 위한 기간을 전제하는 것이 매우 중요하다. 이 책에서는 분석의 편의상 거시경제의 분석을 위한 기간이 다음의 3단계로 이루어져 있다고 전제한다.

1. 단기(short run) : 착각 · 경직성 등 시장 마찰요인이 사라지지 않아 장기추세선으로 복귀하기에 충분히 길지 않은 기간
2. 장기(long run) : 착각 · 경직성 등 시장 마찰요인이 사라져 장기추세선으로 복귀할 만큼 충분히 긴 기간
3. 최장기(very long run)[3)] : 노동, 자본, 기술 등 변수의 변화에 의해 장기추세선 자체의 변화, 즉 경제성장이 이루어질 수 있는 더욱 긴 기간

이 중 단기와 장기에 대한 분석은 주로 경기변동에 대한 설명에 해당하며, 최장기에 대한 설명은 경제성장에 대한 분석에 해당한다.

1.5 거시경제학의 두 조류

거시경제학은 비교적 통일적인 이론체계를 가진 미시경제학과 달리 대립하는 이론들 간의 논쟁과 합의를 통해 발전하고 있다. 거시경제학을 크게 두 개의 조류로 구분한다면 고전학파적 접근(classical approach)과 케인즈학파적 접근(Keynesian approach)으로 나누어

---

2) 고등학교 과정의 함수론에서 변수를 독립변수와 종속변수로 구분한 적이 있을 것이다. 이는 외생변수, 내생변수의 구분과 유사해 보이지만 동일하지는 않다. 예를 들어 소비함수에서 총소득이 독립변수인데 고전학파모형에서는 총소득이 외생변수이고, 케인즈모형에서는 총소득이 내생변수이다.

3) 이를 초장기라고 부르기도 한다.

볼 수 있다. 두 학파는 여러 가지 측면에서 비교되지만 가장 중요한 차이는 가격의 신축성에 대한 가정의 차이라 볼 수 있다. 고전학파적 접근이란 주로 장기에 가격이 신축적인 경제를 설명하는 접근방식으로서 외부적 충격에 의해 불균형이 발생하더라도 거시경제가 가격변수의 조정에 의해 신속히 균형을 회복한다는 생각을 전제로 하고 있다. 따라서 정부의 개입은 필요없다고 주장한다. 반면 케인즈학파적 접근이란 단기에 가격이 경직적인 경제를 설명하는 접근방식으로서 외부적 충격에 의해 불균형이 발생하는 경우 가격경직성으로 인해 거시경제가 쉽게 균형을 회복하지 못한다는 생각을 전제로 하고 있다. 따라서 때때로 정부의 개입이 필요하다고 주장한다.

양자를 논쟁적인 구도로 이해하는 것도 가능하지만 현재는 많은 경제학자들이 두 가지 조류를 일종의 분업관계로 생각한다. 즉 단기의 거시경제는 케인즈경제학에 의해 잘 설명되고 장기의 거시경제는 고전학파경제학에 의해 잘 설명된다고 생각하여 각 모형의 역할을 인정한다. 이 책도 거시경제를 제대로 이해하기 위해서는 어느 한 학파의 이론만을 받아들여서는 안 되고 단기에 적합성이 있는 케인즈 이론과 장기에서 적합성을 갖는 고전학파 이론을 접목시켜 이해해야 한다는 사고를 기반으로 하고 있다. 이와 같이 케인즈학파 이론과 고전학파 이론의 역할을 인정하고 양자를 접목시켜 거시경제현상을 이해하려는 접근을 신고전파종합(neoclassical synthesis)이라고 한다.[4)]

02 거시경제의 수량지수 : 국내총생산의 측정

2.1 GDP의 정의

국내총생산(gross domestic product : GDP)과 그 변화율을 의미하는 경제성장률은 아마도 우리가 가장 자주 접하게 되는 거시경제변수일 것이다. 국내총생산은 국민소득(national income)을 측정하는 대표적인 지수로서 이를 정의하고 측정하는 데는 두 가지

---

4) 이러한 정의는 상대적으로 새로운 것이라서 이를 '새로운 신고전파종합(new neoclassical synthesis)'이라고 부르기도 한다. 과거에는 신고전파종합을 '불완전 고용이 존재할 때는 케인즈 이론이 적합성을 갖지만, 정부에 의해 거시경제가 균형에 가까워지게 되면 고전학파 이론이 적합성을 갖는다는 견해'로 정의하였다. 현재는 두 가지 정의가 모두 사용되고 있는데 이처럼 동일한 경제용어가 시대에 따라 의미가 바뀌는 경우도 있고 서로 경합하는 시기도 있다는 점에 주의하기 바란다.

의미가 있다. 첫 번째는 '생산지수로서의 GDP'이다. 즉 GDP를 측정하면 주어진 기간에서 한 국가의 경제활동이 얼마나 활발하게 이루어지고 있는지를 측정할 수 있다. 두 번째는 '후생지수로서의 GDP'이다. 즉 GDP는 한 나라 국민들의 후생수준의 변화를 측정하고 비교하는 중요한 척도가 된다. 국내총생산의 가장 일반적인 정의는 다음과 같다.

'일정한 기간 내에 한 나라 안에서 생산된 모든 최종 생산물의 시장가치'

GDP의 개념요소를 차례로 살펴보면 다음과 같다.

(1) "일정한 기간 내에 …"

GDP는 일정 기간 내에 이루어진 생산의 가치를 측정하는 유량(flow) 개념이다. 보통 일정 기간은 1년을 의미한다.

(2) "… 한 나라 안에서 …"

GDP는 한 국가의 영토 내에서 일어난 생산활동의 가치를 측정한다. 반면 비록 해당 국가의 국민에 의해 이루어진 생산이라고 하더라도 외국에서 이루어진 생산활동의 결과는 포함하지 않는다.

(3) "… 생산된 …"

GDP는 판매시점이 아닌 생산시점에서 계산된다. 즉, 해당 기간 동안 생산된 재화와 서비스는 판매여부와 무관히 해당 기간의 GDP에 포함되며, 과거에 생산되어 해당 기간에 판매된 부분은 포함하지 않는다.

(4) "… 모든 …"

GDP는 한 경제에서 합법적으로 생산되어서 판매될 모든 재화와 서비스를 포함한다. 그러나 마약류처럼 불법적으로 생산, 거래되는 항목은 대부분 제외되며, 시장을 통하지 않는 자가생산물이나 사적 물물거래 대상물 등도 상당부분이 제외된다.

(5) "… 최종 …"

GDP는 최종재의 시장가치만 계산하며 중간재를 제외한다. 이는 중간재의 가치가 최종재의 가치에 포함되기 때문에 중복계산을 막기 위한 것이다.

(6) "… 생산물 …"

GDP는 유형의 재화와 무형의 서비스를 모두 포함한다.

(7) "… 시장가치"

GDP는 서로 다른 재화를 합하는 가중치로 시장가격을 사용한다.

이제 '일정한 기간 내에 한 나라 안에서 생산된 모든 최종 생산물의 시장가치'라는 GDP의 정의가 이해될 것이다. 앞에서 설명한 것처럼 GDP는 우리나라 거시경제의 전반적 활성화 정도를 측정하거나, 국민들의 후생수준을 측정하는 기본적인 자료로 사용된다. 현재 한국 GDP 통계는 UN이 각국에 권고한 국제기준인 국민계정체계(System of National Accounts : SNA)에 따라 한국은행에 의해 작성되어 분기별로 공표되고 있다.

2.2 국내총생산의 다른 측정방법 : 부가가치 및 요소소득에 의한 정의

현실적으로 GDP를 측정할 때에는 해당 재화가 최종산출물인지 중간산출물인지를 알기는 매우 어렵다.[5] 예를 들어 감자를 그냥 먹는다면 최종산출물이 되지만, 감자를 과자로 만든다면 중간생산물이 될 수도 있다. 이러한 문제 때문에 실제로는 GDP를 구할 때 생산의 각 단계에 있어서의 부가가치를 합계하는 방식을 사용하는 경우가 많다. 한 기업의 부가가치(value added)란 산출물의 가치에서 중간투입물의 가치를 뺀 것으로서 부가가치의 합은 최종생산물의 가치와 일치한다. 이러한 계산방식이 필요한 이유는 중간재의 이중 계산을 막기 위해서이다. 그리고 경제에서 각 부문이 차지하는 상대적 중요성을 측정할 수 있다는 장점이 있다.

간단한 예를 들어 설명해 보자. 한 농부가 밀 1Kg을 생산하여 이를 제분업자에게 1만 원에 판매하였다. 제분업자는 밀을 밀가루로 만들어 제빵업자에게 3만 원에 판매하였다. 제빵업자는 밀가루를 이용하여 빵을 만들어 이를 기술자에게 6만 원에 판매하였으며 기술자는 이를 식용으로 사용하였다고 하자. 이 경우 농부가 별다른 투입물 없이 1만 원의 생산물을 만들어 내었다고 가정한다면 농부의 부가가치는 1만 원이다. 제분업자의 경우 1만 원의 밀을 사용하여 3만 원의 밀가루를 만들어 내었으므로 부가가치는

---

5) 경제학에서 생산(product)과 산출(output)은 거의 동일한 개념으로 사용되므로 이 책에서도 구분하지 않고 사용한다.

2만 원이다. 또한 제빵업자는 3만 원의 밀가루를 사용하여 6만 원의 빵을 만들어 내었으므로 부가가치는 3만 원이 된다. 또한 각 단계의 부가가치를 합하면 다음과 같다.

부가가치의 합=1만 원+2만 원+3만 원=6만 원

이는 최종생산물인 빵의 시장가치와 동일하다. 부가가치는 결국 각 단계의 생산에 사용된 요소에 대한 보수가 되어 임금, 임대료, 지대 등으로 분배되고 나머지가 있다면 이윤이 된다. 따라서 부가가치의 합과 이윤을 포함하는 요소소득의 합은 당연히 일치하며 다음의 항등식으로 나타낼 수 있다.

GDP=최종생산물의 가치=부가가치의 합=요소소득의 합

2.3 명목 GDP와 실질 GDP

앞서 살펴본 바 GDP는 '일정한 기간 내에 한 나라 안에서 생산된 모든 최종 생산물의 시장가치'로 정의되는데 이때 시장가치를 구하는 데에 어느 해의 가격체계를 사용하는지가 문제가 된다. 먼저 2021년의 GDP를 구할 때 당해연도인 2021년의 가격을 사용하는 방법이 있다. 이처럼 당해연도의 가격을 가중치로 하여 구한 GDP를 **명목 GDP**(nominal GDP)라고 한다. 반면 2020년을 기준연도라고 할 때 2020년의 가격을 가중치로 2021년의 GDP를 구할 수도 있다. 이처럼 기준연도의 가격을 가중치로 하여 구한 GDP를 **실질 GDP**(real GDP)라고 한다.

명목 GDP와 실질 GDP를 기호를 사용하여 다음과 같이 나타낼 수 있다. 기준연도의 가격벡터를 P_0, 당해연도(비교연도라고도 함)의 가격벡터를 P_1이라고 하고, 기준연도의 수량벡터를 Q_0, 당해연도의 수량벡터를 Q_1이라고 하자. 명목 GDP는 당해연도 산출물의 가치를 당해연도 가격으로 측정한 것이며, 실질 GDP는 당해연도 산출물의 가치를 기준연도 가격으로 측정한 것이다.

당해연도의 명목 GDP : $NGDP_1 = P_1 Q_1$
당해연도의 실질 GDP : $RGDP_1 = P_0 Q_1$

이제 간단한 사례를 사용하여 명목 GDP와 실질 GDP의 의미를 보다 명확히 해보자. 아래의 표는 사과와 오렌지만을 생산하는 한 가상경제의 데이터이다.

연 도	사과 가격	사과 생산량	오렌지 가격	오렌지 생산량
2020	1	100	2	50
2021	1	200	2	100
2022	2	200	4	100

[표 1] 사과와 오렌지만 생산하는 가상경제의 예

우선 각 연도별 명목 GDP를 구해보도록 하자. 위 표에서 2020년의 가격체계와 수량체계는 각각 $P_{2020} = (1, 2)$, $Q_{2020} = (100, 50)$이므로 2020년의 명목 GDP는 다음과 같다.

$$\text{2020년의 명목 GDP} : NGDP_{2020} = P_{2020} \cdot Q_{2020} = 1 \times 100 + 2 \times 50 = 200$$

같은 식으로 2021년의 가격체계와 수량체계는 각각 $P_{2021} = (1, 2)$, $Q_{2021} = (200, 100)$이므로 2021년의 명목 GDP는 다음과 같다.

$$\text{2021년의 명목 GDP} : NGDP_{2021} = P_{2021} \cdot Q_{2021} = 1 \times 200 + 2 \times 100 = 400$$

다음 2022년의 가격체계와 수량체계는 각각 $P_{2022} = (2, 4)$, $Q_{2022} = (200, 100)$이므로 2022년의 명목 GDP는 다음과 같다.

$$\text{2022년의 명목 GDP} : NGDP_{2022} = P_{2022} \cdot Q_{2022} = 2 \times 200 + 4 \times 100 = 800$$

이상의 분석에 따르면 위 경제에서 명목 GDP는 매년 2배가 되었다. 그러나 2021년과 2022년에 명목 GDP가 증가한 원인은 다르다. 2021년에는 2020년에 비해 가격에는 아무런 변화가 없었으므로 명목 GDP의 증가는 전적으로 수량이 2배씩 증가한 것에서 비롯한 것이다. 반면 2022년에는 2021년에 비해 수량에는 아무런 변화가 없는데도 불구하고 재화들의 가격이 2배씩 되는 바람에 명목 GDP가 2배가 된 것이다. 이처럼 명목 GDP의 문제점은 생산량의 변화를 측정하기 위한 GDP에 수량의 변화뿐만 아니라 가격의 변화도 포함된다는 것이다. 따라서 경제학자들은 산출량의 변화만을 측정할 때는 명목 GDP보다 실질 GDP를 구하는 것이 바람직하다고 생각한다. 위 예에서 2020년을 기준연도로 삼는 경우 2020년의 실질 GDP는 명목 GDP와 같다.

$$\text{2020년의 실질 GDP}: RGDP_{2020} = P_{2020} \cdot Q_{2020} = 1 \times 100 + 2 \times 50 = 200$$

같은 식으로 2021년의 실질 GDP는 2020년의 가격인 $P_{2020} = (1, 2)$와 2021년의 수량인 $Q_{2021} = (200, 100)$을 사용하여 구한다.

$$\text{2021년의 실질 GDP}: RGDP_{2021} = P_{2020} \cdot Q_{2021} = 1 \times 200 + 2 \times 100 = 400$$

다음 2022년의 실질 GDP는 2020년의 가격인 $P_{2020} = (1, 2)$와 2022년의 수량인 $Q_{2022} = (200, 100)$을 사용하여 구한다.

$$\text{2022년의 실질 GDP}: RGDP_{2022} = P_{2020} \cdot Q_{2022} = 1 \times 200 + 2 \times 100 = 400$$

실질 GDP의 경우 수량의 증가가 있었던 2021년에는 전년도에 비해 2배로 증가하지만 가격의 상승만 있었던 2022년에는 전년도에 비하여 변하지 않는다. 이러한 이유로 경제학자들은 생산활동의 활성화 정도나 후생수준을 나타내기에 실질 GDP가 보다 적절한 개념이라 생각하고 있다.

2.4 경제성장률의 의미

일반적으로 경제성장률(economic growth rate)이라고 하면 GDP의 연간증가율을 의미한다. 이는 명목 GDP의 증가율로 나타낼 수도 있고 실질 GDP의 증가율로 나타낼 수도 있겠으나, 일반적으로 실질 GDP의 증가율을 더 중요하게 다룬다. t기의 실질 GDP를 Y_t, $t-1$기의 실질 GDP를 Y_{t-1}이라고 할 때 t기의 경제성장률은 다음과 같다.

$$\text{(실질) 경제성장률}: g_t = \frac{Y_t - Y_{t-1}}{Y_{t-1}} (\times 100)$$

현재 경제성장률은 분기별로 측정·발표하는 것이 일반적인데 이를 직전 분기와 대비하여 구할 수도 있고 전년 동기와 대비하여 구할 수도 있다. 현재 우리나라는 전자의 방법을 사용하고 있다. 거시경제의 장기성장에 대해서는 제16장에서 자세히 다룬다.

2.5 GDP의 구성요소 : 거시경제의 총지출

한 국가의 최종생산물에 대한 총지출은 소비, 투자, 정부구매, 순수출의 네 부분으로 구성되어 있다.

$$Y = C + I + G + NX \Rightarrow \text{총생산} = \text{소비} + \text{투자} + \text{정부구매} + \text{순수출} \qquad [\text{식 } 1]$$

각각의 구성요소에 대해 살펴보면 다음과 같다.

(1) 소비(consumption : C)

소비 또는 민간최종소비란 가계가 구입한 재화와 서비스의 가치로서 전체 GDP의 50%~60%를 차지하는 중요한 부분이다. 소비는 크게 자동차나 가전기기처럼 장기간 사용되는 **내구재**(durables), 음식이나 의류처럼 비교적 단기간에 사용되는 **비내구재**(nondurables), 이발이나 의료서비스처럼 주로 소비자에게 제공된 노동의 형태를 띠는 **서비스**(services)로 구성된다.[6] 이 중 내구재소비의 변동성이 가장 크다. 또한 경제가 성장함에 따라 서비스가 차지하는 비중이 점점 커지는 경향이 있다.[7]

(2) 투자(investment : I)

투자는 자본재에 대한 지출 또는 미래에 사용하기 위한 물품의 구입을 의미한다. 투자는 GDP 중 비중이 약 15~20%를 차지하여 소비에 비해 규모는 작지만 변동성(volatility)이 매우 커서 경기변동에 중요한 영향을 미치며 경제성장에도 중요한 역할을 한다.

투자도 몇 개의 부분으로 구분해볼 수 있다. 첫째는 기업의 **설비투자**(equipment investment)로서 새로운 기계나 장비를 구입하는 것을 의미하며 투자 중 가장 큰 부분을 차지하고 있다. 둘째는 **건설투자**(construction investment)로서 공장이나 건물을 신축하는 것을 말한다. 주의할 것은 건설투자에는 가계의 신축주택 구입도 포함된다는 사실이다. 셋째는 **재고투자**(inventory investment)로서 기업이 보유한 재고의 증가를 의미한다. 재고

---

6) 서비스는 사람에게 편리함을 주는 것 자체를 상품으로 하여 판매하는 행위이다. 많은 서비스는 노동력과 직결되어 있으며 생산과 동시에 사용되는 특성이 있다.

7) 엄밀하게 말하자면 GDP의 구성요소로서의 소비는 '소비지출(consumption expenditure)'을 의미한다. 소비와 소비지출을 구분하는 이유는 내구재 때문인데 내구재의 경우 소비지출은 1기간에 이루어지지만 실제 소비는 오랜 기간에 걸쳐 이루어지기 때문이다.

란 기업이 미래의 생산 또는 유통을 위해 보유하는 원자재, 완제품, 재공품(work in process)등을 말한다.[8] 재고보유의 증가를 투자에 포함시키는 이유는 투자는 본질적으로 미래에 대비하기 위한 지출인데 재고 역시 미래에 사용하기 위해 구입한 물품으로서의 성격을 갖기 때문이다. 재고투자는 투자의 구성요소 중에서도 그 변동성이 가장 크다. 최근 한국은행은 국민계정을 개편하면서 투자의 구성요소로 소프트웨어나 문화예술품 등을 포함하는 지식재산생산물투자(intellectual property products investment)를 추가하였다.[9]

투자와 관련하여 몇 가지 유의할 점을 지적한다. 첫째, 거시경제학에서 투자라고 할 때 실물자본의 축적에 해당하는 실물투자를 의미한다. 일상적으로 사용하는 '주식투자'나 '부동산 투자' 등의 용어는 거시경제학에서는 투자가 아니라 저축에 가깝다. 둘째, 재고투자와 관련하여 단지 재고를 보유하는 것만으로는 재고투자가 아니며, 재고보유를 늘리는 것을 재고투자라고 한다. 셋째, 재고투자에는 기업이 사전적으로 계획한 재고의 증가뿐만 아니라 계획하지 않은 재고의 증가도 포함된다. 이에 대해서는 앞으로 여러 차례 설명이 이루어질 것이다.

(3) 정부구매(government purchases : G)

정부구매란 정부에 의해 구매된 재화와 서비스를 의미한다. 정부구매와 관련하여 다음 두 가지를 주의하기 바란다. 첫째, 정부구매는 이전지출을 포함하지 않는다. 정부의 이전지출(transfer payment)은 실업수당이나 재해보상금과 같이 정부가 당기의 생산활동과 무관한 사람에게 반대급부 없이 지급하는 것이다. 이전지출을 제외하는 이유는 이전지출은 재화나 서비스에 대한 구입이 아니라 구매력의 이전에 불과하기 때문이다. 둘째, 정부구매는 넓게 정의할 수도 있고 좁게 정의할 수도 있는데 넓게 정의할 경우 G에는 정부최종소비와 정부투자지출이 포함된다. 반면 좁게 정의할 경우 G에는 정부최종소비만 포함되며 정부투자지출은 I에 포함된다.

---

8) 재공품이란 현재 생산과정에 있는 상품을 말한다.

9) 이 경우 과거 중간재에 대한 지출(비용)로 처리되어 GDP계산에서 제외되던 부분이 투자에 포함되어 통계상 GDP가 소폭 증가한다. 이러한 경우 일관성 있는 비교를 위해서는 이전 기간의 GDP를 모두 새로운 기준에 맞추어 구해야 한다.

(4) 순수출(net exports : NX)

순수출이란 수출에서 수입을 뺀 것으로 국제수지표 상 경상수지(current account)와 유사한 개념이다. 수출에서 수입을 빼는 이유는 개방경제에서의 소비, 투자, 정부구매에 국내생산이 아닌 부분이 포함되어 있어서 [식 1]이 성립하기 위해서는 우변에서 수입을 빼줘야 하기 때문이다.

2.6 국민소득 3면등가의 법칙

지금까지 거시경제의 대표적인 수량지수인 GDP를 살펴보았다. 그런데 GDP는 원래 총생산(product)으로서의 의미를 가지지만 때로는 총소득(income)이나 총지출(expenditure)로 정의되기도 한다. 그것은 국민소득 3면등가라는 사후적 항등관계가 존재하기 때문이다. 국민소득의 3면등가는 다음과 같이 정의된다.

'한 거시경제에서 일정한 기간에 측정된 총생산, 총소득, 총지출은 항상 일치한다.'

국민소득 3면등가란 총생산, 총소득, 총지출의 세 가지 측면에서 측정된 국민소득이 비록 사전적으로는 일치하지 않을 수 있지만 사후적으로는 항상 일치할 수밖에 없음을 의미한다. 그렇다면 어떤 이유로 총생산, 총소득, 총지출이 모두 같아질 수밖에 없는 것일까?

첫째, 모든 거래는 상대방을 가지며 한 사람의 지출은 반드시 다른 사람의 소득이 되기 때문에 '총소득과 총지출은 항상 일치한다.' 즉 소득과 지출이란 동일한 현상을 다른 각도에서 바라본 것으로서 그 합은 항상 일치할 수밖에 없다.

둘째, 한 거시경제에서 생산된 재화 및 서비스의 가치 중 생산요소의 소득, 즉 노동에 대한 임금과 자본에 대한 임대료로 분배되고 남는 부분은 이윤으로 측정되므로 이윤을 포함한 '총소득의 가치는 항상 총생산의 가치와 일치한다.'

셋째, 거시경제에서 생산된 상품 중 판매되지 않은 상품은 재고로 측정되는데, 재고 역시 투자에 포함되기 때문에 '총생산과 총지출은 항상 일치한다.'

지금까지 살펴본 항등관계를 정리하면 다음과 같다.

GDP =최종생산물의 가치(=각 단계에서의 부가가치의 합) : 생산국민소득
=임금+임대료+이윤(=요소소득의 합) : 분배국민소득
=소비+투자+정부구매+순수출(=지출의 합) : 지출국민소득

이상의 분석을 통해 거시경제에서의 총생산, 총소득, 총지출은 사후적으로 항상 일치할 수밖에 없음을 알 수 있다. 이러한 항등관계를 이해하는 것은 거시경제를 보다 다각도로 이해하는 데 도움이 된다.

2.7 다양한 소득지표

한 경제의 총소득을 측정하는 데에는 GDP외에도 여러 가지 방법이 있다. 첫째, 실질 국내총소득(real Gross Domestic Income : real GDI)는 국내에서 생산된 최종생산물의 실질구매력을 나타내주는 지표로서 실질 GDP에 교역조건 변화로 인한 구매력의 변동분(실질거래손익)을 반영한 것이다.

실질 GDI=실질 GDP+교역조건변화로 인한 실질무역손익

교역조건이란 수입재에 대한 수출재의 상대가격인 동시에 수출재 한 단위로 얻어올 수 있는 수입재의 수량을 의미한다. 교역조건의 상승은 자국의 수출재 한 단위로 얻어올 수 있는 수입재의 양이 늘어남을 의미하므로 교역조건의 상승을 교역조건의 개선(favorable change of terms of trade)이라고도 한다.

$$TOT = \frac{P_X}{P_M} = \frac{\text{수출재가격}}{\text{수입재가격}} = \text{수출재 한 단위로 얻어올 수 있는 수입재의 양}$$

둘째, 실질 국민총소득(real Gross National Income : real GNI)는 우리나라 국민이 국내는 물론 국외에서 벌어들인 소득의 실질구매력을 나타내는 지표로서 실질 GDI에 실질 국외순수취요소소득(real net foreign factor income : real NFFI)을 더한 것이다.

실질 GNI=실질 GDI+실질 국외순수취요소소득
=실질 GDP+교역조건변화로 인한 실질무역손익
+실질 국외순수취요소소득

단, 국외순수취요소소득=국외수취요소소득−국외지급요소소득

국외순수취요소소득이란 국외수취요소소득에서 국외지급요소소득을 뺀 것으로서 국제수지표의 구성상 본원소득수지(primary income balance)와 동일한 개념이다. 국외수취요소소득이란 한 나라의 국민이 노동, 자본 등의 생산요소를 제공한 받은 대가이며 반대로 국외지급요소소득은 반대로 외국의 생산요소를 국내생산활동에 투입하고 지급한 대가를 말한다.

셋째, 명목 국민총소득(nominal Gross National Income : nominal GNI)는 1인당 국민소득, 국가경제규모 등을 파악하는 데 이용되는 지표로 우리나라 국민이 국내는 물론 국외에서 생산활동에 참여한 대가로 벌어들인 명목 총소득을 의미하며 명목 GDP에 명목 국외순수취요소소득을 더하여 구한다. 이는 종전에 사용되던 명목 GNP를 이름만 바꾼 것이다.

명목 GNI = 명목 GDP + 명목 국외순수취요소소득

참고로 현재 한국은행은 실질 GNP를 별도로 산출하지는 않지만 다음과 같이 정의할 수 있을 것이다.

실질 GNP = 실질 GDP + 실질 국외순수취요소소득

지금까지 살펴본 실질 GDP, 실질 GDI, 실질 GNP, 실질 GNI간의 관계를 정리하면 [표 2]와 같다.

국외순수취요소소득

교역 조건 변화

	국민(N)	국내(D)
총생산(P)	GNP	GDP
총소득(I)	GNI	GDI

[표 2] 주요 소득지표간의 관계 : 실질기준

폐쇄경제에서는 위 네 가지 지수가 동일할 수밖에 없다. 그러나 국가 간 거래가 활발한 경제에서는 위 네 가지 지수가 모두 달라진다. 그런데 생산활동(product)의 활성화 정도를 측정하는 지표로는 국내(domestic)지수를 구하는 것이 적절하고 국민들의 실질 구매력 및 후생을 측정하는 지수로서는 국민(national)지수를 구하는 것이 적절하기 때문에 생산지표로는 GDP를 사용하고 후생지수 또는 소득지표로는 GNI 또는 GDI를 사용하고 있다.

추가로 몇 가지 주의할 사항을 언급해 둔다. 첫째는 '국민소득'이라는 용어에 대한 것인데 이는 GDP를 포함하여 거시경제의 총소득을 측정하는 다양한 지표들을 총칭하는 의미로 사용되기도 하며, 구체적인 지표 중 하나를 지칭하는 의미로 사용되기도 한다는 점이다. 구체적 지표로서 국민소득은 GNI에서 고정자본소모(감가상각)과 순간접세를 빼고 국외순수취이전소득(이전소득수지와 동일)을 더한 것이다.

둘째는 명목 GDP 대 실질 GDP의 관계와 명목 GNI 대 실질 GNI의 관계가 상이하다는 점이다. 약간 혼란스럽지만 이는 현재 명목 GNI가 과거의 명목 GNP를 이름만 바꾼 것이기 때문이다. 그런 이유로 명목변수를 물가(디플레이터)로 나누어서 실질변수가 구해지는 일반적인 관계가 GNI에는 성립하지 않는다.

2.8 처분가능소득의 정의[10)]

처분가능소득(disposable income)은 가처분소득이라고도 하며 민간소비를 결정하는 가장 중요한 요인이다. 실제 처분가능소득의 정의는 복잡하지만 분석의 편의상 총소득에서 조세를 뺀 값, 또는 총소득에서 조세를 빼고 보조금을 더한 값으로 단순화할 것이다.

처분가능소득 : $YD = Y - T$ 또는 $YD = Y - T + TR$

전자의 표현에서 T는 조세에서 이전지출을 뺀 순조세를 나타낸다. 후자의 경우 T는 조세이며 TR은 이전지출(보조금)을 나타낸다. 만약 분석의 단순화를 위해 이전지출을 0으로 둔다면 두 가지 표현은 동일해지며 T가 조세인지 순조세인지 구분할 필요가 없어진다.

2.9 GDP의 의의와 한계

사이먼 쿠즈네츠(S. Kuznets)와 리차드 스톤(R. Stone)의 공헌으로 GDP의 개념이 확립된 이후 GDP는 경제안정화정책을 위한 가장 중요한 지표가 되었다. 실증자료에 의하면 GDP의 개념이 확립되기 이전에 비해 그 이후에 거시경제가 눈에 띠게 안정화된 경

10) 처분가능소득은 다시 국민총처분가능소득과 가계총처분가능소득으로 구분해 볼 수 있는데 특별한 언급이 없는 한 이 책에서 처분가능소득은 후자를 의미한다.

향을 보이고 있는데 이는 상당부분 GDP의 발명에 근거한 것으로 평가된다. 비유하자면 GDP가 발명되기 이전 거시경제는 속도계가 없는 자동차와 같은 것이었으며 GDP의 발명으로 이 자동차에 속도계를 달 수 있게 된 것이다. 이런 의미에서 앨런 그린스펀 전 미국 연방준비제도이사회 의장은 'GDP 통계 산출이 미국 상무부의 20세기 최대 업적' 이라고 말한 바 있다. 이처럼 GDP는 매우 유용한 것이지만 많은 한계를 가지고 있다. 쿠즈네츠가 스스로 경고 했듯이 GDP는 생산활동을 측정하는 것에 중점을 두고 개발되었기 때문에 후생지표로서는 한계가 많다. 따라서 GDP를 후생지표의 관점에서 바라보는 사람들은 GDP의 개념을 보완하거나 대체해야 한다고 주장해왔다.

GDP의 한계로 대표적인 것들을 지적하면 다음과 같다. 첫째, GDP는 국민 후생수준에 큰 영향을 미치는 여가의 가치를 반영하지 않는다. 둘째, GDP는 소득분배상황 및 소득의 불안정성을 반영하지 않는다. 셋째, GDP는 가사노동과 같은 비시장활동의 가치를 포함하지 않는다. 넷째, GDP는 직접적인 생산물의 가치를 측정할 뿐 환경오염 등 생산의 부산물의 영향을 반영하지 않는다. 다섯째, GDP에는 지하경제의 많은 부분이 누락된다. 여섯째, GDP는 교역조건의 변화 및 국외순수취요소소득의 변화를 반영하지 않는다. 이외에도 GDP는 국민의 후생수준에 영향을 미치는 많은 것들을 포함하지 않는다. 하지만 이것이 GDP가 생산지표로서 갖는 유용성을 감소시키는 것은 아니므로 GDP와 경제성장률은 여전히 가장 중요한 경제지표로 활용되고 있다.

03 거시경제의 물가지수 : CPI, GDP deflator의 측정

3.1 물가지수의 정의

물가(prices)란 한 거시경제에서 생산 또는 소비되는 생산물의 평균가격을 의미한다. 그런데 생산물의 가격이 상승한다는 것은 이를 구매하기 위한 화폐의 가치가 하락하는 것을 의미하기 때문에 화폐구매력의 역수로서의 의미를 함께 가진다. 물가지수(prices index)란 물가의 변동을 파악하기 위하여 작성되는 지수로서 대표적인 것으로 GDP 디플레이터와 소비자물가지수가 있다.

먼저 GDP 디플레이터(GDP deflator)는 당해연도의 명목 GDP를 실질 GDP로 나눈 값이다.

$$\text{GDP 디플레이터} = \frac{NGDP_1}{RGDP_1} = \frac{P_1 Q_1}{P_0 Q_1}(\times 100)$$

GDP 디플레이터가 물가수준을 나타내는 값으로서 의미를 가지는 이유는 다음과 같다. 우선 명목 GDP($NGDP_1 = P_1 Q_1$)는 비교연도 가격에 의해 구해지기 때문에 물가변화와 산출량의 변화의 두 가지 요인을 모두 반영한다. 반면 실질 GDP ($RGDP_1 = P_0 Q_1$)는 기준연도 가격에 의해 구해지기 때문에 산출량의 변화로 인한 효과만을 반영한다. 따라서 명목 GDP를 실질 GDP로 나누면 물가변화로 인한 효과만을 측정할 수 있다. 예를 들어 [표 1]에서 살펴본 사과와 오렌지만 생산하는 경제에서 2020년의 명목 GDP와 실질 GDP는 모두 200이므로 GDP 디플레이터는 1이 된다. 기준연도에는 명목 GDP와 실질 GDP가 반드시 같아지므로 이는 당연한 결과이다. 2021년의 명목 GDP와 실질 GDP는 모두 400이 되며 GDP 디플레이터는 1이 된다. 이는 2021년의 물가가 전년도에 비해 변하지 않았음을 의미한다. 그러나 2022년의 명목 GDP와 실질 GDP는 각각 800과 400이 되어 GDP 디플레이터는 2가 된다. 이는 2022년의 물가는 전년도에 비해 2배로 상승하였음을 의미한다.

소비자물가지수(consumer price index : CPI)는 평균적인 소비자가 구입하는 상품과 서비스의 가격변동을 측정하기 위한 지표로서 소비자들의 생계비(cost of living)수준을 측정하는 대표적인 물가지수이다. 소비자물가지수는 통계청에서 매월 작성하여 공표한다. 통계청은 현재 전국 38개 도시에서 460개의 상품 및 서비스 품목을 대상으로 소비자구입가격을 조사하여 기준시점인 2017년의 소비자물가수준을 100으로 한 지수 형태로 작성·공표하고 있다. 소비자물가지수는 경기를 판단하는 기초자료로 활용되거나 화폐의 구매력 변동을 측정하는 대표적인 물가지표로서 매년 정부의 재정·금융정책을 수립할 때나 기업의 노사가 임금을 협상할 때 기초자료로 널리 이용되고 있다.

CPI를 측정하는 개략적인 방법은 다음과 같다. 첫째, 통계청이 조사를 통해 대표적인 소비자가 소비하는 대표적 상품구성 및 그 가중치를 나타내는 '상품묶음(Q_0)'을 결정한다. 둘째, 매월 가격을 조사하여 '상품묶음'을 구입하기 위한 지출액($P_0 Q_0$, $P_1 Q_0$)을 계산한다. 셋째, 기준시점과 당해시점의 '상품묶음'을 구입하기 위한 지출액의 비율을 구하면 동일한 생활수준을 유지하기 위한 생계비의 변화를 측정할 수 있다.

$$\text{소비자 물가지수}: CPI = \frac{P_1 Q_0}{P_0 Q_0}(\times 100)$$

GDP 디플레이터와 CPI는 몇 가지 측면에서 대비되는 특징이 있다. 첫째, 수입생필품의 가격은 CPI에는 포함되지만 우리나라에서 생산된 것이 아니므로 GDP 디플레이터에는 제외된다. 둘째, 국산자본재 가격의 변화는 GDP 디플레이터에는 포함되지만 소비자들이 소비하는 제품의 가격변화를 측정하는 CPI에는 제외된다. 셋째, CPI는 기준연도의 고정된 수량가중치를 기준으로 구해지는데 이러한 방식으로 구해진 물가지수를 라스파이레스 물가지수(Laspeyres price index)라고 한다. 반면 GDP 디플레이터는 매년 변하는 당해연도의 수량가중치를 기준으로 구해지는데 이러한 방식으로 구해진 물가지수를 파셰물가지수(Paasche price index)라고 한다. 이상에서 언급된 GDP 디플레이터와 소비자 물가지수의 차이점을 정리하면 [표 3]과 같다.

소비자 물가지수(통계청)	GDP 디플레이터(한국은행)
수입 생필품 포함 (국산) 자본재 비포함 라스파이레스 지수(고정상품묶음) 과대측정가능성	수입 생필품 비포함 (국산) 자본재 포함 파셰 지수(변동상품묶음) 과소측정가능성

[표 3] 물가지수의 비교

일단 두 시점에서의 물가수준이 결정되면 물가의 상승률인 인플레이션율(inflation rate)을 측정할 수 있다. t기의 물가지수를 p_t, $t-1$기의 물가지수를 p_{t-1}이라고 할 때 t기의 인플레이션율은 다음과 같이 정의된다.

$$\text{인플레이션율}: \pi_t = \frac{p_t - p_{t-1}}{p_{t-1}}(\times 100)$$

인플레이션율이란 물가수준의 상승률인 동시에 화폐가치의 하락률을 의미하기도 한다는 점에 다시 한 번 주의하기 바란다. 즉 인플레이션율이 높을수록 상품가격은 빠른 속도로 상승하며 화폐는 빠른 속도로 그 가치를 잃어간다. 인플레이션의 발생원인과 사회적 비용 등에 대해서는 제3장과 제9장에서 자세히 다룬다.

3.2 CPI에 의한 물가지수 측정상의 문제점

국민연금, 실업급여, 최저임금 등 상당수의 정부정책이 CPI를 기준으로 그 증감분을 결정짓기 때문에 소비자물가지수 측정의 정확성은 매우 중요한 이슈이다. 그러나 CPI는 다음 몇 가지 측정상의 문제점을 가지고 있다.

(1) 대체효과에 의한 왜곡(substitution bias)[11]

전반적으로 물가가 상승하는 과정에서는 상대가격의 변화도 수반되기 마련이다. 그런데 소비자들은 상대가격이 변하면 좀 더 싼 재화를 더 많이 소비하는 방향(대체효과)으로 조정함으로써 필요한 생계비를 줄일 수 있지만 CPI는 이러한 효과를 고려하지 않음으로써 생계비의 상승을 과대평가한다.

(2) 새로운 상품의 등장(introduction of new goods)

새로운 상품이 소개되면 소비자들의 선택의 폭은 넓어지고 동일한 비용으로 더 높은 만족을 누릴 수 있다. 즉, 소비자들은 더 낮은 비용으로 예전과 동일한 생활수준을 유지할 수 있지만 CPI는 이러한 효과를 고려하지 않음으로써 생계비의 상승을 과대평가한다.

(3) 측정하기 힘든 품질의 변화(unmeasured quality changes)

소비자가 소비하는 상품의 품질의 개선이 있을 때 더 적은 상품을 소비하고도 동일한 효용을 누릴 수 있지만 이러한 차이는 측정하기 힘든 경우가 많다. CPI는 이러한 효과를 고려하지 않음으로써 생계비의 상승을 과대평가한다.

(4) 평 가

살펴본 바와 같이 대체효과에 의한 왜곡, 새로운 상품의 등장, 측정하기 힘든 품질의 개선 등으로 인해 CPI는 실제 생계비의 상승을 과대평가한다. 미국 의회의 요청을 받아 연구를 수행한 보스킨(M. Boskin) 연구팀에 따르면 미국의 경우 CPI는 매년 인플레이션율을 1%p 정도 과대평가하는 것으로 조사되었다. 이를 계기로 CPI 측정방식에 수정이 이루어졌으나 과대평가문제를 완전히 해결하지는 못한 것으로 알려져 있다.[12][13]

---

11) 대체효과에 의한 왜곡에 대해서는 '제1장의 보론 : 수량지수와 물가지수'에서 다시 자세히 설명한다.

12) 1%p와 1%의 의미 차이에 유의하기 바란다. 예를 들어 경제성장률이 5%에서 6%로 증가하면 1%p 증가한 것이지만, 비율로는 20% 증가한 것이다.

04 주요고용지표의 측정 및 한계

4.1 주요 고용지표의 정의

통계청의 경제활동인구조사는 만 15세 이상의 인구를 대상으로 하는데 이 연령대의 인구를 **생산가능인구** 또는 생산연령인구(working age population)라고 한다.[14] 생산가능인구 중 일할 의사가 있는 사람들을 **경제활동인구**(labor force)라고 하며, 일할 의사가 없는 사람들을 **비경제활동인구**(not in labor force)라고 한다.[15] 또한 경제활동인구 중에서 현재 일자리를 가지고 있는 사람들을 **취업자**(employed)라고 하며, 일할 의사는 있으나 현재 일자리를 가지고 있지 않는 사람들을 **실업자**(unemployed)라고 한다. 생산가능인구의 구성을 나타내면 [그림 2]와 같다.

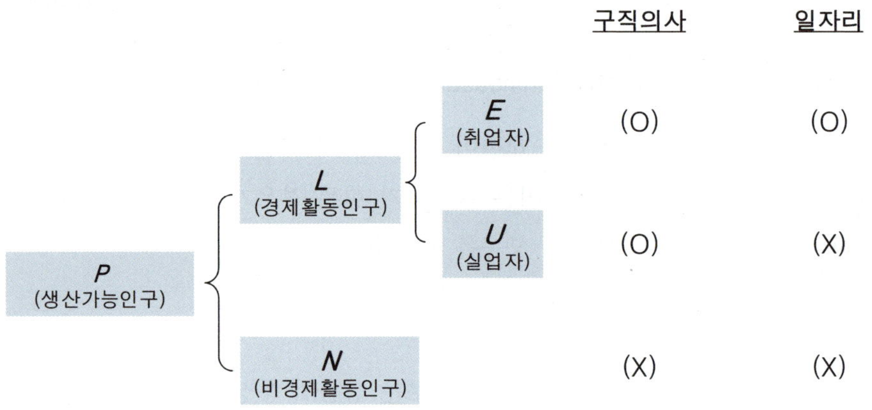

[그림 2] 생산가능인구의 구성

---

13) 이상의 세 가지효과에 더하여 '할인점효과'를 추가하기도 한다. 즉, 물가가 상승할 때 사람들이 할인점을 방문하는 비율을 늘리기 때문에 실제 생계비는 소비자물가지수보다 적게 상승한다는 것이다. 이는 널리 보면 대체효과에 의한 왜곡에 포함된다고 볼 수 있다.

14) 단, 만 15세 이상의 인구 중 군인, 사회복무요원, 의무경찰, 형이 확정된 교도소 수감자 등은 제외한다.

15) 일할 의사가 있는지의 여부는 일반적으로 해당 기간에 구직활동을 하였는지 여부에 따라 판단한다.

노동시장의 구성에서 가장 문제가 되는 것은 일할 능력과 일할 의사는 있으나 일자리가 없는 사람들인데 이들의 비율을 측정하는 개념이 실업률(unemployment rate)이다. 즉 실업률이란 경제활동인구 중 실업자가 차지하는 비율을 의미한다.

$$\text{실업률} : u = \frac{\text{실업자}}{\text{경제활동인구}} = \frac{U}{L} = \frac{U}{E+U}(\times 100)$$

실업률은 일하고자 하는 의사가 충족되지 못한 정도를 나타내는 지표이며 동시에 노동력이 과소하게 이용되는 정도를 나타내는 지표이므로 일반적으로 낮을수록 바람직하다고 평가한다.

한편 생산가능인구 중 비경제활동인구의 비율이 너무 높은 것도 바람직하지 못한데 이러한 정도를 측정하는 개념이 경제활동참가율(labor force participation rate)이다. 즉 경제활동참가율이란 전체 생산가능인구 중 경제활동인구가 차지하는 비율을 말한다.

$$\text{경제활동참가율} : p = \frac{\text{경제활동인구}}{\text{15세이상인구}} = \frac{L}{P} = \frac{L}{L+N}(\times 100)$$

대체로 경제활동참가율이 높을수록 경제활동이 활성화된 것으로 보아 바람직하다고 평가한다.

고용률(employment rate or employment to population ratio)이란 생산가능인구 중 취업자가 차지하는 비율을 말한다.

$$\text{고용률} : e = \frac{\text{취업자}}{\text{15세이상인구}} = \frac{E}{P} = \frac{E}{L+N}(\times 100)$$

고용률은 한 경제의 일자리 창출상황을 보다 직접적으로 반영하며 높을수록 바람직하다고 평가한다. 실업률이 주관적이며 심리적 요인에 영향을 많이 받는 것에 비해 고용률은 상대적으로 객관적인 측정이 가능하기 때문에 상호보완적 측면이 있다.

간단한 예를 들어보도록 하자. 한 가상경제의 노동시장에 대한 자료가 다음과 같다고 하자.

A국의 인구현황
- 취업자=135
- 실업자=15
- 15세 이상 인구=200

A국에서 경제활동인구는 취업자와 실업자의 합인 150이 되고 비경제활동인구는 50이 된다. 따라서 이 경제의 실업률은 경제활동인구에 대한 실업자의 비율이므로 $u=\frac{15}{150}=0.1$ 즉 10%가 된다. 경제활동참가율은 15세 이상 인구 중 경제활동인구의 비율이므로 $p=\frac{150}{200}=0.75$가 되며 고용률은 15세 이상 인구 중 취업자의 비율이므로 $e=\frac{135}{200}=0.675$가 된다.

4.2 고용지표간의 관계 및 비교

노동시장의 고용사정을 정확하게 파악하기 위해서는 이상의 고용지표들을 보완적으로 사용해야 한다. 세 가지 고용지표간에는 다음과 같은 관계가 성립한다.

$$\frac{E}{P}=\frac{L-U}{P}=\frac{L}{P}\left(1-\frac{U}{L}\right) \Rightarrow e=p(1-u) \qquad \text{[식 2]}$$

[식 2]는 경제활동에 참가한 사람의 비율에 실업자가 아닌 사람의 비율을 곱하면 고용률이 구해짐을 나타낸다. 위 식에 의하면 세 가지 고용지표 중 두 가지를 알면 나머지 하나를 자동으로 알 수 있다. 예를 들어 [식 2]에 $u=0.1$과 $p=0.75$를 대입하면 $e=0.675$가 되는데 이는 앞서 살펴본 A국의 자료와 일치한다.

[식 2]에서 다른 조건이 일정할 때 실업률이 낮을수록 고용률이 높다. 그러나 실업률이 낮아도 경제활동참가율이 낮다면 고용률이 높지 않을 수 있다. 예를 들어 우리나라는 다른 나라에 비해 실업률과 고용률이 동시에 낮은 편인데 이는 우리나라의 경제활동참가율이 낮기 때문에 나타나는 현상이다.

4.3 고용지표의 한계

고용지표를 정확히 측정하는 것은 매우 중요하지만 현실적으로 몇 가지 어려운 문제가 있다. 첫째, 앞에서 우리는 마치 취업자, 실업자, 비경제활동인구가 쉽게 구분되는 것처럼 설명하였다. 그러나 실제로는 실업상태에 있는 사람(실업자)과 경제활동에 참가하고 있지 않은 사람(비경제활동인구)을 구별하는 일은 무척 까다로워서 실업률 측정상의 문제를 일으키기도 한다. 예를 들어 실망실업자(discouraged workers)란 직장을 찾다가 실패하여 구직활동을 포기한 사람을 의미하는데 이들은 일자리가 없으며 실업자보다 나을 것이 없는 사람들이지만 통계상 실업자로 분류되지 않고 비경제활동인구로 분류된다.[16] 이는 관측된 실업률이 실제 노동시장의 사정에 비해 과소측정되는 요인이 된다. 또한 어떤 사람들은 구직활동을 하지 않는 비경제활동인구임에도 정부의 실업자 지원 혜택을 받기 위해 스스로 실업자인 것처럼 응답하는 경우도 있다. 이는 실업률이 실제 노동시장의 사정에 비해 과대측정되는 요인이 된다. 이러한 이유들로 인해 실업률 통계는 실제의 노동시장의 사정을 반영하지 못할 수 있다.

둘째, 고용통계는 조사대상기간 중 1시간만 유급으로 일해도 취업자로 간주하므로 고용의 질적 측면이 제대로 반영되지 못한다는 문제가 있다. 이는 실업률과 고용률에 공통된 문제이다. 최근 우리나라의 노동시장에서 비정규직, 시간제 근무 등으로 대표되는 불완전고용(underemployment)이 증가하는데도 불구하고 이상의 고용지표들은 이를 반영하지 못한다. 통계청은 이러한 문제를 보완하기 위해 국제노동기구(ILO)가 정한 노동저활용지표(labor underutilization index)에 대한 국제기준에 따라 2014년 11월부터 3단계의 '고용보조지표'를 매월 발표(자료는 2014년 5월분부터 제공)하고 있다.[17]

실업에 대해서는 제4장에서 보다 자세하게 다룰 것이지만 미리 몇 가지를 추가로 언급해둔다. 첫째, 실업은 단순히 직업이 없는 상태(joblessness)를 의미하는 것이 아니라 그보다 더 구체적인 상황을 의미한다. 직업이 없는 사람은 실업자일 수도 있지만 비경제활동인구일 수도 있다. 둘째, 실업이라고 다 같은 실업이 아니다. 즉 실업은 다양한 원인에서 비롯하는 복합적 현상이다. 실업의 일부는 초과공급(excess supply)의 성격을

---

16) 이러한 용어상의 문제 때문에 실망실업자라는 용어 대신 실망노동자 또는 구직단념자라는 표현을 사용하기도 한다.

17) 참고로 미국은 오래전부터 실업률을 측정하는 다양한 기준을 만들어서 $u1 \sim u6$의 여섯 단계의 실업률을 발표하고 있다.

가지지만 다른 일부는 상호불일치(mismatch)의 성격을 갖는다. 셋째, 실업률은 경기상황과 밀접한 관련이 있지만 반드시 그런 것은 아니다. 예를 들어 불황이 되어도 구직을 포기하는 사람이 많다면 실업률이 크게 상승하지 않고, 호황이 되어도 신규로 구직을 시도하는 사람이 많다면 실업률이 하락하지 않는다.

보론 거시경제의 4부문

현실의 거시경제는 수많은 경제주체들로 이루어져 있다. 거시경제학에서는 이를 구분하여 크게 4개의 부문으로 이루어져 있는 것으로 가정한다.

- 가계부문(households) : 가계부문은 생산요소를 공급하여 소득을 얻는데 여기서 조세를 빼고 이전지출(보조금)을 더한 것을 처분가능소득이라고 한다. 처분가능소득으로 재화와 서비스를 소비하고 남은 부분을 가계저축이라고 하는데 이는 기업저축과 함께 민간저축(private saving)을 구성한다.
- 기업부문(firm) : 기업부문은 생산요소를 수요하여 생산활동을 수행하며 생산요소를 사용한 대가로 요소소득을 지급한다. 기업이 벌어들인 수입 중 임금, 임대료, 지대로 지급되지 않은 부분은 이윤이 되는데 이윤 중 일부는 주주들에게 배당된다. 이윤 중 배당되지 않은 부분을 사내유보(retained earnings)라고 하는데 이것이 기업저축이 된다. 또한 기업은 미래의 생산 또는 판매를 위해 자본재나 재고를 구입하는데 이를 투자라고 한다.
- 정부부문(government) : 정부부문은 가계와 기업으로부터 조세를 거두어 들여 이를 정부구매(government purchase) 또는 이전지출(transfer payment)의 형태로 사용한다. 정부가 거두어들인 조세 중 정부구매 및 이전지출로 사용되지 않은 부분을 정부저축(government saving)이라고 하는데 이는 재정흑자(budget surplus)와 일치한다.
- 국외부문(foreign)[18] : 국외부문은 우리나라가 수출하고자 하는 생산물을 수요하며 동시에 우리나라에서 수입하고자 하는 생산물을 공급하는 부문이다. 또한 국외부

18) 국외부문을 해외부문이라고 표기하기도 한다. 상대적으로 후자가 더 많이 사용되기는 하지만 섬나라도 아닌 국가에서 해외라는 표현을 쓰는 것이 부적절하다고 생각하여 이 책에서는 전자의 표기를 주로 사용한다.

문의 소득인 수입과 국외부문의 지출인 수출의 차이를 국외저축(foreign saving)이라고 한다. 이는 일정한 조건하에 경상수지 적자(current account deficit)와 일치한다.

이상 4부문에서 정의된 저축을 모두 합했을 때 이것이 사후적 투자와 일치할 조건을 정리하면 개방경제의 국민소득항등식을 구할 수 있다.

민간저축 = 가계저축 + 기업저축 = $Y-T-C$ (단 T는 순조세)
정부저축 = 조세 − 이전지출 − 정부구매 = $T-G$
국외저축 = 수입 − 수출 = $M-X$
총저축 = 민간저축 + 정부저축 + 국외저축
$= (Y-T-C)+(T-G)+(M-X) = I =$ 국내투자

위 식을 정리하면 $Y=C+I+G+(X-M)$이 됨을 확인할 수 있다. 폐쇄경제의 경우에는 $(M-X)=0$이므로 $Y=C+I+G$이 된다.

만약 이상의 항등식에서 투자가 사후적 투자가 아닌 사전적 투자라면 위 식은 국민소득균형식이 된다. 제2장에서 살펴보겠지만 저축은 대부자금시장의 공급이며 투자는 대부자금시장의 수요이므로 생산물시장의 균형조건과 대부자금시장의 균형조건은 동일하다.

수량지수와 물가지수 / 보론

1. 지수의 의미 및 정의

지수(index)란 상품의 수량이나 가격에 생긴 변화를 하나의 수치로 표현한 것을 말한다. 거시경제학에서 지수는 크게 수량지수와 물가지수로 구분할 수 있으며, 측정방식은 라스파이레스방식과 파셰방식으로 구분할 수 있다. 우선 이론상의 구분을 살펴본 후 이것이 실제 거시경제지표와 어떤 관련이 있는지 살펴보도록 하자.

라스파이레스방식이란 기준연도의 가격 또는 수량을 가중치로 지수를 측정하는 방식을 말한다. 반면 파셰방식이란 당해연도의 가격 또는 수량을 가중치로 지수를 측정하는

방식을 말한다. 기준연도의 가격벡터 및 수량벡터를 P_0 및 Q_0로 나타내고, 당해연도의 가격벡터 및 수량벡터를 P_1 및 Q_1로 나타내었을 때 각 방식에 의한 수량지수는 다음과 같이 정의된다.

라스파이레스 수량지수 : $L_Q = \dfrac{P_0 Q_1}{P_0 Q_0}$

파셰 수량지수 : $P_Q = \dfrac{P_1 Q_1}{P_1 Q_0}$

라스파이레스 수량지수는 P_0의 가격을 기준으로 수량의 증감을 판단하며, 파셰 수량지수는 P_1의 가격을 기준으로 수량의 증감을 판단한다. 각 방식에 의한 물가지수는 다음과 같이 정의된다.

라스파이레스 물가지수 : $L_P = \dfrac{P_1 Q_0}{P_0 Q_0}$

파셰 물가지수 : $P_P = \dfrac{P_1 Q_1}{P_0 Q_1}$

라스파이레스 물가지수는 Q_0의 수량을 기준으로 가격의 변화를 판단하며, 파셰 물가지수는 Q_1의 수량을 기준으로 가격의 변화를 판단한다. 라스파이레스 물가지수의 대표적인 예로는 본문에서 살펴본 소비자물가지수가 있고 파셰 물가지수의 대표적인 예로는 GDP 디플레이터가 있다.

2. 수량지수에 의한 후생평가[19)]

편의상 X와 Y라는 두 재화만 거래되는 경제를 고려해보자. 기준연도와 당해연도를 비교할 때 P_0에서 P_1로 가격체계가 변화했다고 하자. 이 경우 나타날 수 있는 변화를 네 가지로 분류할 수 있는데 [그림 A-1]을 사용해 각각의 경우의 후생변화를 예측해보면 다음과 같다. 단 소비자는 효용을 극대화하며 해당 기간 동안 선호체계는 변하지 않았다고 가정한다.

---

19) 이 부분은 미시경제학의 현시선호이론(theory of revealed preference)과 밀접히 연관되어 있다.

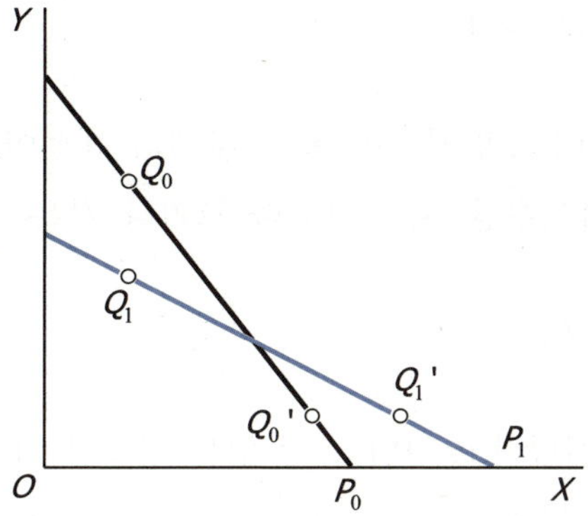

[그림 A-1] 수량지수에 의한 후생평가

첫째, P_0의 가격체계 하에서 Q_0를 소비하던 소비자가 P_1의 가격체계 하에서 Q_1을 소비하게 된다면 이는 예전에 선택할 수 있어도 선택하지 않던 점을 선택하게 된 것이므로 후생은 악화되었을 것이다. 이 경우 수량지수는 다음과 같다.

후생악화 : $L_Q < 1$, $P_Q < 1$

둘째, P_0의 가격체계 하에서 Q_0를 소비하던 소비자가 P_1의 가격체계 하에서 Q_1'를 소비하게 된다면 후생변화는 불명확하다. 이 경우 수량지수는 다음과 같다.

판단불가 : $L_Q > 1$, $P_Q < 1$

셋째, P_0의 가격체계 하에서 Q_0'를 소비하던 소비자가 P_1의 가격체계 하에서 Q_1을 소비한다면 예전에 선택하던 점을 여전히 선택할 수 있는데도 불구하고 예전에 선택하지 않던 점을 선택한 것이므로 소비에 일관성이 없는 경우이며 현시선호의 약공리를 위반한다. 이 경우 수량지수는 다음과 같다.

약공리 위반 : $L_Q < 1$, $P_Q > 1$

넷째, P_0의 가격체계 하에서 Q_0'를 소비하던 소비자가 P_1의 가격체계 하에서 Q_1'를 소비했다면 이는 예전에 선택하던 점을 여전히 선택할 수 있는데도 불구하고 새로운 점을 소비하였으므로 후생은 명백하게 개선되었을 것이다. 이 경우 수량지수는 다음과 같다.

후생개선 : $L_Q > 1,\ P_Q > 1$

이상의 결과를 고려할 때 수량지수를 통해 후생의 개선이 나타났을 것이라 판단할 수 있는 명백한 기준은 파셰수량지수가 1보다 크거나 같은 것이다.

명백한 개선의 조건 : $P_Q \geq 1$

반면 후생의 악화가 나타났다고 판단할 수 있는 명백한 기준은 라스파이레스 수량지수가 1보다 같거나 작은 것이다.

명백한 악화의 조건 : $L_Q \leq 1$

그런데 라스파이레스 수량지수의 정의를 보면 이는 기준연도 실질 GDP에 대한 당해연도 실질 GDP의 비율과 일치함을 알 수 있다. 이상의 결과는 실질 GDP가 증가했다고 해서 후생이 개선되었다는 보장이 없지만 실질 GDP가 불변 또는 감소하는 경우라면 분명히 악화되었다고 판단할 수 있음을 의미한다.

지금까지 수량지수를 사용하여 후생의 증감을 판단하는 방법에 대해 살펴보았다. 물론 상품이 2개 밖에 없는 경우라면 그림으로 후생의 증감을 어렵지 않게 판단할 수 있을 것이다. 그러나 상품 3개만 되어도 그림을 통해 후생의 증감을 판단하기 어려울 것이며 그 이상의 경우에는 그림을 통해 후생을 판단하는 것이 불가능하다. 이러한 경우에도 후생의 개선 또는 감소를 판단할 수 있는 기준을 제시해준다는 점에 수량지수의 유용성이 있다.

3. 물가지수 측정상의 문제

본문에서 살펴본 것처럼 현실의 물가지수들은 과대평가 또는 과소평가의 문제를 가지고 있다. 이를 보다 엄밀히 설명하기 위해 우선 이상적 생계비지수(ideal cost of living) 또는 진정한 물가지수를 다음과 같이 정의해보자.

이상적 생계비지수 : 동일한 효용수준을 누리기 위한 비교연도와 기준연도 간의 명목 지출의 비율

즉 이상적 생계비지수란 '동일한 상품묶음'을 구매할 수 있는 명목지출간의 비교가 아닌 '동일한 효용수준'을 유지시켜 줄 수 있는 명목지출 간의 비교로 정의된다.[20] 이상적 생계비 지수도 기준연도의 효용(i_0)을 기준으로 하는 경우와 비교연도의 효용(i_1)을 기준으로 하는 경우 두 가지의 방법이 있을 수 있다.

우선 라스파이레스 물가지수와 이상적 생계비지수를 비교해보자. [그림 A-2]에서 라스파이레스 물가지수란 기준연도의 상품묶음 Q_0를 기준으로 기준연도와 당해연도의 생계비를 측정하여 이를 비율로 나타낸 것이다. 반면 이상적 생계비지수(α)를 구하기 위해서는 당해연도의 가격체계하에서 i_0의 효용을 얻을 수 있는 h_0에서의 생계비를 구한 후 이를 기준연도의 생계비로 나누어 준 것이다. 이 경우 $P_1Q_0 \geq P_1h_0$이 성립하므로 라스파이레스 물가지수는 이상적 생계비지수에 비해 과대평가된다.

$$\text{라스파이레스 물가지수의 과대평가} : L_P = \frac{P_1Q_0}{P_0Q_0} \geq \alpha = \frac{P_1h_0}{P_0Q_0}$$

이러한 측정상의 문제는 물가상승시 수반되는 상대가격 변화와 이로 인한 대체효과를 고려하지 않았기 때문에 발생한다. 소비자들은 상대가격이 변하면 좀 더 싼 재화를 더 많이 소비하는 방향으로 조정함으로써 필요한 생계비를 줄일 수 있다. 하지만 라스파이레스 물가지수는 이러한 효과를 고려하지 않음으로써 생계비의 상승을 과대평가한다.

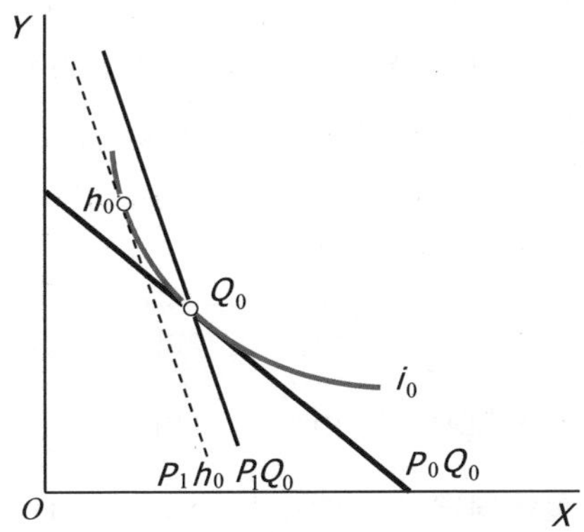

[그림 A-2] 라스파이레스 물가지수의 과대평가문제

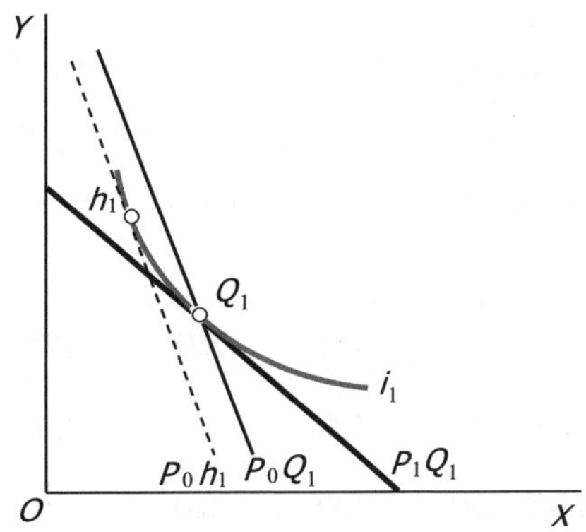

[그림 A-3] 파셰 물가지수의 과소평가문제

20) 동일한 효용수준을 기준으로 삼는 방식은 미시경제학에서 힉스의 실질소득을 기준으로 삼는다는 표현과 동일하다.

다음으로 파셰 물가지수와 이상적 생계비지수를 비교해보자. [그림 A-3]에서 파셰 물가지수란 당해연도의 상품묶음 Q_1을 기준으로 기준연도와 당해연도의 생계비를 측정하여 이를 비율로 나타낸 것이다. 반면 이상적 생계비지수(β)는 기준연도의 가격체계하에서 i_1의 효용을 얻을 수 있는 h_1에서의 생계비를 구한 후 이 값으로 당해연도의 생계비를 나누어 준 것이다. 이 경우 $P_0Q_1 \geq P_0h_1$이 성립하므로 파셰 물가지수는 이상적 생계비지수에 비해 과소평가된다.

$$\text{파셰 물가지수의 과소평가 : } P_P = \frac{P_1Q_1}{P_0Q_1} \leq \beta = \frac{P_1Q_1}{P_0h_1}$$

이러한 측정상의 문제 역시 상대가격변화로 인한 소비자들의 대체효과를 고려하지 않기 때문에 발생한 것으로 볼 수 있다.

보론 경제성장률과 기저효과의 문제

'세상에는 세 가지 거짓말이 있지. 그건 그냥 거짓말, 새빨간 거짓말, 그리고 통계야' 이는 미국의 작가 마크 트웨인에 의해 널리 알려진 말이다. 이는 통계를 작성하고 해석하는 과정에서 의도적 왜곡이 있을 수 있음을 비꼰 것이다. 통계적 왜곡에는 데이터 자체를 왜곡하는 경우도 있겠으나 데이터를 해석하는 방식을 왜곡하여 착시효과를 일으키는 경우도 많다. 후자의 대표적인 경우가 지금부터 설명할 기저효과(base effect)의 문제이다. 간단한 사례를 살펴보도록 하자.

	1기	2기	3기
잠재 GDP	100	110	121
실제 GDP	100	110	121
성장률	–	10%	10%

[표 A-1] A국

	1기	2기	3기
잠재 GDP	100	110	121
실제 GDP	100	90	117
성장률	–	−10%	30%

[표 A-2] B국

A국과 B국은 현재(1기) GDP가 100으로 동일하며 잠재성장률도 10%로 동일하다고

가정한다. [표 A–1]은 A국의 GDP와 성장률을 나타내고 있는데 A국은 2기와 3기에 모두 전기 대비 10% 씩 성장하였다. [표 A–2]는 B국의 GDP와 성장률을 나타내고 있는데 B국은 2기에 전기 대비 −10% 성장하였으며 3기에는 전기 대비 30% 성장하였다. 두 국가의 기간별 성장률을 합하면 20%로 동일하다. 그러나 B국의 3기 GDP가 A국 3기 GDP보다 4만큼 낮다. 즉 A국은 장기추세선상에 위치하지만 B국은 장기추세선보다 아래에 위치한다. 이 예에서 2기 성장률만보면 B국의 성장률이 20%p나 높아 마치 B국의 경기상황이 더 좋을 것이라 생각할 수 있지만 실제로는 그렇지 않다. 잊기 전에 조심할 점을 정리해두자. 첫째, 성장률의 합이 동일하다고 경기상황이 동일하지 않다. 둘째, 성장률이 높다고 경기상황이 나을 것이라 속단해서는 안 된다.

	1기	2기	3기
잠재 GDP	100	100	100
실제 GDP	100	100	100
성장률	–	0%	0%

[표 A–3] C국

	1기	2기	3기
잠재 GDP	100	100	100
실제 GDP	100	80	100
성장률	–	−20%	25%

[표 A–4] D국

또 다른 예를 들어보자. C국과 D국의 현재 GDP는 100으로 동일하며 잠재산출량도 100으로 일정하다고 가정하자. [표 A–3]은 C국의 GDP와 성장률을 나타내고 있는데 C국은 3기간에 걸쳐 GDP가 일정하므로 성장률도 0%로 일정하다. [표 A–4]는 D국의 GDP와 성장률을 나타내고 있는데 D국은 2기에 −20% 성장한 후, 3기에 25% 성장하였다. 결과적으로 성장률의 합은 D국이 더 크지만 3기의 GDP는 동일하다. 3기의 GDP가 동일해졌으므로 양국의 경제적 성과도 동일하다고 보아야 하는가? 당연히 그렇지 않다. C국은 매년 잠재산출량수준을 유지하였으나 D국은 2기 GDP가 잠재산출량에 미치지 못하므로 실업이 발생하고 후생이 낮아졌을 것이다. 주의할 점을 추가한다. 셋째, 성장률의 합이 높다고 GDP가 높다는 보장은 없다. 넷째, 성장률의 합이 높다고 경제적 성과가 높다는 보장은 없다.

이처럼 특정 시점의 경제상황을 평가할 때 비교의 기준으로 삼는 시점에 따라 주어진 경제상황을 달리 해석하게 되는 것을 기저효과 또는 기준시점 효과라고 한다. 그렇다면 기저효과는 왜 발생하는 것일까? 이를 이해하기 위해 제1장에서 살펴본 경제성장률의 정의를 상기해보자.

$$(\text{실질})\ \text{경제성장률} : g_t = \frac{Y_t - Y_{t-1}}{Y_{t-1}}$$

이상에서 살펴본 문제들은 기본적으로 우리가 사용하는 성장률이 '전기대비' 성장률로서 기준이 되는 값(분모)이 매년 바뀌기 때문에 발생하는 문제이다. 일반적으로 성장률을 측정할 때 이는 이전 일정시점을 기준으로 삼기 때문에 기준시점이 다르면 성장률을 비교하는 것이 무의미해질 수 있다. 즉 올해의 성장률이 높은 것은 올해의 GDP가 높아서 그럴 수도 있지만 작년의 GDP가 낮아서 그럴 수도 있다.

기저효과가 발생한 대표적인 예가 2020년 코로나 19로 인해 시작된 경기후퇴 사례이다. 2020년에는 대부분의 국가들이 동시에 경기후퇴국면에 들어갔지만 국가에 따라 경기후퇴의 폭은 달랐다. 그 결과 2020년에 경기후퇴 폭이 컸던 국가일수록 자동적으로 2021년의 성장률이 높아 보이는 착시현상이 유발되었다. 반대로 2020년 코로나 19 방역에 성공하여 경기후퇴 폭이 작았던 국가일수록 경기방어에 성공했음에도 불구하고 2021년의 경제성장률이 낮게 나오는 착시효과가 발생하였다.

기저효과는 GDP 성장률뿐만 아니라 인플레이션율, 주가상승률, 아파트가격상승률, 수출증가율 등 다양한 부분에 발생하여 착시현상을 유발하기 때문에 그들이 선량한 국민들을 선동할 때 사용하는 단골수법이다. 그렇다면 기저효과로 인한 착시현상을 피할 방법은 없을까? 기본적으로는 직전 기간 대비 상승률을 구하는 것이 아니라 일정한 기준시점 대비 성장률을 구하면 기저효과를 피할 수 있다. 다른 방법으로는 다양한 시점을 기준점으로 삼아 성장률을 구해보는 방법도 있다. 여하간 피곤하다. 그들의 농간에 안 그래도 지친 국민들이 더욱 고단해진다. 저명한 경제학자 조안 로빈슨(Joan Robinson)을 인용하며 이 장을 마무리한다.

> "The purpose of studying economics is not to acquire a set of ready-made answers to economic questions, but to learn how to avoid being deceived by economists."
> – Joan Robinson –
>
> "경제학을 공부하는 목적은 경제문제에 관련된 이미 만들어진 해답을 배우는 것이 아니라, 경제학자들에게 속지 않는 법을 배우는 것이다."
> – 조안 로빈슨 –

핵심용어해설

- 내생변수 : 모형을 구성하는 변수 중 모형 내에서 결정되는 변수
- 외생변수 : 모형을 구성하는 변수 중 모형 외에서 주어진 변수
- GDP : 국내총생산, 일정한 기간 내에 한 나라 안에서 생산된 모든 최종재화와 서비스의 시장가치
- 명목 GDP : 국내총생산을 당해연도 가격으로 측정한 것
- 실질 GDP : 국내총생산을 기준연도 가격으로 측정한 것
- (실질)경제성장률 : 실질 GDP의 증가율
- 부가가치 : 최종생산물가치에서 중간투입물가치를 뺀 것
- 국민소득 3면등가 : 한 경제에서 총소득, 총지출, 총생산은 항상 일치한다는 항등관계
- 국외순수취요소소득 : 국외수취요소소득에서 국외지급요소소득을 뺀 것, 국제수지표의 본원소득수지와 동일
- 교역조건 : 수출품과 수입품의 상대가격 또는 수출품 한단위로 받아올 수 있는 수입품의 양
- GDP 디플레이터 : 명목 GDP를 실질 GDP로 나눈 것
- 소비자물가지수 : 평균적인 소비자의 생계비수준을 측정하는 대표적인 물가지수
- 실업률 : 경제활동인구에 대한 실업자의 비율, 일할 의사는 있으나 일자리가 없는 사람들의 비율
- 경제활동참가율 : 생산가능인구에 대한 경제활동인구의 비율, 즉 생산가능인구 중 일할 의사가 있는 사람들의 비율
- 고용률 : 생산가능인구에 대한 취업자의 비율
- 실망실업자 : 구직활동을 포기한 사람으로서 통계적으로 실업자가 아니라 비경제활동인구로 분류됨

연습문제

01 다음 중 GDP 계산에 제외되는 것과 포함되는 것을 구분하시오.

(1) 신규주택의 구입
(2) 마약류의 거래
(3) 여가의 가치
(4) 중고자동차의 거래
(5) 아버님이 잘 가꾸신 집 앞 화단
(6) 주부의 가사노동
(7) 자가 주택의 주거서비스
(8) 외국에서 일하는 삼촌의 소득
(9) 환경오염물질의 배출

02 다음 다섯 가지 거래는 지출의 네 가지 구성요소인 소비, 투자, 정부구매, 순수출 중 무엇인가?

(1) H자동차사가 자동차를 국군에 납품하였다.
(2) H자동차사가 자동차를 택시회사에 판매하였다.
(3) H자동차사가 자동차를 프랑스에 판매하였다.
(4) H자동차사가 자동차를 성기훈에게 판매하였다.
(5) H자동차사가 내년에 판매할 자동차를 제작하였다.

03 다음의 각 거래는 GDP의 각 항목에 어떤 영향을 미치는가? (단, 하나의 거래가 두 가지 이상의 항목에 영향을 미칠 수도 있다.)

(1) 어느 가정에서 새 냉장고를 구입한다.
(2) 사촌이 새 집을 산다.
(3) 자동차 회사가 올해 초 생산하여 재고로 가지고 있던 승용차 1대를 판매한다.
(4) 경기도에서 도로를 신설하였다.
(5) 어느 소비자 프랑스산 포도주 1병을 구입한다.
(6) Amazon이 평택시에 새 물류공장을 지었다.

04 배추와 김치 두 재화만 생산하는 국가를 가정하자. 배추회사는 자체적으로 필요한 투입물을 모두 생산한다. 김치회사는 배추를 유일한 중간투입물로 이용하여 김치를 생산한다. 두 회사는 재화를 생산하기 위해 노동자를 고용하며, 판매된 재화의 가치에서 임금 및 중간투입물 비용을 차감한 만큼 이윤을 얻는다. 아래 표를 보고 다음 물음에 답하라.

	배추회사	김치회사
중간투입물 비용	0	150
임 금	100	250
생산물 가치	150	500

(1) 김치회사와 배추회사가 창출한 부가가치는 각각 얼마인가?
(2) 김치회사와 배추회사의 이윤은 각각 얼마인가?
(3) 총소득 중 노동소득이 차지하는 비율은 얼마인가?
(4) 최종생산물의 가치, 요소소득의 합, 부가가치의 합이 일치함을 보이시오.

05 어떤 국가에서 실질 GDP는 상승했는데 실질 GNI는 감소하는 현상이 나타났다고 하자. 이러한 현상을 유발할 수 있는 두 가지 원인을 설명해 보아라.

06 A국에서 한 사업가가 자신의 여비서와 결혼하였다. 1,000만 원의 연봉을 받던 여비서는 결혼 후에도 무보수로 남편의 비서업무를 계속한다고 하자. B국에서는 한 사업가가 자신의 가사도우미와 결혼하였다. 1,000만 원의 연봉을 받던 가사도우미는 결혼 후에도 무보수로 가사를 담당한다고 하자. 각국에서 결혼이 GDP에 미친 영향은 무엇인가?

07 과일나라는 두 가지 최종재화만 생산하고, 2020년과 2021년에 그 가격과 수량이 다음 표와 같이 주어졌다 하자.

	2020년(기준연도)		2021년(당해연도)	
	가격	수량	가격	수량
딸 기	750원	150 kg	900원	200 kg
사 과	1,500원	100 kg	1,800원	130 kg

(1) 2020년의 명목 GDP와 실질 GDP를 구하라.

(2) 2021년의 GDP 디플레이터(Deflator)를 구하라.

(3) 2021년의 명목 GDP성장률과 실질 GDP성장률을 구하라. (계산은 소수점 둘째자리까지)

08 소비자물가지수에는 포함되지만 GDP 디플레이터에는 포함되지 않는 예를 하나 들어보아라. 반대로 GDP 디플레이터에는 포함되지만 소비자물가지수에는 포함되지 않는 예를 하나 들어 보아라.

09 물가수준이 높은데도 물가상승률이 낮을 수 있는가? 그 반대의 경우도 가능한가?

10 현재 생산가능인구는 10명으로 주어져 있으며 7명의 취업자와 2명의 실업자 그리고 1명의 비경제활동인구로 이루어져 있다고 하자. 다음 각 경우 실업률, 경제활동참가율 및 고용률의 변화를 설명하라.

(1) 취업자 중 1명이 실업자가 되었다.

(2) 취업자 중 1명이 은퇴하였다.

(3) 실업자 중 1명이 구직을 포기하였다.

(4) 실업자 중 1명이 취업에 성공하였다.

(5) 비경제활동인구 1명이 취업에 성공하였다.

11 본문에서 우리나라의 경제활동참가율이 낮은 편이라고 하였다. 그렇다면 우리나라의 경제활동참가율이 낮은 이유는 무엇일까?

12 미국 노동통계청의 발표에 따르면 미국의 취업인구는 1997년과 1998년 사이에 210만 명이 증가한 반면, 같은 기간 중 실업인구는 50만 명 감소하는 데 그쳤다고 한다. 이 두 수치가 어떻게 상호 일관성을 가질 수 있을까? 왜 취업자의 증가보다 실업자의 감소 수치가 더 작을까?

13 GDP의 수량지수로서의 특성을 감안하여 다음 물음에 답하라.

(1) 기준년도에 비해 비교년도의 실질 GDP가 증가했다고 해도 후생이 증가했다고 확신할 수 없다. 그 이유는?

(2) 기준년도에 비해 비교년도의 실질 GDP가 변하지 않았다면 후생이 감소했다고 평가할 수 있다. 그 이유는?

[단, 기준년도와 비교년도에 생산되는 상품의 종류와 품질은 변화가 없으며, 합리적 소비와 선호불변을 가정한다.]

Ⅱ

PART 2

거시경제의 주요시장 및 장기균형

CHAPTER 02

거시경제의 주요시장-1 : 재화시장

CONTENTS

CHAPTER PREFACE | 들어가며

제1장에서 주요 거시변수들을 정의하였다. 이러한 변수들이 어떻게 결정되는지를 설명하기 위해서는 변수간의 관계를 설명하는 경제이론이 마련되어야 한다. 그런데 현실의 거시경제는 너무 복잡하기 때문에 이를 단순화하여 재화시장, 화폐시장, 노동시장의 3개 시장으로만 이루어진 거시경제모형을 사용하기로 한다. 이번 장에서는 그 중 첫 번째 시장인 재화시장에서의 공급과 수요, 그리고 장기균형을 설명한다. 우선 총생산함수에 대한 분석을 통해 GDP가 어떻게 생산되어서 어떻게 분배되는지를 설명한다. 다음으로 분배된 소득이 소비, 투자, 정부구매 등으로 지출되는 과정을 설명한 후 재화시장의 균형조건을 정의한다. 마지막으로 재화시장에 대한 고전학파의 이론인 대부시장모형에 대해 설명한다.

01 단순한 거시경제모형의 기본가정

제1장에서는 주요거시경제변수들을 정의하였다. 이제 이러한 변수들이 어떻게 결정되는지 알아보기 위하여 재화시장, 화폐시장, 노동시장의 3부문으로 구성되는 매우 단순한 거시경제모형을 구성해 보기로 한다.[1] 이 중 이번 장에서 살펴볼 시장은 재화시장이다. 현실의 거시경제에서는 수많은 상품이 생산되지만 우리는 분석의 편의상 집계된 생산량으로서의 GDP라는 하나의 상품만이 생산된다고 가정한다.[2] 이러한 가정은 물론 비현실적이지만 분석의 본질을 크게 해치지 않으면서 거시경제에 대한 중요한 직관을 갖게 한다. 물론 앞으로 필요에 따라 이러한 가정을 완화하여 여러 재화가 생산되는 모형으로 확장하여 보다 현실적인 분석을 하게 될 것이다. 또한 당분간 특별한 언급이 없는 한 재화시장은 완전경쟁시장의 조건을 만족한다고 가정한다. 이번 장에서는 이와 같이 단순화된 재화시장에서 GDP가 어떻게 생산되고 어떻게 분배되고 어떻게 사용되는지 차례로 살펴본다.

02 재화시장의 공급

2.1 총체적 생산함수에 대한 기본가정

총체적 생산함수(aggregate production function)란 거시경제에서 생산요소와 생산량 사이의 기술적 관계를 나타내는 함수이다.

---

1) 재화시장은 '재화와 서비스시장(markets for goods and services)' 또는 '생산물시장(product market)'이라고도 한다. 국내외 교과서에서 세 가지 표현이 구분 없이 사용되고 있으므로 본서에서도 세 가지 표현을 같은 의미로 사용한다.

2) 이러한 경우 물가는 GDP 한 단위의 가격이며 동시에 한 단위 화폐로 구매할 수 있는 GDP 수량의 역수이다.

총체적 생산함수 : $Y = F(K, L)$ 　　　　단, Y는 총생산, K는 총자본, L은 총노동

앞으로 총체적 생산함수에서 각 요소에 대한 한계생산은 체감하고 규모수익은 불변이라고 가정한다. 이러한 조건을 만족하는 대표적인 생산함수는 콥－더글러스 생산함수이다.

콥－더글러스 생산함수 : $Y = F(K, L) = AK^{\alpha}L^{1-\alpha}$

여기서 A는 노동과 자본이외에 생산에 영향을 미치는 모든 요인을 나타내는 것으로서 광의의 기술을 의미한다. 각 요소에 대한 한계생산이 체감한다면 총체적 생산함수의 형태는 [그림 1]의 (a)와 같이 아래에서 볼 때 오목한 형태가 된다.

또한 재화시장과 노동시장이 모두 완전경쟁시장이라고 가정할 때 이윤을 극대화하는 기업들은 실질임금과 한계생산이 일치하는 수준까지 노동을 고용할 것이다. 따라서 실질보수로 나타낸 평면에서 각 요소의 한계생산곡선은 각 요소에 대한 수요곡선이 된다. 같은 식으로 명목보수로 나타낸 평면에서는 각 요소의 한계생산물가치곡선이 각 요소에 대한 요소수요곡선이 된다. 노동수요에 대한 기업의 이윤극대화 조건을 나타내면 다음과 같다.

이윤극대화 조건 : $w = \dfrac{W}{P} = MP_L$ 또는 $W = P \cdot MP_L$

단, w는 실질임금, W는 명목임금

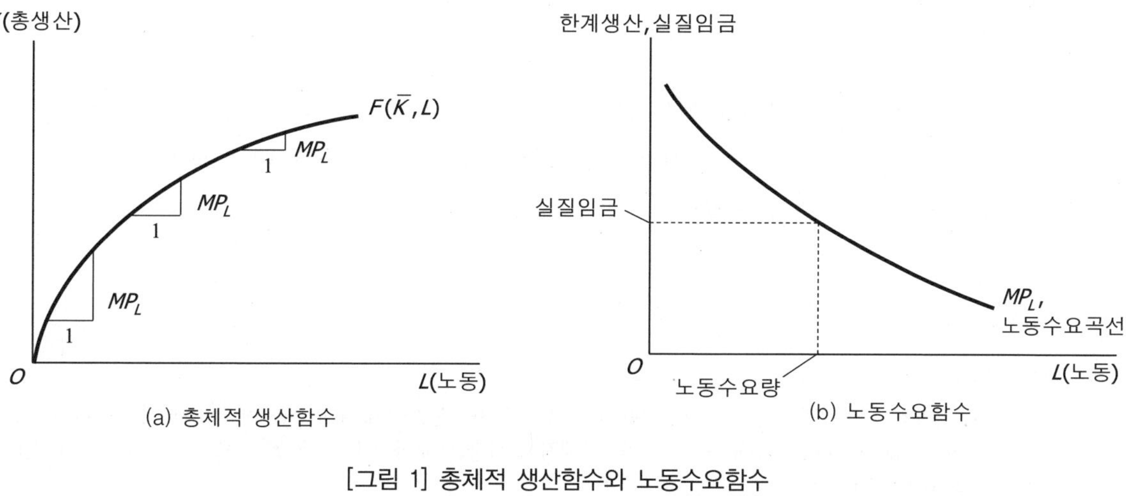

(a) 총체적 생산함수　　(b) 노동수요함수

[그림 1] 총체적 생산함수와 노동수요함수

2.2 잠재적 생산량 및 잠재적 성장률의 의미

잠재적 생산량(potential output)이란 한 거시경제가 주어진 기술수준하에서 모든 생산요소를 '정상적'으로 사용한 경우의 생산량, 즉 지속가능한 최대생산량을 의미한다.[3)]

잠재적 생산량 : $\overline{Y} = F(\overline{K}, \overline{L})$

원래 잠재적 생산량은 끊임없이 변하는데 이를 경제성장이라고 한다. 그런데 경제성장으로부터 경기변동을 분리해서 설명할 때는 잠재생산량이 고정인 것처럼 다루는 경우가 많다. 이는 비록 비현실적이기는 하나 분석상 매우 유용하며 편리한 가정이다.

잠재적 생산량의 성장률, 즉 지속가능한 최대성장률을 잠재적 성장률(potential growth rate)이라고 한다. t기의 잠재적 생산량을 $\overline{Y}_t$, $t-1$기의 잠재적 생산량을 $\overline{Y}_{t-1}$이라고 할 때 t기의 잠재성장률은 다음과 같이 정의된다.

잠재적 성장률 : $\overline{g_t} = \dfrac{\overline{Y}_t - \overline{Y}_{t-1}}{\overline{Y}_{t-1}} (\times 100)$

경제성장에 대한 대표적 모형인 솔로우모형에 의하면 한 경제의 잠재적 성장률은 인구성장률과 기술진보율의 합과 같아진다. 이에 대해서는 제16장에서 자세히 다룬다.

2.3 총생산갭(GDP gap)의 의미

실제 생산량과 잠재적 생산량의 차이 또는 양자 간 차이의 잠재적 생산량에 대한 비율을 총생산갭 또는 GDP갭이라고 한다.[4)] GDP갭은 다양한 형태로 정의되는데 가장 대표적인 형태는 다음과 같다.

---

3) 잠재적 생산량과 같은 의미로 사용되는 용어로 자연산출량(natural rate of output)과 완전고용산출량(full employment output) 등이 있다. 잠재적 생산량은 교과서에 따라 Y^*, Y_N, Y_F, $\overline{Y}$ 등 다양한 기호로 나타내어진다.

4) 앞서 생산(product)과 산출(output)은 사실상 같은 의미로 사용된다고 하였다. 같은 취지에서 총생산갭과 총산출갭도 동일한 의미로 사용된다.

$$t\text{기의 GDP갭}=\frac{\overline{Y}_t-Y_t}{\overline{Y}_t}$$

GDP갭은 두 가지로 각도에서 해석할 수 있다. 첫째, GDP갭은 한 나라가 잠재적 생산능력을 제대로 활용하지 못하는 정도를 반영하는 것으로 볼 수 있다. 이러한 의미에서 GDP갭을 **국민소득손실률**이라고 부르기도 한다.

둘째, GDP갭은 한 나라의 경기상황을 반영하는 것으로 볼 수 있다. 즉 GDP갭이 양수인 경우는 경기변동상 불황이 나타나고 있음을, GDP갭이 음수인 경우에는 경기변동상 호황이 나타나고 있음을 의미한다. 이런 의미에서 GDP갭이 양수인 경우를 **침체갭**, GDP갭이 음수인 상태를 **확장갭**이라고 부르기도 한다.[5] 또한 GDP갭이 0인 경우 즉, 실제생산량과 잠재적 생산량이 일치하는 경우는 재화시장의 장기균형이 성립한 상태로 볼 수 있다. 고전학파 경제학자들의 경우에는 재화시장이 항상 장기 균형상태에 있거나 그렇지 않은 경우에도 매우 빠른 기간 내에 장기균형으로 복귀한다고 본다. 반면 케인즈학파 경제학자들은 재화시장이 장기균형으로 복귀하는데 상당한 시간이 든다고 본다.

거시경제의 소득분배 03

3.1 신고전파분배이론 : 소득분배의 한계생산력이론

자본에 대한 실질임대료를 $\frac{R}{P}$로, 노동에 대한 실질임금을 $\frac{W}{P}$로 나타내기로 하자. 각 요소에 분배되고 남은 부분이 경제적 이윤(π)이 된다고 할 때 총생산은 다음과 같이 분배된다.

$$\text{총소득의 분배}: Y=\frac{R}{P}\cdot K+\frac{W}{P}\cdot L+\pi$$

즉 총소득=자본소득+노동소득+경제적 이윤

5) 호황과 불황은 여러 가지 의미로 사용된다. 여기서는 단순히 실제생산량이 잠재생산량을 넘는 경우를 호황이라 하고 실제생산량이 잠재생산량이 못 미치는 경우를 불황이라고 부르기로 한다.

그런데 신고전파 소득분배이론, 즉 소득분배의 한계생산력이론이 성립한다면 각 요소에 대한 실질보수는 한계생산에 의해 결정된다. 또한 콥-더글러스 생산함수를 가정한다면 자본과 노동에 대한 분배비율은 각각 α와 $1-\alpha$로 일정하다.

$$\text{자본에 대한 실질분배 몫}: \frac{R}{P} \cdot K = MP_K \cdot K = \alpha Y$$

$$\text{노동에 대한 실질분배 몫}: \frac{W}{P} \cdot L = MP_L \cdot L = (1-\alpha) Y$$

이 경우 각 요소의 분배몫을 합하면 정확히 총생산과 일치하게 되는데 이를 **완전분배정리**라고 한다.

$$\text{완전분배정리}: Y = MP_K \cdot K + MP_L \cdot L$$

완전분배정리가 성립한다면 분석이 매우 편리해 진다. 우선 기업이윤이 0이 되기 때문에 이윤의 처분, 즉 배당 및 사내유보에 대한 의사결정을 고려하지 않아도 된다. 또한 이 경우 기업저축(=사내유보)은 0이므로 이를 별도로 고려할 필요가 없어진다.

추가로 한 가지 언급할 것이 있다. 완전분배정리가 성립할 경우 모든 소득은 일단 노동소득과 자본소득으로 가계에 분배된다. 그렇다면 기업의 투자와 정부구매는 어떻게 이루어지는가? 이에 대한 자세한 답은 차후 살펴보기로 하고 우선 가계소득이 어떻게 처분되는지 다음 식을 통해 살펴보자.

$$Y = C + S_p + T$$

위 식에서 T는 조세 또는 조세에서 이전지출을 뺀 순조세를 의미하며 S_p는 민간저축이다. 사실 민간저축이 소득 중 세금내고 소비하고 남은 부분을 의미하므로 위 식은 민간저축 정의식의 다른 표현이라고 볼 수도 있다. 위 식에서 T는 정부지출의 재원이 된다. 또한 S_p는 금융시장을 통해 민간투자의 재원이 된다. 단 정부가 거두어간 조세 중 정부가 지출하지 않은 부분은 정부저축이 되어 대여될 수 있으며, 지출에 비해 조세가 부족한 경우 정부가 금융시장을 통해 차입할 수도 있다. 이러한 과정에서 금융시장이 중요한 역할을 하게 되는데 금융시장을 단순화시킨 것이 이번 장의 후반부에 살펴볼 대부시장이다.

3.2 콥－더글러스 생산함수의 성질

이제 거시경제학에서 가장 널리 사용되는 콥－더글러스 생산함수(Cobb－Douglas production function)의 성질을 살펴보기로 하자.

$$\text{콥－더글러스 생산함수 : } Y = F(K, L) = AK^{\alpha}L^{1-\alpha}$$

이러한 생산함수는 미국의 상원의원이었던 폴 더글러스(Paul Douglas)와 수학자인 찰스 콥(Charles Cobb)의 합작품으로 탄생하였다. 폴 더글러스는 1949년부터 1966년까지 미국 일리노이 주 출신 상원의원이었는데, 경제학과 교수시절이었던 1927년에 노동소득과 자본소득이 약 7:3의 일정한 비율을 유지하며 성장하고 있다는 놀라운 사실을 발견하였다. 이러한 결과는 미국의 경제성장률이 일정하지 않았으며 노동과 자본 간의 가격도 끊임없이 변화해왔다는 점을 고려할 때 매우 흥미로운 결과였다. 이러한 결과를 신고전파분배이론인 한계생산력이론의 틀 하에서 설명하고자 하는 과정에서 개발된 생산함수가 바로 콥－더글러스 생산함수이다.

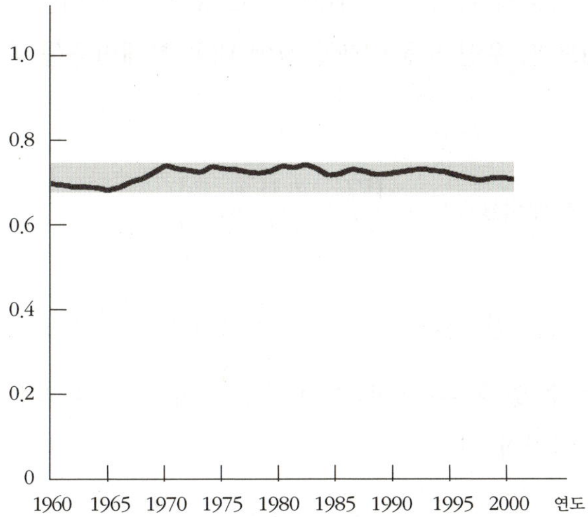

[그림 2] 총소득에 대한 노동소득의 비율

우선 이 생산함수에서 경제성장에도 불구하고 각 요소에 대한 분배비율이 일정하게 유지된다는 성질을 확인해보자. 이를 확인하기 위해 우선 주어진 생산함수에서 각 요소에 대한 한계생산을 구하면 다음과 같다.

자본의 한계생산 : $MP_K = \alpha AK^{\alpha-1}L^{1-\alpha}$

노동의 한계생산 : $MP_L = (1-\alpha)AK^{\alpha}L^{-\alpha}$

이제 각 요소별 총분배몫을 구해보자.

자본에 대한 총분배몫 : $MP_K \times K = \alpha AK^{\alpha-1}L^{1-\alpha} \times K = \alpha AK^{\alpha}L^{1-\alpha}$

노동에 대한 총분배몫 : $MP_L \times L = (1-\alpha)AK^{\alpha}L^{-\alpha} \times L = (1-\alpha)AK^{\alpha}L^{1-\alpha}$

이 경우 각 요소에 대한 분배몫의 총생산에 대한 비율은 각 요소에 대한 지수 값과 일치한다. 즉 경제성장이 이루어지더라도 각 요소에 대한 분배비율은 변하지 않는다.

자본에 대한 분배비율 : $k = \dfrac{MP_K \times K}{Y} = \alpha$

노동에 대한 분배비율 : $l = \dfrac{MP_L \times L}{Y} = (1-\alpha)$

다음으로 노동과 자본의 가격이 변화하더라도 요소 간 분배비율이 일정하게 유지된다는 성질을 확인해보자. 우선 노동-자본 간에 대한 분배비율을 다음과 같이 나타내어 보자.

노동-자본 간 분배비율 : $l' = \dfrac{WL}{RK} = \left(\dfrac{W}{R}\right)\left(\dfrac{L}{K}\right)$

위 식에서 노동-자본 간 분배비율은 요소가격비율$\left(\dfrac{W}{R}\right)$과 요소고용비율$\left(\dfrac{K}{L}\right)$에 영향받는다는 것을 알 수 있다. 두 영향 중 어떤 요인이 더 크게 작용하는지를 알기 위해서는 대체탄력성을 알아야 한다.

대체탄력성 : $\sigma = \dfrac{d\left(\dfrac{K}{L}\right)/\left(\dfrac{K}{L}\right)}{dMRTS_{LK}/MRTS_{LK}} = \dfrac{d\left(\dfrac{K}{L}\right)/\left(\dfrac{K}{L}\right)}{d\left(\dfrac{W}{R}\right)/\left(\dfrac{W}{R}\right)}$

콥-더글러스 생산함수에서의 한계기술대체율을 구하면 다음과 같다.

$$\text{한계기술대체율} : MRTS_{LK} = \frac{MP_L}{MP_K} = \frac{(1-\alpha)AK^{\alpha}L^{-\alpha}}{\alpha AK^{\alpha-1}L^{1-\alpha}} = \frac{1-\alpha}{\alpha}\left(\frac{K}{L}\right)$$

한계기술대체율이 $\left(\frac{K}{L}\right)$에 비례한다는 것은 원점에서 출발하는 직선상에서 등량선의 기울기가 일정하게 유지되는 동조적 생산함수임을 의미한다. 또한 $MRTS_{LK}$의 변화율이 $\left(\frac{K}{L}\right)$의 변화율과 일치하므로 대체탄력성은 항상 1이 된다. 대체탄력성이 1인 경우 요소가격비율의 변화율과 요소고용비율의 변화율이 서로 상쇄되어 노동－자본 간 분배비율이 일정하게 유지된다.[6)]

한 가지 언급할 것이 있다. 그것은 [그림 2]와 같이 오랜 기간 일정하게 유지되던 관계에 최근 약간의 변화가 발생했다는 점이다. 사실 최근 대부분의 국가에서 총소득 중 노동소득이 차지하는 비중이 감소하고 있다. 이러한 현상이 콥－더글러스생산함수에서 분배비율을 결정하는 α가 1회적으로 변한 것인지, 총체적 생산함수가 아예 콥－더글러스생산함수가 아닌 다른 성격의 함수로 변한 것인지 아직은 알 수 없다. 그리고 이러한 변화가 지난 수십 년간 이어진 기술진보의 성격 때문인지 아니면 다른 원인 때문인지도 확실히 알 수 없다. 그럼에도 이 책에서 콥－더글러스 생산함수를 사용하는 것은 이 함수가 완전하지는 않지만 거시경제를 설명하는 좋은 출발점이 되기 때문이다.

재화에 대한 총지출 04

제1장에서 살펴보았듯이 GDP에 대한 총지출은 소비, 투자, 정부구매, 순수출의 4부분으로 이루어진다. 당분간 폐쇄경제를 가정하여 순수출은 없다고 가정하고 나머지 총수요 구성요인을 차례로 살펴본다.

---

6) 본문에 언급되지 않은 콥－더글러스 생산함수의 주요특징을 정리하면 다음과 같다(단, 지수의 합이 1인 경우를 가정).
1. 각 요소별 평균생산 및 한계생산은 체감하며 규모와 무관히 자본－노동비율에 의해서만 결정된다.
2. 한계생산과 평균생산의 비율은 항상 일정하다.
3. 각 요소의 지수는 각 요소별 생산에 대한 기여도, 즉 생산의 요소탄력성을 의미한다.
4. 규모수익불변이 성립한다.

총수요를 구성하는 첫 번째 부분은 소비인데 소비는 처분가능소득(disposable income)의 증가함수라고 가정한다. 처분가능소득이란 소득에서 조세를 제하고 보조금을 더한 것으로서 T를 조세와 보조금의 차이인 순조세라고 할 때 처분가능소득 $YD = Y - T$로 나타낼 수 있다. 이 경우 소비함수를 나타내면 다음과 같다.

소비함수 : $C = C(Y - T) = \overline{C} + c(Y - T)$

이 식에서 $\overline{C}$는 소비 중 처분가능소득과 무관히 결정되는 **독립소비**(autonomous consumption)이다. 또한 c는 처분가능소득 한 단위의 증가가 소비에 미치는 영향, 즉 **한계소비성향**(marginal propensity to consume : MPC)으로서 0보다 크고 1보다 작은 값을 갖는다고 가정한다. 한계소비성향은 [그림 3]의 (a)에서 소비함수의 접선의 기울기와 같다. 또한 평균소비성향은 처분가능소득에 대한 소비의 비율로서 원점과 소비함수상의 점간에 그은 선분의 기울기와 같다.

한계소비성향 : $MPC = \dfrac{\Delta C}{\Delta YD} = c$

평균소비성향 : $APC = \dfrac{C}{YD} = \dfrac{\overline{C}}{YD} + c$

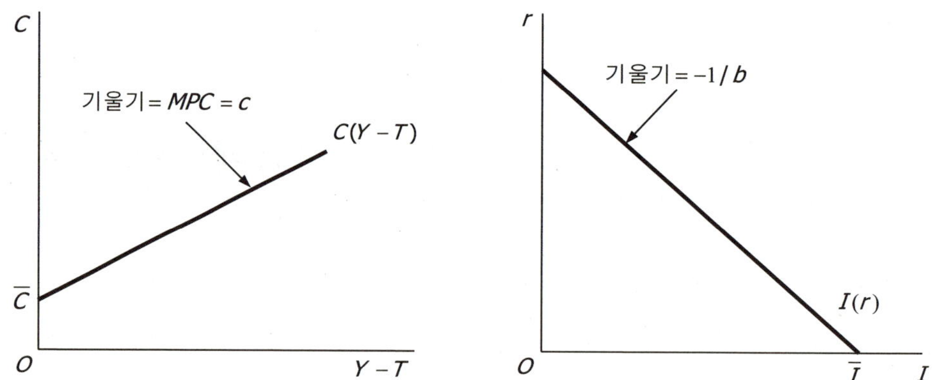

(a) 소비함수 (b) 투자함수

[그림 3] 소비함수 및 투자함수

총수요를 구성하는 두 번째 부분은 투자(investment)이다. 투자는 이자율(r)의 감소함수라 가정한다.

투자함수 : $I = I(r) = \overline{I} - br$

이 식에서 $\overline{I}$ 는 투자 중 이자율 이외의 요인에 의해 결정되는 독립투자(autonomous investment)이다. 또한 b는 투자가 이자율에 반응하는 정도, 즉 투자의 이자율탄력성으로서 0보다 큰 값이라고 가정한다.7) 투자함수를 나타내면 [그림 3]의 (b)와 같다. 주의할 점은 투자함수는 계획된 투자만 포함하며 계획되지 않은 투자를 포함하지 않는다는 점이다. 제1장에서 살펴본 국민소득 3면등가에서 투자는 계획된 투자뿐만 아니라 계획되지 않은 투자까지 모두 포함하기 때문에 이를 포함한 식이 항등식이 된다. 그러나 계획된 투자만 포함하는 식은 항등식이 아닌 균형식이 된다. 이에 대해서는 여러 차례 설명이 이루어질 것이다.

다음으로 순조세와 정부구매는 외생적으로 결정되는 것으로 가정한다.

순조세 : $T=\overline{T}$　　정부구매 : $G=\overline{G}$

이상의 내용을 정리하면 거시경제의 총수요(총지출 또는 계획된 지출이라고도 함)는 다음과 같다.8)

총수요 : $AD=C(Y-\overline{T})+I(r)+\overline{G}$ [식 1]

재화시장의 균형조건 05

거시경제의 총공급에 해당하는 총생산이 Y이고 총수요가 [식 1]과 같을 때 재화시장의 균형조건은 다음과 같다.

재화시장의 균형조건 : $Y=AD=C(Y-\overline{T})+I(r)+\overline{G}$ [식 2]

[식 2]는 현재 Y와 r이라는 2개의 내생변수(endogenous variable)를 포함하고 있다. 따라서 이 식으로부터 재화시장의 균형을 달성 또는 유지할 수 있는 관계식을 찾을 수

7) 이는 b가 미시경제학에서 정의하는 탄력성은 아니지만 투자의 이자율 민감도를 반영한다는 의미로 널리 사용되는 표현이다. 이 책에서도 관행에 따라 이 표현을 사용하기로 한다.

8) 이를 '총수요'로 나타낼 경우 제8장에서의 총수요함수와 혼동될 여지가 있다. 케인즈모형에서는 계획된 지출(planned expenditure : PE)이라는 표현을 많이 사용한다.

는 있지만 균형소득 또는 균형이자율을 직접 구할 수는 없다. 따라서 이 모형을 완성하기 위해서는 Y와 r을 포함하는 또 하나의 방정식을 추가하거나 [식 2]에서 미지수의 개수를 하나 줄여야 한다. 전자에 대해서는 이후에 살펴보기로 하고 지금은 후자의 방법을 살펴보기로 하자.[9)]

이에 대해 케인즈학파 경제학자들은 투자가 외생적으로 주어진다는 가정을 추가한다.[10)]

$$\text{케인즈학파의 경우 : } Y = C(Y - \overline{T}) + \overline{I} + \overline{G}$$

이 경우 재화시장의 균형은 총소득의 조정에 의해 달성된다. 이러한 케인즈학파의 접근 방식은 제6장의 케인지언 크로스모형에서 설명할 것이다.

반면 고전학파 경제학자들은 총생산량이 잠재적 생산량과 일치한다는 가정을 추가한다.

$$\text{고전학파의 경우 : } \overline{Y} = C(\overline{Y} - \overline{T}) + I(r) + \overline{G}$$

이 경우 재화시장의 균형은 이자율의 조정에 의해 달성된다. 이처럼 재화시장의 균형이 이자율의 조정에 의해 달성된다는 고전학파의 접근방식은 다음 절의 대부시장모형에 잘 반영되어 있다.

06 대부시장모형 : 거시경제의 장기균형

6.1 대부시장과 이자율의 의미

고전학파모형에서 실제생산량은 항상 잠재적 생산량과 일치한다. 즉 '생산된 재화는

---

9) 이와 같이 하나의 방정식으로 이루어진 모형들을 보통 단순모형이라고 부른다. 예를 들어 이번 장의 대부시장모형이나 제6장에 나오는 케인지언 크로스모형이 대표적인 단순모형이다.

10) 투자가 외생적으로 주어진다는 가정은 앞서 살펴본 투자함수에서 투자의 이자율탄력성 b가 0이라고 가정하는 것과 동일하다.

항상 모두 판매된다' 또는 '공급은 스스로 수요를 창출한다(Supply creates its own demand)'로 표현되는 세이의 법칙(Say's law)이 성립한다.

세이의 법칙 : $Y = \overline{Y}$[11)]

그런데 과연 어떤 이유로 생산된 재화가 모두 판매된다고 확신할 수 있다는 것일까? 이를 이해하기 위해서는 고전학파의 대부시장모형(loanable fund market model)을 살펴보아야 한다.

거시경제에서 자원의 대차가 이루어지는 것은 필연적이다. 앞서 우리는 경제전체의 총소득과 총소비를 살펴보았는데 폐쇄경제의 경우라면 총소득보다 총소비가 항상 작다. 그러나 각 개인의 경우로는 소득이 소비보다 클 수도 있고 작을 수도 있다. 따라서 어떤 사람들은 남는 부분을 빌려주고 다른 사람들은 부족한 부분을 빌려 쓰려 할 것이다. 이에 더하여 기업저축이 없는 경우라면 기업이 투자를 할 경우 그 자금을 모두 빌려서 투자할 수밖에 없다. 정부 역시 조세수입과 정부지출이 일치하지 않을 때 남거나 부족한 만큼을 빌려주고 빌려 쓰는 대부시장이 필요하게 된다. 정리하면 대부시장은 금융시장을 단순화시킨 것이라 볼 수 있다. 또한 이자율(interest rate)은 대부시장의 가격변수가 된다.

6.2 대부자금의 공급과 수요

분석의 편의상 다음 몇 가지를 가정한다.

- 가정 1 : 가계, 기업, 정부로 이루어진 3부문 폐쇄경제모형을 가정한다.
- 가정 2 : 총소득은 잠재적 생산량 수준에서 외생변수로 주어진다.
- 가정 3 : 완전분배정리가 성립하여 기업이윤 및 기업저축은 항상 0이다.
- 가정 4 : 가계와 정부는 투자를 하지 않는다. 즉 투자는 기업에 의해서만 이루어진다.
- 가정 5 : 가계와 정부를 대부시장의 공급측에 두고 기업을 대부시장의 수요측에 둔다.

---

11) 이 식은 제8장의 총수요－총공급모형에서 수직의 총공급곡선으로 나타내어진다. 지금 우리가 보고 있는 모형들은 보다 큰 모형의 일부라는 점을 유념하기 바란다.

이상의 가정은 단지 분석을 편리하게 하기 위한 것이며 일부 가정이 성립하지 않더라도 분석의 결론에는 차이가 없다. 이상의 가정하에 대부시장에서의 공급은 국민저축(national saving)으로 정의할 수 있다. 거시경제학에서 저축(savings)이란 '소득 중 소비하고 남은 부분'으로서 국민저축(S)은 민간저축(S_p)과 정부저축(S_g)의 합과 같다. 이 중 민간저축은 처분가능소득 중 소비하고 남은 부분이며, 정부저축은 조세에서 정부지출을 뺀 부분 또는 순조세수입 중 정부구매로 사용되지 않은 부분으로 정의된다. 정부저축은 그 값이 양(+)의 값일 때 재정흑자(budget surplus)와 동일하며 음(−)의 값일 때 재정적자(budget deficit)와 동일한 개념이 된다.

민간저축 : $S_p = Y - T - C$

정부저축 : $S_g = T - G$

국민저축 : $S = S_p + S_g = Y - C - G$

앞서 가정한 바와 같이 총소득과 정부구매가 외생변수로 주어지고 소비가 처분가능소득만의 함수라면 국민저축은 이자율에 영향을 받지 않기 때문에 국민저축-이자율평면에서 수직의 형태가 된다. 반면 소비가 처분가능소득뿐만 아니라 이자율의 감소함수이기도 하다면 국민저축은 우상향하는 형태가 된다.[12)]

다음으로 대부자금시장에서의 수요는 기업의 투자(investment)이다. 거시경제학에서 투자란 미래에 대비하는 지출 또는 '실물자본의 축적'을 의미한다. 만약 투자가 이자율의 감소함수라면 투자함수는 투자−이자율평면에서 우하향하는 형태가 된다.

투자함수 : $I = I(r)$

6.3 대부시장의 균형

대부시장의 균형은 이 시장에서의 공급과 수요, 즉 국민저축과 투자가 일치하는 수준에서 이루어진다. 이를 식으로 나타내면 다음과 같다.

대부시장의 균형조건 : $S = Y - C - G = I(r)$ [식 3]

---

12) 저축함수의 구체적 형태에 대해서는 이 장의 보론을 참고하기 바란다.

[식 3]을 다시 정리하면 다음과 같다.

$$Y = C + I(r) + G \text{ 또는 } \overline{Y} = C(\overline{Y} - \overline{T}) + I(r) + \overline{G} \qquad \text{[식 4]}$$

이 식을 보면 대부시장의 균형조건은 재화시장의 균형조건인 [식 2]와 동일하다는 것을 알 수 있다. 즉 이자율은 대부시장에서 균형을 성립시키는 과정에서 재화시장의 균형도 동시에 성립시킨다. [그림 4]의 (a)와 (b)는 각각 재화시장의 균형 및 대부시장의 균형을 나타내고 있다. 두 시장의 균형이 이루어지는 이자율이 r_0로 일치한다는 것은 두 시장의 균형조건이 동일하다는 것을 반영한 것이다.

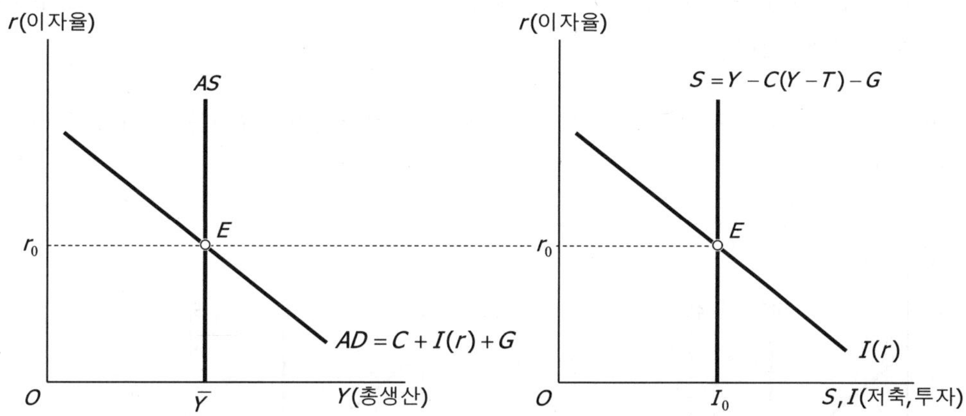

(a) 재화시장의 균형 (b) 대부시장의 균형

[그림 4] 재화시장과 대부시장의 균형

두 가지 주의할 점을 언급해 둔다. 첫째, 투자함수에 포함된 이자율은 엄밀하게는 **실질이자율**(real interest rate)을 의미한다. 실질이자율이란 이자율을 측정할 때 인플레이션을 조정하여 실물단위로 측정한 것을 의미한다. 이후에 다루겠지만 투자는 실질이자율에 대한 감소함수인데 비해 화폐수요는 명목이자율의 감소함수이다. 둘째, 대부시장의 균형조건과 재화시장의 균형조건이 동일하므로 재화시장을 고전학파의 주장에 맞게 재구성한 것이 대부시장이라 생각해도 좋다.

6.4 대부시장의 연습－I : 잠재적 생산량의 증가

편의상 저축함수가 수직인 경우를 가정한다. [그림 5]의 (a)와 (b)는 각각 재화시장 및 대부시장을 나타내며 최초 균형이 E점이라고 하자. 기술진보 또는 생산요소 부존량의 증가로 잠재적 생산량이 늘어날 경우 [그림 5]의 (a)에서 총생산을 나타내는 AS가 우측으로 이동한다. 이 경우 이자율이 하락하며 새로운 균형은 F점이 된다. [그림 5]의 (b)에서는 국민저축을 나타내는 S가 우측으로 이동한다. 이 경우에도 이자율이 하락하여 새로운 균형이 F점이 되는데 두 그림에서 이자율은 다시 일치한다.

정리하면 고전학파 모형에서는 총공급이 증가하는 경우 대부시장에서 이자율의 신축적 조정으로 인해 재화시장이 항상 균형을 이루므로 생산이 늘어나더라도 판매되지 않을까봐 걱정할 필요가 없다. 즉 '생산된 재화는 항상 모두 판매된다' 또는 '공급은 스스로 수요를 창출한다'는 세이의 법칙이 성립한다. 이상의 분석은 저축함수가 우상향하는 경우에도 똑같이 성립한다.

이러한 고전학파 경제학의 주장은 과연 얼마나 타당한가? 그것은 우리가 고려하는 기간에 달려있다.

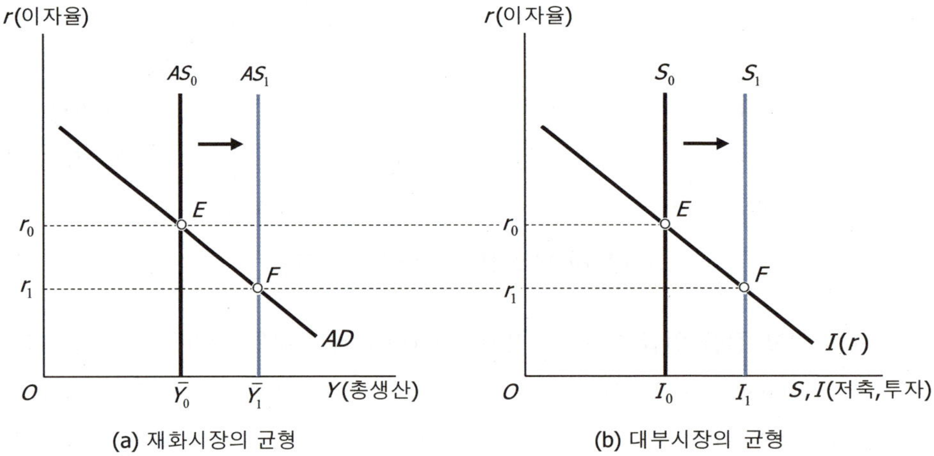

[그림 5] 잠재적 생산량의 증가

6.5 대부시장의 연습－2 : 재정정책의 분석

이번에는 저축함수가 수직인 경우와 우상향하는 경우를 비교해본다. **재정정책**(fiscal policy)이란 정부가 조세 또는 정부지출의 변화를 통해 거시경제에 영향을 미치는 정책을 말한다. 이 중 정부구매의 증가로 재정적자가 증가한 경우를 살펴보자. 정부구매 증가는 정부저축 및 국민저축을 감소시킨다. 우선 저축이 이자율에 영향을 받지 않는 경우는 [그림 6]의 (a)와 같다. 국민저축의 감소로 S가 좌측으로 이동하면 균형이 E점에서 F점으로 이동하는데 이 과정에서 이자율이 상승하고 정부구매와 동일한 폭으로 민간투자가 감소한다. 이와 같이 정부지출 증가로 인해 민간의 투자지출이 감소하는 효과를 **구축효과**(crowding out effect)라고 하는데 저축함수가 수직인 경우에는 완전한 구축효과가 발생한다.[13)]

저축곡선이 수직인 경우 : 민간투자의 감소폭＝정부구매의 증가폭

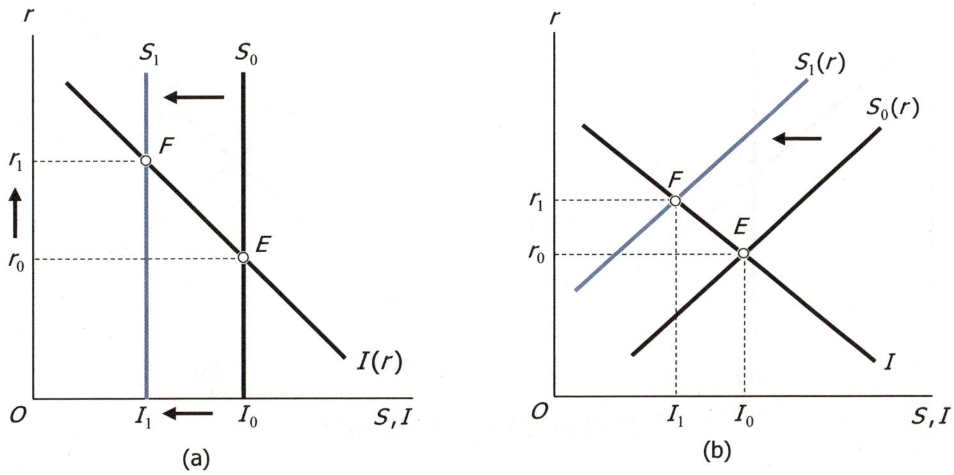

[그림 6] 정부구매 증가의 효과

저축이 이자율의 증가함수인 경우는 [그림 6]의 (b)와 같다. 이 경우 역시 정부구매의 증가는 국민저축을 나타내는 S를 좌측으로 이동시키고 이자율을 상승시켜 민간투자를 감소시킨다. 그러나 이 경우에는 투자의 감소폭이 정부구매의 증가폭보다 작다. 즉, 저축함수가 우상향하는 경우에는 부분적인 구축효과만 발생한다.

저축곡선이 우상향하는 경우 : 민간투자의 감소폭＜정부구매의 증가폭

이러한 차이가 발생한 것은 저축곡선이 우상향하는 경우에는 이자율이 상승함에 따라 민간저축이 증가하여 정부저축의 감소를 일부 상쇄시키기 때문이다.

---

13) 이는 구축효과를 가장 좁게 정의한 것이며 넓게는 '정부의 재정정책으로 인해 민간지출이 감소하는 다양한 효과'를 포괄한다.

6.6 대부시장의 연습－3 : 투자수요의 증가

기술이 진보하거나 투자세액공제를 통해 세금을 깎아준다는 약속을 하였을 때 투자함수가 이동한다. 저축곡선이 수직인 경우는 [그림 7]의 (a)와 같다. 이 경우 투자함수가 이동하며 균형이 E점에서 F점으로 이동한다. 이 과정에서 이자율은 상승하고 투자규모는 불변이다. 즉, 투자함수는 이동하였으나 투자량은 변하지 않았다.

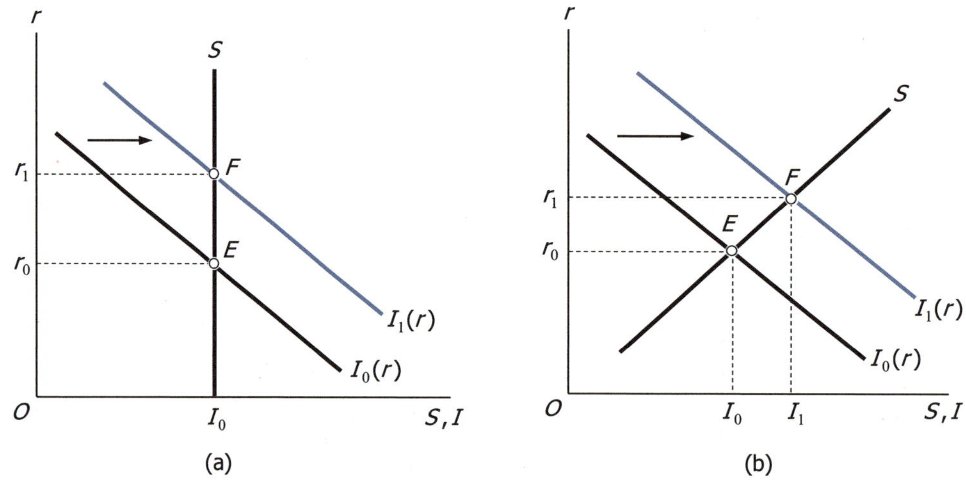

[그림 7] 투자수요 증가의 효과

반면 저축곡선이 우상향하는 경우는 [그림 7]의 (b)와 같다. 이때는 투자함수가 이동하며 실제투자량이 증가한다. 두 가지 사례에 차이가 발생한 것은 (a)의 경우 이자율이 상승해도 민간저축이 증가하지 않지만, (b)의 경우 이자율이 상승하면 민간저축이 증가하기 때문이다.

지금까지 우리는 대부시장에 대한 분석을 통해 재화시장에 대한 고전학파이론을 살펴보았으며 이 모형에서 이자율이 어떻게 결정되는지 살펴보았다. 대부시장이 현실에서 구체화된 것이 금융시장(financial market)이라 볼 수 있는데 이에 대해서는 제3장과 제13장에서 보다 자세히 살펴보도록 한다.

읽을거리 저축과 투자[14)]

▲ 그렇다면 경제학에서는 '주식에다 투자했어'가 아니고, '주식으로 저축했어'가 맞는 표현이군요!

우리가 일상생활에서 사용하는 용어가 경제학에서는 다른 의미로 사용되는 경우가 종종 있는데, 저축과 투자가 좋은 예다. 우리는 흔히 자신이 보유하고 있던 현금을 은행에 예금하면서 "나 은행에 저축했어."라고 표현한다. 물론 일상생활에서는 그 의미를 이해할 수 있으므로 틀린 표현은 아니다. 그러나 경제학에서는 저축을 달리 정의하고 있다. 경제학에서 저축이란 소득 중에서 소비하고 남은 부분을 말한다. 물론 은행의 예금이 저축의 결과로 발생할 수도 있지만, 위에서 예금은 그 사람이 보유하고 있는 자산구성의 변화에 불과하다. 즉 현금과 은행예금은 모두 자산의 일종이므로 위에서와 같이 현금을 은행에 예금하는 것은 보유하고 있던 자산의 형태를 현금으로부터 예금으로 바꾸는 행위에 불과하다.

투자의 경우도 마찬가지다. 우리는 어떤 회사의 주식을 사면서 "나 주식에 투자했어."라는 표현을 쓴다. 그러나 이것 역시 거시경제학에서 정의하는 투자는 아니다. 거시경제학에서의 투자란 실물투자로서 설비투자, 건설투자, 재고투자, 지적재산생산물투자의 네 가지만을 의미한다. 설비투자란 기계나 장비를 구입하는 것을 말한다. 건설투자는 공장이나 건물을 신축하는 것을 말하는데, 주택의 신축도 건설투자에 포함된다. 재고투자란 재고의 증가를 의미한다. 주의할 것은 단순히 재고를 가지고 있는 것만으로 재고투자가 되지 않고 재고를 증가시키는 것만이 재고투자라는 점이다. 예를 들어 한 서점이 2010년 말에 15,000권의 책을 재고로 가지고 있었는데, 이 재고가 2011년 말에는 25,000권으로 늘어났다면 2011년 중의 재고투자는 10,000권이 된다.

이처럼 경제학에서 내리는 저축과 투자의 정의는 우리가 일상생활에서 사용하는 의미와는 다른 만큼 경제분석을 하거나 경제서적을 읽을 때는 이를 혼동하지 않도록 주의해야 한다.

---

14) 김경수－박대근 저 「거시경제학(박영사)」 6판에서 인용하였다.

보론 소비함수와 저축함수

1. 소비가 이자율에 영향 받지 않는 경우

저축함수의 형태는 소비함수와 밀접하게 연관되어 있다. 이를 살펴보기 위해 다음과 같은 고전파 폐쇄경제모형을 가정하자.

- 소비함수 : $C=\overline{C}+c(Y-T)$
- 투자함수 : $I=\overline{I}-br$
- 정부구매 : $G=\overline{G}$
- 순조세 : $T=\overline{T}$
- 총소득 : $Y=\overline{Y}$

국민저축(S)의 함수식을 구하면 다음과 같다.

$$S=Y-C-G=\overline{Y}-\left[\overline{C}+c(\overline{Y}-\overline{T})\right]-\overline{G}=(1-c)\overline{Y}-\overline{C}+c\overline{T}-\overline{G}$$

소비가 이자율에 영향을 받지 않는 경우 국민저축 역시 이자율에 영향받지 않으므로 대부시장모형에서 국민저축함수는 수직선이 된다.

2. 소비가 이자율에 영향 받는 경우

소비함수가 다음과 같이 이자율의 감소함수인 경우를 가정한다. 다른 함수들은 위의 경우와 동일하다고 가정한다.

- 소비함수 : $C=\overline{C}+c(Y-T)-dr$

여기서 d는 소비의 이자율탄력성이다. 이 경우 국민저축(S)의 함수식을 구하면 다음과 같다.

$$S = Y - C - G = \overline{Y} - [\overline{C} + c(\overline{Y} - \overline{T}) - dr] - \overline{G} = (1-c)\overline{Y} - \overline{C} + c\overline{T} - \overline{G} + dr$$

이번에는 국민저축이 이자율의 증가함수가 되며 대부시장모형에서 기울기 $\frac{1}{d}$로 우상향하는 형태가 된다.

세이의 법칙과 왈라스의 법칙 / 보론

본문에서 고전학파 경제학자들은 세이의 법칙(Say's law)을 전제한다고 하였다. 일반적으로 세이의 법칙은 다음과 같이 표현된다.

> "공급은 스스로의 수요를 창출한다(Supply creates its own demand)."

독자는 아마 미시경제학에서 어떠한 가격체계하에서나 성립하는 항등식으로 왈라스의 법칙(Walras' law)을 배웠을 것이다. 그렇다면 세이의 법칙과 왈라스의 법칙은 어떤 관계가 있을까?

세이(Jean Baptiste Say)는 사람들이 자신의 재화를 판매하는 경우 그 대금을 반드시 다른 재화의 구입에 사용한다고 생각했다. 따라서 개별 재화시장별로 초과수요 또는 초과공급이 발생할 수 있지만, 반드시 다른 재화시장에 이와 상응하는 초과공급 또는 초과수요가 발생하여 초과수요가치가 0이 된다고 보았다. 따라서 세이의 법칙은 화폐를 제외한 재화시장만의 초과수요가치를 합해도 항상 0이 된다는 의미를 담고 있다.

왈라스의 법칙 : 화폐시장을 포함한 모든 시장의 초과수요가치의 합은 항상 0
세이의 법칙 : 화폐시장을 제외한 모든 시장의 초과수요가치의 합은 항상 0

n개의 시장 중 n번째 시장이 가격이 1인 화폐시장이라고 할 때 왈라스의 법칙과 세이의 법칙은 다음과 같이 나타낼 수 있다.

왈라스의 법칙 : $\sum_{i=1}^{n} P_i(D_i - S_i) \equiv \sum_{i=1}^{n} P_i Z_i \equiv 0$ 단, Z_i는 각 시장의 초과수요

세이의 법칙 : $\sum_{i=1}^{n-1} P_i \cdot Z_i \equiv - Z_n \equiv 0$

세이의 법칙은 화폐를 제외한 모든 재화시장의 초과수요가치의 합이 0이 된다는 것이다. 따라서 화폐가 존재하지 않는 물물교환경제(barter economy)에서 세이의 법칙은 왈라스의 법칙과 사실상 동일하다. 그러나 화폐교환경제에서는 왈라스의 법칙이 성립하더라도 세이의 법칙이 성립하지 않을 수 있다.

세이의 법칙이 성립한다면 개별 재화시장별로 과잉공급이 있을 수는 있지만 재화시장 전체적으로 일반적 과잉생산(general overproduction or general glut)은 발생할 수 없다. 고전학파 경제학자들은 세이의 법칙에 기초해서 경제 내의 특정분야에서의 판매부진은 있을 수 있으나 전반적 경기침체는 발생할 수 없다고 주장하였다. 반면 케인즈는 세이의 법칙이 성립하기 위해서는 화폐에 대한 초과수요가 항상 0이어야 하는데 물물교환경제가 아닌 한 이것이 성립할 이유가 전혀 없으므로 고전학파 경제학이 잘못되었다고 비판하였다.

핵심용어해설

- **총체적 생산함수** : 거시경제에서 생산요소와 생산량 사이의 기술적 관계를 나타내는 함수
- **잠재적 생산량** : 한 거시경제가 주어진 기술수준하에서 모든 생산요소를 정상적으로 사용한 경우의 생산량, 즉 장기균형생산량
- **완전분배정리** : 규모수익불변이 성립할 때 각 요소의 분배몫을 합하면 정확히 총생산과 일치한다는 정리
- **GDP갭** : 실제 생산량과 잠재적 생산량의 차이 또는 실제 생산량과 잠재적 생산량의 차이의 잠재적 생산량에 대한 비율
- **독립소비** : 소비 중 처분가능소득과 무관히 결정되는 부분
- **한계소비성향** : 처분가능소득이 한 단위 증가할 때 나타나는 소비의 변화분

- **평균소비성향** : 처분가능소득에 대한 소비의 비율
- **독립투자** : 투자 중 이자율과 무관히 결정되는 부분
- **투자의 이자율탄력성** : 투자가 이자율에 반응하는 정도를 나타내는 비율
- **순조세** : 조세에서 보조금을 뺀 값
- **대부시장** : 자금을 빌리고 빌려주는 시장, 단순화된 금융시장
- **국민저축** : 총소득에서 민간소비와 정부구매를 뺀 값
- **정부저축** : 순조세에서 정부구매를 뺀 값
- **민간저축** : 민간 처분가능소득에서 민간소비를 뺀 값
- **재정적자** : 정부구매에서 순조세를 뺀 값, 정부저축과 크기가 같고 부호는 반대
- **구축효과** : 정부지출의 증가로 인해 민간지출이 감소하는 현상, 주로 이자율상승으로 인한 투자감소를 의미
- **세이의 법칙** : 공급은 스스로의 수요를 만들어낸다는 주장
- **재정정책** : 조세 또는 정부지출 변화를 통해 거시경제에 영향을 미치는 정책

연습문제

01 생산함수가 다음과 같이 주어진 경우 다음의 성질이 성립함을 설명하시오.

$$\text{생산함수}: Y = F(K, L) = AK^{\alpha}L^{1-\alpha}$$

(1) 규모수익불변이 성립한다.

(2) 요소별 평균생산 및 한계생산은 규모와 무관히 자본−노동비율에 의해서만 결정된다.

(3) 완전분배정리가 성립한다.

02 본문에서 살펴본 완전분배정리 식은 총소득의 구성을 나타낸다. 이를 1인당 소득의 구성을 나타내는 식으로 변형해 보아라.

03 고전학파 경제학자들은 재화시장의 균형이 이자율의 조정에 의해 달성된다고 주장한다. 그 이유는 무엇인가?

04 민간저축은 항상 양인가 또는 음의 값을 가질 수 있는가? 정부저축은 어떠한가? 투자는 어떠한가?

05 저축이 이자율의 증가함수라면 재정정책의 구축효과가 나타나지 않는다는 주장을 평가하시오.

06 일부 교과서에서는 사전적으로 계획된 투자의 변화, 즉 투자함수의 변화를 '투자의 변화'라고 하고 사후적으로 실현된 투자의 변화를 '투자량의 변화'라고 구분하기도 한다. 이러한 구분에 의할 때 투자는 증가하였으나 투자량은 증가하지 않는 경우는 어떤 경우인가?

07 다음 식으로 나타낼 수 있는 경제를 가상하여 보자.

$$Y = C + I + G$$
$$Y = 5,000$$
$$G = 1,000$$
$$T = 1,000$$
$$C = 250 + 0.75(Y - T)$$
$$I = 1,000 - 50r$$

(1) 상기경제의 민간저축, 정부저축, 총저축을 계산하시오.
(2) 균형이자율을 계산하시오.
(3) G가 1,250으로 증가한 경우 민간저축, 정부저축, 총저축을 계산하시오.
(4) 새로운 균형이자율을 계산하시오.

08 가계, 기업, 정부로 이루어진 3부문 모형에서 순환도표(flow diagram)를 그려보아라. (단 화살표는 화폐의 흐름을 나타내도록 할 것)

CHAPTER 03

거시경제의 주요시장-2 : 화폐시장

CONTENTS

CHAPTER PREFACE | 들어가며

제2장의 후반부에서 우리는 대부시장의 균형을 살펴보았다. 이러한 대부시장이 구체화된 것이 현실의 금융시장인데 화폐시장은 그 중 유동성이 높은 금융자산이 거래되는 시장을 의미한다. 이번 장에서는 먼저 거시경제학에서의 화폐의 개념을 정의하고 화폐에 대한 공급과 수요를 설명할 것이다. 그리고 화폐의 가치를 나타내는 물가(prices)와 인플레이션율(inflation rate)을 설명하는 중요한 공식들을 다룰 것이다. 또한 명목변수(nominal variables)와 실질변수(real variables)의 차이를 설명하고 이에 대한 고전학파의 사고, 즉 고전학파적 이분법과 화폐의 중립성이 의미하는 바를 살펴본다.

01 화폐이론의 기초

1.1 화폐의 정의

일상적인 의미에서 돈 또는 화폐(money)는 다양한 의미로 사용된다. 다음의 사례들을 살펴보자.

사례 1 : '대기업 회장들은 돈이 많다.'

사례 2 : '치과의사들은 돈을 잘 번다.'

사례 3 : '요즘 시중에 돈이 어디로 몰리는가?'

사례 4 : '지금 당장 돈이 없는데 카드로 결제할 수 있을까요?'

사례 1에서 '돈'은 저량변수로서 재산(wealth)이라는 의미로 사용되었다. 사례 2에서 돈은 유량변수로서 소득(income)이라는 의미로 사용되었다. 사례 3에서는 돈이 금융자본(financial capital)이란 의미로 사용되었으며 사례 4에서는 현금(cash)의 의미로 사용되었다. 하지만 거시경제학자들은 화폐라는 용어를 우리가 일상에서 사용하는 것과 다른 의미로 사용한다. 거시경제학에서 많이 사용하는 화폐의 정의는 다음과 같다. 첫 번째는 화폐가 수행하는 기능에 따른 정의이며 두 번째는 화폐라는 자산이 가지는 성질에 따른 정의이다.

정의 1 : 교환에 쉽게 사용될 수 있는 몇 가지 자산

정의 2 : 금융시장에서 수익성 자산에 대비되는 유동성 자산

한 자산을 다른 자산으로 쉽게 전환할 수 있는 속성을 유동성(liquidity)이라고 한다. 어떤 자산이 교환에 쉽게 사용될 수 있다는 것은 한 자산이 다른 자산으로 쉽게 전환될 수 있음을 의미한다. 따라서 위 두 가지 정의는 밀접하게 연관되어 있음을 알 수 있다. 이처럼 거시경제학에서 화폐는 주식이나 채권 같은 수익성 자산에 대비되는 개념으로서의 유동성 자산을 말한다는 점을 주의하기 바란다.

1.2 화폐시장의 의미

화폐시장(money market)은 금융시장의 일부로서 유동성이 높은 자산이 거래되는 시장을 말한다.[1] 금융시장은 여러 가지 기준으로 구분할 수 있는데, 주식이나 채권과 같이 높은 수익을 얻는 것을 목표로 하는 수익성 상품시장과 수익이 없거나 작아도 손쉽게 거래할 수 있도록 하는 것을 목표로 하는 유동성 상품시장으로 구분할 수 있다. 이 중 후자를 화폐시장이라고 한다. 금융시장을 하나의 큰 시장으로 보고 금융시장이 균형을 이룬다고 할 때 왈라스의 법칙(Walras' law)에 의하면 둘 중 하나가 균형이 되면 나머지 하나는 자동으로 균형이 된다. 따라서 우리는 지금부터 상대적으로 분석이 쉽고 정부의 정책과 보다 직접적으로 연관되어 있는 화폐시장을 중심으로 설명한다.

본격적인 분석에 들어가기 전에 두 가지 주의할 점을 먼저 일러두려 한다. 첫째, 화폐가 유동성이 높은 자산을 일컫는 표현이기 때문에 거시경제학 교과서에서 '화폐'와 '유동성'을 동의어처럼 사용하는 경우가 많다는 점이다.[2] 이에 더하여 '통화(通貨)'라는 용어도 화폐와 같은 의미로 널리 사용되는 용어이므로 이 책에서 세 가지 용어가 거의 같은 의미로 사용될 것이다. 둘째, 많은 교과서에서 금융시장이 두 가지 금융상품, 즉 화폐와 채권만으로 이루어졌다고 가정하는 경우가 많은데 이 경우 전자는 당연히 유동성 자산들을 대표하는 개념이고 후자는 수익성 자산들을 대표하는 개념이라고 생각하면 된다.

정리하자. 거시경제학에서 화폐란 이자가 없거나 이자율이 매우 낮은 금융자산을 의미하며 이러한 성질의 금융자산이 거래되는 시장을 화폐시장이라고 한다.

1.3 화폐의 기능

화폐의 기능 가운데 가장 중요하고 본질적인 것은 교환의 매개체(medium of exchange)로서의 기능이다. 이는 상품과 서비스를 구매하는데 사용되는 지급·결제수단으로서의 기능을 말한다.

---

1) 화폐시장의 정의를 Google에서 검색하면 다음의 결과를 얻을 수 있다. 'The money market is where financial instruments with high liquidity and very short maturities are traded.'

2) 화폐를 유동성이라고 부르는 것은 케인즈(J. M. Keynes) 이후에 보편화된 관행이다. 케인즈는 화폐에 대한 수요의 본질이 유동성이란 성질을 좋아하는 것이라 보고 화폐수요를 유동성선호(liquidity preference)라 불렀는데 현재까지도 이러한 전통이 이어져 내려오고 있다.

두 번째는 가치의 저장수단(store of value)으로서의 기능이다. 일반적으로 사람들은 자신의 소득을 현재 다 소비하기보다는 여러 기간에 적절히 나누어 소비하는 편을 더 좋아한다. 또한 미래에 좋은 투자기회가 왔을 때 이를 놓치고 싶지 않을 것이다. 이처럼 미래의 소비 또는 투자기회에 적절히 대응하기 위해서는 자신의 구매력 중 일부를 유동성이 높은 자산인 화폐로 보유하고 있어야 한다.

세 번째는 가치의 측정단위(unit of account)로서의 기능이다. 이는 가격이나 가치를 측정하고 기록하는 공통된 단위로서의 화폐의 기능을 의미하는데, 어떤 자산이 거래에 활발히 사용된다면 사람들이 상품의 가치를 나타내거나 채권채무를 표시할 때에도 자연스럽게 그 자산을 단위로 사용하게 될 것이다.

이러한 화폐의 기능 중 미시경제학에서는 교환의 매개체로서의 기능과 가치의 측정단위로서의 기능만 강조되었다. 그러나 거시경제학에서는 상대적으로 가치의 저장수단으로서의 기능이 강조된다는 점에 주의하기 바란다.

1.4 화폐의 유형과 측정방식

1.4.1 법정화폐와 상품화폐

화폐에는 우선 우리가 사용하는 지폐와 주화처럼 국가에서 정한 단위로 표시된 법정화폐(fiat money)가 있다. 법정화폐의 가치는 종이나 금속이 가지는 본질가치가 아니라 법에서 정하는 액면금액(face value)에 의해 그 가치가 결정된다. 그러나 역사적으로 법정화폐가 사용된 것은 그리 오래되지 않았으며 상당히 최근까지도 상품화폐(commodity money)가 사용되었다. 기록에 따르면 금화, 은화와 같은 금속이나 비단, 쌀과 같이 보관하기 좋고 가치가 안정되어 있으며 널리 사용되는 상품들이 상품화폐로 사용되었으며 담배가 화폐로 사용된 경우도 흔히 찾아볼 수 있다.[3)]

1.4.2 통화지표의 정의 및 선택

앞서 언급한 것처럼 거시경제에서 화폐는 매우 중요한 역할을 수행하기 때문에 중앙

3) 담배가 화폐로 사용된 기록은 여러 곳에서 발견된다. 우선 2차 대전 시 포로수용소에서 담배가 화폐의 역할을 했다는 기록이 있으며, 구소련 붕괴 시 러시아에서 루블이 화폐로 역할을 하지 못하자 모스크바 시민들이 주로 담배로 거래를 했다는 기록이 있다.

은행은 항상 통화량의 변동에 관심을 갖고 이를 관리한다. 구체적인 통화지표는 어느 정도의 유동성을 갖는 자산까지 화폐의 범주에 포함시키는지에 따라 여러 단계로 구분될 수 있다.

가장 좁은 의미의 통화지표는 협의통화($M1$)로서 교과서에서 가장 많이 사용하는 지표이다. 협의통화는 민간이 보유한 현금통화(currency)와 예금은행에 예치한 요구불 예금(demand deposit)으로 구성된다. 이 중 현금이 교환의 매개체로 널리 사용되고 있다는 사실은 누구나 아는 사실이다. 또 개인수표, 인터넷뱅킹 등을 통해 언제나 인출할 수 있는 예금을 요구불 예금이라고 하는데, 요구불 예금은 때로는 현금보다도 더 편리하게 거래의 매개체로 사용될 수 있기 때문에 이를 통화의 정의에 포함한 것이다. 협의통화보다 넓은 통화지표인 광의통화($M2$)는 협의통화($M1$)에 저축성 예금(time deposit)을 더한 것이다. 저축성 예금 역시 약간의 이자만 포기하면 언제든지 쉽게 현금이나 요구불 예금으로 바꿀 수 있기 때문에 화폐에 포함시킬 수 있다.

광의통화보다 넓은 범위를 포함하는 지표가 금융기관유동성(Lf)인데 이는 광의통화($M2$)에 금융기관들이 발행한 유동성이 높은 금융자산들을 널리 포함한 것이다. 더욱 넓은 통화지표로 광의유동성(L)이 있는데 이는 금융기관유동성(Lf)에 국공채, 회사채 등 기타 유동성자산을 포함한 것이다. 이상에서 설명한 통화지표를 정리하면 [표 1]과 같다.[4] 이 중 $M1$에 가까울수록 유동성과 통제가능성(controllability)이 높아지지만 실물경제와의 관계의 밀접성(closeness)은 점차 낮아진다는 선택의 문제가 발생한다. 이하 이 책에서는 주로 협의통화($M1$)를 중심으로 설명해 나가기로 한다.

<table>
<tr><td>현금통화(C)</td><td>요구불 예금(D)</td><td>저축성 예금</td><td>기타
금융권자산</td><td>국공채 등 기타
유동성자산</td></tr>
<tr><td colspan="2">협의통화($M1$)</td><td></td><td></td><td></td></tr>
<tr><td colspan="3">광의통화($M2$)</td><td></td><td></td></tr>
<tr><td colspan="4">금융기관유동성(Lf)</td><td></td></tr>
<tr><td colspan="5">광의유동성(L)</td></tr>
</table>

[표 1] 우리나라 통화지표의 체계

4) 과거에는 협의통화($M1$)와 광의통화($M2$)를 각각 통화와 총통화로 불렀다. $M1$과 $M2$를 통화지표라고 부르는 반면 L과 Lf를 유동성지표라고 하여 구분하기도 한다.

1.5 화폐경제의 이점과 신뢰성의 중요성

물물교환경제에 비해 화폐경제는 많은 이점을 가지고 있다. 첫째, 화폐가 존재함으로써 욕구의 이중적 일치(double coincidence of wants)를 위한 탐색비용이 감소한다. 만약 화폐가 없다면 사과를 팔아 공책을 사려는 사람은 공책을 팔아 사과를 사려는 사람을 만나야 한다. 그러나 일반적으로 수용되는 화폐가 있다면 이 사람은 그냥 사과를 사려는 사람을 만나 물건을 팔고 화폐를 받은 후 다시 공책을 팔려는 사람을 만나서 화폐를 주고 공책을 받으면 된다. 이 중 후자의 거래가 훨씬 더 쉽게 이루어질 수 있다는 것은 두말할 나위가 없다.

둘째, 화폐가 있기 때문에 소득 수취시점에서 거래 및 소비시점까지의 보관비용이 감소한다. 예를 들어 어부의 소득은 최초에 생선으로 발생하는데, 만약 이를 빨리 팔아서 화폐로 바꾸지 않고 소비할 일이 생길 때마다 물물교환을 한다면 보관하기 위해 많은 비용이 들 것이라는 것을 쉽게 생각해 볼 수 있다.

셋째, 가치의 기준이 되는 화폐가 있기에 우리는 복잡한 가격체계를 간단하게 나타낼 수 있으며 각종 계산과 재무계획을 세우는 데 소요되는 계산비용을 감소시킬 수도 있다.

이처럼 화폐경제는 많은 이점이 있다. 화폐경제에 있어 주의할 점은 신뢰성(credibility)이 매우 중요하다는 점이다. 현재의 화폐제도는 내재가치가 없는 명목화폐제도를 사용하고 있다. 만약 화폐의 가치에 대해 사람들이 신뢰하지 않는다면 아무도 화폐를 받지 않으려고 할 것이며 화폐는 제 역할을 하지 못하게 될 것이다. 이처럼 화폐가치에 대한 신뢰가 떨어지면 아무도 화폐를 받지 않으려 할 것이며 이에 따라 화폐가치가 급격하게 하락하는데 이러한 현상을 초인플레이션(hyperinflation)이라고 한다.

이에 더하여 현대 금융경제의 근간을 이루는 은행은 자신들이 받은 예금의 아주 일부만을 지급준비금으로 남기고 나머지는 대출한다. 이러한 관행을 부분지급준비제도(fractional reserve banking system)라고 하는데 이러한 관행이 유지되기 위해서도 신뢰성이 매우 중요하다. 왜냐하면 부분지급준비제도 하에서 사람들이 은행을 믿지 못한다면 모두 은행으로 달려가 인출을 요구하게 되고 아무리 건전한 은행이라도 문을 닫아야 하는 일이 생기게 될 것이기 때문이다. 이러한 현상을 예금인출쇄도현상 또는 뱅크런(bank−run)이라고 한다. 이러한 현상들이 발생하면 화폐경제의 세 가지 이점들이 사라지게 되며 경제에 매우 오랜 기간 나쁜 영향을 미치게 된다.

읽을거리 신용카드, 직불카드, 그리고 화폐[5)]

'신용카드(credit card)가 통화량에 당연히 포함되어야 한다.'고 생각하는 사람들도 있을 것이다. 이 주장은 상당히 설득력 있어 보이지만 실제로 신용카드는 어떠한 통화지표에도 포함되지 않는다. 신용카드는 지불수단이 아니라 지불을 연기(deferring payment)하는 수단이기 때문이다. 어떤 사람이 식당에서 식사를 하고 신용카드로 대금을 결제하면 신용카드를 발급한 은행이 식당에 식사대금을 우선 지급한다.[6)] 신용카드 주인은 나중에 이 금액(또는 이자를 더한 금액)을 은행에 납부한다. 은행에서 신용카드 사용대금 청구서를 받으면 예금잔액에 대해 수표를 발행하여 대금을 지불할 수 있다. 이 경우 은행예금 잔액은 통화량에 포함된다. 신용카드와 달리 직불카드(debit card)로 물건을 구입하면 그 결제금액이 은행예금 계좌에서 바로 빠져나간다. 직불카드는 카드 소유자에게 지급을 연기하도록 허용하는 것이 아니고 은행에 있는 자기 예금계좌의 잔액을 즉시 쓸 수 있게 해 주는 것이다. 이런 의미에서 직불카드는 신용카드보다는 개인수표에 가깝다고 볼 수 있다. 직불카드 배후에는 예금계좌 잔액이 있으며, 이 잔액은 통화량에 포함된다.

비록 화폐로 취급되지는 않지만 신용카드는 은행제도를 분석하는데 중요하다. 신용카드를 사용하는 사람은 물건을 살 때마다 대금을 지급하는 것이 아니라 월말에 한꺼번에 결제한다. 따라서 신용카드를 소유한 사람은 그렇지 않은 사람들에 비해 평균적으로 화폐보유량이 적을 것이다. 그러므로 신용카드가 보급되고 더 많이 사용되면 사람들이 보유하려는 화폐의 양은 줄어들 것이다.

---

5) 이 글은 「맨큐의 경제학(교보문고)」에서 인용하였다.

6) 꼭 은행이 아니라 여신전문업체인 카드회사일 수도 있다.

02 화폐의 공급과 고전학파적 물가결정이론

2.1 화폐의 공급

흔히 현대사회에서 화폐의 공급은 중앙은행(central bank)이 결정한다고 말한다. 실제로 중앙은행은 국공채를 사고파는 공개시장운영(open market operation), 예금은행에 대한 대출규모 또는 대출이자율의 조정, 예금은행의 지급준비율에 대한 규제 등을 통해 통화공급량에 강력한 영향을 미친다. 하지만 화폐의 공급에는 중앙은행만이 참여하는 것은 아니다. 사실 화폐의 공급이란 중앙은행뿐만 아니라 예금은행과 민간이 함께 참여하는 공동작업이다. 자세한 과정에 대해서는 제12장에서 살펴보기로 하고 당분간은 편의상 중앙은행이 통화공급량을 결정할 수 있다고 가정하자.

명목화폐공급 : $M^s = \overline{M}$ 실질화폐공급 : $\dfrac{M^s}{P} = \dfrac{\overline{M}}{P}$ [식 1]

실질화폐공급이란 명목화폐공급량을 물가로 나눈 것으로서 실질화폐잔고(real money balance) 또는 실질잔고라고도 한다. 명목화폐공급이 통화량을 화폐단위로 나타낸 것이라면 실질화폐공급은 통화량을 실질구매력 단위로 나타낸 것이다.

2.2 통화량과 물가에 대한 장기이론

2.2.1 수량방정식과 화폐수량설

앞에서 물가의 개념을 살펴보았고 통화량의 개념을 이해하였으니 이제 양자 간의 관계를 설명하는 고전학파의 이론인 **수량방정식**(quantity equation)과 **화폐수량설**(quantity theory of money)을 살펴보자. 이를 위해 우선 **화폐의 유통속도**(velocity of money)라는 개념을 두 가지 관점에서 살펴볼 필요가 있다.

먼저, **화폐의 거래유통속도**(transaction velocity of money)란 주어진 기간 내에 화폐가 한 경제 내에서 거래에 사용된 총 횟수를 의미한다.

$$\text{화폐의 거래유통속도 : } V=\frac{PT}{M}=\frac{\text{총거래액}}{\text{통화량}}$$

T=총거래량, P=물가수준, M=통화량

예를 들어 2020년에 한 국가에서 500조 원의 총거래가 이루어졌다고 하자. 그때 이 국가에 만약 100조 원의 화폐가 있다면 평균적으로 화폐 한 단위는 5번씩 거래에 사용되었을 것이다. 이때의 5를 화폐의 거래유통속도라고 한다.

그런데 거시경제학에서는 총거래액보다는 최종산출물의 거래액에 더 큰 중요성을 두고 있다. 그래서 화폐유통속도를 총거래액이 아닌 최종산출물의 거래액에 대해 측정할 수 있는데 이를 **화폐의 소득유통속도**(income velocity of money)라고 한다. 최종산출물의 거래액이 바로 명목 GDP이기 때문에 명목 GDP를 통화량으로 나눈 것이 화폐의 소득유통속도가 된다고 표현할 수도 있다.

$$\text{화폐의 소득유통속도 : } V=\frac{PY}{M}=\frac{\text{최종산출물의 거래액}}{\text{통화량}}$$

Y=최종산출량, P=물가수준, M=통화량

예를 들어 한 경제에서 최종산출물을 거래한 액수가 총 300조 원이고 이 경제에서 통화량이 100조 원이라고 하자. 이 경우 화폐는 최종산출물의 거래에 평균적으로 3번씩 사용된 셈인데 이때 3을 화폐의 소득유통속도라고 한다. 앞으로 특별한 언급이 없다면 이 책에서 화폐의 유통속도는 소득유통속도의 의미로 사용할 것이다. 화폐의 소득유통속도의 정의식을 정리하면 수량방정식(quantity equation of money)이 된다.[7]

$$\text{수량방정식 : } MV=PY$$

$$\text{통화량}\times\text{화폐유통속도}=\text{물가수준}\times\text{총소득}$$

이를 전미분 전개한 후 변화율로 나타내면 다음과 같다.

---

7) 이러한 형태로 식을 정리한 것은 미국의 경제학자 어빙 피셔(Irving Fisher)이다. 수량방정식을 교환방정식(exchange equation)이라고 부르기도 한다.

$$\frac{\Delta M}{M}+\frac{\Delta V}{V}=\frac{\Delta P}{P}+\frac{\Delta Y}{Y}$$

통화증가율 + 화폐유통속도변화율 = 인플레이션율 + 실질경제성장률

고전학파 경제학자들은 화폐의 유통속도란 사회의 지불관행, 결제관습, 제도 등에 의해 영향을 받는 값이기 때문에 고정에 가깝다고 보았다. 이 가정이 성립한다면 명목소득(PY)은 화폐의 수량이 결정한다. 또한 명목소득의 증가율은 통화증가율이 결정한다.

명목소득의 결정 : $M\overline{V}=PY$ 또는 $\frac{\Delta M}{M}=\frac{\Delta(PY)}{(PY)}$ [8)]

또한 고전학파의 가정에 의하면 장기적으로 볼 때 실질소득, 즉 실질산출량은 화폐와는 무관히 결정되는 값이기 때문에 물가(P)는 화폐의 수량이 결정한다. 또한 물가의 상승률은 통화증가율이 결정한다.

물가의 결정 : $M\overline{V}=P\overline{Y}$ 또는 $\frac{\Delta M}{M}=\frac{\Delta P}{P}$

이와 같이 화폐유통속도가 고정이라는 가정을 받아들이게 되면 화폐가 명목 GDP와 물가를 결정하는 가장 중요한 요인이라는 결론에 이르게 되는데 이를 **고전적 화폐수량설**(classical quantity theory of money)이라고 한다.

고전적 화폐수량설은 훗날 프리드먼(M. Friedman)에 의해 신화폐수량설(modern quantity theory of money)로 계승·발전된다. 프리드먼은 슈월츠(A. Schwartz)와의 공동연구를 통해 지속적 인플레이션은 거의 대부분 통화공급의 증가에서 비롯한다는 사실을 실증적으로 보이고 그 결과를 '인플레이션은 언제, 어디서나 화폐적 현상이다(Inflation is always and everywhere a monetary phenomenon).'라고 표현하였다. 이러한 프리드먼의 명제는 대체로 타당하지만 지나치게 단정적인 표현 때문에 논란의 대상이 되기도 한다.

그렇다면 통화량이 증가할 때 물가가 상승하는 것의 직관적 의미는 무엇일까? 제1장에서 물가상승은 상품가격의 상승인 동시에 화폐가치하락을 의미한다는 것을 살펴보았

---

8) $\frac{\Delta M}{M}+\frac{\Delta V}{V}=\frac{\Delta P}{P}+\frac{\Delta Y}{Y}$에 $\frac{\Delta V}{V}=0$ 및 $\frac{\Delta(PY)}{(PY)}=\frac{\Delta P}{P}+\frac{\Delta Y}{Y}$을 반영하였다.

다. 그렇다면 수요와 공급의 관계에서 화폐의 공급이 증가하면 화폐의 가치가 떨어지고 이것이 물가의 상승으로 나타나게 된다는 것을 쉽게 이해할 수 있을 것이다.

2.3 피셔방정식과 피셔효과

거시경제학에서는 명목변수와 실질변수를 구분하는 것이 매우 중요하다. 이자율의 경우 역시 명목이자율과 실질이자율을 구분하는 것이 매우 중요한데 이를 위해 간단한 예를 들어보자. 현재 여러분이 100만 원을 가지고 있으며 현재 사과 1개가 10,000원이어서 100개의 사과를 살 수 있다고 하자. 또 은행에 100만 원을 맡기면 내년에 110만 원으로 돌려준다고 하자. 이 경우 보통 이자율이 10%라고 이야기한다. 그런데 만약 은행에 돈을 맡긴 1년간 인플레이션이 10%로 발생해서 사과가격이 11,000원이 된다면 여전히 사과는 100개밖에 살 수 없다. 그렇다면 사과를 단위로 측정한다면 이자율은 0%가 되는 셈이다. 또한 1년간 인플레이션이 7%로 발생한다면 1년 후에 사과는 약 103개 정도밖에 살 수 없을 것이다. 그렇다면 사과로 측정한 이자율은 약 3%가 된다. 일반적으로 화폐단위로 측정된 이자율을 **명목이자율**(nominal interest rate : i)이라고 하는데 위 예에서 10%가 된다. 반면 실물단위로 측정된 이자율을 **실질이자율**(real interest rate : r)이라고 하는데 인플레이션이 10%인 경우에는 0%가 되고 인플레이션율이 7%인 경우에는 3%가 된다. 달리 표현하면 인플레이션율을 빼지 않은 이자율을 명목이자율, 인플레이션율을 뺀 이자율을 실질이자율이라고 할 수 있다. 이러한 관계를 나타내는 것이 **사후적 피셔방정식**(ex-post Fisher equation)이다.

사후적 피셔방정식 : $r = i - \pi$ 또는 $i = r + \pi$

그런데 위 사례에서 100만 원을 가지고 있는 사람이 이를 화폐로 보유할지 사과로 보유할지 은행에 맡길지를 결정하는 것은 1년이 지난 시점이 아닌 현재 시점이다. 현재의 시점에서 앞으로 1년간의 인플레이션율을 정확하게 알 수 없기 때문에 실질이자율을 예측하기 위해서는 기대인플레이션율(π^e)을 사용할 수밖에 없다. 따라서 명목이자율, 기대인플레이션율, 실질이자율간에는 다음과 같은 관계가 성립하는데 이를 **사전적 피셔방정식**(ex-ante Fisher equation)이라고 한다.

사전적 피셔방정식 : $r^e = i - \pi^e$ 또는 $i = r^e + \pi^e$

위 두 가지 피셔방정식에서 유의할 점은 다음과 같다. 첫째, 실제인플레이션율과 기대인플레이션율이 상이하다면 실제실질이자율(r)과 기대실질이자율(r^e)이 상이해질 수 있으므로 두 가지를 잘 구분해야 한다. 둘째, 사전적으로 인플레이션기대치를 사용해야 하는 경우라면 실질이자율은 당연히 기대치가 되기 때문에 사전적 피셔방정식에서 실질이자율에 기대를 나타내는 상첨자 e를 생략해서 사용하는 경우가 많다. 그러나 첨자를 생략하였더라도 사전적 피셔방정식에서의 실질이자율이 예측치라는 사실이 바뀌는 것이 아님에 유의하기 바란다. 두 가지 실질이자율을 구분해야 하는 경우에는 다시 첨자를 붙여 나타낼 것이다.

피셔방정식은 여러 가지로 해석될 수 있다. 고전학파 경제학자들은 실질이자율이 제2장에서 살펴본 대부시장(loanable fund market)에서 결정되는 값이며 화폐부문의 영향을 받지 않는다고 주장한다. 이러한 경우 인플레이션이 발생하면 이와 똑같은 크기로 명목이자율이 상승하게 되는데 이러한 1:1의 상관관계를 **피셔가설**(Fisher hypothesis) 또는 **피셔효과**(Fisher effect)라고 한다.

다음 내용으로 넘어가기 전에 두 가지 문제를 생각해 보도록 하자. 첫째, 피셔방정식과 피셔가설의 직관적 의미는 무엇일까? 이는 금융시장 참여자들이 금융거래에 인플레이션을 반영하려 한다는 것이다. 즉 금융시장 참여자들은 인플레이션이 예상되는 경우 명목이자율을 높게 설정함으로써 자신들이 원하는 실질이자율을 달성하려 한다. 둘째, 명목이자율과 실질이자율 중 어느 것이 더 중요한 것일까? 대답은 경우에 따라 다르다는 것이다. 예를 들어 사람들은 인플레이션율이 10%인 국가에서 10%의 명목이자를 받는 것보다, 인플레이션율이 0%인 국가에서 3%의 명목이자율을 받는 것을 더 좋아할 것이다. 이는 실제 사람들이 저축이나 투자를 할 때 중요하게 생각하는 이자율이 실질이자율임을 의미한다. 즉 제2장의 대부시장분석에서 사용된 이자율은 실질이자율이다. 반면 사람들이 화폐보유에 대한 의사결정을 내릴 때 사람들이 명목이자율을 중요하게 생각한다. 왜냐하면 실물투자를 하는 경우와 달리 화폐를 보유하는 경우에는 화폐가치의 하락도 기회비용으로 고려해야하기 때문이다.

2.4 고전학파 경제이론에 대한 평가

이상에서 살펴본 화폐수량설과 피셔가설은 고전학파 경제학의 사고를 반영하는 대표적인 이론들이다. 화폐수량설이란 통화량이 증가하면 같은 비율로 물가가 상승한다는 것으로서 실질산출량은 화폐에 의해 영향을 받지 않는다는 것을 전제로 한다. 피셔가설이란 인플레이션이 발생할 때 인플레이션율 상승폭과 같은 폭으로 명목이자율이 상승한다는 것으로 실질이자율은 화폐에 의해 영향을 받지 않는다는 것을 전제로 한다. 두 이론의 공통점은 화폐는 실질산출량이나 실질이자율 같은 실질변수(real variables)에는 영향을 미치지 못하고 명목변수(nominal variables)에만 영향을 미친다는 점인데, 이런 특징을 고전적 이분법(classical dichotomy) 또는 화폐의 중립성(money neutrality)이라고 한다.[9] 이런 이론들에 대해서 지금의 경제학자들은 어떻게 생각하고 있을까?

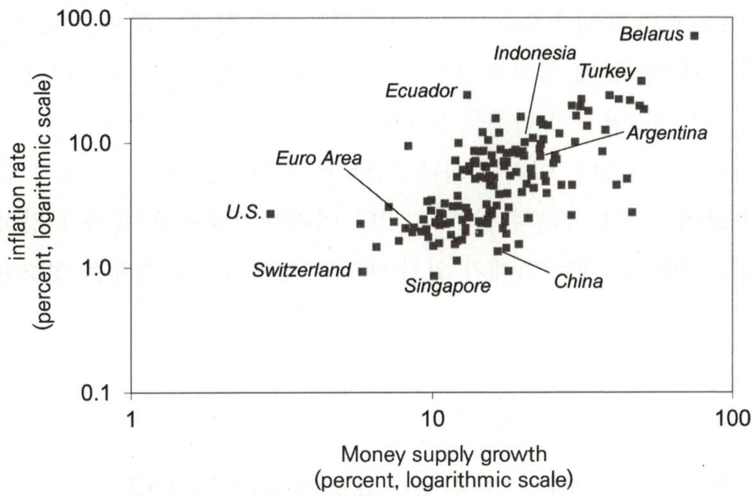

[그림 1] 화폐수량설 : 통화증가율과 인플레이션간의 관계

9) 일부 교과서에서는 고전적 이분법과 화폐의 중립성을 구분하기도 한다. 그러나 두 개념의 차이는 미묘하며 현재 단계에서 그다지 중요하지 않기 때문에 이 책에서는 양자를 구분하지 않을 것이다.

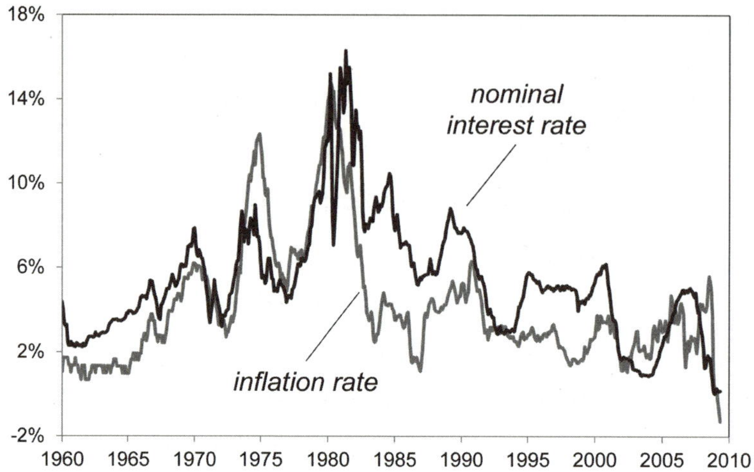

[그림 2] 피셔효과 : 인플레이션과 명목이자율 간의 관계

[그림 1]은 국가들의 통화증가율과 인플레이션율간의 관계를 보여준다. 이 그림은 통화증가율과 인플레이션간에 실제로 매우 밀접한 관계가 있음을 보여준다. [그림 2]는 인플레이션율과 명목이자율간의 관계를 보여주고 있는데 이 그림 역시 양자 간 매우 밀접한 관계가 있음을 보여준다. 이처럼 화폐수량설과 피셔가설은 거시경제의 장기적 변화를 상당히 잘 보여준다고 알려져 있다. 그러나 이러한 이론들은 물가가 경직적인 단기의 거시경제를 설명하는 데는 한계가 있기 때문에 단기의 거시경제를 설명하기 위해서는 새로운 이론들이 필요하다.

03 화폐수요와 현대적 고전파 물가결정이론

3.1 화폐수요의 의미와 동기

화폐수요란 얼핏 들으면 이해하기 어려운 말이다. 화폐란 많으면 많을수록 좋은 것이므로 화폐수요는 무한대가 아닌가라고 생각하는 학생들이 있을 수도 있다. 이런 학생들은 화폐를 소득 또는 재산의 의미로 사용하고 있는 것이다. 그러나 앞서 말했듯이 거시경제학에서 화폐수요란 이런 의미가 아니다.

거시경제학에서 화폐수요란 자신이 보유한 전체 자산 중 얼마만큼을 유동성이 높은 자산인 화폐의 형태로 보유할 것인지를 의미하는 것이다. 화폐수요를 이렇게 정의한다면 화폐수요가 무한대가 아니라고 하더라도 의아하게 생각하지 않을 것이다. 화폐는 주식이나 채권과 달리 이자가 없거나 이자율이 매우 낮은 자산이다. 그럼에도 왜 사람들은 화폐를 보유하려고 하는가? 앞에서 살펴본 바와 같이 케인즈는 사람들이 화폐를 수요하는 이유가 화폐가 가진 유동성이란 속성을 사람들이 좋아하기 때문이라고 생각했다. 그래서 화폐수요를 **유동성 선호**(liquidity preference)라 불렀다.

케인즈에 의하면 화폐수요, 즉 유동성자산에 대한 선호는 다음의 세 가지 동기에 의해 이루어진다. 첫째, 사람들은 일상의 거래를 편리하게 하기 위해서 화폐를 보유하는데 이를 화폐수요의 **거래적 동기**(transaction motive)라고 한다. 둘째, 사람들은 장래 이익을 획득할 수 있는 투자기회를 얻기 위해 유동성이 높은 화폐를 보유하는데 이를 화폐수요의 **투기적 동기**(speculative motive) 또는 투자적 동기라고 한다. 셋째, 사전에 예측하기 힘든 불확실한 미래의 거래에 대비하기 위해 화폐를 보유하는 것을 화폐수요의 **예비적 동기**(precautionary motive)라고 한다. 거래적 동기가 미리 예상할 수 있던 거래에 대비하기 위해 화폐를 보유하는 것인데 비해 예비적 동기는 예상치 못한 거래에 대비하기 위해 화폐를 보유하는 것이란 점에서 차이가 있다.

3.2 화폐수요의 결정요인

화폐수요에 대한 이론은 알프레드 마샬(A. Marshall) 등 고전학파 경제학자에서 시작하여 그의 제자인 케인즈(J. M. Keynes)를 거쳐 체계를 갖추었고, 프리드먼(M. Friedman), 토빈(J. Tobin), 보몰(W. Baumol) 등의 경제학자들에 의해 크게 발전하였다. 화폐수요이론에 대한 자세한 내용은 제12장에서 다루기로 하고 여기서는 다음과 같이 단순화된 화폐수요함수를 사용하기로 한다.

$$\text{실질화폐수요} : \frac{M^d}{P} = L(Y, i) = kY - hi \qquad [\text{식 } 2]$$

[식 2]는 실질화폐수요가 소득과 명목이자율의 함수임을 나타내고 있다. 즉 이 식은 사람들이 소득이 많을수록 더 많은 지출을 위해 화폐보유를 늘릴 것이며, 명목이자율이 높을수록 화폐를 보유하는 기회비용이 상승하므로 화폐보유를 줄일 것이라는 점을 반

영하고 있다. 위 식에서 k는 화폐수요의 소득에 대한 탄력성, h는 화폐수요의 이자율에 대한 탄력성을 의미한다.[10)]

[식 2]의 양변에 P를 곱해 정리하면 명목화폐에 대한 수요식이 된다.

명목화폐수요 : $M^d = P\times L(Y, i) = P\times(kY - hi)$ [식 3]

실질화폐수요와 명목화폐수요의 차이점을 다시 한 번 설명하면 다음과 같다. 만약 당신이 지금 10만 원을 가지고 있다고 한다면 그것은 화폐보유량을 화폐단위 그대로 나타낸 것이며 이를 명목화폐수요라고 한다. 반면 당신이 하루에 5만 원씩을 사용한다고 가정하여 현재 2일치 생활비를 가지고 있다고 이야기한다면 그것은 화폐를 실물단위(또는 실질구매력단위)로 나타낸 것이며 이를 실질화폐수요라고 한다. 이처럼 명목변수는 경제변수를 화폐단위로 나타낸 것이며 실질변수는 경제변수를 실물단위로 나타낸 것이라는 점을 유념하도록 하자.

3.3 화폐시장의 균형과 물가의 결정

[식 1], [식 2] 및 [식 3]으로부터 화폐시장의 균형식을 도출할 수 있다.

화폐시장의 균형식 : $\overline{M} = P\times L(Y, i)$ 또는 $\dfrac{\overline{M}}{P} = L(Y, i)$ [식 4]

[식 4]에서 통화량, 총소득, 명목이자율을 외생변수로 둘 경우 이 식은 물가결정모형이 된다.

물가결정모형 : $P = \dfrac{\overline{M}}{L(Y, i)} = \dfrac{(\text{명목})\text{화폐공급}}{(\text{실질})\text{화폐수요}} = \dfrac{1}{\text{화폐의 구매력}}$ [식 5]

[식 5]에서 다른 조건이 일정할 때 첫째, 통화량의 증가는 화폐공급의 증가를 의미하

10) 만약 총소득과 이자율 이외의 요인이 화폐수요에 미치는 영향을 분석하려 한다면 화폐수요함수에 독립적 화폐수요(autonomous money demand)를 타나내는 $\overline{L}$를 포함시키면 된다.

독립적 화폐수요를 포함한 실질화폐수요 : $\dfrac{M^d}{P} = L(Y, i) = \overline{L} + kY - hi$

므로 화폐가치는 하락하고 물가는 상승한다. 둘째, 소득이 증가하면 화폐수요가 증가함에 따라 화폐가치는 상승하고 물가는 하락한다. 셋째, 명목이자율이 상승하면 화폐수요가 감소함에 따라 화폐가치는 하락하고 물가는 상승한다.

3.4 화폐수량설 재해석 : 화폐수요이론

마샬(A. Marshall)은 소득수준이 높을수록 화폐에 대한 수요도 많을 것이며 그 외의 요인들은 큰 영향을 미치지 못한다고 보아 화폐수요함수를 다음과 같이 단순하게 나타내었다.

$$\text{마샬의 화폐수요함수} : M^d = kPY \text{ 또는 } \frac{M^d}{P} = kY \qquad [\text{식 } 6]$$

[식 6]을 케임브리지방정식 또는 현금잔고방정식이라고 하고 이 식의 k를 '마샬의 k (Marshallian k)'라고 한다. 그런데 $k = \frac{1}{V}$로 두면 이 식은 화폐수량설을 설명할 때 사용한 수량방정식과 동일해진다.

$$\text{수량방정식} : M = \frac{1}{V}PY \text{ 또는 } \frac{M}{P} = \frac{1}{V}Y \qquad [\text{식 } 7]$$

여기서 흥미로운 사실을 하나 발견할 수 있다. 그것은 [식 6]과 [식 7]은 앞서 살펴본 [식 2]에서 $h=0$이라고 둔 것과 동일하다는 점이다. 앞서 화폐수량설을 설명할 때는 화폐수요의 개념을 명시적으로 고려하지 않았다. 그러나 현대 화폐수요이론의 입장에서 본다면 마샬의 화폐수요함수 및 화폐수량설은 화폐수요가 이자율에 영향을 받지 않는다고 가정하는 이론인 셈이다.

물가결정이론의 측면에서 본다면 현대적 물가이론과 비교할 때 화폐수량설은 명목이자율이 물가에 미치는 영향을 반영하지 못하고 있다. 현대적 물가이론이 물가의 결정과정에서 화폐공급과 화폐의 수요를 모두 고려하는 반면 화폐수량설은 화폐공급측면만 강조하고 화폐수요측면을 사실상 무시하고 있는 셈이다. 따라서 물가이론으로서의 화폐수량설이 얼마나 타당한지는 화폐수요의 이자율탄력성이 과연 0에 가까운 값인지 여부에 따라 결정될 것인데 이에 대해서는 이후 많은 경제학자들의 열띤 논쟁이 이어졌다.

04 인플레이션의 사회적 비용

4.1 조세로서의 인플레이션

인플레이션이 발생하는 가장 중요한 이유는 화폐발행의 증가이다. 그렇다면 정부가 화폐발행을 증가시키는 이유는 무엇인가? 일반적으로 정부는 지출을 위해 조세를 징수한다. 그러나 조세의 징수가 어렵다면 의회의 승인을 얻어 공채를 발행한 후 나중에 상환하는 방법이 있다. 그러나 이도 저도 안 된다면 정부는 손쉬운 방법으로 몰래 화폐를 찍어내고 싶은 유혹에 빠지게 될 것이다. [식 8]은 정부가 직면하는 제약조건을 단순화시킨 것이다.[11)]

정부예산제약식 : $G-T=\Delta B+\Delta M$ [식 8]

즉 정부구매－조세＝공채의 증가분＋통화량의 증가분

이처럼 정부가 화폐발행을 통해 얻게 되는 수입을 **화폐발행차익**(seigniorage gain)이라고 한다. 그런데 단순히 화폐를 찍어낸다고 그 나라가 사용할 수 있는 자원이 증가하는 것이 아니라는 점을 고려한다면 화폐발행차익 역시 누군가 대가를 치른 결과일 수밖에 없다. 그렇다면 화폐발행차익은 어디서 비롯한 것일까?

화폐발행을 증가시키면 인플레이션이 유발되는데 이는 민간의 화폐보유액의 가치를 감소시킨다. 이처럼 화폐발행차익은 민간의 화폐보유액의 가치를 감소시켜 얻어진 것이란 점에서 이를 **인플레이션 조세**(inflation tax)라고 부르기도 한다.[12)] 실질화폐발행차익, 즉 실질 인플레이션 조세(S)의 크기를 수식으로 나타내면 다음과 같다. 이 식의 전개과정에서 화폐수량설을 반영하여 통화증가율이 인플레이션율과 같다고 두었고, 화폐

11) 이 식은 여러 가지 측면에서 단순화되어 있다. 우선 물가수준을 1로 두어 명목변수와 실질변수를 구분하지 않았으며 통화승수를 1로 두어 본원통화와 통화량을 구분하지 않았다. 또한 기존에 누적된 부채가 없어 이자지급액이 0이라 가정하였다.

12) 예상치 못한 인플레이션의 경우에는 공채의 실질가치하락도 발생하게 되며, 이는 추가적인 인플레이션 조세라고 볼 수 있다.

시장의 균형조건 및 피셔방정식을 반영하였다.

$$\text{화폐발행차익}: S = \frac{\Delta M}{P} = \frac{\Delta M}{M} \cdot \frac{M}{P} = \pi \times L(Y, r + \pi^e) \qquad [\text{식 } 9]$$

따라서 인플레이션 조세는 민간의 실질잔고(실질화폐보유액)를 세원(tax base)으로, 인플레이션율을 세율(tax rate)로 하는 조세의 성격을 갖는다.

4.2 인플레이션에 대한 인식의 차이

누구나 인플레이션은 나쁘다고들 한다. 이 말은 대부분의 일반인들과 경제학자들이 모두 동의하는 바이지만 인플레이션이 왜 나쁜지에 대해 물으면 일반인들과 경제학자들의 대답이 크게 다르다고 한다.

우선 일반인들에게 인플레이션이 왜 나쁜지를 물으면 대부분 '상품가격이 오르면 같은 물건을 사는데 더 많은 돈을 내어야 하므로 애써 벌어들인 소득의 실질가치가 하락하기 때문'이라고 답한다. 그러나 엄밀히 말하면 이는 옳은 주장이 아니다. 왜냐하면 인플레이션으로 인해 지출액이 두 배가 되면 받는 사람 입장에서는 소득도 두 배가 되기 때문에 인플레이션 그 자체가 실질소득을 감소시키지는 않기 때문이다.[13] 또 일부의 사람들은 '인플레이션은 사람들이 가지고 있는 화폐의 가치를 하락시키기 때문에 나쁘다'고 한다. 이것은 사실이지만 이 역시 '사회적' 비용은 아니다. 왜냐하면 정부가 돈을 찍어 인플레이션이 발생할 때 민간이 보유한 화폐의 실질가치는 하락하지만 정부가 동일한 실질가치의 신규화폐를 보유하게 되기 때문에 사회 전체적으로는 사라진 것이 없기 때문이다. 그렇다면 과연 무엇이 인플레이션의 진정한 비용일까?

이런 의문에 대해 경제학자들은 인플레이션도 일종의 조세의 성격을 가진다는 점을 주목하였다. 미시경제학에서 살펴본 것처럼 조세징수액은 그 자체로는 사회적 비용이 아니지만 사람들이 조세를 회피하기 위해 노력하는 과정에서 비효율이 발생한다. 인플레이션도 화폐의 가치를 떨어뜨림으로써 정부가 이익을 얻는다는 점에서 민간의 화폐보유에 대한 조세로서의 성격을 가지고 있다고 볼 수 있으며, 이를 피하려는 과정에서 비효율이 발생할 수 있다는 것이다. 이러한 인플레이션의 사회적 비용은 크게 예상된

---

13) 미시경제학에서는 이러한 결과를 '모든 가격에 대한 0차동차성'이라고 한다.

경우라 하더라도 발생하는 비용과 예상치 못한 경우에 추가로 발생하는 비용으로 나누어 볼 수 있다.

4.3 예상된 경우에도 발생하는 인플레이션의 비용

예상된 경우에도 발생하는 인플레이션의 비용으로 첫 번째 들 수 있는 것이 **구두창비용**(shoeleather cost)이다.[14] 구두창 비용이란 인플레이션에 직면한 경제주체들이 화폐보유를 줄이는 과정에서 낭비되는 자원을 의미한다. 앞서 살펴본 것처럼 인플레이션은 민간의 화폐보유에 대한 세금이라고 볼 수 있다. 따라서 이를 피하기 위해서는 은행거래 횟수를 증가시켜서 화폐보유를 감소시켜야 한다. 이 과정에서 사람들은 수수료, 차비, 시간 등 각종의 직간접적인 비용을 부담하게 된다. 이처럼 화폐보유를 줄이는 과정에서 발생하는 각종의 비용을 구두창비용이라고 한다. 이는 은행에 자주 다니면 구두가 빨리 닳아 없어질 것이라는 것을 비유적으로 표현한 것이라 생각하면 된다.

두 번째 비용으로는 **메뉴비용**(menu cost)을 들 수 있다. 메뉴비용이란 가격을 변경하는 과정에서 발생하는 각종의 비용을 의미한다. 이는 인플레이션이 발생하면 사람들이 메뉴판을 더 자주 교체하는 등 다양한 비용을 부담해야 한다는 것을 비유적으로 표현한 것이다.

세 번째 비용으로는 **상대가격 왜곡**(relative price distortion)을 들 수 있다. 상품 중에는 야채, 과일, 생선처럼 매 시각 가격이 변하는 상품들이 있는가 하면, 택시요금이나 잡지요금, 신문요금처럼 가격이 몇 년에 한 번씩 조정되는 상품들도 있다. 인플레이션이 발생되면 가격조정 빈도의 차이로 인해 재화 간 상대가격이 지속적으로 왜곡되며 자원배분이 비효율적으로 이루어진다.

네 번째 비용으로는 **조세왜곡**(unfair tax treatment)을 들 수 있다. 대부분 국가의 세법은 명목소득 또는 명목지출액을 대상으로 조세를 부과하기 때문에 인플레이션이 발생하면 민간 경제행위에 왜곡을 유발한다. 그 중 대표적인 것이 이자소득세가 저축과 투자에 미치는 부정적 영향이다. 피셔방정식이 나타내는 것처럼 명목이자율의 일부는 실제 소득이 아니라 단순히 인플레이션에 대한 보상일 뿐이다. 그러나 인플레이션으로 명

14) 일부 교과서에서는 구두창비용을 예상된 경우에만 발생하고 예상치 못한 경우에는 발생하지 않는 인플레이션의 비용으로 분류하기도 한다.

목이자율이 높아질 때 더 많은 세금을 내게 된다면 저축과 투자가 감소하여 성장잠재력을 하락시킨다. 이외에도 인플레이션은 근로소득세, 법인세 등 다양한 조세영역에서 왜곡을 유발한다.

다섯 번째 비용으로는 계산단위비용(unit of account cost)을 들 수 있다. 화폐는 계산의 기본단위로서 사람들이 의사결정을 내리는데 중요한 영향을 미친다. 인플레이션이 발생하면 의사결정의 단위가 바뀌는 셈이므로 일상생활에서 혼란과 불편을 겪게 되며 장기간에 걸친 의사결정을 세우기가 어려워진다.

지금까지 살펴본 비용들은 낮은 수준의 인플레이션하에서는 매우 사소해 보일 수 있다. 그러나 인플레이션이 일정수준을 넘어가면 이러한 비용들이 일상생활에 엄청난 영향을 미칠 수도 있다.

4.4 예상치 못한 인플레이션의 추가적 비용

인플레이션을 예상하지 못한 경우에는 앞에 언급한 비용들에 더하여 몇 가지 추가적인 비용이 발생한다. 첫째는 자의적인 부의 재분배(arbitrary redistribution of purchasing power)이다. 많은 금융거래는 명목금액을 기준으로 이루어진다. 그러나 인플레이션은 화폐의 실질가치를 떨어뜨리기 때문에 인플레이션이 발생하는 경우 채권금액의 실질가치가 하락한다.[15] 그런데 만약 사람들이 인플레이션을 예상할 수 있다면, 명목이자율을 높게 설정함으로써 인플레이션으로 인한 실질소득의 감소를 보상받을 수 있다. 그러나 인플레이션을 예상하지 못한 경우에는 사전에 명목이자율을 충분히 높게 설정할 수 없기 때문에 채권금액의 실질가치하락에 대한 적절한 보상이 이루어지지 못한다. 이러한 경우에는 인플레이션이 사람들의 능력, 노력, 필요와는 무관히 채권자로부터 채무자에게로 부를 자의적으로 재분배한다. 자의적인 재분배효과가 심각해지면 채무자나 채권자 모두 원치 않는 위험을 감수해야 할 뿐만 아니라 화폐교환에 기반한 자본주의 경제질서의 근본이 흔들릴 수도 있다. 이러한 사회에서 노동자들의 근로의욕 및 저축의욕, 기업가들의 투자의욕 등이 저해될 것이다.

15) 물론 금융계약이 지수화(indexed)되어 있다면 예상치 못한 인플레이션이 발생하더라도 명목이자율이 자동으로 상승하기 때문에 이에 대한 보상이 이루어진다. 그러나 여전히 대부분의 금융계약은 확정된 명목이자율로 이루어진다.

둘째, 일부 경제학자들의 연구에 따르면 인플레이션율이 높아지면 단순히 그 수준만 높아지는 것이 아니라, 인플레이션율의 변동성도 함께 증가하는 경향이 있다고 한다.[16)] 이것이 사실이라면 인플레이션으로 인해 발생한 불확실성으로 인해 위험기피자들의 후생이 감소하며 자의적인 부의 재분배의 문제가 더욱 심각해진다.

셋째, 예상치 못한 인플레이션이 발생하면 노동자들은 명목임금의 상승을 실질임금의 상승으로 착각하며, 기업은 일반물가의 상승을 상대가격의 상승으로 착각한다. 이러한 착각은 그 자체로 후생을 감소시킬 뿐만 아니라 경기변동의 원인이 되어 착각이 사라진 이후에도 상당기간 경제에 부정적 영향을 미칠 수 있다.[17)]

그 외에도 예상치 못한 인플레이션이 발생할 경우 경제주체들이 장기계획을 세우기 어려워짐에 따라 장기투자가 이루어지지 못하고 근시안적 투자만 이루어진다. 또한 사람들은 생산적 투자보다 비생산적 투기에 몰두하게 된다. 더하여 신용거래가 축소되고 지하경제가 확대되는 등 다양한 사회적 비용이 발생한다. 이상에 언급된 인플레이션의 비용들을 정리하면 [표 2]와 같다.

예상된 경우에도 발생하는 비용	예상치 못한 경우의 추가적 비용
1. 구두창비용 2. 메뉴비용 3. 상대가격왜곡 4. 조세왜곡 5. 계산단위비용	1. 자의적인 부의 재분배 2. 불확실성의 증가 3. 착각과 경기변동

[표 2] 인플레이션의 사회적 비용

4.5 목표인플레이션율은 0%이어야 하는가?

지금까지 살펴본 바에 따르면 인플레이션은 백해무익한 것 같다. 그렇다면 중앙은행의 목표인플레이션율은 0%이어야 하는가, 아니면 오히려 음(−)의 값을 가져야 하는가?

---

16) 이러한 효과를 프리드먼 효과(Friedman effect)라고 부르기도 한다. 이는 비록 인플레이션에 대한 기대가 합리적이고 불편성(unbiasedness)을 가지더라도 변동성이 커지고 그에 따라 예측오차가 커진다는 점에서 의미가 있다.

17) 착각으로 인한 경기변동의 발생과정에 대해서는 제8장에서 자세히 다룬다.

우선 인플레이션과 반대로 물가가 지속적으로 하락하는 현상을 디플레이션(deflation)이라고 하는데 디플레이션은 인플레이션보다 경제에 더 나쁜 영향을 미칠 수도 있다.[18] 따라서 인플레이션율이 음(－)의 값인 것도 바람직하지 못하다. 그렇다면 우리가 목표로 삼는 인플레이션율은 0%여야 하는가?

이에 대해 반대하는 견해가 몇 가지 있는데 이를 소개하면 다음과 같다. 첫째, 우리는 제1장에서 소비자물가지수가 과대측정의 문제를 가지고 있다고 하였다. 그것이 사실이라면 소비자물가지수로 측정한 인플레이션율이 0%인 경우일 때 실제로는 디플레이션이 일어나고 있는 셈이 된다. 둘째, 일부 경제학자에 따르면 명목임금은 상승하는 경우는 많지만 하락하는 경우는 드물다고 한다. 이를 명목임금의 하방경직성(downward rigidity of nominal wage)이라고 하는데 이는 노동시장의 조정을 가로막는 요인이 될 수 있다. 이 경우 약간의 인플레이션은 명목임금을 하락시키지 않고도 실질임금을 하락시켜 균형에 근접해 갈 수 있도록 조정해 준다. 셋째, 통화정책담당자들 입장에서도 약간의 인플레이션을 옹호하는 경향이 있다. 통화정책의 가장 중요한 도구는 단기 명목이자율인데 인플레이션율이 너무 낮으면 명목이자율도 낮아져서 불황 시에 금리를 인하하기 어려워진다.[19][20]

이러한 이유들로 인해 대부분의 중앙은행에서는 목표 인플레이션율을 0%로 잡기보다는 이보다 약간 높은 2%~4% 사이 값으로 잡는 경우가 많다. 우리나라의 중앙은행인 한국은행도 2021년 현재 소비자물가지수 2%를 목표 인플레이션율로 설정하고 있다.

초인플레이션의 시작과 끝 그리고 교훈 05

20세기에 세계경제는 몇 번의 재앙(disasters)을 경험했다. 그 중 2개만 뽑는다면 하나는 1929년 전 세계적으로 발생한 대공황(the Great Depression)이고, 또 하나가 1차 대전

---

18) 이에 대해서는 제7장에서 자세히 다룬다. 디플레이션으로 인해 경제가 심각한 타격을 받은 대표적인 경우가 1930년대 전 세계적 대공황과 1990년대 일본의 복합불황이다.

19) 정상적인 금융거래에서 실질이자율은 음(－)의 값을 가질 수 있지만 명목이자율은 음(－)의 값을 가질 수 없다. 이러한 성질을 명목이자율의 0의 하한(zero lower bound)라고 한다.

20) 완만한 수준의 인플레이션은 오히려 이득을 가져온다는 주장을 '바퀴에 기름을 칠하는(grease the wheels)' 역할을 한다고 표현한다.

이후 독일 등에 발생한 초인플레이션(hyperinflation)이다.

초인플레이션이란 보통 월 50%를 넘어서는 인플레이션을 의미한다. 여러분들은 이 값이 별로 대단하지 않게 느낄지 모른다. 사실 이 값은 하루로 따지면 1% 정도밖에 되지 않지만 약 70일마다 물가가 2배가 되며 1년이면 인플레이션율이 약 13,000%에 이르게 된다.

앞에서 인플레이션의 해악들을 열거하였고 정부도 이를 모르는 바가 아닐 텐데 왜 이런 현상이 발생하는 것일까? 이에 대한 답은 초인플레이션을 겪은 대부분의 국가가 조세수입 감소와 재정적자에 시달렸다는 점에서 찾을 수 있다. 초인플레이션은 예외 없이 부족한 조세수입을 메우려는 시도에서 비롯하였다. 앞서 살펴본 정부예산제약식에 의하면 정부가 더 이상 세금을 올리거나 공채를 발행할 수 없다면 추가적인 지출을 위해 화폐를 발행할 수밖에 없다. 문제는 정부가 이러한 유혹에 굴복해 돈을 찍어내기 시작하면 사태는 걷잡을 수 없는 지경에 이르게 될 수 있다는 것이다. 이를 설명하기 위해 [식 5]에 피셔방정식을 대입하면 다음과 같다.

$$\text{물가결정모형}: P = \frac{\overline{M}}{L(Y, r+\pi^e)} \qquad \text{[식 10]}$$

처음에는 돈을 찍어내면 이로 인해 [식 10]의 분자가 증가하면서 물가가 상승한다. 시간이 흐르며 점차 사람들이 정부가 돈을 찍어내고 있다는 사실을 알게 됨에 따라 기대인플레이션율이 상승하고 명목이자율이 상승하면 분모의 화폐수요가 감소하며 물가가 더욱 상승하게 된다. 즉 통화량 증가의 직접적 효과와 기대인플레이션율상승의 간접적 효과가 더해지며 물가가 통화공급의 증가속도보다 더 빠른 속도로 상승하게 되는데 이것이 바로 초인플레이션의 시작이다.

[그림 3]은 역사상 가장 심각한 인플레이션을 경험한 독일의 1차 대전 이후 통화량과 물가수준간의 관계를 보여주고 있는데 당시 통화량과 물가수준은 밀접한 관련을 가지고 움직였음을 알 수 있다. 뿐만 아니라 당시 실제 물가수준은 통화량보다 더 빠른 속도로 상승하였다.

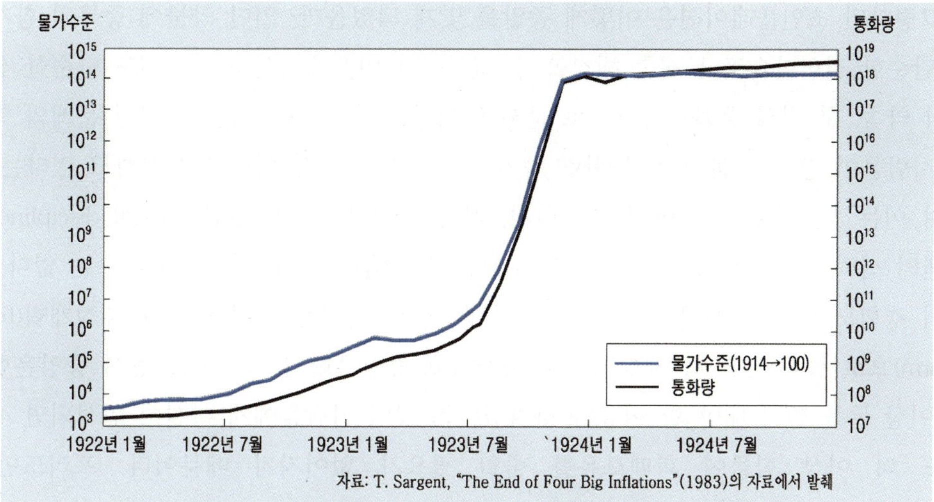

[그림 3] 독일의 초인플레이션

그렇다면 중앙은행이 다시 화폐의 공급을 감소시키면 문제가 해결되지 않을까? 그러나 여기는 두 가지 문제가 발생한다. 첫째, 통화의 공급을 중단하면 급격한 불경기가 나타날 가능성이 있다. 둘째, 통화의 공급을 중단하면 그동안 통화의 발행으로 메워오던 정부지출의 재원을 조달할 방법이 없어진다. 즉 일단 중앙은행이 초인플레이션의 함정에 빠지고 나면 돈을 찍지 않으면 견딜 수 없는 일종의 금단현상(withdrawal symptoms)을 경험하게 된다.

초인플레이션이 시작되면 사소해 보이던 인플레이션의 해악들이 엄청난 비용으로 돌변한다. 초인플레이션 하에서는 화폐의 가치저장기능이 사라지고, 화폐의 다른 기능도 서서히 사라져 사람들은 더 이상 화폐경제의 혜택을 누릴 수 없게 된다. 이에 사람들이 더 이상 자국의 화폐를 사용하지 않고 물물교환을 하거나 외국화폐를 거래수단으로 삼게 되면 지하경제가 확대되고 조세수입이 더욱 감소하는 악순환에 빠진다. 이와 같이 초인플레이션 하에서 발생하는 인플레이션과 재정수입 간의 악순환 현상을 **탄지－올리베라효과**(Tanzi－Olivera effect)라고 한다.

이러한 상황에서 열심히 일한 사람들은 자신의 소득과 애써 모은 저축이 순식간에 사라지는 것을 목격하게 되고 아무도 장기적인 투자를 계획하지 않으며 투기에만 몰두하게 된다. 결국 인플레이션율이 높은 국가에서 일상생활은 매우 피곤하고 번거롭고 불편하고 부도덕하고 불건전해지며, 아무도 미래를 예측할 수 없게 되며 서로를 미워하게 된다. 이것이 바로 인플레이션이 경제에 미치는 진정한 악영향이다.

그렇다면 초인플레이션은 어떻게 종말을 맞게 되었을까? 일단 약물에 중독된 환자들이 단순한 결심만으로 문제를 해결할 수 없듯이 초인플레이션의 경우에도 단순한 선언이나 약속, 한 번의 통화긴축만으로 문제를 해결할 수 없다. 초인플레이션 문제의 핵심은 사람들이 향후 오랜 기간 통화량 증가가 이어질 수밖에 없다고 생각하고 있다는 점이며 이는 불건전한 재정에서 비롯한다. 따라서 정부재정의 건전성(fiscal discipline)과 정책의 신뢰성(credibility)을 회복하지 못하는 한 초인플레이션을 통제할 수는 없다. 역사적 경험도 이를 증명하고 있다. 초인플레이션의 문제는 거의 언제나 재정개혁(fiscal reform)으로 종식된다. 즉 재정지출을 축소하고 중앙은행의 독립성을 높여 중앙은행이 더 이상 돈을 찍어 내야 할 이유가 사라졌다는 것이 사람들에게 확실히 인식되면 사람들도 더 이상 힘들여 화폐보유를 줄일 필요가 없어지기 때문이다. 프리드먼(M. Friedman)은 '인플레이션은 언제 어디서나 화폐적 현상'이라고 이야기 한 바 있다. 그러나 '초인플레이션의 종식은 상당부분 재정적인 현상(The end of hyperinflation is often a fiscal phenomenon as well.)'이기도 한 셈이다. 초인플레이션에 대한 역사적 경험은 현대 화폐제도하에서 신뢰성이 얼마나 중요한지를 보여주는 중요한 예가 된다.

06 명목변수와 실질변수 그리고 화폐환상

이번 장을 통해 여러 경제변수들을 명목변수와 실질변수라는 두 범주로 구분해 보았다. **명목변수**란 화폐단위로 나타낸 변수이며 **실질변수**란 실물단위로 나타낸 변수이다. 그렇다면 명목변수와 실질변수 중 더 중요한 것은 무엇일까? 이를 이해하기 위해 간단한 예를 들어보자. 물가수준이 100인 국가에서 150의 임금을 받는 것과 물가수준이 200인 국가에서 180의 임금을 받는 것 중 어떤 것이 좋을까? 다시 말하면 당신은 한 달 생활비가 100이 드는 국가에서 150의 임금을 받으려 하겠는가 아니면 한 달 생활비가 200이 드는 국가에서 180의 임금을 받으려 하겠는가? 사람들의 후생은 그 사람이 소비할 수 있는 양에 의해 결정되기 때문에 합리적인 경제주체라면 전자가 유리하다는 것에 동의할 것이다. 그러나 비합리적인 경제주체 중에는 명목임금에 집착하여 후자를 선택할 수도 있다. 케인즈는 이러한 비합리적인 선택을 **화폐환상**(money illusion)이라고 하였다.

물론 노동의 수요와 공급에 있어서 실제로 중요한 것은 명목임금이 아니라 실질임금이다. 그러나 현실적으로 사람들은 미래의 물가를 정확히 예측할 수 없기 때문에 미래의 실질임금을 정확히 알 수 없다. 따라서 사람들은 눈에 보이는 명목임금과 물가예측에 근거하여 미래의 실질임금을 예상하고 이에 근거하여 노동의 수요나 공급을 결정하게 되므로 부분적으로는 사람들의 의사결정에 명목임금이 영향을 미칠 수 있다. 물론 이 경우에는 사람들이 비합리적이어서 명목임금을 판단의 근거로 삼는 것은 아니지만 결과적으로는 화폐환상과 비슷한 행동을 보일 수도 있다.

화폐시장, 금융시장 그리고 왈라스의 법칙 / 보론

금융시장이 크게 화폐시장과 채권시장으로 이루어진다고 하자. 채권시장이 균형을 이루기 위해서는 화폐시장과 채권시장이 모두 균형을 이루어야 한다. 이제 금융자산의 총공급을 $M^s + B^s$라고 하고 금융자산의 총수요를 $M^d + B^d$라고 하자. 이 경우 금융시장의 균형조건은 다음과 같다.

금융시장의 균형조건 : $M^s + B^s = M^d + B^d$ 또는 $(M^s - M^d) + (B^s - B^d) = 0$

위 식에서 화폐시장이 균형을 이루어 $M^s = M^d$가 성립하면 채권시장도 자동으로 균형이 이루어지고 전체 금융시장도 균형이 됨을 알 수 있다. 즉 2개로 이루어진 시장에서 1개의 시장이 균형이 달성되면 다른 시장은 자동으로 균형이 달성된다. 이는 거시경제학에 **왈라스의 법칙**(Walras' law)을 적용한 한 사례가 된다.

이러한 접근은 이후 케인즈 경제학을 이해하는데 유용하다. 케인즈는 이자율이 화폐시장에서 결정된다고 주장하였는데 사실은 화폐란 이자율을 지급하지 않는 자산이기 때문에 케인즈의 주장을 선뜻 받아들이기 어려울 수 있다. 그러나 화폐시장의 균형이 동시에 채권시장의 균형을 의미한다는 것을 이해한다면 케인즈의 주장을 받아들일 수 있게 된다.

보론 현대적 고전파 화폐모형의 기하학적 표현

1. 화폐시장의 균형 및 균형물가 결정모형

본문에서 살펴본 화폐시장균형조건을 명목변수단위로 나타내면 다음과 같다.

화폐시장의 균형식-1 : $\overline{M} = P \cdot L(Y, i)$

위 식에 피셔방정식을 대입하면 다음과 같다.

화폐시장의 균형식-2 : $\overline{M} = P \cdot L(Y, r + \pi^e)$

위 식을 물가－명목통화량 평면에 나타내면 [그림 A-1]과 같다. 명목화폐의 공급을 나타내는 위 식의 좌변은 수직선 M^s가 되고 명목화폐수요를 나타내는 우변은 원점에서 출발하는 직선 M^d가 된다. 이는 다른 조건이 일정할 때 물가수준이 상승하면 명목화폐수요가 증가함을 반영한다. 두 곡선이 만나는 a점에서 균형물가수준이 결정된다.

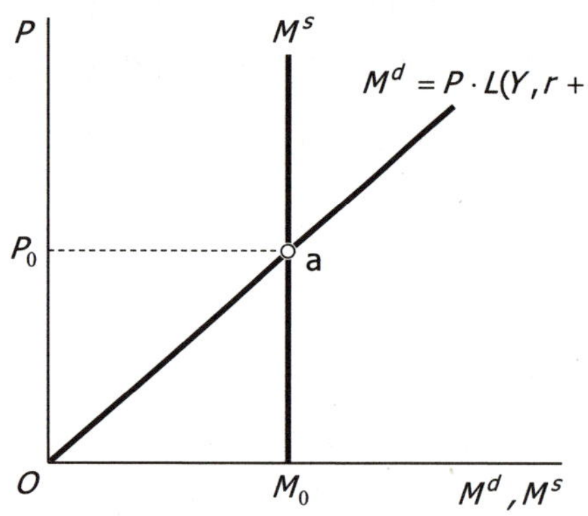

[그림 A-1] 화폐시장의 균형

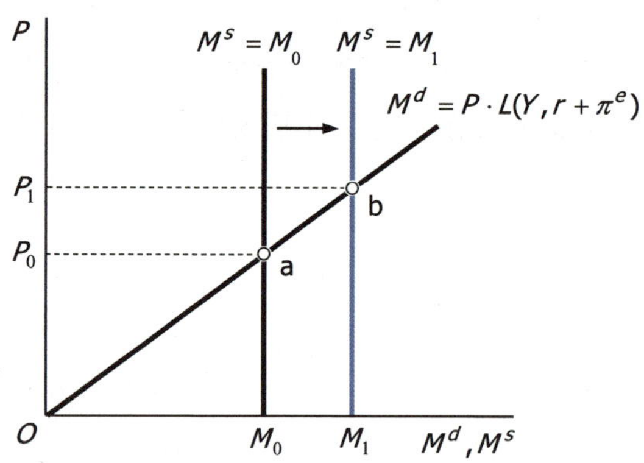

[그림 A-2] 통화량의 증가

2. 물가결정모형의 연습

첫째, [그림 A-2]에서 명목통화량이 증가하면 M^s가 우측으로 이동하여 균형이 b점으로 이동한다. 즉 통화공급이 증가하면 물가수준이 상승한다.

둘째, [그림 A-3]에서 소득이 증가하면 M^d가 우측으로 이동하여 균형이 c점으로 이동한다. 즉 소득이 증가하면 물가수준이 하락한다.

셋째, [그림 A-4]에서 기대인플레이션율이 상승하면 M^d가 좌측으로 이동하여 균형이 d점으로 이동한다. 즉 기대인플레이션율이 상승하면 물가수준이 상승한다.

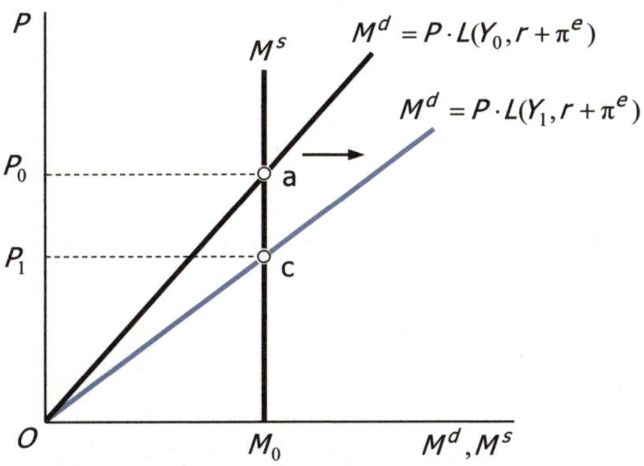

[그림 A-3] 소득의 증가

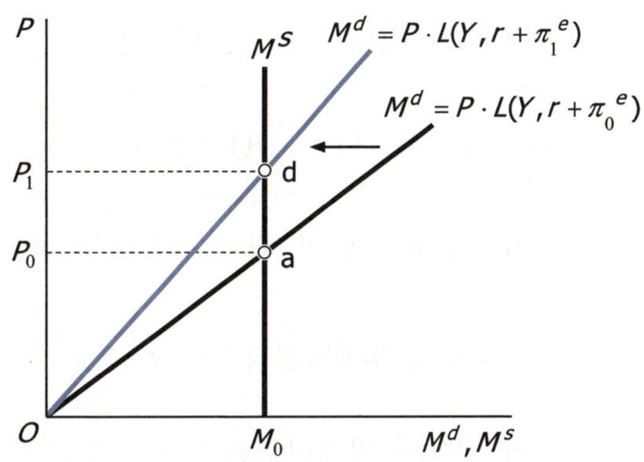

[그림 A-4] 기대인플레이션의 상승

그렇다면 명목통화량이 증가하는 동시에 기대인플레이션율이 상승한다면 어떻게 될까? 물가는 통화증가율보다 빠른 속도로 상승하기 시작할 것이다. 이것이 바로 초인플레이션의 시작이다.

보론 피셔방정식의 도출

이제 피셔방정식을 도출해보자. 현재 시점에서 기대인플레이션율이 π^e일 때 명목이자율 i로 원금 1원을 빌려주는 경우 기대실질이자율 r^e은 다음과 같이 정의할 수 있다.

기대실질이자율 : $r^e = \dfrac{1+i}{1+\pi^e} - 1$

위 식을 정리하면 다음과 같다.

$$(1+i) = (1+r^e)(1+\pi^e) = 1 + r^e + \pi^e + r^e \cdot \pi^e$$

여기서 $r^e \cdot \pi^e$가 매우 작은 값이라면 다음과 같이 근사식으로 정리할 수 있다.

사전적 피셔방정식 : $i = r^e + \pi^e$

위 식에서 기대인플레이션율 대신 실제인플레이션율을 사용한다면 다음과 같다.

사후적 피셔방정식 : $i = r + \pi$

보론 채권의 기초지식과 이자율

1. 채권의 종류

본문에서 우리는 금융상품을 크게 유동성자산과 수익성자산으로 구분하고 전자를 화폐로 대표하여 부르기로 하였다. 반면 수익성자산은 다양한 이질적 자산으로 구성되어 있기 때문에 어느 하나로 대표하기 어렵다. 그럼에도 불구하고 우리는 당분간 채권을 수익성 자산의 대표로 간주하여 설명할 것이므로 채권에 대해 좀 더 살펴보려 한다.

채권(bond)이란 미래 일정시점에 약정된 금액을 지급할 것을 약속하는 유가증권이다. 채권의 종류는 매우 다양한데 수익지급방식에 따라 세 가지로 구분해 본다. 첫째, 무이표채(zero coupon bond)는 이자를 지급하지 않고 단지 미래 일정시점에 정해진 금액만을 지급하는 채권이다. 둘째, 이표채(coupon bond)는 정해진 금액 외에 약정된 이자를 별도로 지급하는 채권이다. 당연히 만기가 같고 동일한 액면가를 가진 채권인 경우 이표채가 무이표채보다 더 높은 가격에 거래된다.[21] 셋째, 영구채(perpetual bond, consol bond)란 일정한 이자를 지급하는 대신 만기를 지정하지 않은 채권을 말한다. 개념상 만기가 무한히 긴 채권이라 볼 수 있다.[22]

2. 채권의 수익률

채권시장에서는 이자지급방식, 만기지급액, 만기 등이 모두 다르기 때문에 채권가격만으로는 채권들을 일률적으로 평가하기 힘들다. 이때 편리하게 사용할 수 있는 개념이 만기수익률이다. 만기수익률(yield to maturity)이란 채권을 사서 만기까지 보유할 경우 발생하는 수익률인데 채권의 수익률을 나타내는 표준화된 방법이라고 생각하면 된다.

3. 채권가격과 이자율간의 관계 – I : 무이표채의 경우

만기가 1년이 남은 무이표채의 액면가를 F, 채권의 현재가격을 P_Z, 만기수익률을 y 라고 할 경우 다음 관계가 성립한다.

$$P_Z = \frac{F}{(1+y)}$$

예를 들어 만기가 1년 남은 액면 100만 원의 채권을 현재 80만 원에 구입한다면 만기수익률은 25%가 된다. 반면 같은 채권을 90만 원에 구입한다면 만기수익률은 11.1%가 된다. 즉 동일한 채권을 싸게 살수록 수익률이 높아지므로 채권수익률과 채권가격은 역의 관계가 된다.

---

21) 반대로 동일한 가격에 거래되는 채권의 경우 이표채가 무이표채보다 더 낮은 액면가를 갖는다.

22) 영구채를 무기한부 채권이라고 하며 일정 조건하에 채무자가 이를 상환하는 것도 가능하다. 회계학에서는 영구채가 부채와 자본의 중간적 성격을 갖는 것으로 본다.

4. 채권가격과 이자율간의 관계－2 : 영구채의 경우

지금 구입하면 다음 기부터 매 기간 C의 쿠폰을 영구히 지급하는 채권의 가격을 구해보자.

$$P_b = \frac{C}{1+r} + \frac{C}{(1+r)^2} + \frac{C}{(1+r)^3} + \cdots\cdots = \frac{\frac{C}{1+r}}{1-\frac{1}{1+r}} = \frac{C}{r}$$

이는 초항 $\frac{C}{1+r}$, 공비 $\frac{1}{1+r}$인 무한등비수열의 합과 같다. 당연히 이 경우에도 채권을 싸게 구입할수록 수익률이 높다. 반대로 할인율의 역할을 하는 이자율의 상승은 채권으로부터 지급되는 금액의 현재가치를 떨어뜨려 채권가격을 하락시킨다. 어떤 경우라도 이자율과 채권가격은 역의 관계가 된다.

5. 정 리

확인 삼아 두 가지를 언급한다. 첫째, 채권이자율은 채권의 가격을 나타내는 다른 방법이며 채권이자율이 높다는 것과 채권가격이 낮다는 것과 동일한 표현이라고 생각해도 무방하다. 둘째, 세상에는 금융상품의 숫자만큼 많은 이자율이 있다. 그러나 많은 이자율들이 동일한 방향으로 움직이는 경향이 있으므로 향후 마치 이들을 대표하는 하나의 이자율이 존재하는 것처럼 설명할 것이다.

핵심용어해설

- **유동성** : 다른 자산으로 쉽게 전환할 수 있는 속성
- **요구불예금** : 언제든지 쉽게 인출할 수 있는 예금
- **저축성예금** : 정해진 기간이 지나야 인출할 수 있도록 약속한 예금
- **욕구의 이중적 일치** : 물물교환경제에서는 거래가 이루어지기 위해 쌍방의 욕구가 양방향으로 일치해야 함을 나타내는 말
- **법정화폐** : 국가가 화폐로 사용하도록 지정한 지폐나 주화 등을 일컫는 말
- **부분지급준비제도** : 예금 중 일부만을 지급준비금으로 남겨두는 현대의 은행제도
- **거래적 동기** : 일상의 거래를 편리하게 하기 위해 화폐를 보유하는 동기
- **투기적 동기** : 장래 이익 획득의 기회에 대비하여 유동성이 높은 화폐를 보유하려는 동기
- **예비적 동기** : 사전에 예측하기 힘든 불확실한 미래의 거래에 대비하기 위해 화폐를 보유하는 동기
- **화폐의 (소득)유통속도** : 화폐가 주어진 기간 동안 평균적으로 최종산출물을 몇 번 거래시키는지를 나타내는 값
- **화폐수량설** : 명목소득과 물가는 화폐의 공급량에 의해 결정된다는 고전학파의 주장
- **명목이자율** : 이자율을 화폐단위로 나타낸 것, 보통의 이자율
- **실질이자율** : 이자율을 실물단위로 나타낸 것, 인플레이션을 조정한 이자율
- **피셔효과** : 인플레이션이 명목이자율을 상승시키는 현상
- **피셔가설** : 인플레이션율이 변화할 때 명목이자율이 동일한 %p로 변화할 것이라는 고전학파의 예측, 실질이자율이 고정임을 전제로 한다.
- **초인플레이션** : 월 50% 이상의 매우 높은 인플레이션
- **탄지－올리베라효과** : 초인플레이션 하에서 발생하는 인플레이션과 재정수입 간의 악순환 현상
- **뱅크런** : 특정 은행 또는 은행권 전체적으로 급격한 예금인출이 이루어지는 현상
- **화폐발행차익** : 정부가 화폐를 발행하여 얻은 이익
- **화폐환상** : 노동자들이 실질임금이 아닌 명목임금에 입각하여 노동공급을 결정하는 비합리적인 선택

연 | 습 | 문 | 제

01 다음 자산을 유동성이 높은 순서대로 배열해 보아라.

(1) 주식 (2) 부동산 (3) 인적자산 (4) 현금

02 다음의 각 거래는 $M1$에 어떤 영향을 미치는가? $M2$에는 어떤 영향을 미치는가?

(1) 주식 몇 주를 팔고, 그 대금을 저축성예금에 입금한다.
(2) 주식 몇 주를 팔고, 그 대금을 요구불예금에 입금한다.
(3) 저축성예금 계좌의 돈을 요구불예금으로 이체한다.
(4) 자동차 바닥에서 만 원 지폐를 발견하여 요구불예금에 입금한다.

03 중앙은행은 인플레이션율을 0%로 낮추도록 노력해야 한다는 주장을 자주 듣는다. 이 목표를 달성하기 위해서는 통화량의 증가율도 0%가 되어야 하는가? 그렇지 않다면 통화량의 증가율은 얼마가 되어야 하는가?

04 A국가의 경우 화폐의 유통속도가 일정하다. 실질 GDP는 매년 6%씩, 통화량은 매년 12%씩 증가하며 명목이자율이 11%라고 할 때 이 국가의 실질이자율은 얼마인가?

05 수량방정식에서 V가 증가하는 것은 케임브리지방정식에서 k가 감소하는 것과 동일하다. 이것의 직관적 의미를 설명해 보아라.

06 실질이자율이 4%, 세율이 25%로 동일한 두 국가에서 인플레이션율이 각각 0%와 8%인 경우 세후수취실질이자율을 구하라.

07 제2차 세계대전 중 독일과 영국 양국은 종이폭탄계획(paper weapon plan)을 수립하였다. 이는 서로 상대국 화폐를 대규모로 발행하여 비행기로 상대국에 투하시키는 계획을 말한다. 이 계획은 왜 상대국가에 대한 효과적인 공격이 될 수 있는가?

08 드라마 '쩐의 전쟁'을 보면 마동포(이원종 분)는 지하 금고에 현금 50억 원을 아무도 몰래 숨겨두고 있다. 마동포는 자신의 재산에 대해 아무런 세금을 내지 않는가? 만약 낸다면 어떤 세금을 내고 있다고 볼 수 있을까?

09 물가수준이 상승하면 화폐수요가 증가한다는 표현과 물가상승률이 높아지면 화폐수요가 감소한다는 표현이 모두 옳다고 할 때 그 이유를 설명해 보아라.

10 명목이자율이 0보다 낮다면 아무도 돈을 빌려주려 하지 않을 것이므로 명목이자율의 하한 값은 0이다. 그렇다면 실질이자율도 하한 값이 있는가? 있다면 얼마인가? 없다면 그 이유는 무엇인가?

11 예상된 인플레이션에 의해서는 발생하지 않고, 예상되지 않은 인플레이션에 의해서만 발생할 수 있는 피해의 예를 한 가지 들어라. 두 가지 인플레이션의 경우 공통적으로 발생할 수 있는 피해를 한 가지 들어라.

12 일반적인 인플레이션과 초인플레이션의 차이점을 두 가지 들어보아라.

CHAPTER 04
거시경제의 주요시장-3 : 노동시장

CONTENTS

CHAPTER PREFACE | 들어가며

미시경제학을 공부하였다면 노동시장의 균형에 대해서도 살펴보았을 것이다. 그러나 보다 현실적인 분석을 해야 하는 거시경제학에서 노동시장의 분석은 미시경제학에서와 다른 면이 있다. 미시경제학에서는 노동에 대한 수요곡선과 공급곡선이 만나는 점에서 균형임금이 결정되며 일할 의사가 있는 모든 노동자가 일하게 되므로 실업은 존재하지 않는다. 그러나 거시경제학에서는 이보다 높은 수준에서 임금률이 결정될 수 있을 뿐만 아니라 미시경제학에서와 같이 수요량과 공급량이 일치하는 수준에서 임금률이 결정되더라도 실업이 존재할 수 있다고 본다. 이러한 차이가 발생하는 것은 노동시장은 사람의 노동력이 거래되는 특수한 시장이기 때문이다. 이번 장에서 우리는 실업을 크게 자연실업과 경기적 실업으로 구분한 후 자연실업률이 어떻게 결정되는지를 설명한다. 다음으로 자연실업이 마찰적 실업과 구조적 실업이라는 두 부분으로 구분될 수 있음을 살펴본 후 각각에 대한 정책대응방안을 찾아본다. 마지막으로 고통지수를 정의하고 실업과 인플레이션에 대한 사회적 선택이 왜 어려운지에 대해 살펴본다.

01 실업의 기초

1.1 실업의 기본성격

실업은 완전한 정보와 임금의 신축성을 전제하는 미시경제학적 노동시장이론으로 설명하기 어려운 현상이다. 실업은 노동시장의 불완전성을 담고 있는 개념이며 노동시장 불완전성은 다양한 원인에서 비롯하기 때문이다. 노동시장 불완전성의 첫 번째 원인은 명목임금 및 실질임금의 경직성이다. 이로 인해 임금수준이 노동시장의 수요와 공급이 일치하는 수준보다 높게 결정되면 실업이 발생하는데 이 경우 실업은 **초과공급**(excess supply)으로서의 성격을 갖는다.

노동시장 불완전성의 두 번째 원인은 정보의 불완전성이다. 노동시장에서 직업 및 노동자에 대한 정보의 불완전성이 크고, 노동력의 직장 간, 지역 간, 산업 간 이동에 시간이 드는 경우 비록 임금수준이 노동시장에서 수요와 공급이 일치하는 수준에 있을 때도 실업이 발생한다. 이 경우 실업은 **상호불일치**(mismatch)로서의 성격을 갖는다.

1.2 실업의 구성

실업률을 개념상 다음 두 가지 부분으로 구분해 보기로 하자. 첫 번째 부분은 **자연실업률**(natural rate of unemployment : u_N)로서 외부적 충격이 없을 때 경제가 장기적으로 수렴해 가는 실업률 또는 장기 평균실업률을 의미한다. [그림 1]은 최근까지 미국의 실업률의 변화를 나타내고 있다. 이를 살펴보면 미국의 실업률이 장기추세선을 중심으로 상승과 하락을 반복하고 있음을 알 수 있는데 이 중 장기추세에 해당하는 부분이 자연실업이다. 통계적 관점에서 자연실업은 실제 실업 중 상대적으로 변동성이 낮은 부분이라 볼 수 있는데 충분한 시간이 주어져도 스스로 사라지지 않는다. 즉 0으로 수렴하지 않는다.

두 번째 부분은 실제실업률과 자연실업률의 차이에 해당하는 부분인데 이 부분은 주로 경기변동에서 비롯하기 때문에 경기적 실업(cyclical unemployment)이라고 하고 그 크기 $(u-u_N)$을 실업갭(unemployment gap)이라고 부른다. 통계적 관점에서 경기적 실업은 상대적으로 변동성이 높은 부분이라 볼 수 있으며 충분한 시간이 주어질 경우 0으로 수렴한다.

실업률의 구성 : $u=u_N+(u-u_N)$=자연실업률+경기적 실업률

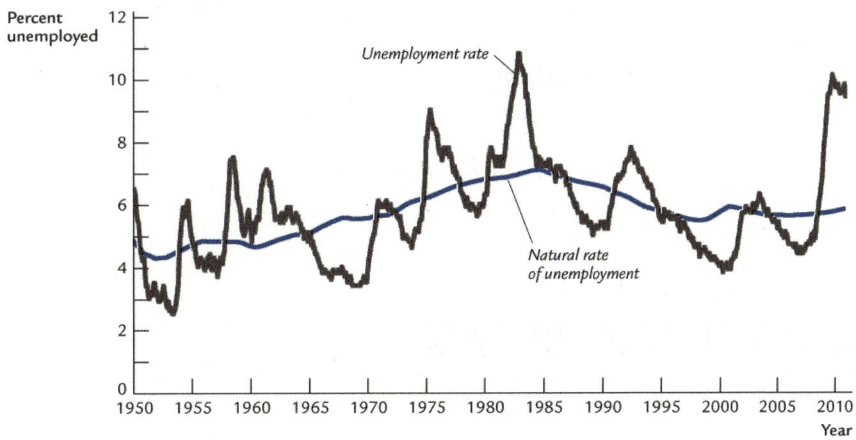

[그림 1] 미국의 실업률 추이

자연실업과 경기적 실업의 특징을 정리하면 [표 1]과 같다.

	자연실업	경기적 실업
변동성	낮음	높음
장 기	양(+)으로 수렴, 즉 장기에도 사라지지 않음	0으로 수렴, 즉 장기에 사라짐
원 인	경기변동 이외	경기변동

[표 1] 자연실업과 경기적 실업의 비교

이번 장에서는 이 중 자연실업의 결정요인과 이에 대한 정책처방에 대해 알아본다. 경기적 실업 및 실업갭은 오쿤의 법칙, 필립스곡선과 같은 단기 경기변동모형에 반영되어 있으므로 이는 단기 경기변동모형을 다룰 때 설명한다. 이번 장에서 살펴볼 실업의 구성을 개략적으로 나타내면 [그림 2]와 같다.[1)]

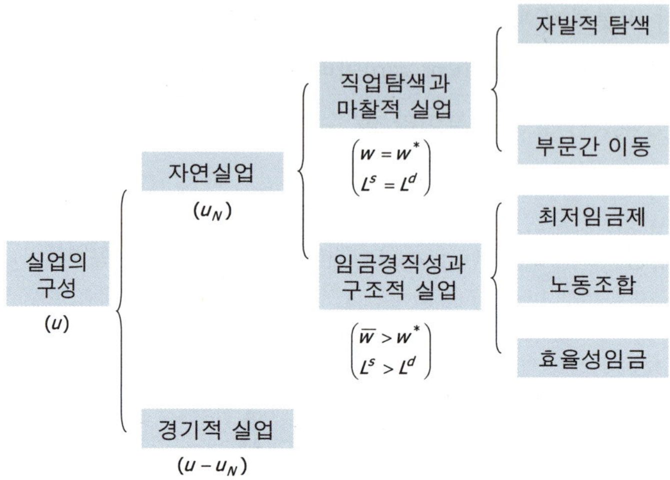

[그림 2] 실업의 구성

02 자연실업률의 도출 및 구성

2.1 자연실업률의 도출

제1장에서 마찬가지로 경제활동인구의 수를 L, 취업자의 수를 E, 실업자의 수를 U로 나타내자. 이 중 L은 외생적으로 주어져 있다고 가정한다. 주어진 기간(예를 들어 1개월)에 취업자 중 s의 비율의 사람들이 직장을 잃는다고 가정하자. 이때 s를 실직률(rate of job separations)이라고 한다. 반면 주어진 기간에 실업자 중 f의 비율의 사람들이 직장을 얻는다고 가정하자. 이때 f를 구직률(rate of job finding)이라고 한다. 분석의 편의상 s, f 역시 외생적으로 주어진 변수라고 가정한다.

1) 실업의 분류방식은 교과서마다 약간씩 상이하다. 본서의 설명은 맨큐 저 「거시경제학(시그마프레스)」 9판 및 크루그먼 저 「크루그먼의 경제학(시그마프레스)」 4판의 설명을 따르고 있다.

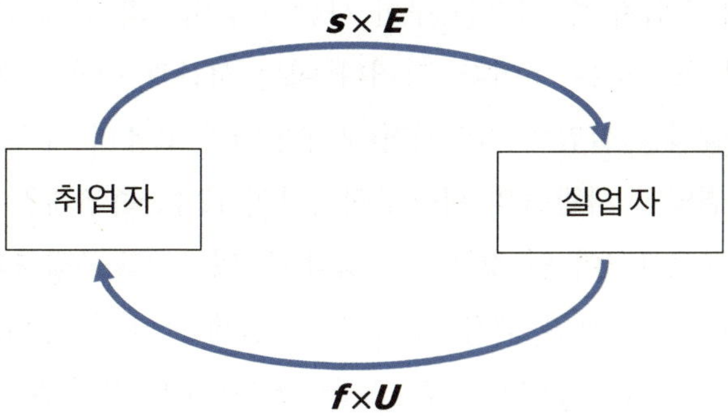

[그림 3] 취업 · 실업 간 전환과 노동시장의 장기균형

신규실직자의 수와 신규취업자의 수가 동일하여 실업률이 더 이상 변하지 않고 일정하게 유지되는 상태를 노동시장의 균제상태(steady state) 또는 장기균형상태라고 한다. 그렇다면 자연실업률은 노동시장의 균제상태에서의 실업률이라 할 수 있으므로 자연실업률은 다음과 같은 과정을 통해 도출할 수 있다.

우선 장기균형의 조건을 수식으로 나타내면 다음과 같다.

$sE = fU$ 　　　　즉, 실직자의 수 = 신규취업자의 수

다음 이 식에 $E = L - U$를 대입하면 다음과 같다.

$$s(L - U) = fU \qquad \text{[식 1]}$$

L을 포함한 항을 좌변으로 모으고 U를 포함한 항을 우변으로 모아 정리하면 다음과 같다.

$$sL = (s + f)U$$

이를 실업률의 정의에 맞게 정리하면 자연실업률을 구할 수 있다.

자연실업률 : $u_N = \dfrac{U}{L} = \dfrac{s}{s+f} = \dfrac{1}{1+(f/s)}$

이처럼 구직률과 실직률이 사전에 주어진다면 자연실업률을 구할 수 있다. 그렇다면 구직률과 실직률은 어떻게 구할 수 있을까? 이를 구하는 첫 번째 방법은 정의에 따라

주어진 기간에 전체 실업자 중 직장을 구한 사람들의 비율과 전체 취업자 중 직장을 잃은 사람들의 비율을 조사하는 것이다. 그러나 이는 시간과 비용이 지나치게 많이 드는 방법이다. 두 번째 방법은 실업의 지속기간(구직기간)과 고용의 지속기간을 사용하는 것이다. 만약 금기에 취업한 사람들의 평균구직기간이 12주, 즉 3개월이라면 주간 구직률은 1/12, 월간 구직률은 1/3이 될 것으로 추정할 수 있다. 즉 구직률과 구직기간이 역수관계에 있다는 사실을 활용하면 구직률을 보다 손쉽게 구할 수 있다. 같은 방법으로 금기에 실직한 사람들의 평균고용지속기간을 구하면 이 값에 역수를 취해 실직률을 구할 수 있다. 후자의 방식이 훨씬 쉽고 비용이 적게 들기 때문에 보다 널리 사용된다.[2)]

이번에는 자연실업률의 결정과정을 그림으로 나타내어보자. [식 1]의 양변을 L로 나누면 다음과 같다.

$$s(1-u)=fu \qquad \text{[식 2]}$$

[식 2]에서 좌변의 $s(1-u)$는 경제활동인구에 대한 신규실직자의 비율을 나타내며 [그림 4]에서 우하향하는 직선으로 나타내어진다. 우변의 fu는 경제활동인구에 대한 신규구직자의 비율을 의미하며 [그림 4]에서 원점에서 출발하는 직선으로 나타내어진다. 이 두 직선이 만나는 점에서 자연실업률이 결정된다.

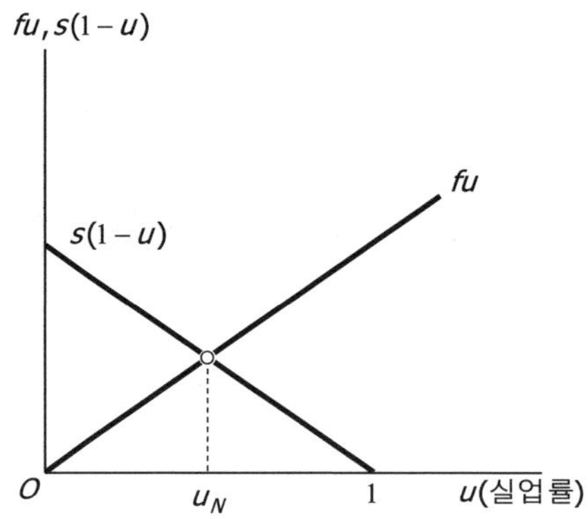

[그림 4] 자연실업률의 결정

이상의 분석을 통해 몇 가지 중요한 사실을 확인할 수 있다. 첫째, 자연실업률은 0이 아닌 양(+)의 값이다. 즉, 실업은 장기에도 스스로 사라지지 않는다. 둘째, 자연실업률

2) 구직기간 또는 고용지속기간에 대한 정보는 실업보험급여 지급신청 및 지급종료에 대한 통계를 통해 쉽게 구할 수 있다.

은 고정된 값이 아니며 구직률 f와 실직률 s에 의해 결정된다. 즉, 구직률 f가 상승하면 자연실업률은 감소하고, 실직률 s가 상승하면 자연실업률은 상승한다. 셋째, 외부적 충격이 없는 한 실제실업률 u는 자연실업률 u_N으로 수렴한다. 이는 [그림 4]를 통해 확인할 수 있는데 u_N의 우측과 좌측에서 다음과 같은 관계가 성립한다.

$$u \gtrless u_N \Rightarrow s(1-u) \lessgtr fu \Rightarrow sE \lessgtr fU \Rightarrow u \ \begin{matrix}\text{하락}\\ \text{상승}\end{matrix}$$

즉 실제실업률이 자연실업률보다 크든 작든 결국 자연실업률로 수렴한다. 넷째, 자연실업의 결정요인과 경기적 실업의 결정요인은 상이하다. 경기적 실업을 변화시키는 주된 방안은 경기안정화정책이라고 부르는 재정정책과 통화정책이다. 그러나 자연실업률을 변화시키기 위해서는 실직률이나 구직률을 변화시켜야 한다. 실직률과 구직률에 영향을 미치지 못하는 한 재정정책과 통화정책은 자연실업률을 변화시키지 못한다.

2.2 자연실업률의 중요성

자연실업률이 중요한 이유는 무엇일까? 첫째, 거시경제가 달성하려는 여러 목표 중 하나가 완전고용(full employment)이라 언급했던 것을 기억할 것이다. 그러나 완전고용이 과연 어느 정도의 고용수준을 의미하는 것인지는 명확하지 않다. 오랜 기간 이에 대한 논쟁이 이어졌고 그에 따라 완전고용의 개념도 여러 차례 수정되었지만 현재 대다수 경제학자들은 실제실업률이 자연실업률과 일치한 상태, 즉 경기적 실업이 0인 상태를 완전고용으로 보고 있다. 즉 자연실업률이 중요한 이유는 바로 이 수준이 우리가 달성하고자 하는 완전고용수준에 해당하기 때문이다. 따라서 실제실업률과 자연실업률을 비교하면 현재 경제가 과열상태인지 침체상태인지를 판단할 수 있다.

자연실업률이 완전고용수준을 반영한다고 믿기 때문에 자연실업률을 정확히 추정하는 것은 정책의 측면에서 매우 중요하다. 왜냐하면 자연실업률을 잘못 추정한다면 정책목표가 잘못 설정됨에 따라 경제에 악영향을 미칠 것이기 때문이다.

뿐만 아니라 자연실업률은 미래 인플레이션을 예측하는데도 도움이 된다. 이에 대해서는 제9장에서 보다 자세히 다루게 될 것인데 자연실업률이 인플레이션을 가속하지 않는 최저의 실업률(non accelerating inflation rate of unemployment : NAIRU)이란 이름을 갖게 된 것과 밀접한 관련이 있다.

2.3 자연실업률이 0이 아닌 이유

거시경제의 노동시장에서 특징적인 사실 중 하나는 이 시장의 장기균형에서 실업률이 0%가 아니라는 것이다. 미시경제학의 완전경쟁시장에서는 수요량과 공급량이 일치하도록 가격이 조정되며 결국 초과수요나 초과공급이 없는 상태로 수렴한다. 그렇다면 노동시장에서 장기에도 실업률이 0%가 되지 않는 이유는 무엇일까?

노동시장을 연구하는 경제학자들은 장기적으로 사라지지 않는 실업, 즉 자연실업이 성격이 다른 두 가지 부분으로 이루어져 있다는 것을 발견하였다. 그 중 하나는 상대적으로 지속기간이 짧은 부분으로서 주로 한 일자리에서 다른 일자리로 옮겨가는데 발생하는 시간 때문에 발생한다. 이를 마찰적 실업(frictional unemployment)이라고 하는데, 이러한 실업이 사라지지 않는 이유는 노동시장이 사람의 노동력이 거래되는 특수한 시장이기 때문이다. 노동시장에서 채용후보자나 직장의 속성이 매우 이질적이며 기업과 노동자들은 이에 대한 정보가 충분하지 못하기 때문에 비록 자격을 잘 갖춘 노동자라 하더라도 적당한 직장을 만나기 위해 상당한 시간이 걸릴 수 있다.

마찰적 실업	구조적 실업
자연실업률의 구성요인	
지속기간 짧음 상호불일치 일자리수와 노동자수가 같은 경우에도 존재 실질임금이 청산임금과 같은 경우에도 존재	지속기간 길 초과공급 일자리수보다 노동자수가 많아서 존재 실질임금이 청산임금보다 높아서 존재
직장 이동에 소요되는 시간 1. 정보불완전성 2. 업무이질성	실질임금경직성 1. 최저임금 2. 노동조합 3. 효율임금

[표 2] 마찰적 실업과 구조적 실업의 비교

다른 하나는 상대적으로 지속기간이 긴 부분으로서 주로 실질임금의 장기경직성으로 인한 일자리의 부족 때문에 발생한다. 이를 구조적 실업(structural unemployment)이라고 하는데 이러한 실업이 사라지지 않는 이유는 노동시장에서의 가격변수인 실질임금은 다른 시장에서의 가격과 달리 몇 가지의 이유로 인해 장기적으로도 균형수준으로 하락하지 않기 때문이다.

이처럼 자연실업을 지속기간에 따라 구분하는 것은 상대적으로 새로운 방식이지만 이전의 구분방식들에 비해 포괄적이고 논리적이며 최근 여러 영향력 있는 교과서들이 채택한 방식이다. 아래에서는 이에 대해 자세히 설명한다.

마찰적 실업 03

마찰적 실업은 자연실업의 구성요인 중 지속기간이 상대적으로 짧은 부분을 의미한다. 마찰적 실업이 발생하는 원인은 노동자가 한 직장에서 다른 직장으로 옮겨가는 과정에 시간이 소요될 수밖에 없기 때문이다. 마찰적 실업은 시장의 임금이 수요와 공급이 일치하는 수준에서 결정되어 노동자의 수와 일자리의 수가 같은 경우에도 사라지지 않는 실업을 설명한다.[3] 마찰적 실업은 일자리가 부족해서 생기는 실업이 아니기 때문에 구인 및 구직과정에서의 상호불일치(mismatch)의 성격을 갖는다.

마찰적 실업이 발생하는 첫 번째 이유는 노동자들이 원하는 직업이 공석(vacancy)으로 있으나 정보의 불완전성으로 인해 이를 찾는데 시간이 들기 때문이다. 이를 **탐색실업**(search unemployment)이라고 하는데 다른 유형의 실업들에 비해 상대적으로 자발적 성격이 강하다. 이러한 실업은 정보의 불완전성이 사라지지 않는 한 사라지지 않는다.

마찰적 실업이 발생하는 두 번째 이유는 각 산업의 수요 및 공급여건이 끊임없이 변화하기 때문이다. 어떤 산업에서는 소비자들의 수요가 급격히 증가하기도 하고, 다른 산업에서는 원자재 공급이 중단되어 더 이상 생산이 불가능해지기도 한다. 이러한 변화과정에서 노동자들이 산업 간 또는 지역 간 이동을 해야 하는 일이 발생하는데 이를 **부문 간 이동**(sectoral shifts)이라고 한다. 예를 들어 첨단산업에서 새로운 일자리가 100개가 생기고 전통산업에서 일자리가 100개 줄었다고 하자. 이때 일자리 수와 사람 수는 여전히 일치하지만 노동자들이 산업 간 이동하는 과정에서 시간이 들 수밖에 없다. 경제가 끊임없이 변화하는 한 이러한 실업은 사라지지 않는다.

---

3) 이를 구직자의 수와 공석(vacancy)의 수가 같다고 표현할 수도 있다.

04 구조적 실업

구조적 실업은 자연실업의 구성요인 중 지속기간이 상대적으로 긴 부분을 의미한다. 구조적 실업이 발생하는 원인은 노동시장의 특성상 실질임금이 장기에도 신축적으로 조정되지 못하기 때문이다. 마찰적 실업과 달리 구조적 실업은 노동자수에 비해 일자리가 부족할 때 발생하므로 초과공급(excess supply)의 성격을 가진다. [그림 5]는 실질임금률이 노동수요와 노동공급이 일치하는 수준보다 높은 수준에서 유지될 경우 구조적 실업이 발생함을 보이고 있다.[4] 일자리가 부족한 경우 한번 실직한 사람은 재취업을 위해 상당히 오랜 기간을 기다려야 하기 때문에 실업의 지속기간은 상대적으로 길다. 이러한 의미에서 구조적 실업을 대기실업(wait unemployment)이라고 부르기도 한다.

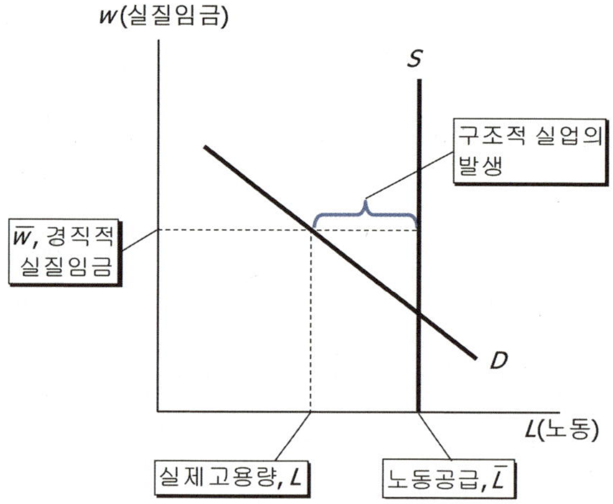

[그림 5] 실질임금경직성과 구조적 실업

그렇다면 수요와 공급이 일치하는 임금률보다 실질임금률이 높은데도 불구하고 실질임금률이 하락하지 않는 이유는 무엇일까? 첫 번째 이유는 정부가 높은 실질임금률을

---

4) 노동공급이란 일할 의사가 있는 노동자를 나타내므로 경제활동인구에 대응되는 개념으로 볼 수 있다. 본 장에서 편의상 경제활동인구를 일정하다고 두었기 때문에 노동공급곡선도 수직으로 그렸다. 그러나 현실적으로 경제활동인구는 실질임금의 증가함수일 것이기 때문에 노동공급은 우상향할 것이다. 이러한 경우에도 분석의 내용이나 결론이 달라질 것은 없다.

원하기 때문이다. 정부는 시장임금률이 너무 낮다고 판단할 때 **최저임금제**(minimum wage law)를 통해 시장임금률보다 높은 임금률을 설정한다. 이렇게 법제화된 임금률은 실업이 존재하는데도 불구하고 실질임금률이 하락하지 않는 원인이 된다. 물론 최저임금제가 직접 규제하는 것은 명목임금률이지만 최저임금 결정시 물가상승률을 반영하기 때문에 최저임금제는 사실상 실질임금률의 하락을 막는 제도라고 볼 수 있다.

실질임금률이 하락하지 않는 두 번째 원인은 노동조합이 높은 임금률을 원하기 때문이다. **노동조합**(labor union)이란 사용자측과 임금 및 근로조건에 대해 교섭하는 노동자들의 단체를 말한다. 만약 노조원들이 기업과의 협상 시 높은 임금을 설정함으로써 실직상태에 있는 노동자(외부자 : outsider)의 희생을 대가로 자신들(내부자 : insider)만의 이익을 얻으려 한다면 실업이 존재하더라도 실질임금률은 하락하지 않는다.[5)]

실질임금률이 하락하지 않는 세 번째 원인은 기업이 스스로 높은 임금률을 지급하기를 원하기 때문이다. 이러한 주장을 **효율성임금가설**(efficiency wage hypothesis)이라고 하는데 이는 약간 역설적인 면이 있다. 상식적으로 노동자들은 가능한 높은 임금을 요구하기 마련이며 기업은 가능한 낮은 임금을 주려하기 마련인데, 왜 기업이 높은 임금을 스스로 지급하려 한다는 것일까? 이에 대해서 보다 자세히 살펴보도록 하자.

효율성임금가설 05

전통적인 노동시장이론에 따르면 노동자의 생산성에 따라 실질임금률이 결정된다. 그러나 이와 반대의 경우를 생각해 볼 수도 있다. 즉 기업이 높은 실질임금률을 지불할 때 노동자들의 근로의욕과 생산성이 큰 폭으로 상승한다면 기업은 기꺼이 높은 실질임금률을 지급하려 할 것이다. **효율성임금**이란 이처럼 기업이 자발적으로 시장이 청산되는 임금, 즉 노동수요와 노동공급이 일치하는 임금보다 높은 임금을 지급하는 것을 말한다. 이러한 경우 노동시장의 초과공급이 있는 경우에도 기업은 높은 실질임금률을 유지하려고 하며 노동시장에는 초과공급이 장기간 지속된다. 즉 효율성임금은 자생적인 비청산거래(non clearing transaction)의 대표적 사례이다.

---

5) 이처럼 노동시장에서의 갈등을 노동자－사용자간의 갈등이 아니라 노동자(내부자)－노동자(외부자)간의 갈등으로 파악하는 이론을 내부자－외부자이론(insider－outsider theory)이라고 한다.

그렇다면 실질임금률을 인상할 때 근로의욕과 생산성이 상승하는 이유는 무엇일까? 이에 대해 경제학자들은 다양한 근거를 제시하였는데 그 중 대표적이 것들을 소개하면 다음과 같다. 첫째, 근로자들이 더 높은 임금을 받으면 식생활이 개선되고 건강상태가 좋아져서 생산성이 높아질 수 있다. 이를 영양모형(nutrition model)이라고 하는데 주로 저개발국이나 개도국 노동시장에 적용될 수 있다.

둘째, 실질임금률 수준이 높을수록 그 기업에 고용된 근로자들이 직장을 그만두는 빈도는 낮을 것이다. 이를 통해 기업은 신규채용과 해고에 들어가는 각종의 비용을 절약할 수 있다. 뿐만 아니라 노동자들의 근속기간이 길어지면 기업 고유의 기술(firm specific skill)의 축적을 통해서도 생산성을 높일 수 있으므로 높은 임금을 지급할 수 있다. 이를 이직비용모형(turnover cost model)이라고 한다.

셋째, 기업이 높은 실질임금을 지급하면 자질이 우수한 근로자들이 지원할 가능성이 높아져서 생산성이 높아질 수 있다. 반대로 회사의 사정이 좋지 않다고 실질임금을 인하할 경우 유능한 인재부터 먼저 떠날 가능성이 있으므로 실질임금을 쉽게 낮추지 않으려 할 것이다. 따라서 높은 임금을 지속하는 것이 기업에게 이익이 될 수 있다는 이론을 역선택모형(adverse selection model)이라고 한다.

넷째, 기업들이 높은 실질임금을 지급하고 인위적으로 초과공급을 유발할 경우 노동자들은 한번 실업에 빠지는 경우 오랫동안 벗어나기 힘들기 때문에 게으름을 피우기가 어려워지고 이에 따라 생산성이 높아질 수 있다. 즉 기업은 인위적으로 높은 임금을 지급함으로써 노동규율(discipline)을 유지할 수 있는데 이를 근무태만방지모형 또는 도덕적 해이모형(moral hazard model)이라고 한다.

역사적으로 효율성임금가설을 지지하는 많은 사례가 있다. 그 중 가장 유명한 것은 '헨리 포드의 일당 5달러'이다. 1914년 1월 5일 헨리 포드는 일당 5달러를 지급한다는 파격적인 임금인상안을 발표하였다. 이는 당시 숙련노동자 평균임금의 2배에 가까운 금액이었다. 이에 반대한 동업자들은 자신의 지분을 모두 팔겠다고 협박하였고 포드사의 주가는 크게 하락했다. 그러나 결과적으로 임금인상에도 불구하고 생산비용은 오히려 하락하였고 포드사의 T모델은 큰 성공을 거둔다. 이는 큰 폭의 임금인상에도 불구하고 근로자들의 규율이 높아지고 회사에 대한 충성심이 높아졌으며 이직이 감소하여 효율성이 크게 향상되었기 때문이다. 이후에 헨리 포드는 "5달러 인상이 내가 시도한 어떤 비용절감 대책보다 효과적이었다."라고 회상하였다.

효율성임금가설에 대한 논쟁은 아직도 활발히 진행 중이다. 효율성임금가설을 비판하는 측에서는 기업이 우수한 노동자를 선별하거나 노동자들의 규율을 확립하는데 효율성임금을 지급하는 것보다 더 값싸고 효과적인 방법이 있다면 굳이 효율성임금이라는 값비싼 방법을 사용할 필요가 없다는 점을 지적한다. 효율성임금가설에 대한 보다 자세한 내용은 제15장에서 다룬다.

실업에 대한 정책 06

6.1 실업유형별 정책처방

지금까지 우리는 실업을 여러 유형으로 구분하였다. 실업은 우선 자연실업과 경기적 실업으로 구분되었고 자연실업은 다시 마찰적 실업과 구조적 실업으로 구분되었다. 그렇다면 우리가 실업을 이렇게 복잡하게 구분하는 이유는 무엇일까?

그것은 실업의 유형에 따라 필요한 정책처방이 다르기 때문이다. 우선 경기적 실업은 경기안정화정책이라고 불리는 통화정책이나 재정정책을 통해 해결할 수 있다. 이는 단기 경기변동을 배울 때 다루게 될 것이다. 반면 마찰적 실업이나 구조적 실업은 통화정책이나 재정정책을 통해 해결할 수 없다.

마찰적 실업은 새로운 직장을 찾기까지 필요한 시간 때문에 발생하는 실업이므로 이를 해결하기 위해 정부는 실직자들이 새로운 직장을 구하는 데 소요되는 시간을 단축시킬 방안이 필요하다. 그 예로서 정부가 직업안내 프로그램, 공공직업훈련프로그램을 운영할 수도 있고 실업보험을 효율적으로 개선할 수도 있다. 뿐만 아니라 민간이 운영하는 채용정보사업을 지원할 수도 있다.

반면 구조적 실업은 실질임금 경직성 때문에 발생하는 실업이므로 이를 해결하기 위해 정부는 노동시장의 경직성을 완화해야 한다. 이를 위해 우선 최저임금을 지나치게 높게 설정하는 것을 자제하고 협조적 노사관계를 이끌어 내는 것이 적절한 대응방식이 될 것이다.

6.2 실질임금의 경직성과 실업의 지속기간

노동수요를 감소시키는 충격이 나타난 경우 실질임금경직성에 따라 그 반응이 어떻게 달라지는지를 1980년대 미국과 유럽의 사례로 살펴보자. [그림 6]과 같이 실질임금이 신축적으로 조정되는 경우 부정적 충격이 나타나더라도 임금의 즉각적 조정으로 고용은 원래의 수준을 유지하며 실업은 발생하지 않는다.[6] 이러한 과정은 1980년대 미국의 상황과 유사하다. [그림 7]과 같이 실질임금의 조정에 시간이 걸리는 경우 부정적 충격이 나타났을 때 노동시장은 F, G, H, I점 등을 지나며 오랜 기간 고용이 감소하며 실업이 유발된다. 이러한 과정은 1980년대 유럽의 상황과 유사하다. 결론적으로 실질임금이 경직적일수록 실업의 지속기간이 길다.

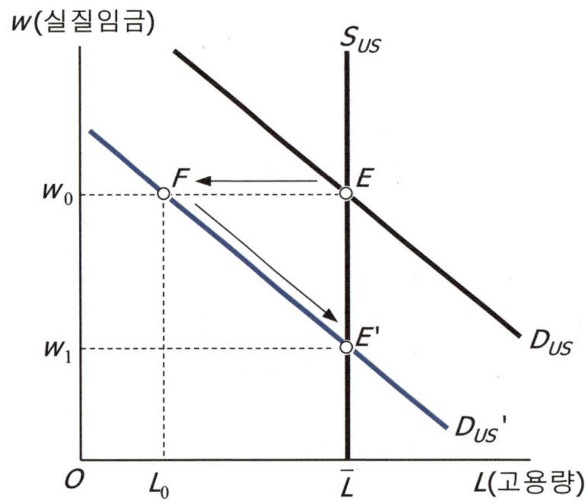

[그림 6] 실질임금이 신축적인 경우

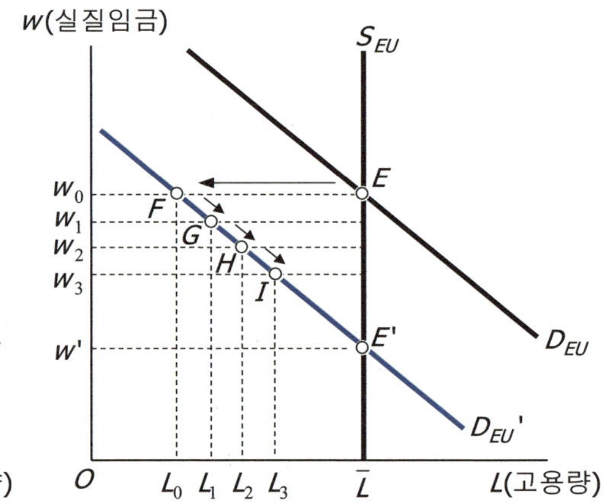

[그림 7] 실질임금이 비신축적인 경우

6.3 실업의 지속기간에 대한 실증연구

실업에 대한 최근의 연구결과는 매우 미묘한데 이에 따르면 대부분의 경우 실업을 경험하는 사람들의 실업지속기간은 상당히 짧지만 특정시점에 존재하는 실업자들은 대부분 장기간 실업상태에 있는 사람들이라고 한다. 이러한 결과는 다음과 같은 예로 이해할 수 있다. 올해 총 16명이 실업을 겪었다고 하자. 이 중 12명은 2명씩 순서대로 2개월간의 실업상태에 있었으며, 나머지 4명은 1년 내내 실업상태에 있었다고 하자. 이 경우 전체 실업자 16명 중 12명이 짧은 기간 실업을 겪었기 때문에 실업자들의 평균적인

---

6) 이 경우 실업이 발생하더라도 그 지속기간은 매우 짧을 것이다.

실업지속기간은 상당히 짧다. 그러나 어느 시점에서 실업자를 측정하더라도 6명 중 4명은 1년 내내 실업에 있는 사람이다. 즉 특정시점에 존재하는 실업자들은 대부분 장기실업자이다. 이러한 결과는 실업의 많은 부분이 상대적으로 소수이지만 장기간 실업상태에 있는 근로자에게서 비롯된다는 것을 의미한다. 앞서 실업의 유형이 다르다면 정부의 처방도 달라져야 한다고 하였다. 만약 위 실증연구가 우리나라에서도 타당하다면 자연실업의 대부분은 지속기간이 긴 구조적 실업이므로 정부는 이에 맞는 정책을 실시해야 할 것이다.

실업에 대한 몇 가지 주의사항 07

실업은 거시경제학이 해결해야 할 핵심적 문제이기 때문에 오랜 기간 논쟁이 지속되었으며 용어의 정의도 여러 차례 변하였기 때문에 혼선의 여지가 있다. 이에 관해 주의할 만한 사항을 몇 가지 언급하고자 한다.

첫째, 많은 교재들이 **비자발적 실업**(involuntary unemployment)이라는 용어를 사용하고 있다. 그런데 현대의 용어정의상 실업이란 '일할 의사와 능력이 있으나 일자리가 없는 상태'를 의미하므로 실업은 정의상 비자발적인 현상이다. 따라서 실업에 '비자발적' 이란 수식어를 붙이는 것은 동어반복인 셈이지만 케인즈 이후 실업의 비자발적 성격을 강조하는 의미로 이를 널리 사용하고 있다.

둘째, 일부 교재에서는 **자발적 실업**(voluntary unemployment)이라는 용어를 사용하고 있으며 고전파 경제학자들은 실업이 기본적으로 자발적 현상이라고 본다고 서술하고 있다. 이 주장은 노동자들이 유보임금을 충분히 낮추기만 한다면 일자리는 항상 존재한다는 것을 전제한 것이다. 그러나 실업자들은 그러한 낮은 임금에서는 일할 의사가 없으며 차라리 구직활동을 하거나 대기하는 것이 낫다고 생각하므로 이러한 실업도 근본적으로는 비자발적이다. 따라서 현대적 용어정의에 의하자면 차라리 케인즈 이전의 고전파 경제학자들이 실업의 존재를 인정하지 않았다고 보는 것이 논리적이다.

셋째, 자발적인 것과 비자발적인 것을 정도의 문제(problem of degree)로 본다면 실업의 유형에 따라 어떤 것이 상대적으로 더 자발적이고 어떤 것이 상대적으로 더 비자발적인지를 따져보는 것은 의미가 있다. 이러한 의미에서 탐색실업이 다른 유형의 실업들에 비해 상대적으로 자발적이라고 서술한 바 있다.

넷째, 자연실업의 범위에 대해서도 변화가 있었는데 과거 통화주의 및 초기 새고전파에서는 자연실업률을 '일자리와 사람 수가 같을 때에도 존재하는 실업률'이라 정의하여 마찰적 실업만을 포함하였다. 이는 마찰적 실업과 구조적 실업을 모두 포함하는 현대의 자연실업률의 범위에 비해 좁다.

다섯째, 자연실업의 구성요인인 마찰적 실업과 구조적 실업의 구분방법에 대해서도 변화가 있었다. 과거에는 마찰적 실업을 좁게 정의하여 탐색실업만을 포함하였으며 부문 간 이동을 구조적 실업이라 정의하였다. 그러나 이러한 구분은 열거적이며 포괄적이지 못하다. 이러한 구분을 사용할 경우 본서의 구분방식에 의한 구조적 실업 즉, 실질임금 경직성에 의한 장기실업이 누락되는 문제가 생긴다. 이러한 이유로 본서는 자연실업을 지속기간에 따라 구분하는 새로운 기준을 따랐다.

여섯째, 노동시장의 불완전성은 장기균형을 정의하는 것뿐만 아니라 단기 경기변동을 분석하는 것과도 밀접하게 관련되어 있다. 이에 대해서는 제8장의 $AD-AS$모형에서 다시 다룬다.

08 실업과 인플레이션간의 선택

8.1 고통지수의 문제

우리는 제3장에서 인플레이션율(π)을 분석하였으며 제4장에서 실업률(u)을 분석하였다. 이 두 값은 모두 백분율(%)로 나타내어지며 작을수록 바람직하다. 따라서 이 두 값의 합도 작을수록 바람직할 것인데 오쿤(A. Okun)은 이를 고통지수(misery index)라 정의하였다.

고통지수 : $m = u + \pi =$ 실업률 + 인플레이션율

고통지수에 의하면 인플레이션율 1%p와 실업률 1%p는 1대 1의 일정한 비율로 교환 가능한 완전대체재(perfect substitute)의 성격을 갖는다.[7] 즉 고통지수는 인플레이션과 실업은 동일한 정도의 고통을 유발한다는 암묵적 가정을 전제로 하고 있다. 그러나 이러한 가정은 두 가지 점에서 문제점을 가지고 있다.

첫째, 실업률과 인플레이션율의 조합에 따라 상대적인 고통의 정도가 다를 수 있다. 따라서 인플레이션율과 실업률간의 관계는 고통지수가 가정하는 선형의 관계가 아닐 수 있다. 둘째, 실증조사에 의하면 1%p의 실업률 증가는 1.7%p의 인플레이션율 증가와 같은 행복감소를 유발한다고 한다. 그렇다면 현재의 고통지수는 인플레이션에 지나치게 높은 가중치를 두고 있는 셈이다.

8.2 실업과 인플레이션간의 선택의 어려움

만약 실업과 인플레이션에 대해 선택을 해야 한다면 둘 중 어느 것을 퇴치하는 것을 우선해야 할까? 이 문제는 어느 정도 가치판단이 포함될 수밖에 없는 문제이기 때문에 경제학자들 간에도 의견이 일치하지 않는다.

앞서 살펴본 바와 같이 실업은 그 자체로 자원의 낭비이며, 인플레이션 역시 다양한 비용을 유발하므로 효율성(efficiency) 측면에서 바람직하지 못하다. 그렇다면 공평성(equity)의 측면에서는 어떠할까?

이에 대해 미국의 포드(G. Ford) 전 대통령은 실업은 전 인구 중 일부에 대한 문제이지만 인플레이션은 모든 국민들이 겪는 문제이므로 인플레이션 퇴치를 우선하는 것이 공평성의 측면에서 바람직하다고 주장했다. 반면 경제학자 블라인더(A. Blinder)은 실증연구상 불황기에는 주로 저소득층의 실업률이 상승하고 빈곤율이 상승하는 등 소득분배가 악화된다는 점을 들어 실업퇴치를 우선하는 것이 공평성의 측면에서 바람직하다고 주장하였다.

이러한 논쟁이 끝나지 않는 것은 공평성이 주관적이고 복합적인 개념이기 때문이다. 이러한 의견의 대립은 실제 실업과 인플레이션 간에 상충관계가 존재하기 때문에 더욱

7) 보다 엄밀히 말하면 실업과 인플레이션이 모두 비재화(bads)이므로 '완전대체적 비재화'라고 표현할 수 있다.

심각한 문제가 된다. 실업과 인플레이션간의 상충관계에 대해서는 제9장에서 보다 자세히 설명한다.

핵심용어해설

- **구직률** : 주어진 기간에 실업자 중 직장을 구한 사람들의 비율
- **실직률** : 주어진 기간에 취업자 중 직장을 떠난 사람들의 비율
- **자연실업률** : 경제가 장기적으로 수렴하는 실업률, 즉 노동시장의 장기균형실업률
- **경기적 실업** : 실제실업이 자연실업을 중심으로 상승과 하락을 반복하는 현상
- **마찰적 실업** : 직장과 노동자가 연결되는 데 시간이 들 수밖에 없기 때문에 장기에도 사라지지 않는 실업, 자연실업 중 지속기간이 짧은 부분
- **구조적 실업** : 실질임금경직성으로 인해 장기에도 사라지지 않는 실업, 자연실업 중 지속기간이 긴 부분
- **부문 간 이동** : 각 산업의 수요, 공급여건의 변화로 인한 산업 간, 지역 간 노동력의 이동
- **효율성임금가설** : 노동자의 근로효율을 높이기 위해 기업이 스스로 시장청산수준보다 높은 실질임금을 지급한다는 가설
- **고통지수** : 실업률과 인플레이션율의 합

연습문제

01 매 기간 당 취업자 중에서 3%는 실직을 당하는 반면 실업자 중에서 17%는 새로이 취업한다고 하자. 이때 관측된 실업률이 18%이면 경기적 실업률은 얼마인가?

02 본장에서 자연실업률을 도출할 때 전제한 가정은 무엇이며 이러한 가정은 어떤 한계를 가지고 있는가?

03 현재 우리나라 정부는 정년연장 법안을 준비 중이다.

(1) 정년 연장법안이 구직률에 영향을 미치지 않고 실직률만 하락시킨다고 할 때 장기실업률에 미치는 영향은 어떠한가?

(2) 현실적으로 정년연장 법안의 도입으로 구직률이 어떤 영향을 받을 것이라 생각하는가?

04 실질임금 경직성의 세 가지 원인을 설명하라. 실질임금 경직성과 실업의 지속기간 사이에는 어떤 관련이 있는가? 실업의 지속기간과 구직률간에는 어떤 관련이 있는가? 구직률과 자연실업률간에는 어떤 관련이 있는가?

05 한 집단에서 노동자가 일자리를 구하기 위해 평균적으로 8주의 구직기간이 소요된다고 하자. 그리고 일자리를 구한 후 고용은 평균적으로 60주간 지속된다고 하자.

(1) 위 자료에 기초하여 이 집단의 구직률 f와 실직률 s를 (1주당 비율로) 계산하시오. (hint : f가 구직률이라면 $1/f$는 실업의 평균교체기간이 된다.)

(2) 이 집단의 장기균형실업률인 자연실업률은 얼마인가? 구직기간에는 변화 없이 고용의 지속기간이 길어졌다고 하자. 이때 자연실업률은 어떻게 변하겠는가?

06 다음 명제의 옳고 그름을 판단하시오.

(1) 자연실업률은 0이다.

(2) 자연실업률은 고정된 값이므로 자연실업률을 낮출 수 없다.

(3) 자연실업률을 낮추는 것은 바람직하지 않다.

07 고통지수란 무엇인가? 고통지수를 기준으로 거시경제의 건전성을 측정하는 방식은 어떠한 문제점을 가지고 있는가?

III

PART 3

거시경제의 일반균형 및 단기변동

CHAPTER **05**

경기변동이론의 기초

CONTENTS

CHAPTER PREFACE | 들어가며

지금까지 거시경제를 구성하는 대표적인 시장인 재화시장, 화폐시장, 노동시장의 장기균형에 대해 살펴보았다. 이번 장부터는 거시경제의 단기변동을 살펴본다. 20세기 최고의 경제학자라 불리는 케인즈(J. M. Keynes)는 '장기에 우리는 모두 죽는다(In the long run, we are all dead).'라는 명언을 남겼다. 이것은 현실의 거시경제에서 장기균형을 분석하는 것 이상으로 단기변동을 분석하는 것이 중요하다는 것을 의미한다. 이번 장에서는 경기변동과 관련된 기초개념들을 정의하고 경기변동의 국면을 판단하는 대표적 기준인 경기종합지수를 살펴본다. 그리고 오쿤의 법칙(Okun's law)을 통해 거시경제의 장기균형과 단기변동간의 관계를 살펴본다.

01 경기변동의 중요성

거시경제학의 주된 연구과제는 경기변동과 경제성장이다. 거시경제는 장기적인 성장 추세를 중심으로 단기변동을 보이는데 **경기변동**(economic fluctuation)이란 이처럼 거시경제가 장기추세선을 중심으로 상승과 하락을 반복하는 현상을 말한다.[1] 19세기 미국의 경제학자 클라크(J. B. Clark)는 경기변동의 중요성을 다음과 같이 표현했다.

> "현대인들은 경기변동을 고대 이집트인들이 나일강의 범람에 대해 생각했던 것과 비슷하게 받아들인다. 이러한 현상들은 주기적으로 나타나고 모든 사람들에게 중요하지만 그 자연적 원인은 잘 알려져 있지 않다."

경기변동은 경제주체들의 의사결정에 매우 큰 영향을 미친다. 경기변동은 고용에 영향을 미쳐 가계의 소비지출에도 직·간접적으로 영향을 미친다. 또 경기변동은 기업의 이윤에도 많은 영향을 미치기 때문에 기업은 미래를 위한 투자를 할 때 미래의 경기상황을 중요한 요인으로 고려한다. 또 정부는 적절한 정책을 채택함으로써 경기변동으로 인한 사회적 비용을 감소시키려고 한다. 즉 나일강이나 황하(黃河)의 범람이 고대의 모든 사람들에게 중요한 문제였던 것처럼, 경기변동은 현대의 모든 사람에게 중요한 문제인 것이다. 따라서 경기변동을 연구하는 주된 목적도 경기변동의 원인을 파악하고 그 전파과정을 알아내고 미래의 경기변동을 예측해 냄으로써 기업이나 가계의 경제활동과 정부의 거시경제정책의 방향을 정립하는데 도움을 주는 것이다.

1) 경기변동이라는 용어대신 경기순환(business cycle)이라는 용어를 사용하기도 한다. 그러나 경기순환이라는 용어를 사용하면 마치 실제 경기변동이 일정한 주기를 가지고 규칙적으로 이루어지는 것과 같다는 오해를 일으킬 수 있기 때문에 이 책에서는 경기변동이라는 용어를 사용한다.

경기의 순환과정 02

[그림 1]은 경기변동을 묘사하는 가상의 사례이다.[2)]

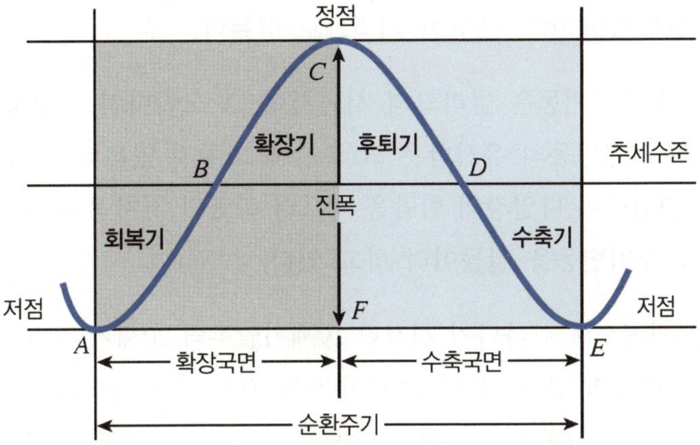

출처 : 한국은행,『알기 쉬운 경제지표해설』(2016)을 일부 수정함

[그림 1] 경기의 순환과정

하나의 경기변동기간은 경제활동이 가장 위축된 저점(trough)에서 경제활동이 최고조에 이른 정점(peak)을 지나 다시 저점에 이르는 과정으로 이루어져 있다. 이때 하나의 저점에서 다음 저점에 이르는 A에서 E까지의 기간을 주기(cycle)라고 하며 저점에서 정점에 이르는 C에서 F까지의 거리를 진폭(amplitude)이라고 한다. 하나의 주기는 대체로 두 단계로 구분하여 저점에서 정점을 향해 경제활동이 활성화되는 A에서 C까지의 시기를 확장국면(expansion)이라고 부르고, 정점에서 저점을 향해 경제활동이 위축되는 C에서 E까지의 시기를 수축국면(contraction)이라고 부른다.[3)] 이와는 달리 저점에서 장기추세선에 이르는 A에서 B까지를 회복기(recovery), 장기추세선에서 정점에 이르는 B에서 C까지를 확장기(expansion), 정점에서 장기추세선에 이르는 C에서 D까지를 후퇴

2) 실제의 경기변동은 장기성장추세 상에서 이루어지기 때문에 약간 경사지게 그리는 것이 보다 현실적이다.

3) 확장국면과 수축국면은 번갈아 나타나지만 일반적으로 확장국면이 수축국면에 비해 약간 더 오래 지속되는 경향이 있다.

기(recession), 장기추세선에서 다음 저점에 이르는 D에서 E까지를 수축기(contraction)로 구분하는 네 단계 구분법을 사용하기도 한다. 경기변동을 두 단계로 구분한 대표적인 경제학자로는 밋첼(W. Mitchell)이 있고 경기변동을 네 단계로 구분한 대표적인 경제학자로는 슘페터(J. Schumpeter)가 있다.[4] 현실적으로 경기변동을 네 단계로 정밀히 구분하기는 어렵기 때문에 두 단계 구분법이 더 많이 사용된다. 두 단계 구분법을 사용할 때 확장국면에서 수축국면으로 전환하는 정점과 수축국면에서 확장국면으로 전환되는 저점이 나타나는 구체적인 시점을 기준순환일(reference date) 또는 경기전환점이라 하여 경기변동의 예측에 있어 매우 중요한 기점으로 삼는다.

[그림 1]을 보면 경기변동은 클라크의 서술처럼 그 모습마저 나일강의 범람과 매우 닮았다. 나일강과 경기변동의 유사함은 그 모습에 그치지 않는다. 고대 이집트 사람들이 거대한 댐을 건설하여 나일강의 범람을 막으려 하였던 것처럼 현대 정부는 경기안정화정책을 시행해 경기변동을 길들이려 하고 있다.

경기변동이 본격적으로 나타나기 시작한 19세기말부터 20세기 전반까지 많은 경제학자들이 자본주의 경제의 경기변동에 있어 주기와 진폭 등에 나타나는 규칙성을 찾아내기 위해 노력하였다. 경기변동에 대해 포괄적인 연구를 시도했던 슘페터(J. Schumpeter)는 경기변동을 일으키는 중요한 요인을 다음과 같이 정리한 적이 있다.

- **키친순환** : 재고변동으로 인해 약 40개월을 주기로 나타나는 단기순환
- **주글라순환** : 기계발명과 같은 개별적 기술혁신 등에 의해 발생하는 평균 9년 반 주기의 중기순환
- **콘드라티에프순환** : 철도, 전기 등과 같은 대발명에 기인한 약 50년 주기의 장기순환

슘페터 이후에도 많은 경제학자들이 오랫동안 경기변동을 연구한 결과 경기변동에 있어 정해진 주기나 진폭을 찾아내기란 어렵다는 결론에 이르렀다. 따라서 현재 대부분의 경제학자들은 더 이상 예전처럼 경기변동의 주기와 진폭을 찾아내는 문제에 집착하지는 않는다. 대신 현재의 경제학자들은 다음의 세 가지 과제를 경기변동의 주요 연구대상으로 삼고 있다.

4) 단 슘페터의 경우에는 위 구분에 사용된 용어와 달리 '회복－호황－후퇴－불황'이라는 표현을 사용하였다. 이처럼 경기변동의 각 국면을 이르는 표현이 통일되어 있지 않기 때문에 조심해야 한다.

첫째, 경기변동을 유발하는 주된 충격이 무엇인가?

둘째, 충격은 어떠한 과정을 거쳐 여러 기간에 걸쳐 파급되는가? 또한 어떤 경로를 통해 경제전체로 전파되어 나가는가?

셋째, 경기변동과정에서 주요 거시변수들은 어떤 규칙성을 가지고 함께 움직이는가?

이 중 첫 번째 과제를 **충격기제**(impulse mechanism)의 규명, 두 번째 과제를 **전파기제**(propagation mechanism)의 규명, 세 번째 과제를 **공행성** 또는 **동조성**(comovement)의 규명이라고도 한다. 거시변수들의 동조성 중에서도 가장 중요한 것이 산출량과 실업률간의 음(−)의 상관관계인데 이를 오쿤의 법칙(Okun's law)이라고 한다. 이에 대해서는 이번 장의 후반부에서 다시 다룬다.

경기변동과 주요경제변수들의 변화 03

앞서 경기변동의 과정에서 주요변수들은 일정한 관계를 유지하면서 변화한다고 하였다. 우선 [그림 2]에서 *A*와 같이 경기변동과정에서 변동방향을 기준으로 실질 GDP와 같은 방향으로 움직이는 변수를 **경기순행적**(cyclical or procyclical)이라고 한다. 반대로 *B*와 같이 실질 GDP와 반대 방향으로 움직이는 변수를 **경기역행적**(countercyclical)이라고 한다. 예를 들어 호황기에 규모가 증가하는 소비, 투자, 고용 등은 경기순행적 변수이며, 호황기에 규모가 감소하는 실업률이나 사무실의 공실률 등은 경기역행적 변수이다.

다음으로 [그림 3]에서 변동시점을 기준으로 경기변동과정에서 실질 GDP와 동시에 움직이는 변수들을 **경기동행적**(concurrent)이라 한다. 또 *C*와 같이 실질 GDP의 변화에 앞서서 움직이는 변수들을 **경기선행적**(leading)이라 하고, *D*와 같이 실질 GDP의 변화보다 늦게 움직이는 변수들을 **경기후행적**(lagging)이라고 한다. 예를 들어 우리나라에서 주가나 건축수주면적 등은 대표적인 경기선행적 변수이며, 정규직 취업자 수나 소비재수입액 등은 경기후행적인 변수로 알려져 있다.

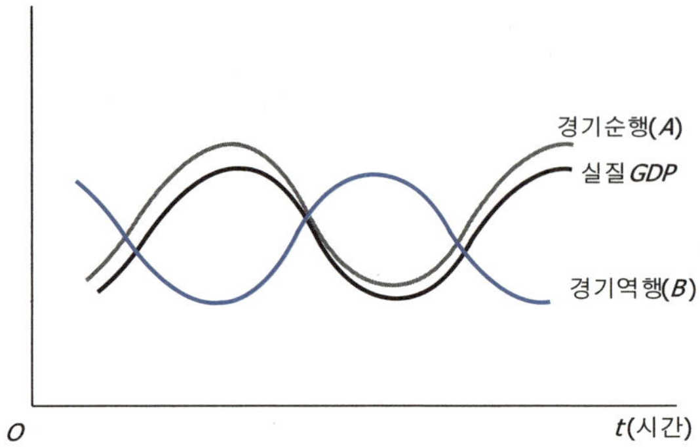

[그림 2] 경기순행변수와 경기역행변수

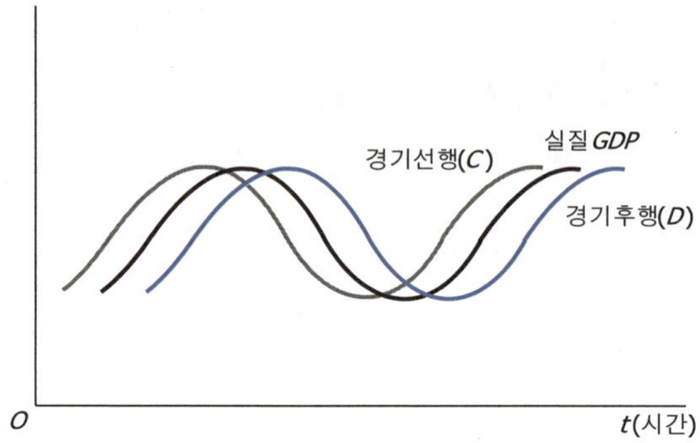

[그림 3] 경기선행변수와 경기후행변수

04 경기변동의 판단 및 우리나라의 경기종합지수

그렇다면 지금이 경기변동의 어떤 국면에 있는지는 어떻게 판단할 수 있을까? 일반적으로 현재의 경기상황을 판단하거나 향후 경기흐름을 예측하는 데에는 개별 경제지표에 의한 방법,[5] 종합경기지표에 의한 방법, 경제심리지표에 의한 방법, 계량모형에 의한 방법 등이 사용되는데 이 중 대표적인 것은 종합경기지표에 의한 방법이다.

종합경기지표에 의한 방법이란 국민경제 각 부문의 동향을 잘 반영해 주는 개별 경제지표들을 선정한 후 이를 통계분석하여 전반적인 경기상황을 분석하는 것을 말한다. 종합경기지표로 경기를 진단한다는 것은 해당 지표가 지금까지 어떠한 패턴으로 움직여왔는가를 측정하고 이러한 움직임으로부터 규칙성이나 유사성을 찾아내어 현재의 경기상태를 판단하고 미래의 경기를 예측하는 것을 의미한다. 이처럼 종합경기지표가 과거의 경험적인 사실에 근거하고 있기 때문에 전반적인 경제구조가 변화할 경우를 고려하여 적절한 시기마다 경기지표를 재편해 주어야 한다. 우리나라의 대표적인 종합경기지표는 매월 통계청에서 발표하고 있는 **경기종합지수**(composite index : CI)인데, 이는 국민경제의 각 부문을 대표하고 경기 대응성이 높은 각종 경제지표들로 구성되어 있다.

---

5) 개별 경제지표를 사용하는 경우는 대부분 실질 GDP의 변화를 기준으로 경기의 변동을 판단한다. 이 경우 관행적으로 후퇴기는 실질 GDP가 최소한 2분기 동안 연속으로 감소하는 기간으로 간주된다. 그러나 경제성장률이 빠른 국가의 경우에는 실질 GDP가 감소하는 경우가 나타나지 않기 때문에 성장률이 잠재성장률보다 2분기 이상 연속으로 낮은 상태를 지속하는 경우 후퇴기로 간주하기도 한다.

이 지표들의 전월대비 증감률이 양(+)인 경우에는 경기확장을, 음(−)인 경우에는 경기 수축을 나타내며 그 증감률의 크기를 통해 경기변동의 진폭까지도 알 수 있다.

경기종합지수는 크게 비교적 가까운 장래의 경기동향을 예측하는 **경기선행지수**, 현재의 경기상태를 나타내는 **경기동행지수**, 경기의 변동을 사후에 확인하는 **경기후행지수**의 3개군으로 구분되는데 2019년에 개편한 한국의 경기종합지수를 정리하면 아래의 [표 1]과 같다.

경기선행지수	경기동행지수	경기후행지수
1. 재고순환지표(제조업)	1. 비농림어업취업자수	1. 취업자 수
2. 경제심리지수	2. 광공업생산지수	2. 생산자제품재고지수
3. 기계류내수출하지수(선박제외)	3. 서비스업활동지수(도소매업제외)	3. 소비자물가지수변화율(서비스)
4. 건설수주액(실질)	4. 소매판매액지수	4. 소비재수입액(실질)
5. 수출입물가비율	5. 내수출하지수	5. 회사채(CP)유통수익률
6. 코스피	6. 건설기성액(실질)	
7. 장단기금리차	7. 수입액(실질)	

[표 1] 우리나라의 경기종합지수

경기종합지수를 구성하는 지수들 중에서도 경기선행지수가 가장 많은 관심을 받는다. 왜냐하면 이 변수들은 향후 경기변동에 대한 매우 유용한 정보를 전해주기 때문에 기업이나 가계의 경제활동에 도움을 줄 뿐 아니라 정부가 올바른 정책을 수립하는 기초가 되기 때문이다. 경기선행지수를 간단히 소개하면 다음과 같다.

- **재고순환지표** : 기업이 소비자에게 판매하기 위해 시장으로 물건을 내보내는 출하의 증가율(전년동월비)에서 판매하지 못하고 창고에 쌓아두는 재고의 증가율(전년동월비)을 뺀 것이다. 만약 경제가 활성화되어 소비가 증가하면 바로 생산량을 늘리긴 어렵기 때문에 보유하고 있던 재고를 이용하여 늘어난 소비에 대응한다. 즉, 출하량은 증가하고 재고량은 감소하여 재고순환지표가 높아진다. 반대로 경기가 악화되어 소비가 감소하면 생산량을 바로 조절하기가 어렵기 때문에 출하량은 감소하고 재고량은 증가하여 재고순환지표가 낮아진다.[6)]

---

6) 재고순환지표는 선행지표 중에서도 가장 선행하는 변수로 알려져 있으며 그 정점이 경기정점보다 12~13개월 정도 빠르게 나타난다고 한다.

- **경제심리지수** : 경제심리지수(ESI, Economic Sentiment Indicator)란 기업과 소비자를 모두를 포함한 민간의 경제상황에 대한 심리를 종합적으로 파악하기 위해 기업경기실사지수(BSI, Business Survey Index)와 소비자심리지수(CSI, Consumer Sentiment Index)를 합성한 지표로 한국은행이 2012년 6월부터 발표하고 있다. 기업경기실사지수란 기업가들로부터 향후 경기동향에 대한 의견을 조사해 지수화한 것이며, 소비자심리지수란 소비자들의 경제에 대한 전반적 인식을 종합적으로 파악할 수 있는 지표이다.
- **기계류내수출하지수** : 기업의 기계설비 주문이 늘어난다는 것은 기업이 미래 경기상황을 긍정적으로 보고 있다는 신호가 된다. 기계가 출하되는 시점에 생산과 고용이 늘어나면 경기는 확장국면에 들어설 것이다.
- **건설수주액** : 기업의 건설수주액이 증가하면 곧이어 투자와 고용이 증가하면서 경기의 호황으로 이어질 것이다.
- **수출입물가비율** : 수출품의 가격을 수입품의 가격으로 나눈 값을 의미하는 것으로 수출품 한 단위로 얻어올 수 있는 수입품의 수량을 의미한다. 이 지수가 악화되면 수출을 하고도 남는 것이 없어 소비나 투자가 감소하고 불황으로 이어질 가능성이 크다.
- **코스피** : 토빈의 q이론에 따르면 주식가격이 상승할 때 기업들은 투자지출을 증가시킨다. 또 주식가격이 상승하면 자산효과로 인해 소비자들의 소비지출을 증가시킨다. 이처럼 지출이 증가하면 경기의 호황이 이어질 것이다.
- **장단기 금리차** : 일반적으로 만기가 짧은 채권의 금리보다 만기가 긴 채권의 금리가 높다. 만약 향후 경기가 좋아진다면 중앙은행이 금리를 인상할 것이므로 장단기금리차가 커진다. 반면 향후 경기가 나빠진다면 중앙은행이 금리를 인하할 것이므로 장단기금리차가 감소한다.

아마 현 단계에서 위 지표들의 의미를 정확히 이해하기 어려울 것이다. 사실 거시경제학을 공부하는 주된 이유 중 하나가 미래의 경제상황을 예측하기 위한 것이라는 점을 고려할 때 각 지표의 의미를 이해하기 어려운 것은 당연한 일이다. 각각의 지표들이 의미하는 바를 제대로 이해하는 것은 일단 숙제로 남겨두기로 하자.

거시경제의 장기균형과 단기변동 : 오쿤의 법칙 05

제2장에서 재화시장의 장기균형상태는 한 거시경제가 주어진 기술수준하에서 모든 생산요소를 '정상적'으로 사용한 경우의 생산량 수준인 잠재적 생산량($\overline{Y}$) 수준에서 이루어진다고 하였다.

잠재적 생산량 : $\overline{Y} = F(\overline{K}, \overline{L})$

또한 제4장에서 노동시장의 장기균형에서의 실업률이 자연실업률이며 이는 구직률과 실직률이라는 두 가지 값에 의해 결정된다고 하였다.

자연실업률 : $u_N = \dfrac{s}{s+f}$

노동시장과 재화시장은 밀접한 관계가 있으므로 실제실업률이 자연실업률과 일치할 때의 생산량이 바로 잠재적 생산량이라고 볼 수 있다. 제2장에서 제4장까지 살펴본 고전학파의 이론들은 장기균형을 전제한 설명이다. 이러한 고전학파의 설명은 모든 조정이 신축적으로 이루어진다고 가정하므로, 비유하건대 마치 물리학에서 마찰(friction)이 없다고 가정하고 물체의 이동을 설명하는 것과 같다. 이러한 가정은 문제를 더 단순하게 하고 많은 경우에 유용하지만 유능한 기술자는 실제 상황을 이런 식으로 나타내는 가정을 받아들이지 않는다. 이와 유사하게 대부분의 경제학자들도 거시경제가 항상 장기균형에 있을 것이라고 생각하지 않는다. 현실적으로 경제에는 단기적으로 정보의 불완전성이나 가격의 비신축성과 같이 거시경제의 신속한 조정을 가로막는 마찰이 존재하기 때문에 실제 생산량은 잠재적 생산량을 중심으로 증가 및 감소를 반복하며 실제실업률 역시 자연실업률을 중심으로 하락 및 상승을 반복한다. 이러한 산출량과 실업률의 관계를 설명한 것이 **오쿤의 법칙**(Okun's law)인데 이는 두 가지 의미를 포함하고 있다.

- **명제 1** : 산출갭과 실업갭은 서로 동일한 방향으로 움직인다. 또는 산출량과 실업률은 서로 반대방향으로 움직인다.

- **명제 2** : 산출갭은 실업갭보다 크다. 또는 산출의 변동률은 실업의 변동분보다 크다.

오쿤의 법칙을 수식으로 나타내는 방법은 매우 다양한데 그 중 대표적인 두 가지를 소개하면 다음과 같다. 첫 번째 방법은 다음과 같이 2개의 갭의 관계식으로 나타내는 것이다.

$$\text{오쿤의 법칙-1} : \frac{\overline{Y} - Y}{\overline{Y}} = \alpha(u - u_N) \qquad \text{단, } \alpha > 1 \qquad [\text{식 } 1]$$

[식 1]의 좌변은 당해연도의 실제산출량과 잠재적 산출량간의 차이를 나타내는 GDP 갭이다. 우변의 괄호 안은 당해연도의 실제실업률과 자연실업률간의 차이, 즉 경기적 실업의 크기를 나타내는 실업갭이다. [식 1]은 두 개의 갭 사이의 관계를 나타내므로 갭 형태(gap version)의 오쿤의 법칙이라고 한다. 오쿤의 법칙은 자연실업률과 잠재적 산출량이 주어졌을 때 실제실업률과 실제산출량간에 존재하는 음(−)의 관계를 나타낸다고 볼 수도 있는데 이를 단순화시키면 [그림 4]와 같다.

오쿤의 법칙을 나타내는 두 번째 방법은 두 가지 성장률간의 관계로 나타내는 것이다. 실제로 자연실업률과 잠재산출량은 관측이 어렵기 때문에 성장률로 나타내는 것이 보다 실용적이다. 이를 성장률 형태(growth rate version)의 오쿤의 법칙이라고 한다.

$$\text{오쿤의 법칙-2} : g = \overline{g} - \alpha \Delta u \qquad \text{단, } \alpha > 1 \qquad [\text{식 } 2]$$

[식 2]에서 g는 실제실질성장률, $\overline{g}$는 잠재실질성장률의 추정치, Δu는 전년도 대비 실업률의 변화분을 의미한다.[7][8]

---

7) GDP는 변화분이 아닌 변화율이 %로 나타내어지지만 실업률은 변화분이 바로 %(보다 정확히는 %p)로 나타내어짐에 유의하기 바란다.

8) Δu가 당해연도 실업률과 자연실업률의 차이가 아니라 당해연도 실업률과 전년도 실업률의 차이라는 점에 주의하기 바란다. 전년도 실업률이 자연실업률과 일치하지 않는 한 두 가지는 일치하지 않는다.

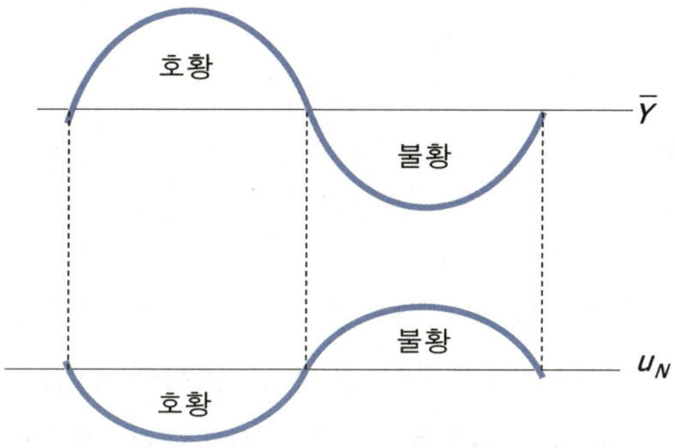

[그림 4] 산출량 및 실업률의 변화

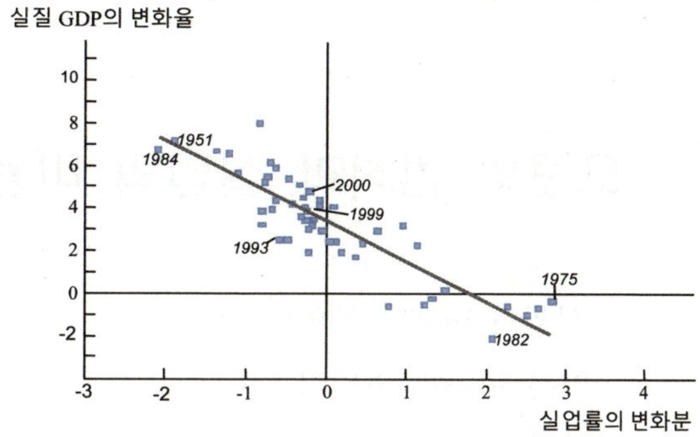

[그림 5] 오쿤의 법칙 : 실증자료

오쿤의 법칙에서 명제 1이 의미하는 바는 매우 직관적이다. 즉 호황이 되면 일자리가 많이 생기면서 실업률이 하락할 것이며, 실업률이 감소하고 취업자가 증가하는 시기에는 GDP도 증가할 것이다. 이러한 관계는 [그림 5]의 실증자료에도 뚜렷이 나타난다.

명제 2가 의미하는 바는 보다 까다로운데 이는 α가 1보다 크다는 것에 담겨있다. α가 1보다 크다는 것은 총생산의 변동에 비해 고용의 변동이 작다는 것을 의미하는데 이러한 현상을 설명하는 여러 이론이 있다. 예를 들면 기업들이 산출량 변동에 대해 고용인원이 아닌 근로시간을 변경시켜 대응한다면 산출량의 변동에 비해 실업의 변동이 작을 것이다.

제5장에서는 경기변동의 중요성과 경기변동을 묘사하는 여러 개념, 그리고 경기변동 과정에서 나타나는 몇 가지 특징들을 개략적으로 살펴보았다. 이제 제6장과 제7장에서는 총수요 측 분석에 한정하여 단기의 경기변동과 정책효과를 분석하는 $IS-LM$모형을 살펴볼 것이며, 제8장과 제9장에서는 총공급 측 분석을 포괄하는 총수요－총공급모형(AD－AS model)을 살펴볼 것이다.

보론 오큰의 법칙과 실업의 비용[9)]

실업의 비용은 무엇일까? 실업률이 높으면 경제적으로나 사회적으로나 문제가 된다. 실업은 귀중한 자원이 낭비되고 있는 것이기 때문에 경제적인 문제다. 동시에 실업은 커다란 사회적 문제이기도 하다. 왜냐하면 실직한 노동자들이 줄어든 소득으로 생존하기가 쉽지 않고 실업으로 인해 엄청난 고통이 유발되기 때문이다. 실업률이 높아지는 시기에는 경제적 불안이 확산되어 사람들의 정서와 가정생활에 커다란 영향을 미친다.

실업의 유형이 다양하며 실업의 비용도 광범위하기 때문에 그 비용을 정확히 측정하기는 어렵다. 그러나 실업을 경기변동에 의한 실업 즉 경기적 실업으로 한정하고, 실업의 비용 역시 경제적 비용만으로 한정하면 구체적인 비용을 구해낼 수 있다.

경기적 실업의 경제적 비용을 구하는 대표적인 방법은 오큰의 법칙을 사용하는 것이다. 본문에서 살펴본 갭형태의 오큰의 법칙은 다음과 같다.

$$\frac{\overline{Y}-Y}{\overline{Y}}=\alpha(u-u_N) \quad \text{단, } \alpha>1$$

위 식의 우변은 실업갭으로서 경기적 실업의 크기를 나타낸다. 위 식의 좌변은 GDP갭인데 이는 한 나라가 잠재적 생산능력을 제대로 활용하지 못하는 정도를 반영하는 것으로 볼 수 있다. 이러한 의미에서 GDP갭을 국민소득손실률이라고 부르기도 한다. 따라서 오큰의 법칙은 경기적 실업의 경제적 비용을 구하는 관계식으로 해석할 수도 있다.

폴 사뮤엘슨(P. Samuelson)에 의하면 이러한 방식으로 측정한 실업의 경제적 비용은 다른 어떤 비효율성의 비용보다도 크다고 한다. 현대경제의 비효율성으로는 독점으로 인한 미시경제적 비효율성도 있고 관세와 수량제한으로 인한 비효율성도 있지만, 실업에 따른 경제적 손실은 다른 유형의 손실의 몇 배에 달한다고 한다.

---

9) 이 부분의 내용은 「사뮤엘슨의 경제학원론(유비온)」을 많이 참고하였다.

이상의 분석이 전체 실업 중 경기적 실업만을 대상으로 하였으며 많은 비용 중 경제적 비용만을 구한 것이라는 점을 고려한다면 실업의 비용은 더욱 크게 측정될 것이다. 예를 들어 실업률이 높아질 때 범죄발생률, 이혼율, 자살률, 출산율 등의 변수에 어떤 영향을 미치는지에 대한 다양한 연구가 이루어져 있는데 이러한 영향들도 모두 넓은 의미의 실업의 비용에 포함된다.

핵심용어해설

- **경기변동** : 거시경제가 장기적인 성장추세의 위에서 단기변동을 보이는 현상
- **경기종합지수** : 국민경제 전체의 경기동향을 파악하기 위해 경기에 민감한 경제지표들을 선정한 후 이들 지표를 가공, 합성한 것
- **기준순환일** : 경기변동에서 정점과 저점이 나타난 구체적인 시점
- **경기순행변수** : 경기변동에서 실질 GDP와 동일한 방향으로 변하는 변수
- **경기역행변수** : 경기변동에서 실질 GDP와 반대 방향으로 변하는 변수
- **경기선행변수** : 경기변동에서 실질 GDP보다 먼저 변하는 변수
- **경기후행변수** : 경기변동에서 실질 GDP보다 늦게 변하는 변수
- **오쿤의 법칙** : 경기변동과정에서 산출량과 실업률은 서로 반대방향으로 움직인다는 경험적인 법칙

연습문제

01 경기변동이론의 세 가지 주요과제가 무엇인지 설명하라.

02 2016년 종합경기지수의 구성이 변경되었으며 2019년에 다시 그 구성이 변경되었다. 경기선행지표의 구성요인이 바뀌는 것의 장단점은 무엇인가?

03 지난 2년간 경기후퇴를 경험한 뒤 A국의 거주자들은 실업률의 감소를 학수고대하고 있었다. 하지만 6개월 동안 정(+)의 경제성장을 한 이후에도 실업률은 경기후퇴가 끝날 무렵과 같은 수준을 유지하고 있다. 경제가 성장하고 있음에도 불구하고 실업률이 이처럼 감소하지 않는 이유를 오쿤의 법칙을 이용하여 설명해 보아라.

04 아래 표에는 어느 나라의 3개 연도에 걸친 실제 실업률, 자연실업률, 잠재GDP가 기록되어 있다.

연 도	실제 실업률(%)	자연실업률(%)	잠재GDP(조 원)
2000	4	3	900
2005	3	4	1,000
2010	5	4	1,100

위 표에 근거하여 아래 명제의 옳고 그름을 판단하라.

(1) 2010년도 실제 GDP는 1,100조 원보다 크다.

(2) 2005년도에는 인플레이션 상승 압력이 발생하였다.

05 A국의 연간 실질 GDP 변화율과 실업률의 변화가 다음과 같은 관계에 있다. (단 실업률의 변화는 전기 대비 실업률의 변화를 의미한다.)

- 실질 GDP 변화율(%)=3%−2×실업률(%)의 변화

다음 명제의 옳고 그름을 밝혀라

명제 1 : 실업률이 1%p 상승하면 실질 GDP는 2% 감소한다.

명제 2 : 실질 GDP가 일정하면 실업률도 일정하다.

CHAPTER **06**

거시경제의 총수요-1: *IS-LM* 모형의 기초

CONTENTS

CHAPTER PREFACE | 들어가며

단기 경기변동을 유발하는 힘을 두 가지로 구분하면 총수요와 총공급으로 구분해 볼 수 있다. 제6장과 제7장에서는 이 중 총수요를 분석하는 대표적인 모형인 *IS - LM* 모형을 다룬다. 거시경제의 단기분석을 위한 기본적인 틀은 케인즈의 일반이론에서 마련되었는데, 케인즈의 사고를 힉스(J. R. Hicks)와 한센(A. Hansen)등이 발전시킨 모형이 바로 *IS - LM* 모형이다. 이번 장에서 우선 케인지언 크로스모형을 통해 국민소득의 결정과정과 승수의 의미를 설명하고 이로부터 재화시장의 균형식인 *IS* 곡선을 도출할 것이다. 또 유동성선호모형을 통해 단기 이자율결정과정을 살펴보고 화폐시장의 균형식인 *LM* 곡선을 도출할 것이다. 그리고 이 두 곡선의 교차점에서 재화시장과 화폐시장의 동시균형이 성립됨을 확인한다.

01 케인즈 경제학의 등장 및 *IS*–*LM* 모형의 성격

1929년 세계는 자본주의 역사상 가장 심각한 경기후퇴를 경험하였는데 이를 **대공황**(Great depression)이라고 한다. [그림 1]은 대공황 전후 미국 경제의 상황을 나타내고 있는데 당시 미국의 연간 실질 GDP는 30%이상 감소하였고 실업률은 25%에 가깝게 치솟았음을 알 수 있다. 그러나 고전학파 경제학자들은 이러한 현상의 원인을 제대로 설명하지 못하였으며, 그저 시간이 지나면 '보이지 않는 손'이 스스로 균형을 회복할 것이라는 말만 반복하였다. 고전학파 경제학에 실망한 케인즈(J. M. Keynes)는 대공황의 원인을 설명하고 이에 대처하는 정부정책을 제시할 새로운 이론이 필요하다고 생각하였다.

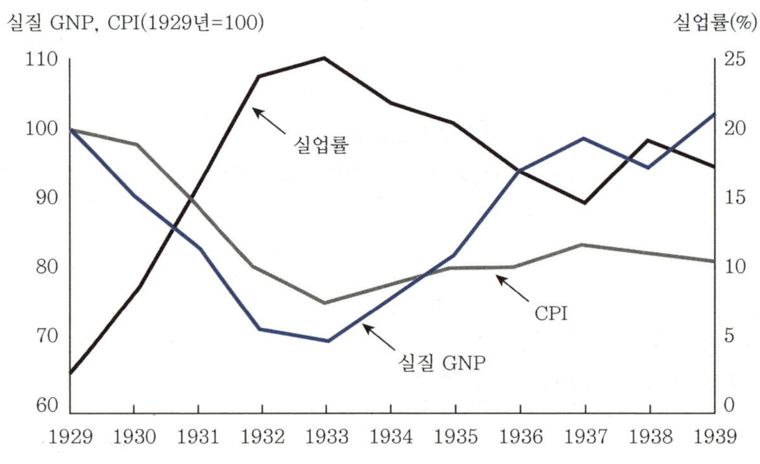

[그림 1] 대공황 당시의 미국경제

케인즈는 1936년 출간된 **고용, 이자, 화폐에 대한 일반이론**(The General Theory of Employment, Interest and Money)에서 대공황은 총수요의 부족, 즉 경제전체의 지출부족에서 비롯하였으며 대공황을 극복하기 위해서는 정부가 앞장서서 지출확대정책을 펼쳐야 한다고 주장하였다. 그의 주장은 총소득이 공급 측 요인에 의해서만 결정된다고 생각하던 당시로는 매우 낯선 것이었지만 지금은 매우 폭넓게 받아들여지고 있다. 특히 2007년 금융위기나 2020년 코로나 위기에 직면한 각국 정부가 예외 없이 확장적 재정, 통화정책을 실행한 것은 케인즈 경제학의 현 위상을 잘 보여준다.

이번 장에 소개할 IS－LM모형은 케인즈이론을 힉스(J. R. Hicks)와 한센(A. Hansen) 등이 발전시킨 모형으로서 두 가지 방식으로 활용할 수 있다. 첫째, IS－LM모형은 단기에 물가가 외생적으로 주어진 경우에 국민소득결정모형이 된다. 둘째, IS－LM모형은 물가가 내생변수인 AD－AS모형에서 총수요곡선(AD)을 도출하는 모형이 된다.[1)]

이번 장에서는 우선 재화시장의 균형을 설명하는 케인지언 크로스모형을 통해 IS곡선을 도출하고, 화폐시장의 균형을 설명하는 유동성 선호모형을 통해 LM곡선을 도출할 것이다. 그리고 두 곡선이 만나는 곳에서 재화시장과 화폐시장의 동시균형이 성립함을 보일 것이다. 즉 IS－LM모형은 두 개의 방정식으로 이루어진 모형으로서 두 개의 미지수(내생변수) 총소득과 이자율을 가진다. [그림 2]는 우리가 어떤 과정을 통해 분석을 확장해 나아갈지를 개략적으로 보여준다. 이 그림에서 제6장과 제7장의 분석은 단기 경기변동을 설명하는 큰 그림의 일부라는 점을 알 수 있을 것이다.

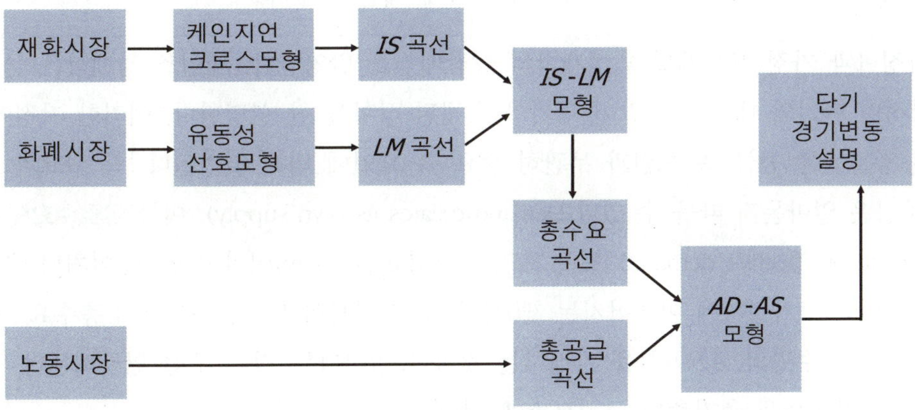

[그림 2] 단기분석의 구도

1) 이처럼 하나의 거시경제모형은 더 큰 모형의 일부로 사용되는 경우가 많다는 점을 유의하기 바란다.

02 케인지언 크로스모형

케인지언 크로스모형(Keynesian cross model)이란 케인즈의 총소득결정이론으로서 총소득의 결정과정에서 지출수준, 즉 총수요의 역할을 강조한다.[2)] 앞으로 단계별로 모형을 확장해 나갈 것이므로 각 단계별 분석이 어떤 가정에 기반해 있는지를 정확히 이해하는 것은 매우 중요하다. 아래 가정 중 일부는 제2장의 가정과 중복되지만 다시 살펴보기로 한다. 우선 케인즈이론의 가장 핵심적인 두 가지 가정은 다음과 같다.

- **가정 1** : 단기에 물가는 경직적이며 외생적으로 주어진다.
- **가정 2** : 유휴시설이 충분하여 생산능력에 제한은 없다.

가정 1과 가정 2는 케인즈 경제학의 등장배경을 반영한다. 케인즈 경제학은 물가가 경직적인 단기와 대공황과 같이 경기가 침체된 상황을 잘 설명한다. 이러한 가정에 따르면 총소득은 공급 측 요인과 무관히 수요 측 요인에 의해 결정된다. 즉 수요가 있으면 공급은 얼마든지 따를 수 있다(Demand creates its own supply). 이를 **유효수요의 원리**(principle of effective demand) 또는 **케인즈법칙**(Keynes' law)이라고 한다. 이처럼 물가가 경직적이라는 가정하에 이루어지는 제6장과 제7장에서의 분석은 제8장의 총수요－총공급분석에서 수평의 AS곡선을 가정하는 것과 동일하다는 점을 우선 언급해둔다. 다음 세 가지 가정들은 총지출의 구성요소에 대한 것이다.

- **가정 3** : 소비는 가처분소득의 함수이며 한계소비성향은 0보다 크고 1보다 작다.
- **가정 4** : 투자는 당분간 이자율과 무관히 외생적으로 결정된다고 가정한다.
- **가정 5** : 정부구매와 조세는 외생적으로 결정된다.

위 가정 중 가정 3과 가정 5는 제2장에서 살펴본 것과 동일하다. 가정 4에서 투자를 외생변수로 두고 있는데 이는 제2장에서 투자를 실질이자율의 감소함수로 두었던 것과 대조된다. 이처럼 투자함수를 단순화시킨 이유는 하나의 방정식이 2개의 미지수를 가질 수 없기 때문이다. 이 가정은 IS곡선을 도출할 때 다시 원래대로 수정될 것이다.

---

2) 이 모형은 '케인즈학파 단순모형', '케인즈학파 균형소득결정모형' 등 다양한 이름을 가지고 있다.

가정 4에서 투자는 계획된 투자만 포함하고 계획되지 않은 투자를 포함하지 않는다는 점에 주의하기 바란다. 실제투자와 계획된 투자의 차이는 계획되지 않은 투자를 포함하는지의 여부이다. 즉 국민소득 3면등가를 설명할 때의 투자는 계획되지 않은 투자를 포함하기 때문에 총지출이 총소득 및 총생산과 항상 일치하게 되지만, 이 모형에서의 투자는 계획되지 않은 투자를 포함하지 않기 때문에 총지출이 총소득 및 총생산과 일치한다는 보장이 없다. 이에 대해서는 이번 장의 보론에서 다시 다룬다.

위 세 가지 가정을 수식으로 나타내면 다음과 같다.

소비함수 : $C = C(Y-T) = \overline{C} + c(Y-T)$
투자함수 : $I = \overline{I}$
정부구매 : $G = \overline{G}$
조 세 : $T = \overline{T}$

폐쇄경제를 가정할 경우 이 경제의 **계획된 지출**(planned expenditure : PE)은 소비, 투자, 정부구매의 합이다.

계획된 지출 : $PE = C(Y-\overline{T}) + \overline{I} + \overline{G}$

[그림 3]에는 계획된 지출이 그려져 있다. 계획된 지출에서 투자와 정부구매는 소득과 독립적이지만 소비는 소득이 늘어날 때마다 한계소비성향만큼 늘어나므로 계획된 지출의 기울기는 한계소비성향과 일치한다.

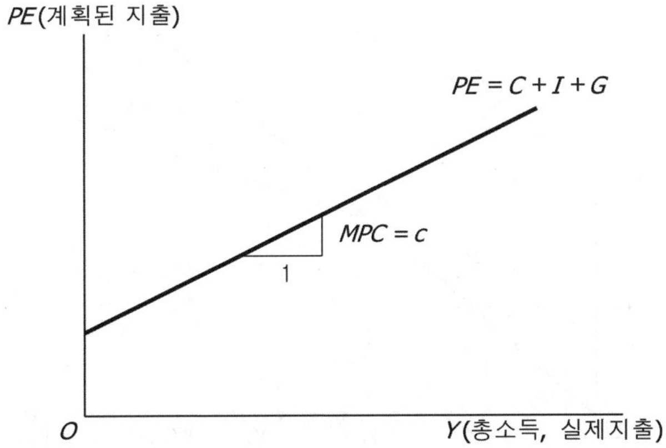

[그림 3] 계획된 지출

다음 가정은 이 모형의 균형조건에 대한 것이다.

- 가정 6 : 실제지출과 계획된 지출이 일치할 때 재화시장의 균형이 성립한다.

가정 6은 사전적으로 계획된 바와 실제 실현된 바가 일치해서 사람들이 더 이상 자신의 의사결정을 바꿀 의사가 없을 때 균형이 성립한다는 점을 반영한 것이다. 이때 실제지출은 국민소득 3면등가에 의하면 실제생산 및 실제소득과도 일치할 것이므로 이를 Y로 나타낼 수 있다. 따라서 이 경제의 균형조건은 다음과 같다.

균형조건 : $Y = PE$

이 조건은 [그림 4]에서 45도선으로 나타내어진다. 따라서 이 모형에서 균형은 계획된 지출과 45도선이 만나는 A점에서 이루어지며 이때 균형총소득은 Y_1이 된다.

이 모형에서 경제는 어떻게 균형에 도달하게 되는 것일까? 현재 소득이 균형소득 Y_1이 아닌 경우를 생각해 보자. 예를 들어 [그림 4]에서 현재 소득이 Y_2라면 이 수준에서 계획된 지출에 비해 실제지출이 크다. 이는 계획되지 않은 재고의 증가가 이루어지고 있음을 의미하며 이에 대해 기업들은 생산량을 감소시키려 할 것이다. 반대로 소득이 Y_3인 경우에는 계획되지 않은 재고의 감소로 인해 기업이 생산을 증가시키려 할 것이다. 결국 총생산이 Y_1에 이르면 더 이상 생산이 변하지 않은 균형이 된다. 이처럼 케인지언 크로스모형에서의 조정과정은 계획되지 않은 재고변화에 대한 생산량의 조정과정이며 이 모형의 균형은 안정적(stable)이다.

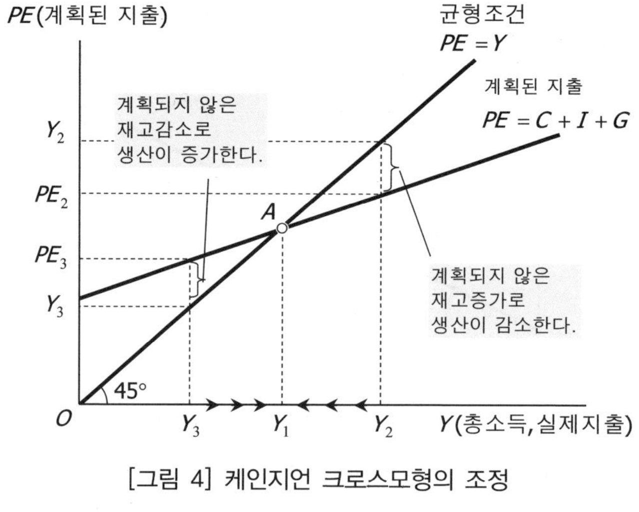

[그림 4] 케인지언 크로스모형의 조정

주의할 점을 미리 하나 언급해 둔다. 케인지언 크로스모형은 투자가 이자율에 영향을 받지 않는 경우 국민소득 결정모형이 되지만 투자가 이자율의 감소함수인 경우에는 그 자체로 국민소득을 결정할 수는 없고 국민소득을 결정하는 모형의 일부가 된다. 이와 같이 거시경제학에서는 하나의 모형이 독자적으로 사용되기도 하고 더 큰 모형의 일부로 사용되기도 한다는 점에 유의하기 바란다.

재정정책과 승수효과 03

3.1 정부구매증가의 효과

재정정책(fiscal policy)이란 정부 또는 의회가 조세(세입)나 정부예산(세출)을 조정하여 거시경제에 영향을 미치는 정책으로서 경기안정화정책의 대표적인 수단이다. 케인즈모형에서 재정정책은 최초 정책의 효과보다 훨씬 큰 영향을 미치는데 이를 승수효과(multiplier effect)라고 한다. 승수효과는 다음과 같이 정의할 수 있다.

정의 1 : 독립적인 지출의 변화가 이보다 훨씬 큰 소득의 변화를 유발하는 현상

정의 2 : 독립적인 지출의 증가가 일으키는 연쇄적인 지출의 증가현상

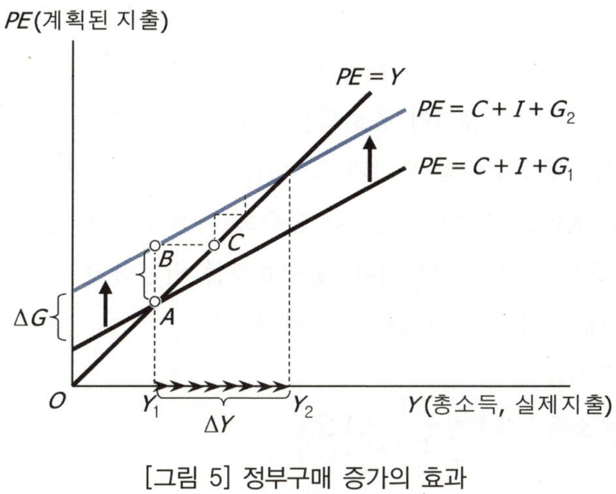

[그림 5] 정부구매 증가의 효과

예를 들어 의회가 예산을 증액하여 정부구매의 규모를 증대시킨 경우를 생각해 보자. 이러한 정책은 [그림 5]에서 계획된 지출을 ΔG만큼 상방이동시킬 것이다. 이때 초기의 균형점이던 Y_1에서 계획되지 않은 재고감소가 나타나게 되면서 기업은 생산을 증가시키게 되고 결국 새로운 균형소득은 Y_2가 된다.

이때 주의할 점은 소득의 증가폭인 ΔY가 정부구매의 증가폭 ΔG보다 분명히 크다는 것이다. 이는 45도선을 기준으로 할 때 정부구매의 증가폭에 해당하는 $\overline{AB}$와 $\overline{BC}$의 거리가 동일한데 소득 증가폭은 이보다 크다는 점으로부터 확인할 수 있다.

그렇다면 이처럼 정부구매 증가의 크기보다 소득증가의 크기가 더 큰 이유는 무엇일까? 그것은 정부구매 증가로 인한 효과는 한 번에 그치지 않기 때문이다. 한 사람의 지출은 반드시 다른 사람의 소득이 된다는 점을 상기하자. 정부가 한 단위 지출을 증가시키면 이는 판매자의 소득을 증가시킨다. 소득이 증가한 사람은 이 중 한계소비성향(c)만큼의 소비지출을 늘릴 것이다. 이를 받은 사람의 입장에서는 같은 금액만큼 소득이 증가한 셈이므로 이 금액에 다시 한계소비성향을 곱한 금액(c^2)만큼 소비지출을 늘릴 것이다. 이러한 과정이 반복되면 원래의 정부구매 증가폭보다 더 큰 폭으로 소득이 증가하는데 이를 정부구매승수(government purchase multiplier)라고 하며 다음과 같이 구해진다.

$$\text{정부구매승수} = 1 + c + c^2 + c^3 + \cdots = \frac{1}{1-c}$$

즉 정부구매승수는 초항이 1이고 공비가 c인 무한등비수열의 합과 일치한다. 정부구매승수에서 확인할 수 있는 점은 다음과 같다. 첫째, 위 식에서 승수는 0보다 크다. 이는 정부구매와 같은 지출의 증가가 총소득을 증가시킬 수 있음을 의미한다. 둘째, 승수는 1보다 크다. 이는 정부구매의 증가가 그보다 큰 총소득의 변화를 유발할 수 있음을 의미한다. 셋째, 한계소비성향이 커질수록 승수도 커진다. 이는 한계소비성향이 클수록 지출이 파급되는 효과가 크기 때문이다. 승수효과를 반영하면 정부구매의 증가분과 총소득의 증가분 간에는 다음의 관계가 성립한다.

$$\text{정부구매와 총소득} : \Delta Y = \frac{1}{1-c}\Delta G$$

승수효과는 정부구매가 증가할 때뿐만 아니라 감소할 때에도 동일하게 적용된다. 또한 독립소비나 독립투자가 변화할 때도 동일하게 적용된다. 이러한 점들을 고려한다면 대공황 당시 세계경제가 왜 그리 급속히 그리고 큰 폭으로 침체했는지를 설명할 수 있다.

즉 승수효과에 의하면 대공황은 연쇄적인 지출감소현상이었던 것이다.

3.2 조세증가의 효과

재정정책의 또 다른 방식은 정부가 조세를 변화시키는 것이다. 조세는 크게 소득의 규모와 무관히 일정한 금액을 징수하는 **정액세**(lump sum tax)와 소득에 비례하여 증가하는 **비례세**(proportional tax)로 구분할 수 있는데, 여기서는 가정 5에 따라 정액세만 있는 경우를 우선 설명한다.

비례세가 없는 경우 : $T=\overline{T}$

우선 앞서 살펴본 소비함수를 다시 한 번 상기하자.

소비함수 : $C=\overline{C}+c(Y-T)$

이제 정부가 조세를 ΔT만큼 증가시킨다고 하자. 이 경우 가처분소득($Y-T$)이 동일한 폭으로 감소함에 따라 소비는 $c\times\Delta T$만큼 감소할 것이다. 그 결과 원래 균형소득이었던 [그림 6]의 Y_1수준에서 계획되지 않은 재고증가가 발생한다. 따라서 기업은 생산을 감소시키게 되고 새로운 균형소득은 Y_2가 된다. 여기서 주의할 것은 정부구매는 직접적으로 계획된 지출을 증가시키지만, 조세는 가처분소득에 영향을 미치는 과정을 거쳐 간접적으로 계획된 지출에 영향을 미친다는 점이다. 따라서 동일한 크기의 정부구매변화와 조세변화 중 조세변화가 계획된 지출 및 총소득에 미치는 영향이 작다.

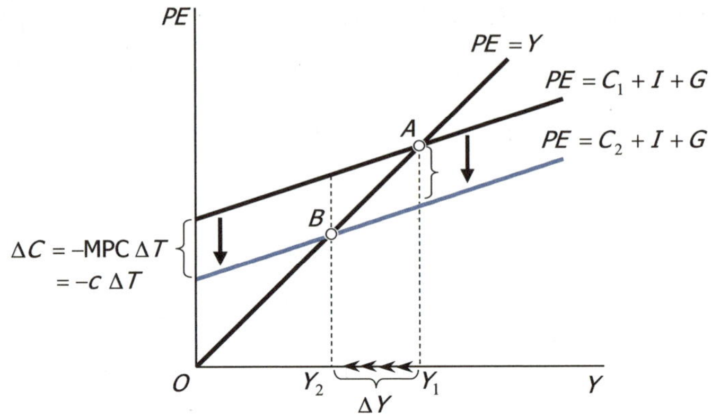

[그림 6] 조세증가의 효과

이 경우 한 단위 조세부과의 총효과는 다음과 같다. 이를 **조세승수**(tax multiplier)라고 한다.

$$\text{조세승수} = -c - c^2 - c^3 - \cdots\cdots = \frac{-c}{1-c}$$

즉 조세승수는 초항이 $-c$이고 공비가 c인 무한등비수열의 합과 일치한다. 이를 반영하면 조세변화분과 총소득변화분 간의 관계는 다음과 같다.

$$\text{조세와 총소득} : \Delta Y = \frac{-c}{1-c}\Delta T$$

조세승수는 몇 가지 점에서 정부구매승수와 다르다. 첫째, 조세승수는 0보다 작다. 즉 조세의 증가는 국민소득을 감소시킨다. 둘째, 조세승수의 절댓값은 대체로 1보다 크다. 이는 일반적으로 한계소비성향이 0.5보다 큰 값이기 때문이다. 그러나 한계소비성향이 0.5보다 작다면 조세승수의 절댓값은 1보다 작을 수도 있다. 셋째, 한계소비성향이 클수록 조세승수의 절댓값도 크다. 넷째, 조세승수의 절댓값은 정부구매승수보다 작다. 이는 정부구매의 변화는 직접적으로 지출에 영향을 미치지만 조세의 변화는 가처분소득의 변화를 통해 간접적으로 지출에 영향을 미치기 때문이다. 다섯째, 정부구매승수와 조세승수의 합은 1이 되는데 이를 **균형재정승수**(balanced budget multiplier)라고 한다.

$$균형재정승수 = \frac{1}{1-c} + \frac{-c}{1-c} = 1$$

균형재정승수가 1이라는 것의 현실적 의미는 무엇일까? 그것은 재정수지에 중립적인 정책이 국민소득에는 중립적이지 않음을 의미한다. 즉 앞에서 말한 것처럼 정부구매의 효과는 직접적이지만 조세의 효과는 간접적이기 때문에 정부구매와 조세가 동시에 증가한 경우에도 총소득은 증가한다.

여기서 한 가지 유의할 점은 **정부지출**(government expenditure) 중에는 실제 정부가 재화나 서비스를 구입하는 **정부구매**(government purchase)외에 아무런 대가 없이 지급하는 **이전지출**(transfer payment)도 있다는 사실이다. 그런데 이전지출은 그 자체로는 생산에 아무런 영향을 미치지 못하며 이를 지급받은 사람이 증가한 가처분소득에 한계소비성향을 곱한 만큼 소비지출을 증가시키면서 소득이 증가하기 시작한다. 따라서 이전지출의 증가는 성격상 조세의 감소와 유사하며 그 승수도 정부구매승수인 $\frac{1}{1-c}$이 아니라 $\frac{c}{1-c}$가 된다는 점에 주의해야 한다. 이를 반영하면 이전지출승수 및 이전지출 변화분과 총소득변화분 간의 관계는 다음과 같다.

$$이전지출승수 = c + c^2 + c^3 + \cdots\cdots = \frac{c}{1-c}$$

$$이전지출과\ 총소득 : \Delta Y = \frac{c}{1-c}\Delta TR$$

3.3 재정정책의 활용

제2장에서 살펴본 바와 같이 한 경제가 사용할 수 있는 모든 자원들을 정상적으로 활용하고 있을 때의 생산량을 잠재적 생산량(potential output)이라고 하고 잠재적 생산량과 현실의 생산량의 차이를 보통 **총생산갭**(GDP gap)이라고 한다. 재정정책을 활용하여 이 차이를 메우려고 한다고 할 때 정부는 어떤 정책을 실시해야 할까?

예를 들어 잠재적 생산량이 450인데 현재 생산량이 250이라고 하면 총생산갭은 200이 된다. 그리고 한계소비성향이 0.8로 구해졌다면 정부구매승수는 5가 되고 조세승수는 (−)4가 된다. 따라서 잠재적 생산량이 달성되기 위해서는 40의 계획된 지출의 증가가 필요한데 이를 **디플레이션 갭**(deflationary gap)이라고 한다. 반대로 잠재적 생산량을 달성하기 위해 계획된 지출을 감소시켜야 하는 경우에 필요한 계획된 지출의 변화분을 **인플레이션 갭**(inflationary gap)이라고 한다.[3)]

디플레이션 갭 : 잠재적 생산량 달성을 위한 독립적 지출의 필요증가분[4)]
인플레이션 갭 : 잠재적 생산량 달성을 위한 독립적 지출의 필요감소분

이 경우 정부는 정부구매를 40만큼 증가시키거나 조세를 50만큼 감소시킴으로써 잠재적 생산량을 달성시킬 수 있다. 또한 정부지출과 조세를 똑같이 200씩 증가시킴으로써도 동일한 효과를 얻을 수 있다.

3.4 비례세가 있는 경우

지금까지 분석에서는 가정 5에 따라 조세가 정액세인 경우만 설명하였다. 그러나 만약 비례세가 존재하는 경제라면 어떤 변화가 생길까? 만약 이전의 분석과 달리 비례세가 존재한다면 조세함수는 다음과 같이 나타낼 수 있다.

비례세가 있는 경우 : $T = \overline{T} + tY$ 단, t는 비례세율

비례세가 존재하면 소득이 증가할 때 일부가 조세로 빠져나가기 때문에 승수의 결정 과정이 달라진다. 즉 정부구매가 1단위 증가할 때 예전에는 1단위가 모두 가처분소득이 되었기 때문에 다음 단계의 지출이 한계소비성향인 c만큼 증가하였다. 하지만 이제 1단위 정부구매 중 $(1-t)$만이 가처분소득이 되며 따라서 추가적인 지출은 $c(1-t)$만큼만 이루어진다. 따라서 비례세가 존재하는 경우의 정부구매승수는 다음과 같다.

$$\text{비례세가 있는 경우의 정부구매승수} = 1 + c(1-t) + c^2(1-t)^2 + \cdots\cdots = \frac{1}{1-c(1-t)}$$

---

3) 최근에는 인플레이션 갭이 실제인플레이션율과 목표인플레이션율의 차이를 의미하는 용어로 사용되기도 하므로 주의해야 한다.

4) 일반적으로 잠재적 생산량 수준에서 완전고용이 달성된다고 가정하므로 디플레이션 갭을 완전고용달성을 위한 독립적 지출의 필요증가분으로 정의할 수도 있다.

이는 비례세가 존재하지 않는 경우의 정부구매승수에 비해 분명히 작다. 이는 승수가 발생하는 연쇄적 지출과정에서 비례세로 인해 일부가 누출되기 때문에 발생한 현상으로 이해할 수 있다. 같은 식으로 비례세가 존재하는 경우의 조세승수(정액세승수)는 다음과 같다.

$$\text{비례세가 있는 경우의 조세승수} = -c - c^2(1-t) - c^3(1-t)^2 - \cdots\cdots = \frac{-c}{1-c(1-t)}$$

*IS*곡선의 도출 04

이제 케인지언 크로스모형으로부터 *IS*곡선을 도출해 보자. ***IS*곡선**은 케인지언 크로스모형을 나타내는 다른 방식으로서 재화시장(대부시장)의 균형을 만족하는 총소득(Y)과 이자율(r)의 조합을 나타낸다. 이제 모형 내에 이자율을 포함하기 위해 가정 4를 다음과 같이 수정한다.

- 가정 4 : 투자는 실질이자율의 감소함수이다.

가정 4를 반영하면 재화시장 및 대부시장의 균형식은 다음과 같이 쓸 수 있다.

재화시장 균형식 : $Y = C(Y-T) + I(r) + G$
대부시장 균형식 : $S(Y) = I(r)$

우선 [그림 7]의 (a)에서 이자율이 r_1일 때 계획된 투자는 $I(r_1)$이 된다. 또한 (b)에서 균형국민소득은 Y_1이 된다. 만약 이자율이 r_1보다 낮은 r_2였다면 계획된 투자는 $I(r_2)$로 증가하고 균형국민소득도 Y_2로 증가한다. 이와 같이 재화시장의 균형이 달성되기 위해서는 이자율이 낮을수록 더 높은 총소득수준에 대응되어야 하므로 *IS*곡선은 우하향한다. 또한 케인지언 크로스에서 투자의 증가폭인 ΔI보다 소득의 증가폭인 ΔY가 크다는 것을 확인할 수 있는데 이는 *IS*곡선이 도출되는 과정에서 넓은 의미의 승수효과가 작용하고 있다는 것을 의미한다.

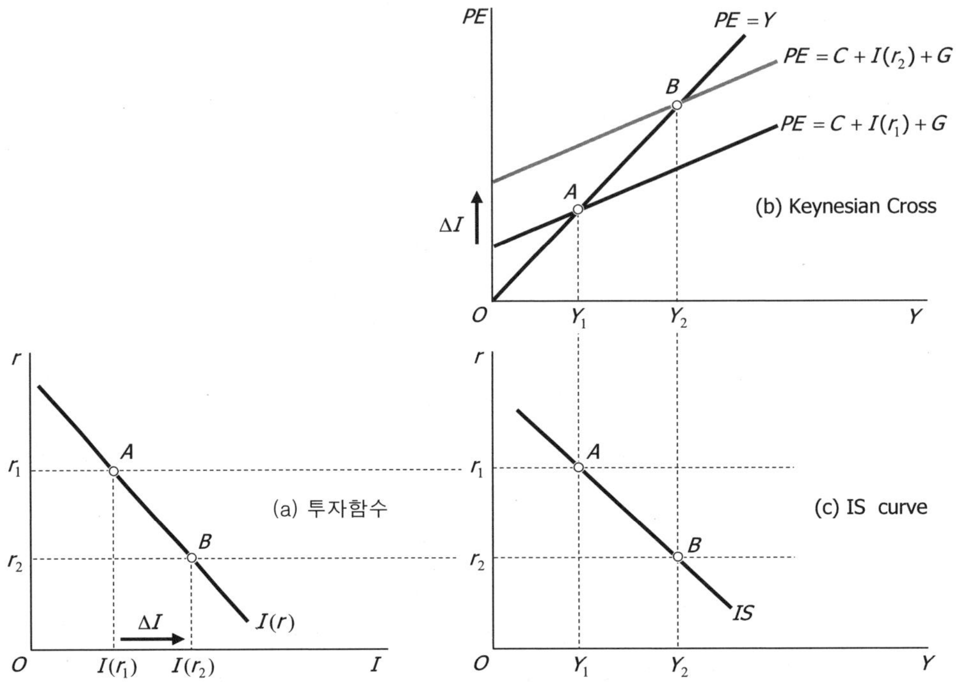

[그림 7] *IS* 곡선의 도출

*IS*곡선의 주요성질을 정리하면 다음과 같다. 첫째, *IS*곡선은 우하향한다. 이는 *IS*곡선에 포함된 외생변수들이 모두 일정하게 주어져 있을 때 재화시장의 균형을 위해서는 소득과 이자율이 반대방향으로 움직여야 한다는 것을 의미한다. 둘째, *IS*곡선은 투자의 이자율탄력성이 클수록 그리고 승수가 클수록 완만해진다. 이는 *IS*곡선이 이자율이 하락할 때 투자가 증가하며 이로 인해 승수효과가 발생하는 과정을 반영하기 때문이다.

추가로 몇 가지 언급해둔다. 첫째, 우리는 앞서 제2장에서 재화시장에서의 공급-수요의 균형과 대부시장에서의 저축-투자의 균형은 동일한 것임을 살펴보았다. *IS*곡선이란 이름은 투자(*I*)와 저축(*S*)이 일치할 때 대부시장이 균형을 이루는 동시에 재화시장도 균형을 이루게 된다는 사실에서 비롯하였다. 둘째, *IS*곡선이 재화시장균형 및 대부시장균형을 반영하는 것이므로 *IS*곡선은 케인지언 크로스모형을 나타내는 다른 방식, 또는 대부시장모형을 나타내는 다른 방식으로 볼 수 있다. 셋째, *IS*곡선만으로는 총소득과 이자율 어떤 것도 결정할 수 없다. *IS*곡선은 단지 각각의 이자율에 대응되는 총소득 또는 각각의 총소득에 대응되는 이자율을 나타내는 관계식일 뿐 구체적으로 총소득과 이자율의 어떤 조합이 균형이 될지는 또 다른 관계식인 *LM*곡선이 있어야만 결정될 수 있다.

IS곡선의 이동 05

5.1 정부구매의 증가

지금까지의 분석은 IS곡선에 포함된 모든 외생변수들이 일정하다고 가정하였다. 만약 IS곡선에 포함된 외생변수들이 변하면 IS곡선이 이동하는데 그 대표적인 것이 정부구매의 변화이다. [그림 8]에서 정부구매가 G_1일 때 이자율 r_1에 대응되는 균형소득은 Y_1이다. 그런데 이때 정부구매를 G_2로 증가시키는 경우 동일한 이자율 수준에 대응되는 균형소득은 Y_2로 증가한다. 이처럼 각각의 이자율에 대응되는 균형소득이 증가하므로 IS곡선이 IS_1에서 IS_2로 우측이동한다. 이때 IS곡선은 정부구매 증가폭인 ΔG의 승수배인 $\frac{1}{1-c}\Delta G$만큼 우측으로 이동한다.

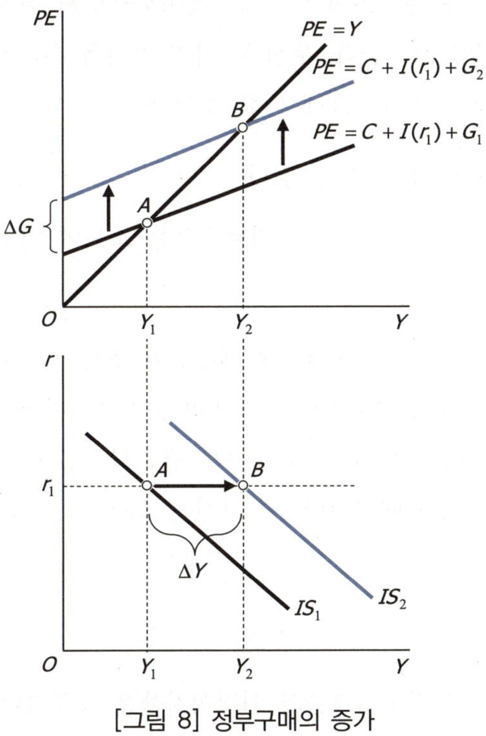

[그림 8] 정부구매의 증가

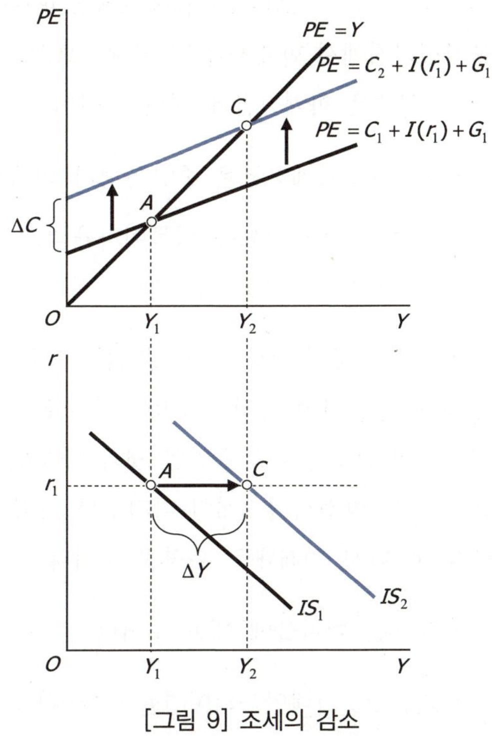

[그림 9] 조세의 감소

5.2 조세의 감소

이번에는 정부가 정액세를 삭감한 경우를 생각해보자. 이 경우 가처분소득이 증가함에 따라 소비가 증가한다. 이때 [그림 9]에서 이자율 r_1에 대응되는 균형소득수준이 Y_1에서 Y_2로 증가한다. 이처럼 각각의 이자율에 대응되는 균형소득이 증가하므로 IS곡선이 IS_1에서 IS_2로 우측이동한다. 이때 IS곡선은 조세삭감폭인 ΔT의 승수배인 $\frac{-c}{1-c}\Delta T$만큼 우측으로 이동한다.

정리하면, 승수효과는 $IS-LM$모형에서도 여전히 중요한 역할을 한다. 승수가 커지면 IS곡선의 기울기는 완만해지고 IS곡선의 수평이동폭이 커진다.

06 유동성선호모형

유동성선호모형(liquidity preference model)이란 케인즈의 이자율결정이론으로서 이자율결정과정에서 화폐공급 및 화폐수요의 역할을 강조한다. 우선 두 가지 가정을 추가한다. 가정 7은 화폐공급에 대한 것이며 가정 8은 화폐수요에 대한 것이다.

- **가정 7** : 화폐공급은 중앙은행이 외생적으로 통제할 수 있다.
- **가정 8** : 화폐수요는 명목이자율의 감소함수이다. 당분간 화폐수요는 소득에 영향을 받지 않는다고 가정한다.

가정 7은 앞서 제3장에서 살펴본 것과 동일하다. 가정 8에서 화폐수요가 소득에 영향을 받지 않는다고 가정하고 있는데 이는 제3장에서 화폐수요를 소득의 증가함수이면서 이자율의 감소함수로 두었던 것과 대조된다. 이처럼 화폐수요함수를 단순화시킨 이유는 하나의 방정식이 2개의 미지수를 가질 수 없기 때문이다. 이 가정은 LM곡선을 도출할 때 다시 원래대로 수정될 것이다.

가정 9는 이자율에 대한 것이다.

- **가정 9** : 기대인플레이션율은 0이다. 따라서 명목이자율과 실질이자율은 동일하다.

제3장에서 살펴본 바와 같이 투자는 실질이자율의 함수이고 화폐수요는 명목이자율의 함수이다. 그러나 가정 9에 의하면 두 가지 이자율을 구분하지 않고 동일한 기호로 나타낼 수 있다. 이 가정이 성립하지 않는다면 두 가지 이자율을 구분해야 하는데 이에 대해서는 제7장의 보론에서 다룬다.

이상의 가정을 반영하여 화폐시장의 균형을 수식으로 나타내면 다음과 같다.

$$\text{화폐시장균형}: \frac{\overline{M}}{\overline{P}} = L(r) \qquad \text{즉 실질화폐공급} = \text{실질화폐수요}$$

위 식의 좌변은 실질화폐공급을 나타내며 [그림 10]의 $(M/P)^s$과 같이 수직선으로 나타내어진다. 또한 위 식의 우변은 화폐수요가 이자율의 감소함수임을 반영하여 우하향하는 곡선으로 나타내어진다. 이 모형에서 물가와 통화량이 외생적으로 주어지면 이자율의 조정에 의해 화폐시장이 균형을 이룬다. [그림 10]에서 균형은 A점에서 성립하며 균형이자율은 r_1이 된다.

화폐는 이자가 없거나 이자율이 매우 낮은 금융자산이기 때문에 화폐시장에서 이자율이 결정된다는 케인즈의 주장을 선뜻 받아들이기 어려울 수 있다. 그러나 앞서 살펴본 왈라스의 법칙에 의해 화폐시장의 균형이 동시에 채권시장의 균형을 의미한다는 것을 이해한다면 케인즈의 주장을 받아들일 수 있을 것이다.

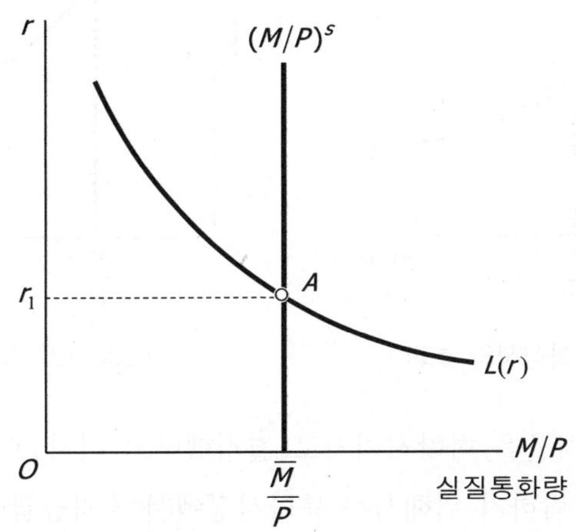

[그림 10] 유동성선호모형

07 통화정책과 이자율의 변화

중앙은행이 수행하는 **통화정책**(monetary policy)은 재정정책과 함께 경기안정화정책의 대표적인 수단이다. 통화정책은 통화공급량 또는 통화증가율을 조정하는 방식으로 이루어질 수도 있고, 기준금리를 조정하는 방식으로 이루어질 수도 있는데 이 두 가지 방식 사이에는 어떤 관계가 있는 것일까?

먼저 중앙은행이 통화량을 감소시키는 경우를 생각해보자. 통화량의 감소는 [그림 11]에서 통화공급곡선을 좌측으로 이동시키는데 이는 r_1의 이자율 수준에서 화폐에 대한 초과수요를 유발한다. 이러한 초과수요를 해소하기 위해 이자율이 상승하여 r_2에 이르면 화폐시장은 다시 균형상태가 된다. 즉 중앙은행이 통화량을 감소시키면 이자율이 상승한다.

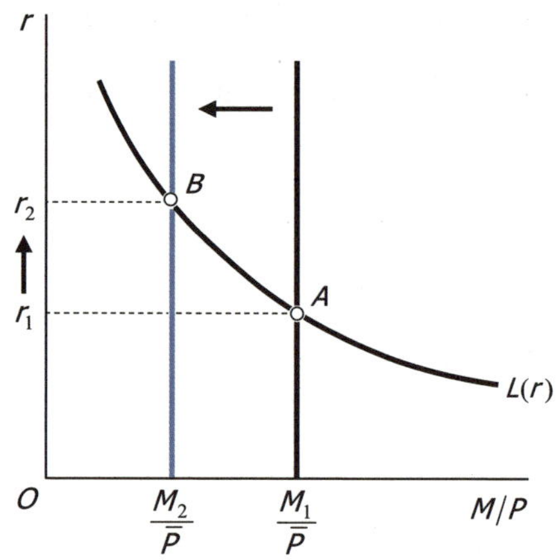

[그림 11] 긴축통화정책의 효과

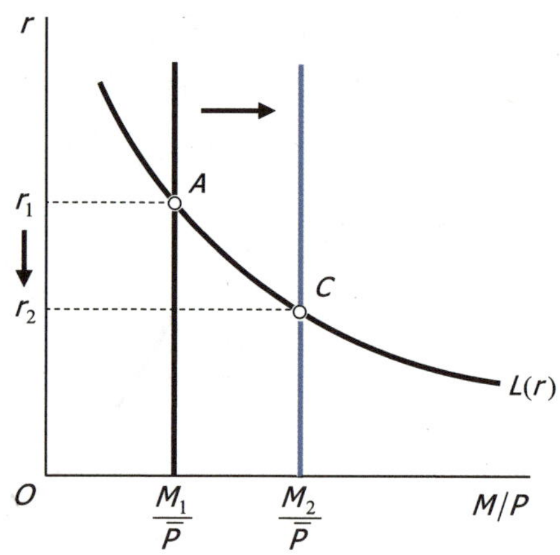

[그림 12] 이자율 인하정책

이제 중앙은행이 이자율을 하락시키기로 결정했다고 하자. 이때 중앙은행은 어떻게 해야 할까? 이자율이 하락하기 위해서는 통화시장에서 초과공급이 발생해야 한다. 중앙은행은 통화공급에 영향을 미칠 수 있으므로 [그림 12]에서 중앙은행이 통화량을 M_1에서 M_2로 증가시킨다면 이자율이 r_1에서 r_2로 하락한다. 즉 중앙은행이 이자율을 하락시키기 위해서는 통화량을 증가시켜야 한다.

이상의 분석을 통해 단기적으로 통화량과 이자율은 역의 관계를 가진다는 것을 알 수 있다. 즉 중앙은행이 금리를 낮춘다는 표현은 사실상 통화량을 늘린다는 표현과 같은 의미이고, 금리를 높인다는 표현은 사실상 통화량을 줄인다는 표현과 대체로 같은 의미이다. 단, 불확실성이 존재하는 경우 두 가지 정책수행방식은 차이를 보일 수 있는데 이에 대해서는 제14장에서 다룬다.

이자율결정이론의 비교 08

앞서 제2장과 제3장에서 이미 고전학파의 이자율결정이론을 살펴보았다. 고전학파의 이자율결정이론은 우선 실질이자율을 결정하는 대부시장모형이 있었고, 이에 기대인플레이션율을 더하여 명목이자율이 결정된다는 피셔가설이 있었다.

그렇다면 고전학파의 이자율결정이론과 유동성선호모형은 어떤 관계가 있을까? 이를 이해하기 위해 미국의 사례를 들어보자. 1980년대 미국의 중앙은행장이었던 볼커는 매우 강한 긴축적 금융정책을 실시했다. 이때 이자율은 어떻게 변화했을까? 케인즈의 유동성선호모형에 의하면 통화량을 감소시켰을 때 화폐시장에 초과수요가 유발되면서 이자율이 상승한다. 그런데 고전학파 이론에 따르면 통화량을 감소시키면 물가상승률이 하락하게 되고 결과적으로 이자율이 하락한다. 그렇다면 실제로는 누가 옳았을까?

<table>
<tr><th></th><th>케인즈 모형</th><th>고전학파 모형</th></tr>
<tr><td>모 형</td><td>유동성선호모형</td><td>대부시장모형, 피셔가설</td></tr>
<tr><td>물 가</td><td>경직</td><td>신축</td></tr>
<tr><td>예 측</td><td>$\Delta i > 0$</td><td>$\Delta i < 0$</td></tr>
<tr><td rowspan="2">이자율의 실제변화</td><td colspan="2">1979년 8월 : $i = 10.4\%$</td></tr>
<tr><td>1980년 4월 : $i = 15.8\%$</td><td>1983년 1월 : $i = 8.2\%$</td></tr>
</table>

[표 1] 긴축적 통화정책의 효과

볼커가 통화감소정책을 실시하기 이전인 1979년 8월에 미국의 이자율은 10.4%였다. 그런데 통화감소정책의 즉각적 효과가 반영된 1980년의 4월의 이자율은 15.8%까지 상승하였는데 케인즈모형의 예측과 일치한다. 그러나 통화감소정책의 장기효과가 반영된 1983년의 이자율은 8.2%로 1980년에 비해 오히려 하락하였는데 이는 고전학파모형의 예측과 일치한다.

이러한 사례에서 얻을 수 있는 교훈은 거시경제현상을 제대로 파악하기 위해서는 조화로운 시각이 필요하다 것이다. 즉 통화정책을 실시했을 때 짧은 기간에 어떤 변화가 나타나는지를 알고 싶다면 케인즈의 이론을 사용하는 것이 바람직하다. 하지만 통화정책을 실시한 후 오랜 기간 후에 나타나는 변화를 알고 싶다면 고전학파의 이론을 사용하는 것이 바람직하다. 이처럼 케인즈학파의 이론은 단기의 거시경제를 잘 설명하고, 고전학파의 이론은 장기의 거시경제를 잘 설명하기 때문에 두 이론을 조화롭게 사용해야 한다는 사고를 **신고전파종합**이라고 하며 이것이 현재 거시경제학의 주된 입장이라는 점은 앞에서도 이미 언급한 바 있다.

09 *LM*곡선의 도출

이제 유동성선호모형으로부터 *LM*곡선을 도출해 보자. ***LM*곡선**은 유동성선호모형을 나타내는 다른 방법으로서 화폐시장의 균형을 만족하는 총소득(Y)과 이자율(r)의 조합을 나타낸다. 이제 총소득을 반영하기 위해 가정 8을 다음과 같이 수정한다.

- 가정 8 : 화폐수요는 명목이자율의 감소함수이며 총소득의 증가함수이다.

가정 8을 반영하여 화폐시장 균형식을 다시 쓰면 다음과 같다.

화폐시장 균형식 : $\frac{\overline{M}}{P} = L(Y, r) = kY - hr$

단, k는 화폐수요의 소득탄력성, h는 화폐수요의 이자율탄력성

[그림 13]에서 현재 소득이 Y_1이라고 할 때 화폐수요는 $L(Y_1, r)$이 되고 균형이자율은 r_1이 된다. 이제 소득이 Y_2로 증가하면 화폐수요는 $L(Y_2, r)$가 되어 화폐수요곡선

이 우측으로 이동하며 균형이자율은 r_2로 상승한다. 이와 같이 화폐시장의 균형이 달성되기 위해서는 총소득이 높을수록 더 높은 이자율에 대응되어야 하므로 LM곡선은 우상향한다.

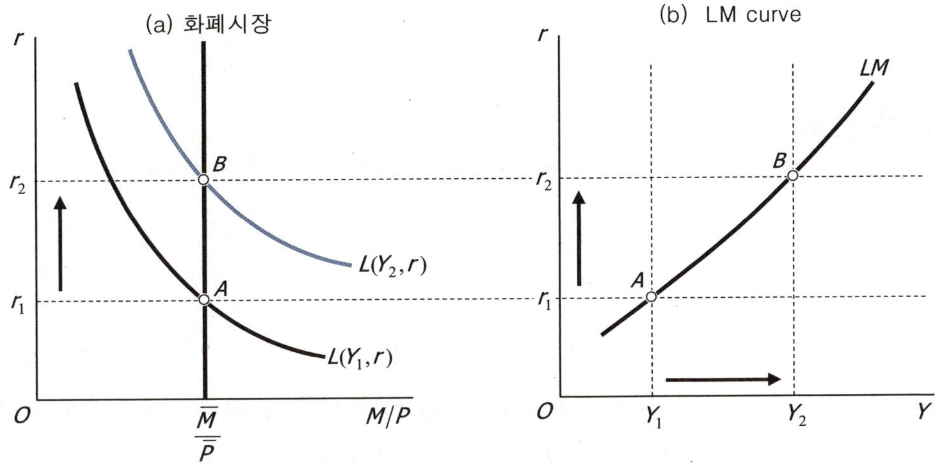

[그림 13] LM곡선의 도출

LM곡선의 주요성질을 정리하면 다음과 같다. 첫째, LM곡선은 우상향한다. 이는 LM곡선에 포함된 외생변수들이 모두 일정하게 주어져 있을 때 화폐시장의 균형을 위해서는 소득과 이자율이 동일한 방향으로 변화해야 한다는 것을 의미한다. 둘째, LM곡선은 화폐수요의 소득탄력성이 클수록 가팔라진다. 이는 화폐수요의 소득탄력성이 클수록 소득이 증가할 때 화폐수요곡선이 큰 폭으로 이동하며 이에 따라 이자율이 크게 변하기 때문이다. 셋째, LM곡선은 화폐수요의 이자율탄력성이 클수록 완만해진다. 이는 화폐수요가 이자율에 대해 탄력적일수록 화폐수요곡선이 완만해지는데 이 경우 소득이 증가하여 화폐수요곡선이 이동하더라도 이자율이 크게 변화할 필요가 없기 때문이다.[5)]

추가로 몇 가지 언급해둔다. 첫째, 앞서 화폐에 대한 수요를 유동성선호라고 부른다고 말한 것을 기억할 것이다. LM곡선이란 이름은 화폐수요(L)와 화폐의 공급(M)이 일치할 때 화폐시장이 균형을 이룬다는 사실에서 비롯하였다. 둘째, LM곡선은 화폐시장의 균형을 반영하는 것이므로 유동성선호모형을 나타내는 다른 방식으로 볼 수 있다. 셋째, LM곡선만으로는 이자율과 총소득 어떤 것도 결정할 수 없다. LM곡선은 단지

5) LM곡선의 기울기를 결정짓는 요인을 그림으로 파악하는 것은 까다롭기 때문에 일단 제7장 부록에 나오는 대수모형을 통해 파악해두기 바란다.

각각의 총소득에 대응되는 이자율 또는 각각의 이자율에 대응되는 총소득을 나타내는 관계식일 뿐 구체적으로 총소득과 이자율의 어떤 조합이 균형이 될지는 앞서 구한 *IS* 곡선이 있어야만 결정될 수 있다.

10 *LM*곡선의 이동

10.1 통화량의 감소

*LM*곡선에 포함된 외생변수들이 변하면 *LM*곡선이 이동한다. 예를 들어 중앙은행이 통화량을 감소시킨 경우를 생각해 보자. [그림 14]에서 원래 물가수준이 $\overline{P}$이고 균형소득이 Y_1이었다면 화폐의 수요는 $L(Y_1, r)$이 되므로 균형이자율은 r_1이 될 것이다. 통화량이 감소하면 화폐시장에서 초과수요가 발생하므로 화폐시장의 균형을 이루기 위해서는 주어진 소득 Y_1에서 이자율이 r_2로 상승해야 한다. 이러한 변화는 화폐시장의 균형을 이루는 관계식이 LM_1에서 LM_2로 이동했음을 의미한다. 즉 통화량의 감소는 *LM*곡선을 상방(좌측)으로 이동시킨다. 반대로 통화량이 증가하면 *LM*곡선이 하방(우측)으로 이동한다.

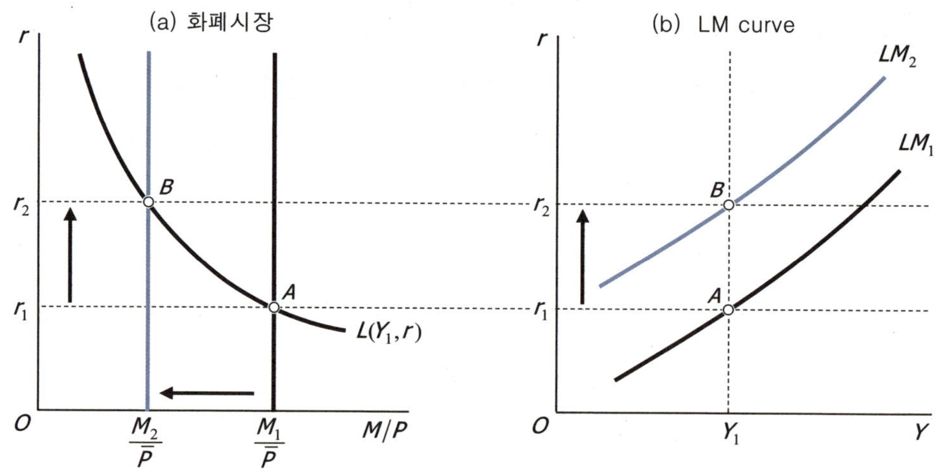

[그림 14] 통화량의 감소의 효과

10.2 물가의 하락

이번에는 물가가 하락한 경우의 효과를 살펴보자. [그림 15]에서 물가가 P_1에서 P_2로 하락하면 실질통화공급량이 증가하면서 화폐시장에 초과공급이 발생되는데 이를 해소하기 위해서는 주어진 소득 Y_1에서 이자율이 r_2로 하락해야 한다. 이러한 변화는 화폐시장의 균형을 이루는 관계식이 LM_1에서 LM_2로 변화했음을 의미한다. 즉 물가의 하락은 LM곡선을 하방(우측)으로 이동시킨다. 반대로 물가가 상승하면 LM곡선이 상방(좌측)으로 이동한다.

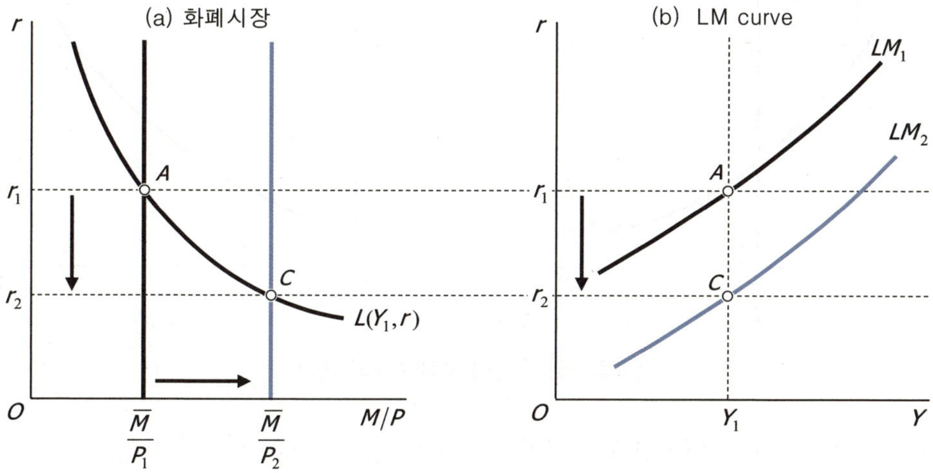

[그림 15] 물가하락의 효과

10.3 독립적 화폐수요의 증가

현실적으로 총소득과 이자율 외에도 화폐수요에 영향을 미치는 요인들은 많다. 대표적인 것이 금융관련 기술이나 제도가 변화하는 것이며 심리적인 요인도 화폐수요에 영향을 미친다. 이러한 요인들을 독립적 화폐수요(autonomous money demand)라고 할 수 있는데 이를 반영해 화폐시장균형을 대수식으로 나타내면 다음과 같다.

화폐시장균형 : $\frac{\overline{M}}{P} = \overline{L} + kY - hr$

예를 들어 신용카드사용을 제한하는 규제가 도입되어 독립적 화폐수요가 증가했다고 하자. 이는 위 식에서 $\overline{L}$가 증가한 것으로 나타낼 수 있다. 이는 [그림 16]에서 화폐수요가 $L_1(Y_1, r)$에서 $L_2(Y_1, r)$로 우측이동한 것으로 나타낼 수 있는데, Y_1에 대응되는 균형이자율이 r_1에서 r_2로 상승함에 따라 LM곡선이 상방(좌측)으로 이동한다. 반대로 만약 독립적 화폐수요가 감소한다면 LM곡선은 하방(우측)으로 이동한다.

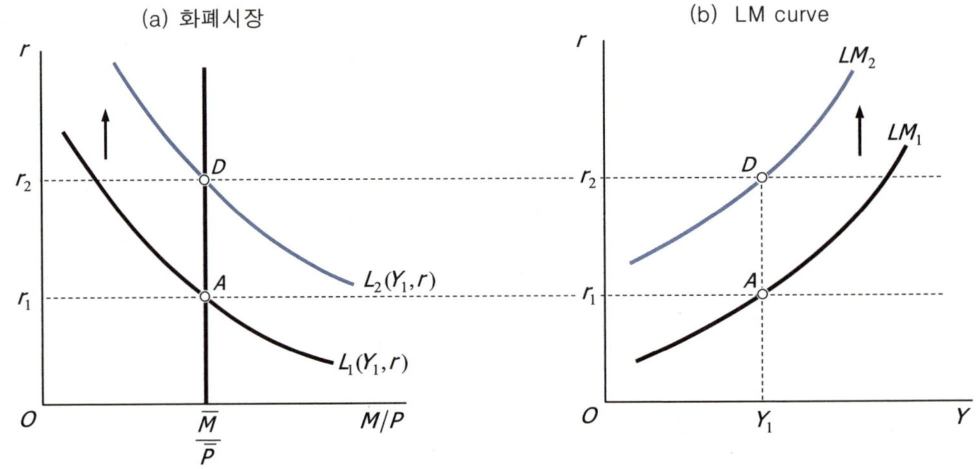

[그림 16] 독립적 화폐수요의 증가

지금까지의 살펴본 IS곡선과 LM곡선의 주요 특징을 정리하면 [표 2]와 같다.

	IS곡선	LM곡선
의미	재화시장 균형식 (대부시장 균형식)	화폐시장 균형식
균형조건	$Y = C(Y-T) + I(r) + G$ 또는 $I(r) = S(Y)$ (투자=저축)	$\frac{M}{P} = L(Y, r)$ (화폐의 공급=화폐의 수요)
기울기(…완만)	승수(클수록), 투자의 이자율탄력성(클수록)	화폐수요의 소득탄력성(작을수록), 화폐수요의 이자율탄력성(클수록)
이동요인 (…우측이동)	$\overline{C}$(증가), $\overline{I}$(증가), $\overline{G}$(증가), $\overline{T}$(감소)	$\overline{M}$(증가), $\overline{P}$(감소), $\overline{L}$(감소)

[표 2] IS곡선과 LM곡선의 주요 특징

IS－*LM* 모형의 균형 11

지금까지 살펴본 바 *IS*곡선은 우하향하고 *LM*곡선은 우상향하기 때문에 두 곡선은 일반적으로 한 점에서 교차하며 이 점에서 재화시장과 화폐시장의 동시균형이 이루어진다. 재화시장과 화폐시장의 동시균형을 나타내면 [그림 17]의 각 *E*점과 같다.

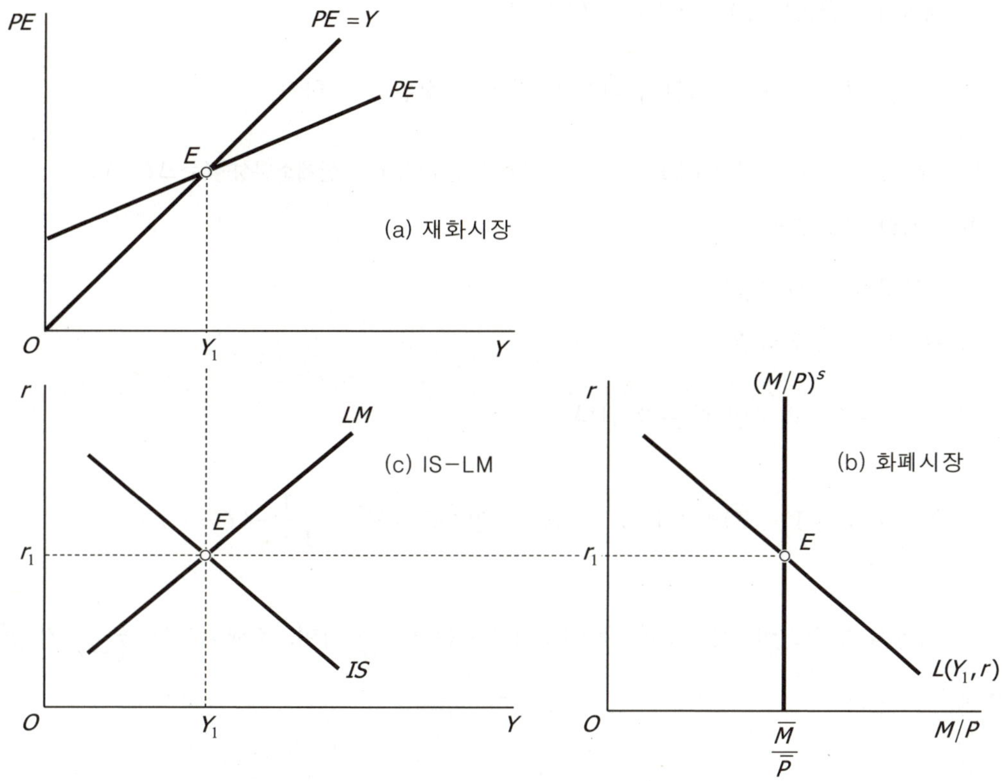

[그림 17] 재화시장과 화폐시장의 동시균형

보론 케인지언 크로스모형의 대수접근

1. 단순한 폐쇄경제모형

단순한 폐쇄경제모형에서 재화시장 균형식은 다음과 같다

재화시장 균형식 : $Y = C(Y - T) + I + G$

균형식을 구성하는 각 요인이 다음과 같이 결정된다고 하자.

1) 소비함수 : $C = \overline{C} + c(Y - T)$ $\overline{C}$는 독립소비, c는 한계소비성향$(= \Delta C / \Delta Y)$

2) 투자함수 : $I = \overline{I}$

3) 정부구매 : $G = \overline{G}$

4) 조 세 : $T = \overline{T}$

이상의 식을 정리하면 다음과 같다.

$$Y = \overline{C} + c(Y - \overline{T}) + \overline{I} + \overline{G} \Rightarrow \text{균형국민소득} : Y^* = \frac{1}{1-c}(\overline{C} - c\overline{T} + \overline{I} + \overline{G})$$

위 식에서 독립소비, 정부구매, 독립투자승수는 $\frac{1}{1-c}$이며, 조세승수는 $\frac{-c}{1-c}$가 됨을 알 수 있다.

2. 비례세, 유발투자, 수출, 수입을 고려한 포괄적 모형

개방경제에서의 재화시장 균형식은 다음과 같다.

재화시장 균형식 : $Y = C(Y - T) + I + G + X - M$

균형식에 새로 도입되거나 변경된 사항은 다음과 같다.

2)-1 투자함수 : $I = I + \nu Y$ ν는 유발투자계수$(=\Delta I/\Delta Y)$

4)-1 조 세 : $T = \overline{T} + tY$ t는 비례세율$(=\Delta T/\Delta Y)$

5) 수출함수 : $X = \overline{X}$

6) 수입함수 : $M = \overline{M} + mY$ m은 한계수입성향$(=\Delta M/\Delta Y)$

이상의 식을 정리하면 다음과 같다.

$$Y = \overline{C} + c(Y - \overline{T} - tY) + \overline{I} + \nu Y + \overline{G} + \overline{X} - \overline{M} - mY$$

$$\Rightarrow \text{균형국민소득} : Y^* = \frac{1}{1 - c(1-t) - \nu + m}(\overline{C} - c\overline{T} + \overline{I} + \overline{G} + \overline{X} - \overline{M})$$

위 식에서 독립소비, 정부구매, 독립투자, 수출승수는 $\frac{1}{1 - c(1-t) - \nu + m}$이며, 조세승수는 $\frac{-c}{1 - c(1-t) - \nu + m}$가 됨을 알 수 있다.

케인지언 크로스모형의 대안적 접근과 절약의 역설 / 보론

1. 케인지언 크로스모형의 대안적 접근

우리는 제2장에서 재화시장 균형식과 대부시장 균형식이 동일한 것임을 확인하였다. 이제 재화시장 균형조건을 대부시장의 균형을 나타내는 저축-투자의 관계식으로 나타내면 다음과 같다.

$$Y = PE = C(Y - \overline{T}) + \overline{I} + \overline{G} \Rightarrow \overline{I} = Y - C(Y - \overline{T}) - \overline{G} = S(Y)$$

계획된 지출과 저축함수를 대수식으로 정리하면 다음과 같다.

$$\text{계획된 지출} : PE = \overline{C} + c(Y - \overline{T}) + \overline{I} + \overline{G}$$

$$\text{저축함수} : S = Y - C - G = Y - [\overline{C} + c(Y - \overline{T})] - \overline{G}$$

$$= (1-c)Y - \overline{C} - \overline{G} + c\overline{T}$$

저축−투자관계식을 나타내면 [그림 A-1]과 같다. 이 그림에서 계획된 투자는 수평선이며 국민저축은 우상향(기울기 : $1-c$)한다. 두 곡선이 만나는 A점에서 재화시장 균형(=대부시장 균형)이 성립한다.

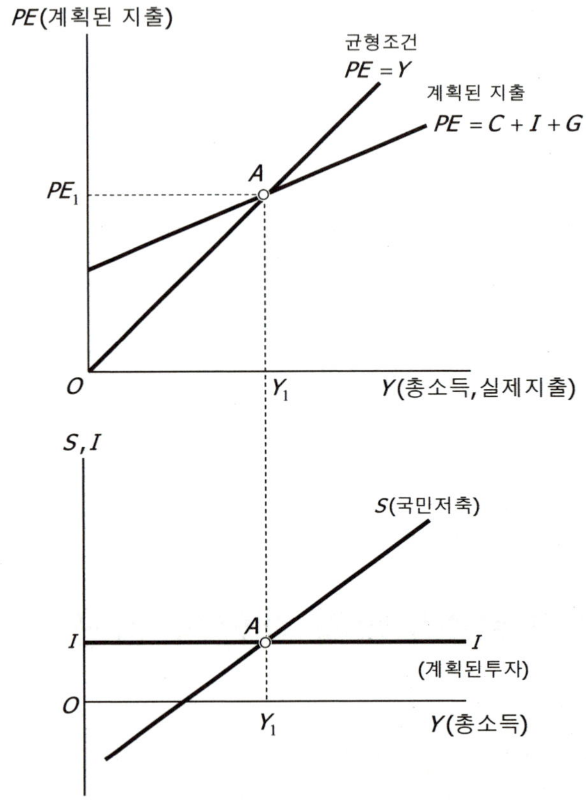

[그림 A-1] 재화시장의 균형

2. 절약의 역설

절약의 역설(paradox of thrift) 또는 저축의 역설(paradox of saving)이란 개인들이 절약하여 저축을 늘리려고 하였으나 실제 저축이 증가하지 않는 현상을 말한다. [그림 A-2]의 그림을 사용한다면 절약의 역설은 독립소비의 감소로 저축함수가 상방으로 이동하는데도 균형저축량이 증가하지 않는 현상이라 볼 수 있다.

절약의 역설은 소비감소로 인한 총수요의 감소가 총소득을 크게 감소시키며 발생하는 현상이므로 단기적인 현상으로 볼 수 있다. 또한 개인 차원에서의 소비감소는 저축을 증가시키지만 경제전체적인 소비감소는 저축을 증가시키지 못한다는 점에서 구성의 오류(fallacy of composition)의 대표적인 예로 들 수 있다.

절약의 역설을 약간 완화된 형태로 정의하기도 한다. 즉 경제전체적인 소비감소가 균형저축량을 감소시키는 정도에 이르지 않더라도 국민소득을 감소시키는 효과가 있다면 이를 절약의 역설로 부르기도 한다. 즉 절약의 역설은 다음과 같이 강한 형태와 약한 형태 두 가지로 정의할 수 있다.

- **강한 형태의 절약의 역설** : 개인들이 저축을 늘리려고 하는 경우 총수요의 감소로 국민소득이 감소하여 실제 저축이 증가하지 못하는 현상
- **약한 형태의 절약의 역설** : 개인들이 저축을 늘리려고 하는 경우 총수요의 감소로 국민소득이 감소하는 현상

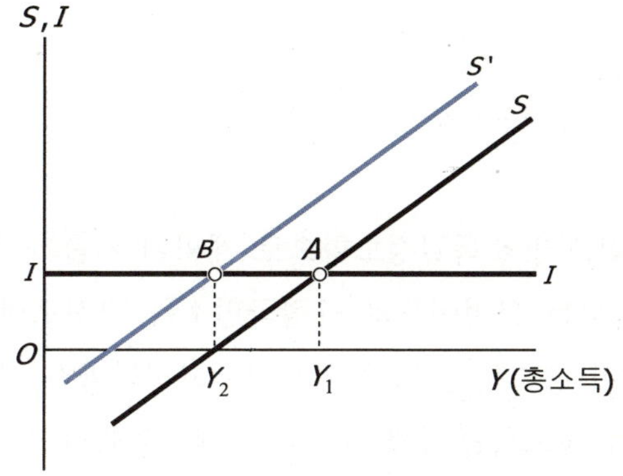

[그림 A-2] 절약의 역설

국민소득 항등식과 재화시장 균형식 / 보론

어떠한 조건하에서도 성립하는 관계를 항등식(identity)이라고 하며 일정한 조건을 만족할 때만 성립하는 식을 방정식 또는 균형식(equation)이라고 한다. 본문에서 살펴본 국민소득 항등식과 재화시장 균형식을 비교하여 이 둘의 차이를 파악해보기로 하자. 첫째, 실제투자를 I, 계획된 투자를 I_1, 계획되지 않은 투자를 I_2라고 할 때 정의상 다음의 관계가 성립한다.

실제투자 : $I \equiv I_1 + I_2$ [식 A-1]

둘째, 계획된 지출의 정의는 다음과 같다.

계획된 지출 : $PE \equiv C + I_1 + G$ [식 A-2]

이 경우 총생산과 실제지출이 일치할 조건은 항등식이고, 총생산과 계획된 지출이 일치할 조건은 균형식이다. 따라서 저축과 실제투자가 일치할 조건은 항등식이며 저축과 계획된 투자가 일치할 조건은 균형식이 된다.

국민소득 항등식 : $Y \equiv C + I + G \Rightarrow S \equiv I$
재화시장 균형식 : $Y = C + I_1 + G \Rightarrow S = I_1$

핵심용어해설

- **케인지언 크로스** : 케인즈의 소득결정모형으로 계획된 지출과 실제 지출이 일치할 때 균형국민소득이 결정되는 모형이므로 균형국민소득 결정모형이라고도 함
- **세이의 법칙** : 총공급이 총소득을 결정짓는다는 고전학파적 사고
- **케인즈법칙** : 총수요가 총소득을 결정짓는다는 케인즈학파적 사고
- **재정정책** : 조세 또는 정부지출 변화를 통해 거시경제에 영향을 미치는 정책
- **승수효과** : 독립적인 지출의 증가가 이의 몇 배에 해당하는 소득의 증가를 유발하는 현상
- **디플레이션 갭** : 완전고용 달성을 위한 독립지출 필요증가분
- **인플레이션 갭** : 완전고용 달성을 위한 독립지출 필요감소분
- ***IS*곡선** : 재화시장의 균형이 이루어지는 소득과 이자율의 조합을 나타내는 곡선
- **유동성선호모형** : 화폐의 공급과 수요가 단기의 이자율을 결정짓는다는 케인즈의 이자율 결정모형
- ***LM*곡선** : 화폐시장의 균형이 이루어지는 소득과 이자율의 조합을 나타내는 곡선
- **통화정책** : 중앙은행이 통화량이나 이자율을 조정하는 정책

- **절약의 역설** : 개인들이 저축을 늘리려고 하더라도 총수요의 감소로 국민소득이 감소하여 실제 저축이 증가하지 못하는 현상
- **구성의 오류** : 부분에 있어 타당한 이론이 전체에 대해서는 성립하지 않는 현상

연습문제

01 균형 국민소득 결정모형에서 소비함수가 다음과 같이 주어졌다고 하자.

$$C = 120 + 0.8(Y - T)$$

계획된 투자지출은 100이고 정부구매 및 조세 모두 100이다

(1) 균형 국민소득수준은 얼마인가?

(2) 완전고용국민소득이 1,600이라고 하자. 완전고용을 달성하기 위해 정부구매가 얼마나 증가 또는 감소해야 하는가?

02 다음 명제를 평가하라.

'올해의 예산은 1조 원 증가했지만 조세도 똑같이 1조 원 증가했기 때문에 재정정책 상의 변화가 경제에 미치는 영향은 없을 것이다.'

03 한계소비성향이 0.8이고 소득세는 없는 상태에서 정액세가 100만큼 감소한다고 가정하자. 주어진 이자율 수준에서 *IS*곡선은 어느 방향으로 얼마만큼 이동하는가?

04 단순한 거시모형에서 화폐, 즉 유동성 자산에는 수익이 지급되지 않는다. 그럼에도 불구하고 케인즈모형에서는 마치 화폐시장에서 이자율이 결정되는 것처럼 설명하는데 그 이유는 무엇인가?

05 신용카드가 널리 보급됨에 따라 독립적 화폐수요가 감소했다고 하자. 이러한 변화는 *LM*곡선에는 어떤 영향을 미칠까?

06 다음과 같은 정보가 주어졌다고 하자.

$C = 125 + 0.5Y^d$	$Y^d = Y - T$
$T = 0.2Y$	$I = 100 - 100R$
$G = 40$	
$M^d/P = 50 + 0.5Y - 200R$	
$M^s/P = 200$	

(1) IS곡선과 LM곡선의 수식을 구하라.

(2) 균형국민소득과 균형이자율을 구하라.

07 승수가 작다는 것은 어떤 점에서 바람직한가? 또 어떤 점에서 바람직하지 않은가?

08 경제학자들에 의하면 대공황 당시에 비해 현재 거시경제의 승수가 크게 감소했다고 한다. 이런 현상이 나타난 이유는 무엇일까?

CHAPTER 07

거시경제의 총수요-2: *IS-LM* 모형의 응용

CONTENTS

CHAPTER PREFACE | 들어가며

제7장에서는 *IS - LM* 모형을 현실경제에 적용한다. 첫 번째로 *IS - LM* 모형을 사용하여 경기변동의 원인이 되는 요인들을 설명한다. 두 번째로 *IS - LM* 모형을 사용하여 경기안정화정책의 대표적인 수단인 재정정책과 통화정책의 효과를 비교할 것이다. 세 번째로 거시경제학의 역사상 가장 큰 재앙으로 꼽히는 대공황(the Great Depression)의 사례를 분석하고 대공황의 경험이 경제정책운용에 주는 시사점에 대해 살펴본다.

01 *IS*－*LM*모형의 활용－1 : 경기변동의 예측

주식시장의 호황은 거시경제에 어떤 영향을 미칠까? 또 북핵위기는 한국경제에 어떤 영향을 미칠까? *IS*－*LM*모형은 이와 같은 충격이 거시경제에 어떤 영향을 미치는지 설명하는 매우 유용하고 편리한 도구이다.

IS－*LM*모형은 많은 외생변수를 포함하고 있으며 외생변수의 변화가 내생변수의 변화 즉 경기변동을 유발한다. 이제 분석의 편의상 최초상태에 경제는 잠재생산량 수준에 있었다고 하자. 또한 경기변동에 집중하기 위해 편의상 잠재생산량은 불변인 것으로 가정하자.

IS－*LM*모형을 사용한 분석은 2단계로 이루어진다. 1단계는 경기변동을 유발하는 요인이 *IS*곡선과 *LM*곡선 중 어느 곡선에 영향을 미칠지를 판단하는 것이다. 2단계는 이러한 충격이 곡선을 어느 방향으로 이동시키는지를 판단하는 것이다. 이제 구체적 사례를 들어 분석해보자.

첫째, 주식시장이 호황이 되어 독립소비와 독립투자가 늘어났다고 하자. 이는 *IS*곡선을 우측으로 이동시킬 것이다. [그림 1]에 의하면 이러한 변화의 결과 총소득이 증가하고 이자율이 상승한다.

둘째, 북핵위기로 인해 독립투자가 감소했다고 하자. 이는 *IS*곡선을 좌측으로 이동시킬 것이다. [그림 2]에 의하면 이러한 변화의 결과 총소득이 감소하고 이자율이 하락한다.[1)]

셋째, 정부가 신용카드사용을 제한하여 독립적 화폐수요가 증가했다고 하자. 제6장에서 살펴본 바와 같이 독립적 화폐수요의 증가는 *LM*곡선을 좌측으로 이동시킨다. [그림 3]에 의하면 이러한 변화의 결과 총소득이 감소하고 이자율이 상승할 것이다.

넷째, 물가가 하락하면서 통화가치가 상승한 것의 효과를 분석해보자. 물가가 하락하

---

1) 만약 불확실성의 증가에 대비하기 위해 사람들이 저축을 증가시키고 소비를 감소시킨다면 *IS*곡선의 이동폭은 더욱 커지고 경기의 위축정도 및 이자율의 하락폭은 더욱 커질 것이다.

면 실질통화량이 증가한다. 이는 LM곡선을 우측으로 이동시킬 것이다. [그림 4]에 의하면 이러한 변화로 총소득이 증가하고 이자율이 하락할 것이다.

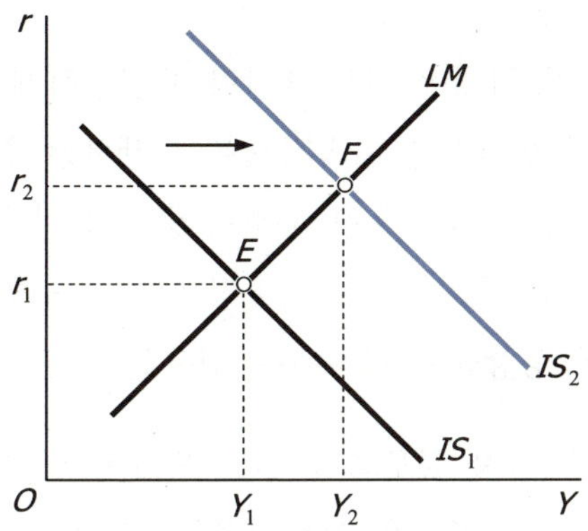

[그림 1] 재화시장의 유리한 충격

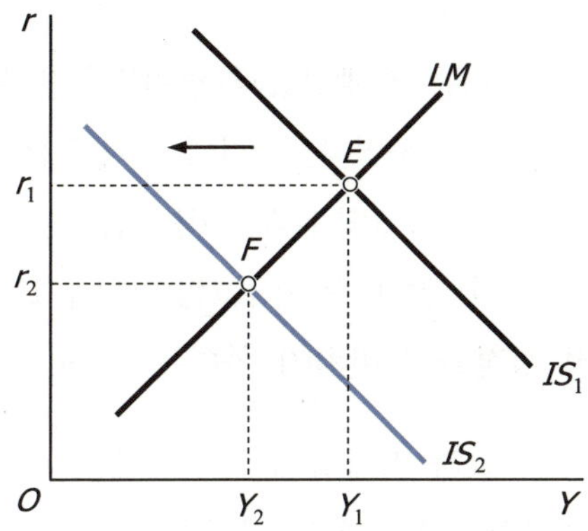

[그림 2] 재화시장의 불리한 충격

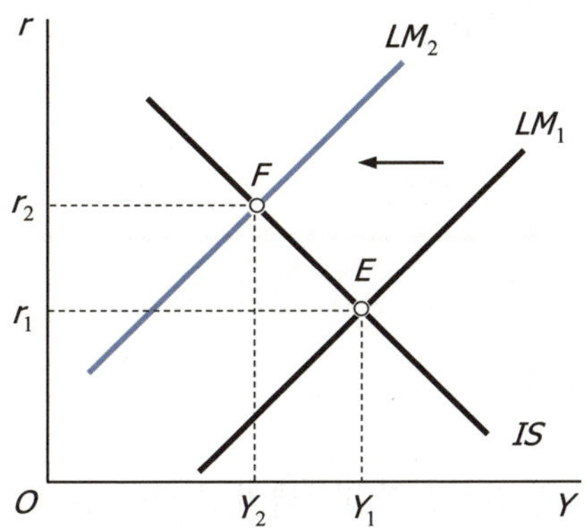

[그림 3] 화폐시장의 불리한 충격

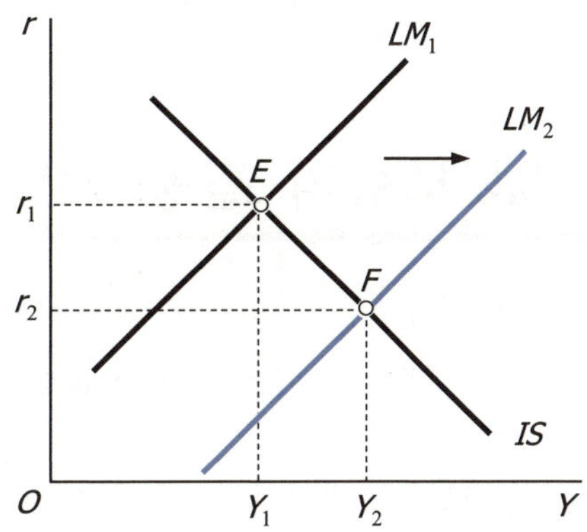

[그림 4] 화폐시장의 유리한 충격

이상의 분석에서 주의할 점 몇 가지를 지적한다. 첫째, IS곡선을 이동시키는 변화와 LM곡선을 이동시키는 변화가 두 내생변수를 변화시키는 양상이 상이하다. 즉 IS곡선을 이동시키는 요인들은 총소득과 이자율을 동일한 방향으로 변화시키지만, LM곡선을 이동시키는 요인들은 총소득과 이자율을 반대방향으로 변화시킨다. 이를 역으로 적용하면 만약 단기 경기변동에 있어 총소득과 이자율이 동일한 방향으로 변화했다면 경기변동이 IS곡선의 이동에서 비롯했고, 총소득과 이자율이 반대방향으로 변화했다면 경기변동이 LM곡선의 이동에서 비롯했다고 추론할 수 있다.

둘째, 하나의 충격이 두 가지 곡선에 동시에 영향을 미칠 수 있다. 예를 들어 북핵위기가 불확실성을 증가시킨다면 이는 독립적 소비와 투자를 감소시킬 뿐만 아니라 독립적 화폐수요도 증가할 수 있다. 이런 경우라면 *IS*곡선뿐만 아니라 *LM*곡선도 좌측으로 이동한다.

셋째, 우리는 경제성장과 경기변동을 분리하기 위해 잠재적 생산량이 일정하게 주어져 있다고 가정하였다. 그러나 실제로는 잠재적 생산량은 지속적으로 성장하는 추세를 가진다. 따라서 [그림 1]과 [그림 4]는 잠재적 성장률보다 더 큰 총소득 증가가 발생하는 경우라 볼 수 있다. 반면 [그림 2]와 [그림 3]은 총소득이 감소하는 경우일 수도 있으나 잠재적 성장률에 미치지 못하는 정(+)의 실제 성장률이 나타나는 경우일 수도 있다.

물론 현실의 거시경제는 이상에서 살펴본 네 가지 경우보다 훨씬 복잡하고 어렵다. 하지만 *IS*－*LM*모형은 복잡한 경제현상 속의 가장 중요한 요인만을 축약하여 경기변동을 예측하는 직관적 틀을 제시한다는 점에서 의의가 있다.

02 *IS*－*LM*모형의 활용－2 : 정책효과의 분석

2.1 재정정책의 효과 : 승수효과와 구축효과

IS－*LM*모형은 재정정책이나 통화정책과 같은 경기안정화정책의 효과를 분석하는데도 매우 유용하다. 앞서 재정정책(fiscal policy)이란 조세정책과 정부지출의 변화이며, 통화정책(monetary policy)이란 통화량의 증감 또는 이자율의 조정이라고 하였다. 먼저 이 중 정부구매증가의 효과를 살펴보도록 하자. [그림 5]에서 최초균형은 *E*점이다. 이때 정부구매가 증가하면 *IS*곡선이 정부구매증가폭의 승수배만큼 우측으로 이동하며 새로운 균형은 *E'*점에서 이루어진다. 이러한 과정에서 이자율이 상승하고 투자가 감소한다.

이처럼 정부구매 증가가 이자율을 상승시켜 민간투자를 감소시키는 효과를 **구축효과**(crowding out effect)라고 한다. 따라서 정부구매 증가가 강력한 효과를 갖기 위해서는 승수효과가 크고 구축효과가 작아야 한다. 승수효과가 강력하기 위해서는 한계소비성향이 커야 한다. 그리고 구축효과가 작기 위해서는 이자율의 상승폭이 작아야 하며 이로 인한 투자의 감소폭이 크지 않아야 한다.

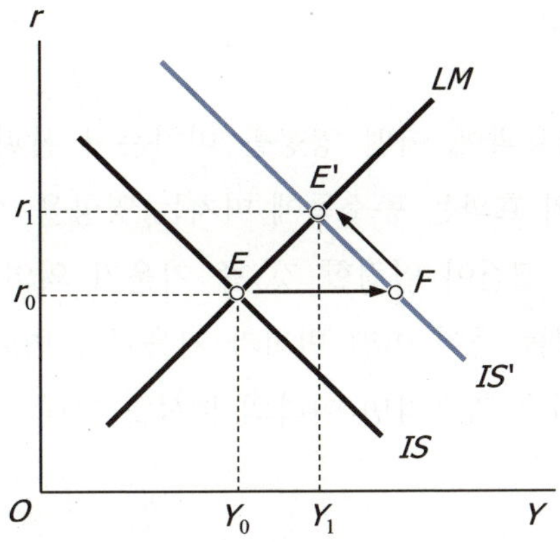

[그림 5] 재정정책의 효과

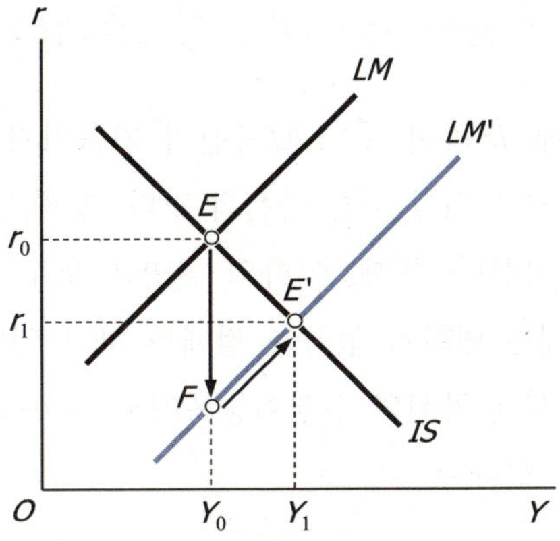

[그림 6] 통화정책의 효과

2.2 통화정책의 효과 : 통화정책의 전달경로

이번에는 통화량 증가의 효과를 살펴보도록 하자. [그림 6]에서 최초균형은 E점이다. 이때 확장적 통화정책은 주어진 각각의 소득에 대응되는 이자율을 하락시키므로 LM 곡선이 하방이동하며 새로운 균형은 E' 점에서 성립된다. 이러한 과정에서 이자율이 하락하며 투자가 증가한다.

이처럼 통화정책의 변화가 실물경제로 파급되는 과정을 **통화정책의 전달경로**(transmission mechanism of monetary policy)라고 하는데 $IS-LM$모형은 다양한 전달경로 중 금리경로를 설명하는 모형이다. 이상의 분석에서 확장적 통화정책이 강력한 효과를 갖기 위해서는 이자율의 하락폭이 크고 이로 인한 투자 증가폭이 커야 함을 알 수 있다. 통화정책의 전달경로에는 금리경로 외에도 자산가격경로, 환율경로, 신용경로 등이 있는데 이에 대해서는 제14장에서 다룬다.

이상에서 살펴 본 바 표준적인 $IS-LM$모형에서 재정정책과 통화정책의 효과를 결정짓는 데 있어 이자율의 변화와 이로 인한 투자의 변화가 매우 중요한 역할을 한다. 이러한 이유로 물가 및 통화량의 변화가 이자율과 투자를 변화시키는 효과를 이자율효과 또는 **케인즈효과**(Keynes effect)라고 한다.

추가로 한 가지 언급해 둔다. 지금까지 살펴본바 물가가 외생적인 $IS-LM$모형에서 총소득의 증가폭은 물가가 내생변수인 AD-AS모형에서 AD곡선의 수평이동폭에 해당한다. 이에 대해서는 제8장에서 다시 다룬다.

2.3 곡선의 기울기와 정책효과의 비교

이제 *IS*곡선 및 *LM*곡선의 기울기가 정책효과에 어떤 영향을 미치는지 살펴보자. 두 가지 유의할 점은 다음과 같다. 첫째, 정책의 효과는 총소득에 미치는 영향을 기준으로 평가한다. 둘째, 이하의 설명은 모두 '다른 조건이 일정할 것' 즉 기울기 외의 다른 요인에는 변화가 없음을 전제로 하고 있다. 예를 들어 어떤 변화가 기울기를 변화시키는 동시에 곡선의 수평이동폭에도 영향을 미치는 경우라면 이하의 분석을 그대로 적용할 수 없다.[2)]

우선 *IS*곡선의 기울기변화가 정책효과에 미치는 영향을 살펴보자. [그림 7]의 (a)에서 재정정책이 시행된 경우 *IS*곡선이 가파른 경우에는 균형이 *A*점까지 이동하지만, *IS*곡선이 완만한 경우에는 *B*점까지만 이동한다. [그림 7]의 (b)에서 통화정책이 실시된 경우 *IS*곡선이 가파른 경우에는 균형이 *A*점까지만 이동하지만, *IS*곡선이 완만한 경우에는 *B*점까지 이동한다. 즉 다른 조건이 일정할 때 *IS*곡선이 완만할수록 재정정책의 효과는 약해지고 통화정책의 효과는 강해진다.

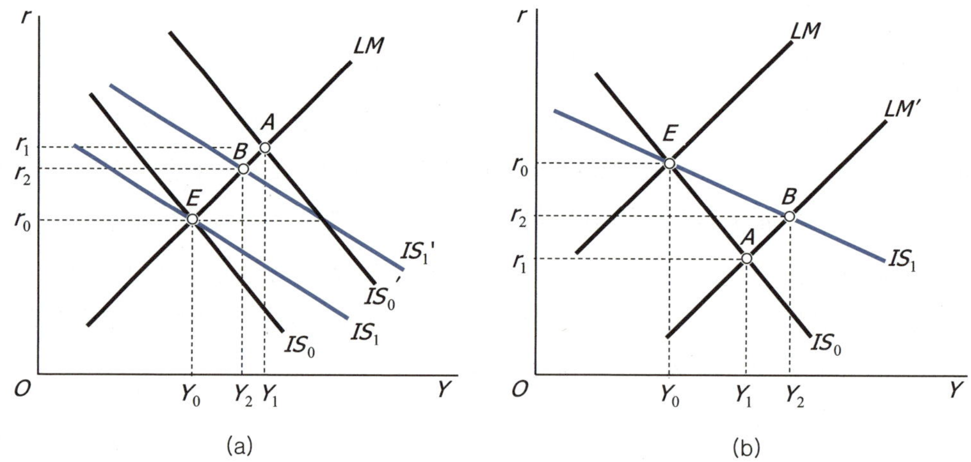

[그림 7] *IS*곡선의 기울기와 정책의 효과

이번에는 *LM*곡선의 기울기변화가 정책효과에 미치는 영향을 살펴보자. [그림 8]의 (a)에서 재정정책이 시행된 경우 *LM*곡선이 가파른 경우에는 균형이 *A*점까지만 이동

---

2) 예를 들어 *IS*−*LM*모형에서 한계소비성향이나 화폐수요의 소득탄력성이 변하는 경우에는 곡선의 기울기뿐만 아니라 수평이동폭도 변화한다. 이러한 경우 정책효과의 크기를 정확히 알기 위해서는 수식을 활용해야 한다. 이에 대한 자세한 설명은 보다 심화과정에서 다룬다.

하지만, *LM*곡선이 완만한 경우에는 *B*점까지 이동한다. [그림 8]의 (b)에서 통화정책이 실시된 경우 *LM*곡선이 가파른 경우에는 균형이 *A*점까지 이동하지만, *LM*곡선이 완만한 경우에는 *B*점까지만 이동한다. 즉 다른 조건이 일정할 때 *LM*곡선이 완만할수록 재정정책의 효과는 강해지고 통화정책의 효과는 약해진다.

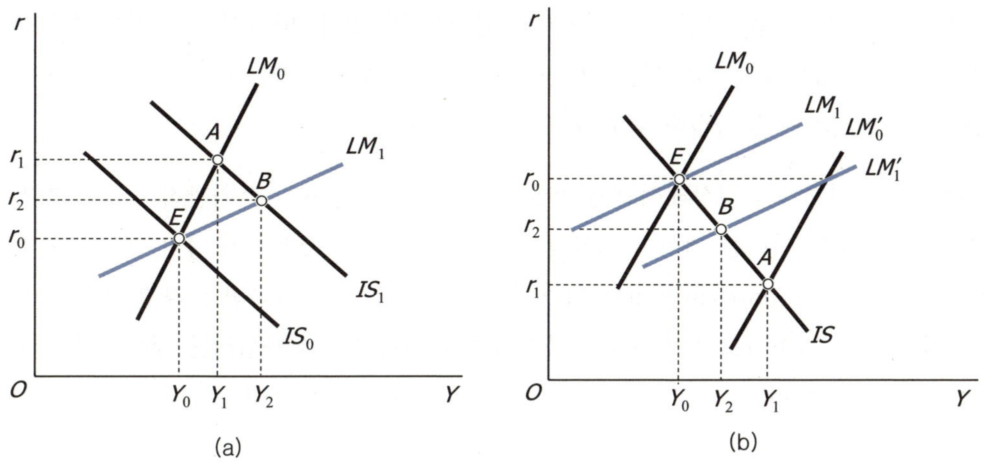

[그림 8] *LM*곡선의 기울기와 정책의 효과

정리해보자. *IS*곡선과 *LM*곡선 중 한 곡선이 가팔라지면 이 곡선을 이동시키는 충격이 총소득에 미치는 영향은 강력해지지만, 다른 곡선을 이동시키는 충격이 총소득에 미치는 영향은 약해진다. 단 이러한 결론은 곡선의 수평이동폭이 동일한 경우에만 적용할 수 있다는 점을 다시 한 번 강조한다.

특수한 가정에 기초한 *IS*–*LM*모형 03

지금까지 우리는 우하향하는 *IS*곡선과 우상향하는 *LM*곡선으로 이루어진 일반적인 *IS*– *LM*모형을 이용하여 분석을 진행하였다. 그러나 케인즈학파와 고전학파는 때로는 현실의 경제를 분석하기 위해 특수한 가정을 사용하였다. 그 중 케인즈학파의 사고를 반영한 대표적인 것으로서 야성적 충동과 유동성함정을 들 수 있으며, 고전학파의 사고를 담고 있는 대표적인 것으로서 화폐수량설을 들 수 있다.

3.1 야성적 충동 : 투자가 이자율에 영향을 받지 않는 경우

야성적 충동(animal spirits)이란 투자가 기업가들의 수익률에 대한 이성적인 판단에 근거하기보다는 기업가들의 직감적 투자심리에 의해 결정된다는 주장을 말한다. 이러한 가정을 *IS*−*LM*모형에 반영하면 어떻게 될까? [그림 9]에서 이자율이 하락하더라도 투자가 영향을 받지 않는다면 총소득도 증가할 필요가 없다. 따라서 *IS*곡선은 수직선이 된다. 이러한 경우라면 *IS*곡선을 이동시키는 재정정책의 효과는 매우 강력하지만 *LM*곡선을 이동시키는 통화정책의 효과는 무력해진다.

케인즈는 경제가 불황상태이고 불확실성이 크며 경제주체들이 비관적 전망을 가지고 있는 경우일수록 이러한 현상이 나타날 가능성이 크다고 보았다. 야성적 충동이 지배적인 상황을 투자함정(investment trap)이라고 하는데 이러한 경우라면 투자를 촉진하기 위해서 금리를 인하하기보다는 경제의 불확실성을 제거하고 투자심리를 개선시키는 것이 더 효과적일 것이다.

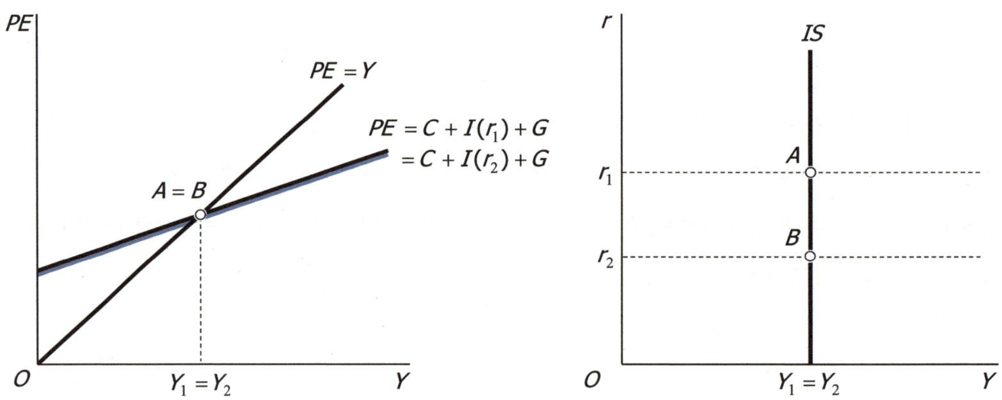

(a) 케인지언 크로스모형　　(b) *IS*곡선

[그림 9] 야성적 충동과 *IS*곡선

3.2 유동성함정 : 화폐수요가 이자율에 극단적으로 민감한 경우

일반적으로 정상적인 거시경제에서 통화량이 증가하면 이자율이 하락하면서 투자가 증가한다. 그러나 케인즈는 대공황과 같은 특별한 상황에서는 이러한 효과가 나타나지 않는다고 보았다. 유동성함정(liquidity trap)이란 화폐수요가 이자율에 대해 극단적으로

탄력적인 경우를 의미하는 용어로서 [그림 10]의 (a)처럼 화폐수요곡선이 수평인 상황으로 나타낼 수 있다. 이러한 경우에는 중앙은행이 통화량을 늘리더라도 모두 화폐수요로 흡수되고 이자율이 하락하지 않으므로 투자증가효과도 나타나지 않는다. 이 경우 경제가 마치 함정에 빠진 것과 같은 상태가 된다는 의미에서 유동성함정이라는 이름이 붙여졌다. 유동성함정은 주로 경기가 매우 침체되고 명목금리가 매우 낮은 경우에 나타난다. 1930년대 미국의 대공황이나 1990년대 일본의 장기불황기에 명목이자율이 0%대에 머무른 경우가 대표적이다.

유동성함정에 빠진 경제의 경우 LM곡선은 수평이 되는데 그 이유는 다음과 같다. [그림 10]의 (a)에서 화폐수요가 수평선이라면 소득이 Y_1인 경우 균형이자율이 r_1이며, 소득이 Y_2로 증가하여 화폐수요곡선이 우측이동하더라도 사실상 변화가 없는 셈이므로 여전히 r_1이 균형이자율이 되고 LM곡선은 수평이 된다. 이러한 경우라면 IS곡선을 이동시키는 재정정책의 효과는 매우 강력하지만 LM곡선을 이동시키는 통화정책의 효과는 무력해진다.

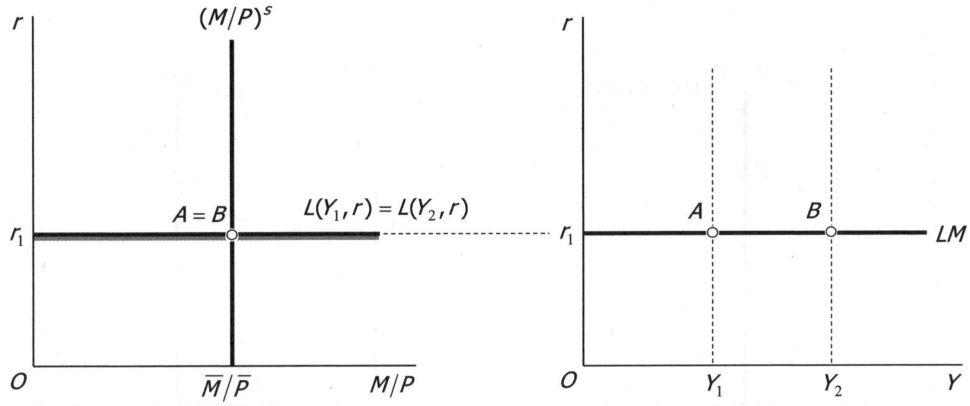

(a) 유동성선호모형 (b) *LM*곡선

[그림 10] 유동성함정과 *LM*곡선

3.3 화폐수량설 : 화폐수요가 이자율에 영향을 받지 않는 경우

화폐수량설(quantity theory of money)이란 명목소득과 물가를 결정짓는 가장 중요한 요인이 화폐의 공급량이라는 고전학파의 주장이다. 고전적 화폐수량설은 수량방정식에서 화폐유통속도가 고정이라는 가정을 전제로 한다. 그런데 앞서 수량방정식은 화폐수요함수로도 이해할 수 있다고 하였다.

$$\text{수량방정식} : MV = PY \Rightarrow \text{화폐수요함수} : \frac{M^d}{P} = \frac{1}{V}Y = kY$$

만약 이 식에서 화폐유통속도가 고정이라면 화폐수요는 소득에는 영향을 받지만 이자율에는 영향을 받지 않는다. 즉 화폐수요의 이자율탄력성은 0이 되며 [그림 11]의 (a)에서와 같이 화폐수요곡선이 수직이 된다.

화폐수량설이 성립하는 경우 LM곡선은 수직이 되는 이유는 다음과 같다. 우선 r_1의 이자율수준에서 균형을 이루기 위한 소득수준이 Y_1이었다고 하자. 이 경우 화폐공급과 화폐수요가 모두 수직선이므로 두 곡선은 완전히 겹치게 될 것이다. 이 경우 이자율이 r_2로 상승하더라도 화폐수요량이 변하지 않으며 화폐시장은 여전히 균형이므로 소득은 변할 필요가 없다. 따라서 화폐수량설이 성립하는 경우 LM곡선은 수직이 된다. 이러한 경우라면 물가가 경직적인 단기에 LM곡선을 이동시키는 통화정책의 효과는 매우 강력하지만 IS곡선을 이동시키는 재정정책의 효과는 무력해진다.

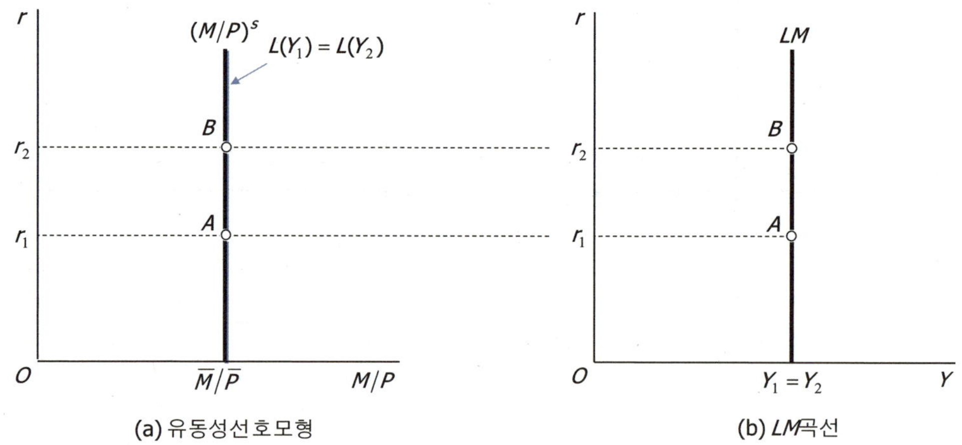

[그림 11] 화폐수량설과 LM곡선

3.4 케인즈주의와 통화주의(Keynesian vs. Monetarist)

케인즈주의[3)]와 통화주의는 거시경제의 경기변동이 총수요의 변동에 의해 발생한다는 케인즈이론에 영향을 받은 대표적 경제학파이다. 케인즈주의가 케인즈이론의 불황이론의 측면을 강조했던 반면 통화주의는 케인즈이론의 수요분석을 받아들이되 상당정도 고전학파적인 주장들도 받아들이고 있다.

케인즈주의는 앞의 특수한 가정 중에서 첫 번째인 야성적 충동과 두 번째인 유동성 함정이 나타날 가능성이 높아서 *IS*곡선은 매우 가파르고 *LM*곡선은 매우 완만하다고 주장하였다. 그들이 주장을 나타내면 [그림 12]와 같다. 반면 통화주의는 앞의 특수한 가정 중 세 번째인 화폐수량설을 강조하여 *LM*곡선이 매우 가파르고 *IS*곡선은 상대적으로 완만하다고 주장하였다. 그들의 주장을 나타내면 [그림 13]과 같다.

이러한 가정의 차이로 인해 케인즈주의자들은 재정정책은 매우 강력하나 통화정책은 그 효과가 매우 약하다고 보았고 반대로 통화주의자들은 통화정책은 매우 강력하나 재정정책은 그 효과가 미약하다고 보았다.

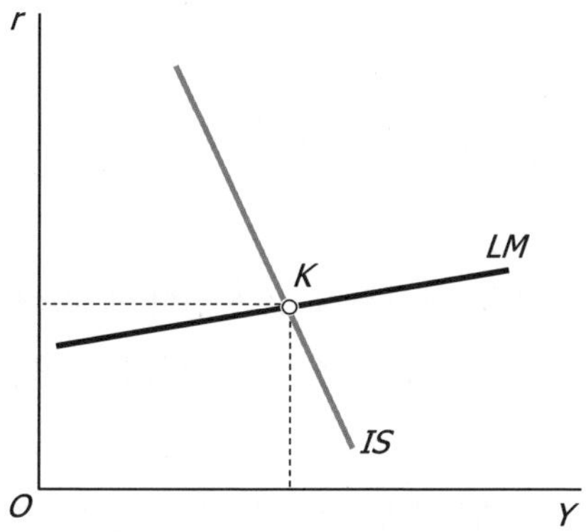

[그림 12] 케인즈주의 모형

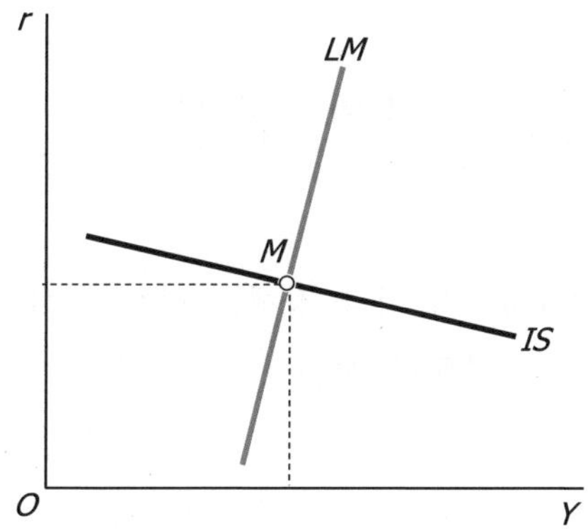

[그림 13] 통화주의 모형

그러나 오랜 논쟁 끝에 두 학파는 대체로 불황에는 케인즈주의적 주장이 타당하고 호황에는 통화주의적 견해가 타당하다는 잠정적인 합의에 이르게 된다. 그 이후 현재 대부분의 경제학자들은 재정정책과 통화정책이 현실적으로 모두 일정한 효과를 가질 수 있다는 것을 인정하고 있다. 다만 정책운용상의 측면에서는 의회를 통과해야 하는 재정정책에 비해 통화정책이 편리하고 유연한 측면이 있어 일상적인 경기안정화정책의 수단으로 통화정책을 선호하게 되었다.

당시 케인즈주의와 통화주의간의 논쟁에서 케인즈주의를 대표하는 경제학자가 모딜

---

3) 이 절에서 케인즈주의란 현대의 새케인즈학파와 비교되는 초기 케인즈학파를 의미하는 것으로 이해하면 된다.

리아니였고 통화주의를 대표하는 경제학자가 프리드먼이었다. 모딜리아니는 이후에 '오늘날 우리는 모두 통화주의자이다'라는 말을 남겼으며, 프리드먼은 '오늘날 우리는 모두 케인즈주의자이다'라는 말을 남겼는데 이는 두 학파 간의 논쟁이 일정부분 합의에 이르렀음을 보여주고 있다.

그렇다면 케인즈 스스로는 재정정책과 통화정책에 대해서 어떤 생각을 가지고 있었을까? 케인즈 역시 두 정책의 효과를 모두 인정하였던 것으로 보인다. 케인즈의 대표적인 저서인 일반이론은 당시의 대공황 상황을 고려하여 통화정책보다 재정정책이 유효한 측면을 강조하였다. 그러나 그 이전의 저서인 화폐론이나 화폐개혁론에서는 통화의 역할을 상당히 강조하고 있다. 즉, 케인즈의 생각은 경제가 처한 상황에 따라 두 정책의 효과가 다를 수 있다는 것이었으며 이는 현대 경제학자들이 합의한 바와 큰 차이가 없다.

04 $IS-LM$모형과 현실 : 대공황의 원인에 대한 여러 견해

1920년대까지 미국 경제는 사상 유례없는 호황을 겪었으나 1929년에서 1933년까지의 짧은 기간 동안 실질 GDP는 약 35%가 감소하였으며 실업률은 25%까지 치솟는 급격한 불황을 겪게 되었는데 이를 대공황(the Great Depression)이라고 한다.[4)] 미국의 대공황은 $IS-LM$모형을 사용하여 분석할 수 있는 대표적인 예이다. 대공황을 설명하는 이론으로서는 상반되는 두 가지 이론이 대립하고 있다.

첫 번째 이론은 **지출가설**(spending hypothesis) 또는 유효수요설이란 것인데 이 견해에서는 대공황의 발생이 주로 재화와 서비스에 대한 수요가 급격히 줄어든 것에 기인한다고 본다. 즉 재화시장의 충격에 의한 IS곡선의 좌측이동이 대공황의 주된 원인이라는 주장이다. 지출가설에 의하면 대공황 당시의 자료에서 총생산과 이자율이 동시에 감소하였는데 이는 IS곡선의 좌측이동에 의해서만 가능하다고 한다. 그렇다면 무엇이 이토록 큰 지출감소를 유발했을까? 이에 대해 지출가설론자들은 당시 주식시장의 붕괴가 소비와 투자를 급감시켰고, 은행붕괴로 투자의 감소가 심해지면서 이러한 현상이 가속

---

4) 대공황은 10년 이상 지속되었으나 처음 4년간의 경기침체가 가장 심각하였다. 대공황 기간 중에서도 특히 이 기간을 대수축(the Great Contraction)기간이라도 부른다.

화되었다고 주장한다. 이에 더하여 당시에 정부는 불황으로 인한 조세수입 감소와 재정적자에 대응하여 세금을 올리고 재정지출을 감소시켰는데 이러한 잘못된 정책대응이 불황을 더욱 심각하게 만들었다는 것이다.

대공황을 설명하는 또 하나의 가설은 프리드먼 등이 제기한 **통화가설**(money hypothesis)이다. 이들은 대공황이 발생한 원인 중 많은 부분이 급격한 통화공급의 감소에 기인한 것으로 본다. 즉 화폐시장의 충격으로 인한 *LM*곡선의 좌측이동이 대공황의 원인이라는 주장인데 그들은 대공황이 발생한 1929년부터 1933년까지의 기간 중 통화량이 *M*1 기준으로 25% 감소하였다는 사실을 근거로 들고 있다. 이러한 통화가설을 비판하는 사람들은 *LM*곡선이 좌측으로 이동한다면 이자율이 상승하는데 이는 당시 명목이자율이 0%에 가까운 매우 낮은 상태였다는 사실을 설명할 수 없다고 지적한다. 즉 소득과 이자율이 함께 하락하는 현상은 *IS*곡선의 이동으로만 설명된다는 것이다.

이에 대해 통화가설을 주장하는 경제학자들은 통화량의 감소와 함께 물가가 크게 감소한 것, 즉 **디플레이션**(deflation)이 *IS*곡선을 좌측으로 이동시킬 수 있다고 반박하였다. 이들의 주장에 의하면 통화의 긴축은 일반적으로 *LM*곡선을 좌측으로 이동시키지만 물가의 하락이 동반되는 경우에 *LM*곡선은 크게 이동시키지 않으며 *IS*곡선을 좌측으로 이동시킬 수 있다고 한다. 그렇다면 물가의 하락이 *IS*곡선을 이동시키는 원인은 무엇일까?

첫째, 디플레이션이 예상된 경우 나타나는 **소비지연효과**를 들 수 있다. 즉 앞으로 물가가 계속 하락할 것이라 예상한다면 물가가 하락할 때까지 소비를 미루는 경향이 나타날 것이며 이것이 소비를 감소시킨다는 것이다.

둘째, 역시 디플레이션이 예상된 경우 실질이자율이 상승하며 발생하는 투자감소현상을 들 수 있다. 대공황당시 명목이자율은 0에 가까워 더 떨어질 수 없었는데 이 경우 기대인플레이션율이 음(－)으로 내려간다면 실질이자율이 상승하며 투자가 감소한다. 이처럼 디플레이션이 실질이자율을 상승시키는 효과 또는 반대로 인플레이션이 실질이자율을 하락시키는 효과를 **먼델－토빈효과**(Mundell－Tobin effect)라고 한다.

셋째, 디플레이션을 예상하지 못한 경우 발생하는 **부채－디플레이션효과**(debt－deflation effect)를 들 수 있다. 물가가 하락하면 채권의 실질가치가 상승하는데 만약 디플레이션을 예상하지 못했다면 명목이자율을 충분히 낮게 조정하지 못하기 때문에 채무자에게서 채권자에게로 부가 재분배되는 효과를 상쇄하지 못한다. 그런데 일반적으로 돈을 빌려줄 여유가 있는 채권자에 비해 돈을 빌려 써야 하는 채무자가 지출성향이 높을 것이므로, 채무자에게서 채권자에게로 부가 재분배될 때 경제전체의 지출은 감소할 것이다.

그 외에도 예상여부와 무관히 토지와 주식가격 등이 빠른 속도로 하락하는 자산디플레이션(asset deflation)이 수반된다면 소비 및 투자는 더욱 크게 감소할 것이다.

이상의 이유들로 인해 통화량 감소에서 비롯한 디플레이션이 소비 및 투자지출을 감소시킨다면 *IS*곡선이 좌측으로 크게 이동하며 경기침체를 더욱 심화시킨다.

아직까지도 경제학자들은 지출가설과 통화가설 중 어떤 것이 더 타당한지에 대해 확답을 내리지 못하고 있다. 하지만 대공황이 이 두 가지 효과의 상승작용으로 인해 더욱 심각해진 것만은 분명하다. 이후 뉴딜정책을 비롯한 대규모 정부지출이 이루어지고 제2차 대전을 맞이하여 군수산업을 중심으로 총수요가 증가하기 시작하면서 미국경제는 불황의 늪에서 벗어나게 된다.

그렇다면 자본주의 경제에 있어 대공황과 같은 재앙은 숙명적이며 우리는 주기적으로 이러한 고통을 겪어야만 하는 것일까? 이에 대해서도 완전한 답을 내릴 수는 없다. 하지만 우리는 대공황을 연구하면서 대공황이 상당한 정도 정부의 실책에서 비롯하였다는 것을 알게 되었다. 지금이라면 누구도 대공황과 같은 불황기에 정부의 지출을 감소시키거나 조세를 증가시켜 대응하지 않을 것이다. 또한 중앙은행 역시 불황기에 통화량이 25% 가까이 급감하고 있는 것을 그냥 지켜만 보고 있지 않을 것이다. 또한 지금은 은행의 연쇄파산을 유발하는 뱅크런을 막기 위해 예금자보호제도를 도입하였으며, 경제위기시 중앙은행이 금융시장의 **최종대부자**(lender of last resort)로서 대규모의 긴급대출을 제공하기도 한다.

즉 대공황이 주는 진정한 교훈은 정부가 잘못된 대응만 하지 않았다면 대공황이 그토록 심각하고 장기화되지는 않았을 것이라는 점이다. 장담할 수는 없으나 재정당국과 중앙은행이 자신들이 가진 정책수단을 적절히 사용하여 대응하는 한 대공황과 같은 경제적 재난을 숙명으로 받아들여야 할 이유는 없을 것이라 본다. 이러한 의미에서 최근에 발생한 2007년의 글로벌 금융위기나 2020년의 코로나 19로 인한 위기의 경우 각국 정부의 적극적인 대응으로 경제가 파국에 이르는 것을 막아낸 것은 대공황의 경험과 크게 대조된다.

IS–*LM*모형의 한계 및 앞으로의 분석 05

IS－*LM*모형은 매우 단순하면서도 단기 거시경제의 핵심을 보여주는 편리한 분석 도구이다. 그러나 *IS*－*LM*모형은 많은 한계점들을 가지고 있는데 그 중 중요한 몇 가지를 지적하면 다음과 같다.

첫째, *IS*－*LM*모형은 물가를 외생변수로 두고 있기 때문에 그 자체로는 인플레이션과 같은 현상을 설명하지 못한다.

둘째, *IS*－*LM*모형은 노동시장에 대한 분석을 포함하지 않고 있다. 따라서 노동시장의 변화나 생산성 충격과 같은 총공급 측 변화가 거시경제에 미치는 영향을 충분히 설명하지 못한다. 위 두 가지 문제점은 노동시장에 대한 분석을 포함하며 물가가 내생변수로 고려되는 총수요－총공급모형(AD－AS model)으로 분석을 확장하면 해결된다.

셋째, 단순한 *IS*－*LM*모형에서는 기대인플레이션율을 0이라 두어 명목이자율과 실질이자율을 구분하지 않았다. 이에 대해서는 제7장의 보론에서 인플레이션 기대를 반영한 확장된 *IS*－*LM*모형을 살펴보게 될 것이다.

넷째, *IS*－*LM*모형은 통화공급량을 외생변수로 두고 있는데 이는 현재 중앙은행의 정책운영방식과 잘 맞지 않다. 즉 현재 중앙은행들은 통화량을 일정하게 유지하기 보다는 기준금리를 정하고 기준금리가 달성될 수 있도록 통화량을 변화시키는 방식을 활용한다. 이러한 문제점을 지적하며 등장한 모형이 *IS*－*MP*모형이다. *MP*란 통화정책(monetary policy)의 약자로서 중앙은행이 금리를 결정하는 원리를 나타내며 *LM*곡선을 대체 또는 보완한다. *MP*의 방정식으로 사용될 수 있는 대표적인 예가 테일러규칙(Taylor rule)인데 이에 대해서는 제14장에서 다시 설명한다.

다섯째, *IS*－*LM*모형은 정태분석(static analysis)이므로 원래의 균형과 새로운 균형이 어떻게 달라졌는지를 설명할 수 있지만, 하나의 균형에서 새로운 균형으로 조정되는 과정에 대해서는 설명하지 못한다. 이러한 문제를 해결하기 위해서는 동태분석(dynamic analysis)이 이루어져야 하는데 이는 이 책의 수준을 넘기 때문에 별도로 다루지 않는다.

여섯째, $IS-LM$모형에서는 많은 계수들이 사전에 주어져 있는 것으로 가정한다. 그러나 정책은 그 자체가 사람들의 기대와 행동방식을 근본적으로 바꿀 수 있다. 따라서 정부가 정책을 실시할 때 정책이 사람들의 기대와 행동방식에 미치는 변화를 고려하지 않고 과거의 자료에 기초하여 경제정책의 효과를 예상하는 방식은 잘못된 것이다. 이를 루카스비판(Lucas critique)이라고 하며 그의 비판은 거시경제학이 미시경제학적 기초를 보다 튼튼히 갖추어야 한다는 공감이 확산되는 계기가 되었다.

보론 정책효과의 분석

통화량 증가의 단기효과를 케인지언 크로스, 유동성선호, $IS-LM$의 세 가지 그림으로 나타내 보자. 정책의 효과를 단계적으로 분석하면 다음과 같다.

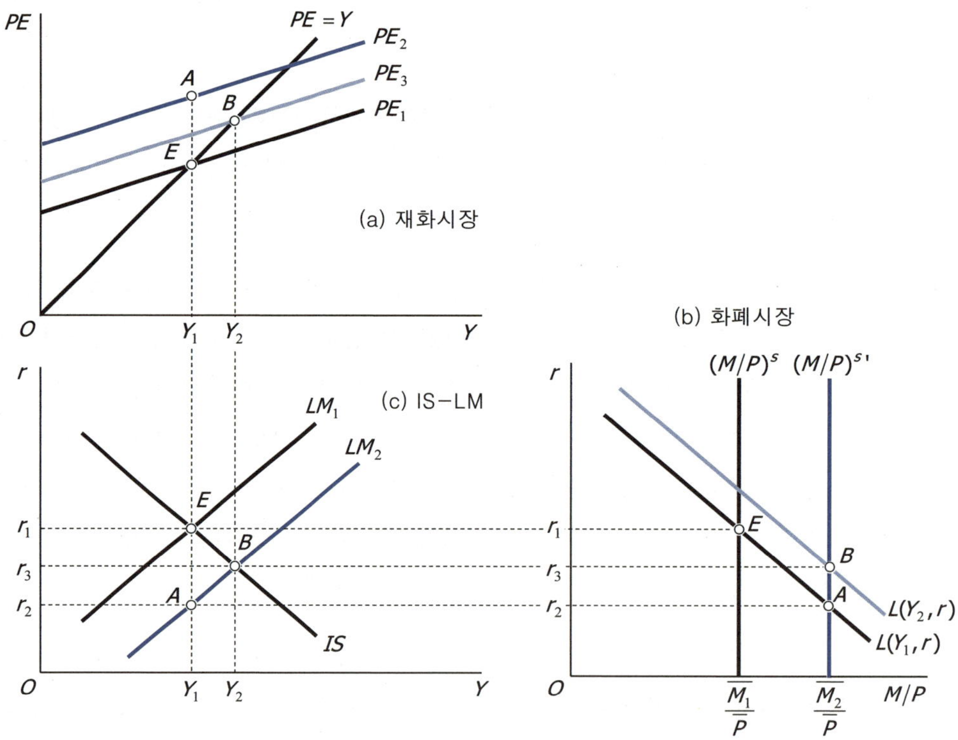

[그림 A-1] 통화량증가의 단기효과

1. [그림 A-1]에서 최초균형은 각 그림의 E점에 대응된다고 하자.
2. 통화공급량이 증가하면 그림 (b)에서 화폐공급곡선이 우측으로 이동하며 주어진 소득 Y_1에 대응되는 이자율이 r_2까지 하락한다.
3. 이러한 변화로 그림 (c)에서 LM곡선이 LM_2까지 하방이동한다.
4. 이자율이 하락하면 투자가 증가하므로 (a)에서 계획된 지출 PE곡선이 상방으로 이동하며 소득이 증가한다.
5. 소득이 증가하면 그림 (b)에서 화폐수요곡선이 우측으로 이동하며 이자율 하락폭이 감소한다. 그 결과 최종균형은 각 그림의 B점이 된다.

이번에는 정부구매 증가의 단기효과를 같은 그림을 사용하여 나타내보자. 이번에도 역시 정책의 효과를 단계적으로 분석하면 다음과 같다.

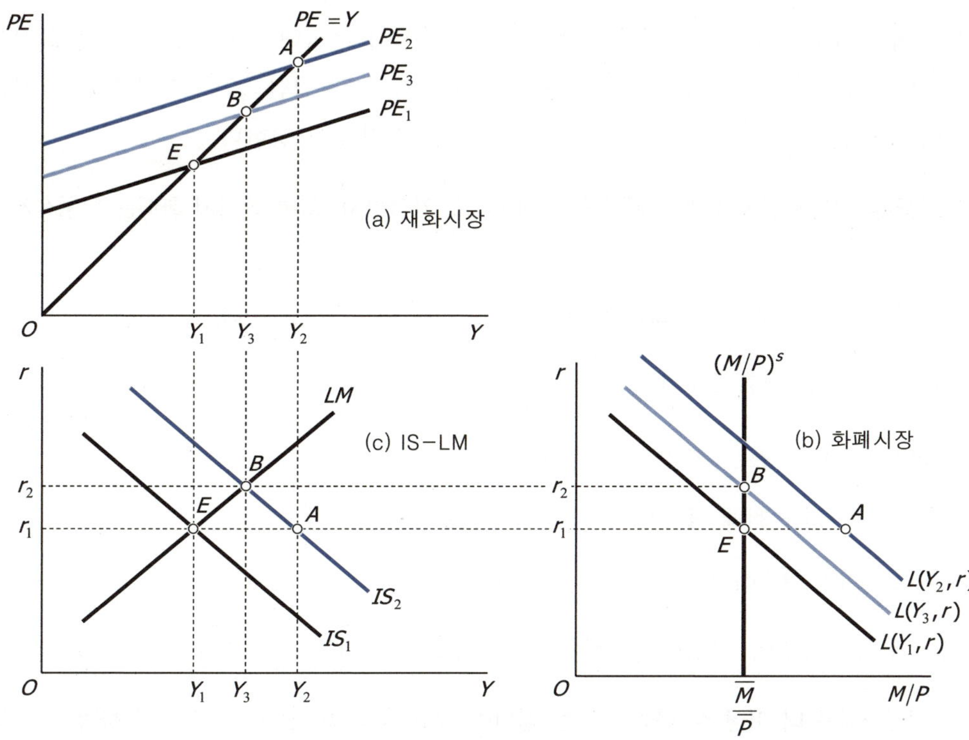

[그림 A-2] 정부구매증가의 단기효과

1. [그림 A-2]에서 최초균형은 각 그림의 E점에 대응된다고 하자.

2. 정부구매가 증가하면 그림 (a)에서 계획된 지출 PE곡선이 상방으로 이동하며 주어진 이자율 r_1에 대응되는 소득이 Y_2까지 증가한다.
3. 이러한 변화로 그림 (c)에서 IS곡선이 IS_2까지 우측이동한다.
4. 소득이 증가하면 화폐수요가 증가하므로 (b)에서 화폐수요곡선이 우측으로 이동하며 이자율이 상승한다.
5. 이자율이 상승하면 그림 (a)에서 계획된 지출곡선이 하방으로 소득 증가폭이 감소한다. 그 결과 최종균형은 각 그림의 B점이 된다.

보론 유동성함정과 화폐수요의 이자율탄력성

본문에서 유동성함정은 화폐수요의 이자율탄력성이 무한대인 경우를 일컫는 표현이라고 하였다. 유동성함정의 의미를 정확히 이해하기 위해 일반적인 통화정책의 과정을 단계적으로 설명하면 다음과 같다. 우선 다음 두 가지를 가정한다.

1. 편의상 금융시장에 화폐와 채권만 존재한다고 가정하자. 물론 여기서 화폐는 유동성자산을, 채권은 수익성자산을 대표한다.
2. 일반적으로 사람들은 화폐와 채권을 적정비율로 보유하려고 한다.

일반적인 경우 통화정책의 효과는 다음과 같다.

1. 중앙은행이 신규로 화폐를 공급한다.[5)]
2. 사람들은 신규 화폐 중 일부로 채권을 구입한다.
3. 채권가격이 상승하며 이자율이 하락한다.

이제 유동성함정이 발생하는 과정을 단계적으로 살펴보도록 하자.

1. 채권가격은 더 이상 상승할 수 없는 상한이 있고, 명목이자율에는 더 이상 하락할 수 없는 하한이 있다.

---

5) 화폐가 공급되는 공개시장매입, 지급준비율인하, 중앙은행여신확대 등 다양한 방법으로 이루어질 수 있다. 첫 번째 경우라면 중앙은행에 의해 직접 채권매입이 이루어지며, 두 번째와 세 번째 경우라면 민간에 의해 간접적으로 채권매입이 이루어진다. 자세한 내용은 제12장에서 다룬다.

2. 현재 채권가격이 너무 높아 사람들은 채권가격이 더 이상 상승할 수 없다고 생각하고 있다고 하자.
3. 그렇다면 중앙은행이 신규로 화폐를 공급하더라도 사람들은 채권을 사지 않을 것이며 모두 화폐로 보유할 것이다.

이 경우 채권가격이 불변이므로 이자율도 불변이다. 대신 화폐수요가 크게 늘어났으므로 화폐수요의 이자율탄력성은 무한대가 된다.

인플레이션 기대를 반영한 *IS*–*LM*모형 / 보론

1. 인플레이션 기대에 대한 조정의 필요성

본문에서 살펴본 $IS-LM$모형은 다음과 같다.

재화시장의 균형 *IS* : $Y = C(Y-T) + I(r) + G$

화폐시장의 균형 *LM* : $\frac{M}{P} = L(Y, r)$

상기 2개의 방정식은 총소득과 이자율 2개의 내생변수를 미지수로 포함한다. 그런데 위 모형에서는 명목이자율과 실질이자율을 구분하지 않았다. 이는 분석의 편의상 가정 9에서 기대인플레이션율이 0이라고 가정하였기 때문이다. 기대인플레이션율이 0이 아닌 경우에는 명목이자율과 실질이자율을 구분해야 한다. 보론에서는 제6장 본문의 가정 9를 다음과 같이 수정한다.

- 가정 9 : 인플레이션 기대는 외생적으로 주어지며 명목이자율은 실질이자율에 기대인플레이션율을 더한 값과 일치한다.

이제 상기 2개의 방정식은 총소득, 명목이자율, 실질이자율 3개의 내생변수를 미지수로 포함한다. 따라서 모형을 완성하기 위해 3번째 방정식이 필요한데 이때 사용할 수 있는 것이 피셔방정식이다.

피셔방정식 : $i = r + \pi^e$

이제 명목이자율과 실질이자율이 달라졌으므로 이 모형을 그림으로 나타낼 때 수직축을 두 가지 이자율 중 어느 것으로 할지를 정해야 한다. 우선 투자의 기회비용은 실질이자율(r)이므로 IS곡선은 소득−실질이자율($Y-r$)평면에 도출되어야 한다. 반면 화폐보유의 기회비용은 명목이자율(i)이므로 LM곡선은 소득−명목이자율($Y-i$) 평면에 도출되어야 한다. 따라서 만약 소득−실질이자율평면에 그림을 그릴 때 인플레이션 기대가 발생한다면 LM곡선에 조정이 필요하며, 소득−명목이자율평면에 그림을 그릴 때 인플레이션 기대가 발생한다면 IS곡선에 조정이 필요하다.

2. 소득−실질이자율평면에 나타내는 경우 : [그림 A−3]

피셔방정식을 LM곡선에 포함시킨 $IS-LM$모형은 다음과 같다.

재화시장의 균형 IS : $Y=C(Y-T)+I(r)+G$

화폐시장의 균형 LM : $\dfrac{M}{P}=L(Y, r+\pi^e)$

위 식에서 인플레이션 기대가 발생하더라도 IS곡선은 아무런 변화가 없다. 그러나 LM곡선은 $r+\pi^e$을 포함하고 있으므로 양(+)의 인플레이션 기대가 유발될 경우 LM곡선을 인플레이션 기대의 크기만큼 아래쪽으로 이동시켜야 한다. 이를 나타내면 [그림 A−3]과 같다. 이 경우 균형은 a점에서 b점으로 이동한다.

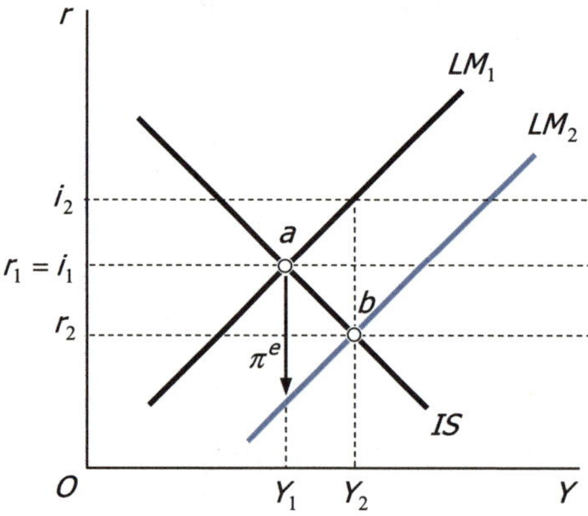

[그림 A−3] 소득−실질이자율평면

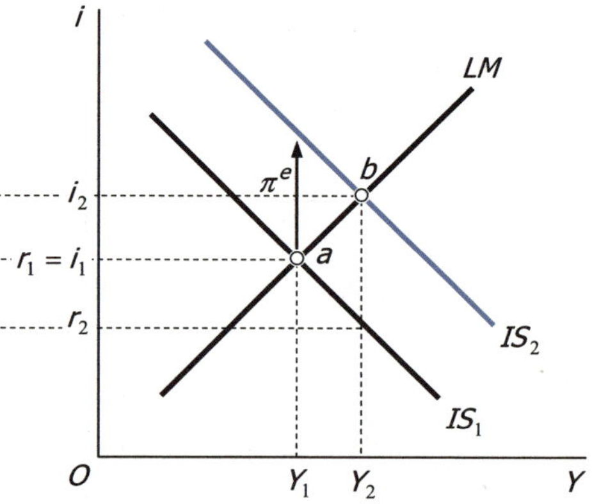

[그림 A−4] 소득−명목이자율평면

3. 소득-명목이자율평면에 나타내는 경우 : [그림 A-4]

피셔방정식을 IS곡선에 포함시킨 $IS-LM$모형은 다음과 같다.

재화시장의 균형 IS : $Y=C(Y-T)+I(i-\pi^e)+G$

화폐시장의 균형 LM : $\dfrac{M}{P}=L(Y,i)$

위 식에서 인플레이션 기대가 발생하더라도 LM곡선은 아무런 변화가 없다. 그러나 IS곡선은 $i-\pi^e$을 포함하고 있으므로 양(+)의 인플레이션 기대가 유발될 경우 IS곡선을 인플레이션 기대의 크기만큼 위쪽으로 이동시켜야 한다. 이를 나타내면 [그림 A-4]과 같다. 이 경우 균형은 a점에서 b점으로 이동한다.

4. 주의사항

두 분석 모두 총생산이 증가하고, 명목이자율은 상승하고, 실질이자율은 하락한다. 이는 위 두 가지 분석이 서로 다른 것이 아니라 동일한 분석을 다른 평면에 나타낸 것일 뿐이기 때문이다.

이처럼 물가가 경직적인 단기모형에서 인플레이션 기대가 실질이자율을 하락시키는데 이를 **먼델-토빈효과**(Mundell-Tobin effect)라고 한다. 이와는 달리 물가가 신축적인 장기모형에서는 인플레이션 기대가 실질이자율에는 영향을 미치지 못하며 명목이자율만을 동일한 폭으로 상승시키는데 이를 완전한 **피셔효과**(Fisher effect)라고 한다.

피셔방정식, 피셔효과, 피셔가설, 먼델-토빈효과에 대한 용어상 혼선 / 보론

경제학에서도 용어가 불명확하게 정의되거나 시간이 지나면서 의미가 변하여 혼선이 유발되는 경우가 있다. 예를 들어 피셔방정식, 피셔효과, 피셔가설 등은 구분하여 사용하는 것이 바람직하겠으나 혼용되는 경우가 많다. 이에 대해 다음과 같이 용어를 구분해서 사용하면 어떨까 한다.

- **피셔방정식** : 명목이자율이 실질이자율과 기대인플레이션율의 합과 같다는 관계식
- **피셔효과** : 인플레이션 또는 인플레이션 기대가 명목이자율을 상승시키는 현상
- **피셔가설** : 인플레이션율 상승폭과 명목이자율 상승폭이 동일하여 실질이자율은 영향을 받지 않을 것이라는 고전학파적인 예측
- **먼델-토빈효과** : 인플레이션율 상승폭에 비해 명목이자율 상승폭이 작아서 실질이자율이 하락하는 효과

이렇게 용어를 정의하면 피셔가설은 피셔효과가 완전한 경우를 나타내며, 먼델-토빈효과는 피셔효과가 불완전한 경우에 발생하는 효과이다. 안타깝게도 현재 많은 교과서 및 시험에서 위 용어들을 명확히 구분하지 않고 사용하고 있으므로 수험생들의 주의를 요한다.

보론 *IS*-*LM*모형의 대수접근

1. 재화시장의 균형식(*IS*)[6]

(1) 도 출

재화시장의 균형식을 구성하는 각 요인이 다음과 같이 결정된다고 하자.

1) 소비함수 : $C=\overline{C}+c(Y-T)$ $\overline{C}$는 독립소비, c는 한계소비성향$(=\Delta C/\Delta Y)$

2) 투자함수 : $I=\overline{I}-br$ b는 투자의 이자율탄력성

3) 정부구매 : $G=\overline{G}$

4) 조 세 : $T=\overline{T}$

6) 이 부분의 내용은 김경수-박대근 저 「거시경제학(박영사)」과 정운찬-김영식 저 「거시경제론(율곡출판사)」의 수식을 적절히 조합하였다.

단순한 케인지언 크로스모형과의 차이점은 투자가 이자율의 감소함수임이 반영된 점이다. 이상의 식을 정리하면 다음과 같다.

균형식 : $Y=\overline{C}+c(Y-\overline{T})+(\overline{I}-br)+\overline{G}$

위 식을 정리하면 다음과 같다.

IS곡선 : $Y=\frac{1}{1-c}(\overline{C}-c\overline{T}+\overline{I}+\overline{G}-br)$ 또는 $r=-\frac{1-c}{b}Y+\frac{\overline{A}}{b}$

단, $\overline{A}=\overline{C}-c\overline{T}+\overline{I}+\overline{G}$

IS곡선은 $Y-r$평면에서 우하향하며 그 기울기의 역수는 $\frac{1}{1-c}$(승수)와 $(-b)$(투자의 이자율탄력성)의 곱과 같다. 또한 $\overline{C}$, $\overline{I}$, $\overline{G}$, $\overline{T}$ 등 외생적 변화에 의해 이동한다.

(2) 특수한 경우

만약 투자가 야성적 충동에 의해 결정되는 경우라면 $b=0$이라고 둘 수 있다. 이 경우 IS곡선은 다음과 같이 수직선이 된다.

야성적 충동하의 IS곡선 : $Y=\frac{1}{1-c}(\overline{C}-c\overline{T}+\overline{I}+\overline{G})$

2. 화폐시장의 균형식(LM)

(1) 도 출

1) 실질화폐공급 : $\frac{\overline{M}}{\overline{P}}$

2) 실질화폐수요 : $L(Y,r)=kY-hr$

단, k는 화폐수요의 소득탄력성
h는 화폐수요의 이자율탄력성

균형식 : $\frac{\overline{M}}{\overline{P}}=L(Y,r)=kY-hr$

위 식을 정리하면 다음과 같다.

$$LM\text{곡선} : r = \left(\frac{k}{h}\right)Y - \left(\frac{1}{h}\right)\frac{\overline{M}}{\overline{P}} \text{ 또는 } Y = \left(\frac{h}{k}\right)r + \left(\frac{1}{k}\right)\frac{\overline{M}}{\overline{P}}$$ [7)]

LM곡선은 $Y-r$평면에서 우상향하며 기울기는 $\frac{k}{h}$이다. 또한 $\overline{M}$, $\overline{P}$ 등의 외생적 변화에 의해 이동한다.

(2) 특수한 경우

본문에서 유동성함정이 성립하는 경우라면 $h=\infty$라고 둘 수 있다고 하였다. 이 경우 LM곡선은 다음과 같이 수평선이 된다.

$$\text{유동성함정 하의 } LM\text{곡선} : r = 0$$

본문에서 화폐수량설이 성립하는 경우라면 $h=0$이라 둘 수 있다고 하였다. 이 경우 LM곡선은 다음과 같이 수직선이 된다.

$$\text{화폐수량설 하의 } LM\text{곡선} : Y = \left(\frac{1}{k}\right)\frac{\overline{M}}{\overline{P}}$$

3. *IS−LM*의 균형 : 균형국민소득의 도출

물가가 외생변수인 경우 $IS-LM$모형은 균형국민소득 결정모형이 된다. IS곡선과 LM곡선을 연립하여 정리하면 다음과 같다.

$$\text{균형국민소득} : Y^* = \frac{1}{1-c+b\left(\frac{k}{h}\right)}\left[\overline{C} - c\overline{T} + \overline{I} + \overline{G} + \left(\frac{b}{h}\right)\frac{\overline{M}}{\overline{P}}\right]$$

7) IS는 소득결정모형인 케인지언 크로스모형에서, LM은 이자율결정모형인 유동성선호모형에서 도출되므로 각각 Y와 r에 대해 정리하는 경우가 많다.

4. 총수요측면의 균형식(AD)

(1) 도 출

물가가 내생변수인 총수요-총공급모형에서 $IS-LM$모형은 총수요곡선을 도출하는 모형이 된다. 물가가 내생변수인 경우 총수요방정식은 다음과 같다.

$$AD\text{곡선}: Y = \frac{1}{1-c+b\left(\frac{k}{h}\right)}\left[\overline{C} - c\overline{T} + \overline{I} + \overline{G} + \left(\frac{b}{h}\right)\frac{\overline{M}}{P}\right]$$

AD곡선은 P가 하락함에 따라 $\frac{\overline{M}}{P}$가 증가하여 Y가 증가하므로 우하향한다.

$IS-LM$의 이동요인 중 물가를 제외한 모든 요인들이 AD의 이동요인이 된다.

(2) 특수한 경우

투자가 야성적 충동에 의해 결정되는 경우라면 $b=0$이라고 둘 수 있다. 이 경우 AD곡선은 다음과 같이 수직선이 된다.

$$\text{야성적 충동하의 } AD\text{곡선}: Y = \frac{1}{1-c}(\overline{C} - c\overline{T} + \overline{I} + \overline{G})$$

유동성함정이 성립하는 경우라면 $h=\infty$라고 둘 수 있다. 이 경우 AD곡선은 다음과 같이 수직선이 된다.

$$\text{유동성함정하의 } AD\text{곡선}: Y = \frac{1}{1-c}(\overline{C} - c\overline{T} + \overline{I} + \overline{G})$$

화폐수량설이 성립하는 경우라면 $h=0$이라 둘 수 있다. 이 경우 AD곡선은 다음과 같이 직각쌍곡선이 된다.

$$\text{화폐수량설 하의 } AD\text{곡선}: Y = \left(\frac{1}{k}\right)\frac{\overline{M}}{P} \text{ 또는 } \overline{M}\overline{V} = PY$$

핵심용어해설

- **야성적 충동** : 투자는 기업가들의 수익률에 대한 이성적인 판단에 근거하기보다는 기업가들의 직감적 투자심리에 의해 결정된다는 주장
- **투자함정** : 이자율이 하락해도 투자가 증가하지 못하는 현상
- **유동성함정** : 화폐수요가 이자율에 대해 극단적으로 탄력적인 경우로서 주로 명목이자율이 매우 낮은 경우에 발생하는 현상
- **케인즈주의자** : 케인즈의 사상 중 불황측면을 강조한 경제학자들
- **통화주의자** : 통화의 역할을 강조하여 경기변동을 일으키는 주된 요인이 통화공급의 변화라고 믿는 경제학자들
- **지출가설** : 대공황의 원인이 재화시장에서의 급격한 지출감소에 있다는 주장
- **통화가설** : 대공황의 원인이 화폐공급의 급격한 감소와 물가의 급격한 하락에 있다는 주장
- **최종대부자기능** : 민간 금융기관이 어려움에 처하는 경우 중앙은행이 긴급대출을 제공하여 지원하는 기능
- **먼델-토빈효과** : 인플레이션 또는 인플레이션 기대가 실질이자율을 하락시키는 현상, 디플레이션의 경우에는 실질이자율을 상승시킴
- **부채-디플레이션효과** : 디플레이션상황에서 지출성향이 높은 채무자에게서 지출성향이 낮은 채권자에게로 부가 이전되면서 총지출이 감소하는 효과
- **자산디플레이션** : 부동산이나 주식과 같은 자산가격이 빠르게 하락하는 현상

연습문제

01 최근 A국은 저금리와 경기침체를 동시에 경험하였다. 일반적으로 저금리는 경기를 부양시키는 효과를 가질 것으로 기대된다. 그럼에도 불구하고 A국이 경기침체를 경험하게 된 이유를 *IS-LM* 모형에 의거하여 설명하시오.

02 정부가 투자를 증가시키길 원하나 고용을 일정하게 유지시키고 싶다고 한다면 정부는 재정정책과 통화정책을 어떻게 조합해야 바람직할까? *IS*－*LM*모형을 사용하여 답해 보아라.

03 독립적 화폐수요가 0이 아닌 경우의 *LM*곡선을 식으로 나타내보아라. 이를 사용하여 독립적 화폐수요가 감소할 경우 *LM*곡선이 우측으로 이동함을 확인하라.

04 화폐수요가 소득의 함수가 아니라 다음과 같이 가처분소득의 함수라고 하자. 이 경우 조세(T)의 감소가 거시경제에 미치는 영향을 *IS*－*LM*모형을 통해 분석해 보라.

$$\text{실질화폐수요함수 : } \frac{M^d}{P} = L(Y - \overline{T},\ r)$$

05 일본은 1990년대 초부터 오랜 기간 경기침체를 경험하고 있다. 장기침체에 빠진 일본경제를 회복하기 위해서는 인플레이션이 필요하다는 주장이 있다. 어떤 논리에서 비롯한 것인가 설명하시오.

06 자산시장에는 다양한 유형의 금융상품이 공급된다. 이를 단순화하여 금융시장이 유동성자산을 대표하는 화폐와 수익성자산을 대표하는 채권만으로 이루어져있다고 하자. 이 경우 명목이자율이 일정수준까지 하락하면 아무도 채권을 보유하지 않으려고 하게 된다. 그 이유는 무엇인가? (hint : 채권가격과 이자율은 반대방향으로 움직인다.)

07 케인즈이론의 핵심은 단기에 가격변수가 경직적일 때 심리적인 요인에 의한 총수요의 변화가 경기변동을 유발할 수 있다는 것이다. 심리적 요인들이 경기변동에 어떤 영향을 미칠 수 있을지 *IS*－*LM*모형을 사용하여 나타내 보아라.

08 흔히 경제가 어려울 때 '정부가 돈을 풀어 경제를 살려야 한다.'는 표현을 사용한다. 여기서 정부가 돈을 푼다는 표현은 다양한 의미로 사용될 수 있는데 그것이 무엇인지 설명하라.

09 거시경제학에서는 동일한 방정식을 상이한 평면에 나타내는 경우가 많다. 이는 동일한 방정식에서 무엇을 미지수로 두는지와 밀접히 관련되어 있으며 이는 케인즈학파와 고전학파의 기본가정과 밀접히 연관되어 있다.

(1) 재화시장의 균형을 두 가지 그림으로 나타내 보아라.

(2) 화폐시장의 균형을 두 가지 그림으로 나타내 보아라.

CHAPTER 08

거시경제의 총공급-1 : *AD-AS* 모형

CONTENTS

CHAPTER PREFACE | 들어가며

제6장과 제7장에서는 *IS-LM* 모형에 대해 살펴보았다. 제8장에서는 보다 확장된 모형인 총수요-총공급모형을 다룬다. 총수요-총공급모형은 물가가 내생변수이며, 노동시장을 포함한다는 점에서 *IS-LM* 모형에 비해 보다 포괄적이고 현실적인 모형이다. 이번 장에서는 우선 총소득-물가평면에서 총수요곡선을 도출하고 총수요곡선이 우하향하는 이유들을 설명한다. 다음으로 총소득-물가 평면에서 단기 총공급곡선을 우상향하게 하는 현실적인 마찰(friction)요인들을 살펴본다. 이를 통해 총공급에 대한 논쟁이 경기변동을 이해하는 시각과 밀접한 관련이 있음을 알게 될 것이다. 마지막으로 몇 가지 중요한 사례분석을 통해 총수요-총공급모형이 실제 거시경제를 설명하는데 어떤 식으로 사용될 수 있는지를 살펴볼 것이다. 특히 합리적 기대와 정책무력성의 명제를 통해 정책효과란 기계적인 것이 아니라 다양한 요인에 영향받을 수 있다는 점을 확인할 것이다.

01 거시경제의 총수요곡선

1.1 총수요곡선이 우하향하는 세 가지 이유

거시경제의 **총수요곡선**(aggregate demand curve : AD)이란 각각의 물가수준에서 수요하고자 하는 재화와 서비스의 총량을 나타내는 곡선이다. 본격적인 분석을 시작하기 전에 거시경제학에서의 총수요곡선과 미시경제학에서의 수요곡선의 차이를 강조해 둔다. 첫째, 미시경제학의 수요곡선은 소득이 외생적으로 주어졌다는 가정하에 도출되지만, 거시경제학의 총수요곡선에서 소득은 내생변수이다. 둘째, 미시경제학의 수요곡선에서 수직축의 가격은 개별 상품의 가격이지만 거시경제학의 총수요곡선에서의 수직축은 모든 상품의 가격을 집계한 일반물가이다. 따라서 미시경제학에서 가격이 하락할 때 다른 상품들의 가격은 고정이지만 거시경제학에서 물가가 하락할 때 모든 상품의 가격이 함께 변화한다.

그렇다면 한 가지 의문이 생긴다. 미시경제학에서 수요곡선이 우하향하는 주된 이유는 상대가격이 하락할 때 비싼 재화의 소비를 값싼 재화로 바꾸는 대체효과(substitution effect)이다. 반면 거시경제학에서 총수요곡선은 상대가격의 변화를 담고 있는 것이 아니라 일반물가의 변화 또는 화폐가치의 변화를 담고 있다. 그렇다면 일반물가가 변화할 때 총지출이 변화하는 이유는 무엇일까?

경제학자들은 그 이유로서 크게 세 가지를 들고 있다. 첫째 **이자율효과**(interest rate effect)는 물가가 하락할 때 실질통화량이 증가하면서 이자율을 하락시키고 이것이 투자(I)를 촉진하는 효과이다. 이를 **케인즈효과**(Keynes effect)라고도 하는데 제6장과 제7장의 표준적인 $IS-LM$모형이 담고 있는 효과이다.

둘째, **실질자산효과**(real asset effect)는 물가가 하락하면 실질자산, 즉 자산의 실질가치가 증가하고 이에 따라 소비자들이 소비(C)를 증가시키는 효과인데 이를 **피구효과**(Pigou effect)라고도 한다.

셋째, 실질환율효과(real exchange rate effect)는 물가가 하락할 때 실질환율이 상승하면서 순수출(NX)이 증가하는 효과이다. 이를 먼델-플레밍효과(Mundell-Fleming effect)라고 하는데 제18장 국제금융론의 $IS-LM-BP$모형이 담고 있는 효과이다. 이상의 내용을 정리하면 [표 1]과 같다.

	물가가 하락할 때 …
이자율효과(케인즈효과)	실질이자율이 하락하며 투자(I)가 증가하는 효과
실질자산효과(피구효과)	실질자산이 증가하며 소비(C)가 증가하는 효과
실질환율효과(먼델-플레밍효과)	실질환율이 상승하며 순수출(NX)이 증가하는 효과

[표 1] 총수요곡선이 우하향하는 이유

1.2 총수요곡선의 도출

총수요곡선을 도출하는 대표적인 방법은 $IS-LM$모형을 사용하는 것이다. 먼저 [그림 1]의 상단에서 P_1의 물가수준에 대응되는 LM곡선을 $LM(P_1)$로 나타낼 경우 균형은 A점이며 균형소득은 Y_1이 된다. 이때 물가가 P_2로 하락하면 실질통화량이 증가하면서 LM곡선이 $LM(P_2)$까지 우측으로 이동하며 새로운 균형은 B점이 된다. 이 과정에서 이자율 하락과 투자 증가가 승수효과를 유발하여 균형소득을 Y_2까지 증가시킨다. 물가하락 전후의 균형점을 연결하면 총소득-물가평면에서 우하향하는 총수요곡선(AD)이 도출된다. 이처럼 $IS-LM$모형에서 도출된 총수요곡선은 물가(P)가 하락할 때 이자율(r)이 하락하며 총소득(Y)을 증가시키는 케인즈효과를 담고 있다.

이와 같이 $IS-LM$모형은 물가가 내생변수인 모형에서는 총수요곡선을 도출하는 역할을 한다. 이런 의미에서 총수요곡선은 $IS-LM$모형을 나타내는 새로운 방식이며 총수요-총공급모형은 $IS-LM$모형을 포함하는 보다 포괄적인 모형이라 볼 수 있다.

총수요곡선의 기울기는 $IS-LM$모형에 포함된 여러 계수에 의해 결정된다. 예를 들어 투자가 이자율에 민감하게 반응하거나 승수가 크다면 물가하락시 총수요가 크게 증가하므로 총수요곡선도 완만하다. 총수요곡선의 기울기를 파악하는 한 가지 요령은 IS곡선이 완만할수록 총수요곡선도 완만해진다는 것이다. 이러한 사실은 다음 절의 내용을 통해 확인할 수 있을 것이다. 반면 LM곡선의 기울기와 총수요곡선의 기울기 간에는 일관된 관계가 없다. 이를 확인하기 위해서는 까다로운 수식을 활용해야 하므로 보다 고급의 과정에서 다룬다.

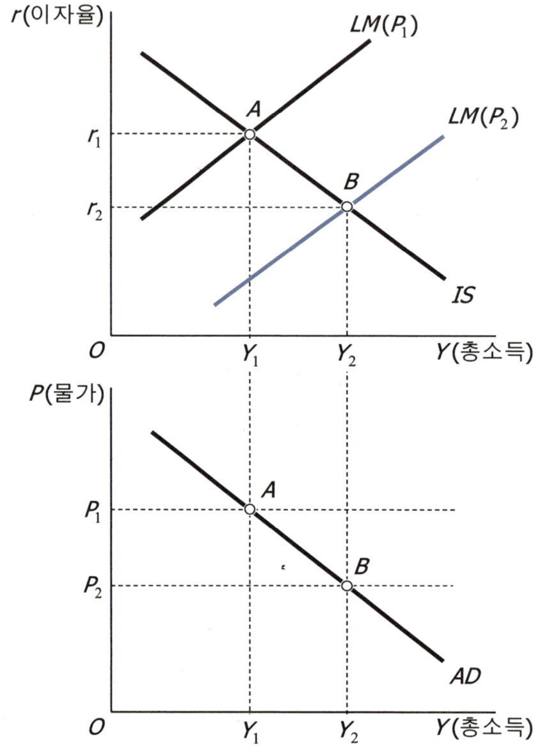

[그림 1] 총수요곡선의 도출

IS곡선과 LM곡선을 이동시키는 요인 중 물가를 제외한 모든 요인들은 총수요곡선을 이동시킨다. 예를 들어 독립소비의 증가, 독립투자의 증가, 정부구매의 증가, 통화공급의 증가 등은 총수요곡선을 우측으로 이동시키고 조세의 증가, 독립적 화폐수요의 증가 등은 총수요곡선을 좌측으로 이동시킨다.

만약 피구효과를 반영한다면 총수요곡선은 어떻게 달라질까? 피구효과에 의하면 물가수준이 하락할 때 실질자산이 증가하면서 소비지출이 증가한다. 이는 IS곡선을 우측으로 이동시키는데 피구효과가 없는 경우에 비해 총지출은 더욱 증가할 것이다. 따라서 피구효과를 반영하면 총수요곡선은 보다 완만해진다.

먼델－플레밍효과를 반영하기 위해서는 환율제도와 자본의 이동성을 함께 고려해야 한다. 이에 대해서는 제18장에서 보다 자세히 다룬다.

1.3 특수한 경우의 총수요곡선

앞서 제7장에서 특수한 가정하에 도출된 $IS-LM$모형을 살펴본 바 있다. 만약 케인즈주의자들의 주장처럼 야성적 충동이나 유동성함정이 나타나는 특수한 경우라면 총수요곡선은 어떤 형태가 될까? 편의상 실질자산효과와 실질환율효과가 없다고 가정하고 총수요곡선을 도출하면 다음과 같다.

먼저 야성적 충동을 가정하면 [그림 2]와 같이 IS곡선이 수직이 된다. 이러한 경우 물가의 하락으로 LM곡선이 이동하더라도 총지출은 변하지 않는다. 따라서 총수요곡선 역시 수직이 된다. 다음으로 유동성함정을 가정하면 [그림 3]과 같이 LM곡선이 수평이 된다. 이 경우 물가수준이 하락하더라도 LM곡선은 이동하지 않으므로 총지출은 불변이다. 따라서 총수요곡선은 수직이 된다.[1]

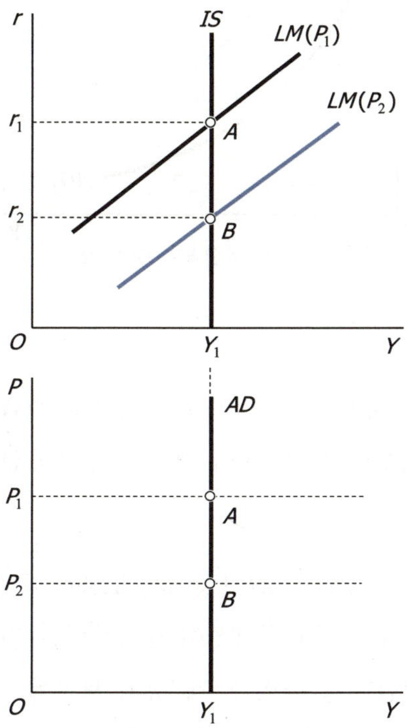

[그림 2] 야성적 충동하의 AD곡선

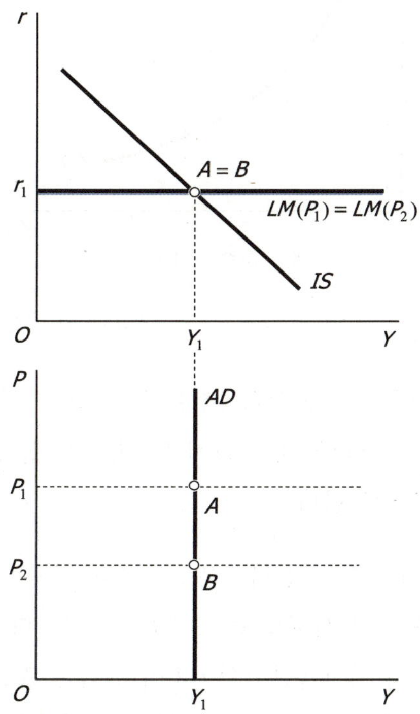

[그림 3] 유동성함정하의 AD곡선

1) 만약 가정에서 제외한 두 가지 효과 중 하나라도 존재한다면 총수요곡선은 가파른 형태가 되겠지만 완전히 수직이 되지는 않는다.

이번에는 고전학파의 화폐수량설이 성립하는 경우의 총수요곡선을 살펴보자. 고전학파의 사고를 담고 있는 수량방정식의 형태는 다음과 같다.

수량방정식 : $MV = PY$

만약 고전학파의 가정처럼 화폐유통속도가 고정이라면 총수요곡선은 [그림 4]의 (a)와 같이 직각쌍곡선의 형태가 된다.

고전학파의 총수요곡선 : $Y = \dfrac{MV}{P}$

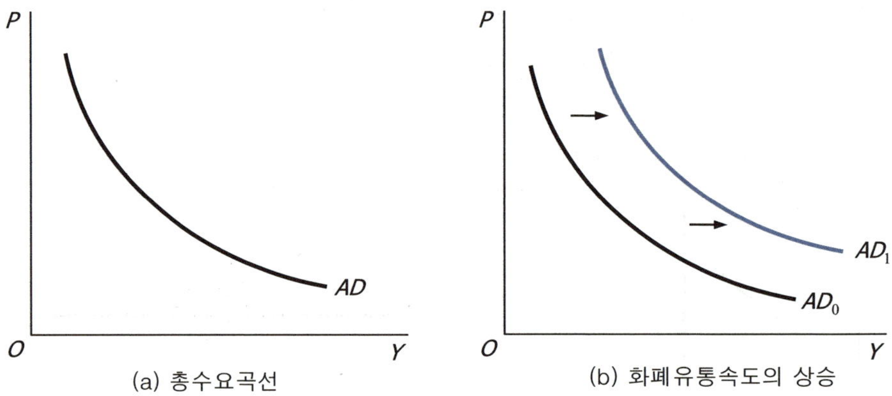

[그림 4] 고전학파의 총수요곡선

고전학파의 총수요곡선은 통화량(M)이나 화폐유통속도(V)가 외생적으로 변화할 때 이동한다. 예를 들어 화폐유통속도가 상승하면 [그림 4]의 (b)와 같이 총수요곡선이 우측으로 이동한다.

한 가지 유의할 사실은 고전학파의 총수요곡선은 $IS-LM$모형에서 도출한 총수요곡선의 특수한 사례로 볼 수 있다는 점이다. 제7장에서 화폐수량설이 성립한다는 것은 화폐수요의 이자율탄력성이 0이 된다는 것을 의미한다고 하였다. 제7장의 보론에서 도출한 총수요곡선에 화폐수요의 이자율탄력성이 0이란 조건을 추가하면 직각쌍곡선형태의 총수요곡선을 도출할 수 있는데 이는 연습문제로 남겨둔다.

거시경제의 총공급곡선 02

2.1 총공급이론의 기초

거시경제의 **총공급곡선**(aggregate supply curve : AS)이란 각각의 물가수준에서 공급하고자 하는 재화와 서비스의 총량을 나타내는 곡선이다. 총공급곡선은 개념적으로 **장기 총공급곡선**(long run aggregate supply : $LRAS$)과 **단기 총공급곡선**(short run aggregate supply : $SRAS$)으로 구분해볼 수 있다.

이제 장기와 단기를 다음과 같이 정의하자.

장기 : 착각 · 경직성 등 시장 마찰요인이 사라져 자연산출량[2] 수준으로 복귀할 만큼 충분히 긴 기간

단기 : 착각 · 경직성 등 시장 마찰요인이 사라지지 않아 자연산출량 수준으로 복귀하기에 충분히 길지 않은 기간

이상의 정의에 의하면 장기에는 물가수준과 무관히 산출량이 **자연산출량**(natural rate of output : Y_N)으로 복귀하므로 장기 총공급곡선은 자연산출량 수준에서 그어진 수직선이 된다. 이를 나타내면 [그림 5]의 $LRAS$와 같다. 이는 장기적으로 화폐의 중립성 및 고전적 이분법이 성립함을 반영한다.

장기 총공급곡선 : $Y = Y_N$ [식 1]

단기 총공급곡선은 가정에 따라 두 가지로 나타낼 수 있는데 우선 제6장 및 제7장에 가정한 바와 같이 물가가 외생변수인 모형에서 단기 총공급곡선은 외생적으로 주어진 물가수준에서 수평선이 된다. 이를 나타내면 [그림 5]의 $SRAS_1$과 같다.

물가외생모형의 단기 총공급곡선 : $P = \overline{P}$ [식 2]

2) 자연산출량은 앞서 사용한 잠재적 생산량과 동일한 의미이다.

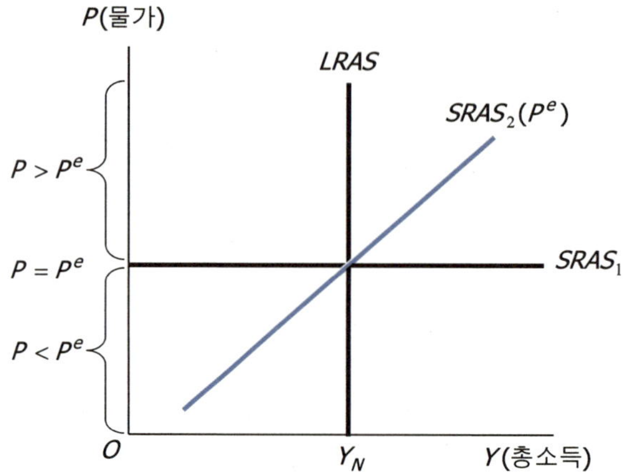

[그림 5] 세 가지 총공급곡선

반면 물가가 내생변수인 모형에서 단기 총공급곡선은 총소득−물가평면에서 우상향하며 일반적으로 [식 3]과 같이 나타내어진다.3)

물가내생모형의 단기 총공급곡선 :

$$Y = Y_N + \alpha(P - P^e) \text{ 또는 } P = P^e + \frac{1}{\alpha}(Y - Y_N) \text{ 단, } \alpha > 0 \quad \text{[식 3]}$$

이를 나타내면 [그림 5]의 $SRAS_2$와 같다. 이러한 총공급곡선은 물가기대(P^e)와 자연산출량(Y_N)이 주어졌을 때 물가가 상승하면 산출량이 증가하는 관계를 나타낸다고 볼 수도 있고 물가인식오류($P - P^e$)가 존재할 때 산출량이 자연산출량에서 이탈($Y - Y_N$)할 수 있음을 나타낸다.

물가예측오류와 산출량변동 : $P \underset{<}{\overset{>}{=}} P^e \Rightarrow Y \underset{<}{\overset{>}{=}} Y_N$

이 식에서 α는 총공급곡선 기울기의 역수이며 동시에 물가인식오류가 있을 때 산출량이 자연산출량에서 얼마나 크게 벗어나는지를 나타낸다. 이러한 의미에서 α를 이탈계수라고 부를 수 있는데 α는 단기와 장기가 왜 다르고, 어떻게 다르고, 얼마나 다른지

3) 루카스(R. Lucas)의 모형이 유명해지면서 [식 3]이 널리 사용되기 시작했기 때문에 이를 루카스 공급곡선 또는 루카스 총공급곡선이라 부르기도 한다. 그러나 [식 3]을 루카스 총공급곡선이라고 부를 경우 이 식이 루카스모형(불완전정보모형)에서만 사용하는 식이란 오해를 유발할 여지가 있다. 그런 이유로 본문에서는 루카스 총공급곡선이라는 표현을 사용하지 않았다.

를 나타내는 중요한 역할을 한다.

그런데 [식 3]은 [식 1]과 [식 2]를 포괄하는 보편적인 형태라고 볼 수도 있다. 예를 들어 [식 1]의 장기 총공급곡선은 [식 3]에 $\alpha = 0$을 대입한 것과 같다. 또한 [식 2]의 물가외생모형의 단기 총공급곡선은 [식 3]에 $\alpha = \infty$을 대입한 것과 같다. 이 책에서 이후 특별한 언급 없이 총공급곡선 또는 단기 총공급곡선이라고 할 때는 [식 3]을 지칭하는 것으로 약속한다.

단기 총공급곡선의 특징을 정리하면 다음과 같다. 첫째, 단기 총공급곡선은 우상향하며 기울기는 $1/\alpha$이다. 이는 α가 클수록 단기 총공급곡선이 완만해지며 동일한 물가변화에 대해 산출량변동이 커짐을 의미한다. 단기 총공급곡선은 [그림 5]에서 우상향하는 직선으로 나타내어져 있는데, 현실적으로 실제산출량이 자연산출량을 넘어 무한히 늘어날 수는 없으므로 산출량이 늘어날수록 점차 가팔라지는 형태로 그리기도 한다. 둘째, 단기 총공급곡선에서 $Y = Y_N$일 때 $P = P^e$이다. 즉 자연산출량 수준에서 높이가 단기 총공급곡선에 반영된 기대물가수준이 된다. 셋째, P^e 또는 Y_N이 변화하면 단기 총공급곡선이 이동한다. 즉 기대물가가 상승하면 단기 총공급곡선은 상방이동하고, 자연산출량이 증가하면 우측이동한다. 넷째, 단기 총공급곡선상의 모든 점에서 실제물가는 상이하지만 기대물가는 동일하다. 지금까지 살펴본 총공급곡선의 특징을 정리하면 [표 2]와 같다.

	기울기	(우측)이동요인
단기 총공급곡선(SRAS)	우상향($1/\alpha$)	P^e 하락, Y_N 증가, ν 하락[4]
장기 총공급곡선(LRAS)	수직	Y_N 상승

[표 2] 장단기 총공급곡선의 형태 및 이동

다음 단계로 넘어가기 전에 미시경제학의 공급곡선과 거시경제학의 총공급곡선의 차이를 확인해 두자. 첫째, 미시경제학에서 한 상품의 공급곡선을 도출할 때 일반적으로 그 상품의 가격을 제외한 다른 가격은 모두 고정으로 둔다. 그러나 거시경제학의 총공급곡선을 도출할 때는 모든 재화의 가격과 함께 임금, 임대료 등도 변할 수 있다.[5] 둘

4) ν는 P^e와 Y_N외에 총공급에 영향을 미칠 수 있는 모든 요인을 반영한다. 예를 들어 국제유가, 원자재가격, 노조의 공격성향, 기업의 마크업률 등이 반영된다.

째, 미시경제학의 공급곡선이 우상향하는 이유는 산출량이 증가할 때 생산의 한계비용이 증가하기 때문이다. 우상향하는 정도는 생산설비의 조정가능성 및 새로운 기업의 진입가능성 등에 영향을 받는다. 또한 일정한 조건하에 산업전체의 장기공급곡선은 수평이 된다. 반면 거시경제에서 총공급곡선이 우상향하는 이유는 단기에 존재하는 '정보의 불완전성'이나 '가격의 비신축성'과 같이 조정을 가로막는 마찰(friction)적 요인들이 존재하기 때문이다. 또한 장기에는 이러한 마찰요인이 사라지므로 원칙적으로 총공급곡선은 수직이 된다.

지금부터 할 일은 거시경제학에 존재하는 이러한 마찰이 발생하는 원인과 그 결과를 보다 깊이 있게 살펴보는 것이다. 이를 통해 거시경제학에서 단기와 장기가 왜 다르고, 어떻게 다르며, 얼마나 다른지를 설명할 수 있게 될 것이다. 이 문제에 대해 답하는 것은 고전학파 모형과 케인즈학파 모형이 왜 다르고, 어떻게 다르며, 얼마나 다른지에 대해 답하는 것과 같은 의미를 가진다.

2.2 총공급이론의 분류

앞서 우리는 총수요곡선이 우하향하는 세 가지 이유를 살펴보았다. 이와 비슷하게 총공급곡선이 우상향하는 이유를 설명하는 이론도 두 가지 기준에 의해 네 가지로 구분된다.

총공급이론을 구분하는 첫 번째 기준은 시장불완전성이 노동시장에서 비롯하였는지 또는 재화시장에서 비롯하였는지의 여부이다. 두 번째 기준은 시장불완전성이 불완전정보인지 가격경직성인지의 여부이다. 이러한 기준에 따라 총공급이론을 분류하면 [표 3]과 같다.

	불완전정보(청산, 착각)	가격경직성(비청산, 경직성)
노동시장	노동자오인모형	비신축임금모형
재화시장	불완전정보모형	비신축가격모형

[표 3] 총공급이론의 분류

5) 어떤 변수까지 변할 수 있는 것인지는 총공급의 네 가지 모형 중 어떤 것을 사용했는지에 따라 달라진다. 예를 들어 비신축임금모형에서는 명목임금이 불변이지만, 노동자오인모형에서는 명목임금이 변할 수 있으며 어느 모형에서나 실질임금은 변화한다.

예를 들어 [표 3]에서 노동자오인모형이란 노동시장의 불완전정보로 인해 단기에 산출량의 변동이 나타날 수 있다는 점을 설명하는 모형이다. 반면 비신축가격모형이란 재화시장에서의 가격경직성으로 인해 단기에 산출량의 변동이 나타날 수 있다는 모형이다.

지금부터 [표 3]에 언급된 네 가지 이론들을 차례로 살펴볼 것이다. 각 이론들의 가정과 접근방식은 상이하지만 네 가지 모형은 모두 [식 3]의 형태로 나타낼 수 있다. 즉 모든 모형에서 총공급곡선은 단기적으로 우상향하며 장기적으로 수직이 되며 시장불완전성의 크기는 α의 크기로 나타내어진다. 단 네 가지 모형이 설명하는 시장불완전성이 상이하기 때문에 각각의 모형에서 단기의 개념도 다르고 단기의 길이도 다르다.

2.3 노동자오인모형 : 노동시장의 불완전정보

이제 단기 총공급곡선이 우상향하는 이유를 설명하는 네 가지 모형을 차례로 살펴보자. 총공급곡선이 우상향하는 이유를 설명한다는 것은 다음 질문에 답하는 것과 같다.

> '다른 조건이 일정할 때 물가가 상승하면 산출량이 증가하는 이유는 무엇인가?'

여기서 중요한 점은 '다른 조건'에 물가기대가 포함된다는 점이다. 따라서 위 질문은 다음과 같이 바꾸어 나타낼 수 있다.

> '예상하지 못한 물가상승은 어떤 과정을 통해 실제 산출량을 자연산출량에서 이탈시키는가?'

이 질문에 답하는 것은 사실상 왜 단기에는 $\alpha > 0$이며, 장기에는 $\alpha = 0$인지를 밝히는 것과 같다.

첫 번째로 살펴볼 모형은 **노동자오인모형**(worker misperception model)[6]으로서 이 모형에 따르면 노동시장에서 노동자들이 직면하는 불완전정보 또는 노동자와 기업 간의 비대칭정보로 인해 총공급곡선이 우상향하게 된다. 노동자오인이란 노동자들이 명목임

6) 교과서에 따라 이 모형을 노동자 화폐환상모형(worker money illusion model), 비대칭정보모형(asymmetric information model)이라고 부르기도 한다.

금의 변화를 실질임금의 변화로 착각하여 노동공급을 변화시키는 현상을 의미한다.

우선 상대적으로 많은 정보를 신속히 접하는 기업가들은 물가인식오류가 없지만, 노동자들은 상대적으로 제한된 정보에 시차를 두고 접하기 때문에 착각을 일으킬 수 있다고 가정하자. 그렇다면 기업은 실제실질임금($\frac{W}{P}$)에 근거하여 노동의 수요를 결정짓겠지만 노동자는 추정실질임금($\frac{W}{P^e}$)에 근거하여 자신의 노동공급을 결정지어야 한다.

기업이 인식하는 실제실질임금 : $\frac{W}{P}$ $\Rightarrow$ 기업의 노동수요함수 : $L^d = L^d\left(\frac{W}{P}\right)$

노동자가 인식하는 추정실질임금 : $\frac{W}{P^e}$ $\Rightarrow$ 노동자의 노동공급함수 : $L^s = L^s\left(\frac{W}{P^e}\right)$

이제 물가와 명목임금이 동일한 폭으로 상승한 경우 기업은 이를 정확히 인식하였지만 노동자들은 명목임금의 상승이 물가상승에서 비롯한 것임을 인식하지 못했다고 하자. 이 경우 [그림 6]에서 기업들은 노동에 대한 수요를 변화시키지 않겠지만 노동자들은 명목임금의 상승을 실질임금의 상승으로 착각하여 노동공급을 L_0^s에서 L_1^s로 증가시키게 되고 고용과 산출량이 증가한다.

$$P > P^e \Rightarrow \frac{W}{P^e}(\text{추정실질임금}) > \frac{W}{P}(\text{실제실질임금}) \Rightarrow Y > Y_N$$

결국 이 모형에서 단기적으로 총공급곡선이 우상향하고 $\alpha > 0$이 성립하는데 이 모형에서 α는 노동자들의 착각의 정도를 반영한다고 볼 수 있다. 이 모형에서 노동자들의 오인이 커질수록 동일한 물가변화에 대해 산출량이 많이 변할 것이기 때문에 총공급곡선이 완만해진다. 또한 장기적으로 노동자들의 오인이 사라지면 다시 원래 산출량으로 돌아오기 때문에 총공급곡선이 수직이 된다.

정리하자. 첫째, 이 모형에서 단기는 노동자들의 착각이 존재하는 시기이며 장기는 착각이 사라진 시기이다. 둘째, 노동자들의 착각이 클수록 총공급곡선은 완만하다. 셋째, 노동자들의 물가기대가 변화하면 총공급곡선이 이동한다. 넷째, 장기에는 노동자들의 물가인식오류가 사라지므로 총공급곡선이 수직의 형태가 된다.

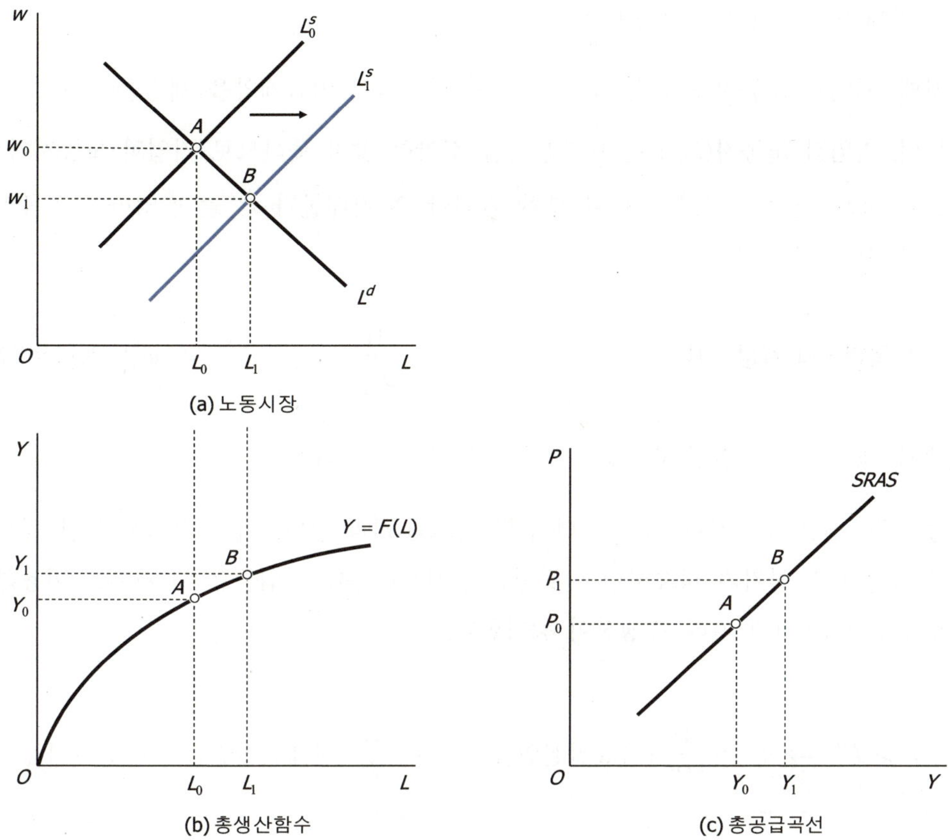

[그림 6] 노동자오인모형

2.4 비신축임금모형[7] : 노동시장의 가격경직성

총공급에 대한 두 번째 모형인 비신축임금모형(sticky wage model)은 노동시장에서 장기 임금계약 등으로 인해 명목임금이 경직적이기 때문에 물가가 변화할 때 산출량이 변동할 수 있다는 모형으로서 전통적인 케인즈학파 경제학자들의 견해를 반영한다. 이 모형에서는 단기에 명목임금을 일정하게 유지하고 고용량을 조정하는 기업의 대응에 의해 총공급곡선이 우상향한다.

명목임금 비신축성은 여러 가지 이유에서 비롯할 수 있는데 여기서는 노사간 장기계약으로 인해 비신축성이 유발되는 경우를 가정한다. 편의상 노사협상은 다음과 같은 과

7) 교과서에 따라 이 모형을 임금경직성모형, 임금계약모형(wage contract model)이라고 부르기도 한다.

정을 통해 이루어진다고 가정한다.

첫째, 기업과 노동자(노조)는 협상을 통해 장기적인 임금계약을 체결한다.

둘째, 기업과 노동자(노조)는 미래물가를 정확히 알지 못하므로 기업과 노동자가 목표로 하는 실질임금 w^*에 대해 합의한 후 기대물가 P^e를 반영하여 명목임금 W을 결정한다.

명목임금의 결정 : $W = w^* \times P^e$ 또는 $w^* = \dfrac{W}{P^e}$ 단, w^*는 목표실질임금

셋째, 명목임금이 결정되면 고용량은 기업이 결정한다.[8)]

총공급곡선을 도출하는 과정을 나타내면 [그림 7]과 같다. 이 그림에서 일단 명목임금이 결정된 후 물가가 상승하면 실질임금이 하락하는데 기업들은 이 기회를 이용하여 고용을 늘리고 이에 따라 총생산이 증가한다.

$$P > P^e \Rightarrow w^* = \frac{W}{P^e}(\text{목표실질임금}) > w = \frac{W}{P}(\text{실제실질임금}) \Rightarrow Y > Y_N$$

결국 이 모형에서 단기적으로 총공급곡선이 우상향하고 $\alpha > 0$이 성립하는데 이 모형에서 α는 명목임금의 경직성의 정도를 반영한다고 볼 수 있다. 이 모형에서 임금계약의 기간이 길어 물가상승을 명목임금에 반영하는 주기가 길어질수록 고용과 산출량의 변화가 커지고 총공급곡선이 완만해진다. 명목임금을 충분히 조정할 수 있는 장기가 되면 실제실질임금과 목표실질임금이 동일해지므로 총생산이 자연산출량과 같아지며 총공급곡선이 수직의 형태가 된다.

비신축임금모형은 특히 임금계약관행과 관련된 다양한 사례를 분석할 수 있다는 장점이 있다. 예를 들어 장기임금계약관행이 보편화되는 경우 단기 총공급곡선은 완만해진다. 반면 물가상승이 즉각 임금에 반영되는 완전한 임금지수화계약(indexation)하에서는 총공급곡선이 수직이 된다.

---

8) 고용량이 기업에 의해 결정된다는 것은 암묵적으로 목표임금이 시장청산수준보다 높은 수준에서 결정됨을 전제한 것이다. 이는 노조의 협상력에 의해 비롯할 수도 있고 기업의 효율성임금지급에서 비롯할 수도 있다.

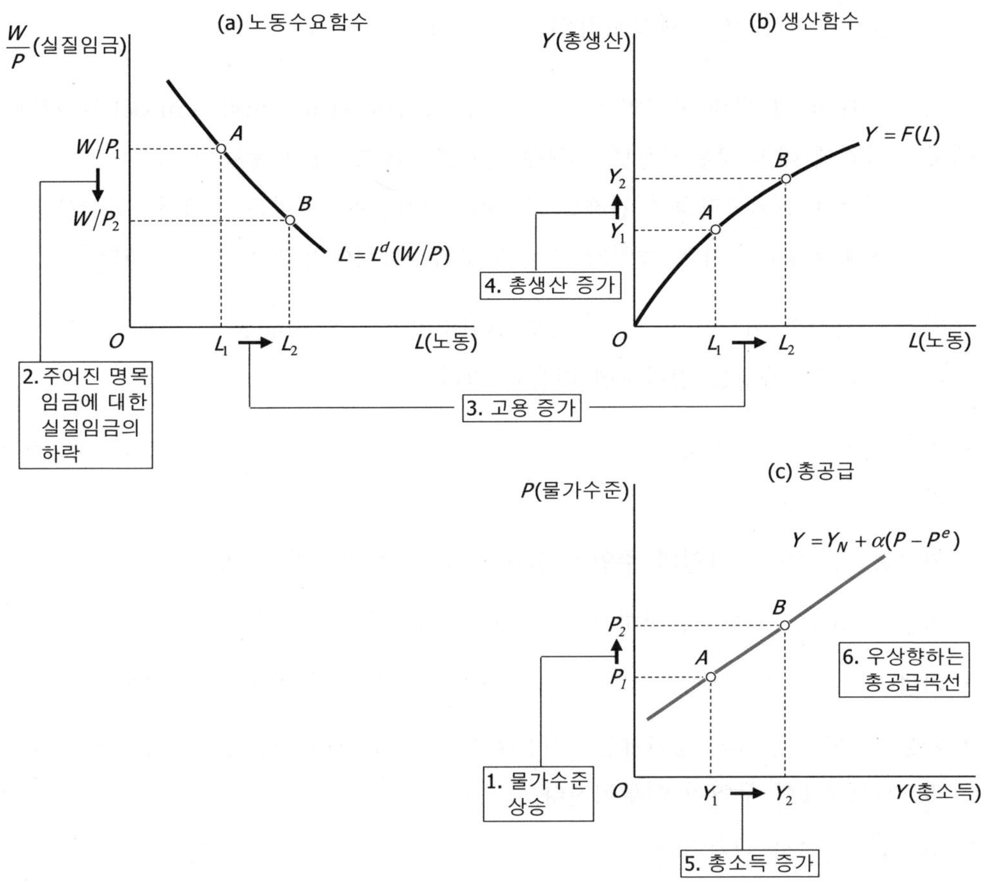

[그림 7] 비신축임금모형

이 모형과 관련하여 두 가지를 더 언급해 두려고 한다. 첫째, 주의 깊게 살펴본 분들은 [그림 7]의 노동시장에 노동공급곡선이 그려지지 않았음을 알 수 있을 것이다. 그 이유는 이 모형이 노동시장의 **비청산모형**(non-clearing model)이며 고용량이 노동공급곡선과는 무관히 노동수요곡선상에서 결정되는 것으로 가정하기 때문이다. 둘째, 이 모형에서 목표임금(w^*)이 어떻게 결정되는지에 대해서는 설명하지 않았다. 이에 대해서는 보다 고급의 과정에서 별도의 모형을 통해 살펴보게 될 것이다.

정리하자. 첫째, 이 모형에서 단기는 명목임금이 비신축적인 기간이며 장기는 명목임금이 신축적인 기간이다. 둘째, 명목임금의 비신축성이 클수록 총공급곡선이 완만하다. 셋째, 고정되었던 명목임금이 변화하면 총공급곡선이 이동한다. 넷째, 장기에는 임금계약이 변경될 수 있기 때문에 총공급곡선이 수직의 형태가 된다.

2.5 불완전정보모형 : 재화시장의 불완전정보

총공급에 대한 세 번째 모형인 불완전정보모형(imperfect information model)은 재화시장에서의 가격에 대한 불완전정보로 인해 물가가 변화할 때 산출량이 변한다는 모형으로서 새고전학파 경제학자들의 견해를 대표하고 있다. 이 모형은 노벨경제학상을 수상한 루카스(Robert Lucas)가 만들었기 때문에 루카스모형이라고 부르기도 한다.

루카스는 자신의 이론을 섬 모형(island model)이라는 우화(fable)를 통해 설명하였는데 이 모형의 주요가정을 정리하면 다음과 같다.

- 가정 1 : 이 경제는 다수의 섬으로 이루어져 있으며 섬 간의 의사소통은 불가능하다.
- 가정 2 : 각 섬에는 1인의 주인이 있으며 모든 섬 주인은 합리적이다.
- 가정 3 : 모든 가격은 완전히 신축적이어서 시장은 항상 청산된다.
- 가정 4 : 각 섬의 주인은 단일 상품을 생산하며 다수의 상품을 소비한다.
- 가정 5 : 모든 상품의 생산에는 1기간(하루)이 필요하며 섬들 사이에는 매 기간 기말(저녁)에 1회 무역이 이루어진다.
- 가정 6 : 자신이 생산하는 상품의 가격은 생산이전(아침)에 공지된다.
- 가정 7 : 자신이 생산하는 상품 이외의 상품의 가격은 생산이후(저녁) 무역이 이루어질 때 공지된다.

이제 다음과 같이 기호를 정의한다. 단 i는 각 섬을 나타낸다.

p_i : 개별상품의 가격	P : 일반물가
$\frac{p_i}{P}$: 실제상대가격	$\frac{p_i}{P^e}$: 추정상대가격

가정 6과 가정 7에 의하면 각 섬의 주인은 자신이 생산하는 재화의 가격(p_i)을 알고 있지만 전체 물가(P)에 대해서는 알지 못한다. 또한 각 섬의 주인들이 합리적이라면 일반물가(P)의 상승에 대해서는 산출량을 증대시키지 않으며, 상대가격($\frac{p_i}{P}$)의 상승에 대해서만 산출량과 고용량을 증가시킬 것이다.[9] 단, 이 모형에서 섬 주인들은 물가를 정

확히 알지 못하기 때문에 추정된 상대가격($\frac{p_i}{P^e}$)에 근거하여 산출량을 결정할 것이다.

이제 일반물가와 개별가격이 동일한 비율로 상승하였다고 하자. 이 경우 실제 재화상대가격은 상승하지 않는다. 따라서 정보가 완전한 경우라면 섬 주인들은 누구도 생산을 늘리지 않을 것이다. 그러나 정보가 불완전한 경우 개별가격의 상승에 직면한 섬 주인들은 재화가격의 상승이 일반물가 상승으로 인한 것인지 상대가격의 상승인지를 정확히 판단할 수 없다. 이때 섬 주인들이 실제 물가상승으로 인한 개별가격상승 중 일부만 물가상승에 의한 것이라 판단한다면 개별재화의 상대가격이 상승했다고 착각하게 되고 이에 따라 고용(노동시간)과 생산을 증가시킨다. 따라서 비록 신축적인 가격과 합리적인 경제주체들을 가정하더라도 불완전정보 하에서는 일반물가상승 시 우상향하는 총공급곡선이 도출된다.

$$P > P^e \Rightarrow \frac{p_i}{P^e}(\text{추정상대가격}) > \frac{p_i}{P}(\text{실제상대가격}) \Rightarrow Y > Y_N$$

결국 이 모형에서 단기적으로 총공급곡선이 우상향하고 $\alpha > 0$이 성립하는데 이 모형에서 α는 정보불완전성 및 이로 인해 섬 주인들이 일반물가의 변화를 상대가격변화로 착각하는 정도를 나타낸다고 볼 수 있다. 이 모형에서 섬 주인의 착각이 클수록 산출량이 많이 변할 것이기 때문에 총공급곡선이 완만해진다. 또한 장기적으로 섬 주인의 착각이 사라지면 다시 원래 산출량으로 돌아오기 때문에 총공급곡선이 수직이 된다.

불완전정보모형은 총공급모형 중 합리적 기대(rational expectation)의 개념을 가장 명시적으로 반영한 모형으로 평가받는다. 합리적 기대란 경제주체들이 사용할 수 있는 모든 정보를 최대한 활용하여 미래를 예측한다는 것으로서 만약 경제주체들이 합리적 기대를 따른다면 동일한 실수를 반복하지 않아야 한다. 루카스는 자신의 모형과 합리적 기대의 개념에 기초하여 과거 재량적 통화정책을 많이 수행한 국가일수록 총공급곡선이 가팔라질 것이라고 예측하였는데 이는 실증자료를 매우 잘 설명한다고 알려져 있다.

정리하자. 첫째, 이 모형에서 단기는 섬 주인들의 착각이 존재하는 시기이며 장기는 섬 주인들의 착각이 사라진 시기이다. 둘째, 섬 주인들의 착각이 클수록 총공급곡선은

---

9) 물론 이때의 고용량은 가상의 고용량으로서 1인 모형에서 자기 자신을 고용한 것이라고 볼 수 있다.

완만하다. 셋째, 섬 주인들의 물가기대가 변화하면 총공급곡선이 이동한다. 넷째, 장기에는 섬 주인들의 물가인식오류가 사라지므로 총공급곡선이 수직의 형태가 된다.

2.6 비신축가격모형 : 재화시장의 가격경직성

총공급에 대한 네 번째 모형인 비신축가격모형(sticky price model)은 재화시장에서의 가격경직성에 근거하여 단기에 우상향하는 총공급곡선을 도출하는 모형으로서 새케인즈학파(New Keynesian)의 견해를 대표하고 있다. 이 모형에서는 단기에 재화가격을 일정하게 유지하고 생산량을 조정하는 기업의 대응에 의해 총공급곡선이 우상향한다.

우선 재화시장의 불완전경쟁으로 인해 기업이 재화시장에서 가격설정력을 가지고 있다고 가정하자. 또한 현실적으로 기업들은 고객과의 장기계약(long term contract), 메뉴비용(menu costs), 고객효과(customer effect)[10] 등의 존재로 인해 가능한 가격을 자주 조정하지 않으려 한다고 하자. 이제 경제 내에 2종류의 기업이 있다고 가정하는데 첫 번째 유형은 '신축적 기업'들로서 경제여건에 따라 수시로 가격을 조정한다. 이들이 생산하는 상품의 가격을 p_f, 이들이 차지하는 비율을 $(1-s)$이라고 하자.

신축적 기업의 가격결정식 : $p_f = P + a(Y - Y_N)$ [식 4]

단, $a > 0$이며 산출량 변화에 대한 가격 변화의 정도를 나타내는 변수

[식 4]에서 해당기업이 받고자 하는 가격 p_f는 다음 두 가지에 의해 결정된다. 첫 번째는 전반적인 물가수준(P)이다. 물가수준이 상승하면 개별기업의 비용 역시 상승하므로 자사제품의 가격을 인상시키고자 할 것이다. 두 번째는 총생산수준(Y)이다. 총생산이 증가하는 시기에 개별기업의 생산도 증가하는데, 생산이 증가하면 한계비용이 상승하므로 총생산이 증가할수록 기업이 받고자 하는 가격도 상승한다. 이 식에서 a는 신축적 기업들이 생산증가에 대해 가격을 인상하는 정도를 나타낸다.

두 번째 유형은 '비신축적 기업'으로서 이들은 향후 경제여건을 예측하여 미리 가격을 설정, 발표한 후 이를 다음번 조정 기까지 유지한다. 이들이 생산하는 상품의 가격을 p_s, 이들이 차지하는 비율을 s라고 하자.

---

10) '고객효과'는 다양한 의미로 사용될 수 있다. 여기서 빈번한 가격변화로 인해 고객에게 나쁜 인상을 미치는 효과란 의미로 사용되었다.

비신축적 기업의 가격결정식 : $p_s = P^e + a\left(Y^e - Y_N\right)$ [식 5]

[식 5]에서 Y^e는 예측된 산출량을 의미한다. 만약 경기변동과정에서 실제산출량이 평균적으로 자연산출량과 일치하여 예측된 산출량이 자연산출량과 같다면 [식 5]는 다음과 같이 단순하게 나타낼 수 있다.

비신축적 기업의 가격결정식 : $p_s = P^e$ [식 6]

[식 4]과 [식 6]를 가중평균하면 일반물가수준이 구해진다.

일반물가결정식 : $P = sp_s + (1-s)p_f = sP^e + (1-s)[P + a(Y - Y_N)]$

우변의 $(1-s)P$를 좌변으로 넘겨 정리하면 다음과 같다.

$$sP = sP^e + (1-s)[a(Y - Y_N)]$$

양변을 s로 나누면 다음과 같다.

$$P = P^e + \frac{(1-s)a}{s}(Y - Y_N)$$

이 식에서 $\alpha = \dfrac{s}{(1-s)a}$라고 두고 정리하면 총공급곡선이 도출된다.

단기 총공급곡선 : $P = P^e + \dfrac{1}{\alpha}(Y - Y_N)$ 또는 $Y = Y_N + \alpha(P - P^e)$

비신축가격모형은 총공급곡선을 직접 수식으로 도출한다는 장점이 있지만 그 과정을 직관적으로 파악하기는 어렵다는 단점이 있다. 이 모형에 대한 첫 번째 접근방식은 다른 모형들과 마찬가지로 물가의 변화가 산출에 미치는 영향을 살펴보는 것이다. 이 모형에서 모든 기업이 신축적인 기업이라면 물가가 상승할 때 자신의 가격도 동일하게 상승하므로 생산은 자연산출량수준을 유지하고 총공급곡선은 수직이 된다. 그러나 가격을 인상하지 않은 비신축기업이 존재한다면 이들은 자신이 생산하는 상품의 상대가격이 하락하므로 판매 및 생산이 증가한다. 이처럼 물가상승과 생산증가가 동시에 나타나면 총공급곡선이 우상향한다. 따라서 이 모형에서 α는 가격을 경직적으로 유지하고 산출량 변동으로 대응하는 기업의 비율 및 그 반응정도를 반영한다.

$$P > P^e \Rightarrow \begin{matrix} \text{비신축적 기업은 생산증대} \\ \text{신축적 기업은 가격인상} \end{matrix} \Rightarrow Y > Y_N$$

이 모형에 대한 두 번째 접근방식은 총생산이 증가할 때 물가에 미치는 영향을 살펴보는 것이다. 만약 모든 기업이 비신축적 기업이라면 생산이 늘어나더라도 가격은 인상되지 않을 것이다. 그러나 현실적으로 비신축적 기업과 신축적 기업이 공존하기 때문에 일부기업들은 가격을 올려 대응할 것이며 이에 따라 물가가 상승한다. 이처럼 생산증가와 물가상승이 동시에 나타나면 총공급곡선이 우상향하게 된다.

$$Y > Y_N \Rightarrow \begin{matrix} \text{비신축적 기업은 가격유지} \\ \text{신축적 기업은 가격인상} \end{matrix} \Rightarrow P > P^e$$

이 모형에서 총공급곡선의 기울기는 $\frac{1}{\alpha} = \frac{(1-s)a}{s}$ 이다. 즉 산출량변화로 대응하는 비신축적 기업의 비율(s)이 커질수록 총공급곡선이 완만해지며 그 비율이 작아질수록 총공급곡선이 가팔라진다. 또한 신축적 기업이 산출변동에 대해 가격인상으로 대응하는 정도(a)가 클수록 총공급곡선이 가팔라진다. 장기가 되면 비신축적 기업 역시 가격을 조정할 수 있게 되기 때문에 모든 기업이 신축적 기업이 되어 산출량은 자연산출량으로 돌아가고 총공급곡선은 수직이 된다.

비신축가격모형에서 생산이 증가하는 과정을 노동시장에 나타내면 [그림 8]과 같다. 물가상승시 산출량을 증가시킨 기업의 경우에 노동에 대한 수요가 증가하는데, 노동수요곡선이 우측으로 이동하면 물가, 고용량, 실질임금이 모두 경기순행한다.[11] 맨큐(N. G. Mankiw)와 볼(L. Ball)의 연구에 의하면 비신축가격모형 역시 실증자료를 잘 설명한다고 한다.

---

11) 불완전정보모형과 비신축가격모형의 경우 서로 다른 반응을 보이는 다수의 기업으로 이루어지므로 하나의 노동시장으로 나타내기 힘들다. [그림 8]은 비신축가격모형에서 생산을 늘린 기업이 직면하는 노동시장을 나타낸다고 생각하기 바란다.

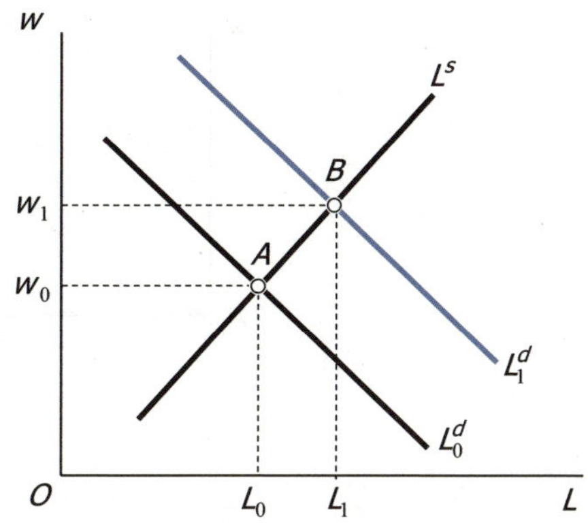

[그림 8] 비신축가격모형

정리하자. 첫째, 이 모형에서 단기는 재화가격이 비신축적인 기간이며 장기는 모든 재화가격이 신축적인 기간이다. 둘째, 재화가격의 비신축성이 클수록 총공급곡선이 완만하다. 셋째, 고정되었던 재화가격이 변화하면 총공급곡선이 이동한다. 넷째, 장기에는 모든 재화가격이 신축적으로 변경될 수 있기 때문에 총공급곡선이 수직의 형태가 된다.

총공급모형의 평가 03

3.1 우상향하는 총공급곡선의 의미

지금까지 물가가 내생변수인 모형에서 네 가지 방식으로 단기 총공급곡선을 도출하였다. 각 모형의 가정은 상이하지만 모든 모형에서 총공급곡선은 단기에 우상향하며 장기에 수직이 된다. 그렇다면 총공급곡선이 우상향한다는 것은 현실적으로 어떤 의미를 가지고 있을까? 이를 이해하기 위해 두 가지 극단적인 경우를 먼저 생각해보자.

우선 총공급곡선이 수직이라면 총수요의 변동은 물가를 변동시킬 뿐 산출량에는 아무런 영향을 미치지 못한다. 즉 총공급곡선이 수직이라면 모든 산출량의 변화는 총공급 측 요인에 의해 발생한다. 즉 수직의 총공급곡선은 '공급은 스스로의 수요를 창조한다(Supply creates its own demand)'는 **세이의 법칙**(Say's law)이 성립하는 고전학파의 세계를 나타낸다. 이 모형에서는 **고전적 이분법** 또는 **화폐의 중립성**이 성립한다. 제2장에서 제4장까지 살펴본 고전학파의 모형은 암묵적으로 수직의 총공급곡선을 가정하고 있었던 것이다.

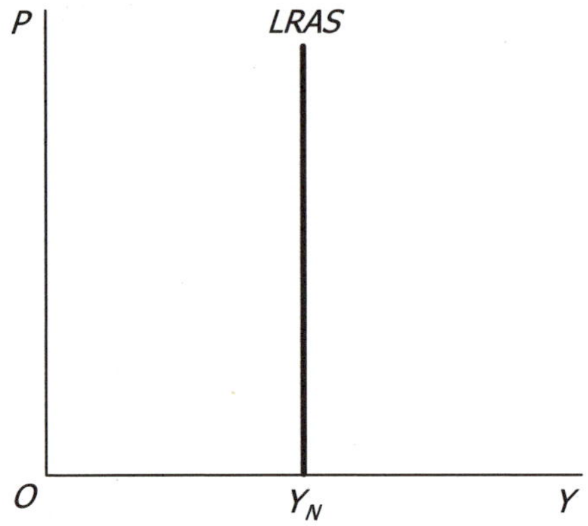

[그림 9] 수직의 총공급곡선

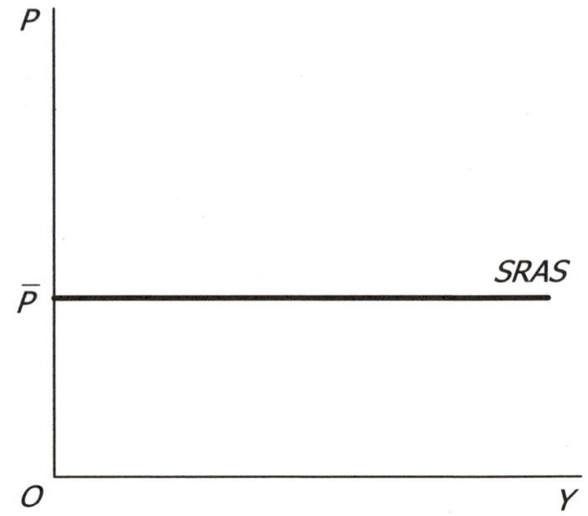

[그림 10] 수평의 총공급곡선

반면 총공급곡선이 수평이라면 총수요의 변화는 물가에는 영향을 미치지 않으면서 총생산에 강한 영향을 미친다. 반면 총공급 측 충격은 총소득에 영향을 미치지 못한다. 즉 총공급곡선이 수평이라면 모든 산출량의 변화는 전적으로 총수요 측 요인에 의해 발생한다. 따라서 수평의 총공급곡선은 '수요는 스스로의 공급을 창조한다(Demand creates its own supply)'는 **케인즈법칙**(Keynes' law) 또는 **유효수요이론**이 성립하는 케인즈학파의 세계를 나타낸다. 제6장과 제7장에서 살펴본 $IS-LM$모형은 물가를 외생변수로 두었으므로 암묵적으로 수평의 총공급곡선을 가정하고 있었던 것이다.

단기 총공급곡선이 우상향한다는 것은 현실이 이 두 가지 극단적인 경우의 사이에 있다는 것을 의미한다. 현재 대부분의 경제학자들이 우상향하는 단기 총공급곡선을 받아들이고 있다는 것은 총수요와 총공급이 모두 단기 경기변동에 영향을 미칠 수 있다는 점에 대해 어느 정도의 합의를 이루었음을 의미한다.

단, 총공급곡선의 기울기의 크기와 수직으로 회귀할 때까지 소요되는 시간에 대해서는 여전히 어느 정도의 이견이 있어서, 총수요 측 요인을 강조하는 새케인즈학파의 경우 총공급곡선은 상당히 완만하며 총공급곡선이 수직으로 회귀하기까지는 상당한 시간이 소요된다고 주장하는데 반하여, 총공급 측 요인을 강조하는 새고전학파의 경우 총공급곡선은 상당히 가파르며 총공급곡선이 수직으로 회귀하기까지는 아주 짧은 시간만이 소요된다고 주장한다.

3.2 실질임금의 경기순행성과 총공급모형에 대한 평가

지금까지 살펴본 총공급모형에서 총공급곡선이 우상향하는 이유를 정리해 보면 다음과 같다.

1. **노동자오인모형** : 노동자들이 명목임금상승을 실질임금상승으로 착각
2. **비신축임금모형** : 물가상승시 실질임금이 하락하여 기업이 고용을 증가시킴
3. **불완전정보모형** : 기업이 일반물가상승을 상대가격상승으로 착각
4. **비신축가격모형** : 물가상승시 일부 기업이 가격인상이 아닌 산출량증가로 대응

각 모형은 서로 다른 시장불완전성을 담고 있지만 시장의 불완전성이 클수록 동일한 물가변화에 대하여 산출량이 많이 변하여 총공급곡선이 완만한 형태를 가지게 된다는 점에서 공통점이 있다.

또 각 모형이 설명하는 시장의 불완전성의 유형에 따라 노동자오인모형과 불완전정보모형은 크게 **착각모형**이란 이름으로 묶을 수 있고 비신축임금모형과 비신축가격모형은 **경직성모형**이란 이름으로 묶을 수 있다. 현 시점에서 고전학파 계열의 경제학자들은 대체로 전자의 모형들을 지지하며, 케인즈학파 경제학자들은 후자의 모형들을 지지한다.

그렇다면 현실적으로는 위 모형 중 어느 모형이 가장 타당한 것인가? 이를 판단하는 데는 여러 가지 기준이 있는데 그 중 대표적인 것이 경기변동에 있어서의 실질임금의 변동이다. 위 네 가지 모형 중 노동자오인모형과 임금경직성모형에서는 물가가 상승할 때 실질임금이 하락함에 따라 기업이 고용을 늘리고 총소득이 증가한다. 즉 이 모형들에서는 경기와 실질임금이 반대방향으로 움직이는데 이를 경기역행적(countercyclical)인 변화라고 한다. 그러나 실증연구에 따르면 경기변동에 있어 실질임금은 국민소득과 같은 방향으로 움직이는데 이를 경기순행적(procyclical)인 변화라고 한다. 따라서 위 네 가지 이유 중 만약 노동자오인이나 임금경직성이 총공급곡선의 형태를 결정짓는 주된 이유라면 실질임금의 경기순행적 변화를 설명할 수 없다.

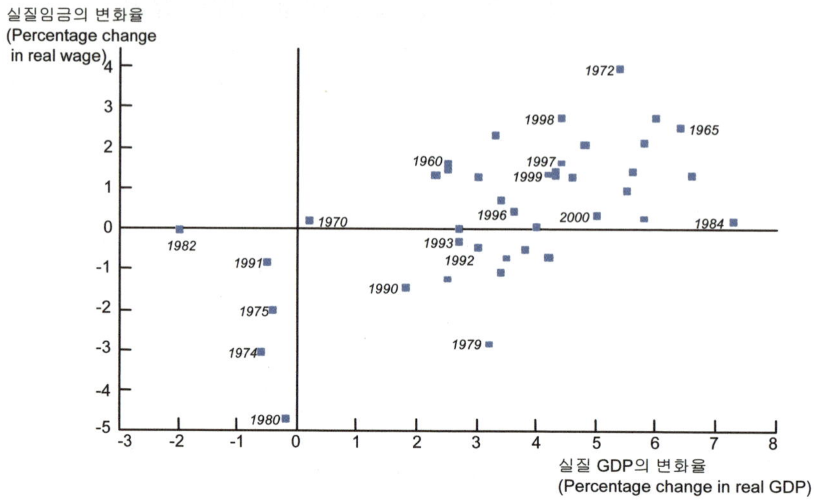

[그림 11] 실질임금의 경기순행성

반면 루카스모형이나 비신축가격모형에서는 물가가 상승할 때 기업이 생산을 늘리면서 노동수요도 늘리기 때문에 실질임금의 경기순행적 변화를 설명할 수 있다. 결과적으로 현실의 경기변동에 있어서는 앞에서 살펴본 네 가지 요인이 모두 일정한 영향을 미칠 것이지만 그 중에서 노동자오인이나 임금의 경직성보다는 기업이 직면하는 불완전정보나 재화가격의 경직성이 더 중요한 의미를 가진다고 판단할 수 있다.

04 총수요 – 총공급모형의 응용

4.1 통화정책의 장기중립성과 재정정책의 장기 비중립성

편의상 단기에는 물가가 완전히 경직적이어서 단기 총공급곡선($SRAS$)이 수평이 되고, 장기적으로는 물가가 완전히 신축적이고 산출량이 자연산출량으로 돌아와서 장기 총공급곡선($LRAS$)이 수직이 된다고 하자. 또한 분석기간 동안 자연산출량은 불변이라고 가정한다.

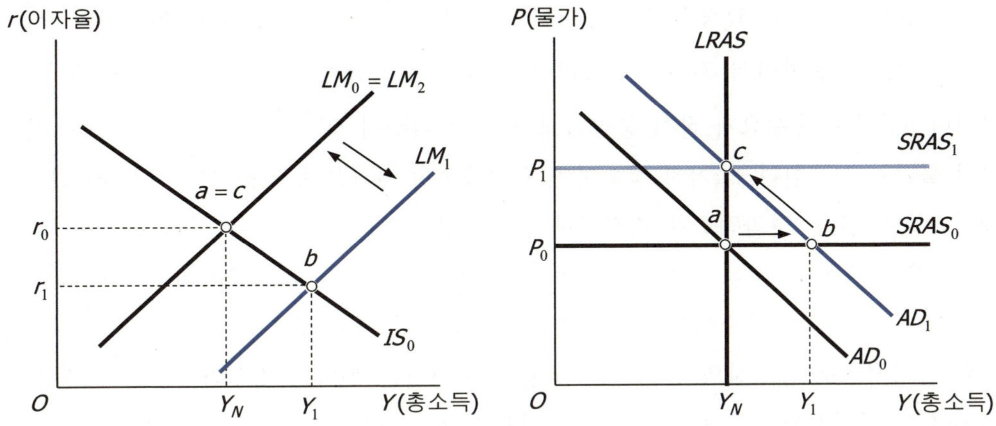

[그림 12] 통화정책의 장기중립성

통화량을 증가시키는 확장적 통화정책이 실시된 경우에 [그림 12]에서 LM곡선이 LM_1까지 우측으로 이동하면서 이자율이 하락하고 투자가 증가한다. 이러한 효과를 반영하여 총수요가 AD_1까지 증가하고 단기균형은 b점에서 이루어진다. 그러나 b점에서 총수요가 장기 총공급보다 크기 때문에 장기적으로는 초과수요가 유발되며 물가가 상승한다. 물가가 상승하면 LM곡선이 좌측으로 이동하여 장기균형은 c점에서 이루어진다. 결과적으로 통화량이 증가할 때 장기적으로 물가만 상승하고 소득, 이자율, 소비, 투자 등에 아무런 변화도 생기지 않는다. 이처럼 통화정책이 장기적으로 물가만 상승시킬 뿐 실질변수에 아무런 영향을 미치지 못한다는 사실을 **통화정책의 장기중립성**(long run neutrality of monetary policy)이라고 한다.

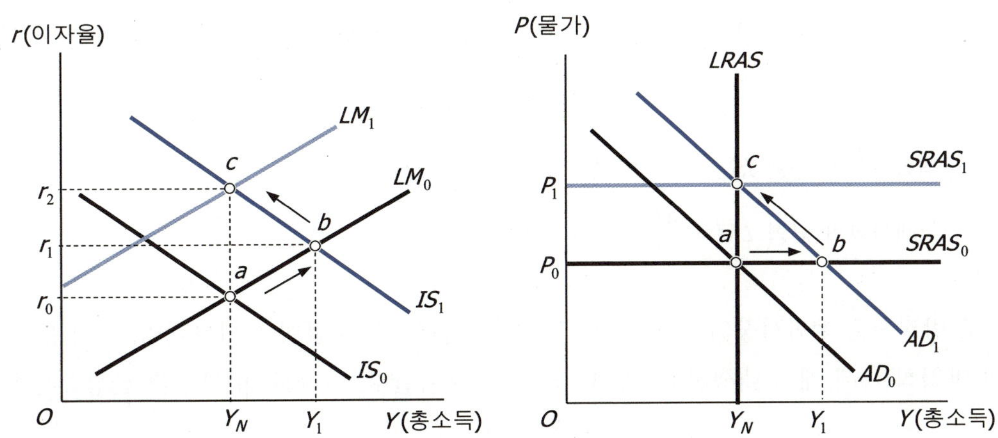

[그림 13] 재정정책의 장기 비중립성

정부구매를 늘리는 확장적 재정정책이 실시된 경우에 [그림 13]에서 IS곡선이 IS_1까지 우측으로 이동하면서 총수요가 AD_1까지 증가하고 단기균형은 b점에서 이루어진다. 그러나 b점에서 총수요가 장기 총공급보다 크기 때문에 장기적으로는 초과수요가 유발되며 물가가 상승한다. 물가가 상승하면 LM곡선이 좌측으로 이동하여 장기균형은 c점에서 이루어진다. 결과적으로 정부구매가 증가했을 때 소득수준은 불변이지만 물가와 이자율은 상승한다. 따라서 정책이전의 상황에 비해 정부구매는 증가하였고 대신 똑같은 크기만큼 투자가 감소하는 구축효과(crowding out effect)가 발생한다. 이처럼 재정정책은 장기적으로 총생산의 규모에는 영향을 미치지는 못하는 경우라 하더라도 총지출의 구성을 변화시키는 등 실질변수에 영향을 미친다. 이런 점에서 재정정책은 장기에도 비중립적(long run non-neutrality of fiscal policy)이라고 한다.

이상의 분석과정에서 통화정책과 재정정책의 단기효과와 장기효과를 하나의 그림으로 나타내었다. 이는 이제 우리가 케인즈학파 이론과 고전학파 이론을 하나의 통합적인 모형으로 분석할 수 있게 되었음을 의미한다. 구체적으로 제2장과 제3장에서 살펴본 고전학파모형에서 통화정책이나 재정정책을 분석한 것은 [그림 12]와 [그림 13]의 a점과 c점을 비교한 것이다. 반면 제6장과 제7장에서 통화정책과 재정정책을 분석한 것은 [그림 12] 및 [그림 13]의 a점과 b점을 비교한 것이다.

4.2 케인즈학파와 고전학파의 모형구성[12)]

케인즈학파와 고전학파의 기본적인 차이점을 이해하기 위해 세 개의 방정식으로 나타낼 수 있는 간단한 경제를 가상하여 보자. 세 개의 방정식 중 공통되는 두 개는 IS와 LM방정식이다.

재화시장의 균형 IS : $Y = C(Y - T) + I(r) + G$

화폐시장의 균형 LM : $\frac{M}{P} = L(Y, r)$

IS방정식은 재화시장의 균형, LM방정식은 화폐시장의 균형을 나타내며, 상기 두 개의 방정식은 세 개의 내생변수, 즉 Y, r, P을 포함한다. 따라서 이 모형을 완성하기 위

12) 이 부분의 내용 및 표현은 맨큐 저 「거시경제학(시그마프레스)」 9판을 많이 참고하였다. 이 부분의 내용은 2006년 행정고시 일반행정직에 출제된 바 있다.

해서는 제3의 방정식이 필요하다.

케인즈학파모형은 물가가 고정되어 있다는 가정으로 완성된다. 즉 케인즈학파의 세 번째 방정식은 다음과 같다.

케인즈학파의 세 번째 방정식 : $P=\overline{P}$

이 가정에 따르면 케인즈학파의 모형에서는 나머지 두 개 변수 r과 Y가 두 개 방정식 IS와 LM을 충족시킬 수 있도록 변화한다. 이러한 모형에서는 총수요를 증가시키는 충격이 발생했을 때 산출량이 변화한다. 이는 케인즈학파 경제학자들이 '수요가 공급을 창조한다'는 케인즈법칙(Keynes' law)이 성립하는 세계를 가정하고 있음을 나타낸다. 케인즈학파가 생각하는 이러한 세계는 앞서 살펴본 수평의 단기 총공급곡선($SRAS$)으로 나타낼 수 있다.

고전학파모형은 생산량이 자연율수준과 일치한다는 가정으로 완성된다. 즉 고전학파의 세 번째 방정식은 다음과 같다.

고전학파의 세 번째 방정식 : $Y=\overline{Y}$

이 가정에 따르면 고전학파의 모형에서는 나머지 두 개 변수 r 및 P가 두 개 방정식 IS와 LM을 충족시킬 수 있도록 변화한다. 이는 고전학파가 총수요의 변화는 물가와 이자율만 변화시킬 뿐 산출량을 변화시키지 못하며, '공급이 수요를 창조한다'는 세이의 법칙(Say's law)이 성립하는 세계를 가정하고 있음을 나타낸다. 고전학파가 생각하는 이러한 세계는 본문에서 살펴본 수직의 장기 총공급곡선($LRAS$)으로 나타낼 수 있다.

이제 우리는 케인즈학파와 고전학파의 주요한 차이점을 알게 되었다. 케인즈학파의 기본적 가정은 물가수준이 고정되어 있다는 것이다. 생산량은 금융정책, 재정정책, 기타 총수요 결정요소에 의존하며 자연율수준에서 벗어날 수 있다. 이는 [그림 12]와 [그림 13]에서 b점에 대응된다.

반면 고전학파의 기본적인 가정은 물가수준이 신축적이라는 것이다. 물가수준은 국민소득이 언제나 자연율수준에 있도록 조정된다. 이는 [그림 12]와 [그림 13]에서 c점에 대응된다.

둘 중 어느 가정이 더 적절한가? 대답은 기간에 달려있다. 고전학파의 가정은 장기를 잘 설명할 수 있고 케인즈학파의 가정은 단기를 잘 설명할 수 있다. 예를 들어 물가를 외생변수로 두는 $IS-LM$분석이 얼마나 타당한지는 해당 기간이 얼마나 긴 기간인지 또는 가격변수가 얼마나 신축적인지와 밀접히 관련되어 있다.

케인즈학파는 물가가 경직적이라는 가정 외에 재화시장에서의 야성적 충동(animal spirits)과 화폐시장에서의 유동성함정(liquidity trap)을 추가하기도 한다. 따라서 극단적인 케인즈학파의 모형은 1. 케인즈법칙, 2. 야성적 충동, 3. 유동성함정의 3개의 개념으로 나타낼 수 있다. 이러한 세계는 수평의 AS곡선과 LM곡선, 그리고 수직의 IS곡선으로 나타내어진다. 이러한 모형은 대공황처럼 불황이 매우 심각한 경우를 설명할 때 유용하다.

반면 고전학파는 생산량이 자연율수준과 일치한다는 가정 외에 재화시장에서의 대부시장설(loanable fund theory)과 화폐시장에서의 화폐수량설(quantity theory of money)을 가정한다. 따라서 극단적인 고전학파의 모형은 1. 세이의 법칙, 2. 대부자금설, 3. 화폐수량설의 3개의 개념으로 나타낼 수 있다. 이러한 세계는 수직의 AS곡선과 LM곡선, 그리고 상대적으로 완만한 IS곡선으로 나타내어진다. 이러한 모형은 완전고용에 가까운 수준에 있는 경제를 설명할 때 유용하다. 이상의 내용을 정리하면 [표 4]와 같다.[13)]

	극단적인 케인즈학파	극단적인 고전학파
공급측면에 대한 가정	$P=\overline{P}$: 케인즈법칙 (수평의 $SRAS$)	$Y=\overline{Y}$: 세이의 법칙 (수직의 $LRAS$)
재화시장	$S(Y)=\overline{I}$: 야성적 충동 $(b=0)$	$S(\overline{Y})=I(r)$: 대부자금설
화폐시장	$\frac{M}{P}=L(Y,r)$: 유동성함정 $(h=\infty)$	$M\overline{V}=P\overline{Y}$: 화폐수량설 $(h=0)$

[표 4] 케인즈학파와 고전학파의 비교

13) 대부자금설에 따르더라도 IS곡선의 형태가 특별히 달라질 이유는 없다. 하지만 케인즈학파모형에 비해 통화주의와 고전학파모형의 경우에 이자율의 신축적 조정을 강조하기 위해 IS곡선을 더 완만하게 나타내는 경우가 많다.

4.3 부정적 공급충격과 정책딜레마

앞서 살펴본 총공급곡선의 단점 중 하나는 총공급에 영향을 미치는 요인 중 물가기대이외의 요인을 경시하였다는 점이다. 총공급곡선에 물가기대 및 자연산출량 이외에 물가에 영향을 미칠 수 있는 공급 측 충격요인을 반영하면 다음과 같다.

$$P = P^e + \frac{1}{\alpha}(Y - Y_N) + \nu \quad \text{또는} \quad Y = Y_N + \alpha(P - P^e) - \mu$$

여기서 ν 및 $\mu(=\nu\alpha)$는 물가를 인상시키는 **부정적 공급충격**(negative supply shock) 또는 부정적 가격충격(adverse price shock)을 나타내는 값으로서 평균적으로 0이며 일시적으로 양(+) 또는 음(−)의 값을 가진다. 이러한 총공급곡선에서 총생산이 Y_N일 때 물가수준이 $P^e + \nu$가 되므로 ν의 변화도 총공급곡선을 이동시킨다. 이제 1970년대 석유파동(oil shock)처럼 석유가격이 크게 상승한 경우를 분석해 보도록 하자. 석유가격이 상승하면 기업들이 상품을 생산하는 비용과 상품을 수송하는 비용이 상승한다.[14] 이러한 요인들은 ν의 상승으로 나타낼 수 있으며 총공급곡선을 상방(좌측)으로 이동시킨다.

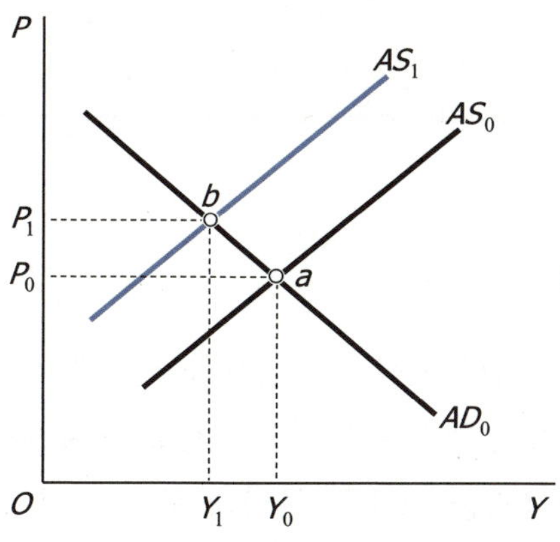

[그림 14] 스태그플레이션

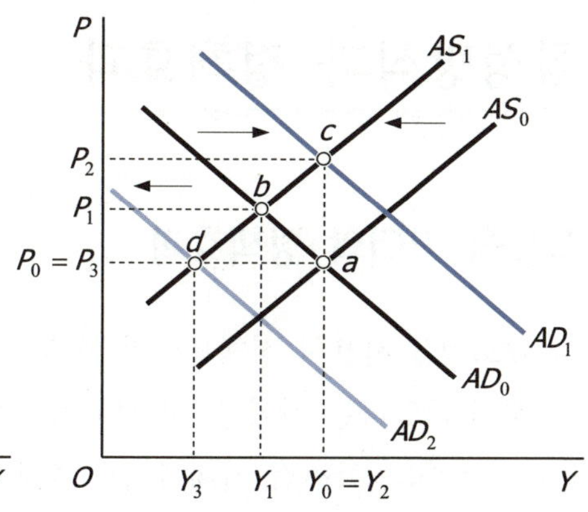

[그림 15] 수용정책과 진화정책

[그림 14]에서 석유가격 상승 전 균형은 a점이며 석유가격 상승 후 균형은 b점이다. 이 경우 물가의 상승(인플레이션)과 경기의 후퇴(실업의 증가)가 동시에 나타나는데 이를 **스태그플레이션**(stagflation)이라고 한다.

14) 석유가격의 상승은 간접적으로 기업의 생산성을 하락시켜 자연산출량을 감소시킬 수도 있다. 또한 생산성 하락은 투자감소로 이어질 수도 있다. 일단 여기서는 직접적인 효과만 다룬다.

이 경우 정부는 어떤 대응을 해야 할까? [그림 15]에서 만약 정부가 산출량과 실업률을 일정하게 유지하는 것을 목표로 한다면 확장적 총수요정책을 실시하여 총수요곡선을 AD_0에서 AD_1까지 이동시켜야 하며 새로운 균형은 c점이 된다. 이러한 정책을 수용정책(accommodating policy)이라고 하는데 이 경우 정부는 실업은 낮출 수 있었지만 영원히 더 높은 물가를 받아들여야 한다. 반면 정부가 물가를 일정하게 유지하는 것을 목표로 한다면 긴축적 총수요정책을 실시하여 총수요곡선을 AD_2로 이동시켜야 하며 새로운 균형은 d점이 된다. 이러한 정책을 진화정책(extinguishing policy)이라고 하는데 이 경우 정부는 물가를 진정시킬 수 있었지만 일시적으로 더 높은 실업을 받아들여야만 한다.

정리하면 총공급측의 부정적 충격이 있는 경우 실업을 감소시키려고 하면 더 높은 물가를 받아들여야 하고 물가를 안정시키려 하면 더 높은 실업을 겪어야 한다. 이와 같이 두 가지 정책목표 중 한 가지를 달성하면 다른 한 가지가 더욱 심각해지는 문제가 발생하는 상황을 정책딜레마(policy dilemma)라고 한다.

05 기대형성방식과 정책효과

5.1 적응적 기대와 정책효과

$IS-LM$모형을 사용한 정책분석의 한계 중 하나는 정책이 민간의 기대에 미치는 영향을 고려하지 않았다는 점이다. 민간의 기대가 정책효과에 어떤 영향을 미치는지 알기 위해 적응적 기대와 합리적 기대하에서 정책효과를 차례로 분석해 보기로 하자. 우선 적응적 기대(adaptive expectation)란 경제주체들이 예측하고자 하는 해당 변수에 대한 과거의 경험에 기초하여 미래를 예측하는 방식을 말한다. 적응적 기대의 가장 단순한 형태는 직전 기간의 물가수준이 다음 기에도 그대로 이어질 것이라 예상하는 것이다.

적응적 기대 : $P^e = P_{-1}$ 또는 $P_t^e = P_{t-1}$

이러한 기대형성방식을 정태적 기대(static expectation)라고도 하는데 정태적 기대는 적응적 기대의 가장 단순한 형태이다. 이제 [그림 16]에서 확장적 통화정책이 시행된 경우를 분석해보자. 정책이 시행되기 이전을 1기라고 할 때 1기의 균형은 A점이다. 자연산출량수준에서 총공급곡선의 높이가 예상물가를 반영하므로 이 점에서 실제물가 및 예상물가가 모두 P_1이다. 이제 2기가 되어 확장적 통화정책이 시행되었다고 하자. 확장적 통화정책으로 AD곡선은 우측으로 이동하지만 예상물가수준은 여전히 P_1이므로 AS곡선은 이동하지 않으며 2기의 균형은 B점이 된다. 즉 물가수준이 상승하고 총소득이 증가한다.

그런데 B점에서 실제물가는 P_2인 반면 예상물가는 P_1이므로 너무 낮은 물가수준을 예측하는 '과소물가예측오류'가 유발되며 경제주체들은 이를 일부라도 수정하려 할 것이다. 적응적 기대를 가정하였으므로 3기가 되면 예상물가수준이 2기 실제물가인 P_2로 상승하고 이에 따라 총공급곡선이 AS_1에서 AS_2로 상방이동한다. 따라서 3기의 균형점은 C점이 된다. C점에서도 여전히 과소물가예측이 발생하므로 4기가 되면 다시 예상물가수준이 상승하고 이에 따라 총공급곡선이 상방이동하는 변화가 이어질 것이다. 이와 같은 과정을 거쳐 오랜 기간 이후 최종적으로 장기균형점인 E점으로 수렴한다.

적응적 기대를 가정할 때 정책분석은 두 가지 특징을 갖는다. 첫째, 정책의 효과가 나타나는 오랜 기간동안 경제주체들은 실제물가보다 낮은 물가를 예상하는 동일한 실수를 반복하는데 이를 **체계적 오류**(systemic error)라고 한다. 둘째, 통화정책이나 재정정책과 같은 외부적 충격이 있을 때 경제는 결국 장기균형으로 수렴하지만 정책의 효과는 상대적으로 오래 지속된다.

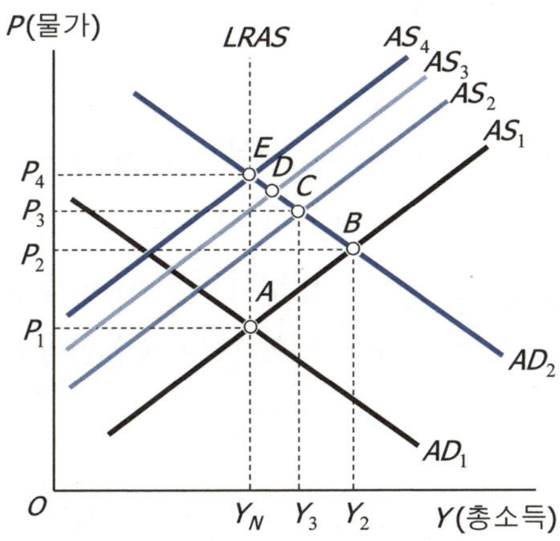

[그림 16] 적응적 기대하의 정책효과

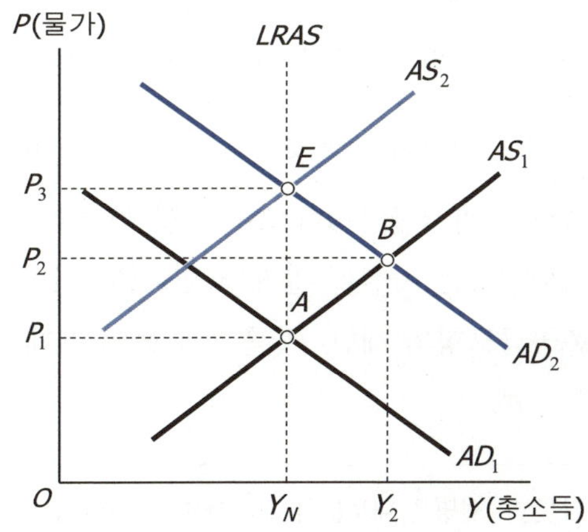

[그림 17] 합리적 기대하의 정책효과

5.2 합리적 기대와 정책효과

합리적 기대(rational expectation)란 경제주체들이 과거와 현재의 사용가능한 모든 정보를 활용하여 미래에 대한 예상을 형성하는 방식을 말한다. 합리적 기대는 기대형성과정에 최적화원리를 도입한 것이라 볼 수 있으며 수식으로 나타내면 다음과 같다.

합리적 기대 : $P_t^e = E[P_t | \Omega_{t-1}]$ [식 7]

단, Ω_{t-1}는 $t-1$에 사용가능한 모든 정보

합리적 기대에서 말하는 사용가능한 모든 정보에는 단순한 자료뿐만 아니라 이를 해석하는 것과 관련된 경제이론들도 포함된다. 따라서 합리적 기대하에서 경제주체들의 예상은 본질적으로 그와 관련된 경제모형이 예측하는 바와 동일하다. 이런 의미에서 합리적 기대를 모형일관성기대(model consistent expectation)라고 부르기도 한다.[15)]

또한 사용가능한 모든 정보에는 정책에 대한 정보가 포함된다. 따라서 합리적 기대를 전제할 경우 정책이 사전에 알려진 경우와 그렇지 않은 경우의 기대가 상이하다. 새고전학파의 대표적 경제학자인 루카스는 정책이 사람들의 기대와 행동방식에 미치는 변화를 고려하지 않고 단순히 과거의 자료에 기초하여 경제정책의 효과를 예상하는 방식의 문제점을 지적했는데 이를 루카스비판(Lucas critique)이라고 한다.

이제 합리적 기대하에서 사전에 예상치 못한 정책효과를 분석해 보자. [그림 17]에서 정책이 시행되기 이전을 1기라고 할 때 1기의 균형은 A점이다. 이제 2기가 되어 확장적 통화정책이 시행되었다고 하자. 확장적 통화정책은 AD곡선을 우측으로 이동시키지만 민간은 이를 예측하지 못했으므로 AS곡선은 이동하지 않아 2기의 균형은 B점이 된다. 즉 물가수준이 상승하고 총소득이 증가한다.

그런데 B점에서 예상물가는 P_1인 반면 실제물가는 P_2이므로 너무 낮은 물가수준을 예측하는 과소물가예측오류가 발생한다. 3기가 되어 경제주체들이 확장적 통화정책이 실시되었다는 사실을 알게 되면, 정책이 시행되었다는 사실을 반영하였을 때의 총수요−총공급모형의 해인 P_3를 자신들의 기대물가로 정할 것이다. 이에 따라 총공급곡선이

15) 본문의 설명은 대부분의 교과서에서 설명하는 내용을 정리한 것인데 이 정도의 설명으로 합리적 기대를 직관적으로 이해하기는 어려울 것이라 생각한다. 합리적 기대에 대한 보다 직관적인 설명은 이 장의 보론을 참고하기 바란다.

AS_1에서 AS_2로 이동하고 E점에서 최종균형을 이루게 된다.

이상의 분석에서 주의할 점은 다음과 같다. 첫째, 비록 합리적 기대를 가정하더라도 사전에 예상치 못한 정책은 총소득을 변화시킬 수 있다. 둘째, 적응적 기대와 합리적 기대 두 경우 모두 예상치 못한 정책은 효과를 갖지만 적응적 기대의 경우에 비해 합리적 기대의 경우가 정책효과의 지속기간이 짧다. 이는 합리적 기대의 경우에도 경제주체들이 착각을 범할 수 있지만 동일한 실수를 반복하지 않는다는 특성, 즉 체계적 오류를 범하지 않는다는 특성과 밀접히 관련되어 있다.

만약 이러한 정책이 사전에 예상된 것이라면 정책의 효과는 어떻게 달라질까? 이런 경우라면 정부가 정책을 시행하여 AD곡선을 우상방으로 이동시키는 것과 동시에 민간이 물가기대를 수정하여 AS곡선을 좌상방으로 이동시켜 즉각적으로 E점에 도달하게 된다. 즉 합리적 기대를 가정할 때 사전에 예상된 정책은 실질변수에 아무런 영향을 미치지 못하는데 이를 **정책무력성의 명제**(policy ineffectiveness proposition)라고 한다.

주의할 점은 합리적 기대를 가정한다고 해서 모든 경기안정화정책이 항상 무력해지는 것은 아니라는 점이다. 우선 사전에 예상치 못한 정책이라면 비록 합리적 기대를 가정하더라도 일시적으로 총생산에 영향을 미칠 수 있다. 또 새케인즈학파 경제학자인 스탠리 피셔(S. Fischer)와 존 테일러(J. Taylor) 등이 지적하였듯이 노동시장에 장기계약이 존재하고 재화시장에 메뉴비용이 존재하는 등 가격변수가 경직적이라면 비록 예상된 정책이라고 하더라도 실질적 효과를 거둘 수 있다.

정리하자. 합리적 기대이론의 진정한 의미는 정책의 효과는 기계적인 것이 아니고 민간이 어떤 정보를 접하고, 이를 어떻게 받아들이는지에 따라 달라질 수 있음을 밝힌 점에 있다.

아는 만큼 보인다는 말이 있다. 지금까지 총수요-총공급모형을 충실히 공부했다면 단지 이 모형이 우상향하는 선 하나와 우하향하는 선 하나가 교차하는 그림으로 보이지만은 않을 것이다. 총수요곡선에는 재정정책, 통화정책 및 민간의 심리요인이 포함되어 있다. 총공급곡선에는 단기와 장기를 구분하는 다양한 마찰요인들, 생산기술, 유가변동과 같이 물가 및 생산성에 영향을 미치는 다양한 외부환경요인, 그리고 민간의 기대가 반영되어 있다. 이 모든 것이 상호작용하여 이루어지는 것이 바로 경기변동인 것이다.

보론 루카스 총공급곡선의 한계와 현실적 총공급곡선

본문에서 살펴본 단기 총공급곡선을 루카스 총공급곡선이라고 부르기도 한다. 이러한 이름이 붙은 이유는 이 총공급곡선이 루카스에 의해 널리 알려졌기 때문이다. 그러나 루카스공급곡선은 루카스의 모형(불완전정보모형)에서 뿐만 아니라 다른 모형에서도 널리 사용되고 있다. 그러나 루카스 총공급곡선을 사용할 때 몇 가지 주의할 점이 있는데 이를 정리하면 다음과 같다.

첫째, 루카스 총공급곡선은 총생산 및 물가에 영향을 미치는 요인 중 물가기대를 매우 강조하고 있다. 반면 그 외의 요인은 사실상 배제하고 있다. 본문에서 이 문제를 보완하기 위해 부정적 공급충격(ν)을 반영하였던 것을 기억할 것이다.

둘째, 루카스 총공급곡선은 물가의 변화가 산출에 미치는 영향을 주로 설명하고 있으며 반대로 산출의 변화가 물가에 영향을 미치는 경로는 직접적으로 설명하지 않는다. 이러한 반대방향의 접근은 총공급의 네 가지 모형 중 비신축가격모형에서 부분적으로 이루어진 바 있다.

셋째, 루카스 총공급곡선에서 기울기는 $1/\alpha$로 일정하며 이는 고려하는 기간에 따라 달라진다. 그런데 총공급곡선을 직선으로 그리면 마치 자연산출량을 지나서도 총생산이 얼마든지 증가할 수 있는 것처럼 오해할 수 있다. 그러나 총공급곡선의 기울기는 경기상황에도 영향받을 수 있어서 유휴시설이 충분한 경우에는 물가상승 없이 생산량이 증가하지만 완전고용에 가까워질수록 생산량이 증가할 때 물가를 상승시키는 정도가 커진다면 총공급곡선은 총생산이 증가할수록 가파르게 그리는 것이 보다 현실적이다. 즉 보다 현실적인 총공급곡선은 [그림 A-1]과 같이 나타낼 수 있다.

이 총공급곡선에 의하면 산출량이 자연산출량에 미치지 못하는 경우에 총공급곡선은 매우 완만한데 이를 **케인즈 영역**이라고 한다. 반면, 자연산출량 주변에서 총공급곡선은 매우 가팔라지는데 이를 **고전학파 영역**이라고 한다. 이와 같이 경기상황에 따라 다른 기울기를 갖는 총공급곡선을 **신고전파종합**의 총공급곡선이라고 한다.

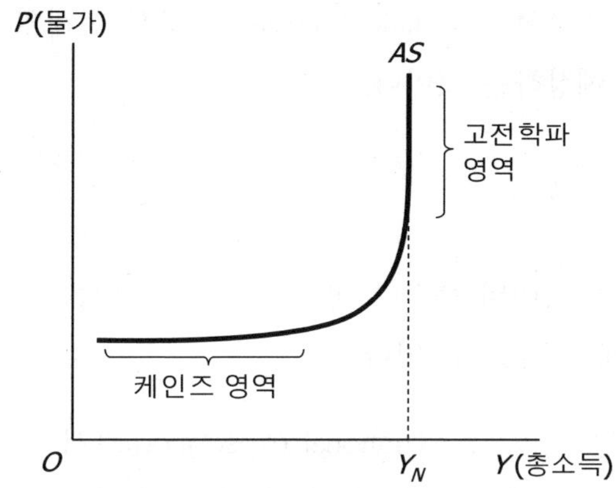

[그림 A-1] 신고전파종합 총공급곡선

다양한 기대유형의 비교 / 보론

첫 번째 기대유형은 **완전예견**(perfect foresight)으로서 전통적 고전학파가 암묵적으로 전제하는 기대형성방식이다. 이 기대형성방식에서 경제주체들은 미래의 값을 항상 정확히 예측할 수 있다.

완전예견 : $P_t^e = P_t$

두 번째 기대유형은 **고정적 기대**(fixed expectation)로 한 번 수립한 예상을 변경하지 않고 유지하는 방식이다.

고정적 기대 : $P_t^e = P_{t-1}^e$

세 번째 기대유형은 **적응적 기대**(adaptive expectation)로서 해당 변수의 과거변화에 근거하여 미래를 예측하는 것으로서 예측오류를 부분적으로 수정해나가는 방식이다. 적응적 기대방식은 초기 케인즈학파이론과 통화주의이론에 사용되었으며 체계적 오차가 발생할 수 있다는 문제가 있다.

적응적 기대 : $P_t^e = P_{t-1}^e + \alpha(P_{t-1} - P_{t-1}^e)$ 단 $0 < \alpha \leq 1$

네 번째 기대유형은 **정태적 기대**(static expectation)로서 현재의 경제상태가 미래에도 그대로 유지될 것으로 예상하는 것이다.

정태적 기대 : $P_t^e = P_{t-1}$

정태적 기대는 적응적 기대의 특수한 형태라고 볼 수 있는데 이는 적응적 기대식에 $\alpha = 1$를 대입하여 쉽게 확인할 수 있다.

다섯 번째 기대유형은 **합리적 기대**(rational expectation)로서 이는 경제주체들이 과거와 현재의 사용가능한 모든 정보를 활용하여 미래를 예측하는 방식이다. 합리적 기대방식은 초기 새고전학파 경제학자들이 도입하였으며 현재는 새케인즈학파 경제학자들에게도 널리 받아들여지고 있다.

합리적 기대 : $P_t^e = E[P_t | \Omega_{t-1}]$, 단 Ω_{t-1}는 $t-1$에 사용가능한 모든 정보

합리적 기대를 하는 경제주체들은 동일한 실수를 반복하지 않는다. 즉 체계적 오차를 유발하지 않는다.

보론 합리적 기대에 대한 보충설명

합리적 기대에 대한 대표적 정의는 다음과 같다.

정의 1 : 사용가능한 모든 정보를 활용한 최선의 예측

정의 2 : 기대형성과정에 최적화원리를 반영한 것

대부분의 교과서에 합리적 기대를 이렇게 설명하고 있으나 이런 식의 설명으로는 '합리적 기대'가 무슨 뜻인지 도통 감이 잡히지 않을 것이므로 간단한 미시경제학 모형의 예를 들어 설명해 보자. 이제 수요함수가 실제가격(P)과 예상가격(P^e)을 모두 포함하는 형태로 주어진다고 가정하자.

공급곡선 : $Q_s = P - 10$

수요곡선 : $Q_d = -2P + P^e + 30$

이 모형은 2개의 방정식으로 이루어져 있으며 미지수가 P와 Q라면 P^e가 어떻게 결정될지에 대한 추가조건이 필요하다. 이에 대해 합리적 기대는 모형에 포함된 수요자가 위 모형의 답(solution)을 자신의 예측치로 사용한다고 가정한다. 즉 합리적 기대란 다음과 같이 표현할 수 있다.

> "모형에 포함된 경제주체들은 자신이 포함된 모형의 해를 예측 값으로 사용한다."

이러한 의미에서 합리적 기대를 모형일관성기대(model consistent expectation)라고 부르기도 한다. 이제 구체적으로 주어진 모형의 해를 구해보자. 주어진 두 방정식을 정리하면 다음과 같다.

$$P^* = \frac{40 + P^e}{3}, \; Q^* = \frac{10 + P^e}{3}$$

이 경우 물가에 대한 합리적 기대는 $P^e = P^*$이므로 이를 대입하여 정리하면 다음과 같다.

$$P^* = P^e = 20, \; Q^* = 10$$

이상의 설명은 불확실성을 반영하지 않은 점에 한계가 있다. 불확실성을 반영할 경우 모형의 해는 일정한 분포를 가지는 확률변수가 될 것인데 이에 대한 수학적 기대치가 합리적 기대에서의 예측치가 된다. 단 이때 수학적 기대치는 각 경제주체가 사용할 수 있는 정보에 따라 달라 질 수 있다. 이상의 설명을 요약하면 다음과 같다. 단 Ω_{t-1}는 $t-1$기에 사용가능한 모든 정보로서 $t-1$기에 t기의 물가를 예측한다고 전제한다.

확실성하에서의 합리적 기대 : $P_t^e = P_t^*$

불확실성하에서의 합리적 기대 : $P_t^e = E\left[P_t^* \middle| \Omega_{t-1}\right]$

'합리적 기대'가 과연 합리적인 가정인지에 대해서는 경제학자 사이에도 논란이 많다.

여하간 합리적 기대라는 용어는 이를 비판하는 사람들을 비합리적으로 보이게 만드는 마성(魔性)이 있다.

보론 AD-AS 모형의 대수접근

AD-AS모형의 작동원리를 직관적으로 파악하기 위해 다음과 같이 극단적으로 단순화된 모형을 가정한다.

총수요함수 : $Y = A + M - P$

총공급함수 : $Y = \overline{Y} + (P - P^e)$

여기서 Y는 총소득, A는 IS곡선에 포함된 독립지출, M은 통화량, P는 실제물가수준, $\overline{Y}$는 잠재총소득, P^e는 예상물가수준이다. 이 식에서 A, M, $\overline{Y}$, P^e를 외생변수로 두고 Y과 P를 내생변수로 두기로 한다. 위 방정식을 연립하여 풀면 다음과 같다.

$$Y^* = \frac{A + M + \overline{Y} - P^e}{2}, \quad P^* = \frac{A + M - \overline{Y} + P^e}{2}$$

이제 이 모형에서 물가를 인상시킬 수 있는 독립적 요인들을 살펴보자. 첫째, A 또는 M이 증가하면 물가가 인상된다. A와 M은 총수요곡선을 이동시키는 요인이므로 이러한 물가상승을 **수요견인 인플레이션**(demand pull inflation)이라고 한다. 이를 나타내면 [그림 A-2]와 같다.

둘째, P^e가 상승하면 물가가 인상된다. 즉 물가가 상승할 것으로 예상하면 실제 물가가 상승하는데 이는 **자기실현 인플레이션**(self fulfilling inflation)이라고 할 수 있다.

셋째, $\overline{Y}$가 감소하면 물가가 인상된다. 이는 노동시장 및 생산함수의 부정적 충격이 공급능력을 감소시켜 물가를 상승시키는 것을 의미한다. 이는 넓은 의미에서 **비용인상 인플레이션**(cost push inflation)에 포함된다. P^e의 상승과 $\overline{Y}$의 감소는 [그림 A-3]에 나타낸 바와 같이 총공급곡선의 좌측이동으로 나타내어진다.

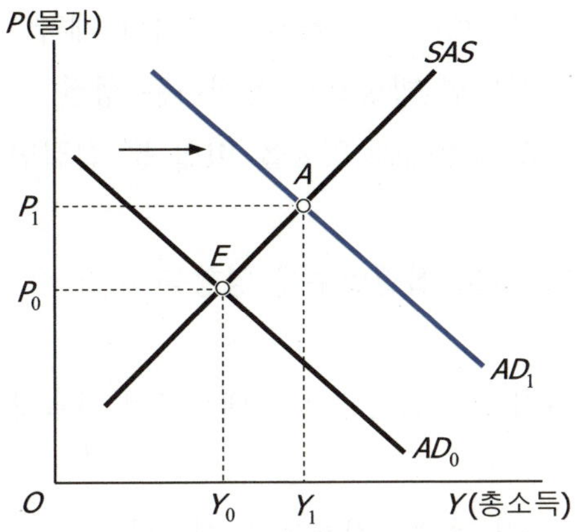

[그림 A-2] 수요 측 요인에 의한 인플레이션

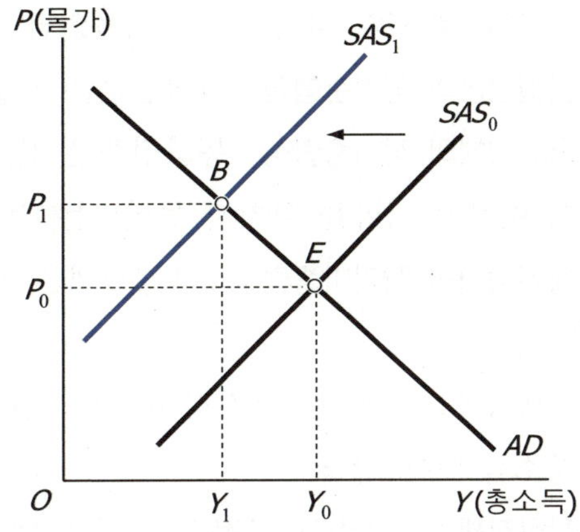

[그림 A-3] 공급 측 요인에 의한 인플레이션

핵심용어해설

- **총수요곡선** : 각각의 물가수준에서 수요하고자 하는 재화와 서비스의 총량을 나타내는 곡선
- **이자율효과(케인즈효과)** : 물가가 하락할 때 이자율이 하락하며 투자가 증가하는 효과
- **실질잔고효과(피구효과)** : 물가가 하락할 때 실질부가 증가하며 소비가 증가하는 효과
- **실질환율효과(먼델-플레밍효과)** : 물가가 하락할 때 실질환율이 상승하며 순수출이 증가하는 효과
- **총공급곡선** : 각각의 물가수준에서 공급하고자 하는 재화와 서비스의 총량을 나타내는 곡선
- **노동자오인모형** : 노동자들이 물가상승시 명목임금의 상승을 실질임금의 상승으로 착각하여 노동공급을 증가시키게 된다는 총공급모형
- **임금비신축성모형** : 장기 임금계약의 존재 등으로 인해 물가상승시 실질임금이 하락하면서 고용이 증가하게 된다는 총공급모형
- **불완전정보모형** : 불완전정보하에서 생산자들이 물가의 상승을 상대가격의 상승으로 착각하기 때문에 고용과 산출량이 변동한다는 총공급모형
- **가격비신축성모형** : 재화가격의 경직성으로 인해 일부의 기업들이 물가상승에 대해 산출량을 변동시켜 대응하게 된다는 총공급모형

- **임금지수화계약** : 물가상승시 명목임금을 자동적으로 상승시키기로 약속한 계약
- **실질임금의 경기순행성** : 실질임금은 산출량과 동일한 방향으로 움직이는 성질
- **통화정책의 장기중립성** : 통화정책은 장기적으로 물가에만 영향을 미칠 뿐 실질변수에 아무런 영향을 미치지 못한다는 것
- **재정정책의 장기비중립성** : 재정정책은 장기적으로도 실질변수에 영향을 미칠 수 있다는 것
- **수용정책** : 공급측의 부정적 충격에 대해 확장적 총수요정책으로 대응하여 산출량의 감소를 막는 정책
- **진화정책** : 공급측의 부정적 충격에 대해 긴축적 총수요정책으로 대응하여 물가의 상승을 막는 정책
- **적응적 기대** : 해당 변수의 과거변화에 근거하여 미래를 예측하는 것
- **합리적 기대** : 과거와 현재의 사용가능한 모든 정보를 활용하여 미래를 예측하는 방식
- **루카스비판** : 정책이 사람들의 기대와 행동방식에 미치는 변화를 고려하지 않고 과거의 자료에 기초하여 경제정책의 효과를 예상하는 방식은 잘못되었다는 주장
- **정책무력성의 명제** : 일정한 조건하에 사전에 완전히 예측된 정책은 실질변수에 영향을 미칠 수 없다는 주장

연습문제

01 미시경제학의 수요곡선과 거시경제학의 총수요곡선의 차이점을 설명하라. 또한 미시경제학의 공급곡선과 거시경제학의 총공급곡선의 차이점을 설명하라.

02 *IS–LM*모형은 총수요곡선이 우하향하는 세 가지 이유 중 한가지만을 강조하고 있다. 그것은 무엇인가? 만약 그 외 다른 효과들을 반영한다면 총수요곡선의 도출 과정은 어떻게 달라지는가?

03 다음 각각의 경우에 총수요곡선은 어떤 형태를 갖는가? (단 폐쇄경제를 가정한다.)

(1) 화폐수요가 이자율에 무한히 탄력적인 경우
(2) 투자가 본능적 직감에만 영향받고 이자율에 영향받지 않는 경우
(3) 화폐수요가 소득에만 영향받고 이자율에 영향받지 않는 경우

04 제7장의 보론에서 도출한 총수요곡선을 단순화하면 다음과 같다. 이 식에 $h=0$을 대입하여 $MV=PY$의 수량방정식 형태로 정리할 수 있음을 확인하라.

총수요곡선 : $Y=\dfrac{1}{h(1-c)+bk}\left[h\overline{A}+b\dfrac{\overline{M}}{P}\right]$

05 비신축적 임금모형에서 다음의 변화를 생각하여보자.

(1) 노동계약상 명목임금이 인플레이션에 완전히 연계되도록 규정되어 있는 경우를 생각하여 보자. 즉 명목임금이 소비자 물가지수 변화를 완전히 보상할 수 있도록 조절된다고 하자. 이렇게 완전히 물가에 연계시킨 경우 이 모형의 총공급곡선은 어떻게 변화하는가?
(2) 지수화가 단지 부분적인 경우를 가상하여 보자. 즉 소비자 물가지수가 상승할 때마다 명목임금이 상승하되 더 낮은 비율로 상승한다고 하자. 이렇게 부분적으로 물가에 연계시킨 경우 이 모형의 총공급곡선은 어떻게 변화하는가?

06 두 나라 A와 B를 고려하자. 과거에 A국의 통화공급 변동성은 매우 큰 반면에, B국의 통화량은 거의 변동없이 일정수준으로 유지되어 왔다고 하자.

(1) 루카스의 총공급이론에 따르면 통화정책이 실시된 경우 산출량이 더 크게 변하는 국가는 어느 쪽인가?
(2) 물가가 더 크게 변하는 국가는 어느 쪽인가?

07 총공급곡선에 대한 루카스모형에서 일반물가가 상승할 때 기업가는 이 중 일부를 상대가격의 상승으로 착각하게 된다. 이러한 의미에서 루카스모형을 생산자오인모형(producer misperception model)이라 부르기도 한다. 생산자오인모형에서 실질임금은 경기순행적인가, 또는 경기역행적인가?

08 비신축가격모형의 총공급곡선에 특수한 가정을 추가하면 수평의 총공급곡선과 수직의 총공급곡선을 도출할 수 있다. 각각의 경우 추가될 가정은 무엇인가?

09 본문에서 실증연구상 실질임금은 경기순행한다고 하였다. 실질임금이 경기에 순행하는 현상은 노동수요곡선상의 이동으로 나타내어지는가 또는 노동수요곡선의 이동으로 나타내어지는가?

10 고전학파의 이론에 의하면 총공급곡선이 수직이 된다. 그 이유는 무엇인가? 이것이 경기변동에 있어 의미하는 바는 무엇인가?

11 어떤 경제가 다음과 같은 모형으로 주어져 있다고 하자.

소비 : $C = 300 + 0.5(Y - T) - 300r$	투자 : $I = 100 - 100r$
정부지출 : $G = 100$	조세 : $T = 100$
실질화폐수요 : $M^d/P = 0.5Y - 200r$	화폐공급 : $M^s = 6{,}300$
총공급함수 : $Y = \overline{Y} + 100(P - P^e)$	자연산출수준 : $\overline{Y} = 700$

(1) 물가수준이 $P = \overline{P}$로 주어졌다고 할 때 IS곡선과 LM곡선을 구하라.

(2) 이제 물가수준을 내생변수로 두고 총수요함수를 도출하라. 총수요함수는 우하향하는가? 그 이유는?

(3) 장기균형에서 산출량(Y), 실질이자율(r), 물가(P)를 계산하라.

12 다음 각 모형에서 정부구매 증가가 총소득에 미치는 효과를 비교하라.

(1) 케인지안 크로스모형

(2) IS-LM모형

(3) AD-AS모형

13 다음 각각의 요인에 대해 단기 총공급곡선의 이동을 설명하라.

(1) 농경사회에서 가뭄과 같은 기후조건의 변화

(2) 1970년대의 두 차례에 걸친 오일쇼크

(3) 노동조합의 협상력 강화

14 기술진보 및 이로 인한 투자증가는 단기와 장기에 있어서 물가에 미치는 영향이 상이할 수 있다. 이를 *AD*, *AS*곡선을 사용하여 설명하라.

15 중앙은행 A는 물가수준을 일정하게 유지하는데 관심을 갖고 있으며 중앙은행 B는 고용을 일정하게 유지하는데 관심을 갖고 있다. 다음의 경우 각 중앙은행은 각각 어떻게 대응하는지 설명하시오.

(1) 화폐유통속도의 외생적 감소

(2) 유가의 외생적 상승

16 정책무력성명제가 성립하기 위해 필요한 네 가지 조건을 설명하라.

CHAPTER 09

거시경제의 총공급-2 : 필립스곡선

CONTENTS

CHAPTER PREFACE | 들어가며

실업과 인플레이션은 사람들이 가장 많은 관심을 기울이는 거시경제변수이다. 그래서 때로는 이 두 가지 값의 합으로 정의되는 고통지수(misery index)에 관심을 가지고 이 값이 낮을수록 거시경제가 건전하다고 평가하기도 한다. 그렇다면 실업과 인플레이션간에는 어떤 관계가 있을까? 필립스곡선은 단기적으로 인플레이션과 실업 사이에 상충관계가 존재한다는 것을 보여주는 곡선으로서 거시경제정책에 있어서 가장 중요하게 고려되는 관계식 중 하나이다. 이번 장에서는 우선 총공급곡선에서 필립스곡선을 도출하여 양자가 밀접한 연관이 있다는 것을 살펴볼 것이다. 이를 통해 필립스곡선이 총공급곡선을 나타내는 다른 방법임을 확인한다. 다음으로 미국의 사례를 중심으로 필립스곡선을 둘러싼 거시경제정책논쟁이 어떻게 진행되어 왔는지 살펴본다. 이를 통해 필립스곡선을 둘러싼 논쟁이 현대 거시경제학의 형성에 큰 영향을 미쳤음을 확인한다.

01 총공급곡선과 필립스곡선

1.1 단기 필립스곡선과 단기 총공급곡선[1)]

필립스곡선(Phillips curve)이란 실업과 인플레이션 간의 상충관계(trade-off)를 나타내는 곡선으로서 이는 영국, 미국 등 다양한 국가의 실증연구를 통해 밝혀진 관계이다. 그런데 제8장에서 살펴본 총공급곡선과 필립스곡선은 동전의 양면이라고 할 정도로 매우 밀접한 관련을 가지고 있다. 따라서 실증연구를 통해 밝혀진 필립스곡선에 대한 이론적 설명이 이루어진 것이 총공급곡선이라고 생각해도 무방하다. 이제 단기 총공급곡선으로부터 단기 필립스곡선을 도출해 보자.

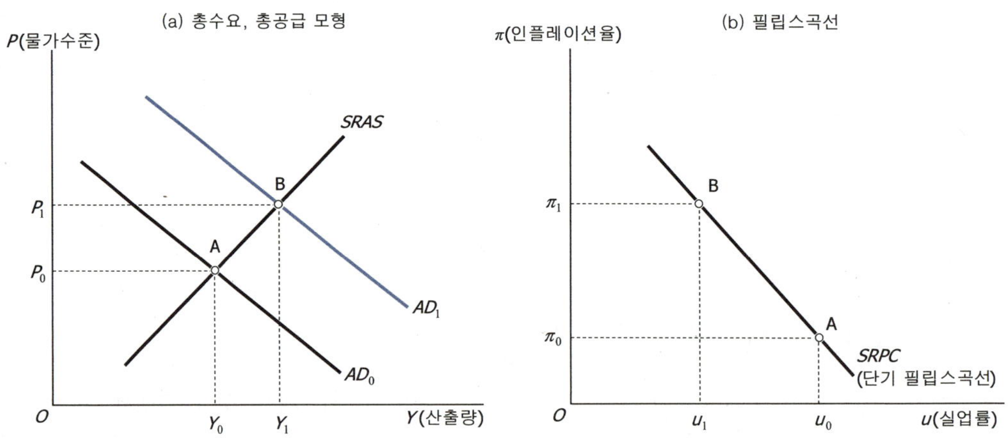

[그림 1] 단기 총공급곡선에서 단기 필립스곡선의 도출

단기의 총수요-총공급모형을 나타내고 있는 [그림 1]의 (a)에서 총수요가 낮은 경우의 균형을 A점이라고 하자. 이 경우 물가수준이 P_0이며 산출량이 Y_0이다. 이 점을 실업률-인플레이션율 평면에 나타낸 것이 (b)의 A점이라고 하자. 이때 총수요가 증가하면 (a)에서 균형이 B점으로 이동하며 물가가 P_1으로 상승한다. 따라서 기준연도와 대

1) 이번 장에서 사용하는 실증자료와 그래프들은 「맨큐의 경제학(교보문고)」을 많이 참고하였다.

비한 물가상승률이 상승할 것이다. 또한 총생산은 Y_1으로 증가하는데 오쿤의 법칙에 의하면 실업률은 감소할 것이다. 따라서 새로운 균형은 (b)에서 B점으로 나타낼 수 있다. 이처럼 총수요가 변화할 때 총공급곡선상에서의 이동을 실업률-인플레이션율 평면에 옮기면 우하향하는 필립스곡선을 도출할 수 있다. 필립스곡선이 우하향한다는 것은 실업과 인플레이션 중 하나를 감소시키기 위해서는 다른 하나가 증가하는 상충관계가 있음을 의미한다. 이러한 상충관계는 정책담당자들이 재정정책이나 통화정책을 운영할 때 고려하여야 할 매우 중요한 관계이다.

그렇다면 상충관계의 발생원인, 즉 필립스곡선이 우하향하는 이유는 무엇인가? 이상의 분석에 의하면 필립스곡선이 우하향하는 이유는 총공급곡선이 우상향하는 이유와 동일하다. 따라서 필립스곡선이 단기에 우하향하는 이유도 총공급곡선이 단기에 우상향하는 네 가지와 동일하다는 사실을 알 수 있을 것이다.

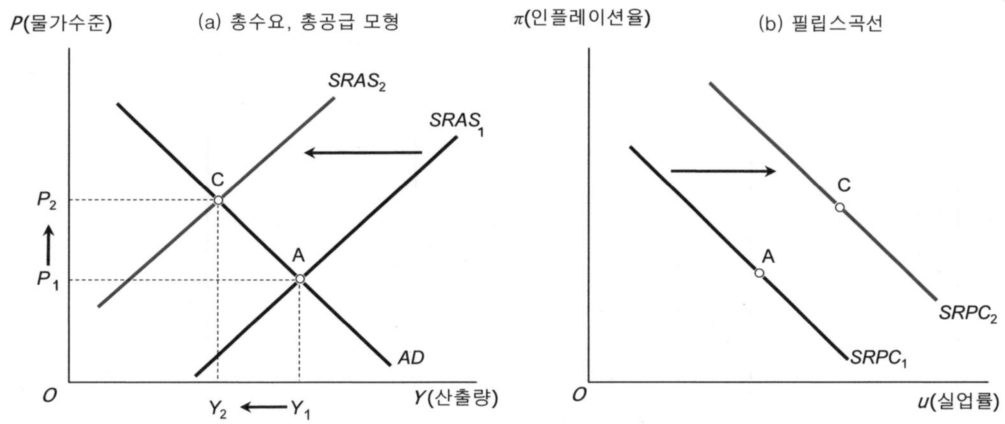

[그림 2] 총공급곡선의 이동과 필립스곡선의 이동

필립스곡선이 총공급곡선과 밀접한 관련이 있다면 단기 총공급곡선이 이동할 때 단기 필립스곡선도 이동하게 될 것임을 짐작해 볼 수 있다. 예를 들어 총공급곡선이 상방으로 이동하는 경우를 생각해 보자. [그림 2]의 (a)에서 단기 총공급곡선이 AS_1에서 AS_2로 이동하면 균형은 A점에서 C점으로 이동하는데 이러한 이동으로 인해 산출량은 감소하고 물가는 상승한다. 따라서 실업률이 상승하면서 인플레이션율도 함께 높아지는 스태그플레이션(stagflation)이 발생한다. 이러한 이동을 실업률-인플레이션율 평면에 옮기면 (b)의 A점에서 C점으로의 이동이 되며 이는 필립스곡선 자체의 이동으로 나타내어진다.

다시 말하면 총공급곡선상의 이동은 필립스곡선상의 이동, 즉 '실업과 인플레이션간의 상충관계'를 나타내게 되지만 총공급곡선 자체의 이동은 필립스곡선 자체의 이동, 즉 '상충관계의 변화'가 된다. 이와 같이 총공급곡선과 필립스곡선이 상방이동하는 경우에는 정책담당자가 직면하는 상충관계가 악화된다.

1.2 장기 총공급곡선과 장기 필립스곡선

단기 총공급곡선과 단기 필립스곡선이 밀접하게 관련된 것처럼 장기 총공급곡선과 장기 필립스곡선도 밀접하게 관련되어 있다. 제8장에서 총공급곡선이 우상향하는 이유는 크게 경제주체들의 '착각' 또는 가격변수의 '경직성'이라고 하였으며 장기에는 시장의 불완전성이 사라져서 총공급곡선이 수직이 된다고 하였다. 똑같은 이유로 장기에는 필립스곡선도 수직이 된다.

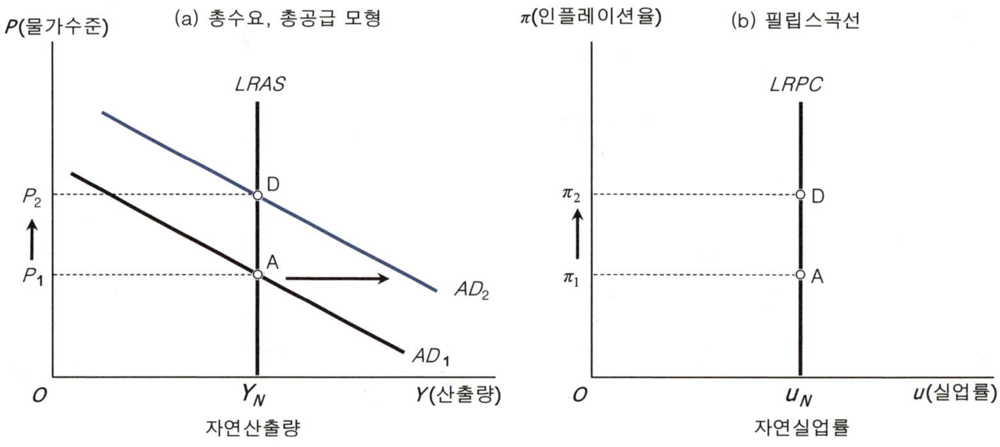

[그림 3] 장기 총공급곡선과 장기 필립스곡선

예를 들어 [그림 3]의 (a)에서 원래의 균형점이 A점이라고 하자. 총수요가 AD_1에서 AD_2로 증가한다면 장기균형점이 D점으로 이동하는데 물가는 P_1에서 P_2로 상승하지만 산출량은 자연산출량수준에서 아무런 변화가 없다. 이 경우 인플레이션율은 상승하지만 실업률은 아무런 변화가 없다. 이러한 변화를 그래프로 나타내면 (b)의 A점에서 D점으로의 이동으로 나타내어지는데 두 점을 연결하면 수직의 필립스곡선을 구할 수 있다.

그렇다면 우하향하는 단기 필립스곡선과 수직의 장기 필립스곡선이 의미하는 바는 무엇일까? 이는 단기적으로는 명목변수와 실질변수간에 고전적 이분법 또는 화폐의 중립성이 성립하지 않지만 장기적으로는 고전적 이분법 또는 화폐의 중립성이 성립함을 의미한다. 따라서 현재 대부분의 경제학자들이 우하향하는 단기 필립스곡선과 수직의 장기 필립스곡선을 받아들이고 있다는 것은 화폐가 단기적으로는 비중립적이며 장기적으로는 중립적이라는 사실을 받아들이고 있다는 것을 의미한다.

1.3 정리 : 필립스곡선의 특징

현재 경제학자들이 받아들이는 단기 필립스곡선(short run Phillips curve : $SRPC$)의 일반적인 형태는 다음과 같다.

단기 필립스곡선 : $\pi = \pi^e - \beta(u - u_N) + \nu$ 또는 $u = u_N - \alpha(\pi - \pi^e) + \mu$

단, ν, μ는 부정적 공급충격, π^e는 기대인플레이션율

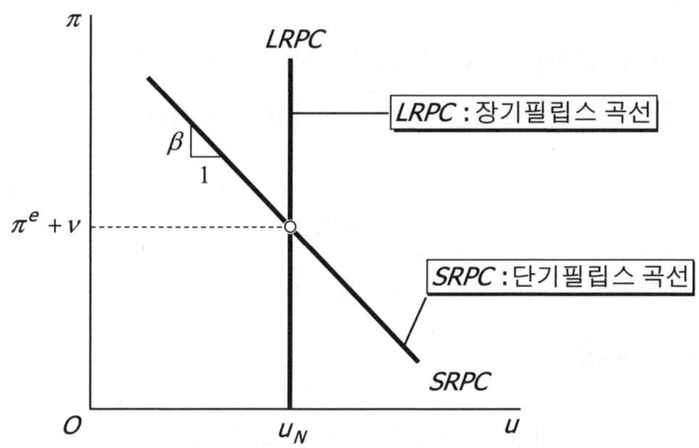

[그림 4] 장단기 필립스곡선의 구체적 형태

ν는 부정적 공급충격 또는 부정적 가격충격을 나타내는 값으로서 평균적으로 0이며 일시적으로 양(+) 또는 음(−)의 값을 가진다. ν에 영향을 미치는 대표적인 요인으로는 국제유가의 변화, 기타 원자재가격의 변화, 노조의 투쟁성향변화, 기업의 마크업률 변화 등이 있다.

이 식에 나타난 단기 필립스곡선의 특징을 정리하면 다음과 같다. 첫째, 단기 필립스곡선은 우하향한다. 즉 위 식에서 단기 필립스곡선의 기울기는 $-\beta$이며, 이는 실업과

인플레이션간에 단기에 상충관계가 존재함을 의미한다. 단 필립스곡선의 기울기가 일정할 필요는 없으며 총공급곡선이 우상방으로 갈수록 가팔라진다면 필립스곡선은 좌상방으로 갈수록 가파르게 그려진다. 둘째, 실업률이 자연실업률(u_N)일 때 인플레이션율이 기대인플레이션과 공급충격의 합($\pi^e + \nu$)과 같아진다. 셋째, 자연실업률, 기대 인플레이션, 일시적 공급충격 등이 변하면 단기 필립스곡선이 이동한다. 넷째, 공급충격이 0이라고 할 때 단기 필립스곡선상의 모든 점에서 실제인플레이션율은 상이하지만 기대인플레이션율은 동일하다.

앞서 살펴본 것처럼 장기는 자연산출량으로 회귀할 수 있을 만큼 충분히 긴 기간이다. 장기에는 실제인플레이션율과 기대인플레이션율이 같아지고 공급충격이 평균적으로 0이 된다. 이 조건을 대입하면 장기 필립스곡선은 다음과 같다.

장기 필립스곡선 : $u = u_N$

즉 장기에는 인플레이션율이 얼마든 간에 실업률은 자연실업률과 동일해질 것이므로 장기 필립스곡선(long run Phillips curve : $LRPC$)은 수직이 된다. 다시 말하면 장기에는 실업과 인플레이션간의 상충관계가 사라진다. 이상에서 논의된 단기 및 장기 필립스곡선의 기울기 및 이동에 관한 내용을 정리하면 [표 1]과 같다.

	기울기	이동요인
단기 필립스곡선(*SRPC*)	우하향($-\beta$)	u_N, π^e, ν
장기 필립스곡선(*LRPC*)	수직	u_N

[표 1] 장단기 필립스곡선의 형태

1.4 필립스곡선과 인플레이션의 원인

필립스곡선에서 인플레이션율은 세 가지 요인에 의해 결정된다. 첫째는 인플레이션 기대(π^e), 둘째는 실업갭($u - u_N$), 셋째는 부정적 공급충격(ν)이다.

첫째, $\pi^e > 0$인 경우 인플레이션이 발생한다. 즉 경제주체들이 인플레이션을 기대한다면 명목임금을 결정하거나 상품가격을 결정할 때 인플레이션에 대한 기대를 반영하여 높게 결정할 것이다. 따라서 인플레이션에 대한 기대가 실제 인플레이션을 유발할 수 있는데 이를 자기실현적 인플레이션(self-fulfilling inflation)이라 한다. 기대 인플레이션은 총공급곡선을 이동시키므로 앞서 살펴본 [그림 2]로 나타낼 수 있다.

둘째, $(u-u_N)<0$ 또는 $u<u_N$인 경우 인플레이션이 발생한다. 이처럼 실업갭이 음(−)의 값을 가질 때 인플레이션율이 높아지는 현상을 수요견인 인플레이션(demand pull inflation)이라 하며 이를 나타내면 앞서 살펴본 [그림 1]과 같다. 즉 실업갭의 변화는 필립스곡선상의 이동이며 이는 동시에 총공급곡선상의 이동에 해당한다. 총공급곡선상의 이동은 총수요곡선의 이동으로부터 비롯하므로 이런 이름이 지어진 것이다. 실업갭이 (−)일 때 인플레이션이 발생하는 이유는 여러 가지로 설명할 수 있는데 가장 직관적인 설명은 실업갭이 낮아질 경우 노동자들이 더 높은 임금을 요구할 수 있기 때문이라는 것이다. 이 경우 필립스곡선의 (−)기울기인 β는 실업갭의 하락이 인플레이션에 미치는 영향의 정도를 반영한다.

셋째, $\nu>0$인 경우 인플레이션이 발생한다. 부정적 공급충격이 양(+)의 값을 가질 때 인플레이션율이 높아지는 현상을 비용인상 인플레이션(cost push inflation)이라고 한다. 부정적 공급충격은 총공급곡선을 상방으로 이동시키므로 앞서 살펴본 [그림 2]로 나타낼 수 있다. 부정적 공급충격의 대표적인 사례는 1970년대에 나타난 석유파동(oil shock)이며 그 외에 다양한 에너지가격의 상승, 기후악화, 정부의 규제강화, 노조의 공격성강화 등도 이러한 인플레이션의 원인이 된다.

필립스곡선의 수식도출 02

제8장에서 도출한 단기 총공급곡선의 기본적인 형태는 다음과 같다.

$$\text{단기 총공급곡선}(SRAS): y=y_N+\alpha(p-p^e) \quad \alpha>0 \qquad \text{[식 1]}$$

단, [식 1]에서 y 및 p는 자연로그가 취해진 값이다. 자연로그함수는 단조증가함수이므로 각 변수에 로그를 취하더라도 총공급곡선이 나타내는 변수간의 관계가 본질적으로 달라지지 않는다. 위 식을 정리하면 다음과 같다.

$$p = p^e + (1/\alpha)(y - y_N) \qquad \text{[식 2]}$$

[식 2]에 공급충격을 반영하고 양변에서 p_{-1}을 빼면 다음과 같다.

$$p = p^e + (1/\alpha)(y - y_N) + \nu$$
$$(p - p_{-1}) = (p^e - p_{-1}) + (1/\alpha)(y - y_N) + \nu \qquad \text{[식 3]}$$

자연로그가 취해진 변수의 변화분은 원래 변수의 변화율이 된다. 즉 $p = \ln P$라면 $p - p_{-1} = \ln P - \ln P_{-1} = d\ln P = \dfrac{dP}{P} = \pi$가 성립한다. 즉 [식 3]에서 $(p - p_{-1}) = \pi$, $(p^e - p_{-1}) = \pi^e$이 성립한다.

$$\pi = \pi^e + (1/\alpha)(y - y_N) + \nu \qquad \text{[식 4]}$$

오쿤의 법칙은 실제산출량과 실제실업률이 자연산출량 및 자연실업률을 중심으로 반대방향으로 움직이는 관계를 의미하므로 다음과 같이 나타낼 수 있다.

오쿤의 법칙 : $(1/\alpha)(y - y_N) = -\beta(u - u_N) \quad \beta > 0$ [식 5]

[식 5]를 [식 4]에 대입하면 단기 필립스곡선이 도출된다.

단기 필립스곡선(*SRPC*) : $\pi = \pi^e - \beta(u - u_N) + \nu$

03 필립스곡선에 대한 초기 케인즈학파의 견해

이제 필립스곡선을 둘러싸고 진행된 정책논쟁의 역사를 살펴보자. 1958년 뉴질랜드 출신 영국 경제학자 필립스(A. W. Phillips)는 1861년에서 1957년까지 영국의 자료에 기초하여 실업률과 명목임금상승률 간에 뚜렷한 음(−)의 상관관계가 있음을 밝혔다. 이후 립시(R. Lipsey)는 명목임금상승률을 인플레이션율로 대체하였으며 이때부터 필립스곡선은 실업률−인플레이션율 평면에 그려지게 되었다. 1960년대에 사뮤엘슨(P. Samuelson)과 솔로우(R. Solow)는 필립스와 립시가 찾아낸 상충관계가 미국에서도 실증적으로 성립한다는 사실을 밝혀내었다.

필립스곡선을 널리 알린 것은 사뮤엘슨이다. 그가 당시 베스트셀러였던 자신의 「경제학원론(Economics)」에 필립스곡선을 소개하면서 이 곡선이 널리 알려졌으며 이후 수십년간 정책논쟁의 장이 된다.

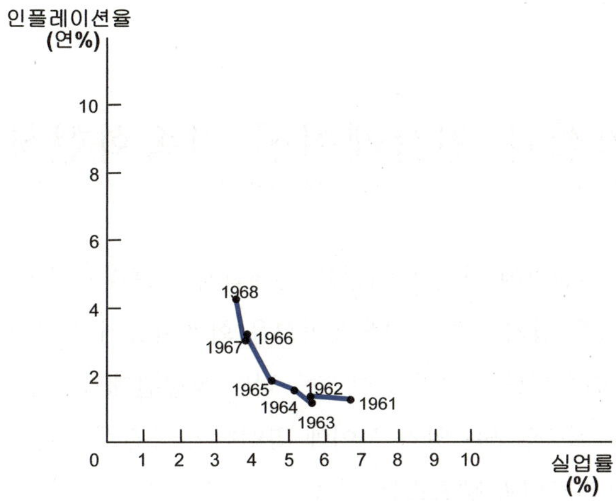

[그림 5] 1961년~1968년의 실증자료

[그림 5]는 1961년부터 1968년까지 미국의 실업률과 인플레이션율을 나타낸 것이다. 당시만 해도 누구도 의심할 수 없을 정도로 두 변수 간에 안정된 상충관계가 존재했음을 알 수 있다. 이러한 이유로 당시에 경제학계를 지배하고 있던 초기 케인즈학파 경제학자들은 필립스곡선에 나타난 실업과 인플레이션간의 상충관계는 안정적이며 항구적인 것이라 판단하였다. 만약 필립스곡선을 단순화하여 선형식으로 나타낸다면 다음과 같다.

초기의 필립스곡선 : $\pi = \alpha - \beta u$　　　단, α 및 β는 양(+)의 상수

초기 케인즈학파 경제학자들에게 우하향하며 안정적인 필립스곡선이 존재한다는 사실은 나쁜 소식인 동시에 좋은 소식이었다. 우선 나쁜 소식은 필립스곡선이 우하향한다는 점이다. 이는 거시경제의 두 가지 목표인 물가안정과 완전고용이 상충하기 때문에 이 둘을 동시에 달성하는 것은 불가능하다는 것을 의미한다. 반면 좋은 소식은 상충관계가 안정적이라는 점이다. 필립스곡선의 위치가 안정적이라면 필립스곡선은 정부가 선택할 수 있는 대안들의 메뉴를 제시하는 셈이므로 정부는 필립스곡선을 일종의 제약

식처럼 생각하고 그 위에서 가장 바람직하다고 생각하는 점을 선택하면 된다. 만약 정부의 정책수행능력이 향상되어 경제를 **미세조정**(fine tuning)할 수 있는 수준에 이르게 되면 경기변동을 완전히 제거할 수도 있을 것이다. 이처럼 필립스곡선은 초기 케인즈학파 경제학자들이 재량적인 안정화정책(discretionary stabilization policy)을 지지하는 근거로 받아들여졌다.

04 자연실업률가설과 인플레이션 가속화현상

이러한 희망적인 분위기에 찬물을 끼얹은 경제학자는 프리드먼(M. Friedman)과 펠프스(E. Phelps)였다. 이들은 장기적으로 인플레이션은 화폐시장에서 결정되며 실업률은 노동시장에서 결정되는 변수이므로 양자 간에 항구적인 상충관계가 있을 이유가 없다고 생각하였다. 그러나 당시 실증연구는 양자 사이에 명백히 상충관계가 존재하는 것으로 나타나고 있었기 때문에 프리드먼과 펠프스는 이들을 조화시키려 노력하였다. 이러한 눈에 보이는 상충관계와 숨어 있는 장기적인 관계를 조화시킨 결과가 자연실업률가설과 기대부가 필립스곡선이다. **자연실업률가설**(natural rate hypothesis)[2)]이란 총수요의 변동이 있을 때 생산량과 실업률이 단기적으로 자연율 수준에서 벗어날 수 있지만, 장기적으로는 결국 자연율 수준으로 회귀한다는 이론이다. 이에 따르면 실업과 인플레이션 간의 상충관계는 존재하지만 항구적인 것은 아니며 사람들의 기대가 변한다면 바뀔 수 있다. 이처럼 인플레이션 기대를 명시적으로 반영하여 사람들의 기대가 변할 때 이동할 수 있도록 수정된 필립스곡선을 **기대부가 필립스곡선**(expectation augmented Phillips curve)이라고 한다.

$$\text{기대부가 필립스곡선 : } \pi = \pi^e - \beta(u - u_N) \ \text{ 또는 } \ u = u_N - \frac{1}{\beta}(\pi - \pi^e)$$

단, π^e는 기대인플레이션율

2) 이를 직역하면 '자연율가설'이 더 적절하다고 볼 수도 있다. 그러나 관행에 따라 이하 자연실업률가설로 표기한다.

1968년 프리드먼과 펠프스는 자연실업률가설과 기대부가 필립스곡선에 기초하여 과감한 예언을 한다. 그것은 정부가 필립스곡선의 상충관계를 이용하려 드는 순간 이 상충관계는 사라진다는 것이다. 프리드먼은 이러한 주장을 1968년 자신의 미국경제학회 회장 취임연설에서 발표하였으며, 발표 즉시 굉장한 논쟁을 유발하였다. 만약 프리드먼의 말이 사실이라면 1968년까지 인플레이션율을 높이는 과정에서 감소했던 실업률이 머지않아 일정한 수준(예를 들어 5%대)으로 돌아가야 한다.

이제 프리드먼과 펠프스의 주장을 이해하기 위해 다음과 같이 가정하자.

- **가정 1** : 민간은 기대인플레이션율(π^e)을 결정한다. 이는 필립스곡선의 위치를 결정한다.
- **가정 2** : 정부는 실제인플레이션율(π)을 결정한다. 이는 필립스곡선상의 위치를 결정한다.
- **가정 3** : 기대인플레이션율은 전기의 인플레이션율과 일치한다. 즉 적응적 기대(adaptive expectation)의 가장 단순한 형태인 정태적 기대(static expectation)를 가정한다.
- **가정 4** : 자연실업률은 일정하게 주어져 있다.

이상의 가정을 반영한 필립스곡선은 다음과 같다.

적응적 기대를 반영한 필립스곡선 : $\pi = \pi_{-1} - \beta(u - u_N)$ 단, $\beta = 2$로 가정함

이 모형에서 나머지 값들이 모두 주어지면 실업률을 구할 수 있다. 예를 들어 [그림 6]에서 현재 미국경제가 A점에 있다고 하자. 이 점에서 실제인플레이션율과 기대인플레이션율이 모두 0%이며 실업률은 자연실업률과 일치하는 5%이다. 이제 정부가 인플레이션율을 4%로 상승시킨다면 균형은 필립스곡선상의 B점으로 이동하며 실업률은 3%로 감소한다.

[단위 : %]

	π	$\pi^e(=\pi_{-1})$	u	u_N
A점	0	0	5	5
B점	4	0	3	5
C점	4	4	5	5
D점	8	4	3	5
E점	8	8	5	5

[표 2] 자연실업률가설과 인플레이션 가속화현상

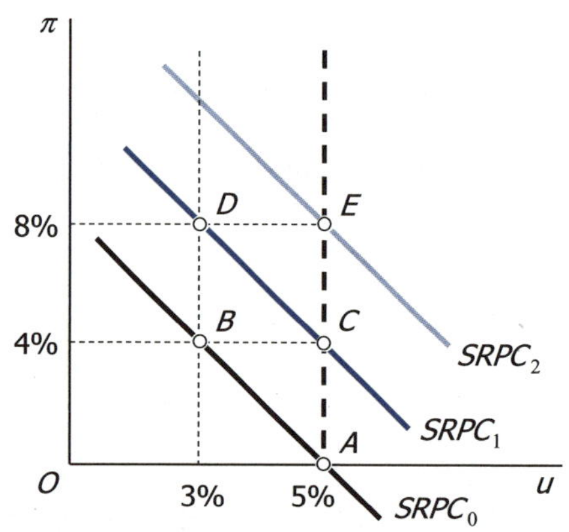

[그림 6] 프리드먼－펠프스의 예측

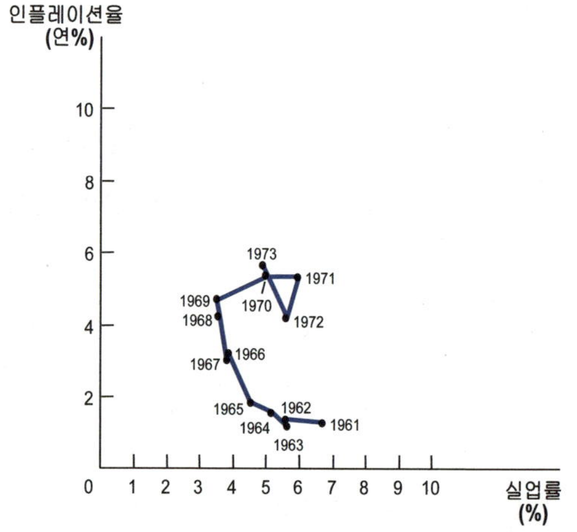

[그림 7] 1961년~1973년의 실증자료

그러나 사람들이 곧 인플레이션율이 높아졌음을 예상하고 기대인플레이션율을 4%로 높여 대응한다면 필립스곡선이 $SRPC_1$으로 상방이동하며 균형은 C점으로 이동하고 실업률은 5%로 복귀한다. 이 경우 정부가 다시 한 번 실업률을 낮추기 위해서는 인플레이션율을 더욱 높여야 한다. 예를 들어 정부가 인플레이션율을 8%로 상승시키면 필립스곡선상에서 균형이 D점으로 이동한다. 그러나 민간이 이를 알게 되어 기대인플레이션율 8%까지 높여 대응한다면 필립스곡선이 다시 상방으로 이동하여 균형은 E점으로 이동하고 실업률은 다시 5%가 된다.

그렇다면 실제 미국경제는 어땠을까? [그림 7]은 1961년부터 1973년까지 실제 실업률과 인플레이션율의 변화를 보여주고 있다. 이 그림에서 1969년에 3%대까지 하락했던 실업률은 더 이상 줄어들지 않고 결국 당시 자연실업률 수준이라고 여겨지던 약 5% 대로 복귀하였음을 알 수 있다. 이는 프리드먼과 펠프스가 예측했던 바와 상당히 일치하는데 후대 경제학자들이 이를 높게 평가하여 프리드먼－펠프스의 **현실을 앞선 예측**(theory ahead of fact)이라 불렀다.

이러한 주장을 연장하면 정부가 실업률을 자연실업률 이하로 낮추려고 하는 모든 시도는 장기적으로 실업률은 낮추지 못하고 인플레이션율만 상승시킨다. 이러한 현상을 **인플레이션 가속화**(inflation acceleration)라고 하며 1960년대 말 이후 실제 미국이 경험한 상황을 잘 설명한다.

프리드먼은 이후 당시의 상황을 다음과 같이 회고하였다.

> "인플레이션과 실업 사이에는 일시적인 상충관계가 항상 존재하지만 이 관계는 항구적인 것이 아니다. 일시적인 상충관계는 인플레이션 자체가 아니라 대개 인플레이션율의 상승을 의미하는 예상치 못한 인플레이션에서 비롯되는 것이다. 항구적인 상충관계가 존재한다는 생각은 '높은(high)'과 '상승하는(rising)'을 혼동한 데서 비롯된다. 인플레이션율이 상승하면 실업률이 낮아질 수 있지만 인플레이션율이 높다고 해서 실업률이 낮아질 수는 없는 것이다. 여러분은 '일시적'이 얼마나 긴 기간이냐고 물을 것이다. 역사적 증거에 관한 관찰에 입각한 내 개인적인 판단으로는 예상치 못한 인플레이션, 예상보다 높은 인플레이션의 효과는 2~5년 동안 지속될 것 같다."[3)]

50년이 지난 지금도 위 인용문이 대다수 거시경제학자들의 견해를 잘 요약하고 있다고 평가된다.

---

3) 프리드먼의 견해는 링컨(A. Lincoln)의 유명한 이야기와 비슷한 맥락에 있다. "모든 국민을 잠시 속일 수는 있다. 일부 국민을 영원히 속일 수도 있다. 그러나 모든 국민을 언제까지나 속일 수는 없다(You can fool all the people some of the time, and some of the people all the time, but you cannot fool all the people all the time)."

05 인플레이션 가속화현상과 NAIRU

적응적 기대를 반영한 기대부가필립스곡선에서 부정적 공급충격이 없다면 다음의 관계가 성립한다.

$$\pi = \pi_{-1} - \beta(u - u_N) \Leftrightarrow u \gtreqless u_N \Leftrightarrow \pi \lesseqgtr \pi_{-1}$$

첫째, $u > u_N$이면 즉 정부가 자연실업률보다 높은 실업률을 달성하려 한다면 인플레이션율은 점차 낮아진다.

둘째, $u = u_N$이면 즉 정부가 자연실업률과 같은 실업률을 달성하려 한다면 인플레이션율은 현재수준을 유지한다. 이 경우 인플레이션율이 낮은 수준에서 일정하게 유지된다면 물가안정이 달성되었다고 할 수 있다. 반면 인플레이션이 높은 수준에서 일정하게 유지된다면 인플레이션이 관성화되었다고 한다. 전자의 경우는 바람직한 상황이지만 후자의 경우는 바람직하다고 볼 수 없다.

셋째, $u < u_N$이면 인플레이션율은 점차 높아지는데 이를 **인플레이션 가속화현상**(inflation acceleration)이라고 한다. 이런 의미에서 자연실업률을 물가안정실업률 또는 **인플레이션을 가속하지 않는 최저의 실업률**(non accelerating inflation rate of unemployment : NAIRU)이라고 부르기도 한다.

이러한 접근은 자연실업률을 추정하는 유용한 접근방식을 제공한다. 즉 다른 조건이 일정할 때 인플레이션율이 가속하고 있다면 현재의 실업률이 자연실업률보다 낮고, 인플레이션율이 감속하고 있다면 현재의 실업률이 자연실업률보다 높다. 반면 인플레이션율이 일정하게 유지되고 있을 때의 실업률이 바로 자연실업률이라고 추정할 수 있다.

또한 자연실업률을 알고 있다면 현재의 실업률로부터 향후 인플레이션율의 변화를 예측할 수도 있다. 즉 실제실업률이 자연실업률보다 낮아진다면 향후 인플레이션율이 높아질 것이라 예상할 수 있으며 실제실업률이 자연실업률보다 높아진다면 인플레이션율이 낮아질 것이라 예상할 수 있다.

공급충격과 상충관계의 악화 06

지금까지 살펴본 바에 의하면 민간의 인플레이션 기대가 변화하면 단기 필립스곡선이 나타내는 상충관계가 변화한다. 인플레이션 기대 외에 공급충격(supply shock)도 필립스곡선을 이동시킬 수 있다. 인플레이션 기대와 공급충격을 동시에 반영한 단기 필립스곡선은 아래 수식과 같다. 이는 앞서 살펴본 현대적 필립스곡선의 기본 형태와 같다.

공급충격을 포함한 기대부가 필립스곡선 :

$\pi = \pi^e - \beta(u - u_N) + \nu$ 또는 $u = u_N - \alpha(\pi - \pi^e) + \mu$

단, ν, μ는 부정적 공급충격, π^e는 기대인플레이션율

공급충격으로 대표적인 사례로 1970년대 전·후반에 나타난 석유가격의 급등현상(oil shock)을 들 수 있다. 석유가격의 급등은 기업이 책정하는 가격을 상승시키는 요인으로 작용하여 필립스곡선을 바깥쪽으로 이동시켰으며 결국 실업과 인플레이션을 모두 상승시켰다. [그림 8]은 실제 미국의 자료에서 필립스곡선이 바깥으로 이동하는 과정을 보여주고 있다.

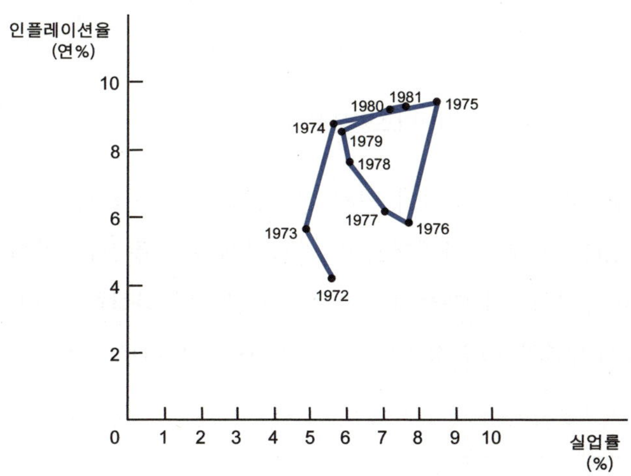

[그림 8] 1972년~1981년의 실증자료

이처럼 수요 측 요인과 공급 측 요인이 결합되며 미국의 인플레이션율이 지속적으로 상승한 결과 1970년대 말에는 인플레이션율이 10%를 넘어섰다. 이와 함께 자연실업률도 5%대에서 6%대로 상승하며 미국경제는 위기에 직면하게 된다.

07 적응적 기대와 인플레이션 저감비용

1970년대 말 미국의 인플레이션을 더 이상 두고 볼 수 없는 상황이 되자 많은 사람들이 인플레이션의 저감 즉 **디스인플레이션**(disinflation)을 요구하게 되었다.[4] 디스인플레이션의 혜택은 인플레이션으로 인해 발생하는 구두창 비용, 메뉴비용 등 각종의 비용을 제거하는 것이라고 할 때 디스인플레이션의 비용은 무엇일까?

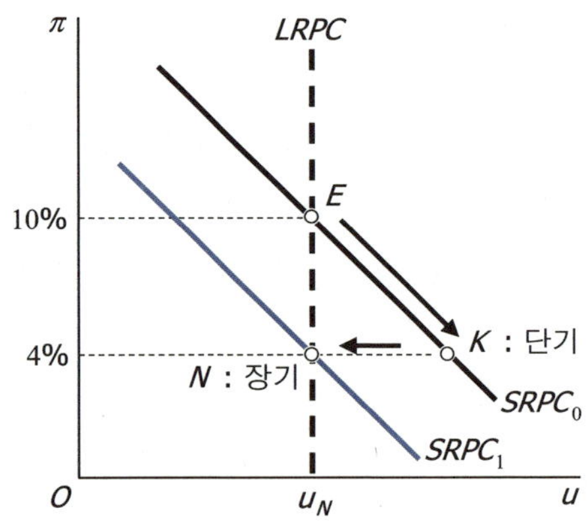

[그림 9] 디스인플레이션의 비용

통화당국이 인플레이션을 감소시키기 위해 긴축금융정책을 실시한다고 하자. 긴축금융정책이 실시되면 [그림 9]에서 단기적으로 거시경제의 균형점은 필립스곡선을 따라 E점에서 K점으로 이동한다. 이 과정에서 인플레이션율이 하락하는 대신 실업률이 상승한다. 즉 디스인플레이션의 직접적 비용은 실업상승 및 이로 인한 산출량 감소이다.

4) 디플레이션(deflation)이란 물가수준 자체의 하락을 의미하며, 디스인플레이션(disinflation)이란 물가상승률의 하락을 의미한다. 디스인플레이션이란 용어에 대해서는 약간의 혼선이 있는데 이를 단순히 인플레이션율이 하락하는 현상이라는 의미로 사용하기도 하고, 인플레이션율을 하락시키는 의도적 정책이라는 의미로 사용하기도 한다.

그러나 장기적으로는 사람들의 기대인플레이션율 역시 하락하기 때문에 필립스곡선이 충분히 아래로 이동하게 되고 실업률이 자연실업률수준으로 돌아가 새로운 균형은 N점이 된다. 희망적으로 표현하자면 '인플레이션 저감정책으로 인한 비용은 일시적이지만 그 혜택은 영원하다.'

이처럼 디스인플레이션은 단기적인 실업을 유발할 수 있으나 그 비용이 얼마나 큰지에 대해서는 일치된 견해가 존재하지 않는다. 만약 디스인플레이션을 실시하더라도 실업의 증가가 그다지 크지 않다면 디스인플레이션정책을 실시하면 될 것이다. 그러나 실업의 증가가 매우 크다면 디스인플레이션정책을 실시하지 않는 것이 나을 것이다. 이러한 판단의 기준이 되는 값이 바로 희생비율이다. **희생비율**(sacrifice ratio)이란 인플레이션율을 1%p 감소시키려 할 때 받아들여야 하는 실질 GDP의 총손실률을 의미한다. 일반적으로 희생비율은 다음과 같이 정의된다.

$$\text{희생비율} = \frac{\text{실질 } GDP\text{의 총손실률}}{\text{인플레이션율의 총감소분}}$$ 5)

위 식에서 실질 GDP의 총손실률은 잠재 GDP와 실제 GDP의 차이를 의미하므로 디스인플레이션 기간 내 GDP 갭의 합으로 구할 수 있다. 예를 들어 인플레이션율을 1%p 만큼 영구히 낮추기 위해 2년간 잠재 GDP보다 실제 GDP가 2%씩 낮았다면 희생비율은 4가 된다.

1980년대 초 케인즈학파 경제학자들이 사용하던 계량경제모형에 의하면 희생비율의 평균적인 추정값은 5이다. 이는 정책 당국자들이 인플레이션을 10%에서 4%로 낮추려고 할 때 총 GDP의 30%를 포기해야만 한다는 것을 의미한다. 물론 GDP의 30%를 반드시 한해에 받아들여야 하는 것은 아니며 여러 해에 걸쳐 이를 분산시킬 수도 있다. 예를 들어 다음과 같은 다양한 방안이 있을 것이다.

- 방안 1 : 1년에 30%의 소득감소를 받아들이는 방안
- 방안 2 : 2년에 15%씩 소득감소를 받아들이는 방안
- 방안 3 : 6년에 5%씩 소득감소를 받아들이는 방안

---

5) 디스인플레이션의 비용은 정책 비시행시 대비 GDP 감소율로 구하기도 하고 실업률 증가분으로 구하기도 한다. 전자는 GDP갭의 합으로, 후자는 실업갭의 합으로 구할 수 있다.

이러한 방안들의 효과를 비교하기 위해 다시 한 번 적응적 기대를 반영한 기대부가 필립스곡선을 사용하자.

적응적 기대를 반영한 필립스곡선 : $\pi = \pi_{-1} - \beta(u - u_N) + \nu$

앞서 살펴본 바와 같이 이 모형에서 사람들은 지난 기 인플레이션에 기초하여 임금계약을 맺고 상품의 가격을 설정한다. 그리고 중앙은행은 실제인플레이션율을 결정하며 그 결과 실제실업률이 결정된다. 예를 들어 β가 2이고 ν가 0이라면 10%의 인플레이션율을 4%로 낮춘다면 자연실업률이 6%라는 가정하에 실제 실업률은 9%까지 상승한다.

디스인플레이션과 실업률의 변화 : $4\% = 10\% - 2(u - 6\%) \Rightarrow u = 9\%$

이때 실업률이 상승하는 과정을 간단히 설명하면 다음과 같다. 사람들이 인플레이션이 10%일 것이라 생각하고 상품가격(p_i)과 명목임금(W)을 결정하였는데 실제인플레이션이 이에 이르지 못한 4%에 머물면 상품의 실제상대가격($\frac{p_i}{P}$)이나 실제실질임금($\frac{W}{P}$)이 상승하면서 상품의 판매가 감소하고 고용이 줄어든다.

앞의 예에서 방안 1처럼 중앙은행이 전기 인플레이션율에 비해 금기 인플레이션율을 크게 낮춘다면 짧은 시간 내에 큰 실업과 소득감소를 받아들여야 하는데 이러한 방식을 **급진주의**(cold turkey) 정책이라고 한다. 급진주의 정책은 [그림 10]의 (a)에서 $E \rightarrow E_1 \rightarrow E'$에 이르는 상대적으로 강하지만 짧은 기간의 조정으로 나타내어진다.

반면 중앙은행이 전기 인플레이션에 비해 금기 인플레이션율을 약간씩 낮추어간다면 시간은 오래 걸리겠지만 해당 기간 동안 실업증가폭과 소득감소의 폭은 그다지 크지 않은데 이러한 방식을 **점진주의**(gradualism) 정책이라고 한다. 점진주의 정책은 [그림 10]의 (b)에서 $E \rightarrow E_1 \rightarrow E_2 \rightarrow \cdots \rightarrow E'$에 이르는 상대적으로 약하지만 오랜 기간에 걸친 조정으로 나타내어진다.

이 두 가지 방안 중 어느 것이 더 바람직한지는 알 수 없다. 그러나 사람들이 급격한 경기후퇴를 피하고 싶어 한다면 급랭정책보다 점진정책을 선호할 가능성이 크다.

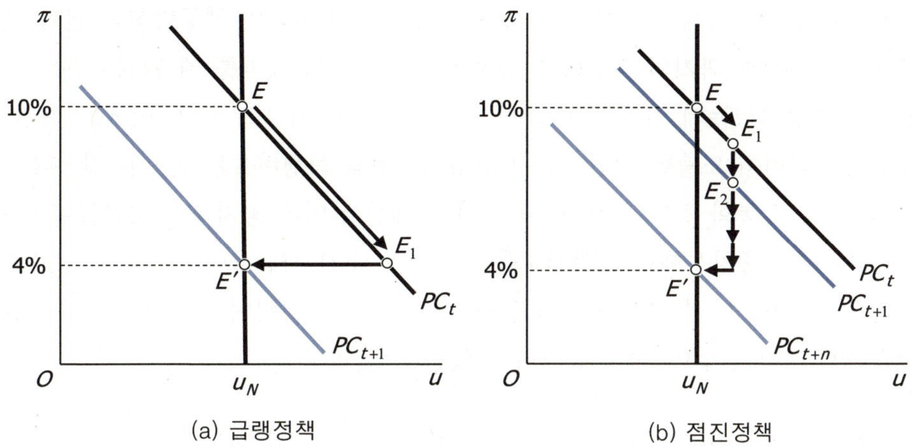

[그림 10] 디스인플레이션의 두 경로

합리적 기대가설과 고통없는 인플레이션 저감논쟁 08

미국 경제에서 희생비율이 5에 이른다는 연구결과는 당시 미국 중앙은행장으로서 인플레이션 퇴치의 최일선에 섰던 볼커(Paul Volker)를 고민하게 만들었다. 인플레이션의 해악은 인정하지만 그 해악이 구체적이지 않은 반면, 인플레이션을 저감하는 과정에서 실업의 증가와 산출량의 감소라는 구체적 대가를 치러야 하는데 이 비용이 연간 GDP의 총 30%에 달한다는 것은 큰 부담이기 때문이다. 그런데 루카스(R. Lucas)와 사전트(T. Sargent)는 이러한 희생비율이 과대 측정된 것이라 주장하였다. 이러한 주장이 합리적 기대에 기초해 있었기 때문에 이들을 합리적 기대학파 또는 합리적 기대론자라고 부르기도 한다.

앞서 **합리적 기대**(rational expectation)란 경제주체들은 최적화 원칙에 입각하여 기대를 형성한다는 것을 의미한다고 하였다. 즉 합리적 기대란 경제주체들은 과거 해당 변수의 변화 추이뿐만 아니라 정부의 정책변화를 포함한 사용가능한 모든 정보를 활용하여 최적의 기대를 형성한다는 것으로서 다음과 같은 수식으로 나타낼 수 있다.

합리적 기대 : $\pi_t^e = E[\pi_t | \Omega_{t-1}]$ 　　　　단, Ω_{t-1}는 $t-1$기에 사용가능한 모든 정보

루카스는 정부가 정책을 실시할 때 정책이 사람들의 기대와 행동방식을 변화시킬 수 있기 때문에 단순히 과거의 자료에 기초하여 경제정책의 효과를 예측하는 것은 잘못될 수 있다고 주장하였는데 이를 **루카스비판**(Lucas critique)이라고 한다. 이에 의하면 과거의 자료에 입각하여 도출한 케인지언 계량경제모형의 희생비율은 잘못된 것이다. 즉 중앙은행이 긴축적 통화정책을 하더라도 그것을 사전에 미리 공지하고 사람들이 이를 충분히 신뢰한다면 중앙은행이 통화긴축을 실시하는 순간 사람들이 설정하는 상품가격과 명목임금도 동시에 낮게 설정되어 인플레이션도 감소할 것이며 실질가격이나 실질임금도 상승하지 않아 실업이 전혀 증가하지 않을 수도 있다.

합리적 기대를 반영한 필립스곡선 : $\pi = \pi^e - \beta(u - u_N) + \nu$

예를 들어 β가 2이고 ν가 0이라면 10%의 인플레이션율을 4%로 낮출 때 사람들이 인플레이션율이 4%가 될 것이라고 미리 예상하고 이에 따라 명목임금과 가격을 결정한다면 실업률은 자연실업률 수준인 6%에서 변하지 않을 것이다.

디스인플레이션과 실업률의 변화 : $4\% = 4\% - 2(u - 6\%) \Rightarrow u = 6\%$

즉 합리적 기대의 새로운 접근방법에 따르면 희생비율은 5로 정해져 있는 것이 아니라 정책의 시행방법에 따라 훨씬 낮을 수도 있으며 극단적으로 0이 될 수도 있다. 합리적 기대론자들은 이를 **고통없는 인플레이션저감**(painless disinflation)이라고 하였다. 이러한 변화는 아래 [그림 11]의 E점에서 R점으로의 즉각적 이동으로 나타낼 수 있다. 이러한 결과가 나타날 수 있었던 것은 정책과 동시에 필립스곡선이 이동했기 때문이다.

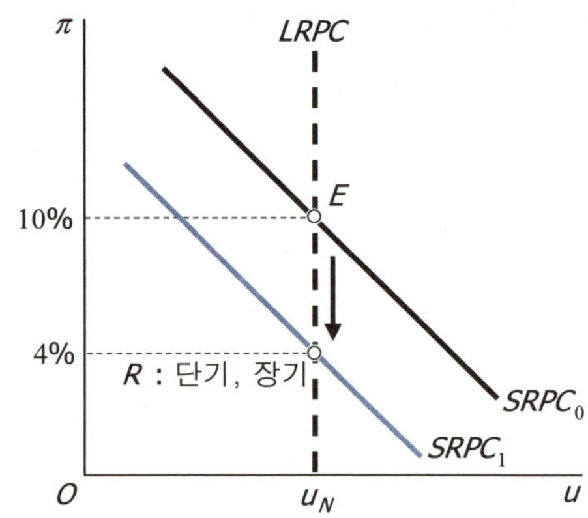

[그림 11] 합리적 기대론자의 예상

이러한 주장에 다시 한 번 힘을 실어 준 또 하나의 것이 바로 사전트의 실증연구이다. 사전트는 「4개국 초인플레이션의 종말(The end of four big inflation)」이라는 논문에서 1차대전 이후 초인플레이션을 겪었던 독일, 헝가리, 오스트리아, 폴란드 등 4개국의 사례를 분석한 결과 인플레이션에 관성(inertia)이 있는 것처럼 보이는 경우에도 정부의 정책의지만 단호하고 명백하다면 얼마든지 이를 감소시킬 수 있다고 주장하였다. 또한 정책이 신뢰성(credibility)을 확보할 수 있다면 훨씬 짧은 시간 내에 훨씬 낮은 비용으로 인플레이션을 잡을 수 있다는 점을 실제 사례를 들어 보였다.

이러한 합리적 기대론자들의 주장에 대해 케인즈학파 경제학자의 반대도 거세었는데 그 중 대표적인 사람은 스탠리 피셔(Stanley Fischer)와 존 테일러(John B. Taylor)였다. 피셔는 노동시장에서 임금계약은 일반적으로 장기간에 걸쳐 이루어지는 관행이 있기 때문에 비록 물가하락을 예측하더라도 사람들이 즉각 이에 대응하기 어렵고 실제로는 실질임금의 상승이 나타나면서 고용이 감소할 수밖에 없다고 주장하였다. 또 테일러는 임금계약은 장기적으로 이루어질 뿐만 아니라 그 주기가 서로 엇갈려 있기 때문에 실제 임금의 조정은 훨씬 더 비신축적으로 이루어지며 불황의 폭이 더 커지고 기간도 장기화 될 수도 있다고 주장하였다.[6)]

볼커의 정책실험에 대한 평가 09

합리적 기대론자들의 새로운 이론 및 실증연구의 지지하에 볼커는 미국 역사상 가장 강력한 긴축적 통화정책을 실시하게 된다. 과연 전통적인 케인즈 경제학자들의 예측이 옳았을까 아니면 합리적 기대론자들의 주장이 옳았을까? 우선 우리의 판단기준을 희생비율의 크기로 삼았을 때 결과적으로 희생비율이 5에 가깝다면 케인즈 경제학에 근거한 전통적인 계량경제모형들이 타당하다고 볼 수 있을 것이며, 희생비율이 0에 가깝다면 합리적 기대론자들의 주장이 보다 타당하다고 볼 수 있을 것이다. 그렇다면 실제 결과는 어떠했을까?

6) 이처럼 계약의 주기가 서로 일치하지 않는 임금계약들을 중첩임금계약(staggered wage contract)라고 한다. 반면 계약의 주기가 모두 일치하는 경우를 동시임금계약(synchronized wage contract)라고 한다. 이에 대해서는 제15장에서 보다 자세히 다룬다.

- 1981 : π =9.7%
  1985 : π =3.0%　　총디스인플레이션=6.7%p

year	u	u_N	$u-u_N$
1982	9.5%	6.0%	3.5%
1983	9.5	6.0	3.5
1984	7.4	6.0	1.4
1985	7.1	6.0	1.1
			총실업갭 9.5%p

[표 3] 볼커 디스인플레이션의 성적표

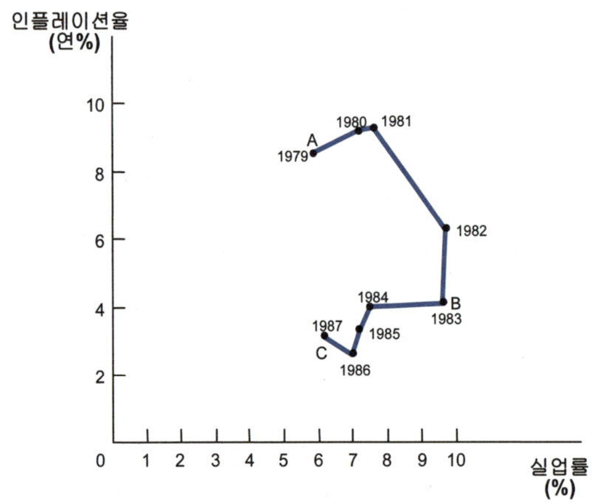

[그림 12] 1979~1987년의 실증자료

우선 당시 실제자료를 나타내는 [표 3]에 의하면 인플레이션 저감정책의 효과가 나타나기 시작한 1981년부터 자연실업률로 회귀하기 직전인 1985년까지를 디스인플레이션 시기라고 볼 때 인플레이션율은 9.7%에서 3.0%까지 총 6.7%p가 감소했으며 실업갭은 총 9.5%p가 발생하였다. 당시에 레이건 대통령의 감세정책 등으로 인해 재정정책이 확장적이었다는 점을 감안한다면 이러한 경기침체는 거의 전적으로 통화정책의 효과에서 비롯하였다고 볼 수 있다.

다음 단계로 희생비율을 구하기 위해 실업갭을 국민소득손실률 즉 GDP 갭으로 바꾸기 위해 오쿤의 법칙을 활용한다.

$$\text{오쿤의 법칙} : \frac{\overline{Y} - Y}{\overline{Y}} = \alpha(u - u_N)$$

당시 조사에 의하면 α는 약 2의 값으로서 실업갭 1%p는 GDP 갭 2%로 환산된다. 따라서 국민소득손실률은 총 9.5%×2=19%가 되며 이로부터 희생비율을 구하면 다음과 같다.

$$\text{희생비율} = \frac{\text{실질 } GDP\text{의 총손실률}}{\text{인플레이션율의 총감소분}} = \frac{19\%}{6.7\%} \fallingdotseq 2.8$$

이 결과는 해석하기가 매우 까다롭다. 앞서 희생비율이 5에 가까운 값이 되면 케인즈경제학에 근거한 전통적 계량경제모형의 손을 들어주기로 하였고 희생비율이 0에 가까운 값이 되면 합리적 기대론자들의 손을 들어주기로 하였다. 그러나 2.8은 누구의 손을 들어주기에도 애매한 숫자이다. 그렇다면 이러한 결과에 대해 각 진영은 어떻게 생각하고 있을까?

우선 합리적 기대론자들은 희생비율이 5보다 상당히 낮았다는 점을 들어 자신들의 주장이 타당했다고 주장한다. 즉 그들에 의하면 이 결과는 정책이 민간의 인플레이션기대에 영향을 주는 만큼 희생비율을 낮출 수 있음을 보여주는 것이다. 물론 볼커의 정책이 희생비율이 0에 이를 만큼 충분히 신뢰할만한 것은 아니었지만 이러한 결과는 향후 정책의 실시방법에 따라 희생비율이 이보다도 훨씬 낮은 값이 될 수도 있을 것이라는 점을 시사한다고 해석한다.

반대로 케인즈학파 경제학자들은 디스인플레이션 과정에서 발생한 경기침체와 실업증가는 정도 차이만 있을 뿐 자신들이 예측한 시나리오와 일치한다고 주장한다. 사실 당시 미국의 실업은 대공황 이후 최고수준을 기록할 정도로 심각하였다. 이들에 따르면 과감하고 신뢰성 있는 정책을 통해 희생비율이 낮아질 수 있으나 가격과 임금의 경직성으로 인해 시장이 장기균형으로부터 이탈하기 때문에 희생비율은 절대로 0이 될 수 없다. 즉 이러한 결과는 고통 없는 디스인플레이션이란 원래부터 불가능한 것임을 보여준 것이라고 해석한다.

볼커의 통화정책을 계기로 충돌했던 두 학파는 이후 어떻게 지내고 있을까? 두 학파는 방법론적인 측면에서 상당히 타협을 보이고 있으나 그 기본적인 입장에는 여전히 많은 차이를 보이고 있다. 우선 합리적 기대론자는 고전학파와 통화주의자들의 이론을 합리적 기대의 틀 위에 계승하여 **새고전학파**(New Classicals)로 발전하였다. 반면 케인즈학파 경제학자들도 기존 이론에 루카스비판과 합리적 기대의 타당한 점들을 받아들여 **새케인즈학파**(New Keynesian)로 발전하였다. 새고전학파와 새케인즈학파 간의 논쟁에 대해서는 제15장에서 보다 자세히 다룬다.

10 이력가설(기억효과) : 자연실업률가설에 대한 도전

지금까지 살펴본 것처럼 경제학자들은 오랜 논쟁을 통해 총공급과 필립스곡선에 대한 이해도를 높여왔다. 초기에는 필립스곡선이 실업과 인플레이션간에 항구적인 상충관계를 나타내는 것으로 생각했으나, 현대 경제학자들은 이러한 상충관계는 항구적인 것이 아니며 여러 요인에 의해 움직일 수 있는 것이라는 점에 합의하고 있다. 이러한 합의의 중심에 있는 것이 바로 자연실업률가설이다. 즉 총수요의 충격으로 인해 실업률은 단기적으로 자연실업률을 벗어날 수 있으나 결국 자연실업률로 되돌아온다는 것이다. 자연실업률가설은 현재 대부분의 거시경제학자들이 인정하는 거시경제학의 기본적인 틀이 되었는데 이 이론의 암묵적 전제는 다음과 같다.

1. 실제실업률의 변화는 자연실업률에 영향을 미치지 못한다.
2. 화폐부문의 충격은 자연실업률에 영향을 미치지 못한다.

그러나 최근 일부경제학자들은 이러한 전제에 대해 반론을 제기하고 있다. 그 중 대표적인 것이 실업의 **이력가설**(hysteresis hypothesis)인데 이에 따르면 다음과 같은 이력현상이 나타날 수 있다.

1. 실제실업률이 높아진 상태가 일정기간 유지될 경우 자연실업률 자체가 높아지는 현상
2. 경기후퇴가 종료된 이후에도 고용이 원상을 회복하지 못하는 현상

이력가설의 대표적인 예로 1980년대 유럽에서 인플레이션저감정책으로 높아진 실업률이 오랜기간 지속된 현상을 들 수 있다. 이후 다른 나라의 디스인플레이션 및 경기침체 사례에서도 유사한 현상들이 발생하였다.

이력현상이 발생하는 원인은 무엇일까? 이력가설의 첫 번째 원인으로는 **노동시장에서의 비대칭정보**(asymmetric information)를 들 수 있다. 이에 따르면 노동시장에서 구직자에 대한 정보는 불완전하기 때문에 기업이 먼저 실직한 사람들을 무능한 사람으로 간주할 경우 경기후퇴가 끝난 후에도 이들의 취업이 어려워진다. 또 이러한 이유로 인해 실업기간이 장기화될 경우 실제로 노동자들의 숙련도 등 인적자본이 상실되며 취업이 더욱 힘들어진다. 이러한 주장이 사실이라면 기업이 어떤 노동자들을 무능한 노동자라고 낙인찍을 경우 취업기회를 얻지 못한 노동자는 실제로도 무능한 노동자가 될 수 있는데 이러한 효과를 **낙인효과**(stigma effect)라고 한다.

둘째로는 근로에 대한 태도변화를 들 수 있다. 실업기간이 길어지면 근로의욕이나 성취욕이 줄어들어 구직에 대한 적극성이 떨어지게 되고 아예 구직을 포기해 버릴 수도 있다. 이처럼 구직을 포기한 노동자들을 **실망실업자**(discouraged worker)라고 하는데 이들의 노동시장 재진입이 이루어지지 않는다면 이력현상이 나타날 수 있다. 이력현상이 가장 뚜렷하게 나타난 유럽의 경우 실업보험제도가 매우 관대하게 유지되고 있었던 점이 노동자들의 근로에 대한 태도에 영향을 미쳤을 것으로 볼 수 있다.

셋째로는 노조의 역할을 들 수 있다. 이른바 노동시장의 **내부자－외부자모형**(insider－outsider model)에 따르면 불황이 발생할 때 노조가 임금하락을 받아들이지 않는다면 고용이 크게 감소한다. 그런데 일단 실직한 사람들은 노동시장의 외부자(outsider)가 되어 임금협상과정에서 더 이상 자신의 의사를 반영시킬 방법이 없어진다. 이처럼 노사협상이 기업과 현재 고용된 노동자로 구성된 내부자(insider)들에 의해서만 이루어진다면 경기가 회복되더라도 노조는 현재 고용된 노동자들의 이익을 위해 고용을 늘리기보다는 임금을 인상할 가능성이 크고 고용규모는 원래의 수준을 회복하지 못한다. 이와 같은 노사협상의 관행하에서 경기변동이 반복된다면 고용의 규모는 점점 감소하고 자연실업률이 상승한다.

그렇다면 이력가설이 성립하는 경제의 필립스곡선은 어떻게 달라질까? 만약 이력가설이 성립하는 경제에서 디스인플레이션이 이루어진다면 균형이 E점에서 K점으로 이동하면서 단기적으로 경기는 후퇴하고 실제실업률이 상승한다. 그런데 이러한 과정에서 앞에서 언급한 여러 경로를 통해 자연실업률이 상승한다면 실업률이 원래의 자연실업률(u_N)이 아닌 새로운 자연실업률(u_N')을 나타내는 H점까지만 회귀한다. 이러한 궤적을 연결하면 단기적으로 뿐만 아니라 장기적으로도 우하향하는 필립스곡선이 도출된다.[7] 즉 이력가설하에서는 단기적으로 뿐만 아니라 장기적으로도 실업과 인플레이션간의 상충관계가 존재할 수 있다. 이처럼 이력가설이 성립한다면 디스인플레이션 정책이 실업률을 영원히 높여 희생비율이 매우 커질 수 있기 때문에 디스인플레이션 정책을 보다 조심스럽게 시행할 필요가 있다.

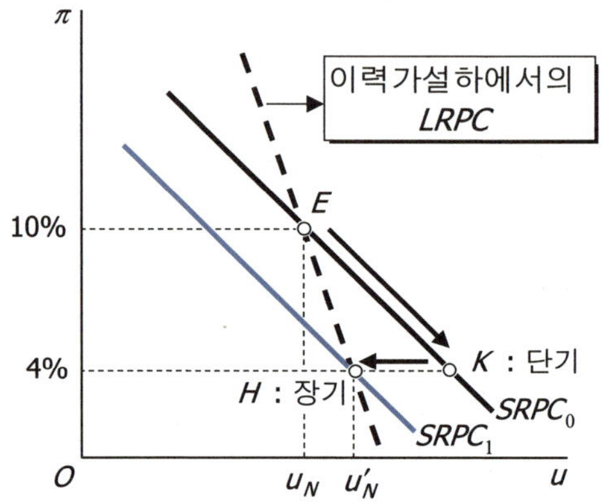

[그림 13] 이력가설하에서의
장단기 필립스곡선

현재 주류의 거시경제학은 자연율가설(natural rate hypothesis)을 받아들이고 있다. 이에 의하면 최소한 화폐적 충격은 경제의 장기균형에 영향을 미치지 못한다. 즉 자연율가설은 화폐의 장기중립성을 달리 표현한 것이다. 그러나 이력가설에 의하면 비록 화폐적 충격이라 하더라도 그것이 경제에 강한 영향을 미친다면 자연율(여기서는 자연실업률)에 영구적인 영향을 미칠 수 있다. 즉 이력가설은 화폐의 장기중립성을 부인하는 도발적인 이론인 셈이다.

이력가설은 현재 주류 거시경제학의 한 축을 이루는 자연율가설에 대한 의미 있는 도전으로 평가되고 있다. 특히 코로나 대유행으로 발생한 노동시장의 충격이 대유행이 끝난 이후에도 영원한 영향을 미치게 될 것인지 여부는 2022년 현재 거시경제학에서 가장 뜨거운 논쟁거리 중 하나이다.

---

7) 이는 수직의 장기 필립스곡선이 이동한 것으로 표현할 수도 있다. 그러나 어떤 경우에도 기존의 자연실업률가설과는 다른 결과이다.

핵심용어해설

- **단기 필립스곡선** : 단기에 실업과 인플레이션 간에 상충관계가 있음을 나타내는 곡선
- **장기 필립스곡선** : 장기에 실업과 인플레이션 간에 상충관계가 없음을 나타내는 곡선
- **수요견인 인플레이션** : 총수요의 증가 및 실업갭의 감소로 인해 발생하는 인플레이션
- **비용인상 인플레이션** : 부정적 공급충격 및 총공급의 감소로 인해 발생하는 인플레이션
- **미세조정** : 정부가 정책을 통해 경제를 매우 정교하게 조작할 수 있다는 생각
- **재량적인 안정화정책** : 정부가 그때그때의 상황에 맞게 경제를 안정화시키기 위해 시행하는 정책
- **기대부가 필립스곡선** : 실업과 인플레이션간의 상충관계는 사람들의 기대에 의해 영향을 받을 수 있음을 반영한 필립스곡선
- **인플레이션 가속화 현상** : 정부가 실업률을 자연실업률 이하로 낮추려고 하는 경우 장기적으로 실업률은 낮추지 못하고 인플레이션만 가속화시키는 현상
- **인플레이션 관성** : 과거의 인플레이션율이 현재의 인플레이션율에 영향을 미치는 현상
- **인플레이션을 가속하지 않는 최저한의 실업률(NAIRU)** : 물가상승률이 더 높아지거나 낮아지지 않고 안정적으로 유지될 수 있는 수준의 실업률, 자연실업률의 다른 표현
- **희생비율** : 인플레이션율 1%p를 저감하기 위해 부담해야 하는 GDP의 총감소율
- **점진정책** : 매년 소폭으로 인플레이션을 저감해 나가는 정책방식
- **급랭정책** : 짧은 기간에 급격하게 인플레이션을 저감해 나가는 정책방식
- **디스인플레이션 정책** : 인플레이션율을 하락시키는 정책
- **이력가설** : 실제실업률이 높아진 상태가 지속되는 경우 자연실업률마저 높아질 수 있다는 주장

연습문제

01 단기 필립스곡선이 우하향하는 네 가지 이유를 설명하라.

02 다음 각 사건들이 단기 및 장기 필립스곡선에 미치는 영향을 설명해 보아라.

(1) 자연실업률의 상승
(2) 일시적인 수입 원유 가격의 하락
(3) 예상 인플레이션율의 하락

03 1990년대에 정보통신분야에 큰 기술혁신이 발생하였는데 당시에 이를 신경제(new economy) 현상이라고 불렀다.

(1) 신경제 현상을 총수요－총공급곡선과 필립스곡선을 이용하여 설명하라.
(2) (1)의 결과는 인플레이션과 실업률 사이에 단기상충관계가 없다는 것을 의미하는가?

04 중앙은행이 인플레이션율을 낮추기 위해 긴축 금융정책을 실시할 것이라고 발표하였다. 다음의 상황들은 금융긴축으로 인한 경기침체를 가중시키겠는가, 완화해주겠는가?

(1) 임금계약 기간이 짧다.
(2) 인플레이션을 낮추겠다는 중앙은행의 정책의지를 사람들이 별로 신뢰하지 않는다.
(3) 메뉴판을 교체하는 비용이 높다.

05 다음과 같은 필립스곡선을 갖고 있는 경제를 가상해 보자.

$$\pi = \pi_{-1} - 0.5(u - 0.06)$$

(1) 정태적 기대를 전제할 때 이 경제의 자연실업률은 얼마인가?
(2) 이 경제에서 10%로 진행되고 있는 인플레이션을 5%까지 낮추기 위해 필요한 실업의 증가폭은 얼마인가?

06 다음 글을 읽고 이 경제의 희생비율을 구하라.

인플레이션율 1%p를 감소시킬 때마다 2년간 매년 2%p씩의 실업률 상승이 나타난다. 또한 1%p의 실업률 상승은 2%에 해당하는 GDP 감소를 유발한다.

07 필립스곡선이 $\pi_t - \pi_{t-1} = b - au_t$로 주어지면 인플레이션을 가속화하지 않는 최소한의 실업률은 어떻게 나타낼 수 있는가?

08 인플레이션예측에 있어서 자연실업률(natural rate of unemployment)의 유용성과 한계를 서술하시오.

09 루카스와 사전트가 주장하는 고통없는 인플레이션 저감의 조건은 무엇인가? 이에 대한 새케인즈학파 경제학자들의 비판은 무엇인가?

10 이력가설에 의하면 단기와 장기의 필립스곡선의 형태는 어떠한가?

IV

PART 4

거시경제학의 미시적 기초

CHAPTER 10
소비와 저축이론

CONTENTS

CHAPTER PREFACE | 들어가며

거시경제학이 발전하면서 전통적인 이론들의 기본가정들을 재검토해야 한다는 요구가 제시되었다. 이에 따라 지금까지 살펴본 주요 변수 및 주요 시장에 대한 미시경제학적 기초를 다지는 연구가 진행되어왔다. 우선 제10장에서는 GDP에서 구성비율이 가장 높은 소비를 살펴본다. 소비는 GDP의 50%~60%를 차지하며 GDP 대비 60%~70%의 변동성을 가진 안정적인 변수이다.

이번 장에서 주로 다룰 문제는 다음 세 가지이다. 첫째, 현재소비는 현재가처분소득 이외에 어떤 요인에 영향을 받는가? 둘째, 가계가 소비를 평준화하려는 이유는 무엇인가? 셋째, 현재소비에 영향을 미치는 요인 중 현재가처분소득은 얼마나 중요한가? 이런 문제들에 답하기 위해 케인즈의 소비이론에서 출발하여 피셔의 미시경제학적 소비이론과 이로부터 발전된 다양한 이론을 살펴볼 것이다. 이를 통해 그동안 우리가 사용해 온 소비함수가 어떤 점에서 불완전했는지, 하지만 어떤 점에서 여전히 타당한지를 확인한다.

01 케인즈의 절대소득가설

1.1 케인즈 소비이론의 특징

거시경제학에서 소비이론의 출발점이 된 것은 케인즈의 소비함수이다. 케인즈의 소비이론을 절대소득가설(absolute income hypothesis)이라고도 하는데 이에 의하면 금기 소비를 결정짓는 가장 중요한 요인은 금기 가처분소득(disposable income)이며 그 외의 요인은 큰 영향을 미치지 못한다. 지금까지 이 책에서 주로 사용했던 소비함수가 바로 케인즈의 소비함수이다.

케인즈의 소비함수 : $C = \overline{C} + cY$

위 소비함수에서 $\overline{C}$는 소득과 무관히 결정되는 부분으로서 독립소비(autonomous consumption) 또는 기초소비라고 한다. 이는 [그림 1]에서 소비함수의 수직축 절편이며 일반적으로 0보다 큰 값이다. 이 장에서 Y는 특별히 언급이 없는 한 소득에서 조세를 제하고 이전지출을 더한 가처분소득(disposable income)을 의미하는 것으로 약속한다.

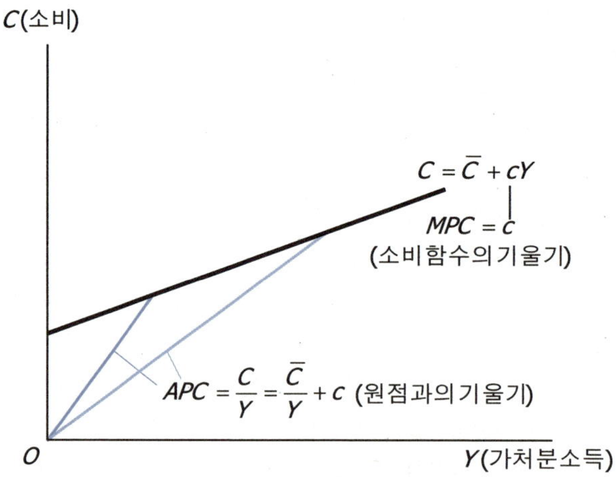

[그림 1] 케인즈의 절대소득가설

소비함수 상의 한 점에서 접선의 기울기를 구하면 가처분소득이 한 단위 증가할 때 소비가 얼마나 변하는지가 구해지는데 이를 **한계소비성향**(marginal propensity to consumption : MPC)이라 한다. 한계소비성향은 0과 1사이의 값을 가진다고 가정한다.

$$\text{한계소비성향} : MPC = \frac{\Delta C}{\Delta Y} = c$$

또한 소비함수 상의 한 점과 원점을 이은 직선의 기울기를 구하면 가처분소득과 소비와의 비율이 구해지는데 이를 **평균소비성향**(average propensity to consumption : APC)이라고 한다.

$$\text{평균소비성향} : APC = \frac{C}{Y} = \frac{\overline{C}}{Y} + c$$

케인즈 소비함수의 중요한 특징은 다음과 같다. 첫째, 소득이 증가하면 소비와 저축은 모두 증가한다. 이는 한계소비성향이 0보다 크고 1보다 작기 때문이다. 둘째, 소득이 증가할 때 평균소비성향은 지속적으로 감소한다. 평균소비성향이 지속적으로 감소한다는 것은 평균소비성향보다 한계소비성향이 항상 작다는 것과 동일한 의미를 갖는다. 이러한 특징은 독립소비가 0보다 크다는 점에서 비롯한다. 셋째, 금기 가처분소득이 금기 소비의 주요결정요소이며 과거 및 미래 가처분소득 및 이자율은 소비에 큰 영향을 미치지 않는다.

1.2 소비의 수수께끼

케인즈의 소비이론이 현실을 얼마나 잘 설명하는지에 대해 여러 각도에서의 검증이 이루어졌다. 이러한 검증은 크게 횡단면분석, 단기시계열분석, 장기시계열분석으로 나누어 볼 수 있다.

첫째, **횡단면분석**(cross section analysis)이란 주어진 기간 내 소득계층별로 소비유형이 어떻게 다른지를 분석하는 것이다. 둘째, **단기시계열분석**(short run time series analysis)이란 상대적으로 짧은 기간 동안 총소득과 총소비의 변화를 분석하는 것으로서 소비함수를 알면 경기변동과정에서 소비가 어떻게 변화하는지를 알 수 있다. 셋째, **장기시계열분석**(long run time series analysis)이란 상대적으로 오랜 기간 동안의 총소득과 총소비의 변화를 분석하는 것으로서 소비함수를 알면 경제성장과정에서 소비가 어떻게 변화하는지를 알 수 있다.

초기의 실증분석을 통해 케인즈의 소비함수는 횡단면자료와 단기시계열자료를 매우 잘 만족시키는 것으로 밝혀졌다. 그러나 사이먼 쿠즈네츠(Simon Kuznets)는 단기시계열분석에 있어서는 케인즈가 예상한 것처럼 소득이 증가함에 따라 평균소비성향 이 감소하지만 장기시계열분석에 있어서는 평균소비성향이 일정하게 유지된다는 사실을 밝혀냈다. 이를 그림으로 나타내면 [그림 2]와 같다.

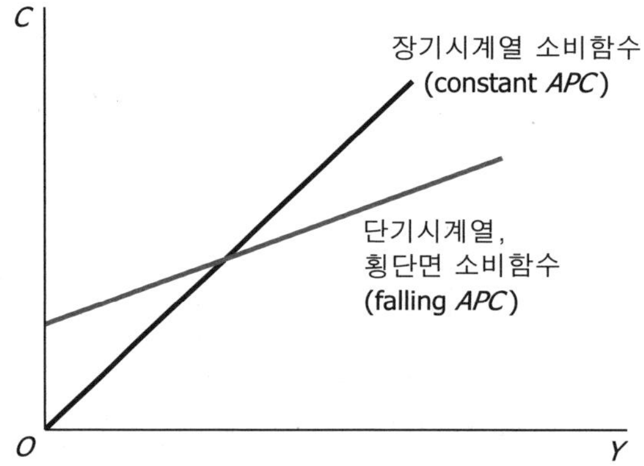

[그림 2] 소비의 수수께끼

정리하면 횡단면분석과 단기시계열분석에서는 가처분소득이 증가함에 따라 평균소비성향이 하락하지만 장기시계열분석에서는 평균소비성향이 일정하게 유지되는데 이러한 역설적 현상을 **소비의 수수께끼**(consumption puzzle)라고 한다. 이러한 소비함수의 특징은 케인즈의 소비이론으로는 설명하기 힘들었으며 이를 설명하기 위해 경제학자들은 새로운 소비이론을 모색하게 되었는데 이때 많은 경제학자들이 출발점으로 삼았던 것이 피셔(I. Fisher)의 기간 간 자원배분모형이다.

피셔의 기간 간 자원배분모형 02

미국의 경제학자인 어빙 피셔(I. Fisher)는 케인즈와 비슷한 시기에 소비와 저축을 설명하는 이론을 발전시켰다. 피셔에 따르면 사람들은 여러 기간에 걸쳐 효용을 극대화하므로 현재소비는 현재소득뿐만 아니라 미래소득이나 이자율에도 영향을 받을 수 있다고 한다.

편의상 생애가 두 기간으로 이루어진 소비자의 최적선택을 고려해 보자. 현재(1기) 및 미래(2기)의 소비를 각각 C_1과 C_2로 나타내었을 때 소비자의 평생 효용함수는 다음과 같다.

효용함수 : $U = U(C_1, C_2)$

각 기간의 소비는 정상재(normal goods)의 성격을 갖는다고 하자. 이제 각 기간의 소득을 Y_1과 Y_2라고 하고 이자율을 r이라 할 때 소비자가 직면하는 기간 간 예산제약을 구해보자. 편의상 각 기간의 소득 및 이자율은 외생적으로 주어진다고 가정한다. 이 경우 제1기의 저축 S는 다음과 같다.

1기 저축 : $S = Y_1 - C_1$ [식 1]

S는 양수일 수도 있고 음수일 수도 있다. S가 양수인 소비자를 저축자(saver) 또는 대여자(lender)라고 하고 S가 음수인 소비자를 차입자(borrower)라고 한다.[1] 제2기의 소비는 2기의 소득에 1기 저축에 대한 원금과 이자를 합한 금액과 같다.

2기 소비 : $C_2 = Y_2 + (1+r)S$ [식 2]

[식 2]에 [식 1]을 대입하여 정리하면 다음과 같다.

1) 엄밀하게 말하면 대여자는 양(+)의 저축자가 되고 차입자는 음(−)의 저축자가 된다. 그러나 관행상 '저축자'라고 부르는 경우 대여자를 일컫는 경우가 대부분이다.

$$C_2 = Y_2 + (1+r)(Y_1 - C_1)$$

위 식을 소비관련항과 소득관련항으로 구분하여 정리하면 다음과 같다.

$$(1+r)C_1 + C_2 = Y_2 + (1+r)Y_1$$

이제 양변을 $(1+r)$로 나누면 기간 간 예산제약식이 구해진다.

기간 간 예산제약식 : $C_1 + \frac{C_2}{1+r} = Y_1 + \frac{Y_2}{1+r}$ (평생소비현재가치＝평생소득현재가치)

예산제약식을 그림으로 나타내면 [그림 3]과 같다. 즉 예산선은 소득의 부존점인 (Y_1, Y_2)를 지나며 기울기가 $-(1+r)$인 직선이 되는데 예산선상의 모든 점들은 초기 소득부존점과 현재가치가 동일하다. 이러한 의미에서 기간 간 예산제약선을 **등현가선**(iso PV line)이라고 부르기도 한다. 또한 주어진 예산선에서 소득부존점보다 좌측 구간을 선택하는 소비자는 저축자 또는 대여자가 되고, 소득부존점보다 우측 구간을 선택하는 소비자는 차입자가 된다. 초기부존점을 그대로 소비하는 것은 저축도 차입도 하지 않는 예외적인 경우이다.

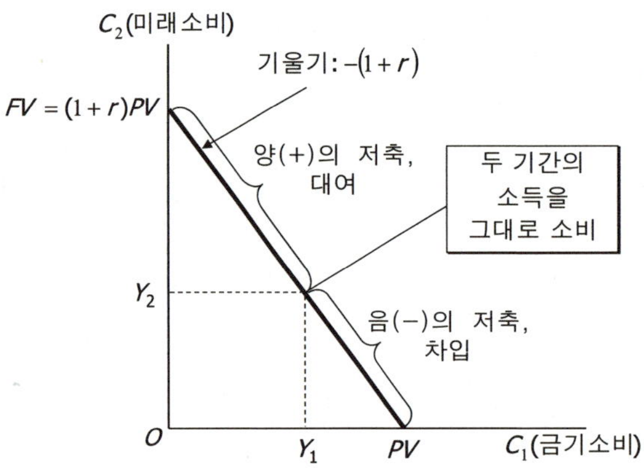

[그림 3] 기간 간 예산제약

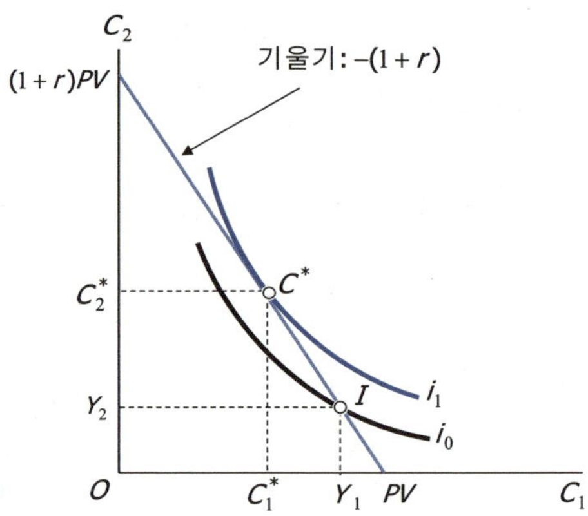

[그림 4] 소비자의 최적 선택

소비자는 평생소득 현재가치 제약하에 평생효용을 극대화하는 소비의 흐름을 선택한다. [그림 4]에서 최적선택점은 C^*점이며 최적소비조건은 다음과 같다.

최적소비조건 : $MRS_{12} = 1 + r$

최적소비조건의 좌변은 현재소비에 대한 상대적 선호도를 의미하며 우변은 현재소비의 기회비용을 나타낸다. 즉 최적소비조건의 직관적 의미는 1기 소비에 대한 상대적 선호도와 1기 소비의 기회비용이 일치할 때 최적소비가 이루어진다는 것이다. [그림 4]에서 초기부존점의 위치가 변하더라도 예산선의 형태가 불변인 한 최적소비점은 변하지 않는다. 즉 소득의 흐름이 변하더라도 이자율과 평생소득의 현재가치만 변함없다면 소비자의 선택은 일정하게 유지된다. 다시 말하면 소비자들은 소득이 변하더라도 소비를 안정적으로 유지하는데 이를 **소비평준화**(consumption smoothing)라고 한다.

피셔의 소비이론은 케인즈의 이론과 여러 가지 측면에서 다르다. 우선 피셔의 이론에 따르면 금기소비는 금기소득뿐만 아니라 미래소득에 의해서도 영향을 받는다. 예를 들어 [그림 5]에서 금기소득이 증가하는 경우 소득부존점은 I'점으로 수평이동하고, 다음기 소득이 증가하면 소득부존점은 I''점으로 수직이동한다. 두 가지 경우 모두 예산선이 바깥쪽으로 평행이동하며 소득 증가분의 현재가치가 동일하다면 I'점과 I''점은 동일한 예산선 위에 위치한다. 이 경우 어느 시점에서의 소득이 증가하였는지와 관계없이 최적소비는 C^*점에서 C^{**}점으로 이동한다.2)

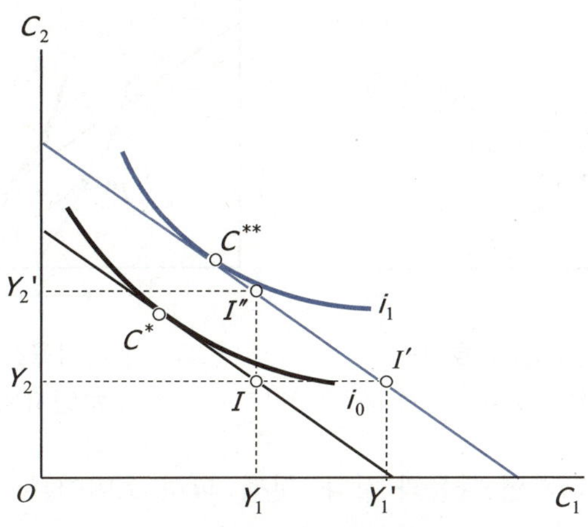

[그림 5] 소득증가의 효과

다음으로 피셔의 이론에 의하면 기간별 소비는 이자율에도 영향을 받는다. [그림 6]은 저축자의 경우를 나타내고 있는데 이자율의 상승으로 예산선이 가파르게 회전이동할 때 두 가지 효과가 발생한다. 첫째, C^*점에서 A점까지의 이동은 대체효과(substitution

---

2) [그림 5]는 저축자의 경우를 나타내고 있으나 차입자의 경우에도 분석의 내용이 달라지지 않는다.

effect)인데 이자율 상승으로 상대적으로 비싸진 현재소비를 줄이고 값싼 미래소비를 증가시키는 효과이다. 둘째, A점에서 B점까지의 이동은 소득효과(income effect)인데 이자율상승으로 저축자의 실질소득이 상승함에 따라 정상재인 두 기간의 소비를 모두 증가시키는 효과이다. 그 결과 현재소비는 대체효과와 소득효과의 크기에 따라 증가할 수도 있고 감소할 수도 있으며 미래소비는 반드시 증가한다.

[그림 7]은 차입자의 경우를 나타내고 있다. 첫째, 이자율이 상승하면 C^*점에서 A'점까지의 대체효과는 현재소비를 줄이고 미래소비를 늘린다. 둘째, 이자율상승이 차입자의 실질소득을 감소시킴에 따라 소득효과는 A'점에서 B'점으로 두 기간의 소비를 모두 감소시킨다. 그 결과 현재소비는 반드시 감소하고 미래소비는 대체효과와 소득효과의 크기에 따라 증가할 수도 있고 감소할 수도 있다. 즉 피셔의 모형에서는 이자율도 소비에 중요한 영향을 미칠 수 있다.

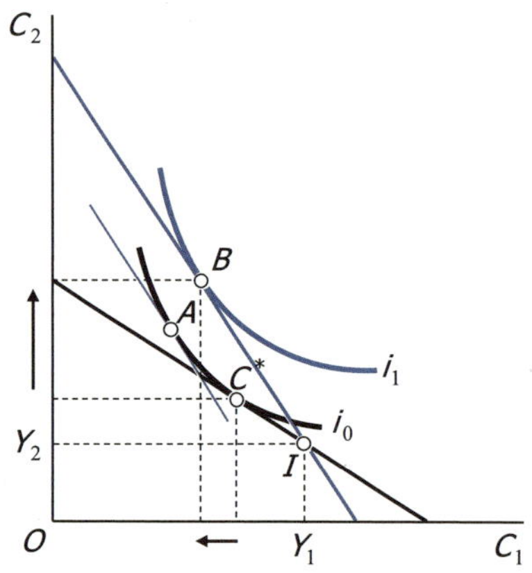

[그림 6] 이자율상승의 효과-1
: 저축자의 경우

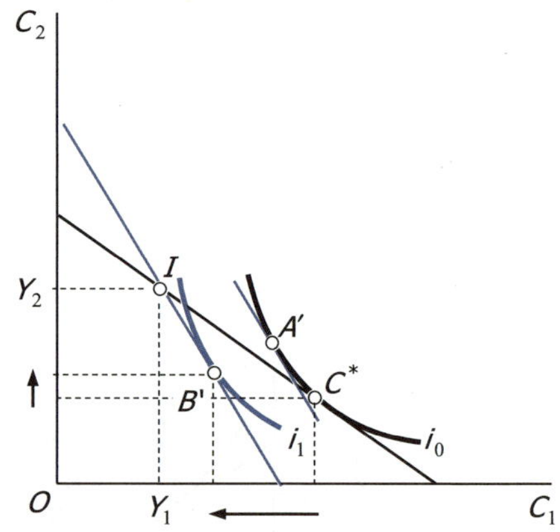

[그림 7] 이자율상승의 효과-2
: 차입자의 경우

지금까지 분석을 정리하면 다음과 같다. 첫째, 피셔 소비이론에서 소비는 현재소득뿐만 아니라 미래소득에도 영향받는다. 이 모형에서 중요한 것은 언제 소득이 증가했는지가 아니라 평생소득의 현재가치에 어떤 영향을 미치는지이다. 둘째, 소비는 소득뿐만 아니라 이자율에도 영향을 받는다. 셋째, 효용을 극대화하는 소비자는 소득의 흐름이 일정하지 않더라도 가능한 소비의 흐름을 일정하게 하려고 한다. 세 번째 특성을 공유하는 소비이론들을 **소비평준화가설**(consumption smoothing hypothesis)이라고 하는데 이와 관련한 논쟁이 이후 소비이론의 발전에 큰 영향을 미친다. 이제 피셔의 소비이론을 구체화한 두 개의 소비이론을 차례로 살펴보자.

모딜리아니의 생애주기가설 03

모딜리아니(F. Modigliani)의 **생애주기가설**(life cycle hypothesis)은 소비평준화가설을 구체화 한 대표적 이론으로서 예상가능한 소득변화에 대한 소비평준화과정을 설명한다. 그는 소비자들의 소득은 생애주기에 따라 체계적으로 변동하지만 소비자들은 평준한 소비를 원하기 때문에 저축을 통해 이러한 불일치를 해결하려한다는 점에 관심을 두었다.

사람들의 인생은 어떻게 보면 모두 다르지만, 달리 보면 비슷한 측면도 있다. 사람들은 학생 때는 소득이 없다가 취직하면 상당한 소득을 얻고 은퇴하면 소득이 크게 감소하는 유사한 패턴을 갖는데 이를 소득의 생애주기라고 한다. 그렇다면 소비자는 자신의 소득이 생애주기에 따라 변함에 따라 소비도 똑같이 변화시키는 것이 바람직할까, 아니면 소득은 변화하더라도 소비는 일정하게 유지하는 것이 바람직할까?

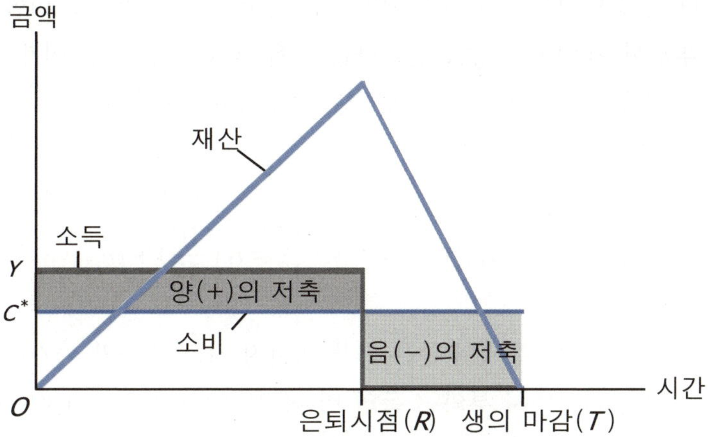

[그림 8] 생애주기에 따른 소득과 소비의 흐름

모딜리아니의 이론을 단순화하면 다음과 같다. 우선 W는 소비자가 현 시점에서 보유한 부(자산)를 의미하며 Y는 퇴직이전 연간소득을 의미한다. 편의상 Y는 일정한 값이라고 가정한다. 또한 R은 퇴직까지의 기간, T는 남은 생존기간이며 편의상 이자율은 0이라고 가정하자. 그렇다면 이 경제주체가 평생을 걸쳐 소비할 수 있는 재원은 다음과 같다.

평생재원 : $W+RY$

소비평준화가설에 따라 소비자들이 평생재원을 생애기간 동안 똑같이 배분한다면 최적소비계획은 다음과 같다.

최적소비계획 : $C=\dfrac{W+RY}{T}$ 또는 $C=\alpha W+\beta Y$

단, α는 $1/T$로서 기간당 부의 사용비율, β는 R/T로서 기간당 소득의 사용비율

생애주기에 따른 소득, 소비 및 부의 변화를 나타내면 [그림 8]과 같다. 은퇴이후에도 안정된 소비를 원하는 소비자라면 은퇴이전에 저축을 통해 노후생활에 필요한 만큼의 재산을 축적해야 한다. 이러한 저축의 동기를 **생애주기적 동기**(life cycle motive)라고 한다.[3] 이 경우 재산은 지속적으로 증가하며 은퇴시점에 최대가 되었다가 생의 마감시점까지 서서히 감소할 것이다.

모딜리아니의 소비함수를 가처분소득－소비평면에 나타내면 [그림 9]와 같다. 모딜리아니의 소비함수는 수직축 절편이 αW이고 기울기가 β인 형태로서 케인즈의 소비함수와 형태상 유사하다. 모딜리아니 소비함수의 가장 큰 특징은 케인즈 소비함수에서 독립소비로 두었던 부분이 자산에 영향을 받는다는 점을 명시한 점이다. 이제 이러한 소비함수를 사용하여 소비의 수수께끼에 답해보자. 모딜리아니 소비함수에 따르면 평균소비성향은 다음과 같이 나타낼 수 있다.

생애주기가설에서의 평균소비성향 : $APC=\dfrac{C}{Y}=\alpha\left(\dfrac{W}{Y}\right)+\beta$

이 소비함수에서 단기에는 부의 수준은 크게 변하지 않고 소득만 증가한다고 가정하자. 그렇다면 소득이 증가하면서 부와 소득의 비율(W/Y)가 감소하기 때문에 평균소비성향이 감소한다. 그러나 소득이 증가한 상태가 오래 지속된다면 저축이 누적되며 결국 소득과 부가 일정한 비율을 유지하고 평균소비성향이 일정하게 유지될 수 있다.

---

3) 저축의 동기로는 생애주기적 동기 외에도 예비적 동기(precautionary motive)와 상속동기(bequest motive)가 있다. 이에 대해서는 이 장의 보론을 참고하기 바란다.

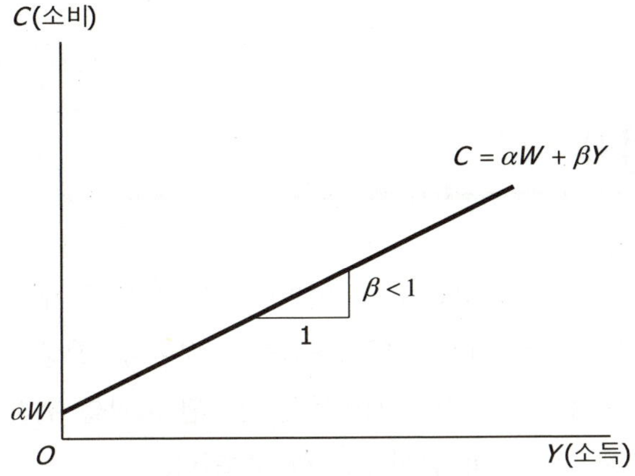

[그림 9] 생애주기가설의 소비함수

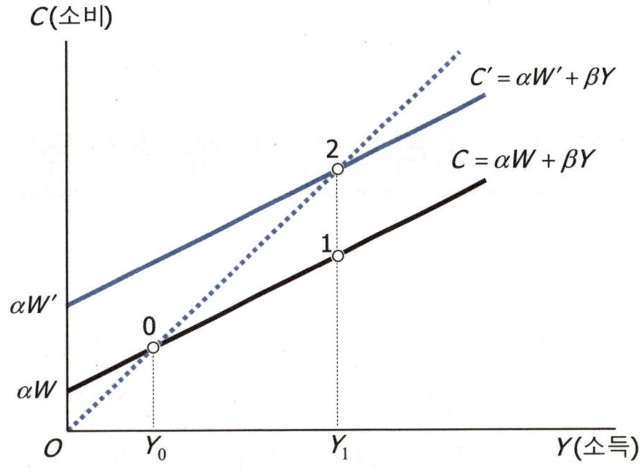

[그림 10] 생애주기가설과 소비의 수수께끼

이러한 내용은 그림으로도 확인할 수 있다. [그림 10]에서 단기적으로 부가 일정하게 주어져 있을 때 소득만 증가한다면 이는 주어진 소비함수 상의 이동으로 나타내어진다. 예를 들어 소득이 증가하여 0점에서 1점으로 이동하면 평균소비성향이 감소한다. 반면 장기적으로 소득과 부가 동시에 증가한다면 소비함수의 이동이 수반된다. 예를 들어 0점에서 2점으로 이동한다면 평균소비성향이 일정하게 유지된다. 즉, 모딜리아니는 소비함수에 자산을 명시적으로 도입함으로써 소비의 수수께끼를 해결해 내었다.

모딜리아니의 이론에 의하면 개인의 저축성향(및 소비성향)은 그 사람이 생애의 어떤 단계에 있는지에 따라 달라 질 수 있으며, 사회의 저축성향은 인구의 연령별 구성의 변화에 따라 달라질 수 있다. 따라서 생애주기가설은 인구통계학적 변화를 분석하는데 매우 유용하다. 예를 들어 사회적 고령화현상이란 은퇴이전 세대에 비해 은퇴이후 세대의 비율이 늘어나는 현상을 의미하는데, 생애주기가설에 따르면 은퇴이후 세대는 저축률이 낮기 때문에 사회적 고령화가 진행될수록 경제전체적인 저축률도 하락할 것이라 예측할 수 있다.

04 프리드먼의 항상소득가설4)

프리드먼의 **항상소득가설**(permanent income hypothesis)은 소비평준화가설을 구체화시킨 대표적 이론이며 예측불가능한 소득변화에 대한 소비평준화를 설명한다. 항상소득가설에서 소득은 확률적인 요인(운)에 의해 변동하지만 개인들은 안정된 소비를 누리기를 원한다. 프리드먼은 자신의 소비이론을 다음과 같이 표현한 바 있다.

> '내 생각에는 그날 벌어 그날 먹는 사람들이 아니고서는 매일매일의 소득보다는 자신이 장기적으로 벌어들일 것으로 예상하는 소득에 근거해서 소비를 결정할 것 같다.'

그에 따르면 실제소득은 두 부분으로 구분할 수 있는데 한 부분은 실제소득 중 평균적으로 얻을 것으로 예상하는 부분인 **항상소득**(permanent income : Y^P)이며 다른 한 부분은 실제소득이 항상소득으로부터 이탈한 부분인 **일시소득**(transitory income : Y^T)이다. 일시소득은 양(+) 또는 음(−)의 값을 가질 수 있으나 평균적으로는 0이 된다.

$$Y = Y^P + Y^T \qquad \text{실제소득} = \text{항상소득} + \text{일시소득}$$

프리드먼은 소비는 항상소득에만 영향을 받는 함수라고 단순화하였다.

항상소득가설의 소비함수 : $C = \alpha Y^P$

이러한 소비함수에 의하면 사람들은 일시소득이 증가한 경우 증가한 소득을 모두 저축하고 항상소득이 증가한 경우 증가한 소득을 대부분 소비한다. 따라서 현실적으로 소득증가 시 이 중 얼마가 소비로 이어질 것인지는 그 소비자가 소득 증가 중 얼마만큼을 항상소득으로 판단하는지에 달려 있다.

이제 항상소득가설을 사용하여 소비의 수수께끼를 풀어보자. 항상소득가설에서 평균

---

4) 항상소득가설을 좁게 정의하는 경우는 프리드먼의 소비이론만을 포함하며 넓게 정의하는 경우에는 홀의 임의보행가설을 포함한다.

소비성향은 다음과 같이 나타낼 수 있다.

$$\text{항상소득가설에서의 평균소비성향} : APC = \frac{C}{Y} = \frac{\alpha Y^P}{Y} = \frac{\alpha Y^P}{Y^P + Y^T}$$

보통 단기적인 소득변화란 항상소득에서 비롯하기보다는 일시소득에서 비롯한다. 따라서 단기적 소득변화는 소비에 큰 영향을 미치지 않으므로 평균소비성향이 감소한다. 반면 장기적인 소득변화에서 일시소득은 평균적으로 0이 되고 소득변화는 대부분 항상소득에서 비롯한다. 이 경우 소득과 소비는 같은 비율로 움직이기 때문에 평균소비성향은 일정하게 유지된다. 즉, 프리드먼은 관측된 소득을 항상소득과 일시소득으로 구분함으로써 소비의 수수께끼를 성공적으로 설명해내고 있다.

지금까지 살펴본 생애주기가설과 항상소득가설은 여러 가지 공통점이 있다. 우선 두 이론 모두 피셔의 소비평준화이론을 발전시킨 이론으로서 미래전망적 소비자의 최적행동에 근거하여 소비의 수수께끼를 설명한다. 또한 두 이론 모두 완전한 자본시장[5]을 암묵적으로 가정하고 있다. 그러나 생애주기가설이 체계적인 소득변화에 대응하여 자신의 소비를 평준화하는 과정을 설명하는 반면, 항상소득가설에서 소비자는 불확실한 일시소득의 변화에 대응하여 자신의 소비를 평준화하는 과정을 설명한다는 점에서 차이가 있다.

홀의 임의보행가설 05

항상소득가설에서는 소비자가 자신의 소득변화 중 얼마만큼이 항상소득의 변화라고 판단하는지가 매우 중요하다. 이에 대해 로버트 홀(Robert Hall)은 항상소득가설에서 미래소득을 예측하는 과정에 합리적 기대를 도입하였는데 이를 소비의 임의보행가설(random walk hypothesis)이라고 한다. 임의보행이란 변화를 예측할 수 없는 변수의 움직임을 일컫는 말인데 소비의 임의보행가설을 수식으로 나타내면 다음과 같다.

5) 물론 여기서 자본시장은 금융자본시장을 의미하며 완전한 자본시장을 효율적인 자본시장이라고 표현하기도 한다. 완전한 자본시장은 다음 두 가지 조건을 동시에 만족하는 상태로 정의된다. 1. 주어진 이자율 수준 하에서 얼마든지 차입과 대여가 가능할 것, 2. 차입 시와 대여 시의 이자율이 동일할 것

$$\text{임의보행가설}: C_{t+1} = C_t + \varepsilon_{t+1} \text{ 또는 } C_{t+1} - C_t = \varepsilon_{t+1}$$

(ε_{t+1}은 t기에 보유한 정보로는 예측할 수 없는 확률적 충격)

이 식은 t기에 보유한 정보로는 $t+1$기에 나타난 소비의 변화를 설명할 수 없음을 의미한다. 그렇다면 미래전망적인 항상소득가설과 정보를 최대한 활용한다는 합리적 기대를 결합하는 경우 왜 소비의 변화를 예측할 수 없게 되는 것일까? 합리적 기대하에서 소비의 임의보행이 성립하는 과정은 매우 직관적인데 이를 단계별로 접근하면 다음과 같다.

1. 합리적 기대에 의하면 소비자들은 가용정보를 모두 활용하여 항상소득을 추정하고 이에 근거하여 소비계획을 수립한다.
2. 따라서 다른 조건이 일정할 때 소비계획이 변했다면 이는 가용정보의 변화에서 비롯한 것이다.
3. 그런데 정의상 가용정보의 변화는 사전에 예측할 수 없는 것이기 때문에 소비의 변화도 예측할 수 없다. 따라서 오직 예측치 못한 변화만이 소비를 변화시킬 수 있다.

임의보행가설의 주요한 시사점을 정리하면 다음과 같다. 첫째, 소비자들이 항상소득가설과 합리적 기대에 따라 행동한다면 오직 예측하지 못한 요인(정책)만이 소비를 변화시킬 수 있다.[6] 둘째, 소비가 예측할 수 없는 요인에 의해서만 변화한다는 것은 소비의 변화를 예측할 수 없다는 것을 의미한다. 즉 소비는 임의보행한다. 셋째, 소비의 변화를 예측할 수 없으므로 미래소비의 가장 좋은 예측치는 현재소비이다.

$$t+1\text{기 소비의 최적 예측치}: E_t[C_{t+1}|\Omega_t] = C_t$$

단, Ω_t는 t기에 사용가능한 모든 정보

임의보행가설이 실제 소비자들의 행동을 얼마나 잘 설명하는지 여부에 대해 많은 연구가 이루어졌는데 상당수의 연구가 소비의 임의보행을 부정하는 결과를 내어놓고 있다. 임의보행가설이 성립한다면 과거에 예측된 소득변화는 이미 소비에 반영되어 있으므로 실제 소득변화가 나타나는 시기에는 더 이상 소비가 변해서는 안 된다. 하지만 현

6) 이 문장이 의미하는 바는 정책이 아무런 효과가 없다는 것이 아니고 예상된 정책은 발표 당시 이미 행동에 반영되기 때문에 시행 당시에 더 이상의 변화를 일으키지 못한다는 의미이다.

실에서는 이러한 경우에도 소비가 변화하는 것으로 나타났는데 이러한 현상을 소비의 과잉민감성이라고 한다. 반면 때로는 분명히 소비가 변화해야할 새로운 정보에 접했음에도 소비가 충분히 변하지 않는 현상이 나타났는데 이를 과잉둔감성이라고 한다.

이론적으로 빈틈이 없어 보이는 임의보행가설의 현실설명력이 그다지 높지 않은 이유는 무엇일까? 사실 임의보행가설은 암묵적으로 완전한 자본시장의 가정과 완전한 합리성의 가정이 성립할 것을 전제하고 있다. 만약 두 가정 중 하나라도 성립하지 않는다면 임의보행의 현실설명력이 떨어질 수밖에 없다. 지금부터는 이러한 가정이 성립하지 않는 경우의 소비를 설명하는 이론을 살펴본다. 먼저 살펴볼 유동성제약가설은 완전한 자본시장의 가정이 성립하지 않는 경우를 설명하며, 즉각적 만족가설은 완전한 합리성의 가정이 성립하지 않는 경우를 설명한다.

임의보행가설 비판 및 절대소득가설 재평가 06

6.1 불완전한 자본시장과 차입제약의 문제

지금까지 살펴본 피셔, 모딜리아니, 프리드먼 그리고 홀의 소비이론에서 암묵적으로 전제한 공통의 가정이 있었다. 그것은 바로 **완전한 자본시장**(perfect capital market)의 가정이다. 완전한 자본시장이란 자금을 빌려줄 때와 빌려올 때의 이자율이 동일하며, 주어진 이자율 수준 하에서 원하면 얼마든지 빌리거나 빌려줄 수 있는 시장을 의미하는데 현실에서 이러한 조건이 만족되기는 힘들다. 예를 들어 자금을 빌려줄 수는 있지만 빌려올 수는 없는 경우를 **차입제약**(borrowing constraint) 또는 **유동성제약**(liquidity constraints)이라고 하는데, 이 경우 예산선은 [그림 11]과 같이 초기 소득부존점인 I점을 기준으로 수직으로 꺾인 형태가 된다. 즉 차입제약이 발생하면 기존의 예산제약에 더하여 다음 제약조건이 추가된다.

차입제약 : $C_1 \leq Y_1$

차입제약이 있는 경우 소비자의 행동은 완전한 자본시장에서의 소비자의 행동과 어떻게 다를까? [그림 12]에서 만약 차입제약이 없다면 사람들은 D점을 소비하겠지만 차입제약에 직면한다면 소비자는 I점을 그대로 소비할 수밖에 없다.

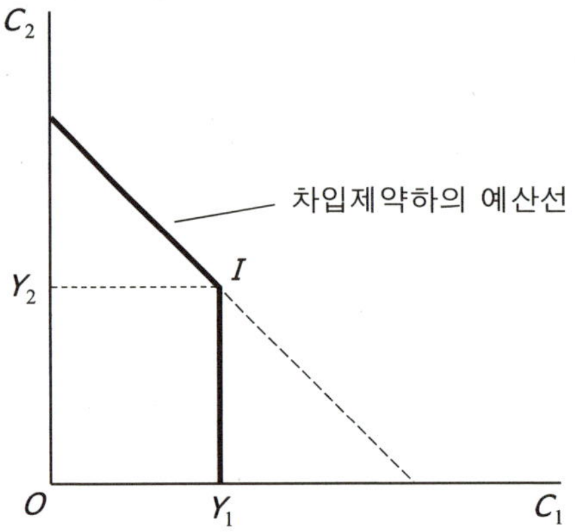

[그림 11] 차입제약 하의 예산선

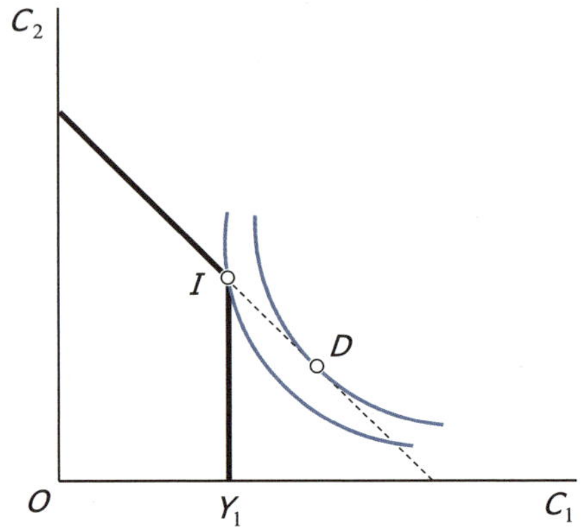

[그림 12] 차입제약 하의 최적소비

그렇다면 차입제약하에서 소비는 어떤 특징을 보이는가? 첫째, [그림 12]의 I점을 선택한 소비자는 약간의 이자율 변화에 대해 아무런 반응을 보이지 않을 것이다. 둘째, [그림 13]은 현재 가처분소득이 증가한 경우를 나타내고 있는데 이때 A점을 소비하던 소비자는 B점을 소비하게 된다. 즉 현재 소비는 정확히 가처분소득의 증가폭과 동일한 폭으로 증가한다. 셋째, [그림 14]는 미래 가처분소득이 증가한 경우를 나타내고 있는데 이때 C점을 소비하던 소비자는 D점을 소비하게 된다. 즉 현재 소비는 전혀 변화하지 않는다.

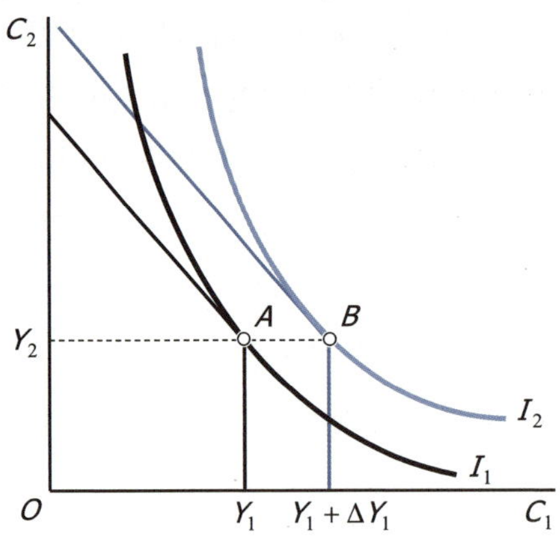

[그림 13] 현재가처분소득의 증가

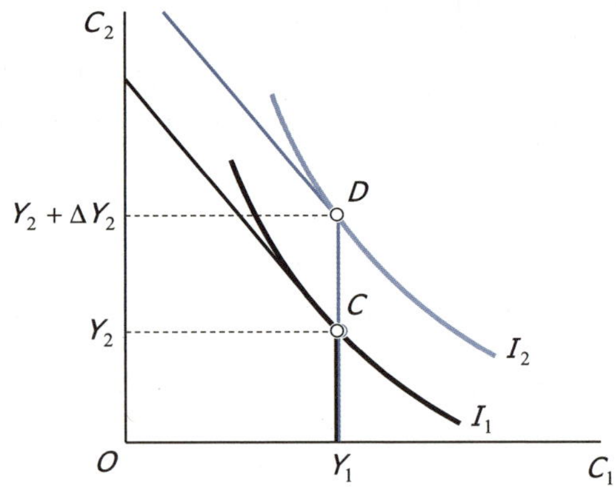

[그림 14] 미래가처분소득의 증가

차입제약하의 소비의 특징 : $\dfrac{\Delta C_1}{\Delta r}=0,\ \dfrac{\Delta C_1}{\Delta Y_1}=1,\ \dfrac{\Delta C_1}{\Delta Y_2}=0$

정리하면 각 기간별 소비는 해당 기간의 가처분소득에 대해 상당히 민감한 반응을 보이는 반면 다른 기간의 가처분소득이나 이자율에 대해서는 매우 비탄력적인 반응을 보인다. 결론적으로 만약 소비자가 차입제약에 직면해 있다면 소비자는 비록 합리적이고 미래지향적이라고 하더라도 케인즈의 절대소득가설에서 예측하는 것처럼 행동하게 된다. 실제로 케인즈는 순수한 이론의 세계와 달리 실제 시장은 불완전하며 시장을 둘러싼 환경은 불확실하다는 점을 강조하였다. 특히 케인즈는 금융시장의 불완전성 및 불확실성을 강조하였는데 이는 많은 기업들과 가계들이 차입제약에 직면하게 됨을 의미한다. 따라서 케인즈의 가정에 의하면 금기소비가 금기소득에 의해 결정되고 이자율에 대해서는 매우 비탄력적이라는 절대소득가설이 이론적 정합성을 갖게 된다.

현 시점에서 잠정적인 그리고 합리적인 타협안은 피셔의 소비이론과 이를 발전시킨 생애주기가설, 항상소득가설 등이 자본시장이 완전할 때의 소비를 설명하는 이론이라면 케인즈 이론은 자본시장이 불완전한 경우를 설명하는 소비이론이라고 간주하는 것이다. 그리고 케인즈 이론의 타당성은 가계와 기업 중 얼마나 높은 비율이 차입제약에 직면하고 있는지에 따라 결정될 것이다. 최근까지 경제학자들의 연구에 따르면 미국의 경우에는 약 50%의 가계가, 한국의 경우에는 60% 이상의 가계가 차입제약에 직면하고 있다고 한다. 이러한 이유로 많은 경제학자들은 케인즈의 소비이론이 여전히 높은 현실 설명력을 가진다고 주장한다.

6.2 소비자들의 심리적 취약성과 근시안적 행태

케인즈는 소비, 투자, 화폐수요 등 여러 가지 요인들이 심리적인 요인에 큰 영향을 받는다고 주장하였다. 이러한 주장은 오랫동안 잊혀 왔지만 **행태경제학**(behavioral economics)에 의해 재조명되고 있다. 행태경제학자들은 현실의 소비자들이 완전한 합리성과 완전한 이기성을 만족하는 호모 이코노미쿠스(Homo economicus)가 아니며 때로는 비합리적이며 여러 가지 심리적 취약성을 가진 존재라 주장한다. 따라서 그들은 경제학과 심리학의 협업(collaboration)을 통해 전통 경제학이 설명하지 못하는 부분을 해명할 수 있다고 주장한다.

소비이론에 심리학적 분석을 도입한 대표적 이론은 데이비드 레입슨(David Laibson)의 **즉각적 만족가설**(pull of instant gratification)이다. 레입슨의 주장을 이해하기 위하여 집안 청소하기, 빨래하기, 낙엽 쓸기, 집 앞 눈 치우기, 냉장고 정리하기, 거시경제학 수업 복습하기 등 당장 하기 싫지만 내버려두면 금방 심각해지는 일을 가정하고 다음 질문에 답해보자.

- **질문 1** : (a) 90일 후 50분 동안 이 일을 한다. (b) 91일 후 90분 동안 이 일을 한다.
- **질문 2** : (a) 지금 당장 50분 동안 이 일을 한다. (b) 내일 90분 동안 이 일을 한다.

실제 이러한 질문을 받은 사람들 중 많은 사람들이 질문 1에 대해서는 (a)를 선택하고, 질문 2에 대해서는 (b)를 선택했다고 한다. 즉 사람들은 먼 미래를 생각할 때는 그 일을 하루 앞당기거나 미룬다는 것에 큰 의미를 두지 않지만 그 일이 막상 닥치면 그 일을 나중으로 미루려 한다. 레입슨은 이러한 성향을 소비자들의 주관적 시간할인율 개념을 통해 설명하려 하였다. 시간할인율은 서로 다른 시점의 금액을 서로 비교할 때 사용하는 변수인데 예를 들어 시간할인율이 ρ이라면 1기간 후 1원의 현재가치는 $\frac{1}{1+\rho}$원이 된다. 그에 따르면 소비자들의 시간할인율이 전통 경제학의 가정처럼 균일하지 않으며 먼 미래 시점에 적용하는 시간할인율에 비해 가까운 시점에 적용하는 시간할인율이 상당히 높다고 한다. 이것이 사실이라면 사람들이 먼 미래 일이라면 하루 앞당겨 하겠다고 답하지만 막상 눈앞에 닥치면 하루 더 미루려하는 행동을 설명할 수 있다.

생각해보면 이런 결과는 놀랍지 않다. 현실의 소비자들에게 당장의 지출과 눈앞의 소비는 즉각적인 만족을 준다. 그러나 금연이나 다이어트, 저축은 오랜 시간을 기다려야 보상이 주어진다. 많은 경우 사람들은 담배를 끊었어야 한다고, 미리 다이어트를 했어야 한다고, 좀 더 저축을 했어야 한다고 후회한다. 즉 현실의 소비자들은 눈앞의 즉각적 만족과 편안함에 매우 취약하다. 이처럼 현실의 소비자들이 현재의 소비에 매우 높은 가중치를 두고 매우 근시안적으로 행동한다면 현재소득의 변화는 대부분 현재소비의 변화로 나타나게 된다. 즉 소비가 미래소득이나 이자율보다는 현재소득에 강한 영향을 받는다는 케인즈이론이 더욱 설득력을 갖게 된다.

또한 이러한 결과는 소비자들의 행동에 **시간 비일관성**(time inconsistency)이 발생할 수 있음을 의미한다. 즉 오래전에 하루를 더 참기로 한 계획을 막상 닥쳐서는 지키지 못하는 일이 발생하게 된다. 시간 비일관성을 막는 유용한 방법 중 하나는 자기 스스로 행동을 변경시키지 못하도록 구속하는 것이다. 즉 감량을 결심한 사람이라면 단식원에 들어가거나 냉장고를 자물쇠로 채우고, 금연을 결심한 사람이라면 금연센터에 들어가거나 다시 담배를 피우는 경우 돈을 잃는 내기를 거는 것이다. 또한 자신의 지출을 통제하기 어려운 사람이라면 인출에 까다로운 조건이 붙는 계좌에 저축함으로써 자신의 선택을 구속할 수 있다. 이러한 구속장치들은 지금의 내가 가까운 미래의 자신이 약속을 어김으로써 먼 미래의 나를 해롭게 하는 것을 막는 역할을 한다. 즉 자기구속은 지금의 내가 먼 미래의 나에게 주는 일종의 선물이 될 수 있다.

소비자들의 심리적 취약성은 공공정책을 수립하는데도 중요한 의미를 갖는다. 만약 소비자들이 더 많이 저축하고 싶어 하지만 스스로 이를 달성하는데 애를 먹는다면 국민연금과 같은 강제저축프로그램을 도입하는 것이 도움이 될 수 있다. 또한 반드시 강제적 조치를 도입하지 않더라도 소비자들에게 거부감이 덜한 구속장치를 만들어 주는 등 다양한 방식으로 '은근히 넌지시' 바른 선택을 하도록 도울 수 있을 것이다.[7)]

정리 : 소비의 결정요인 07

지금까지 살펴본 바 현재소비는 현재 가처분소득 외에도 아주 다양한 요인에 영향을 받음을 알 수 있다. 이러한 요인들을 모두 반영하면 현실적인 소비함수는 다음과 같이 나타낼 수 있다.

현실적인 소비함수 : $C=C(Y_1, Y_2, r, W, cf, \sigma, \cdots\cdots)$

단, cf는 현금흐름, W는 부, σ는 불확실성을 의미

또한 불완전한 시장과 불완전한 합리성으로 인해 많은 중 현재 가처분소득이 가장 중요한 요인이 된다는 점도 살펴보았다. 따라서 보다 단순화된 소비함수는 다음과 같다. 이는 지금까지 사용해왔던 소비함수와 사실상 일치한다.

단순화된 소비함수 : $C_1 = C_1(Y_1)$

이러한 소비함수에서 현재 가처분소득을 의미하는 Y_1의 변화는 곡선상의 이동으로 나타내어지며 다른 요인들은 곡선 자체의 이동으로 나타내어진다.

7) 이와 같이 강압하지 않는 부드러운 개입으로 사람들이 더 좋은 선택을 할 수 있도록 유도하는 방법을 넛지(nudge)라고 한다. 본문의 '은근히 넌지시'는 넛지를 내 나름 번역해본 것이다.

보론 소비평준화가설의 미시경제학적 기초

이번 장에서 살펴본 피셔, 프리드먼, 모딜리아니, 홀 등의 소비이론에 따르면 소득의 흐름이 불안정함에도 불구하고 소비를 가능한 한 일정하게 유지하려고 한다. 이러한 이론들을 소비평준화가설이라고 한다. 그렇다면 소비자들이 소비를 안정되게 유지하려고 하는 미시경제학적 이유는 무엇일까? 이는 기간별 소비의 한계효용이 체감한다는 암묵적 가정과 밀접히 연관되어 있다. 분석의 편의상 다음 몇 가지를 가정한다.

- 가정 1 : 기간별 소비의 효용은 다른 기간의 소비에 영향받지 않는다. 즉 효용함수는 기간별로 구분가능하다.
- 가정 2 : 기간별 소비의 효용함수는 동일하며 한계효용은 체감한다.
- 가정 3 : 주관적 할인율은 0이다. 즉 소비자는 현재효용 1단위와 미래효용 1단위를 동일한 것으로 느낀다.
- 가정 4 : 저축과 차입은 자유로우며 시장이자율은 0이다. 즉 저축과 차입을 하더라도 소득의 합은 일정하다.

예를 들어 기간별 효용함수 $u(C_t)$를 $u(C_t)=\sqrt{C_t}$로 나타낼 수 있다면 소비자의 평생효용함수(intertemporal utility function)는 다음과 같다.

$$U=U(C_1,\ C_2)=\sqrt{C_1}+\sqrt{C_2}$$

물론 이상의 가정 중 일부는 과도한 것이지만 분석을 편리하게 하기 위한 것일 뿐 우리가 내릴 결론의 타당성에 크게 영향을 미치지 않는다.

[그림 A-1]은 각 기간별 효용함수를 나타낸 것이다. 가정 1에 따라 각 기간별 소비는 해당 기간의 소비에만 영향 받으며 가정 2에 따라 한계효용은 체감한다.

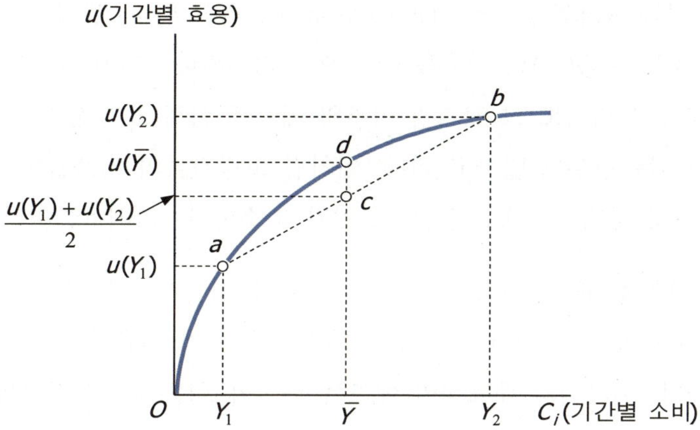

[그림 A-1] 기간별 효용함수

만약 1기의 소득이 Y_1이고 2기의 소득이 Y_2일 때 소비자가 소득의 흐름을 그대로 소비한다면 각 기간의 효용은 a점과 b점으로 나타낼 수 있으며 두 기간의 평균적인 효용은 c점으로 나타낼 수 있다. 그러나 만약 소비자가 대여와 차입을 통해 두 기간의 소비를 평준화하여 두 기간 모두 $\overline{Y}$를 소비한다면 두 기간 모두 d점의 효용을 얻을 수 있다. 이 경우 다음의 관계가 성립한다.

소비평준화의 이득 : $u(\overline{Y}) > \dfrac{u(Y_1)+u(Y_2)}{2}$ 단, $\overline{Y}=\dfrac{Y_1+Y_2}{2}$

즉 소비자는 기간별로 변동하는 소득을 그대로 소비하는 경우보다 평균적인 금액을 소비하는 경우가 더 높은 효용을 얻을 수 있다. 이것이 바로 소비자들이 소비평준화의 성향을 보이는 미시경제학적 이유이다.

저축의 동기[8) / 보론

본문에서 살펴본 바 생애주기가설에 따르면 은퇴이후에도 안정된 소비를 원하는 소비자라면 은퇴이전에 저축을 통해 노후생활에 필요한 만큼의 재산을 축적해야 한다. 이

8) 김경수-박대근 공저 『거시경제학(박영사, 6판)』과 이준구-이창용 공저 『경제학원론(문우사, 5판)』을 참고하였다.

러한 저축의 동기를 **생애주기적 동기**(life cycle motive)라고 한다. 생애주기가설에 의하면 은퇴 후의 고령자들은 음(−)의 저축을 할 것으로 기대된다. 그런데 실제 고령자들은 음(−)의 저축률을 보이더라도 그 크기가 이론의 예측에 비해 크지 않으며 심지어 양(+)의 저축률을 보이는 경우도 많다고 한다. 이처럼 고령자들의 저축률이 예상보다 높은 이유는 생애주기적 동기 외에도 저축의 동기가 최소한 두 가지 더 있기 때문이다.

고령자들이 저축을 하는 이유로는 우선 후손에게 상속재산을 남기기 위한 **상속동기**(bequest motive)가 있다. 상속이 이루어지는 데는 세 가지 이유가 있다. 첫째는 이타심(altruism)이론이다. 이타심의 대표적인 예로는 자식의 효용수준이 부모의 효용에 영향을 미치는 것을 들 수 있다. 예를 들어 U_0를 부모의 소비로부터의 효용이라고 하고, U_1을 자식의 소비로부터의 효용이라고 하면 이타적 부모의 효용함수는 다음과 같다.

$$\text{이타적 부모의 효용함수} : u(U_0, U_1) = U_0 + aU_1$$

여기서 a는 이타심의 정도를 타나내는 양의 상수로 a의 값이 클수록 강한 상속동기를 가진다. 소비자가 이와 같은 효용함수를 가진 경우 자신이 소비를 줄이고 대신 상속을 하면 U_0의 값이 감소하는 반면 U_1의 값은 증가하는데, 이때 aU_1의 증가분이 U_0의 감소분을 초과한다면 상속이 일어나게 된다. 둘째, 불확실한 수명으로 인한 상속이다. 사람들은 대개 자신의 기대수명을 추정하여 소비를 계획하고 이를 위해 재산을 보유하는데 자신의 기대수명보다 일찍 사망하게 되면 미처 소비하지 못한 재산이 유산으로 남게 된다는 것이다. 셋째, 묵시적인 계약이론이다. 이 이론에 따르면 사람들은 자식들과 일종의 묵시적인 계약을 맺고 있다고 한다. 즉, 자식들은 노년기의 부모를 보살피는 대신에 부모가 사망할 경우 유산을 상속받을 권리를 가진다는 것이다.

또 다른 저축의 동기로는 질병이 발생하는 경우와 같이 예상치 않은 미래의 소비지출이나 소득변동에 대비하기 위한 **예비적 동기**(precautionary motive)를 들 수 있다. 사람들에게는 소비지출이 크게 감소할 때 발생하는 고통이 동일규모로 소비지출이 증가할 때 발생하는 만족보다도 더 크게 느껴진다. 따라서 미래의 소득이 불확실성을 가지고 변동할 것으로 기대되는 경우 사람들은 여건의 악화로 자신의 소비지출이 크게 감소하는 것을 방지하기 위해 미리 완충용 자산(buffer asset)을 마련하려고 저축을 한다. 이와 같은 예비적 동기의 저축은 미래의 지출이나 소득의 불확실성이 높아질수록 증가하게 된다.

듀젠베리의 상대소득가설 / 보론

소비의 수수께끼를 설명한 또 다른 이론으로 듀젠베리(J. S. Duesenberry)의 상대소득가설(relative income hypothesis)이 있다. 이 이론에서 듀젠베리는 소비와 관련된 두 가지 외부효과를 강조하였다.

그는 사람들이 다른 사람들의 소비행태에 영향을 받는다는 점을 지적하였는데 이를 소비의 전시효과(demonstration effect)라고 한다. 만약 소비의 전시효과가 존재한다면 저소득층은 자신보다 소득이 높은 사람들을 더 많이 보고 영향 받게 되므로 소득 중 상대적으로 높은 비율을 소비하게 된다. 반면 고소득층은 자신보다 소득이 낮은 사람들을 더 많이 보고 영향 받게 되므로 소득 중 상대적으로 낮은 비율을 소비하게 된다. 이에 따르면 횡단면 소비함수에서 소득이 증가함에 따라 평균소비성향이 감소하는 특징을 설명할 수 있다. [그림 A-2]는 전시효과가 존재하는 경우 횡단면 소비함수를 나타내고 있다.

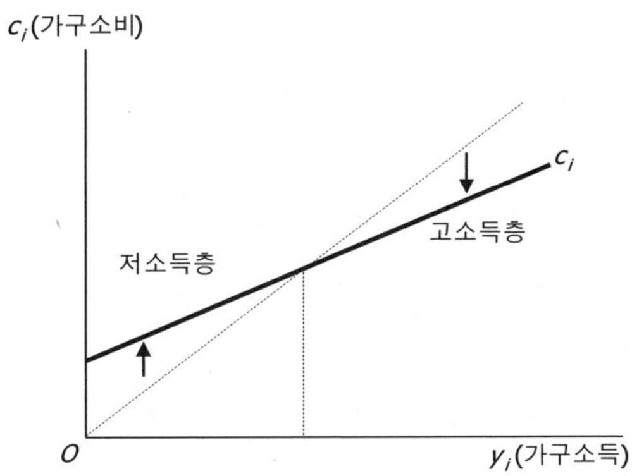

[그림 A-2] 전시효과와 횡단면 소비함수

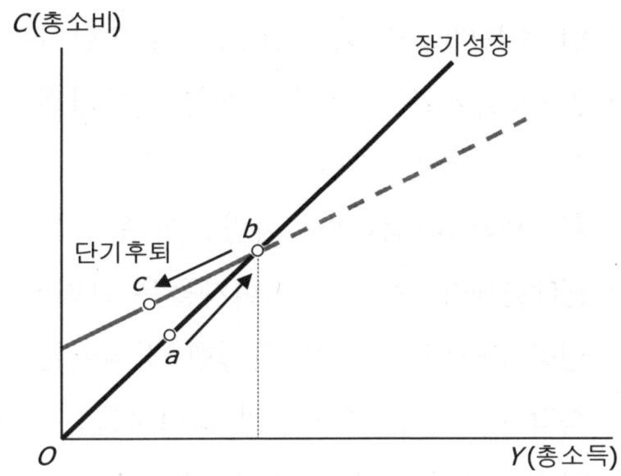

[그림 A-3] 톱니효과와 시계열 소비함수

반면 그는 사람들의 소비는 과거 최대소득에 영향을 받아 소득이 감소할 때도 소비가 충분히 줄어들지 못한다고 주장하였는데 이를 소비의 톱니효과(ratchet effect)라고 한다. 이에 따르면 단기시계열 소비함수에서 소득이 증가함에 따라 평균소비성향이 감소하는 특징을 설명할 수 있다. [그림 A-3]은 톱니효과가 존재하는 경우 장기 및 단기소비함수를 나타내고 있다. 이 그림에서 장기성장과정에서 a점에서 b점으로 이동할 경우 평균소비성향은 일정하지만 단기 경기후퇴과정에서 b점에서 c점으로 이동하면 평균소비성향이 상승한다.

듀젠베리의 소비이론은 한때 과거지향적이며 비합리적인 소비이론이라고 비판받았으나, 행태경제학이 거시이론에 반영되면서 그 가치가 재조명되고 있다.

핵심용어해설

- **절대소득가설** : 소비는 동기간 가처분소득에 의해 결정된다는 케인즈의 소비이론
- **소비의 수수께끼** : 단기소비함수에서는 APC가 감소하지만 장기소비함수에서는 APC가 일정하다는 역설적인 현상
- **소비평준화가설** : 사람들은 불안정한 소득의 흐름에도 불구하고 소비를 안정적으로 유지하고 싶어한다는 가설
- **생애주기가설** : 사람들은 평생의 소득과 재산을 고려하여 소비를 결정한다는 이론
- **항상소득가설** : 사람들은 실제소득이 아닌 미래에 벌어들일 것으로 예상하는 평균적인 소득에 근거해서 소비를 결정한다는 이론
- **임의보행가설** : 항상소득가설에 합리적 기대를 반영한 것으로서, 소비의 변화는 예측할 수 없다는 가설
- **차입제약(유동성제약)** : 사람들이 원하는 만큼 돈을 빌릴 수 없는 현상
- **행태경제학** : 현실의 소비자들은 완벽하게 합리적이지 않으며 여러 가지 심리적 취약성을 가지고 있음을 반영한 경제이론
- **즉각적 만족가설** : 현실의 소비자들은 눈앞의 소비에 심리적으로 매우 취약하여 근시안적 행동을 하게 된다는 이론
- **넛지** : 강압하지 않는 부드러운 개입으로 사람들이 더 좋은 선택을 할 수 있도록 유도하는 방법
- **생애주기적 동기** : 은퇴이후에도 안정된 소비를 위한 저축의 동기
- **상속동기** : 미래세대에 상속하기 위한 저축의 동기
- **예비적 동기** : 소득 또는 지출의 불확실성에 대비하기 위한 저축의 동기

- **상대소득가설** : 사람들의 소비는 다른 사람의 소비 및 자신의 과거최대소득에 영향 받는다는 이론
- **전시효과** : 소비가 다른 사람의 소비에 영향 받는 효과
- **톱니효과** : 소비가 자신의 과거 최대소득에 영향 받는 효과

연습문제

01 소비자 A는 제1기에 100달러, 제2기에 100달러를 벌었다. 반면 소비자 B는 제1기에 아무것도 벌지 못했고 제2기에 210달러를 벌었다. 두 소비자가 모두 자유롭게 차입과 대여를 할 수 있을 때 두 소비자가 모두 제1기에 100달러를, 제2기에 100달러를 소비하였다. 이 경우 기간 간 예산식을 사용하여 이자율을 구해보아라.

02 2기간 피셔모형에서 다음 각 사건이 현재 저축에 어떤 영향을 미치는지 설명하시오. (단 차입제약은 없으며 기간 별 소비는 모두 정상재임을 가정한다.)

(1) 현재 소득의 증가
(2) 미래 소득의 증가
(3) 이자율의 상승

03 희곡 햄릿(Hamlet)에서 폴로니우스(Polonius)는 자기 자식에게 '돈은 절대로 빌리지도 말고 빌려주지도 말라'고 말한다. 폴로니우스의 말에 따라 사는 사람을 그림으로 나타내고 폴로니우스 방식으로 살아가는 것과 피셔 방식으로 살아가는 것 중 어느 것 중 어느 쪽이 효용이 높은지 답하라.

04 생애주기이론(life-cycle theory)에 의하면, 평균수명에는 변화가 없으나 노령층 인구의 비중이 커지면 총저축률은 어떻게 변화하겠는가?

05 다음 물음에 답해 보아라.

(1) 대표적인 저축의 동기 세 가지를 써 보아라.

(2) 한 연구에 따르면 자식이 없는 노인들은 자식이 있는 노인들과 거의 같은 비율로 저축을 인출하여 사용한다고 한다. 이런 사실은 생애주기모형이 예측한 것만큼 노인들이 저축을 인출하여 사용하지 않는 이유에 관해 무엇을 의미하는가?

06 항상소득가설(permanent income hypothesis)에 근거하여 다음 명제의 참, 거짓을 판단하라.

(1) 길에서 주운 돈은 대부분 저축된다.

(2) 1년 동안만 세금을 낮추는 경우가 항구적으로 세금을 낮추는 경우에 비해 소비가 더 크게 증가한다.

07 항상소득가설에서 단기적으로 실제소득 증가시 항상소득과 실제소득의 비율은 어떤 변화를 보이는가? 이를 통해 소비의 수수께끼를 설명할 수 있는가?

08 소비의 임의보행가설이 성립하기 위해 필요한 가장 중요한 두 가지는 무엇인가? 현실적으로 임의보행가설이 성립하지 못한다면 그 이유는 무엇인가?

09 차입제약하에서 세 가지 경우 소비의 변화를 설명하라.

(1) 현재 소득의 증가

(2) 미래 소득의 증가

(3) 이자율의 상승

10 본문의 [그림 11]은 완전한 차입제약을 나타내고 있다. 불완전한 차입제약에 직면한 소비자의 기간 간 예산제약선은 어떤 형태를 가지고 있을까?

11 국민연금을 강제보험의 형태로 운영하는 것에 대한 이론적 근거를 두 가지만 들어 보아라.

12 동일한 이자율을 지불하는 두 가지 종류의 저축예금 계좌를 생각하여보자. 하나는 요구를 하면 예금을 인출할 수 있으며 다른 하나는 인출하기 전 30일 먼저 인출 통보를 하여야 한다. 어떤 예금 계좌를 선호하는가? 그 이유는 무엇인가? 귀하와 다른 정 반대의 선택을 하는 사람이 있다고 생각하는가? 이런 선택들이 소비함수이론에 관해 시사하는 바는 무엇인가?

13 일부 경제학자들은 소득분배상황이 총수요규모에 영향을 미칠 수 있다고 주장한다. 어떠한 조건하에 불평등한 소득분배가 총수요를 감소시킬 수 있는지 설명하라.

CHAPTER 11
투자이론

CONTENTS

CHAPTER PREFACE | 들어가며

소비와 투자는 모두 경기순행적인 변수라는 점에서 공통점이 있다. 투자는 GDP 중 약 20%의 비율을 차지하는 변수로서 그 규모는 소비에 비해 작지만 변동성이 매우 높아 GDP 대비 400%에 가까운 변동을 보인다. 즉 경기변동에 있어 소비의 중요성이 규모가 크다는 점에 있다면 투자의 중요성은 변동성이 크다는 점에 있다.

이번 장에서는 다음과 같은 문제에 대한 답을 찾을 것이다. 첫째, 투자는 왜 그리고 얼마나 민감하게 이자율에 반응하는가? 둘째, 투자는 이자율 이외에 어떤 요인에 영향을 받는가? 셋째, 투자가 경기변동에 매우 민감하게 반응하는 이유는 무엇인가?

이러한 문제들에 답하기 위해 투자의 신고전파모형, q이론, 가속도이론 등 다양한 모형을 살펴본다. 또한 이 장의 보론에서는 주식, 부동산 등 자산의 본질적 가치를 결정하는 기본모형을 살펴본다.

01 투자의 주요특징

거시경제학에서 투자란 실물자본의 축적 즉, 자본의 투입을 의미한다. 투자는 GDP 구성요인 중 특별한 의미를 가진다. 첫째, 투자는 총수요의 주요 구성요인으로서 단기적인 경기변동에 영향을 미칠 뿐만 아니라 총공급능력을 향상시킴으로써 장기적인 경제성장에도 영향을 미친다. 도마(E. D. Domar)는 이러한 특징을 **투자의 이중성**(dual character of investment)이라 하였다.

둘째, 한 번 투자가 이루어지면 이는 되돌리기 어려운 특징을 갖고 있는데 이를 **투자의 비가역성**(irreversibility)이라고 한다. 불확실성하에서 투자의 비가역성으로 인해 투자는 매우 가변적인 특성을 가지며 기대 등 심리적 요인의 영향을 받게 된다.

셋째, 소비와 달리 투자 즉 자본재의 건설에는 시간이 소요되므로 1회적인 외적충격이 여러 기간에 걸쳐 영향을 미칠 수 있다. 이처럼 투자에 여러 기간이 소요되는 특징을 **투자의 건설기간**(time to build)이라고 한다. 투자에는 건설기간이 소요되므로 미래의 예측된 생산성 변화에 영향을 받는다. 즉 투자는 매우 미래지향적인 성격을 갖는다.

넷째, 투자는 GDP를 구성하는 다른 요인들에 비해 매우 큰 변동성을 보인다. 이를 **투자의 급변성**(volatility)이라고 한다.

02 투자의 종류와 투자의 본질

투자는 다양한 방식으로 구분할 수 있다. 앞서 우리는 투자를 설비투자, 건설투자, 재고투자, 지식재산생산물투자로 구분하였는데, 투자를 순투자와 대체투자로 구분할 수도 있다.

투자의 구성 : 총투자(I)= 순투자(I^n)+ 대체투자(δK)

이 중 **대체투자**(replacement investment)란 감가상각(capital depreciation)이 이루어져 자본재가 감소한 부분에 대한 보충분을 의미한다. 반면 **순투자**(net investment)란 실제 자본재의 증가분(ΔK)을 의미하는 것으로 총투자(total investment)에서 대체투자를 뺀 부분에 해당한다. 예를 들어 기업이 5단위의 신규설비를 구입하였는데, 매년 3대 만큼의 가치가 감가상각된다면 5대의 총투자 중 3대는 대체투자가 되고 2대가 순투자가 된다. 이상의 내용을 정리하면 다음 두 가지 관계식을 얻는다. 단 K_t는 금기 자본량, K_{t+1}은 다음 기 자본량, I_t는 금기 총투자, I_t^n는 금기 순투자, δ는 감가상각률을 의미한다.

1. $I_t^n = K_{t+1} - K_t = I_t - \delta K_t$ 또는 $I^n = \Delta K = I - \delta K$
2. $K_{t+1} = (1-\delta)K_t + I_t$

그렇다면 기업이 자본재의 보유량을 늘리거나 줄이려는 이유는 무엇인가? 그것은 기업이 생각하는 **최적자본량**(desired level of capital stock)과 실제자본량이 일치하지 않기 때문이다. 즉 투자란 본질적으로 최적자본량과 실제자본량이 일치하지 않을 때 그 차이를 메워나가는 과정이다. 최적자본량을 K_t^*라고 할 때 순투자함수는 다음과 같이 나타낼 수 있다.[1)]

순투자함수 : $I_t^n = K_{t+1} - K_t = \lambda(K_t^* - K_t)$ 단, $0 < \lambda \le 1$ [식 1]

단, λ는 조정속도를 나타내는 계수로서 λ가 클수록 최적자본량으로의 조정이 빨리 이루어진다. 투자이론은 크게 최적자본량의 결정을 설명하는 모형과 조정계수를 설명하는 모형으로 구분할 수 있다. 전자의 대표적인 예가 조겐슨의 신고전파모형과 토빈의 q이론이며 후자의 대표적인 예가 자본조정비용모형, 현금흐름이론, 옵션가설 등이다.

---

1) 자본은 저량(stock)이지만 투자는 유량(flow)이라는 점에 유의하기 바란다. 두 가지는 밀접히 연관되어 있으나 동일하지 않다. 예를 들어 하나의 자본량수준에서 더 높은 자본량수준으로 조정되는 기간동안 순투자는 양의 값을 가진다. 그러나 새로운 자본량수준에 도달하고 나면 순투자는 0이 된다. 조정과정에 비해 조정이 종료된 후 자본량이 더 많지만 투자는 더 적다.

03 투자의 신고전파모형 : 자본의 사용자비용모형

조겐슨(D. Jorgenson)은 기업투자를 설명하는 미시경제학적 모형을 제시하였는데 이를 **투자의 신고전파 이론**(the neoclassical model of investment)이라고 한다. 이 이론은 자본재보유로 인한 한계편익과 한계비용이 일치하는 곳에서 최적자본재 수준이 결정되며 이를 달성하기 위해 투자가 이루어진다는 가정하에 투자에 영향을 미치는 다양한 요인들을 분석한다.

먼저 기업이 자본재를 보유했을 때 얻을 수 있는 편익은 그로 인해 절약할 수 있는 실질임대료(rental price of capital)에 해당한다. 그리고 미시경제학에서 살펴본 것처럼 자본재의 실질임대료는 그 자본재의 한계생산에 의해 결정된다. 따라서 자본재를 보유하였을 때 얻을 수 있는 실질한계편익을 수식으로 나타내면 다음과 같다.[2]

자본재 보유의 실질한계편익 : $MB = \frac{R}{P} = MP_K$ 　단, R은 임대료[3], P는 물가수준[4]

반면 자본재를 보유하는 기회비용은 자본재 보유를 위해 포기한 이자수입과 자본재를 보유한 기간 동안의 감가상각인데 이를 **자본의 사용자 비용**(user cost of capital)이라고 한다. 따라서 자본재를 보유하는 실질한계비용을 나타내면 다음과 같다.

자본재 보유의 실질한계비용 : $MC = \frac{P_K}{P}(r+\delta)$ 　단, P_K는 자본재의 가격

---

2) 자본재보유의 한계편익과 한계비용을 엄격히 정의하기 위해서는 기업을 생산기업과 임대기업으로 구분해야한다. 예를 들어 자본재임대비용은 생산기업에게는 한계비용이고 임대기업의 경우에는 한계편익이다. 그러나 입문자 입장에서 두 가지를 구분하는 것은 어려운 일이므로 본서에서는 두 가지를 구분하지 않고 생산과 임대가 하나의 기업에 의해 이루어진다고 가정한다. 보다 고급의 과정에서는 기업을 두 가지로 구분하는 것이 매우 중요한 의미를 갖는다.

3) 미시경제학에서는 R대신 v 또는 r로 나타내었다.

4) 투자에 건설기간이 소요된다는 점을 고려할 때 엄밀한 의미에서 투자의 한계편익은 미래시점에서의 자본의 한계생산(MP_K^e)이다.

이제 기업의 최적 자본량이 어떻게 결정되는지를 알아보자. [그림 1]에서 자본재 보유의 실질한계편익곡선은 자본의 한계생산이 체감하기 때문에 우하향하게 그려진다. 반면 자본재 보유의 한계비용인 감가상각과 이자비용은 자본량과 무관하기 때문에 수평으로 나타내어진다. 따라서 최적자본량은 두 곡선이 만나는 K_0가 된다.

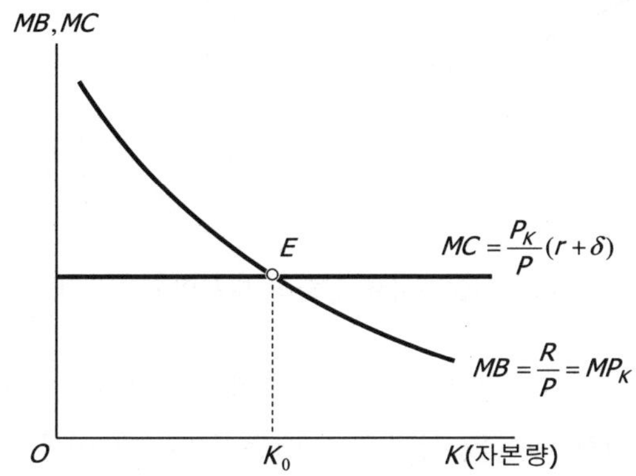

[그림 1] 최적자본량의 결정

만약 최적자본량과 현재자본량이 일치하지 않는다면 그 차이를 메우기 위해 투자가 이루어진다. 즉 현재자본량이 최적자본량에 미치지 못하면 순투자는 양(+)이 되고 현재자본량이 최적자본량을 넘으면 순투자는 음(−)이 된다.

$$\text{기업의 투자의사결정 : } MB \overset{>}{\underset{<}{=}} MC \Rightarrow K_t^* \overset{>}{\underset{<}{=}} K_t \Rightarrow I_t^n = \lambda(K_t^* - K_t) \overset{>}{\underset{<}{=}} 0$$

이제 투자에 영향을 미치는 여러 요인들을 살펴보자. 첫째, 실질이자율이 상승하면 자본의 사용자비용이 상승한다. [그림 2]의 (a)에서 MC곡선이 상방이동하면 최적자본량이 K_0에서 K_1으로 감소한다. 최적자본량이 감소하면 [식 1]에서 순투자 및 총투자가 감소한다. 즉, 투자는 이자율의 감소함수가 된다. 이러한 변화는 [그림 2]의 (b)에서 투자함수 상의 이동으로 나타내어진다.

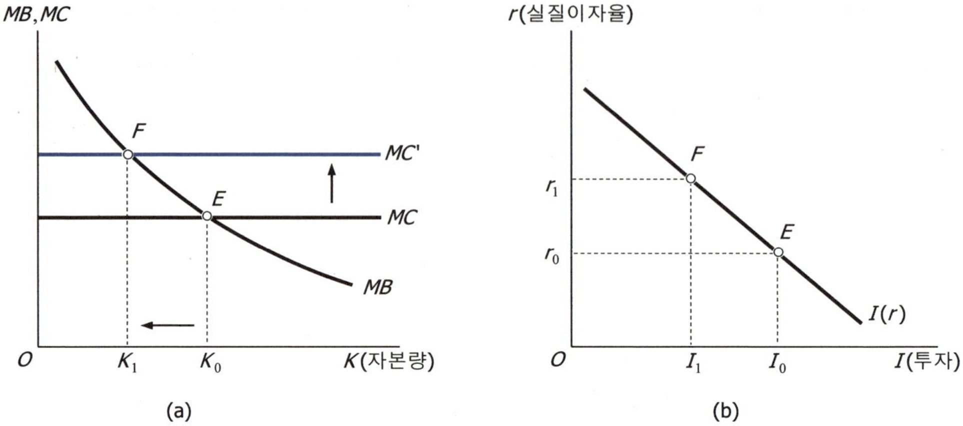

[그림 2] 실질이자율 상승과 투자함수상의 이동

둘째, 유리한 기술진보가 발생하여 자본의 한계생산성이 상승했다고 하자. 기술진보는 [그림 3]의 (a)에서 MB곡선을 상방으로 이동시키는데 이에 따라 최적자본량이 K_0에서 K_2로 증가하고 투자도 증가한다. 이러한 변화는 [그림 3]의 (b)에서 투자함수의 우측이동으로 나타내어진다.

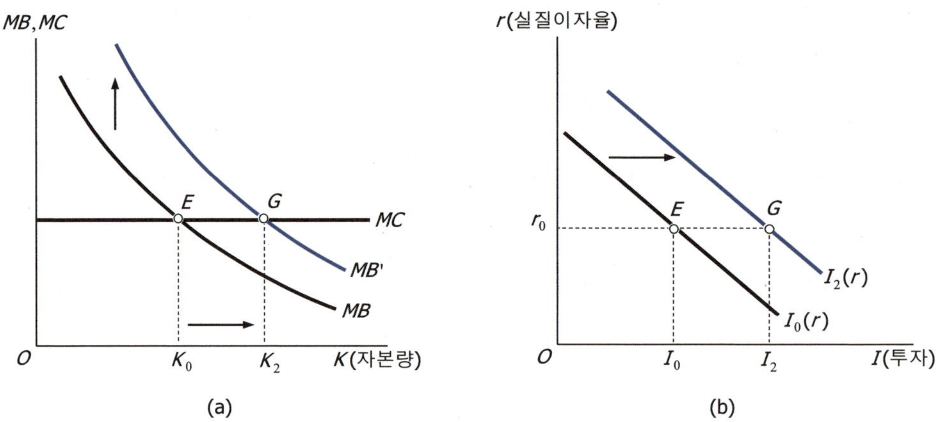

[그림 3] 기술진보와 투자함수의 이동

셋째, 투자세액공제(investment tax credit)와 같은 세법상 투자에 대한 유인조치가 도입되었다고 하자. 이러한 조치의 도입은 사실상 자본재의 가격이 하락한 것과 동일하기 때문에 [그림 4]의 (a)에서 MC곡선을 하방으로 이동시키는데 이에 따라 최적자본량이 K_0에서 K_3로 증가하고 투자도 증가한다. 이러한 변화는 [그림 4]의 (b)에서 투자함수의 우측이동으로 나타내어진다.

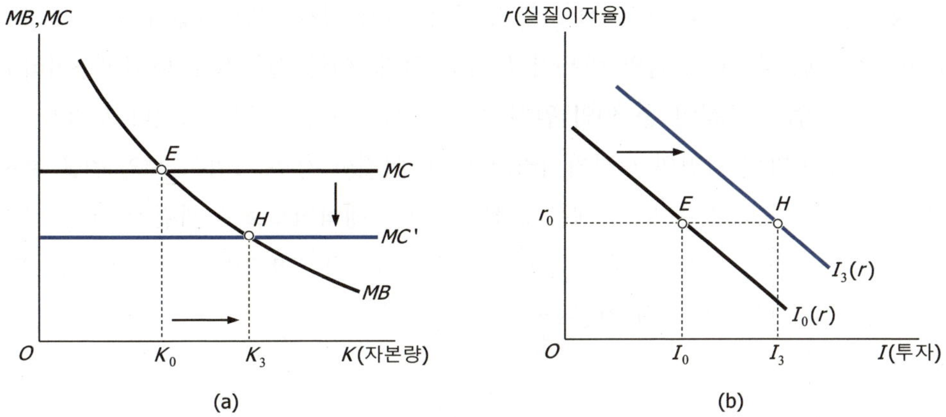

[그림 4] 투자세액공제와 투자함수의 이동

이상의 분석은 지금까지 사용해왔던 투자함수를 상당부분 정당화시켜준다. 첫째, 실질이자율이 상승하면 투자가 감소한다. 둘째, 유리한 기술진보나 세법상 유인 같은 실질이자율 이외의 요인들은 투자함수를 이동시킨다. 기술진보와 세법상 유인 이외에도 투자함수에 영향을 미치는 요인들은 매우 다양한데 이하에서 이에 대해 보다 자세히 살펴보게 될 것이다.

토빈의 q 이론 : 주식시장과 투자 04

토빈(J. Tobin)은 투자에 대한 대안적인 이론으로서 **q 이론**(q theory of investment)을 제시하였다. 이 이론에 의하면 투자는 주식가격에 영향을 받는데 주식가격에는 미래에 대한 기대가 담겨있기 때문에 투자는 미래전망적인 성격을 가진다.[5)]

토빈에 따르면 투자는 실물시장과 주식시장을 연결하는 매개변수 q에 의해 결정된다.

$$\text{토빈의 } q = \frac{\text{주식시장에서 평가된 기업의 시장가치}}{\text{기업의 실물자본 대체비용}}$$

5) 예를 들어 주식시장이 매우 효율적임을 가정한다면 주식의 본질적 가치는 미래 예상되는 배당금 흐름의 현재가치와 동일해진다. 이에 대해서는 이 장의 보론을 참고하기 바란다.

위 정의는 어려워 보이지만 사실 그렇지 않다. 만약 현재 어떤 기업과 똑같은 기업을 새로 만들어 내는데 20억 원의 비용이 든다고 하자. 이를 실물자본 대체비용이라고도 한다. 또 이 기업의 주식이 총 30억 원의 가치로 시장에서 거래되고 있다고 하자. 이를 주식시장에서 평가된 기업의 시장가치라고 한다. 이러한 경우 기업은 20억 원을 투자하여 주식을 30억 원에 팔 수 있기 때문에 신규투자가 매력적으로 느껴질 것이다. 따라서 q가 1보다 크면 기업은 자본보유를 늘리고 q가 1보다 작으면 기업은 자본의 감소를 방치할 것이며 $q=1$일 때 최적 자본량이 달성된다.

$$\text{기업의 투자의사결정}: q \overset{>}{\underset{<}{=}} 1 \Rightarrow K_t^* \overset{>}{\underset{<}{=}} K_t \Rightarrow I_t^n = \lambda(K_t^* - K_t) \overset{>}{\underset{<}{=}} 0$$

토빈의 이론은 매우 직관적이며 q를 이루는 값들은 관측이 용이하기 때문에 q이론은 빠른 시간 내에 많은 관심을 끌었다. 이후에 주식시장이 매우 효율적이라는 가정 등 몇 가지 가정을 추가하면 토빈의 q이론과 신고전파이론이 사실상 동일한 결론에 이른다는 사실이 알려지면서 이론적 기초도 갖추게 되었다.

그러나 현실의 주식시장은 불완전하고 주가의 변화도 투기적 요인에 영향을 많이 받는다는 점, 기업 자금조달 수단으로서의 주식시장의 역할은 제한되어 있다는 점을 들어 비판을 하는 견해도 제시되었다. 하지만 토빈의 q이론은 현재 투자를 설명하는 대표적인 이론 중 하나가 되었다.

읽을거리 주식시장과 실물경제

주가는 대표적인 경기선행지수(leading economic indicator : LEI)로 알려져 있다. 그렇다면 주식가격의 상승 및 하락과 경기변동은 어떤 경로를 통해 상호연관성을 갖게 되는 것일까? 이에 대한 첫 번째 답은 소비이론에서 찾아볼 수 있다. 소비함수에 자산효과를 명시적으로 반영한 모딜리아니의 생애주기가설에 의하면 주가의 상승은 소비를 증가시켜 경기를 호전시킨다. 두 번째 답은 투자이론에서 찾아볼 수 있다. 이번 장에서 살펴본 토빈의 q이론에 의하면 주가가 상승하면 기업이 투자를 증가시키는 것이 유리해지기 때문에 투자가 증가하고 경기도 호전된다. 뿐만 아니라 주식가격은 미래 예측된 생산성변동을 반영하는 경우가 많다. 따라서 주가가 먼저 반응한 후 예상된 생산성변동이 실현될 경우 주가와 경기변동성 간에 통계적으로 유의미한 상관관계가 나타난다. 이외에도 주식가격은 다양한 경로를 통해 실물경제에 영향을 미친다. 이처럼 주식시장은 국민경제에 대한 매우 중요한 신호를 보내지만, 주식가격은 변동이 심하며 때로는 잘못된 신호를 보내기도 한다는 점을 유의하여야 한다. 주식가격에는 기초요인(fundamentals) 외에 거품(bubbles)이 포함될 수 있기 때문이다. 폴 사뮤엘슨은 "주식시장은 지난 5번의 경기침체 중 9번을 예상했다."라고 말한 바가 있는데 이는 주식시장이 보내는 신호를 너무 신뢰하여서는 곤란하다는 사실을 지적한 것이다.

자본조정비용모형 05

앞서 살펴본 것처럼 기업은 최적자본량과 실제자본량이 일치하지 않을 때 그 차이를 투자를 통해 메워나간다. 그러나 현실적으로 기업들은 최적자본량과 실제자본량이 일치하지 않더라도 이를 한 번에 메우지 않고 점진적으로 메워나간다. 즉 일반적으로 [식 1]에서 λ는 1보다 작은 값이다. 이처럼 기업들이 점진적인 조정을 해 나가는 이유로 첫째, 자본조정비용의 존재, 둘째, 자본시장의 불완전성과 금융제약의 존재, 셋째, 불확실성과 투자의 비가역적 속성 등을 들 수 있다.

현실적으로 양의 순투자 또는 음의 순투자를 위해 자본재를 구입 또는 매각할 때 거래비용(transaction cost)을 포함한 각종의 자본조정비용(capital adjustment cost)이 발생한다. 만약 [그림 5]처럼 자본조정의 한계비용이 체증하는 형태를 갖는다면 기업은 한 기간에 최적자본량을 달성하기보다는 여러 기간에 나누어 자본조정을 하는 편이 총자본조정비용을 감소시킬 수 있다. 예를 들어 [그림 5]에서 I_1만큼의 순투자가 필요한 경우 이를 한 번에 달성한다면 a점에 대응되는 C_1의 비용이 한 번 지출되지만, 이를 1/2씩 두 기간에 나누어 I_2씩 달성해 간다면 b점에 대응되는 C_2의 비용이 두 번 지출된다. 그런데 [그림 5]와 같이 자본조정과정의 한계비용이 체증한다면 두 번에 걸쳐 자본을 조정하는 편이 총비용을 감소시킬 수 있음을 알 수 있다.

$$I_1 = 2I_2 \text{일 때 } C_1 > 2C_2 \text{ 또는 } \frac{C_1}{2} > C_2$$

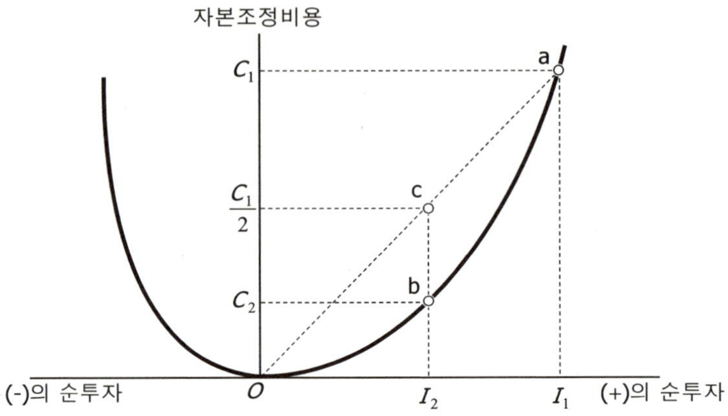

[그림 5] 한계비용이 체증하는 자본조정비용함수

06 금융제약의 문제와 투자의 현금흐름이론

투자의 신고전파모형이나 q이론에서는 기업이 원하면 언제든 자금을 차입할 수 있다고 가정한다. 그러나 실제 기업들은 **금융제약**(financing constraints)에 직면하고 있어서 더 이상 빌리고 싶어도 빌릴 수 없는 경우가 많다. 투자의 **현금흐름이론**(cash flow theory of investment)에 의하면 기업들이 금융제약에 직면하고 있을 때 투자의 규모는 기업이윤으로 대표되는 내부자금과 은행대출로 대표되는 외부자금의 합으로 정의되는 현금흐름에 의해 제약된다. 따라서 많은 기업이 금융제약에 직면하고 있다면 자본조정이 1기간에 이루어지지 않고 여러 기간에 걸쳐 점진적으로 이루어지는 이유를 설명할 수 있다.

뿐만 아니라 현금흐름이론은 투자가 경기변동에 매우 민감하게 반응하는 현상을 설명할 수 있다. 예를 들어 신고전파모형에서는 경기가 후퇴할 때 자본재를 보유하는 편익도 감소하지만 자본재의 가격도 하락하기 때문에 최적자본량이나 투자규모가 큰 폭으로 감소할 이유가 없다. 그러나 현금흐름이론에 의하면 경기후퇴기에 기업이윤이 감소할 뿐만 아니라 은행대출도 크게 감소한다는 점을 고려할 때 투자가 급격히 감소하는 현상을 설명할 수 있다.

배로(R. Barro)는 실증연구를 통해 단기적인 투자변화를 가장 잘 설명하고 있는 변수는 기업의 현재주가와 현재의 현금흐름임을 발견하였는데, 이는 투자의 현금흐름이론이 상당한 설득력을 가지고 있음을 의미한다.

불확실성과 투자 07

이상의 내용을 살펴보면 투자는 많은 변수의 영향을 받는다는 것을 알 수 있다. 우선 이자율과 기술수준에 영향을 받으며, 조세제도와 주식시장의 사정에도 영향을 받는다. 또한 기업의 현금흐름이나 이를 결정짓는 은행의 대출규모, 총생산의 변화 등도 투자에 영향을 미칠 수 있다.

그런데 여기 매우 중요하지만 하나 빠진 것이 있다. 투자란 쉽게 번복할 수 없는 비가역적 의사결정이기 때문에 경제환경의 불확실성(uncertainty)이나 심리적 요인에 의해 크게 영향을 받을 수 있다는 점이다. 케인즈는 민간투자가 실질금리에 영향을 받기보다는 기업가들의 심리적인 요인인 야성적 충동(animal spirit)에 의해 결정된다고 보았는데 그의 견해는 아래 인용문에 잘 반영되어 있다.

> "무지한 다수의 군중심리가 낳은 타성적 평가는 의견의 갑작스런 변동으로 말미암아 크게 변화되기 쉽다. 시장은 낙관적 감정과 비관적 감정의 물결에 좌우될 것인바 이러한 파동은 불합리한 것이긴 하지만, 그래도 합리적인 계산을 위한 확고한 기초가 존재하지 않는 경우에는 정당하다고 볼 수 있다."

즉 케인즈는 투자가 기업가들의 미래에 대한 전망에 의해 결정되기 때문에 불확실성이 민간투자를 저해하는 주요 요인이며 투자를 촉진하기 위해서는 기업의 미래수익에 대한 전망을 개선시켜야 한다고 주장하였다.

이러한 케인즈의 주장은 이후 딕싯(A. Dixit), 핀다이크(R. Pindyck)등의 경제학자들에게 이어져 **투자의 옵션가설**(option theory of investment)으로 발전되었다. 투자의 옵션가설에 의하면 불확실한 상황하에서 투자를 고려하는 기업은 금융상품 **옵션**(option)을 가지고 있는 것과 비슷하다고 한다. 옵션이란 일정시점 또는 그 이전에 특정한 조건으로 해당 자산을 사거나 팔 수 있는 일방적 권리를 나타내는 금융상품이다. 마치 옵션이 일단 행사(exercise)된 이후에는 이를 철회할 수 없듯이 투자도 비가역성을 가져서 한 번 실행하면 번복할 수 없다. 따라서 불확실성이 크다면 옵션을 행사하지 않고 상황을 지켜보듯이 기업도 사태를 관망하며 최대한 투자 의사결정을 늦추는 것이 유리할 것이다. 따라서 불확실성의 존재는 투자의 시기를 지연시키고 그 규모를 감소시킨다.

투자의 비가역적 성질과 불확실성을 고려하면 자본스톡의 조정이 1기간에 이루어지지 않고 여러 기간에 걸쳐 이루어지는 현상을 설명할 수 있다. 만약 미래의 경기상황이 개선될 것이라 예상하여 자본을 큰 폭으로 증가시켰다고 하자. 그러나 실제로는 경기상황이 호전되지 않아 기업이 과다한 자본을 갖게 되더라도 투자의 비가역적 특성상 이를 철회할 수가 없다. 이러한 가능성을 고려하면 기업은 최적자본량과 실제자본량의 차이를 한 기간에 모두 메우기보다는 미래의 상황을 지켜보며 일부씩 메워나가려 할 것이다.

투자와 불확실성에 대한 이상의 이론들이 경제정책에 대해 시사하는 바는 무엇일까? 그것은 경기가 침체된 상황에서는 정부가 민간투자를 촉진하기 위해서 금리를 인하하는 것 이상으로 민간의 경제 환경에 대한 자신감 또는 신뢰(confidence)를 개선시키는 것이 효과적이란 점이다. 이를 위해서는 평소 일관성(consistency)있는 정책을 통해 정부 정책의 신뢰성(credibility)을 확보해 두는 것이 매우 중요하다.

08 재고투자와 가속도이론

앞에서 언급한 바와 같이 투자는 GDP 구성요소 중 가장 높은 변동성을 보인다. 투자가 경기에 민감한 특징을 갖게 되는 이유를 설명하는 또 다른 이론으로 **투자의 가속도이론**(accelerator theory of investment)이 있다. 이 이론은 모든 종류의 투자에 적용되지만 특히 재고투자의 변화를 잘 설명한다. 재고(inventory)란 기업이 다음 기에 상품을 생산하거나 팔기 위해 보유한 원자재나 완제품 및 재공품(work in process)을 포함한다. 분석의 편의상 기업의 재고보유량은 기업의 산출량에 비례한다고 하자. 이 경우 재고보유량의 변화에 해당하는 재고투자는 기업의 산출량 변화에 비례한다.

$N = \beta Y$ 즉, 재고보유량=산출량의 일정비율

$I = \Delta N = \beta \Delta Y$ 즉, 재고투자=산출량 변화의 일정비율

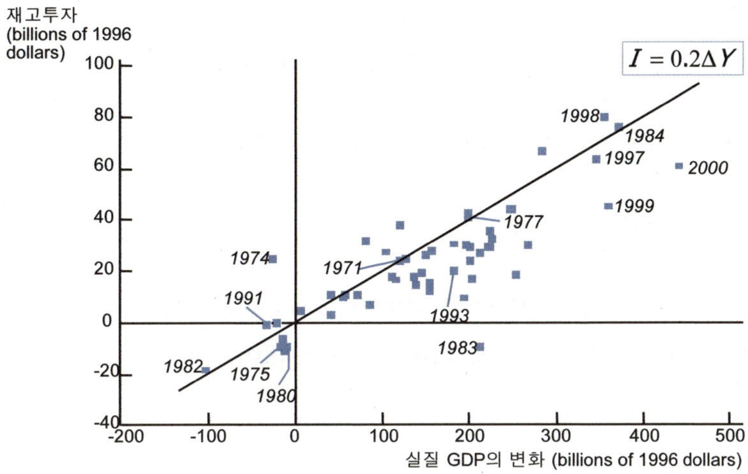

[그림 6] 총생산의 변화와 재고투자

가속도이론에 의하면 산출량이 증가할 때 투자도 증가해야 하는데 이는 [그림 6]에서 보다시피 실증연구의 결과를 매우 잘 설명한다.

그렇다면 재고투자가 경기변동에 있어 매우 큰 변화를 보이는 이유는 무엇일까? 이를 설명하기 위해서는 **계획된 재고**와 **계획되지 않은 재고**를 구분해야 한다. 본격적으로 경기후퇴가 시작되기 직전에는 판매가 감소하면서 계획되지 않은 재고투자가 늘어난다. 그러나 본격적으로 경기후퇴가 시작되고 나면 기업들이 계획적으로 재고보유를 감소시킨다. 이러한 반응의 결과 재고투자의 변동성이 매우 커진다. 실제로 블라인더(A. Blinder)의 실증연구에 의하면 경기후퇴기의 지출감소 중 반 이상이 재고투자의 감소에 의한 것이라고 한다.

정리 : 투자의 결정요인 및 투자의 급변성 09

9.1 투자함수의 형태

지금까지의 내용을 살펴보면 투자는 실질이자율 외에도 아주 다양한 요인에 영향을 받음을 알 수 있다. 이러한 요인들을 모두 반영하면 현실적인 투자함수는 다음과 같이 나타낼 수 있다.

현실적인 투자함수 : $I = I(r, \delta, z, t, q, cf, Y, \sigma, \cdots\cdots)$

단, δ는 감가상각률, z은 기술충격, t는 세율, cf는 현금흐름, σ는 불확실성을 의미

사실상 우리가 사용해왔던 투자함수는 이러한 투자함수를 매우 단순화한 것이다.

단순화된 투자함수 : $I = I(r)$

이러한 투자함수에서 실질이자율을 의미하는 r의 변화는 곡선상의 변화로 나타내어지지만 다른 요인들은 곡선 자체의 이동으로 나타내어진다.

9.2 투자의 급변성

앞서 언급한 바 투자는 GDP보다 큰 변동성을 보인다. 즉 호황 시 크게 증가하고 불황 시 크게 감소한다. 이러한 특징을 가지는 것은 앞에서 살펴본 바와 같이 투자가 다양한 요인으로부터 영향을 받으며 이러한 요인들이 동시에 같은 방향으로 작용하기 때문이다. 우선 호황에는 소득이 증가하는데 투자의 가속도이론에 의하면 기업의 투자가 증가한다. 또한 호황에는 주가도 상승하는데 토빈의 q이론에 의하면 이 역시 기업의 투자를 증가시킨다. 또한 호황에는 기업의 이윤이 증가하고 은행으로부터의 대출도 충분히 이루어지기 때문에 금융제약이 완화되면서 투자가 증가할 수 있다. 뿐만 아니라 호황에는 투자와 관련되어 기업이 인식하는 위험이 감소하므로 투자가 증가한다. 많은 경우 호황은 긍정적인 기술충격과 함께 나타나는 경우가 많기 때문에 투자의 변동성이 더욱 커진다. 이러한 요인들이 함께 작용하여 투자는 경기변동과정에서 가장 높은 변동성을 보이게 된다.

보론 자산가격 결정모형

각 기간 R_t의 수익을 창출하는 자산이 있다고 하자. 시간할인율이 r로 일정하고 자산의 존속기간이 n기간이며 시장이 완전경쟁적이라면 균형자산가격 P는 다음과 같이 결정된다(편의상 각 기간별 수익은 기말에 발생한다고 가정).

$$\text{자산가격 결정모형-1}: P = \sum_{t=1}^{n} \frac{R_t}{(1+r)^t} \quad \text{[식 A-1]}$$

즉 균형자산가격은 그 자산을 보유했을 때 얻게 될 미래 수익의 현재가치의 합과 일치한다. 자산가격은 그 자산이 미래에 창출할 수익의 가치가 클수록 높아지고 할인율이 높을수록 낮아진다.

[식 A-1]에서 좌변이 더 크다면 향후 얻게 될 수익의 현재가치보다 자산가격이 비싸기 때문에 자산의 보유자들은 이를 팔려 할 것이다. 따라서 자산가격이 하락하여 균형조건이 성립한다. 반면 우변이 더 크다면 자산가격보다 수익의 현재가치가 크기 때문에 투자자들이 이 자산을 사려 할 것이다. 따라서 자산가격이 상승하여 균형조건이 성립한다.

위 식은 다양한 형태로 변형될 수 있다. 우선 매 기간 창출하는 수익이 R로 일정하고 자산의 수명이 무한히 길다고 가정하면 다음과 같이 나타낼 수 있다.

$$\text{자산가격 결정모형-2}: P = \sum_{t=1}^{\infty} \frac{R}{(1+r)^t} = \frac{R}{r} \quad \text{[식 A-2]}$$

다음으로 각 기간 창출하는 수익이 불확실하여 이에 대한 예측치를 R_t^e라고 하고 각 기간별 할인율이 일정하지 않아 r_t라고 나타낸다면 다음과 같이 나타낼 수 있다.

$$\text{자산가격 결정모형-3}: P = \sum_{t=1}^{n} \frac{R_t^e}{(1+r_t)^t} \quad \text{[식 A-3]}$$

이러한 자산가격결정모형은 주식, 채권, 부동산 등 다양한 자산에 널리 적용될 수 있다. 단 이상의 분석은 자산의 본질적 가치(fundamentals)를 분석한 것이므로 거품(bubbles)요인을 반영한 실제가치와 상이할 수 있다.

핵심용어해설

- **투자의 이중성** : 투자가 경기변동 및 경제성장에 모두 중요한 영향을 미친다는 특징
- **투자의 비가역성** : 투자와 관련된 의사결정을 번복하기 어려운 성질
- **투자의 건설기간** : 자본재를 축적하는데 여러 기간이 소요된다는 성질
- **자본의 임대가격** : 자본재 보유의 편익으로서 자본의 한계생산에 의해 결정된다.
- **자본의 사용자비용** : 자본재 보유의 기회비용으로서 자본재에 대한 감가상각과 실질 이자를 합한 것
- **토빈의 q** : 자본재가격에 대한 주식가격의 비율, 주식시장과 실물시장을 이어주는 매개변수
- **자본조정비용** : 자본을 늘리거나 줄일 때 들어가는 비용
- **투자의 현금흐름이론** : 기업들이 금융제약에 직면하고 있을 때 투자의 규모가 현금흐름에 의해 제약된다는 이론
- **가속도 이론** : 투자는 소득의 변화분에 의해 결정된다는 이론

연습문제

01 투자의 신고전파모형을 이용하여 아래 각 사건이 투자에 미치는 충격을 설명하시오.

(1) 긴축 금융정책으로 단기 실질이자율이 상승하였다.
(2) 전쟁으로 인해 자본량의 일부가 파괴되었다.
(3) 외국 노동자들의 이민으로 노동력이 증대하였다.

02 자본재의 가격=100원, 명목이자율=10%, 자본재 가격상승률=5%, 감가상각률=4%이면 균형에서 자본의 임대가격은 얼마인가?

03 최근 주식시장을 살펴보면 주가는 사상최고치를 기록하고 있지만 그 변동성도 매우 커지고 있다고 한다. 이러한 주식시장의 변화가 투자에 어떠한 영향을 미치게 될 지 적절한 경제이론을 들어 설명해 보아라.

04 2000년에서 2006년까지 주택가격이 폭등한 원인으로는 여러 이유를 들 수 있겠지만 경제적인 측면에서 본다면 통화당국의 저금리 정책기조가 가장 큰 원인이라는 데 많은 경제학자가 동의를 하고 있다.

(1) 간단한 부동산가격 결정모형을 통해 금리인상이 부동산가격에 미치는 영향을 설명하라.

(2) 금리인상을 통해 부동산가격을 안정화시키려는 정책의 현실적인 장, 단점은 무엇인가?

05 투자가 소득 및 이자율 모두에 의존하는 경우를 가정해 보자. 즉 투자함수는 $I=\bar{I}+aY-br$이 된다. 여기서 a는 0과 1 사이의 상수이며 국민소득이 투자에 미치는 영향을 측정한다. b는 0보다 큰 상수이며 이자율이 투자에 미치는 영향을 나타낸다. $IS-LM$모형을 이용하여 이러한 변화가 투자가 이자율에만 의존하는 경우에 비해서 재정정책과 통화정책이 국민소득에 미치는 영향을 어떻게 변화시키는지 설명하라.

06 유발투자가 존재하는 경우 절약의 역설은 사라지는가 또는 더욱 심화되는가?

07 어떤 연구에 의하면 기술진보의 속도가 빨라짐에 따라 자본재의 내구연한이 짧아지고 있다고 한다. 이러한 변화는 투자의 이자율탄력성에 어떤 영향을 미칠 것이라 생각하는가? 직관적으로 답해보아라.

CHAPTER 12
화폐의 공급과 수요

CONTENTS

CHAPTER PREFACE | 들어가며

이번 장에서는 화폐시장에서의 공급과 수요를 보다 자세히 살펴보도록 한다. 이번 장에서 주로 답하게 될 문제는 다음과 같다. 첫째, 중앙은행은 어떻게 통화량을 통제하는가? 둘째, 화폐공급은 중앙은행에 의해서만 영향받는가? 셋째, 화폐수요는 이자율에 얼마나 민감하게 반응하는가? 넷째, 이자율 이외에 화폐수요에 영향을 미칠 수 있는 요인은 무엇인가?

이러한 문제에 답하기 위해 우선 중앙은행의 대차대조표모형을 통해 본원통화의 공급과정을 설명한 후 통화공급방정식과 통화승수를 도출한다. 다음으로 화폐수요와 관련하여 거래적 화폐수요이론 및 투기적 화폐수요이론의 발전된 형태를 살펴볼 것이다. 보론에서는 예금은행의 대차대조표모형을 통해 신용창조과정 및 금융위기의 발생과정을 살펴본다.

01 화폐의 공급

1.1 본원통화의 의미 및 구성[1)]

화폐가 어떻게 공급되는지 알아보기 위해 편의상 거시경제가 중앙은행, 예금은행, 민간의 세 부분으로 구성되어 있다고 하자. 지금까지 우리는 편의상 화폐의 공급이 전적으로 중앙은행(central bank)에 의해 통제가능한 것으로 가정하였다. 그러나 현실의 통화공급과정은 중앙은행, 예금은행, 민간의 상호작용에 의해 이루어진다.

이 중 먼저 중앙은행의 역할을 살펴보자. 통화량은 본원통화와 통화승수 두 가지의 곱으로 나타낼 수 있는데 그 중 본원통화를 먼저 살펴본다. 본원통화(reserve base, high powered money : H)란 중앙은행이 중앙은행 창구를 통해 공급한 지폐, 주화 등을 의미한다. 대부분의 국가에서 중앙은행이 발권력을 독점하므로 본원통화의 유일한 공급자는 중앙은행이다. 본원통화 중 민간이 가지고 있는 부분을 현금통화(cash currency : C)라 하고 예금은행이 보유한 부분을 지급준비금(reserve : R)이라고 하기 때문에 본원통화는 현금통화와 지급준비금의 합과 일치한다.

본원통화-1 : $H = C + R =$ 현금통화+지급준비금 [식 1]

지급준비금은 다시 몇 가지 방식으로 구분해 볼 수 있다. 우선 중앙은행은 지급준비금의 최소한을 법으로 정하고 있는데 이를 법정지급준비금 또는 필요지급준비금(required reserve)이라고 한다. 또한 예금은행은 인출의 불확실성에 대비하기 위해 스스로 법정지급준비금보다 많은 지급준비금을 보유하는데 이를 초과지급준비금(excess reserve)이라고 한다. 즉, 지급준비금은 법정지급준비금과 초과지급준비금의 합과 일치한다.

다음으로 예금은행은 지급준비금 중 일부를 자신의 금고에 보유하고 나머지는 중앙은행에 예치하는데 전자를 시재금(vault cash)이라고 하고 후자를 지준예치금이라 한다.

1) 이 부분의 내용은 김경수-박대근 저 「거시경제학(6판, 박영사)」의 내용을 많이 참고하였다.

현금통화와 시재금의 합을 화폐발행액이라고 하므로 본원통화는 화폐발행액과 지준예치금의 합이기도 하다.

본원통화-2 : H=현금통화+(시재금+지준예치금)=화폐발행액+지준예치금

이러한 관계를 정리하면 [표 1]과 같다.

<table>
<tr><th colspan="3">본원통화(H)</th></tr>
<tr><td>현금통화(C)</td><td colspan="2">지급준비금(R)</td></tr>
<tr><td>현금통화(C)</td><td>시재금</td><td>지준예치금</td></tr>
<tr><td colspan="2">화폐발행액</td><td>지준예치금</td></tr>
</table>

[표 1] 본원통화의 구성

1.2 본원통화의 공급경로

중앙은행이 본원통화를 어떻게 공급하는지는 중앙은행의 대차대조표(재무상태표)를 통해 쉽게 설명할 수 있다. [표 2]는 중앙은행 대차대조표를 단순화한 것이다.

자 산	부 채
국내자산	국내부채
-유가증권	-화폐발행액
-대정부대출	-지준예치금
-재할인대출(대은행대출)	
국외자산	국외부채

[표 2] 단순화된 중앙은행의 대차대조표

중앙은행의 자산은 크게 국내자산과 국외자산으로 구성된다. 국내자산은 국내거주자에 대한 채권(債權)[2]으로 유가증권, 대정부대출, 금융기관에 대한 재할인대출 등으로 구성된다. 국외자산은 국외 거주자가 발행한 외화표시증권과 외국환 등으로 구성된다.

2) 용어를 유의하기 바란다. 채권(債券, bond)을 구입한 사람은 채권자(債權者, creditor)가 되지만 채권(債券, bond)을 발행한 사람은 채무자(債務者, debtor)가 된다.

중앙은행의 부채 역시 국내부채와 국외부채로 구성된다. 국내부채는 다시 화폐발행액과 지준예치금 등으로 구성되어 있다. 화폐발행액이란 본원통화에서 지준예치금 등의 형태로 중앙은행으로 환류된 부분을 제외한 것이다. 화폐발행액과 지준예치금의 합이 본원통화가 되므로 중앙은행의 다른 국내부채가 없는 한 본원통화가 곧 중앙은행의 국내부채라 할 수 있다.[3]

복식부기의 기본원리에 의하면 모든 거래는 대변과 차변에 한 번씩 기입되기 때문에 대차대조표의 차변의 합과 대변의 합은 항상 일치하는데 이를 대차평형의 원리라고 한다. 이 원리를 활용하면 [표 2]로부터 본원통화의 증감요인을 파악할 수 있다. 첫 번째 방법은 국내자산증가를 통해 본원통화를 증가시키는 것이다.

- **공개시장매입** : 중앙은행은 예금은행이 보유한 유가증권을 매입함으로써 본원통화의 공급을 증가시킬 수 있는데 이를 공개시장매입(open market purchase)이라고 한다. 유가증권을 매입하면서 그 대금을 직접 지급하는 경우 대차대조표 상의 화폐발행액이 증가한다. 또한 그 대금을 장부상으로 지급준비금을 증가시켜줌으로써 지급할 수도 있다. 어느 경우에나 본원통화가 그만큼 증가한다.
- **대정부대출** : 중앙은행이 정부에 대출을 하는 경우에도 본원통화가 증가한다.
- **재할인대출(대은행대출)** : 중앙은행이 예금은행에 대출을 해 주면서 그 대출금을 직접 지급하거나 지준예치금을 늘려줌으로써 본원통화를 증가시킬 수 있다.

두 번째 방법은 국외자산증가를 통해 본원통화를 증가시키는 것이다.

- **국외자산의 취득** : 중앙은행이 달러화나 엔화와 같은 외화를 매입하고 그 대금을 원화로 지급하면 본원통화가 증가한다.

세 번째 방법은 국외부채감소를 통해 본원통화를 증가시키는 것이다. 이는 앞의 두 가지 방법에 비해 자주 사용되지는 않는다.

- **국외부채의 감소** : 중앙은행이 외화로 표시된 부채를 상환하고 그 대금을 원화로 지급하면 화폐발행액이 증가한다.

---

3) 단, 통화안정증권 등 중앙은행에 의해 발행된 채권이 존재하는 경우 국내부채에 이를 추가해야 한다.

1.3 통화승수와 통화공급방정식

이제 통화승수를 살펴보도록 하자. 제3장에서 $M1$을 기준으로 통화량은 현금통화와 요구불예금의 합과 일치함을 살펴보았다.

통화량(M1) : $M = C + D =$ 현금통화 + 요구불예금 [식 2]

반면 본원통화는 현금통화와 지급준비금의 합이다. 그런데 지급준비금이란 요구불예금 중 일부에 불과하므로 일반적으로 통화량은 본원통화보다 크다. 따라서 통화량을 본원통화로 나눈 비율은 일반적으로 1보다 크게 되는데 그 비율을 **통화승수**(money multiplier : m)라고 한다. 또한 본원통화와 통화량 사이의 관계식을 통화공급방정식이라고 한다.

통화승수 : $m = \dfrac{M}{H}$

통화공급방정식-1 : $M = mH$

이제 통화승수를 결정짓는 두 가지 값을 정의한다. 첫째, **현금-예금비율**(currency ratio)은 민간이 유동성자산 중 얼마만큼을 현금의 형태로 보유하는지를 나타내는 비율로서 현금통화를 요구불예금으로 나눈 비율로 정의한다. 둘째, **지급준비율**(reserve ratio)은 예금은행이 예금 중 얼마만큼을 대출하지 않고 남겨두는지를 나타내는 비율로서 지급준비금을 요구불예금으로 나눈 비율로 정의한다.

현금-예금비율 : $cr = C/D$　　　지급준비율 : $rr = R/D$

이 중 현금예금비율은 민간부문이 결정하며 지급준비율의 하한인 법정지급준비율($\underline{rr}$)은 중앙은행이, 초과지급준비율은 예금은행이 결정한다.

이제 [식 2]를 [식 1]로 나누면 통화승수를 구할 수 있다.

통화승수 : $m = \dfrac{M}{H} = \dfrac{C+D}{C+R} = \dfrac{C/D+1}{C/D+R/D} = \dfrac{cr+1}{cr+rr}$ [식 3]

[식 3]을 다시 정리하면 다음과 같다.

$$\text{통화공급방정식-2} : M = mH = \frac{cr+1}{cr+rr}H \qquad [\text{식 } 4]$$

1.4 통화승수의 성질

첫째, 통화승수는 민간의 현금예금비율 cr이 상승하거나 예금은행의 지급준비율 rr이 상승하면 하락한다. 이는 지급준비율이나 현금비율이 상승하면 추가적인 신용창조가 제약되기 때문이다.

둘째, 통화승수는 일반적으로 1보다 크다. 통화승수는 cr과 rr이 클수록 작아지는데 cr은 무한히 커질 수도 있지만 rr은 정의상 1보다 클 수가 없으며 rr이 1일 때의 통화승수가 1이 된다. 즉 100% 지급준비제도에 하에서는 통화승수가 1이 된다. 그러나 현실의 부분지급준비제도(fractional reserve banking system)하에서는 지급준비율(rr)이 1보다 작기 때문에 통화승수는 1보다 크다. 통화승수가 1보다 커지는 이유는 예금은행이 예금을 받아서 이 중 일부만을 남기고 나머지 대부분을 대출을 하면서 새로운 유동성 자산을 창출해내기 때문이다.[4] 이런 의미에서 화폐의 공급과정을 신용창조(credit creation)라고 부르기도 한다. 또한 통화승수가 1보다 크다는 것은 통화량은 실제 중앙은행이 공급한 본원통화의 몇 배에 이르게 됨을 의미한다. 이러한 의미에서 본원통화를 고성능화폐(high powered money)라고 부르기도 한다.

셋째, 통화승수는 일반적으로 법정지급준비율($\underline{rr}$)의 역수인 $\frac{1}{\underline{rr}}$보다 작다. 통화승수는 cr과 rr이 작을수록 커지는데 cr은 0이 될 수도 있지만 지급준비율은 법정지급준비율보다 작아질 수 없다. 따라서 현금비율과 초과지급준비율이 0일 때의 통화승수인 $\frac{1}{\underline{rr}}$이 통화승수의 상한이 된다.

이처럼 통화승수는 민간과 예금은행의 의사결정과 밀접한 관련이 있다. 이 중 현금예금비율 cr은 가계나 기업이 결정하게 되며 지급준비율 rr의 하한인 법정지급준비율은 중앙은행이 결정하지만 예금은행은 이 이상의 초과지급준비금을 보유할 수 있기 때문

---

4) 이처럼 예금은행의 대출을 통해 새롭게 창조된 유동성을 파생통화(derivative money)라고 하여 본원통화와 구분한다. 주의할 점은 예금은행이 대출을 하면 유동성 자산이 창출되지만 부채도 동일한 크기로 증가하므로 순자산이 만들어지는 것은 아니란 점이다.

에 rr은 예금은행이 영향을 미칠 수 있는 값이다. 그렇다면 사실 통화공급은 중앙은행 혼자 하는 것이 아니라 예금은행과 민간이 참여하는 공동작업인 셈이다. 그러나 이 가운데 중앙은행의 역할이 가장 크고 직접적이기 때문에 통화량은 중앙은행이 결정한다고 가정했던 것이다.

1.5 통화정책의 수단

본원통화와 통화승수의 개념을 살펴보았으니 중앙은행이 어떻게 통화공급을 결정하는지 이해할 수 있을 것이다. 첫째, 중앙은행이 국공채 등 거래대상 유가증권을 사들이면 그 대가로 본원통화가 제공되고, 중앙은행이 국공채를 매각하면 그 대가로 본원통화가 회수된다. 이처럼 중앙은행이 국공채의 매입과 매각을 통해 직접적으로 본원통화를 변화시키는 정책을 공개시장운영(open market operation)이라고 한다. 둘째, 중앙은행은 법정지급준비율(required reserve ratio)을 변화시킴으로써 통화승수를 변화시킬 수 있다. 법정지급준비율을 올리면 실제지급준비율도 일반적으로 상승하게 되고 이는 통화승수를 감소시킨다. 셋째, 중앙은행이 예금은행에 대한 대출을 증가 또는 감소시킴으로써 본원통화를 변화시킬 수 있다. 이를 중앙은행 여수신제도 또는 재할인정책이라고 하는데 재할인정책이란 이름은 중앙은행이 예금은행이 보유한 어음을 재할인(rediscount)하는 방식으로 대출해주던 관행에서 비롯한 이름이며 이때 적용되는 금리를 재할인율(rediscount rate)이라 한다. 만약 중앙은행이 재할인율을 높인다면 예금은행은 중앙은행에 대한 대출 요청을 자제할 것이며 기존의 대출도 가능한 일찍 상환하려 할 것이기 때문에 본원통화의 공급이 감소할 것이다.[5)]

살펴본 바와 같이 중앙은행은 공개시장운영, 법정지급준비제도, 여수신제도 등을 통해 통화량에 영향을 미친다. 이 중에서도 최근 미국이나 우리나라 등 채권시장이 발달한 대부분의 국가에서는 대부분의 경우에 공개시장운영을 통해 통화량을 조정하고 있다. 이상의 내용을 정리하면 [표 3]과 같다.

---

5) 우리나라의 재할인정책의 대표적인 예는 중앙은행 여수신제도이다. 우리나라의 경우 재할인율의 조정(가격조정)보다는 재할인규모의 조정(수량조정)이 주로 이루어진다는 특징이 있다.

통화량을 증가시키는 정책	통화량을 감소시키는 정책
1. 국공채의 매입 2. 법정지준율 인하 3. 재할인율 인하 (대출한도 증액)	1. 국공채의 매도 2. 법정지준율 인상 3. 재할인율 인상 (대출한도 감액)

[표 3] 통화량을 변화시키는 정책

1.6 통화공급의 내생성

중앙은행이 통화량을 완전히 통제하지 못하여 통화량이 경제 내적인 요인에 의해 영향을 받을 때 통화공급이 내생성(endogeneity)을 갖는다고 한다. 통화공급이 내생성을 갖는 첫 번째 이유는 이자율이 통화승수에 영향을 미칠 수 있기 때문이다. 이자율이 상승하면 현금보유의 기회비용이 상승하므로 현금예금비율이 하락한다. 또한 이자율이 상승하면 지급준비의 기회비용이 상승하므로 초과지급준비율도 하락한다. 이러한 요인들은 통화승수를 증가시키는데 이를 반영할 경우 통화공급곡선은 통화공급−이자율 평면에서 우상향하는 기울기를 갖게 된다.

두 번째 이유는 불확실성이 통화승수에 영향을 미칠 수 있기 때문이다. 예를 들어 민간이 예금은행의 지급능력에 대한 회의가 생기게 되면 현금예금비율을 높이려 할 것이다. 예금은행은 기업의 상환능력이 의심스럽다고 생각할 경우 추가 대출을 자제하고 초과지급준비율을 높일 것이다. 또한 예금자들의 인출의 불확실성이 높다고 판단해도 초과지급준비율을 높일 것이다. 이러한 요인들은 통화승수를 감소시켜 통화공급곡선을 좌측으로 이동시킨다.

제7장에서 우리는 대공황 당시 통화량이 급격히 감소했으며 이것이 경제상황을 더욱 심각한 불황으로 몰아넣었다고 했다. 이 당시의 통화량의 감소도 내생적 요인에 크게 영향 받았다. 당시 불확실성이 증가함에 따라 민간과 예금은행이 현금보유비율 및 지급준비율을 높여 대응하였고 이에 따라 통화승수가 급격히 줄어들면서 통화공급이 크게 감소하였던 것이다. 사실 당시 자료에 의하면 본원통화는 증가하고 있었다. 그러나 이 당시 본원통화의 증가는 통화승수 하락을 상쇄하기에는 턱없이 부족한 것이었다.

1.7 통화공급의 이자율내생성과 정책효과

현금-예금비율과 지급준비율이 이자율의 감소함수라면 통화승수는 이자율의 증가함수가 된다. 이를 반영한 화폐시장의 균형식은 다음과 같다.

$$\text{화폐시장의 균형식 : } \frac{M(r)}{P} = L(Y, r) \qquad \text{단, } \frac{dM^s}{dr} > 0, \ \frac{dL}{dr} < 0$$

이제 화폐의 이자율 내생성을 고려할 때 LM곡선을 도출해보자. [그림 1]에서 화폐공급이 이자율과 무관할 때 화폐공급곡선은 수직선이지만 화폐공급이 이자율의 증가함수일 때 화폐공급함수는 우상향한다. 편의상 총소득이 Y_0일 때 균형이자율이 r_0로 동일했다고 하자. 이는 그림 (a) 및 (b)에서 A점에 대응된다. 총소득이 증가하여 Y_1이 된다면 화폐의 외생성을 가정할 경우 균형은 B점이 되고 화폐의 내생성하에서 균형은 C점이 된다. 결과적으로 화폐의 이자율내생성을 반영할 경우 LM곡선은 보다 완만한 기울기를 갖게 된다.

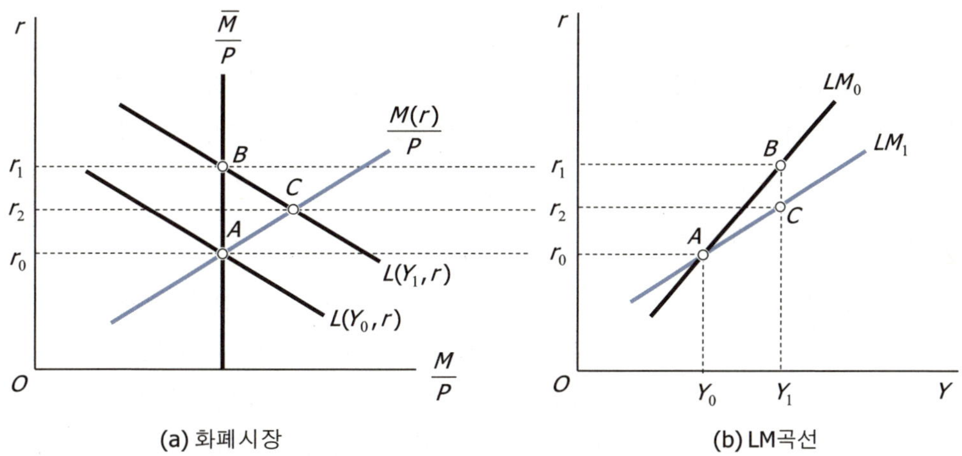

[그림 1] 화폐의 내생성과 LM곡선

LM곡선 기울기의 변화는 정부정책의 효과에 영향을 미친다. [그림 2]는 재정정책이 실시된 경우를 나타내고 있는데 LM곡선이 완만해짐에 따라 재정정책이 총소득에 미치는 영향이 강력해졌음을 알 수 있다. [그림 3]은 통화정책이 실시된 경우를 나타내고 있는데 LM곡선의 기울기가 완만해졌음에도 수평이동폭이 똑같게 유지된다면 통화정책이 총소득에 미치는 영향이 약해짐을 알 수 있다.

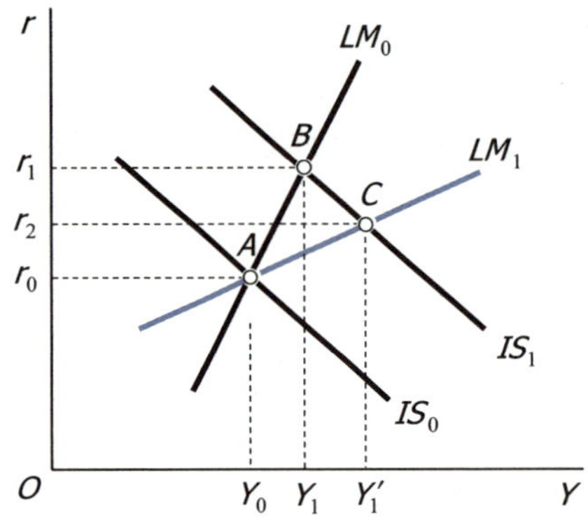

[그림 2] 재정정책

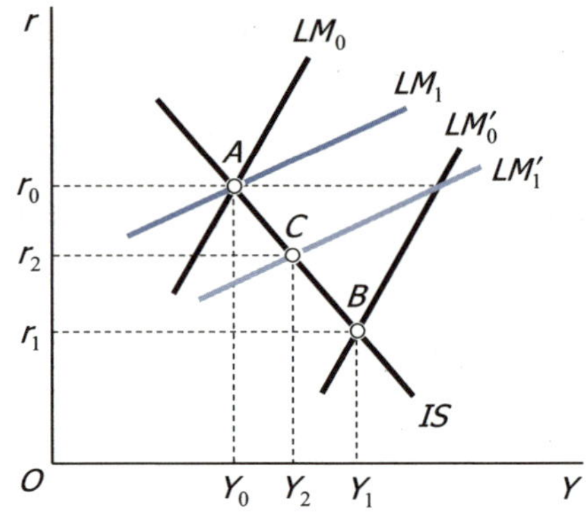

[그림 3] 통화정책

02 화폐에 대한 수요

2.1 화폐수요의 동기

제3장에서 살펴본 것처럼 화폐수요란 자신이 보유한 자산 중 얼마만큼을 유동성 자산인 화폐의 형태로 보유할 것인지를 의미하는 것이다. 앞서 살펴본 바 화폐란 이자가 없거나 이자율이 매우 낮은 금융자산임에도 사람들이 화폐를 보유하는 이유는 화폐의 유동성을 선호하기 때문이다.

화폐수요는 보유동기에 따라 세 가지 유형으로 구분해 볼 수 있다. 첫째는 **거래적 동기**(transaction motive)인데 이는 일상의 거래를 편리하게 하기 위해 화폐를 보유하는 동기이다. 둘째는 **투기적 동기**(speculative motive)인데 이는 장래 이익 획득의 기회에 대비하여 유동성이 높은 화폐를 보유하는 동기이다. 세 번째는 **예비적 동기**(precautionary motive)인데 사전에 예측하기 힘든 미래의 거래에 대비하기 위해 화폐를 보유하는 동기이다.

케인즈는 거래적 화폐수요와 예비적 화폐수요는 소득의 증가함수이고 투기적 화폐수요는 이자율의 감소함수라고 보았으며 이 중 투기적 화폐수요가 가장 중요한 역할을 한다고 보았다. 반면 고전학파 경제학자들은 투기적 화폐수요 및 예비적 화폐수요는 중요하게 다루지 않았으며 거래적 화폐수요는 소득의 증가함수이지만 이자율에는 영향받지 않는다고 보았다.

	케인즈	고전학파
거래적 동기	Y의 증가함수	Y의 증가함수
투기적 동기	i의 감소함수	중요하지 않음
예비적 동기	Y의 증가함수	중요하지 않음

이하에서 우선 투기적 화폐수요이론의 발전된 형태인 프리드먼의 신화폐수량설과 토빈의 포트폴리오이론을 설명한다. 이어서 거래적 화폐수요이론의 발전된 모형인 보몰-토빈의 현금재고관리모형을 설명한다. 화폐수요이론의 발전과정에서 주된 관심대상은 화폐수요의 이자율탄력성이 얼마나 큰 값인지의 문제이다. 화폐수요의 이자율탄력성의 크기는 통화정책의 유효성 및 통화정책의 운영방식과 밀접한 관련이 있기 때문이다.

2.2 투기적 화폐수요이론의 발전－Ⅰ : 프리드먼의 신화폐수량설

프리드먼은 화폐의 공급에 초점이 맞춰진 고전적 화폐수량설을 화폐수요의 측면에서 재해석하고자 하였다. 이러한 그의 이론을 **신화폐수량설**(modern quantity theory of money) 또는 화폐수량설의 재해석(restatement of quantity theory)이라고 한다.

그동안 편의상 화폐수요를 설명할 때 편의상 화폐와 채권 두 가지 자산만 있다고 단순화시키는 경우가 많았다. 반면 프리드먼은 화폐수요를 화폐와 채권뿐만 아니라 주식, 실물자산, 인적자산 등 다양한 자산을 포함한 보다 포괄적인 **자산선택이론**(portfolio selection theory)의 틀로 설명하려 하였다. 프리드먼이 제시한 포괄적 화폐수요함수는 다음과 같다.

$$\text{화폐수요함수-1}: \left(\frac{M}{P}\right)^d = f(\underset{-}{i_b - i_m},\ \underset{-}{i_e - i_m},\ \underset{-}{\pi^e - i_m},\ \underset{+}{h},\ \underset{+}{Y^P}) \qquad \text{[식 4]}$$

[식 4]에서 i_b는 채권수익률, i_m은 화폐수익률, i_e는 주식수익률, π^e는 기대인플레이션율로서 실물투자수익률을 반영한다고 가정한다. 또한 h는 인적자산과 비인적자산의 비율, Y^P는 항상소득으로서 총재산규모와 일정한 비율이 있는 값이라 가정한다. 이 경

우 $i_b - i_m$는 화폐대비 채권의 상대적 수익률, $i_e - i_m$는 화폐대비 주식의 상대적 수익률, $\pi^e - i_m$는 화폐대비 실물자산 보유의 상대적 수익률로서 이 값들이 상승하면 화폐수요는 감소한다. 인적자산은 유동성이 가장 낮은 자산이므로 h가 상승하면 포트폴리오의 유동성을 유지하기 위해 화폐수요를 늘린다. 마지막으로 Y^P가 상승하면 모든 종류의 자산보유를 늘린다.

그런데 프리드먼은 h는 쉽게 변하지 않으며, 자산간의 경쟁관계를 고려한다면 $i_b - i_m$, $i_e - i_m$, $\pi^e - i_m$도 매우 안정적이거나 화폐보유에 큰 영향을 미치지 못할 것으로 보았다. 이러한 가정이 성립한다면 화폐수요는 항상소득에만 영향을 받는 함수가 된다.

$$\text{화폐수요함수-2} : \left(\frac{M}{P}\right)^d = L(Y^P)$$

프리드먼의 화폐이론은 화폐수요에 있어 이자율의 역할이 매우 낮다고 본다는 점에서 고전적 화폐수량설과 비슷한 측면이 있다. 이러한 이유로 프리드먼의 화폐수요이론을 신화폐수량설이라고 부르게 되었다.

고전적 화폐수량설에 의하면 화폐유통속도는 고정이며 화폐수요는 이자율에 영향받지 않는다. 그러나 실증연구에 의하면 화폐유통속도는 단기적으로 경기에 순행하는데 고전적 화폐수량설은 이러한 현상을 설명하지 못한다. 프리드먼의 신화폐수량설은 화폐수요가 이자율에 영향받지 않는다는 고전학파의 가정을 크게 수정하지 않고서도 화폐유통속도가 경기에 순행하는 실증연구를 설명할 수 있다는 장점이 있다.

프리드먼의 화폐수요함수에서 화폐유통속도는 다음과 같이 나타낼 수 있다.

$$\text{화폐유통속도} : V = \frac{PY}{M} = \frac{Y}{M/P} = \frac{Y}{L(Y^P)} = \frac{Y^P + Y^T}{L(Y^P)}$$

경기변동과정에서 단기의 소득변화는 대부분 Y^T 즉 일시소득의 변화에 기인한다. 따라서 경기확장기에 소득유통속도는 상승한다. 반면 장기적으로는 Y^T는 상쇄되어 평균적으로 0이 되고 소득변화는 대부분 Y^P 즉 항상소득의 변화에서 비롯하는데 이는 화폐유통속도에 큰 영향을 미치지 않는다.

프리드먼은 화폐유통속도가 비록 고정은 아니지만 매우 안정적인 화폐수요함수에 의해 결정되는 값이며 화폐수요함수는 이자율에 거의 영향 받지 않는다고 주장하였다. 그의 주장 및 증명과정은 미국화폐사(A Monetary History of the United States, 1867-1960)에 매우 상세히 밝혀져 있다. 이러한 증거를 기반으로 프리드먼은 물가와 명목소득을 결정짓는 가장 중요한 변수가 다름 아닌 통화량이라고 주장하였다. 이러한 결론은 고전적 화폐수량설과 매우 유사하다. 이에 더하여 그는 통화정책은 매우 강력하지만 정부는 이를 현실적으로 잘 운영할 능력을 가지고 있지 못하므로 통화량 증가율을 일정하게 유지하는 것이 바람직하다고 주장하였다. 이러한 정책운영방식을 k% 준칙(k% rule)이라고 부르는데 이러한 방식의 타당성은 화폐수요함수의 안정성 및 정책시차(time lag)의 불안정성이라는 두 가지 실증적 근거에 기반해 있다.[6]

그러나 1970년대를 거치면서 규제완화와 금융혁신이 나타나면서 화폐수요함수가 매우 불안정해지고 화폐유통속도가 큰 폭으로 변하게 된다. 이에 따라 프리드먼의 화폐수요 및 통화정책에 대한 주장들도 상당부분 타당성을 잃게 되었다.

2.3 투기적 화폐수요이론의 발전–2 : 토빈의 포트폴리오이론

토빈(J. Tobin) 역시 화폐수요를 자산선택이론의 틀 하에서 설명하고자 하였다. 미시경제학에서 살펴본 바와 같이 포트폴리오이론은 원래 안전자산(무위험자산)과 위험자산간의 최적 보유비율을 결정하는 모형인데 화폐를 안전자산으로 간주한다면 화폐와 위험자산간의 최적 보유비율을 선택하는 모형이 된다.

편의상 자산시장이 무위험자산인 '화폐'와 위험자산인 '증권' 두 자산으로만 이루어진 경우를 고려하고 다음과 같은 가정이 성립한다고 하자.

- 가정 1 : 투자자는 일정한 부(W)를 화폐와 증권으로 나누어 보유한다.
- 가정 2 : 화폐는 무위험자산으로 기대수익률[$E(R)$]과 수익률의 표준편차(σ)가 모두 0이다.
- 가정 3 : 증권은 위험자산으로 기대수익률과 수익률의 표준편차는 모두 양(+)이며 외생적으로 주어지는 값이다.

6) 정책시차에 대해서는 제14장에서 자세히 다룬다.

- 가정 4 : 투자자는 위험기피자이므로 수익률의 표준편차는 비재화(bads)의 성격을 가진다. 또한 투자자는 실질소득이 증가할 때 위험을 감소시키려한다.
- 가정 5 : 투자자가 위험을 기피하는 정도는 기대수익률이 높아질수록 커진다.

이상의 가정이 성립할 때 화폐는 [그림 4]의 O점에 대응된다. 반면 증권은 C점에 대응된다. 또한 분산보유가 가능한 경우 예산선은 원점과 C점을 잇는 OC가 된다.

가정 4와 가정 5에 의해 투자자의 효용함수는 다음과 같이 나타낼 수 있다.

효용함수 : $U = U[E(R), \sigma]$

가정 4에 의해 무차별곡선은 우상향하는 형태가 되며 좌상방으로 갈수록 효용이 증가한다. 또한 가정 5에 의해 무차별곡선은 아래에서 볼 때 볼록한 형태가 된다.

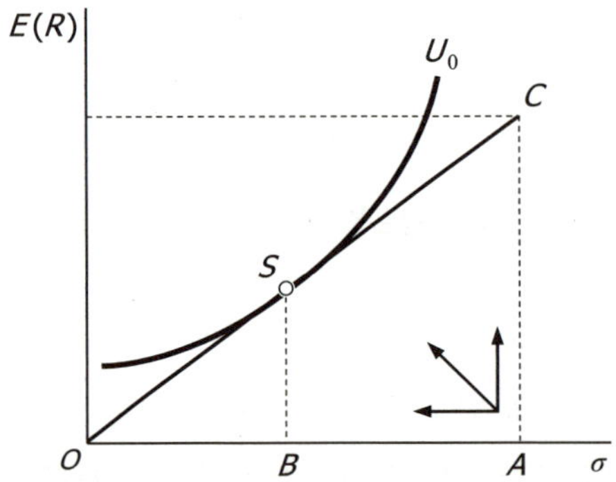

[그림 4] 최적 포트폴리오

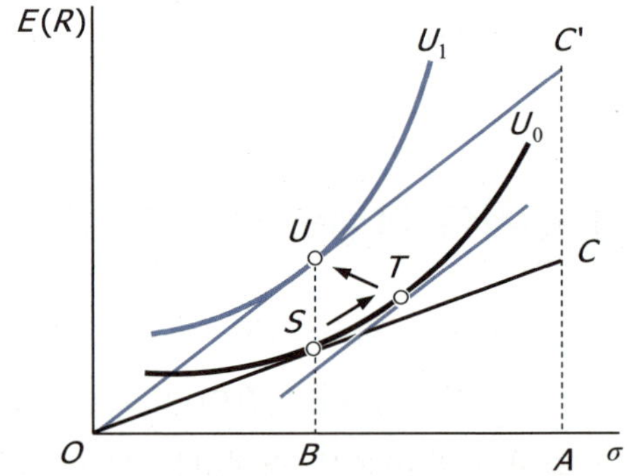

[그림 5] 위험자산의 수익률 상승

투자자들은 예산선상에서 자신의 효용이 극대화되는 S점을 선택할 것이다. 이 경우 위험자산비율과 무위험자산비율(화폐보유비율)은 다음과 같다.

위험자산의 보유비율 : $\alpha = \dfrac{OB}{OA} = \dfrac{OS}{OC}$

무위험자산의 보유비율 : $1 - \alpha = \dfrac{BA}{OA} = \dfrac{SC}{OC}$

S점에서 투자자의 효용은 O점이나 C점에서의 효용보다 높다. 즉 투자자의 입장에서 화폐나 증권 중 어느 한 자산만 보유하는 것 보다 두 자산을 분산보유하는 것이 바람직하다. 이처럼 토빈모형에서 사람들이 수익률이 낮은 화폐를 보유하는 이유는 효용을 극대화하는 투자자들이 적절한 포트폴리오를 만들어내기 위해 안전자산이 필요하기 때문이다. 다시 말하면 토빈의 이론에서는 투자자들이 원하는 만큼의 위험만을 보유하려하며 이를 위해 무위험자산인 화폐가 필요하다.

이제 위험자산인 증권에 지급되는 기대수익률이 상승했다고 하자. 이 경우 예산선은 [그림 5] OC에서 OC'와 같이 회전이동하고 위험기피자의 선택점은 S점에서 U점으로 이동한다. 이 중 S점에서 T점까지의 이동은 대체효과로서 위험부담에 대한 보상이 증가함에 따라 위험자산의 보유를 늘리고 무위험자산의 보유를 줄이는 효과이다. 반면 T점에서 U점까지의 이동은 소득효과로서 예전보다 실질적으로 부유해졌기 때문에 비재화인 위험의 부담을 줄이는 효과이다. 이러한 두 가지 효과가 상반되게 작용하기 때문에 위험자산의 수익률상승이 위험보유비율을 증가시킬지의 여부는 명확하지 않다. [그림 5]의 경우는 두 가지의 효과가 정확히 상쇄되어 위험자산과 안전자산의 비율이 불변인 경우를 나타내고 있다.

만약 대체효과가 소득효과보다 크다면 위험자산의 비율은 증가하고 화폐수요가 감소할 것이다. 반면 소득효과가 대체효과보다 크다면 위험자산의 비율은 감소하고 화폐수요는 증가할 것이다. 즉 토빈의 포트폴리오모형에서 화폐수요가 이자율의 감소함수라는 보장이 없으며 화폐수요가 이자율의 감소함수가 되기 위해서는 위험자산의 수익률 상승시 대체효과가 소득효과보다 크다는 가정이 필요하다.

2.4 거래적 화폐수요이론의 발전 : 보몰－토빈의 현금재고관리모형

거래적 동기의 화폐수요란 일상의 거래를 편리하게 하기 위해서 화폐를 보유하는 것을 의미한다. 거래적 동기에서 화폐보유의 편익은 거래할 때마다 매번 인출해야 하는 불편과 각종의 거래비용을 덜 수 있다는 것이며 화폐보유의 비용은 수익성자산을 보유할 경우 또는 은행에 예치할 경우에 받을 수 있는 이자를 포기해야 한다는 점이다. 따라서 사람들은 화폐보유의 편익과 비용을 비교하여 최선의 화폐보유규모를 결정할 것이다.

보몰과 토빈은 거래적 화폐수요를 설명하기 위해 최적재고관리모형(optimal inventory management model)을 활용하였다. 보몰－토빈의 모형을 현금재고관리모형이라고 하는데 이하 설명은 현금을 대상으로 하고 있지만 보다 넓은 화폐지표에도 활용될 수 있다.

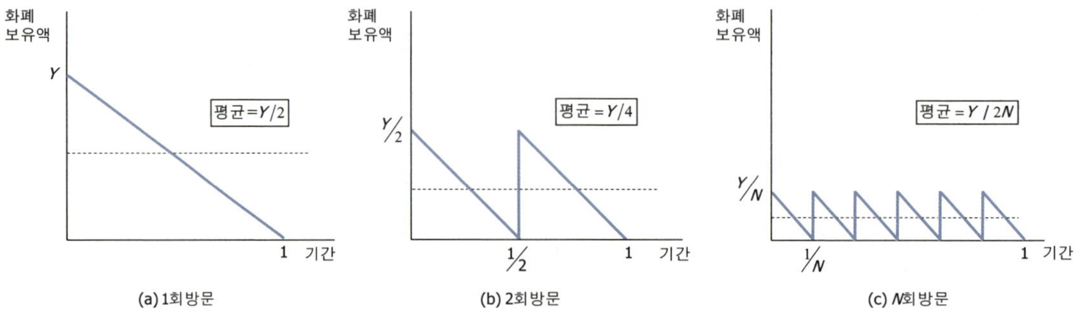

[그림 6] 은행방문횟수와 화폐보유량

편의상 다음과 같은 가정이 성립한다고 하자.

- 가정 1 : 대표적 소비자는 1기간(편의상 1개월)에 Y만큼을 현금으로 지출한다.
- 가정 2 : 대표적 소비자는 1기간에 N회 은행에 방문하여 일정한 금액을 인출한다.
- 가정 3 : 은행에 방문할 때마다 교통비, 대기시간, 수수료 등 각종의 비용이 들어가며 이들의 합이 F라고 하자.
- 가정 4 : 예금에 대한 이자율은 i로 주어져 있다.

가정 1과 2에 의할 때 화폐수요함수는 다음과 같다.

$$\text{화폐수요함수-1} : \frac{M^d}{P} = \frac{Y}{2N} \qquad [\text{식 } 5]$$

위 식은 은행을 N번 방문한다면 1회당 인출금액이 평균 $\frac{Y}{N}$이 되고 이 금액이 떨어지면 다시 은행을 방문하는 과정을 반복할 때 평균화폐보유잔고가 $\frac{Y}{2N}$가 됨을 나타낸다. [그림 6]은 은행방문횟수에 따라 평균적인 화폐보유잔고가 어떻게 결정되는지를 보여주고 있다.

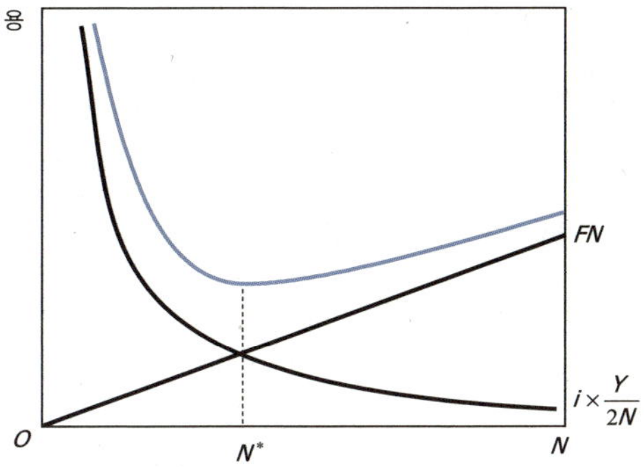

[그림 7] 최적은행방문횟수

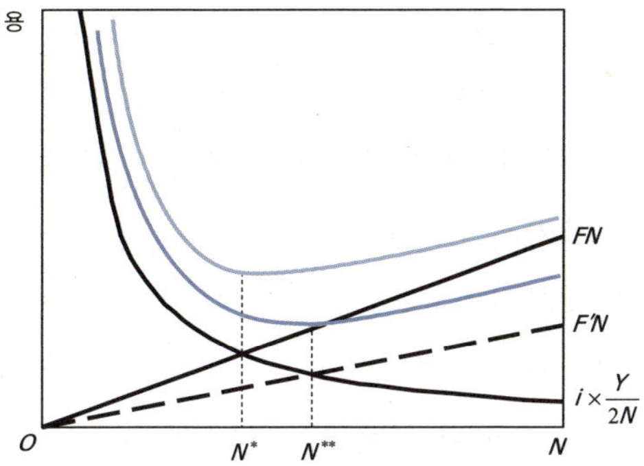

[그림 8] ATM의 보급

이제 최적의 은행방문횟수 N^*가 어떻게 결정되는지를 안다면 구체적인 화폐수요함수를 도출할 수 있다. 최적의 은행방문횟수는 은행방문과 관련된 두 가지 비용의 합을 최소화하는 수준에서 달성될 것이다. 은행방문과 관련된 첫 번째 비용은 은행방문비용(거래비용)으로서 FN이 된다. 두 번째 비용은 화폐보유시 상실된 이자소득으로서 $i\times\frac{Y}{2N}$이 된다. 따라서 화폐보유와 관련된 최적화 문제는 다음 총비용을 극소화하는 것이다.

화폐보유의 총비용 : $C=FN+i\times\frac{Y}{2N}$=은행방문비용+상실된 이자소득

비용극소화문제의 1계조건에서 최적 은행방문횟수를 구하면 다음과 같다.

1계조건 : $\frac{dC}{dN}=F-\frac{iY}{2N^2}=0$ ⇒ 최적 은행방문횟수 : $N^*=\sqrt{\frac{iY}{2F}}$

최적 방문횟수는 [그림 7]에서 두 가지 비용의 합이 최소가 되는 점에서 도출된다.7) 이를 [식 5]에 대입하면 다음의 화폐수요함수를 구할 수 있다.

화폐수요함수-2 : $\frac{M^d}{P}=\sqrt{\frac{YF}{2i}}=L(i,\ Y,\ F)$

---

7) N^*는 항상 FN과 $i\times\frac{Y}{2N}$이 만나는 점에서 나타나게 됨에 유의하자. 일반적으로 원점에서 출발하는 직선과 직각쌍곡선의 합은 항상 두 곡선이 교차하는 점에서 최소값을 가진다. 위 식에서 두 항목이 같아지는 점과 미분을 통해 얻은 최적방문횟수가 일치하는지 확인해 보아라.

보몰−토빈의 화폐수요모형은 여러 가지 중요한 의미를 담고 있다. 첫째, 보몰−토빈 모형은 은행을 방문하는 거래비용 F가 화폐수요에 영향을 미칠 수 있음을 명시적으로 보였다. 예를 들어 1980년대에는 ATM이 광범위하게 확산되었는데 이는 위 모형에서 F가 하락한 경우로 볼 수 있다. 이는 [그림 8]에서 볼 수 있듯이 최적 은행방문횟수 N^*를 증가시키고 사람들의 평균적인 화폐수요를 감소시켰을 것이다. 둘째, 보몰−토빈모형에 따르면 화폐수요는 소득의 증가함수이지만 화폐수요의 소득탄력성은 1보다 작다. 즉 이 모형에서 화폐는 필수재(necessity)의 성격을 갖는다. 달리 말하면 지출이 증가더라도 화폐수요는 그보다 작은 비율로 증가하며 화폐보유에 따른 비용도 지출에 비해 적게 증가할 것이다. 이러한 의미에서 보몰-토빈모형의 화폐수요에 규모의 경제가 존재한다고 이야기하기도 한다. 셋째, 보몰−토빈모형에 따르면 거래적 화폐수요 역시 이자율의 감소함수이다. 단순한 화폐수요함수에서 거래적 화폐수요는 이자율에는 의존하지 않고 소득에만 의존한다고 가정하기도 하는데 보몰−토빈의 모형은 거래적 화폐수요 역시 이자율에 영향을 받을 수 있음을 보인 점에 그 의의가 있다.

앞서 언급한 것처럼 이 모형의 분석대상을 반드시 현금에 제한할 필요는 없다. 이 모형은 상대적으로 수익성이 높은 자산과 상대적으로 유동성이 높은 자산간의 선택에 폭넓게 적용될 수 있다.

2.5 요약 그리고 남겨진 과제

지금까지 세 가지의 현대적 화폐수요이론을 살펴보았다. 이 중 프리드먼의 신화폐수량설과 토빈의 포트폴리오모형은 가치저장기능(store of value)이 강조되는 $M2$나 L_f등의 설명하기에 적절한 반면 보몰-토빈모형은 거래의 매개체(medium of exchange)로서의 기능이 강조되는 M_1을 설명하기에 적절하다. 케인즈는 투기적 화폐수요가 이자율의 감소함수라고 주장하였으나 신화폐수량설과 토빈의 포트폴리오모형에서는 화폐수요가 이자율의 감소함수라는 주장이 정당화되지 않았다. 오히려 케인즈가 그다지 기대하지 않았던 거래적 화폐수요를 설명하는 보몰-토빈의 모형에서 뜻밖에 이자율의 역할이 뚜렷이 드러난 것은 아이러니한 면이 있다.

화폐수요이론에는 남겨진 과제들이 있다. 그것은 최근 금융혁신으로 인해 다양한 금융상품들이 등장한 것이 화폐수요에 어떤 영향을 미치는지를 설명하는 것이다. 특히 최근에는 준화폐(near money), 즉 비화폐자산이면서도 입출금이 가능한 금융상품들이 등장하였는데, 이러한 자산들이 화폐수요에 어떤 영향을 미치는지를 설명하는 것이 앞으로의 주된 과제 중 하나이다. 최근 많은 논쟁을 유발시킨 가상자산(virtual asset)이 금융시장에 미칠 영향 역시 화폐이론을 보다 흥미롭게 만들어 주는 과제이다.

예금은행의 대차대조표모형 / 보론

1. 단순화된 은행모형 및 신용창조

화폐의 공급과정에서 예금은행이 어떤 역할을 담당하는지 보다 구체적으로 알기 위해 예금은행의 대차대조표를 살펴보기로 하자. 단순화를 위해 몇 가지 가정을 도입한다.

- **가정 1** : 예금은행의 자산은 지급준비금과 대출금으로 이루어져 있으며 여타의 유가증권 등을 보유하지 않는다.
- **가정 2** : 예금은행의 부채는 예금으로만 이루어져 있으며 자본을 보유하지 않는다.
- **가정 3** : 예금은행은 법정지급준비금만을 보유하며 초과지급준비금을 보유하지 않는다. 즉 실제지급준비율이 법정지급준비율과 같다.
- **가정 4** : 예금은행이 대출한 금액은 모두 다시 예금은행으로 예금된다. 즉 편의상 현금-예금비율 $cr = 0$이라고 가정한다.

이제 최초의 예금자가 1,000의 본원통화를 제1은행에 예금했다고 하자. 예금이 이루어진 직후 제1은행의 대차대조표는 다음과 같다.

자 산		부 채	
지급준비금	1,000	예금	1,000

[표 A-1] 제1은행의 대차대조표 : 대출 전

은행은 예금 중 법정지급준비금을 남기고 민간 또는 다른 은행에 대출해줄 수 있다. 일반적으로 은행이 대출 시에 받는 이자율은 예금시에 지급하는 이자율보다 높으며 이러한 이자율의 격차 즉 스프레드(spread)[8]가 은행이윤의 중요한 부분을 차지한다. 가정

3에 의하면 법정지급준비율이 0.2이라고 할 때 은행은 200의 지급준비금을 남기고 800을 대출할 것이다. 대출이 이루어진 후 제1은행의 대차대조표는 다음과 같다.

자 산		부 채	
지급준비금	200	예금	1,000
대출금	800		

[표 A-2] 제1은행의 대차대조표 : 대출 후

가정 4에 따라 대출된 금액은 모두 제2은행에 예금되었다고 하자. 이 경우 제2은행의 대차대조표는 다음과 같다.

자 산		부 채	
지급준비금	800	예금	800

[표 A-3] 제2은행의 대차대조표 : 대출 전

이 경우 제1은행에서 대출받는 사람은 제2은행에 800의 예금을 가지고 있으며, 최초 예금자는 제1은행에 여전히 1,000의 예금을 가지고 있으므로 통화량이 1,800으로 증가한다. 이와 같이 은행이 예금을 받아 대출을 하면 유동성자산의 규모가 늘어나는데 이를 **신용창조**(credit creation) 또는 예금창조라고 한다.[9] 이러한 과정은 무한히 반복될 수 있다. 가정 3에 의하면 제2은행은 800의 예금 중 160만을 남기고 640을 대출할 것이다. 대출이 이루어 진 이후 제2은행의 대차대조표는 다음과 같다.

자 산		부 채	
지급준비금	160	예금	800
대출금	640		

[표 A-4] 제2은행의 대차대조표 : 대출 후

---

8) 스프레드는 여러 이자율 또는 수익률간의 차이를 나타내는 보편적인 표현으로서 이자율 마진이라고 한다. 본문에서의 스프레드를 특히 예대스프레드(loan-deposit spread) 또는 예대마진(loan-deposit margin)이라고 한다.

9) 한 가지 유의할 점은 신용창조의 과정을 통해 국민경제의 순자산이 늘어나는 것은 아니란 점이다. 왜냐하면 신용창조의 과정에서 늘어난 예금자산의 크기만큼 은행부채의 크기도 증가하기 때문이다. 신용창조의 과정에서 늘어난 것은 경제전체의 유동성 자산의 양이다.

가정 4에 따라 대출된 금액은 모두 제3은행에 예금되었다고 하자. 이제 제2은행에서 대출받은 사람은 제3은행에 640의 예금을 가지고 있고, 제1은행에서 대출받은 사람은 제2은행에 800의 예금을 가지고 있으며, 최초예금자는 여전히 제1은행에 1,000의 예금을 가지고 있으므로 통화량은 2,440으로 증가한다. 가정 3에 의하면 제3은행은 다시 640의 예금을 기반으로 512를 대출할 수 있다. 대출이 이루어진 후 제3은행의 대차대조표는 다음과 같다. 대출금이 다시 예금될 경우 통화량은 2,952가 된다.

자 산		부 채	
지급준비금	128	예금	640
대출금	512		

[표 A-5] 제3은행의 대차대조표 : 대출 후

이러한 과정이 무한히 반복되면 얼마만큼의 통화량이 창조될까? 이상의 과정을 정리하면 다음과 같다.

$$\text{최초의 예금} = 1{,}000$$
$$\text{제1은행의 예금} = 1{,}000 \times (1-0.2) = 800$$
$$\text{제2은행의 예금} = 1{,}000 \times (1-0.2)^2 = 640$$
$$\text{제3은행의 예금} = 1{,}000 \times (1-0.2)^3 = 512$$

....

$$\text{총 통화공급량} = \sum_{i=1}^{\infty} 1{,}000 \times (1-0.2)^{i-1}$$

즉 총 통화공급량은 초항이 본원적 예금인 1,000이고, 공비가 1에서 지급준비율을 뺀 0.8인 무한등비수열의 합이 된다. 무한등비수열의 합의 공식을 사용하면 다음과 같다.

$$\text{총 통화공급량} = \frac{1{,}000}{1-0.8} = 5{,}000$$

이상의 분석을 일반화하면 통화공급량은 초항이 본원통화(본원적 예금) 즉 H이고, 공비가 지급준비금을 남기고 대출하는 비율 즉 $(1-rr)$인 무한등비수열의 합이 된다.

$$M = \frac{H}{1-(1-rr)} = \frac{1}{rr}H$$

이러한 결과는 이번 장 본문의 [식 4]에 $cr=0$을 대입한 결과와 동일하다. 또한 $\frac{1}{rr}$ (또는 $\frac{1}{\underline{rr}}$)은 본문에서 현실적 통화승수의 상한으로 언급된 값과 일치한다.

2. 현실적인 은행모형과 레버리지[10)]

지금까지 살펴본 은행모형은 단순화된 것이다. 지금까지 제시된 대차대조표에서 은행은 예금을 받고 이를 이용하여 대출을 하거나 지급준비금으로 보유한다. 이 논의에 기초할 경우 은행을 개설하는데 어떤 자금도 필요하지 않다. 그러나 현실적으로 은행소유주는 은행을 운영하기 위해서 금융재원을 갖고 시작하여야 한다. 이 재원을 자기자본(equity)[11)] 또는 소유주지분(owner's equity)이라고 한다. 보다 현실적인 은행의 대차대조표를 예시하면 다음과 같다.

자 산		부채 및 자본	
지급준비금	200	예금	750
대출금	500	기타채무	200
유가증권	300	자본(소유주 지분)	50

[표 A-6] 현실적인 은행의 대차대조표

은행의 자금조달은 세 가지 방법으로 이루어진다. 첫째, 주주들에 대한 주식의 판매이다. 이는 대차대조표 상의 자본이 된다. 둘째는 예금의 수취이며, 셋째는 예금이외의 방법으로 채무를 지는 것이다. 이 두 가지는 대차대조표 상의 부채가 된다. 이 자금의 일부는 지급준비금으로 보유되며 다른 일부는 대출을 제공하는데 이용되고, 또 다른 일부는 국채 또는 회사채와 같은 유가증권을 매입하는데 사용된다. 은행은 다양한 자산들의 위험 및 수익 및 정부규제를 참고하여 자신이 조달한 재원을 이런 여러 가지 자산형태로 배분한다. 대차평형의 원리상 다음의 회계적 항등관계가 성립한다는 점에 유의하자.

---

10) 이 부분의 내용은 맨큐 저 「거시경제학(시그마프레스)」 10판의 내용을 요약, 인용하였다.

11) 여기서의 자본은 회계학적 개념으로서 경제학의 자본과는 다른 의미로 사용되었다.

'자산≡부채+자본' 또는 '자산−부채≡자본'

위 식은 자본의 정의에서 비롯한 것이므로 항등식이다. 이 식에 의하면 대차대조표의 좌변에 있는 지급준비금, 대출금, 유가증권의 합계는 우변에 있는 예금, 채무, 자본의 합계와 같아야만 한다.

은행의 수익은 많은 부분 레버리지에 의해 이루어진다. **레버리지**(leverage)란 자기자본에 차입자본을 더하여 투자함으로써 자기자본에 대한 수익을 증대시키는 것을 말한다. 레버리지의 정도를 측정하는 방법 중 하나는 은행자본에 대한 은행총자산의 비율을 구하는 것이다.

$$\text{레버리지율} = \frac{\text{은행총자산}}{\text{은행자기자본}}$$

이러한 정의에 따르면 위의 예에서 레버리지율은 $\frac{1,000}{50} = 20$이 된다. 이는 은행은 은행 소유주 즉 주주가 기여한 자본 1 당 20의 자산을 가지고 있음을 의미한다. 달리 말하면 자본 1에 대한 채무가 19라는 의미이다.

레버리지와 관련하여 주의할 점은 상황이 어려울 때 은행의 자본이 급속히 소진될 수 있다는 사실이다. 예를 들어 [표 A-6]에서 은행자산의 가치가 5% 하락하여 950이 되었다고 하자. 예금자 및 채무보유자는 주식보유자에 비해 우선적으로 변제받을 권리를 가지므로 은행 소유주 주식의 가치는 0이 된다. 즉 레버리지율이 20일 때 은행자산의 가치가 5% 하락하면 은행주식가치는 100% 하락한다.

은행자본이 0에 가까워지면 예금자들이 예금을 되돌려 받지 못할 수도 있다고 우려하게 된다. 따라서 예금자들이 서로 다른 예금자들보다 먼저 예금을 인출하려 하는 **예금인출 쇄도현상**(bank run)이 나타날 수 있다. 불완전한 정보하에서 일부 은행의 지불능력에 대한 의심이 파급될 경우 인출쇄도현상은 건전한 은행에서도 발생할 수 있으며 결과적으로 금융시장 전체의 위기로 파급될 수 있다.

이러한 현상을 막기 위해 은행감독기관은 은행에 일정기준 이상의 자기자본을 보유하도록 규제하는데 이를 필요자본규제 또는 **자본필요조건**(capital requirement)이라고 한다. 자본필요조건을 설정하는 목적은 은행이 예금자에 대한 지급능력을 확보하도록 하는데 있다. 요구되는 자본의 규모는 은행이 보유하고 있는 자산의 종류에 따라 다른데 예를 들어 국채와 같은 안전한 자산을 보유하고 있는 경우에 비해 신용상태가 불안한 차입자에 대한 대출에는 높은 가중치를 두어 더 많은 자본을 보유하도록 한다. 현재 국제적인 규범으로 받아들여지고 있는 기준은 국제결제은행(Bank for International Settlement : BIS)이 정한 자기자본비율에 대한 규제로서 다음과 같이 정의된다.

$$BIS\text{자기자본비율} = \frac{\text{자기자본}}{\text{위험가중자산}} \times 100$$

이 기준이 적용되는 은행은 위험가중자산에 대하여 최소 8% 이상의 자기자본을 유지해야 한다. 위험가중자산이란 빌려준 돈을 위험에 따라 다시 계산한 것으로, 은행의 자산을 신용도에 따라 분류하고 위험이 높을수록 높은 위험가중치를 적용하여 산출한다.[12)]

이상의 예는 2008년 및 2009년 대침체(the Great Recession) 당시 미국의 사례를 잘 설명한다. 당시 미국 은행들이 주택담보대출과 주택담보대출에 기초한 유가증권에서 손실을 입게 되면서 은행의 자본이 크게 감소하였다. 자본이 부족하게 되자 은행은 대출을 축소시켰으며 이로 인해 심각한 경기침체가 발생하였다. 이 문제에 대해서 미국 재무부는 연방준비제도이사회와 협력하여 공적자금을 은행에 투입하고 자본규모를 증대시켰으며 이에 따라 미국 정부, 궁극적으로는 미국 납세자가 여러 은행의 대주주가 되었다. 이런 비상정책의 목표는 은행의 자본구성을 재편함으로서 은행대출이 급격히 감소하는 것을 방지하는 것이었다.

핵심용어해설

- **본원통화** : 중앙은행이 민간에 제공한 지폐와 주화
- **부분지급준비제도** : 예금은행이 예금의 일부만을 지급준비금으로 보유하는 제도
- **통화승수** : 본원통화에 대한 통화량의 비율
- **공개시장운영** : 중앙은행이 본원통화량을 변동시키기 위해 채권을 사고파는 것

12) 예를 들어 대상에 따라 중앙정부, 중앙은행은 자산에 100%, 국내 공공기관은 110%, 은행은 120%, 주택담보대출은 150%, 그밖에 나머지는 200%를 곱하여 더하는 방법과 같다.

- **법정지급준비율** : 중앙은행이 은행의 건전성을 유지하기 위해 법으로 정한 지급준비율의 최저수준
- **재할인율** : 중앙은행이 시중은행에 대출을 제공할 때 적용하는 이자율
- **신화폐수량설** : 화폐수요에 대한 자산선택이론적 접근을 통해 화폐수요가 이자율에 매우 비탄력적임을 주장한 이론
- **포트폴리오이론** : 최적의 자산구성을 만들어 내기 위해 무위험자산인 화폐를 보유한다는 이론
- **현금재고관리모형** : 은행방문의 비용과 편익을 고려하여 거래적 화폐수요가 결정된다는 모형
- **스프레드** : 다양한 이자율간의 격차, 예를 들어 은행이 대출시에 받는 이자율과 예금에 대해 지급하는 이자율의 차이를 예대스프레드라고 함
- **레버리지** : 자기자본에 차입자본을 더하여 투자함으로써 자기자본에 대한 수익을 높이는 투자전략
- **예금인출쇄도현상** : 예금자들이 은행의 지급능력을 의심하여 동시다발적으로 인출을 요구하는 현상

연습문제

01 어떤 가상적인 경제의 통화량과 관련된 자료가 아래와 같이 주어져 있다. 주어진 자료를 이용하여 통화승수를 구하면?

민간화폐보유액	250억 원
요 구 불 예 금	750억 원
필요지급준비금	75억 원
초과지급준비금	75억 원

02 요구불예금에 대한 현금 보유비율이 0.4(40%)이고 민간 경제주체들은 현금 외에는 모두 요구불예금에 예금하고 있다. 또한 법정 지급준비율이 0.2(20%)이며 은행은 법정 지급준비금 이외에는 모두 대출한다고 하자. 지급준비금이 100억 원이라고 할 때 본원통화와 $M1$은?

03 1990년대 이후 일본의 명목이자율은 매우 낮게 유지되었다. 일본의 통화승수는 다른 나라들에 비해 매우 높을까? 또는 매우 낮을까?

04 화폐공급의 이자율에 대한 내생성을 고려한다면 재정정책의 효과 및 통화정책의 효과는 어떠해지는가?

05 조세수입을 증대시키기 위해 1932년 미국정부는 은행계좌에 예치된 예금에 대해 발행한 수표에 2센트의 세금을 부과하였다(현재가치로 환산하면 이 세금은 수표당 25센트 가량 된다).

(1) 귀하는 수표세가 현금-예금 비율에 어떤 영향을 미쳤다고 생각하는가?
(2) 부분준비 은행제도 하에서의 통화공급모형을 이용하여 이 세금이 통화공급에 어떤 영향을 미쳤는지 논의하시오.
(3) $IS-LM$모형을 이용하여 경제에 대한 이 세금의 충격을 논의하시오. 수표세는 대공황 중에 시행된 좋은 정책이었는가?

06 고전적 화폐수량설과 신화폐수량설의 공통점은 무엇인가? 또한 차이점은 무엇인가?

07 유동성선호모형에서의 화폐수요함수는 프리드먼의 화폐수요함수의 특수한 형태임을 설명하시오.

08 토빈의 포트폴리오모형을 화폐수요모형으로 사용하는 것은 어떤 문제가 있는가?

09 보몰-토빈모형에서 화폐유통속도를 은행방문횟수의 함수로 나타내 보아라. 만약 현실적으로 은행방문횟수가 제한된다면 화폐유통속도 역시 고정이 됨을 보여라.

10 다음 물음에 답하라.

(1) 고전적 화폐수량설에서 화폐수요의 소득탄력성과 이자율탄력성은 얼마인가?

(2) 보몰－토빈의 재고관리모형에서 화폐수요의 소득탄력성과 이자율탄력성은 얼마인가?

11 보몰-토빈모형에서 화폐에 대한 엥겔곡선을 그려보아라. 이 모형에서 화폐는 필수재인가 또는 사치재인가?

CHAPTER 13
금융시장

CONTENTS

CHAPTER PREFACE | 들어가며

우리는 지금까지 금융시장을 구성하는 두 시장 즉 유동성 자산시장과 수익성 자산시장 중 보다 분석이 편리하고 정책과 밀접하게 연관된 유동성 자산시장, 즉 화폐시장을 주로 분석하고 수익성 자산시장은 사실상 도외시 하였다. 그러나 2008년 세계금융위기 이후 금융시장과 금융자산에 대한 관심이 높아지면서 주식, 채권, 파생금융상품 등에 대한 분석을 더 이상 가볍게 다룰 수 없게 되었다.

이번 장에서는 우선 금융시장과 금융기관의 역할을 설명하고, 다양한 금융상품을 살펴본다. 그리고 합리적인 금융투자의 기본원리를 설명한 후 금융시장의 효율성에 대한 논쟁을 살펴본다.

01 금융상품과 금융시장

1.1 금융과 금융시장

이제 화폐시장을 포함하는 보다 포괄적인 시장인 금융시장에 대해 알아보도록 하자. 금융(finance)이란 '자금의 융통'의 준말이다. 즉 적자경제주체와 흑자경제주체 간에 자금을 빌려주고 빌리는 행위를 말하는데 일반적인 거래와 마찬가지로 금융거래 역시 교환의 이득을 발생시킨다. 제2장에서 대부시장이 현실의 금융시장을 단순화시킨 것이라고 하였는데 반대로 말하면 현실의 금융시장은 대부시장이 구체화된 형태라고 볼 수 있다.

금융시장은 여러 가지 방식으로 분류해볼 수 있다. 금융시장은 크게 **직접금융시장**(direct financial market)과 **간접금융시장**(indirect financial market)으로 구분할 수 있다. 직접금융시장이란 적자금융주체가 금융시장에서 흑자금융주체로부터 직접 자금을 차입하는 시장을 말한다. 이때 적자경제주체는 장래의 지급을 약속하는 증권(securities)을 판매하고 흑자경제주체는 자금을 공급하는 대가로 증권을 구입한다. 이때 적자경제주체가 발행한 증권의 대표적인 예로 주식(stock), 채권(bond) 등이 있다. 이러한 증권이 최초에 발행되는 시장을 발행시장이라고 하고 이후에 거래되는 시장을 유통시장이라고 한다.

반면 간접금융이란 적자금융주체와 흑자금융주체가 직접 만나지 않고 **금융중개기관**(financial intermediaries)을 매개로 하는 경우를 말한다. 대표적인 금융중개기관이 바로 은행(bank)이다. 흑자경제주체와 적자경제주체가 직접적인 채권채무자가 되는 직접금융시장과는 달리 간접금융시장에서는 금융중개기관이 항상 금융거래의 한쪽 당사자가 된다.

그 외에도 금융시장을 거래대상에 따라 전통적 금융시장, 외환시장, 파생금융상품시장으로 구분할 수 있다. 또한 금융시장의 만기에 따라 단기금융시장과 장기금융시장으로 구분할 수도 있다.

1.2 금융시장의 경제적 역할

국민경제에서 금융시장의 역할은 한 경제의 소비와 투자가 보다 효율적으로 이루어지게 하는 것이다. 우선 소비의 측면에서 역할은 피셔의 기간 간 자원배분 모형을 통해 설명할 수 있다. 간단한 2기간 모형에서 만약 금융거래가 불가능하다면 소비자는 자신에게 주어진 소득을 그대로 소비할 수밖에 없다. 이때의 소비점은 [그림 1]의 I점이며 이때 소비자들은 i_0의 효용을 얻는다. 반면 금융거래가 가능하다면 일정금액을 저축하거나 차입하여 C^*와 같은 점을 선택함으로써 i_1의 효용을 얻을 수 있다. 즉 금융시장의 존재로 인해 사람들이 소비를 평준화할 수 있게 되어 더 높은 효용을 얻을 수 있게 되는데 이러한 금융의 역할을 소비평준화(consumption smoothing)기능이라 한다.

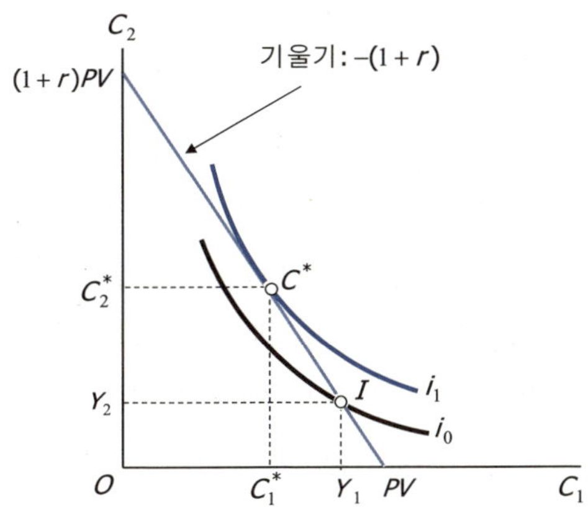

[그림 1] 금융시장과 소비평준화

다음으로 투자의 측면에서도 금융시장이 존재함에 따라 투자의 규모가 증가하고 투자의 구성도 바람직해진다. 예를 들어 금융시장이 없다면 사람들은 여유자금이 있을 때 그냥 두거나 자신이 할 수 있는 사업에 투자할 수밖에 없다. 그러나 금융시장이 있다면 더 좋은 투자기회를 가진 사람이 이 자금을 활용할 수 있게 된다. 또한 금융시장이 있기 때문에 수익률이 높은 장기적인 투자가 이루어질 수 있다. 이처럼 금융시장이 존재함에 따라 투자의 규모가 증가하고 그 구성이 바람직해지면 미래의 생산가능성이 높아지고 사회후생이 개선된다.

1.3 금융기관의 경제적 역할[1)]

그렇다면 금융시장에서 은행이나 증권회사 같은 금융기관은 어떤 역할을 하는가? 첫째, 이들이 금융업무에 특화하여 대규모로 거래함에 따라 거래비용(transaction cost)을 낮출 수 있다. 특히 오늘날과 같이 하나의 기업이 수많은 저축자에게 채권 또는 주식을 판매할 때 금융거래를 전문으로 하는 금융기관이 없다면 굉장히 큰 거래비용이 들 수밖에 없을 것이다.

둘째, 금융기관은 다양한 사업에 투자함으로써 저축자가 부담해야 할 위험을 실질적으로 감소시키는 역할을 한다. 비록 개별 사업안들은 위험한 투자안이라고 하더라도 수익률이 음(−)의 상관관계를 갖는 사업안에 동시에 투자한다면 효과적으로 위험을 상쇄시킬 수 있다. 또한 투자안들이 서로 확률적으로 독립적인 경우에도 여러 사업에 나누어 투자한다면 포트폴리오의 분산 및 표준편차가 감소한다. 이러한 역할을 위험분산(risk pooling)이라고 한다.[2)]

셋째, 금융기관은 저축자와 차입자 사이의 비대칭정보를 감소시키는 역할을 한다. 개별 저축자의 경우 차입자의 신용도나 투자안의 위험도를 정확히 알기 힘들다. 그러나 금융거래에 특화한 금융기관은 보다 효과적으로 차입자의 신용도나 투자안의 타당성을 평가할 수 있다. 따라서 금융기관은 금융시장에서의 비대칭정보로 인한 역선택(adverse selection)이나 도덕적 해이(moral hazard)를 감소시킨다.

넷째, 금융기관은 유동성(liquidity)을 높이는 기능을 한다. 예를 들어 큰 건물이나 주식회사를 통째로 거래한다면 쉽게 거래가 이루어지기 어려울 것이다. 그러나 금융기관이 건물이나 주식회사를 분할하여 소유할 수 있도록 주식을 발행한다면 훨씬 쉽게 거래가 이루어질 것이다. 은행의 경우에도 단기예금을 받아 장기대출을 하는 경우가 있는데 이것이 가능한 이유는 수많은 예금자에게 예금을 받는 경우 비록 잦은 인출이 이루어지더라도 큰 수의 법칙(law of large numbers)에 의해 안정된 총예금잔고를 보유할 수 있게 되기 때문이다. 이 경우 역시 투자안의 유동성에 비해 개별 예금자가 느끼는 유동성은 매우 높아진다. 이렇게 유동성이 높아지면 저축자들은 원하는 기간 동안 원하는 만큼의

---

1) '금융기관'이라는 용어는 금융업이 정부의 통제를 받는 산업이라는 느낌을 줄 수 있기 때문에 '금융회사' 또는 '금융기업'이라는 표현을 사용하자는 주장도 있다.

2) 금융시스템은 전반적 위험의 감소기능뿐만 아니라, 더 위험기피적인 사람으로부터 덜 위험기피적인 사람으로 위험을 재배치하는 기능도 수행한다.

위험만 부담할 수 있게 된다.

만약 금융기관들이 이상의 네 가지 역할을 효과적으로 수행한다면 금융시장이 보다 효과적으로 작동할 것이며, 앞서 설명한 것처럼 소비 및 투자가 효율적으로 이루어질 수 있다. 앞서 여러 장에서 '효율적인 자본시장' 또는 '완전한 금융시장'을 가정하는 경우가 있었던 것을 기억할 것이다. 이는 저축과 차입시에 적용되는 이자율이 동일하며, 원하면 얼마든 저축과 차입을 할 수 있는 경우를 의미한다는 것을 다시 한 번 상기해둔다.

읽|을|거|리 금융의 중요성

사례 1 : 방글라데시의 경제학자이자 그라민 은행설립자인 무하마드 유누스는 대학교수 시절 한 빈민촌을 방문했는데 거기서 대나무 의자를 만들어 생계를 유지하는 수피아 베굼이라는 젊은 아낙네를 만났다. 그녀가 대나무의자 하나를 만드는 데는 원재료 값으로 22센트가 필요했다. 그러나 이 돈을 마련할 길이 없는 그녀는 원재료를 중간상에게 의존할 수밖에 없었다. 즉 대나무 의자를 중간상인에게 24센트에 판매하는 것을 조건으로 원재료를 공급받기로 한 것이다. 그녀는 대나무 의자를 직접 시장에 팔면 훨씬 좋은 가격을 받을 수 있었음에도 불구하고 원재료 구입에 필요한 자금을 빌려주는 은행이 없었기에 중간상인의 제안을 받아들일 수밖에 없었다. 그 결과 힘들여 의자를 만든 대가로 그녀가 벌어들인 돈은 겨우 2센트에 불과했고 끝까지 가난을 벗어날 수 없었다.

사례 2 : 케빈 타윌은 스탠포드대학 MBA과정을 졸업한 후 비상 도로서비스 업체를 850만 달러에 인수하였다. 그 당시 케빈은 인수자금을 가지고 있지 않았지만 기업인수를 위한 사모투자펀드를 조성함으로써 필요자금을 조달하였다. 케빈은 기업을 인수하여 인수 당시 6백만 달러에 불과하던 연간 매출액을 6년 후 2억 달러에 달할 정도로 급성장시켰다. 이에 따라 주가도 인수 당시 3달러에서 4년 후에는 115달러로 상승하였으며 케빈은 큰 부자가 될 수 있었다.

사례 1과 사례 2를 비교하면 두 사람 모두 처음에는 재산이 없었다는데 공통점이 있지만 수피아는 가난의 굴레에서 벗어나지 못한 반면 케빈은 짧은 기간에 거액의 부를 축적하였다. 이러한 차이가 발생한 배경은 수피아가 금융이 낙후한 방글라데시에 살고 있었던 반면 케빈은 금융이 고도로 발달한 미국에 살고 있었다는 데 있다.

자료 : Rajan & Jingales(2003), "Saving Capitalism from the Capitalists", Crown Business, New York.

02 금융상품의 종류와 평가기준

2.1 전통적 금융상품

금융상품의 종류는 매우 다양하며 이를 다양한 방식으로 분류할 수 있다. 금융상품을 크게 전통적인 금융상품과 파생금융상품으로 나누었을 때 전통적 금융상품의 대표적인 것으로는 예금, 주식, 채권, 펀드 등이 있다. 우선 간접금융의 대표적인 수단인 **예금**(deposit)은 일정한 조건하에 은행 또는 예금수신회사에 돈을 맡기는 것으로서 요구불예금과 저축성예금으로 나뉜다. **요구불예금**(demand deposit)은 예금자의 요구가 있으면 언제라도 지급에 응해야 하는 것이다. 반면 **저축성예금**(time deposit)은 일정기간 경과한 후에 지급되는 것으로서 일반적으로 요구불예금보다 높은 이자가 지급된다. 주의할 점은 거시경제학에서 예금과 저축은 동일한 것이 아니란 점이다. 거시경제학에서 저축이란 소득 중 소비하지 않은 부분을 의미하기 때문에 다양한 금융상품을 보유하는 행동은 모두 저축이 된다. 즉 예금은 저축의 한 형태일 뿐이다.

주식과 채권은 직접금융의 대표적인 수단이다. **주식**(stock)이란 회사의 일정비율을 소유하고 있음을 나타내는 증권이다. 이러한 의미에서 주식을 지분(equity, share)이라고도 하며 주식을 소유한 사람을 주주(shareholder)라고 한다. 주식을 보유한 경우에는 일정한 수익을 보장받을 수는 없으나 사업이 성공하는 경우 배당금이나 주식가격 상승을 통해 매우 큰 수익을 거둘 수도 있다. 반면 **채권**(bond)이란 미래 일정시점에 약정된 금액을 지급할 것을 약속하는 유가증권이다. 채권은 발행자가 파산하지 않는 한 원본의 가치가 보장된다. 또한 채권보유자는 발행자가 파산하는 경우에도 주식에 우선하여 채무를 변제받을 권리를 갖는다. 따라서 투자자의 관점에서 주식은 채권에 비해 위험도 크고 수익도 크다. 주식과 채권의 차이점을 정리하면 [표 1]과 같다.[3]

---

3) 주식과 채권은 다양한 유형이 있는데 [표 4]는 가장 전형적인 주식과 채권을 비교한 것이다.

	주 식	채 권
정 의	회사의 일정비율을 소유하고 있음을 나타내는 증권	미래 일정시점에 일정금액을 지급할 것을 약속하는 증권
발행주체	주식회사	중앙정부, 지방자치단체, 주식회사
증권소유자의 지위	주주	채권자
증권의 존속기간	만기 없음	만기 있음
보수의 지급 형태	배당받을 권리	확정부 이자 수령 권리
조달자금의 상환	상환의무 없음	만기 시 상환
경영참가권	있음	없음
위험성	높음	주식보다 낮음
평균수익률	높음	주식보다 낮음

[표 1] 주식과 채권의 비교

펀드(fund)란 금융회사가 일반인들로부터 돈을 모아 금융투자를 하고 여기서 올린 수익을 다시 투자자에게 돌려주는 것으로서 투자자는 주식이나 채권 등을 간접적으로 소유하게 되기 때문에 간접투자상품이라고 부르기도 한다.[4]

그 외 전통적인 금융상품으로는 어음, 연금, 보험 등이 있다. 어음(note)이란 일정한 시점에 일정한 장소에서 일정한 금액을 지불하겠다고 약속한 유가증권이다. 어음에는 발행인 자신이 지급을 약속하는 약속어음과 제3자에게 지급을 위탁하는 환어음이 있다. 어음의 수취인에게서 지불기일에 도달하기 전에 그 기일까지의 이자를 공제한 금액으로 어음을 매입하는 것을 어음의 할인(discount)이라고 하는데 어음의 할인은 은행융자의 한 형태로 오랜 기간 사용되어 왔다. 예금은행이 자금이 필요할 때 자신이 보유한 어음을 중앙은행에 다시 할인해 주기를 요청할 수 있는데 이를 어음의 재할인(rediscount)이라고 한다. 어음의 재할인 역시 중앙은행이 예금은행에 자금을 대여하는 한 형태인데 지금은 비록 어음을 매개로 하지 않더라도 중앙은행이 예금은행에 자금을 대여하는 것 자체를 재할인대출이라고 부르기도 한다.

4) 직접투자와 간접투자의 구분은 직접금융과 간접금융의 구분과는 다른 것임에 주의하기 바란다. 또한 이는 국제수지에서 직접투자와 증권투자의 구분과도 다른 것이다. 이 부분은 용어의 혼란이 있을 수밖에 없기 때문에 조심해야 한다.

연금(annuity)이란 일정 조건을 만족한 사람에게 규칙적 간격을 두고 일정한 금액을 지급하는 것이다. 연금은 운영주체에 따라 사적 연금과 공적 연금으로 구분할 수 있다. 또한 기한부 연금과 종신연금으로 구분할 수도 있는데 국민연금(national pension)을 포함한 4대연금은 모두 공적 연금이며 종신연금의 대표적인 예이다.

미시경제학에서 배운 보험(insurance) 역시 넓은 의미의 금융상품의 한 형태이다. 보험이란 미래에 발생할 수 있는 사고나 질병 등의 위험에 대비하기 위해 일정한 돈을 냈다가 사고 발생시 계약에 정해진 일정금액 또는 손해의 크기에 해당하는 금액을 받게 되는 상품을 말한다. 보험가입시 보험가입자가 내는 금액을 보험료(premium)라고 하고 사고시 보험가입자가 받게 되는 금액을 보험금(coverage)이라고 한다.

2.2 파생금융상품

파생금융상품(derivatives)이란 기초자산(underlying asset)의 가치변동에 의해 가격이 결정되는 금융상품을 의미한다. 파생금융상품의 기초자산은 외환, 예금, 채권, 주식 등 금융자산에만 한정되지 않고 농산물이나 원자재 등 실물자산이 될 수도 있다. 파생금융상품의 대표적인 것으로 선물, 옵션, 스왑 등이 있다.

선물(forward or futures)[5]거래란 미래의 일정한 시점에서 사전에 정해진 가격으로 특정한 실물이나 금융상품을 인도하거나 인수할 것을 약정하는 확정거래이다. 금융선물의 종류에는 투기(speculation)또는 헤징(hedging)[6]을 하려는 기초자산에 따라 금리선물, 통화선물, 주가지수선물 등으로 나누어질 수 있다.

옵션(option)이란 거래의 일방이 상대에게 일정시점 또는 그 이전에 사전에 정해진 가격으로 특정된 자산을 매입 또는 매도할 수 있는 권리를 부여한 증권을 의미한다. 선물이 특정시점에 특정자산을 거래하기로 한 확정계약인데 반해 옵션은 거래의 한쪽이 거래 여부를 결정할 수 있다는 점에서 차이가 있다. 옵션의 매입자는 권리를 취득하는 대가로 옵션 프리미엄(option premium)이란 대가를 지불한다. 옵션에는 특정조건 하에서

---

5) 선물(futures)거래와 선도(forward)거래는 본질적으로 동일하므로 구분하지 않기도 한다. 양자를 구분하는 경우에는 전자를 공식적 거래소를 통해 이루어지는 거래로, 후자는 거래소를 거치지 않고 개인신용으로 이루어지는 거래로 구분한다.

6) 위험회피행위를 말한다.

자산을 매입할 수 있는 권리인 콜옵션(call option)과 매도할 수 있는 권리인 풋옵션(put option)이 있다. 옵션은 투기와 헤징의 두 가지 용도로 모두 사용될 수 있는데 옵션의 경우 비교적 적은 돈을 가지고 많은 기초자산에 대한 권리를 구입할 수 있으므로 국제 금융시장의 투기성을 증폭시킨다는 비판을 받기도 한다.

스왑(swap)거래란 하나의 금융상품을 다른 금융상품과 일정기간 동안 교환하는 거래인데 거래되는 두 금융상품 사이에는 만기, 표시통화, 이자율 등에서 차이가 있어 거래당사자를 모두 만족시켜야 한다. 따라서 스왑거래는 거의 거래소를 통하지 않고 개별거래(over the counter : OTC)로 이루어진다. 예를 들어 유로를 원하지만 달러차입에 우위가 있는 회사와 달러를 원하지만 유로차입에 우위가 있는 회사가 서로 우위가 있는 통화로 차입하여 만기일까지 교환해 사용한다면 서로에게 이익이 되는 스왑거래가 된다.

파생금융상품의 발전으로 위험을 보다 효과적으로 관리할 수 있게 되었다는 긍정적 측면이 있지만 지나치게 복잡한 구조를 가진 상품들이 등장함에 따라 오히려 금융거래를 불투명하게 하고 금융시장의 불안정성을 증폭시켰다는 비난을 받기도 한다. 2008년 이후 현재까지도 국제경제에 큰 영향을 미치고 있는 미국 발 금융위기도 상당부분 파생금융상품의 투기적 운용에서 비롯하였다.

2.3 금융상품의 평가기준

금융상품을 평가하는 대표적인 세 가지 기준은 수익성, 위험성, 유동성이다. 첫째, 수익성(profitability)은 말 그대로 금융자산을 보유한 사람이 얼마의 수익을 얻을 수 있을지를 나타내는 것으로서 일반적으로 기대수익률로 나타내어진다. 수익이 발생하는 방식은 금융상품마다 상이한데 구체적으로 이자수익, 배당금, 자본이득(capital gain) 즉 시세차익 등의 방식이 있다.

둘째, 위험성(riskiness)은 금융상품을 보유했을 때 얻는 수익이 상황에 따라 달라질 수 있는 성질을 의미한다. 예를 들어 국가가 발행주체인 국채는 위험성이 매우 낮고 회사채나 주식은 국채보다 위험성이 높다. 위험성을 나타내는 방법도 여러 가지가 있지만 대표적인 방법은 그 자산의 수익률의 분산(variance) 또는 표준편차(standard deviation)를 사용하는 것이다.

셋째, 유동성(liquidity)은 앞에서도 살펴보았는데 한 자산을 다른 자산으로 쉽게 전환할 수 있는 속성을 의미한다. 일반적으로 현금을 기준이 되는 자산으로 삼아 한 자산을 현금으로 얼마나 쉽게 전환할 수 있는지의 정도로 유동성을 측정한다.

이러한 세 가지 속성은 서로 연관되어 있다. 사실 효율적인 금융시장에서 금융상품의 수익성은 원인이라기보다는 결과라고 볼 수도 있다. 예를 들어 채권의 위험성이 증가하면 채권가격은 하락하며 채권을 보유하는 기간 동안의 수익성(이자율)은 상승한다. 이러한 관계를 고위험-고수익(high risk, high return)의 관계라고 한다. 비슷한 논리로 유동성이 낮은 자산일수록 높은 수익을 지급할 수밖에 없다. 이러한 성질간의 상충관계는 금융시장과 금융상품을 이해하는 기초가 된다.

실제 투자자는 위 세 가지 성질을 모두 고려하여 투자를 결정해야겠지만 세 가지 성질을 동시에 고려하기는 어렵기 때문에 경제모형에서는 유동성과 수익성 또는 위험성과 수익성 등 두 가지 성질간의 상충관계를 중심으로 설명하는 경우가 많다.

2.4 금융투자의 기본원칙

저축자들은 자신의 저축을 다양한 형태로 보유한다. 저축자들은 자산의 수익성, 위험성, 유동성 등을 고려하여 적절한 조합을 만들어내려 할 것인데 이처럼 투자자가 다양한 자산을 조합하여 보유하는 것을 포트폴리오(portfolio)라고 한다. 성공적인 포트폴리오를 구성하는 것과 관련된 가장 중요한 두 가지 기본원칙을 소개하면 다음과 같다.

첫째, 다양한 자산에 분산투자하면 포트폴리오의 기대수익률을 감소시키지 않고도 위험을 줄일 수 있는데 이를 포트폴리오효과(portfolio effect) 또는 다변화 효과(diversification effect)라고 한다. 포트폴리오이론으로 노벨상을 수상한 토빈(J. Tobin)은 포트폴리오효과의 유용성을 "모든 달걀을 한 바구니에 담지 마라(Don't put all your eggs in one basket)."라는 속담을 통해 표현한 바 있다.

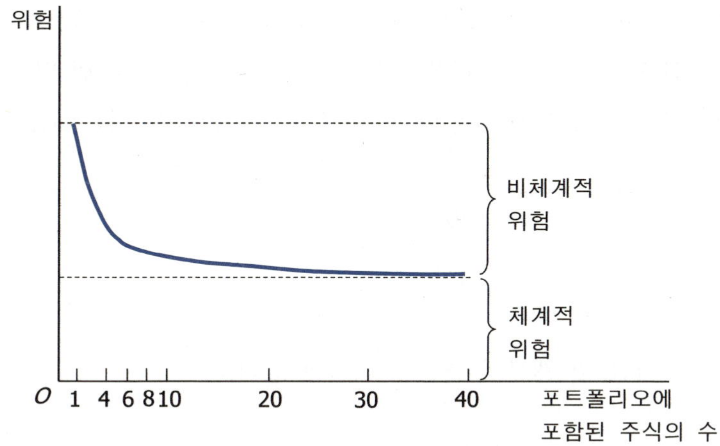

[그림 2] 포트폴리오효과와 분산보유의 이득

[그림 2]는 보유자산의 수가 증가함에 따라 포트폴리오의 위험이 감소함을 보여주고 있다. 이처럼 분산보유를 통해 감소시킬 수 있는 위험을 분산 가능한 위험 또는 비체계적 위험(non systematic risk)이라고 한다. 반면 보유한 자산의 수를 증가시키더라도 감소시킬 수 없는 위험이 있는데 이는 주로 경기변동 등 시장 전체와 관련된 위험에 해당한다. 이를 체계적 위험(systematic risk)이라고 부른다.

둘째, 충분한 정도로 분산보유가 이루어졌다면 높은 수익률을 추구할수록 더 많은 위험을 부담해야 한다는 관계를 유념해야 한다. 앞서 이러한 관계를 고위험 고수익의 관계라고 하였는데 이러한 관계가 존재하는 이유는 대부분의 사람들은 위험기피적이기 때문에 위험이 높은 자산을 사람들에게 판매하기 위해서는 더 높은 수익으로 보상해 주어야 하기 때문이다. 반대로 말하자면 어떤 금융자산이 높은 수익을 준다면 그 자산은 위험성이 높은 자산일 가능성이 크다. 다시 말하지만 높은 수익성은 절대 공짜가 아니며 높은 위험성(또는 낮은 유동성)의 대가일 뿐이다. 최적의 투자전략이란 다름 아니라 바로 정확히 자신이 원하는 만큼의 위험만 부담하는 포트폴리오를 구성하는 것이다.

2.5 포트폴리오효과의 의미

포트폴리오효과의 의미를 명확히 하기 위해 다음과 같은 예를 들어보자. A에게 다음과 같은 게임의 기회가 주어졌다고 하자. A는 동전을 2번 던지게 되는데 A는 자신의 전재산인 2를 첫 번째 게임에 모두 걸 수도 있고 두 번에 나누어 1씩 걸 수도 있다. 만약 동전이 앞면이 나오면 자기가 건 돈의 2배를 받고 뒷면이 나오면 자기가 건 돈을 잃는다. 당연히 동전의 앞면과 뒷면이 나올 확률은 1/2씩이며 동전을 2번 던진 결과는 상호 독립적이다. 전 재산을 첫 번째 게임에 모두 걸 경우 재산의 확률분포는 다음과 같다.

	0	4
확률	1/2	1/2

이에 따른 기대재산 및 재산의 분산은 다음과 같다.

기대재산 : $E(W)=\frac{1}{2}\times 0+\frac{1}{2}\times 4=2$

재산의 분산 : $Var(W)=\frac{1}{2}\times(0-2)^2+\frac{1}{2}\times(4-2)^2=4$

이번에는 전 재산을 두 번의 기회에 나누어 1씩 걸 경우 재산의 확률분포는 다음과 같다.

	0	2	4
확률	1/4	1/2	1/4

기대재산 : $E(W)=\frac{1}{4}\times 0+\frac{1}{2}\times 2+\frac{1}{4}\times 4=2$

재산의 분산 : $Var(W)=\frac{1}{4}\times(0-2)^2+\frac{1}{2}\times(2-2)^2+\frac{1}{4}\times(4-2)^2=2$

즉 전 재산을 두 번의 기회에 나누어 걸 경우 기대재산의 감소없이 위험이 감소한다. 이와 같이 기대수익률의 감소 없이 위험을 감소시키는 것을 포트폴리오효과라고 한다.

금융시장 효율성에 대한 논쟁 03

3.1 효율적 시장가설

주식을 비롯한 금융자산가격이 어떻게 변할지 알 수 있다면 큰 돈을 벌 수도 있을 것이다. 그렇다면 금융자산가격이 어떻게 변할지 과연 알아낼 방법이 있을까? 이에 대해 많은 경제학자들은 효율적 시장가설(efficient market hypothesis : EMH)을 지지한다. 이 가설은 다음 두 가지 전제에 기반해 있다.

1. 주식시장 참여자들은 주어진 정보를 최대한으로 활용하여 주식을 거래한다. 즉 주식의 균형가격보다 현재가격이 높다고 판단하면 주식을 매도하고 반대의 경우라면 주식을 매입한다.
2. 주식시장은 완전경쟁적이며 주식의 가격은 수요와 공급이 일치하는 수준에서 결정된다.

이러한 전제가 만족되는 경우라면 새로운 정보가 투자자들에게 알려지는 즉시 주식가격에 반영된다는 측면에서 시장이 정보효율적이다. 시장이 정보효율적인 경우 주식가격은 임의보행(random walk)하게 되는데 그 과정을 간단히 설명하면 다음과 같다.

1. 주식시장은 매우 효율적어서 우리가 가진 정보를 빠짐없이 그리고 즉시 반영한다.
2. 만약 시장이 효율적이라면 우리가 알고 있는 정보는 이미 시장가격에 반영되었을 것이다.
3. 따라서 우리가 알고 있는 정보로는 더 이상 주식가격의 변화를 예측할 수 없으며, 시장의 변화는 우리가 알지 못하는 정보에 의해서만 예측가능하다.
4. 결론적으로 누구도 주식가격의 변화를 예측할 수 없다. 즉 주식가격은 임의보행하며 미래주식가격의 가장 좋은 예측치는 현재 주식가격이다.

효율적 시장가설은 여러 가지 측면에서 중요한 의미를 갖는데 이를 정리하면 다음과 같다. 첫째, 주식의 시장가격은 그 주식의 본질적 가치(fundamental value)를 반영한다. 둘째, 새로운 정보에 근거해 차익을 거두려고 할 때 이미 이 정보가 시장가격에 반영되어 있다면 누구도 주식투자를 통해 초과수익을 얻을 수 없다. 셋째, 누구도 주식가치의 변화를 예측할 수 없다. 즉 주식가격은 임의보행한다.

효율적 시장가설의 지지자들은 전문가들이 운영하는 적극적 펀드(active fund)의 수익률과 주가지수에 포함되는 모든 상품을 비례적으로 보유하는 인덱스 펀드(index fund)의 수익률을 비교해서 이 가설의 타당성을 검증할 수 있다고 주장한다. 인덱스 펀드란 주가지수에 포함된 모든 주식을 포함하는 펀드인데 비해 적극적인 펀드는 펀드 운용자가 판단하는 유망한 주식만을 사는 점에 차이가 있다. 실제로 대부분 펀드 운용자들의 수익률이 시장의 평균수익률인 인덱스 펀드의 수익률보다 높지 않다는 것은 초과수익을 거두는 것이 얼마나 어려운지를 말해준다. 실제 특정 연도에 시장수익률보다 높은 수익률을 거둔 펀드 매니저들이 장기적으로도 시장수익률보다 높은 수익률을 거둔 사례는 손에 꼽을 정도로 드물다. 이러한 사실은 효율적 시장가설이 현실세계를 정확히 나타내지는 못하더라도 상당한 타당성을 가지고 있음을 의미한다.

그렇다면 어차피 금융투자를 통해 초과수익을 거둘 수 없다고 한다면 펀드에 가입하는 것은 아무런 이익이 없는 것일까? 그렇지는 않다. 실제로 소액투자자들에게 펀드는 매우 유용한 투자수단이다. 왜냐하면 소액투자자들은 포트폴리오의 규모가 작기 때문에 분산투자의 이익을 충분히 실현하기 힘들기 때문이다. 반면 펀드가 소액투자를 모아 큰 돈을 만들어 분산투자를 하면 소액투자자도 간접적으로 분산투자를 한 것과 같은 효과를 얻을 수 있다. 즉 효과적으로 투자의 위험을 낮출 수 있는 장점이 있다. 이러한 의미에서 펀드의 수수료는 전문적 지식이나 정보에 대한 대가라기보다는 분산투자를 대행해준 것에 대한 대행 수수료의 성격을 갖는 것이다.

3.2 케인즈의 미인대회와 투기적 거품[7)]

다수 경제학자들이 효율적 시장가설을 지지하지만 일부 경제학자들은 주식시장의 합리성에 의문을 품기도 한다. 이러한 견해에 따르면 주식 투자자들은 기업의 본질적 가치보다 '다른 사람들이 지급할 것으로 기대되는 가치'에 더 초점을 맞춘다고 한다.

케인즈는 주식시장에서 일어나는 투기를 설명하기 위해 유명한 비유를 하였다. 당시 일간지들은 미인대회(beauty contest)를 개최하였는데 그 방법은 신문에 여성 100명의

---

7) 이 부분의 내용은 맨큐 저 「거시경제학(시그마프레스)」 9판을 많이 참고하였다.

사진을 게재하고 다섯 명의 가장 아름다운 여성의 명단을 제출하도록 독자들에게 요청한 후 최종 집계의 결과와 가장 가까운 예측을 한 사람에게 상금을 지급하는 것이다. 이 경우 순진한 독자라면 자신의 눈에 가장 예쁜 5명의 여성을 뽑겠지만 보다 똑똑한 사람들은 자기 눈이 아닌 '남들이 가장 아름답다고 생각할 만한' 5명의 여성을 뽑을 것이다. 물론 이보다 더욱 세련된 전략은 '남들이 가장 아름답다고 생각할 것이라고 남들이 생각할 만한' 5명을 뽑는 것이며 이러한 논리는 끝없이 지속될 수 있다.

따라서 케인즈는 훌륭한 주식투자자는 뛰어난 이론가라기보다는 대중의 마음을 잘 읽어내는 사람이라고 하였다. 그리고 현실적으로 주식가격이 변동하는 것은 사람들의 낙관론과 비관론이 비합리적으로 반복하면서 생기는 것이라고 하였으며 이를 투자자들의 야성적 충동(animal spirit)이라고 하였다. 이러한 주장에 따르면 주식가격은 경제 환경이나 기업의 이윤창출가능성뿐만 아니라 **투기적 거품**(speculative bubble)에 의해 결정될 가능성이 크다. 이에 의하면 주식가격은 임의보행하지 않으며 시장의 흐름을 읽은 누군가는 초과수익을 거둘 수 있게 된다. 이러한 결론은 전통적 경제이론보다는 인간의 비합리적 행태를 연구하는 행태경제학자들의 주장에 가깝다.

현실은 어떨까? 실제 주식시장은 위 두 가지 측면을 모두 가지고 있다고 본다. 주식가격은 해당기업의 본질적 가치도 반영하지만 때로는 거품에 의해 상승과 하락을 반복하기도 한다. 2013년 노벨경제학상은 효율적 시장가설을 주장한 유진 파마(Eugene Fama)와 자산시장에 거품이 존재할 수 있다는 점을 지적한 로버트 실러(Robert Shiller)에 공동수여되었다. 이에 대해 언론에서는 '천동설과 지동설이 동시에 노벨상을 수상한 셈'이라고 평가하였다. 이는 경제학의 사회과학으로서의 한계와 특징을 지적한 것이라고 볼 수 있다.[8)]

주주와 채권자의 이해상충문제 / 보론

주식회사에서 주주와 채권자의 이해관계는 일치하지 않는다. 채권자(債權者)는 회사가 발행한 채권(債券)을 구입한 사람일 수도 있고 회사에 대출을 제공한 은행일수도 있

8) 물론 이 표현에는 약간의 비아냥거림(sarcasm)이 섞여있다.

다. 앞서 살펴본 재무상태표(대차대조표) 기본등식을 다시 쓰면 다음과 같다.[9]

'자산=부채+자본' 또는 '기업가치=채권가치+주식가치'

즉 기업가치는 채권가치와 주식가치의 합과 일치하는데 이들의 관계를 나타내면 [그림 A-1]과 같다. 편의상 기업가치를 A, 채권가치를 L, 주식가치를 E, 기업채무에 대한 예정된 원리금을 B로 나타낸다.

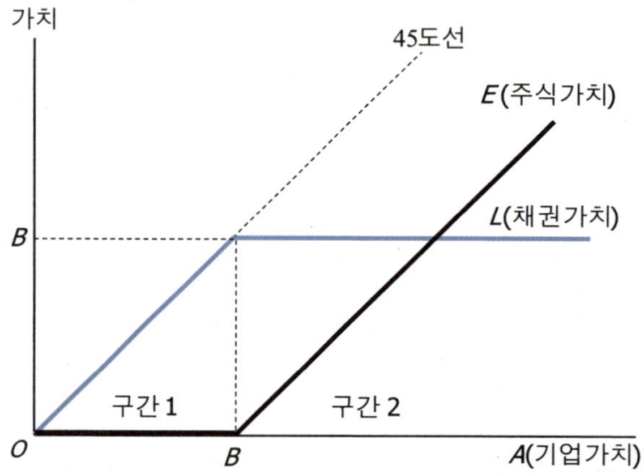

[그림 A-1] 주식가치와 채권가치

우선 구간 1에서는 기업가치 A가 예정된 원리금 B에 미치지 못한다. 그러나 주식회사에서 주주는 유한책임(limited liability)을 지기 때문에 자신이 출자한 금액 이상의 손해를 보지 않는다. 따라서 기업가치가 예정된 원리금에 미치지 못하는 경우에도 주식가치는 0이며 채권자는 원리금에 미치지 못하는 기업가치 전체를 갖게 된다. 이 구간에서는 채권자들이 원금과 이자를 모두 회수하지 못하는 채무불이행(default)이 발생한다. 기업가치가 B를 넘는 경우에는 채권자들은 예정된 원리금 B를 가지게 되고 주주들은 B를 제외한 모든 금액을 갖게 된다. 이러한 의미에서 주주를 **잔여분 청구권자**(residual claimant)라고 부르기도 한다.

이처럼 주주와 채권자의 이해관계가 일치하지 않기 때문에 갈등이 유발되기도 한다. 유한책임을 지는 주주는 사업이 실패하는 경우를 크게 신경쓰지 않고 성공하는 경우 큰 이익을 얻는 사업에 투자하고자 할 가능성이 크다. 반면 채권자는 기업가치가 자신의

9) 주의하라! 채권(bond)을 구입하면 채권자(creditor)가 되고 채권을 팔면 채무자(debtor)가 된다.

채권을 상환할 수 있는 정도만 되면 되기 때문에 안정된 가치를 확보할 수 있는 사업에 투자하기를 바랄 것이다.

원칙적으로 주식회사에서는 주주만 의결권을 갖기 때문에 주주가치를 극대화하는 의사결정이 이루어질 것으로 예상할 수 있다. 그러나 채권자의 경우 추가로 채권을 제공하지 않거나 기존채권을 회수하겠다는 위협을 통해 경영에 간접적으로 영향을 미칠 수 있다. 대체로 영미권에서는 기업경영이 채권자로부터 독립되어 있는데 비하여, 일본의 경우에는 채권자 특히 은행이 기업경영에 상당한 정도 영향을 미치는 것으로 알려져 있다.

단리와 복리 그리고 72의 법칙 / 보론

1. 단리방식과 복리방식

이자율 또는 수익률을 계산하는 방식은 단리(simple interest)방식과 복리(compound interest)방식으로 나누어진다. 단리방식은 원금에 대해서만 이자가 붙는 방식인 반면, 복리방식은 원금뿐만 아니라 이자에도 이자가 붙는 방식이다. 사실 단리방식과 복리방식의 차이는 등차수열과 등비수열의 차이 또는 산술급수와 기하급수의 차이와 유사하다.

원금이 A_0, 기간 이자율이 r일 때 t기간 후 단리이자방식 및 복리이자방식에 의한 원금과 이자의 합계(이하 원리금 또는 원리합계라고 함)는 다음과 같다.

단리방식의 원리합계 : $A(t)= A_0(1+rt)$

복리방식의 원리합계 : $A(t)= A_0(1+r)^t$

예를 들어 10%의 이자율로 100만 원이 저축된 경우 단리방식으로는 원리금이 매년 10만 원이 증가한다. 반면 복리방식으로는 첫 해에는 똑같이 10만 원이 증가하지만 두 번째 해에는 이자에 다시 이자가 붙어 11만 원이 지급되어 원리금이 121만 원이 된다. 이러한 차이는 처음에는 매우 작지만 시간이 지날수록 그 차이는 눈덩이처럼 커진다. 10년이 지나면 단리방식의 원리합계는 200만 원이 되지만 복리방식의 원리합계는 약 259만 원이 된다. 30년이 지나면 단리방식의 원리합계는 400만 원이 되지만 복리방식의 원리합계는 약 1,745만 원이 된다. 이러한 효과를 복리의 **스노우볼 효과**(snowball effect)라고도 하고 **복리의 마법**(magic of compound interest)이라고도 한다. 20세기 최고의 물리학자로 불리는 아인슈타인이 했다고 알려진 말 중에 다음과 같은 것이 있다.

> 세계 8번째 불가사의는 바로 '복리'다. 이해하는 자는 벌고, 이해하지 못하는 자는 지불한다.(Compound interest is the eighth wonder of the world. He who understands it, earns it, he who doesn't, pays it.)

아인슈타인이 실제로 이 말을 했는지 아닌지는 논란이 있지만 복리효과가 마법에 가까운 결과를 낳는 것은 사실이다. 그리고 복리효과는 시간이 길어질수록 기하급수적으로 커진다. 이러한 복리의 힘은 금융투자에서 뿐만 아니라 경제성장에서도 매우 중요하게 작용한다. 아주 작은 경제성장률의 차이라도 오랜 시간 후에는 엄청나게 큰 생활수준의 격차를 유발할 수 있다.

2. 72의 법칙

72의 법칙(rule of 72)은 복리계산의 효과를 이해하는 좋은 도구이다. 이 법칙에 따르면 어떤 변수가 복리방식으로 매년 $x\%$ 증가할 경우 $72/x$년 후에 2배가 된다.[10] 예를 들어 매년 3%의 수익이 복리로 지급되는 자산의 가치(앞서 설명한 원리금)는 24년 후에 2배가 된다. 반면 매년 12%의 수익이 복리로 지급되는 자산의 가치는 6년이면 2배가 된다. 놀라운 사실은 3%의 수익이 지급되는 자산의 가치는 24년 후에 2배가 되지만 12%의 수익이 지급되는 자산의 가치는 6년마다 2배가 되어 24년 후에는 16배가 된다.

3. 연속복리와 자연상수

만기 1년인 예금의 연 이자율이 100%인 경우 원금 1원을 맡기는 경우를 가정해 보자. 이 경우 이자가 기말에 1회 지급될 경우 원리합계는 다음과 같다.

1회 지급시 : $A_1 = (1+1) = 2$

10) 72대신 69나 70을 사용하는 것이 더 정확하지만 72가 더 많은 자연수로 나누어 떨어지기 때문에 72를 사용하는 것이 편리하다.

이제 이자의 지급횟수가 늘어나면 원리합계는 어떻게 될까? 단리지급방식에 의할 경우에는 원금에만 이자가 붙기 때문에 이자를 몇 번 지급하는지는 아무런 의미가 없다. 그러나 복리지급방식의 경우에는 이자에 다시 이자가 붙기 때문에 원리합계가 다음과 같이 증가한다.

$$\text{2회 지급시}: A_2 = \left(1+\frac{1}{2}\right)^2 = 2.25$$

$$\text{4회 지급시}: A_4 = \left(1+\frac{1}{4}\right)^4 \fallingdotseq 2.44$$

이처럼 복리지급방식의 경우 지급횟수가 늘어날수록 원리합계는 증가한다. 일정기간 동안 복리이자의 지급횟수를 무한히 늘리면 원리합계는 무한히 늘어날까? 이러한 방식을 연속복리(continuous compounding)라고 하는데 실제로는 원리합계가 늘어나기는 하지만 무한히 늘어나지는 않고 원금의 일정비율에 수렴한다는 것이 증명되어 있다. 위의 경우와 같이 연 이자율이 100%일 때 1년 후 연속복리방식의 원리합계는 원금의 약 2.71828배가 되는데 이 값이 바로 자연상수 e이다.

$$n\text{회 지급하는 경우}: A_n = \left(1+\frac{1}{n}\right)^n$$

$$\text{연속복리의 경우}: \lim_{n\to\infty} A_n = \lim_{n\to\infty}\left(1+\frac{1}{n}\right)^n \fallingdotseq 2.71828 = e \qquad \text{[식 A-1]}$$

이제 보다 일반적인 경우의 연속복리에서 원리합계를 나타내보자. 원금이 A_0, 연 이자율이 r일 때 t기간 후 연속복리방식의 원리합계는 다음과 같다.

$$A(t) = \lim_{n\to\infty} A_0\left(1+\frac{r}{n}\right)^{nt} = A_0 \lim_{n\to\infty}\left(1+\frac{r}{n}\right)^{nt} \qquad \text{[식 A-2]}$$

이 경우 $x=\frac{n}{r}$로 두고 [식 A-1]의 정의식을 [식 A-2]에 대입하면 다음과 같이 정리된다.

$$A(t) = A_0 \lim_{x\to\infty}\left(1+\frac{1}{x}\right)^{x\cdot rt} = A_0 e^{rt} \qquad \text{[식 A-3]}$$

보론 시장 효율성과 자산가치 분석

금융투자를 통해 이익을 얻기 위해서는 금융상품의 가격이 어떻게 변할지 예측할 수 있어야 한다. 금융자산의 가격을 예측하는데 두 가지 방법이 있는데 그 중 하나가 기술적 분석(technical analysis)이고 다른 하나가 기본적 분석(fundamental analysis)이다. 기술적 분석이란 과거의 자산가격의 추세를 분석하여 미래의 자산가치를 예측하는 것을 의미한다. 반면 기본적 분석이란 과거의 추세보다는 현재의 주요 경제변수들이나 미래의 전망을 기반으로 경제이론에 기초하여 자산가치를 예측하는 것을 의미한다.

본문에서 효율적 시장가설을 살펴보았다. 파마는 시장의 정보효율성을 다음 세 가지 단계로 정의하였다. 먼저 약형 효율적 시장가설(weak-form EMH)이란 어떤 투자자라도 가격이나 수익의 역사적 정보에 기초한 거래를 통해서는 초과수익을 얻을 수 없다는 것을 말한다. 즉 과거의 주가 또는 수익률이 지닌 정보는 초과수익을 획득함에 있어 유용하거나 적절하지 못하다. 따라서 이에 따르면 과거의 추세를 연구하는 기술적 분석은 자산가격을 예측하는데 아무런 도움이 되지 못한다.

두 번째 준강형 효율적 시장가설(semi strong-form EMH)이란 어떤 투자자라도 공식적으로 이용 가능한 정보에 기초한 거래를 통해서는 초과수익을 얻을 수 없다는 것을 말한다. 공식적으로 이용가능한 정보란 과거의 주가자료, 기업의 보고된 회계자료, 증권관계기관의 투자자료와 공시자료 등을 말하는데 준강형의 효율적 시장이 성립한다면 기본적 분석도 자산가격의 변화를 예측하는데 유용하지 못하다. 왜냐하면 효율적 시장에서는 공개된 정보라면 이미 그것이 자산가격에 반영되어 있을 것이기 때문에 더 이상 자산가격의 변화를 예측하는데 도움이 되지 못할 것이기 때문이다.

마지막으로 강형 효율적 시장가설(strong-form EMH)이란 어떤 투자자라 할지라도 모든 이용 가능한 정보, 즉 공식적으로 이용 가능한 정보뿐만 아니라 그렇지 않은 내부자 정보(inside information)를 사용해서도 초과수익을 얻을 수 없다는 것이다. 이처럼 정보 효율적인 시장에서는 누구도 자산가격의 변화를 예측할 수 없어진다. 이처럼 예측할 수 없는 변화를 보이는 변수들을 임의보행(random walk)하는 특징을 가진다고 한다.

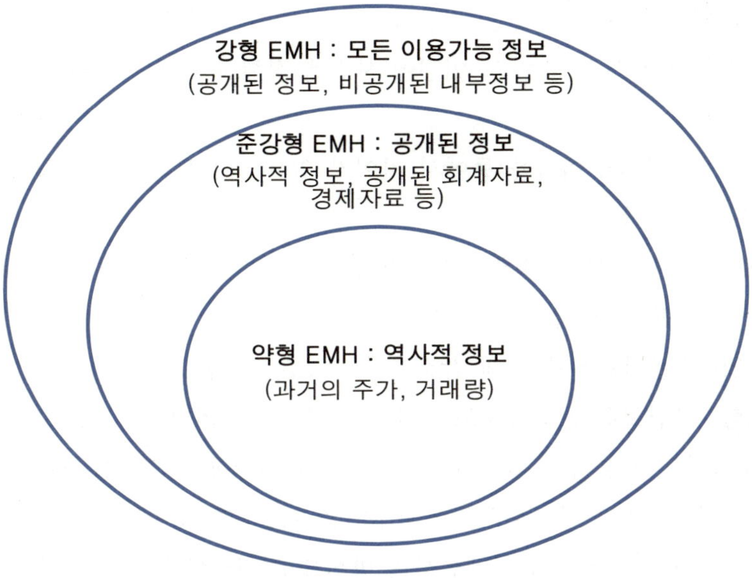

[그림 A-2] 효율적 시장가설과 정보의 포함범위

많은 경제학자들은 현실의 시장이 약형 효율성을 만족한다고 본다. 즉 과거의 추세를 분석하는 것은 미래의 자산가격을 예측하는 데 도움이 되지 않는다고 본다. 대신 준강형 효율성의 성립여부에 대해서는 의견이 분분하다. 반면 현실의 시장이 강형의 효율성까지 만족하기는 힘들 것으로 생각한다. 현실의 법과 제도가 기업의 임원 또는 관계자들이 내부자 정보에 근거한 거래를 처벌하고 있는 사실도 강형 효율성이 성립하지 못한다는 간접적인 증거가 된다.

핵심용어해설

- **직접금융** : 적자금융주체가 흑자경제주체로부터 직접 자금을 차입하는 방식
- **간접금융** : 적자금융주체와 흑자경제주체가 은행을 매개로 자금을 거래하는 방식
- **주식** : 한 회사의 소유지분에 대한 청구권
- **채권** : 미래 약정된 시점에 약정된 금액을 지급할 것을 약속하는 유가증권
- **어음** : 일정한 시기에 일정한 장소에서 일정한 금액을 지불하겠다고 약속한 유가증권
- **연금** : 일정 조건을 만족한 사람에게 규칙적 간격을 두고 일정한 금액을 지급하는 것

- 선물 : 미래 일정한 시점에 사전에 정해진 가격으로 거래하기로 한 확정계약
- 옵션 : 미래 일정한 시점 또는 그 이전에 사전에 정해진 가격으로 거래할 수 있는 권리
- 스왑 : 만기, 표시통화, 이자율 등에서 차이가 있는 금융상품들을 일정기간 서로 바꾸어 보유하는 방식
- 포트폴리오효과 : 다양한 자산에 분산투자하여 포트폴리오의 기대수익률을 감소시키지 않고도 위험을 줄일 수 있는 효과
- 비체계적 위험 : 분산보유를 통해 감소시킬 수 있는 위험
- 체계적 위험 : 분산보유를 통해서도 감소시킬 수 없는 위험
- 효율적 시장가설 : 시장에서 입수된 정보가 즉시 가격에 반영되는 경우 자산가격의 변화를 예측할 수 없으며, 누구도 초과수익을 거둘 수 없다는 이론
- 단리 : 원금에 대해서만 이자를 계산하는 방식으로 원리합계가 산술급수적으로 증가
- 복리 : 원금에 대한 이자뿐만 아니라 이자에 대한 이자도 함께 계산하는 방식으로 원리합계가 기하급수적으로 증가
- 72의 법칙 : 어떤 변수가 복리방식으로 매년 $x\%$ 증가할 경우 $72/x$ 년 후에 2배가 된다는 법칙
- 기술적 분석 : 과거의 자산가격의 추세를 분석하여 미래의 자산가치를 예측하는 것
- 기본적 분석 : 과거의 추세보다는 현재의 주요 경제변수들이나 미래의 전망을 기반으로 경제이론에 기초하여 자산가치를 예측하는 것

연습문제

01 금융의 발전은 경제성장에 어떤 영향을 미치는가? 거시경제의 총생산함수를 사용하여 설명해보아라.

02 금융상품을 평가하는 세 가지 기준은 무엇인가? 이에 의하면 화폐는 어떻게 평가할 수 있는가?

03 금융상품의 수익률은 원인이라기보다는 결과라는 명제를 설명해 보아라.

04 다음 명제의 의미를 설명하라.

"주식은 채권보다 위험한 투자자산이지만 동시에 주식은 채권보다 안전한 재원조달방안이다."

05 다음 문제에 차례로 답하라.

(1) E. Fama가 제시한 시장의 효율성의 기준을 제시하라. 효율적인 시장에서의 해당 변수가 보이는 특징은 무엇인가?

(2) 각국이 주식의 내부자 거래(insider trading)에 대해 강하게 규제하는 것은 효율적 시장가설에 대해 무엇을 의미하는가?

06 미국 월가의 '살아있는 전설'로 불리는 피터 린치는 1626년 뉴욕 맨해튼 지역에 살던 원주민의 이야기로 복리 효과를 설명한 바 있다. 당시 원주민들은 자신들의 땅을 한 무리의 이민자들에게 24달러 상당의 구슬과 장신구를 받고 팔아버렸다. 현대의 많은 이들은 지금 맨해튼의 높은 땅값을 떠올리며 원주민들이 한참 밑지는 거래를 했다고 생각한다. 하지만 1988년 피터 린치는 다르게 생각할 수도 있다고 했다. 원주민과 그 후손이 24달러를 매년 8%의 복리 수익률로 불렸다면 그 재산이 30조 달러가 돼 맨해튼(당시 562억 달러) 뿐 아니라 미국 전역을 살 수 있을 만큼 불어났을 것이라고 말이다. 당신은 피터 린치의 주장에 동의하는가 또는 반대하는가?

V

PART 5

거시경제 정책을 둘러싼 논쟁

CHAPTER **14**

거시경제정책논쟁

CONTENTS

CHAPTER PREFACE | 들어가며

이번 장에서는 우선 경기안정화정책에 대한 일반적 논쟁들을 살펴본다. 우선 첫 번째는 적극적 정책과 소극적 정책의 논쟁인데 이는 정부가 시장에 얼마나 개입해야 하는지의 문제이다. 두 번째는 재량과 준칙의 논쟁인데 이는 정부가 시장에 어떻게 개입해야 하는지의 문제이다.

다음으로 통화정책과 관련하여 통화정책의 중간목표, 통화정책의 전달경로 및 통화준칙과 관련된 문제를 살펴본다. 재정정책에 있어서는 재정적자 측정과 관련된 몇 가지 문제를 지적하고 재정적자에 대한 전통적인 견해와 리카디언 견해를 비교한다.

01 경기안정화정책 논쟁

1.1 경기안정화정책이란 무엇인가?

경기변동은 그 과정에서 각종의 조정비용과 불확실성을 유발한다. 뿐만 아니라 실업과 인플레이션은 자원의 낭비 및 비효율성을 유발한다. 경기안정화정책(stabilization policy)이란 과도한 경기변동이 부정적인 것이라는 시각하에 경기변동의 폭을 감소시키고(stabilizing economy), 불황을 제거하는(fighting against recession) 정책을 말한다. 경기안정화정책은 대부분 총수요 측 정책으로서 통화정책과 재정정책이 대표적이다.

1.2 경제정책의 적극적인 운용 또는 소극적인 운용

경기안정화정책에 관한 첫 번째 논쟁은 개입정도에 관한 것이다. 즉 정부가 시장경제에 얼마나 개입해야 하냐는 것이다. 이에 대한 판단은 시장경제를 바라보는 시각에 따라 달라질 수 있다. 적극적 정책을 주장하는 사람들은 경제는 근본적으로 불안정적이므로 정부는 불균형현상인 경기변동의 폭을 감소시켜줄 필요가 있다고 주장한다. 반면 소극적 정책을 주장하는 사람들은 경제는 근본적으로 안정적이므로 정부정책은 새로운 경기변동을 유발시키지 않도록 조심해야 한다고 주장한다.[1)]

케인즈 이전의 고전학파 경제학자들은 대부분 소극적 정책을 지지하였다. 그들은 거시경제의 자율조정기능을 믿고 기다리면 경기불황은 스스로 해결될 것으로 보았다. 즉 거시경제의 '보이지 않는 손'이 작동하면 세이의 법칙이 성립할 것이므로 굳이 시장보다 불완전한 존재인 정부의 역할에 기댈 필요가 없다는 것이다.

그러나 대공황을 경험한 경제학자들의 대부분은 적극적 정책을 지지하였다. 그 중 대표적인 인물이 케인즈인데 그는 다음과 같은 유명한 말을 남겼다.

---

1) 적극적 정책옹호론자를 개입주의자(interventionist), 소극적 정책옹호론자를 비개입주의자(non-interventionist)라고 부르기도 한다. 물론 경제가 안정적인지 불안정적인지에 대한 판단은 상대적인 것이다.

"장기 분석은 현재 벌어지고 있는 상황을 이해하는 데 도움이 되지 않는다. 장기에는 우리 모두가 죽는다(In the long run, we are all dead). 경제학자들의 역할이 고작 태풍이 닥치는 계절에 '태풍이 지나가고 한참 있으면 바다가 잠잠해질 것이다.'라고 말하는 정도에 그친다면 그 역할은 너무 쉽고 쓸모없는 것이다."

케인즈에 따르면 고전학파 경제학자들이 믿고 있는 경제의 자율조정기능은 상당히 제한되어 있으며 조정의 시간 또한 매우 오래 걸린다. 자본주의 경제는 사람들의 낙관론과 비관론의 파동으로 인해 호황과 불황을 반복적으로 경험하는데 이것이 심해지면 **비이성적 과열**(irrational exuberance)과 공황(panic)으로 이어지기도 한다. 이러한 과정이 반복되면 수많은 사람들에게 고통을 준다. 따라서 정부는 경제가 과열되지 않도록 그리고 필요 이상의 불황을 겪지 않도록 적절한 조치를 취해야 한다. 경제가 대공황과 같은 상황에 처했는데도 정부의 개입을 반대하는 것은 마치 고열로 고생하는 환자에게 참고 기다리면 언젠가는 나을 것이니 잘 먹고 잘 자라고 말하는 것처럼 무책임하다는 것이다. 이러한 케인즈의 주장은 대공황을 경험하였던 당대의 사람들에게 깊은 영향을 미쳤으며 1960년대까지 거시경제정책의 주된 사조를 형성하였다.

그러나 2차대전 이후 정부의 적극적인 역할을 강조하는 케인즈의 주장이 확산되고 정부의 규모와 활동범위가 점차 확대됨에 따라 이에 대한 반감도 함께 높아졌다. 1960년대의 개입만능주의적 분위기에 반기를 든 대표적인 경제학자가 프리드먼인데 그는 자신의 주장을 다음과 같은 비유로 표현하였다.

"우리가 필요로 하는 것은 도로의 예측할 수 없는 불규칙성에 맞추기 위해 경제라는 자동차의 핸들을 끊임없이 돌리는 숙련된 운전자가 아니라, 안전장치로 뒷좌석에 앉아 있는 통화라는 손님이 이따금 앞으로 쏠려서 자동차가 도로에서 이탈할 정도로 핸들을 급격히 돌리는 일이 발생하지 않도록 하는 것이다."

그에 따르면 정부는 거시경제에 영향을 미칠 수 있는 정책수단들을 가진 경제의 운전사이기는 하지만 그의 운전기술이 너무나 서툴러서 정부가 개입하면 오히려 경제가 더욱 불안해질 수 있다고 주장했다. 이러한 주장의 근거로 그는 길고 가변적인 **시차**(long and variable time lag)의 존재를 들었다. 프리드먼의 주장에 따르면 하나의 정책이 효과를 거두기까지는 많은 단계가 필요하다. 예를 들어 경제에 불황을 유발하는 충격이 발생한 경우 경제주체들이 그것을 인식할 때까지는 일정한 시간이 소요될 수 있다. 이처럼 경제에 대한 충격이 발행하였을 때부터 이를 인식할 때까지의 시간을 인식시차(recognition lag)라고 한다. 충격을 인식하였다고 하여 바로 정책이 실시되는 것은 아니며 적절한 정책을 수립하여서 실제 시행할 때까지도 상당한 시간이 소요될 수 있는데 이를 집행시차(implementation lag)라고 한다. 이러한 인식시차와 집행시차는 정책이 실시되기 이전에 흘러간 시간을 의미하기 때문에 이 둘을 묶어서 내부시차(inside lag)라고 한다. 반면 정책이 집행된 이후 실제 효과를 발생할 때까지도 상당한 시간이 소요될 수 있는데 이를 외부시차(outside lag)라고 한다.

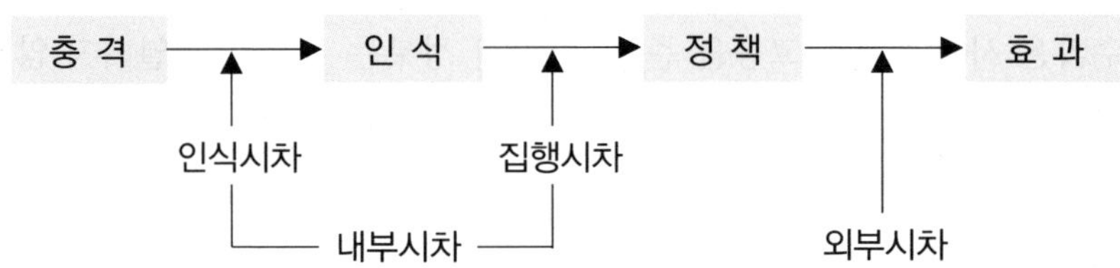

[그림 1] 정책시차의 구분

일반적으로 재정정책은 의회를 통과해야 하기 때문에 정책의 수립 및 집행까지 상당한 시간을 요하기 마련이지만 일단 집행이 되고 나면 그 이후의 효과는 즉각적으로 발생한다. 즉 재정정책은 외부시차는 짧지만 내부시차가 긴 편이다. 반면 통화정책은 중앙은행이 독자적으로 판단하여 즉각적으로 통화량이나 금리를 조정하면 되기 때문에 정책이 집행될 때까지의 시간은 짧은 편이다. 하지만 통화정책이 어떤 과정을 통해 어느 정도의 시간을 두고 그 효과가 나타날지의 문제는 여전히 논쟁거리로 남아있다. 즉 통화정책은 내부시차는 짧지만 외부시차가 길고 가변적이다. 시차로 인한 정책수행상의 문제를 프리드먼은 '샤워실의 바보(fool in the shower room)'라는 비유로 표현하였다.

> "처음 수도꼭지를 틀면 찬물이 나오기 마련이다. 이 바보는 조금 기다리면 될 텐데 가장 뜨거운 물이 나오도록 샤워꼭지를 얼른 더 튼다. 그러다 뜨거운 물이 나오면 다시 가장 차가운 물이 나오도록 수도꼭지를 돌린다. 이런 식으로 그는 끊임없이 샤워꼭지를 돌리게 되는데 이는 그가 자신의 샤워꼭지 조작과 그 조작의 결과 사이의 시차를 무시한 채 수온에 대한 정보에 의지해서 행동하기 때문이다."

샤워실의 바보가 어떻게 경제를 불안정하게 만들 수 있는지 살펴보자. 예를 들어 t_0 시점에서 불황을 유발하는 충격이 발생했다고 하자. 그리고 일정기간 이후 t_1시점에서 정책이 실시되었다고 할 때 실제 정책효과는 이로부터 일정시간이 지난 t_2에서부터 발생한다. 그런데 시차의 존재로 인해 이러한 효과가 나타날 즈음에 경제는 이미 회복세로 돌아섰을 가능성이 있다. 그렇게 된다면 오히려 경제가 회복될 때인 t_3시점에서는 오히려 경기의 과열이 발생하여 경제가 더욱 불안정해진다.

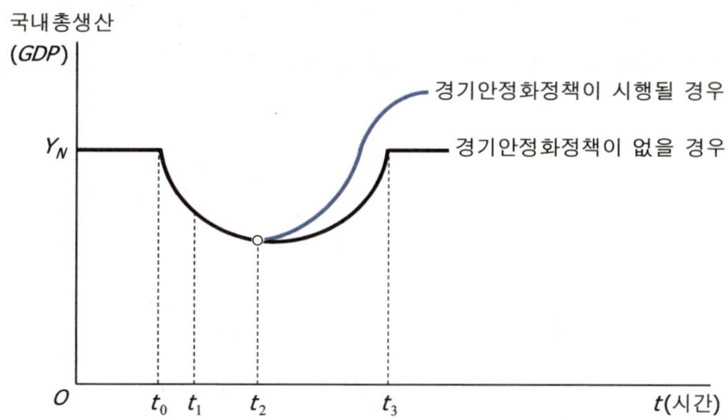

[그림 2] 정책시차로 인한 경기진폭의 확대

정부의 적극적 개입을 비판하는 또 다른 이유로는 거시경제에 대한 예측력의 한계를 들 수 있다. 살펴본 것처럼 경제정책에는 상당한 시차와 정책효과의 불확실성이 있기 때문에 정책이 원하는 효과를 얻기 위해서는 미래의 경제상황을 상당히 정확히 예측할 수 있어야 한다. 경제학자들이 미래의 경제상황을 예측하기 위해 사용하는 방법으로는 주가지수나 건설수주면적 등과 같은 경기선행지수(leading economic indicator : LEI)를 사용하는 방법과 거시계량경제모형(macroeconometric models)을 사용하는 방법이 있다. 전자에 대해서는 제5장에서 언급한 바가 있고 후자는 마치 대규모 일기예측모형을 사용하여 날씨를 예측하듯이 경기예측모형을 사용하여 미래 경제상황을 예측하는 것을 말한다.

하지만 이 두 가지 방법은 유용한 정보를 주기도 하지만 때로는 잘못된 예측을 유발하는 경우도 있다. 잘못되었을지도 모르는 예측에 기반하여 효과가 불확실한 정책을 수행하는 것보다는 경제의 자율조정능력을 믿고 가능한 개입을 자제하는 편이 낫다는 것이 소극적 정책을 옹호하는 경제학자들의 입장이다.

1.3 자동안정화장치와 균형재정함정

자동안정화장치(automatic stabilizer or built-in stabilizer)란 경기침체나 경기호황 때 정부가 의도적으로 정부지출과 세율을 변경시키지 않더라도 자동적으로 재정지출과 조세수입이 변하여 경기침체나 경기호황의 강도를 완화시켜 주는 것을 말한다. 재정정책은 기본적으로 의회에서 결정하는 것이기 때문에 적극적 정책의 수단으로 사용하더라도 상당한 내부시차를 가질 수밖에 없다. 자동안정화장치는 재정정책의 내부시차를 최소화시킬 수 있다는 점에 그 장점이 있다. 대표적 예로는 실업보험 등을 포함한 정부의 이전지출이 있으며 비례소득세 또는 누진소득세도 자동안정화장치로 작동할 수 있다.

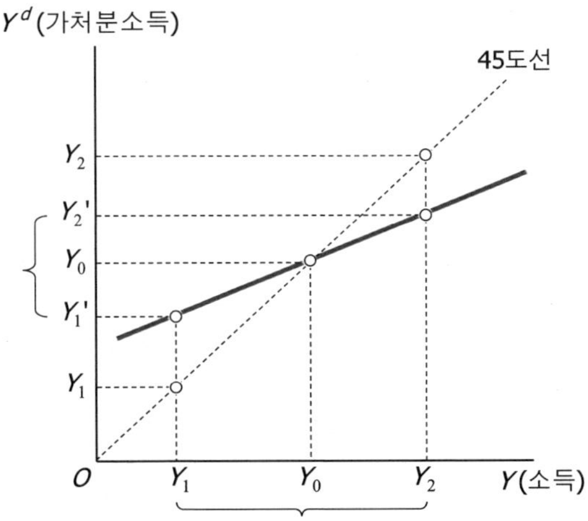

[그림 3] 자동안정화장치로서의 실업보험

[그림 3]에서 실업보험이 도입되기 전과 후를 비교해 보자. 편의상 기존 조세와 보조금은 없다고 가정한다. 실업보험이 도입되기 전에는 소득의 변화가 바로 가처분소득의 변화와 일치할 것이다. 그러나 경기가 후퇴하여 총소득이 Y_1까지 감소한 경우 실업자들에게 실업급여가 지급된다면 가처분소득은 Y_1'까지 줄어드는데 그친다. 반면 경기가 호전되어 총소득이 Y_2까지 늘어나는 경우 실업급여가 감소하고 취업자들에게서 거두는 실업보험료가 증가한다면 가처분소득은 Y_2'까지 늘어나는데 그친다. 즉 실업보험이 도입되는 경우 정부의 인위적인 개입 없이도 자동적으로 경기변동을 안정화시켜주는 효과가 발생한다. 자동안정화장치는 경기변동을 완전히 막을 수 있을 정도로 강력하지는 못하지만 상당한 정도 경제를 안정화하는 역할을 수행한다.[2)]

이와는 반대로 정부의 정책규칙이 경기변동을 자동적으로 증폭시키는 경우도 있다. 대표적인 것이 균형재정준칙(balanced budget rules)이다. 예를 들어 엄격한 균형재정을 지키기 위해서는 불황기에 오히려 세율을 높이거나 정부지출을 줄여야 하는데 이는 경기변동을 오히려 증폭시키는 역할을 하기 때문이다. 이와 같이 균형재정에 집착하다보면 경기변동을 더 심화시키는 경우가 발생하는데 이를 **균형재정함정**이라고 한다.

1.4 경제정책의 재량적 운용 또는 준칙에 의한 운용

경기안정화정책의 운용에 대한 두 번째 논쟁은 개입방식에 관한 것이다. 즉, 경기안정화정책은 과연 재량에 의해야 하는지 또는 준칙에 따라야 하는지의 문제이다. **재량**(discretion)에 의한 정책이란 경제안정화정책을 그때그때의 상황에 맞게 담당자의 합리적인 판단에 맡기는 것을 말한다. 반면 **준칙**(rule)에 의한 정책이란 경제안정화정책을 사전에 정해진 규칙에 의해 집행하는 것을 의미한다. 한 가지 주의할 점이 있는데 대체로 적극적 정책을 옹호하는 사람들이 재량적 운영을 지지하고 소극적 정책을 옹호하는 사람들이 준칙을 지지하지만 반드시 그런 것은 아니라는 점이다. 예를 들어 실업이 상승하면 자동적으로 정부가 개입하는 준칙을 만들어 놓는다면 이러한 준칙은 '적극적인 준칙'으로서의 성격을 가진다.

재량에 의한 정책을 옹호하는 주장에 따르면 거시경제를 둘러싼 환경은 불확실하고 가변적이며 정책담당자들은 미래를 정확히 예측할 수 없다. 따라서 사전에 모든 상황을 반영하는 준칙이란 있을 수 없으며 경제정책은 환경변화에 맞게 신축적으로 이루어져야 한다. 특히 가격변수의 비신축성으로 인해 생산물시장의 판매부진이나 노동시장의 실업증가와 같은 시장의 비청산 현상이 상당기간 지속될 수 있으므로 상황에 맞는 경기대응적(counter cyclical) 정책개입이 필요하다.

준칙에 의한 정책이란 사실상 상황에 맞는 개입을 포기하는 것이므로 더 확실한 근거를 필요로 한다. 준칙에 의한 정책을 옹호하는 첫 번째 주장은 **공공선택학파**(public choice school) 경제학자들에 의해 제시되었다. 이들에 따르면 정치인들이나 관료들도

---

2) 이런 정책들을 *IS*−*LM*모형으로 나타내면 승수를 감소시켜 *IS*곡선을 가파르게 만들며, 동시에 *IS*곡선의 이동폭을 감소시킨다. 이러한 변화는 경제의 실물적 충격 및 화폐적 충격 모두로부터 총수요를 안정화시키는 효과가 있다. 이에 대한 자세한 설명은 복잡한 수식을 사용하므로 보다 고급의 과정에서 다룬다.

결국 사적인 이익을 위해 일하는 존재들이기 때문에 공공정책은 국민전체가 아닌 특정 집단을 위해 수립, 집행될 가능성이 크다고 한다.[3] 즉 이들에 따르면 경제정책을 수립하는 정책입안자와 정치과정을 믿을 수 없기 때문에 정책의 집행에 재량을 부여하는 것보다는 사전에 정해진 준칙을 따르도록 하는 것이 바람직하다. 만약 정치인의 이익과 사회전체적인 이익이 일치하지 않아 선거에서의 득표를 위해 거시경제를 조작한다면 선거 전에는 경기호황이 이루어지도록 확장정책을 사용하는 반면 선거 후에는 선거 전의 확대정책으로 인한 물가상승을 억제하기 위해 긴축정책을 펼 가능성이 크다. 이러한 경우 선거주기와 경기순환 주기가 동조화(synchronization)되는 성향을 보이게 되는데 이를 **정치적 경기순환**(political business cycle)이라고 한다.

준칙을 옹호하는 두 번째 주장은 프리드먼을 중심으로 한 **통화주의자**(monetarists)에 의해 제기되었다. 제7장에서 살펴본 통화가설에 따르면 대공황 등 많은 경기변동과 경기침체가 통화정책의 실패로 발생하였다고 한다. 프리드먼은 신화폐수량설에서 화폐수요함수와 화폐유통속도는 매우 안정적이기 때문에 통화정책은 매우 강력하지만 이를 잘못 운영하면 오히려 경제가 더 불안정해 질 수 있기 때문에 특수한 경우가 아니라면 준칙에 따르는 정책을 운영함으로써 경제를 안정화시킬 수 있다고 주장하였다. 이러한 그의 주장은 그가 한 다음 인용문에 잘 담겨있다.

> "일정한 비율로 통화량을 증가시켜 나가는 일은 이 지상을 경제활동의 불규칙한 변화가 전혀 없는 천국으로 변모시키지는 못하지만, 물가안정과 경제성장을 동시에 달성할 수 있게 함으로써 평화롭고도 풍요한 사회를 건설하는데 크게 이바지한다."

프리드먼이 제안한 것처럼 매년 일정비율로 통화량을 증가시키는 방식을 **통화량증가율 타게팅**(monetary targeting) 또는 **k% 준칙**(k% rule)이라고 하며 한때 많은 사람들의 호응을 얻기도 하였다. 그러나 이들의 주장은 1970년대 후반에 들어 화폐유통속도가 불안정해지면서 많은 부분 타당성을 잃게 된다.

준칙에 의한 정책을 주장하는 세 번째와 네 번째 견해는 합리적 기대를 강조했던 새고전파 경제학자들에 의해 주장되었다. 사전트(T. Sargent)와 윌리스(N. Wallace) 등은 이

---

3) 잘못된 공공정책이 수립되는 이유는 꼭 정치인들이 사악하기 때문인 것만은 아니다. 정치인이 무능하거나 정치인에게 잘못된 정보가 알려진 경우에는 비록 정치가들이 선의를 가지고 있다고 하더라도 잘못된 정책이 수립, 집행될 수 있다.

른바 정책무력성명제(policy ineffectiveness proposition)를 통해 재량정책의 무익함을 보였으며, 키들랜드(F. Kydland)와 프레스콧(E. Prescott) 등은 재량정책의 운영에 시간 비일관성이 존재한다는 점을 들어 준칙이 바람직함을 주장하였다. 전자에 대해서는 이미 제 8장에서 살펴보았으므로 후자에 대해 살펴본다.

1.5 정책의 시간 비일관성의 문제[4)]

키들랜드와 프레스콧은 합리적 기대가설에 근거하여 준칙에 의한 정책운영이 바람직함을 주장하였는데 이들은 정부정책에 시간 비일관성(time inconsistency)문제가 발생할 수 있다는 점을 강조하였다. 정책의 시간 비일관성이란 시간이 지남에 따라 최적정책이 바뀌는 현상을 말한다. 정책에 시간 비일관성이 발생한다면 사람들이 정부를 신뢰하여 사전에 발표된 정책에 근거하여 행동하는 경우 정책결정자들이 스스로 기존의 발표를 취소하고자 하는 유혹을 느끼게 되므로 정부의 발표는 신뢰를 잃게 된다.

정책의 시간 비일관성을 설명할 수 있는 대표적인 예는 인질협상과 관련된 것이다. 사전적으로 많은 국가들이 인질에 관해 테러리스트와 협상하지 않는다는 정책을 발표한다. 물론 이런 발표의 목표는 테러리스트들의 인질납치가능성을 사전에 차단하기 위한 것이다. 만일 인질납치로부터 얻을 것이 없다면 합리적인 테러리스트는 결코 아무도 납치하지 않을 것이기 때문이다. 다시 말해 정책을 사전에 발표하는 목적은 테러리스트의 기대에 영향을 미치고 나아가 그들의 행위에 영향을 주려는 것이다. 그러나 실제로 정책에 대해 구속력 있는 약속이 없다면 이러한 발표는 별로 효과가 없다. 일단 인질이 잡히면 정책입안자들은 인질석방을 위한 협상을 하려는 유인을 느낀다는 것을 테러리스트들은 알고 있다. 합리적 테러리스트를 억지하는 한 가지 방법은 정책입안자들의 재량을 제거하여 결코 협상하지 않는다는 규칙을 신뢰하게끔 하는 것이다. 정책입안자들이 정말로 협상을 할 수 없다면 테러리스트들이 인질을 잡으려는 동기는 사라지게 된다. 이러한 이유로 이스라엘의 헌법에는 테러리스트와 협상하지 않는다는 내용을 명문화하고 있다.

정책의 시간 비일관성이 발생하는 사례를 몇 가지 들면 다음과 같다.

---

4) 이 부분의 표현과 사례는 맨큐 저 「거시경제학(시그마프레스)」 9판의 내용을 많이 참고하였다.

1. 교수들은 학생들이 열심히 공부하도록 유도하기 위하여 학기가 끝나면 시험을 보겠다고 발표한다. 하지만 채점을 하는 것은 힘든 일이기 때문에 학기가 끝난 후 교수들은 시험을 보겠다는 약속을 취소하고 싶어진다.
2. 정부는 투자를 촉진하기 위해 일정 기간 안에 이루어진 투자로 인한 수익에 조세를 부과하지 않을 것이라 발표한다. 하지만 일단 공장이 설립되고 나면 조세수입을 증대시키기 위해 발표를 취소하고 싶은 유혹을 느끼게 된다.
3. 통화정책에 있어서도 중앙은행은 민간이 임금과 가격을 상승시키지 않도록 하기 위해서 낮은 인플레이션을 달성하겠다고 선언한다. 하지만 실제로 낮은 임금과 가격이 결정되고 나면 인플레이션율을 높임으로서 실업률을 낮추고 싶은 유혹을 느끼게 된다.

위의 각 경우에 합리적 인간이라면 정책입안자가 스스로의 약속을 취소하려 하는 유인이 있다는 사실을 알아챌 수 있을 것이며 애초에 이를 믿지 않고 자기 나름대로 행동하게 된다. 즉 학생들은 처음부터 공부를 하지 않고, 기업은 처음부터 투자를 하지 않을 것이다. 통화정책의 예에 있어서도 사람들은 처음부터 정부의 약속을 믿지 않고 높은 임금과 가격을 결정짓게 된다. 이러한 문제에 대한 한 가지 해결책은 정책입안자의 재량을 없애고 약속한 정책을 준수하겠다는 확실한 준칙으로 대체하는 것이다.

1.6 통화정책과 시간 비일관성의 문제

이 절에서는 게임이론을 활용하여 통화정책에 있어서의 시간 비일관성문제를 나타내어보자. 게임의 규칙은 다음과 같다.

- 가정 1 : 민간은 기대인플레이션율(π^e)을 결정한다.
- 가정 2 : 정부는 실제인플레이션율(π)을 결정한다.
- 가정 3 : 기대인플레이션율과 실제인플레이션율이 결정되면 이에 따라 실업률이 결정된다.
- 가정 4 : 정부는 낮은 인플레이션율 및 낮은 실업률을 선호한다.
- 가정 5 : 민간은 인플레이션을 잘못 예측하는 경우 후생이 감소한다.

가정 3을 반영하는 필립스곡선이 다음과 같이 주어진다고 하자.

기대부가 필립스곡선 : $\pi = \pi^e - (u - 3)$

가정 4를 반영하는 정부의 손실함수(loss function)가 다음과 같다고 하자.

정부의 손실함수 : $L(\pi, u) = \pi^2 + 2u$

가정 5를 반영하는 민간의 손실함수가 다음과 같다고 하자.

민간의 손실함수 : $L(\pi^e, \pi) = (\pi^e - \pi)^2$

이제 분석을 단순화하기 위해 정부는 실제인플레이션율 π를 0과 1 중 하나의 값으로 결정한다고 하자. 민간 역시 기대인플레이션율 π^e을 0과 1 중 하나의 값으로 결정한다. 이 경우 나타날 수 있는 경우의 수는 4가지이며 이에 따른 보수를 정리하면 [표 1]과 같다. 단 보수는 손실을 의미하므로 작을수록 바람직하다.

	π(정부)	π^e(민간)	u	정부손실	민간손실
A	1	1	3	7	0
B	0	0	3	6	0
C	1	0	2	5	1
D	0	1	4	8	1

[표 1] 시간 비일관성 게임의 경우의 수

이제 정책이 재량에 의해 이루어진다고 하자. 재량에 의한 정책은 언제든 정부가 변경할 수 있기 때문에 민간이 먼저 의사결정을 내리는 순차게임으로 나타낼 수 있다. 이를 게임나무로 나타내면 [그림 4]와 같다.

이 게임에서 정부의 사전적 최적정책은 실제인플레이션율을 0으로 정하겠다고 선언함으로서 민간의 기대인플레이션율을 0으로 낮추어 B의 상황을 실현시키고 민간과 정부가 각각 0과 6의 손실을 얻는 것이다. 그러나 일단 민간이 기대인플레이션율을 0으로 정하고 나면 정부는 실제인플레이션율을 1로 정함으로써 손실을 5로 낮출 유인이 있다. 즉 게임이 진행됨에 따라 최적정책이 변하는 시간 비일관성문제가 발생한다. 이러한 상황을 알고 있는 민간은 처음부터 정부의 선언을 신뢰하지 않고 1의 기대인플레이션으로 대응하며 결국 이 게임의 완전균형은 A의 상황이 되어 민간과 정부가 각각 0과 7의 손실을 얻게 된다.

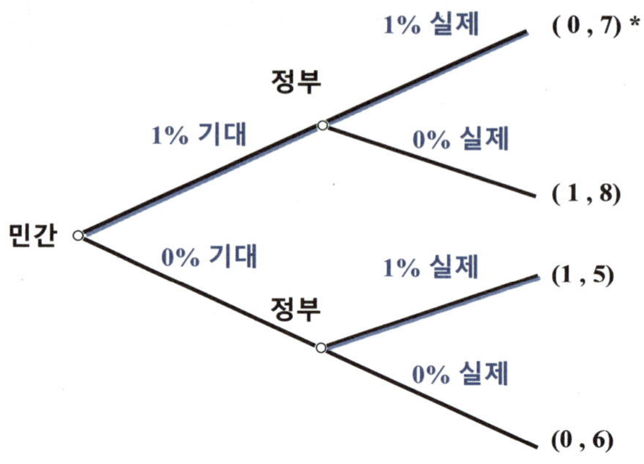

[그림 4] 게임나무 : 재량에 의한 정책

시간 비일관성의 문제를 해소하는 방법 중 하나는 준칙을 채택하여 정부의 선언에 구속력을 부여하는 것이다. 준칙에 의한 정책은 일단 정부가 정책을 결정하면 이를 변경할 수 없기 때문에 정부가 먼저 의사결정을 내리는 순차게임으로 나타낼 수 있다. 이를 게임나무로 나타내면 [그림 5]와 같다.

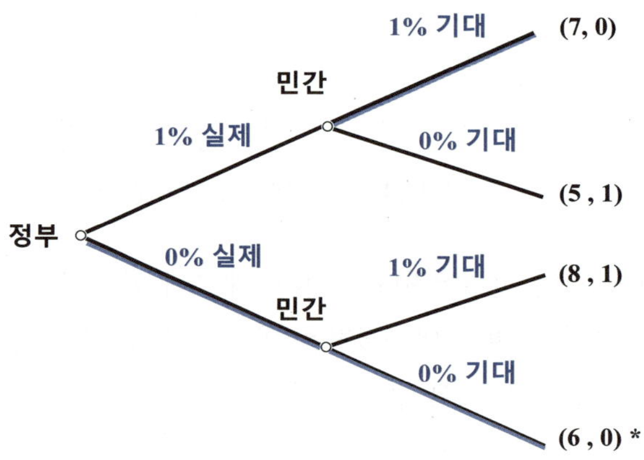

[그림 5] 게임나무 : 준칙에 의한 정책

이 게임의 2단계에서 민간은 정부가 결정한 실제인플레이션율과 동일한 기대인플레이션율을 결정할 것이므로 1단계에서 정부는 0의 실제인플레이션율을 결정한다. 결국 이 게임의 균형은 B의 상황이 되어 정부와 민간은 6과 0의 손실을 얻는다. 이러한 결과는 재량에 의하는 경우에 비해 우월하다.

이상의 분석은 정부가 사악하거나 무능한 경우가 아니라고 하더라도 준칙에 의한 정책이 재량에 의한 정책보다 우월한 경우가 있다는 점을 보였다는 점에서 큰 의미가 있다. 그러나 이러한 분석은 현실적인 경제환경의 불확실성이나 가격의 비신축성으로 인한 불균형의 문제를 다루지 않기 때문에 한계가 있다. 따라서 여전히 실제 경기안정화 정책에 있어서 재량의 여지를 지나치게 제한해서는 안 된다고 주장하는 경제학자들도 많이 있다. 그러나 재량의 여지를 인정한다는 것이 담당자가 마음대로 해도 된다는 것이 아니라 상황에 가장 적합한 정책을 신중하게 선택해야 한다는 의미임을 주의해야 할 것이다.

1.7 경기안정화정책에 대한 잠정적 합의

지금까지 경기안정화정책에 대한 두 가지 논쟁을 소개하였다. 첫째, 경제정책은 적극적이어야 하는가, 소극적이어야 하는가? 이에 대한 정해진 답은 없다. 그러나 2000년대 이후 경제학자들의 **현대적인 합의**(modern consensus)에 의하면 경제가 지나치게 침체하거나 지나치게 과열인 경우마저 정부의 역할이 불필요하다고 생각하지는 않는다. 반면 미세조정(fine tuning)에 가까운 지나친 개입은 바람직하지 못하다고 본다. 둘째, 경제정책은 재량에 의해야 하는가, 준칙에 따라야 하는가? 이에 대해서도 정해진 답은 없다. 우선 정책에 있어 신뢰성이 매우 중요한 의미를 갖는 경우라면 재량보다는 준칙을 따르는 것이 바람직할 것이다. 그러나 경제환경의 변화를 예측할 수 없다는 점, 사전에 모든 가능성을 준칙에 담을 수 없다는 점을 고려한다면 어느 정도 재량을 인정할 수밖에 없을 것이다.

이외에도 현대 경제학자들은 경제정책의 많은 부분에 대해 암묵적으로 합의하고 있는데 이에 대해 크루그먼(P. Krugman)이 자신의 경제학원론에서 밝힌 바를 요약하면 다음과 같다. 첫째, 통화정책과 재정정책은 모두 경기변동에 영향을 미칠 수 있다. 둘째, 경기침체가 심각할 때는 재정정책의 효과가 보다 강력하고 경기침체가 그다지 심각하지 않을 때는 통화정책의 효과가 보다 강력하며 유용하다. 따라서 경기침체가 그다지 심각하지 않다면 통화정책을 사용하여 이를 안정화시키는 것이 바람직하다. 그러나 경기침체가 심각하다면 보다 효과가 직접적인 재정정책을 함께 사용하는 것이 바람직하다. 셋째, 정치적 경기순환을 막기 위해 중앙은행이 정치적 압력으로부터 독립적이어야 한다. 넷째, 정책시차와 정치적 경기순환의 위험을 막기 위해 재정정책을 재량적으로 사용하는 것은 삼가야한다.

거시경제학은 미시경제학보다 논쟁이 많이 일어나는 분야이므로 이러한 합의가 언제 다시 바뀔지 모른다. 하지만 지난 수십 년의 기간에 비해 현대의 거시경제학자들이 많은 부분에 의견일치를 보이고 있다는 것은 오래전에 거시경제학을 공부한 사람들이 본다면 놀라운 변화일지도 모른다.

02 통화정책을 둘러싼 논쟁

2.1 통화정책의 중간목표의 문제

통화정책의 최종목표는 물가안정, 완전고용, 국제수지균형 등이다. 그러나 통화정책은 길고 가변적인 외부시차를 가지고 있으므로 최종목표변수들을 직접 조절할 수는 없다. 따라서 전통적으로 중앙은행은 적절한 **중간목표**(intermediate target)변수를 선정하고 이를 달성함으로써 간접적으로 최종목표를 달성하는 2단계 방식을 활용해 왔다. 통화정책의 중간목표는 우선 쉽게 관찰할 수 있어야 하며 쉽게 통제할 수 있어야 한다. 또한 최종목표와의 밀접한 관련성을 가지고 있어서 중간목표를 통제함으로써 최종목표에 원하는 영향을 미칠 수 있어야 한다.[5)]

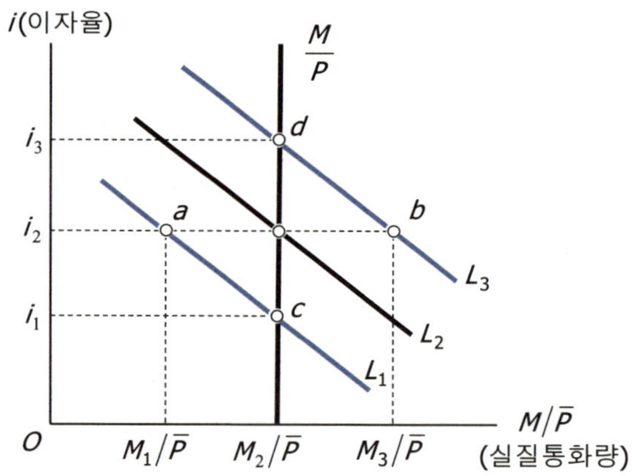

[그림 6] 통화량과 이자율의 양자택일의 문제

5) 이와 같이 통화정책의 목표가 되는 명목변수를 명목기준지표(nominal anchor)라고 하며 기준지표를 일정 수준에 유지하기 위해 지속적으로 개입하는 것을 표적화(targeting)라고 한다. 표적화의 대상은 대부분 명목변수인 경우가 많으나 실질변수인 경우도 있다.

통화정책의 중간목표로 주로 거론되는 것이 통화량과 단기 명목이자율인데, 이 두 변수 간에는 양자택일의 문제가 발생한다. 예를 들어 [그림 6]의 화폐시장균형모형에서 독립적 화폐수요의 변화 또는 총소득의 변화로 화폐수요곡선의 위치가 L_1에서 L_3사이에서 가변적이라고 하자. 이 경우 만약 통화당국이 이자율을 i_2로 고정하려 한다면 통화량을 M_1에서 M_3까지 변동시켜 대응해야만 한다. 반면 통화당국이 통화량을 M_2로 고정시켜 둔다면 이자율이 i_1에서 i_3까지 변동하는 것을 받아들여야 한다. 즉 일정한 조건하에 통화량과 이자율을 동시에 중간목표변수로 사용할 수는 없다.

그렇다면 정책당국은 통화정책의 중간목표로서 이자율과 통화량 중 어느 하나를 선택해야만 하는데 이 경우 중요한 기준이 되는 것이 재화시장과 화폐시장의 상대적 불안정성의 문제이다. 이제 $IS-LM$모형을 사용하여 총소득 안정화를 목표로 할 때 어떤 중간목표가 더 바람직한지를 살펴보기로 하자. 우선 재화시장에서 투자의 불확실성이 존재하여 [그림 7]과 같이 IS곡선이 IS_1으로부터 IS_2까지 변동한다고 하자. 이때 만약 통화량을 일정하게 유지한다면 LM곡선이 LM_0에서 일정하게 유지될 것이기 때문에 총소득은 Y_1에서 Y_2까지 변화한다. 반면 이때 통화당국이 이자율을 일정하게 유지하려 한다면 통화당국은 LM곡선을 각각 LM_1과 LM_2로 이동시켜야 하는데 이때 총소득은 Y_3에서 Y_4까지 변화한다. 따라서 재화시장에 불확실성이 클 때는 이자율보다 통화량을 중간목표로 삼는 것이 총소득안정화를 위해 바람직하다.

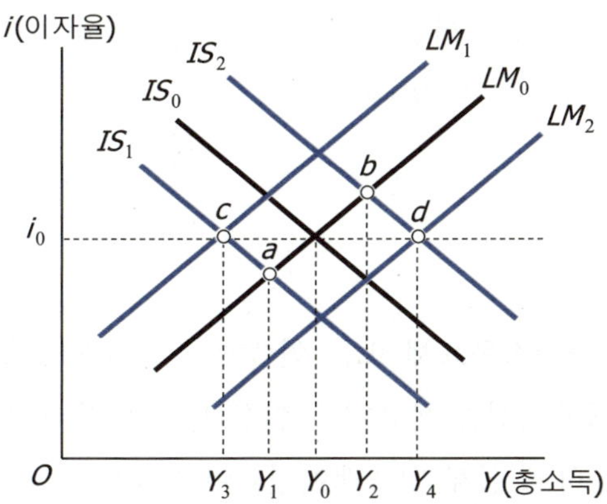

[그림 7] 재화시장의 불안정성이 큰 경우

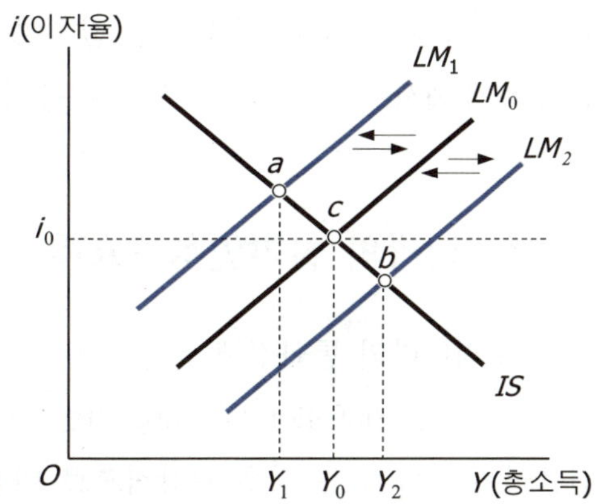

[그림 8] 화폐시장의 불안정성이 큰 경우

반면 [그림 8]에서 화폐수요의 불확실성이 존재하는 경우 통화당국이 통화량을 일정하게 유지한다면 LM곡선이 LM_1으로부터 LM_2까지 움직이고 총소득은 Y_1에서 Y_2까지 변화한다. 반면 통화당국이 이자율을 일정하게 유지하려고 한다면 화폐수요의 변동으로 LM곡선이 이동하려고 할 때 통화량을 조정하여 LM곡선이 LM_0로 돌아오도록 할 것이므로 총소득은 Y_0로 일정하게 유지된다. 따라서 화폐부분에 불확실성이 존재할 때는 통화량보다 이자율을 중간목표로 삼는 것이 총소득안정화를 위해 바람직하다.

최근에 각국은 통화정책의 중간목표로서 통화량보다 이자율을 중시하는 경향이 뚜렷하다. 미국의 연방준비은행은 1993년에 더 이상 통화량에 관심을 가지지 않을 것이며 연방기금금리(federal fund rate)를 중심지표로 사용할 것이라 발표하였으며 그 이후 미국거시경제는 상당기간 성공적으로 운영되었다. 우리나라 역시 단기이자율을 정책지표로 채택한 후 통화정책이 안정적으로 운영되어 왔다. 이처럼 세계 여러 국가가 통화량 대신 이자율을 중간목표로 채택하게 된 변화의 배경에는 실물부문의 불안정성보다 화폐부문의 불안정성이 더 크다는 판단이 깔려있다고 미루어 짐작해 볼 수 있다.

이상의 분석에 대해 추가로 언급할 것이 있다. 첫째, 통화량과 이자율 중 하나를 선택한다고 하여 중간목표 선정의 문제가 끝난 것은 아니란 점이다. 통화량도 여러 가지 지표가 있고 이자율도 수많은 이자율이 있기 때문에 그 중 무엇을 대상으로 삼을지의 문제가 남는다. 둘째, 중간목표와 관련하여 약간 용어상 혼선이 있는데 현재 한국은행은 유일하고 명시적인 중간목표를 선정하는 '전통적인 중간목표제'를 포기하고 다양한 중간목표를 참고하여 최종목표를 직접 달성하는 '정보변수전략'을 채택, 활용하고 있다고 밝히고 있다. 그러나 통화정책을 운용하는 과정에서는 기준이 되는 명목변수(nominal anchor)를 정하지 않을 수 없으며 그것을 통화량과 이자율 무엇으로 하는지의 장단점에 대해서는 여전히 본 절의 내용이 적용될 수 있다.

2.2 우리나라의 물가안정목표제

현재 우리나라의 통화정책 운영체계는 물가안정목표제 또는 인플레이션 타게팅이다. **인플레이션 타게팅**(inflation targeting)이란 인플레이션율 목표치를 설정한 후 실제 인플레이션율이 이보다 낮은 경우 확장적으로 대응하고 실제 인플레이션율이 이보다 높은 경우 긴축적으로 대응하여 실제 인플레이션율을 목표치에 근접하도록 운영하는 정책방식이다. 한국은행법 제1조 제1항은 우리나라 통화정책의 목표가 물가안정에 있음을 천명하고 있다.

제1조(목적) ① 이 법은 한국은행을 설립하고 효율적인 통화신용정책의 수립과 집행을 통하여 물가안정을 도모함으로써 국민경제의 건전한 발전에 이바지함을 목적으로 한다. ② 한국은행은 통화신용정책을 수행할 때에는 금융안정에 유의하여야 한다.

제1조 제2항은 2016년에 추가되었는데 금융위기 이후 중앙은행의 역할이 확대되었음을 보여주고 있다. 어떤 의미에서는 이러한 개정으로 물가안정목표제가 일부 완화되었다고 볼 수도 있다.

구체적으로 물가안정목표제 하에서 통화정책은 다음과 같이 이루어진다. 첫째, 통화당국은 인플레이션(π)의 안정이 통화정책의 가장 중요한 목표임을 명백히 밝힌다. 둘째, 사전에 정해진 기간 내에 달성하고자 하는 인플레이션 목표치를 설정하여 발표한다. 셋째, 물가에 영향을 미칠 수 있는 여러 요인들에 대해 각종의 정책 수단을 사용하여 선제적으로 대응함으로써 인플레이션 압력이 현실화하는 것을 막는다.

	운영 체계
물가안정목표제	통화정책수단 → 운용목표 → 최종목표 정보변수
중간목표제	통화정책수단 → 운용목표 → 중간목표 → 최종목표

[표 2] 물가안정목표제의 운영체계

이러한 물가안정목표제는 전통적인 중간목표제와 달리 명시적이며 유일한 중간목표를 정하지 않고 최종목표를 직접적으로 달성한다는 점에서 구분되는 측면이 있다. 또 최종목표를 사전에 공표하고 이를 달성하려 한다는 점에서 통화정책의 대외적 신뢰성(credibility)을 매우 강조하고 있다. 하지만 중간목표제에 비해 정책 운영상에 있어서는 상당한 신축성(flexibility)의 여지를 두고 있다. 이런 의미에서 물가안정목표제는 준칙이라고 볼 수도 있지만 '제한된 범위에서의 재량(constrained discretion)'이라고 볼 수도 있다.[6]

우리나라는 2006년까지는 소비자물가지수에서 수입원자재나 농산물 가격처럼 통화당국이 통제하기 힘들거나 변동성이 큰 요인들을 제외한 근원물가지수(core inflation)를 목

6) 전통적인 중간목표제에서는 목표로 한 중간목표가 달성된다면 최종목표의 달성여부와 무관하게 통화당국은 자신의 책임을 다한 셈이 된다. 반면 최종목표를 직접 목표로 하는 제도하에서는 중간목표 또는 운용목표를 어떻게 운영해서든 결과적으로 최종목표만 달성하면 된다.

표물가지수로 삼고 있었으나 2007년부터 이를 소비자물가지수(consumer price index : CPI)로 변경하였다. 소비자물가지수를 목표지수로 한 이유는 이 지표가 일반인들이 이해하기 쉽고 실생활에 밀접히 연관되어 있기 때문이다. 또한 목표달성기간은 기존의 1년에서 3년으로 연장하였다. 이는 통화정책의 시차와 경제환경의 불확실성을 고려한 것이다.

우리나라는 1999년부터 은행 간 초단기 금리인 콜금리를 정책기준금리로 활용했으나 민간은행 간 금리인 콜금리에 정부가 개입하는 것은 바람직하지 못하다는 판단하에 2008년 정책금리를 '한국은행기준금리(한은기준금리)'로 변경하였다. 한은기준금리란 한국은행과 금융기관 간에 환매조건부채권매매(RP)와 대기성 여수신 등의 자금거래를 할 때 기준이 되는 정책금리로서 간단히 '기준금리(base rate)'라고도 한다.

현재 한국은행 금융통화위원회는 물가 동향, 국내외 경제 상황, 금융시장 여건 등을 종합적으로 고려하여 연 8회 기준금리를 결정하고 있으며 한국은행 총재가 결정된 정책의 내용 및 배경에 대해 즉각적이고 자세한 설명을 한다. 또한 이러한 내용은 한국은행 조사통계월보와 통화신용정책보고서에 기록되어 보고된다.

2.3 테일러규칙

한국은행은 일정기간마다 정책금리인 한은기준금리를 인상하거나 인하함으로써 거시경제에 영향을 미치며 이를 통해 최종목표인 물가안정을 달성하려 한다. 그렇다면 한국은행은 어떻게 기준금리를 결정하는 것일까? 기준금리수준을 결정할 때 우선적으로 고려해야할 조건은 다음과 같다.

첫째, 인플레이션율이 상승할 경우 기준금리는 인상되어야 한다. 이자율이 상승하면 투자와 생산이 감소하고 실업률이 상승하여 인플레이션이 하락한다. 둘째, 실질 GDP가 감소하여 경제활동이 후퇴하는 경우 기준금리는 인하되어야 한다. 이자율이 하락하면 투자와 생산이 증가하고 실업률이 낮아진다.

이러한 내용에 동의하더라도 금융통화위원회가 구체적인 금리수준을 결정하는 것은 매우 어려운 일이다. 존 테일러(John B. Taylor)는 미국중앙은행이 기준금리인 연방기금금리를 결정할 때 사용할만한 간단한 규칙을 제시하였는데 이를 **테일러규칙**(Taylor rule)이라고 한다.

$$\text{명목연방기금금리} : i_{ff} = \pi + 2\% + 0.5(\pi - 2\%) - 0.5\left(\frac{\overline{Y} - Y}{\overline{Y}}\right)$$

$$\text{실질연방기금금리} : r_{ff} = 2\% + 0.5(\pi - 2\%) - 0.5\left(\frac{\overline{Y} - Y}{\overline{Y}}\right)$$

위 식에서 i_{ff}는 명목연방기금금리이며 r_{ff}는 실질연방기금금리이다. 두 번째 식은 첫 번째 식에 피셔방정식을 적용한 것이므로 두 식은 사실상 동일한 것이다. 테일러규칙의 장점 중 하나는 단순함(simplicity)이다. 테일러규칙에 의하면 기준금리는 인플레이션과 GDP갭 두 가지에 의해서만 결정된다.

우선 이 규칙에 의하면 실질연방기금금리는 인플레이션이 2%이고 GDP가 자연율수준에 있을 경우 2%가 되는데 이것이 중앙은행이 목표로 하는 것으로 추정되는 장기실질이자율 또는 **자연이자율**(natural rate of interest rate)이다. 다음으로 인플레이션율이 상승하는 경우 인플레이션율 1%p당 명목연방기금금리는 1.5%p, 실질연방기금금리는 0.5%p씩 인상된다. 이는 투자감소 및 총수요감소를 통해 인플레이션목표를 달성하기 위한 것이다. 또한 GDP가 자연율 이상으로 상승하여 GDP갭이 음수가 될 경우 GDP갭 1%p당 실질연방기금금리는 0.5%p씩 인상된다. 이는 경기과열을 막고 향후 발생할 물가상승압력을 완화하기 위한 것이다.

이처럼 테일러규칙은 인플레이션에 직접적으로 대응하면서도 GDP갭에 대해서도 대응하기 때문에, 중장기적으로 물가안정을 목표로 하되 단기적으로는 경제안정화도 함께 고려한다. 이런 의미에서 테일러규칙은 인플레이션목표제와 상호대체적이라기 보다는 상호보완적라고 볼 수 있다. 우리나라 한국은행법 제4조 역시 한국은행이 중장기적으로 물가안정을 목표로 하되 단기적으로는 경제안정화를 동시에 고려할 수 있는 여지를 두고 있다.

> 제4조(정부정책과의 조화 등) ① 한국은행의 통화신용정책은 물가안정을 저해하지 아니하는 범위 내에서 정부의 경제정책과 조화를 이룰 수 있도록 하여야 한다. ② 한국은행은 통화신용정책을 수행함에 있어서 시장기능을 중시하여야 한다.

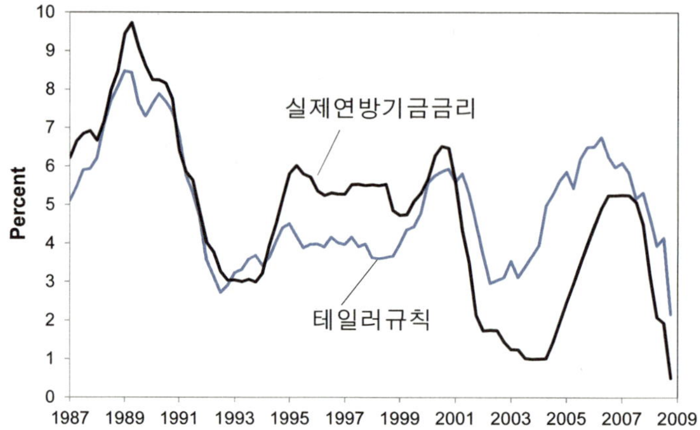

[그림 9] 테일러규칙과 실제연방기금금리

테일러규칙이 유명해진 것은 이 규칙의 예측력 때문이다. [그림 9]는 실제 연방기금금리의 변화와 테일러규칙에 의해 결정된 금리의 변화를 보여주고 있는데 두 가지가 상당히 유사함을 알 수 있다. 그렇다면 미국의 금융정책이 성공적이었다고 생각하는 국가들은 테일러규칙을 받아들임으로써 미국식 금융정책을 자국에 이식(transplant)할 수 있을 것이다.

흥미로운 사실은 정작 미국 중앙은행 담당자들은 자신들이 테일러규칙과 같은 규칙에 얽매여 본 적이 없으며 자신들은 주어진 상황에서 가장 적당하다고 판단되는 정책을 채택했을 뿐이라고 주장한다는 점이다. 그렇다면 혹시 테일러가 미국 중앙은행이 자기도 모르고 잠재의식적으로 따르는 규칙을 발견해 낸 것으로 볼 수도 있지 않을까?

정리하자. 테일러규칙은 현대 중앙은행이 명시적, 묵시적 또는 어쩌면 잠재의식적으로 따르는 금리규칙 또는 행동방정식이다.

2.4 통화정책의 전달경로

통화정책의 전달경로(transmission mechanism of monetary policy)란 통화정책의 효과가 실물경제에 파급되는 경로를 의미한다. 통화정책을 성공적으로 운영하기 위해서는 통화정책의 전달경로를 구체적으로 파악할 필요가 있다.

통화정책의 전달경로 중 전통적으로 가장 강조되어온 경로는 **금리경로**(interest rate

channel)이다. 금리경로란 통화정책으로 인한 금리의 변화가 실물경제에 영향을 미치는 경로이다. 즉 금리경로는 표준적인 $IS-LM$모형에서 LM곡선이 우측으로 이동하며 발생하는 투자와 소비의 증가를 나타낸다.[7] 이러한 효과는 금융시장이 자유화되고 금리가 가격으로서 역할을 충실하게 수행할수록 강화된다. 그러나 통화정책은 금리경로 외에도 다양한 경로를 통해 실물경제에 영향을 미친다.

두 번째 경로인 자산가격경로(asset price channel)란 통화정책으로 인한 자산가격변화가 실물경제에 영향을 미치는 경로이다. 일반적으로 확장적 통화정책이 실시되면 주식가격이나 부동산가격이 상승한다. 이때 토빈의 q이론에 따르면 주식가격의 상승은 투자의 수익/비용비율인 q를 상승시켜 기업의 투자를 증가시킨다. 또한 모딜리아니의 소비이론에서처럼 소비에 자산효과(wealth effect)가 존재할 경우 주식, 부동산 가격이 상승하면 실질자산가치 또는 실질부가 증가하므로 민간의 소비가 증가한다. 또한 부동산 가격의 상승은 담보가치의 상승으로 이어져 은행으로부터의 대출을 증가시키는데 이 역시 소비와 투자를 증가시킬 수 있다. 자산가격경로는 통화정책이 주식 등 자산가격에 미치는 효과가 매우 불안정적이라는 면에서 한계가 있다. 또한 주가의 단기적 등락이 심한 경우 주가의 변동이 투자에 영향을 미치기 힘들다는 점이 한계로 지적되기도 한다.

세 번째 경로인 환율경로(exchange rate channel)는 통화정책으로 인한 환율의 변화가 실물경제에 영향을 미치는 경로이다. 일반적으로 확장적 통화정책이 금리를 인하시키는 경우 자국자산의 수익률이 감소함에 따라 원화에 대한 수요가 감소하여 원화의 가치하락, 즉 환율의 상승이 나타난다. 이때 마샬－러너의 조건이 성립한다면 환율의 상승은 순수출수요의 증가를 통해 총수요를 확대시킨다.[8] 반면 환율의 상승은 수입재가격의 상승을 통해 물가상승의 원인이 되는데 이는 실질잔고를 감소시키고 총수요를 위축시키는 요인으로 작용할 수도 있다. 또 환율의 상승은 외화표시자산 및 부채의 실질가치를 상승시킴으로써 기업의 재무구조에 중대한 영향을 미친다. 만약 기업들이 외화표시 자산보다 부채가 더 많은 경우라면 환율의 상승이 기업의 투자를 감소시켜 총수요를 위축시키는 요인으로 작용할 수도 있다.

네 번째로 최근에 매우 강조된 또 하나의 경로가 있는데 그것이 바로 신용경로(credit

---

7) 이에 반해 아래 세 가지의 효과는 IS곡선의 우측이동으로 나타낼 수 있다.

8) 순수출수요의 증대는 동시에 경상수지의 개선을 의미한다. 마샬－러너 조건에 대해서는 제18장에서 자세히 다룬다.

channel)이다. 이는 통화정책으로 인한 은행의 대출규모(신용총액)의 변화가 실물경제에 영향을 미치는 경로이다. 신용경로는 금융시장의 비대칭정보와 이로 인한 **신용할당**(credit rationing)을 전제한다. 우선 확장적 통화정책이 실시되면 직접적으로 예금은행의 지급준비금이 증가하면서 예금은행의 대출여력이 증가하는데 이러한 경로를 **은행대출경로**(bank lending channel)라고 한다. 또 확장적 통화정책으로 인해 가계와 기업의 재무상황이 개선되면 은행으로부터 대출을 받기가 더욱 좋은 조건이 마련되는데 이를 **대차대조표 경로**(balance sheet channel)라고 한다. 신용경로는 다른 세 가지 경로와 달리 가격변화보다는 수량변화를 통한 경로라는 점에서 차이가 있다. 또한 신용경로는 주로 경제가 호황인 경우 보다는 경제의 불확실성이 증가하고 사람들이 비관적인 기대를 갖게 될수록 강력해진다. 신용경로가 작동하는 경우 경기후퇴시 은행의 대출감소가 불황의 폭을 심화시키는 역할을 하는데 이러한 기능을 **금융가속기**(financial accelerator)로서의 기능이라고 한다.

이상의 내용을 $IS-LM$모형을 사용하여 나타내면 다음과 같다. 우선 통화정책의 전달경로 중 금리경로만 작용한다면 LM곡선만 이동하게 될 것이다. 이를 나타내면 [그림 10]과 같다. 이 경우 금리가 하락하고 이에 따라 소비 및 투자가 증가한다. 반면 나머지 세 가지 효과가 작용한다면 LM곡선뿐만 아니라 IS곡선도 함께 이동한다. 이러한 경우 금리가 하락할 수도 있고 하락하지 않을 수도 있는데 [그림 11]의 경우는 금리가 하락하지 않은 경우를 나타내고 있다. 이러한 경우에도 소비, 투자, 순수출 등의 증가로 총수요 증가가 유발된다.

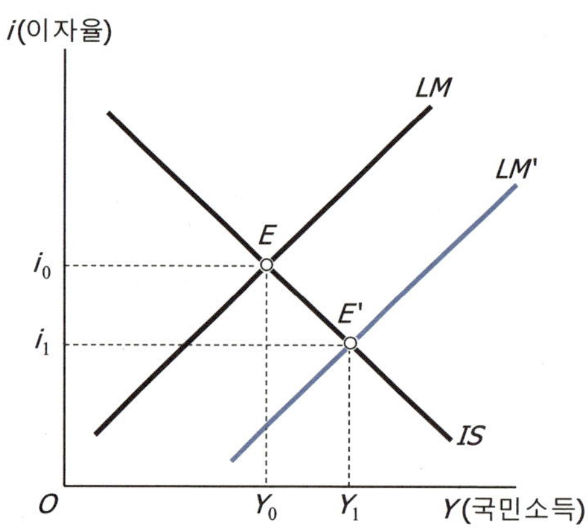

[그림 10] 금리경로만 작동하는 경우

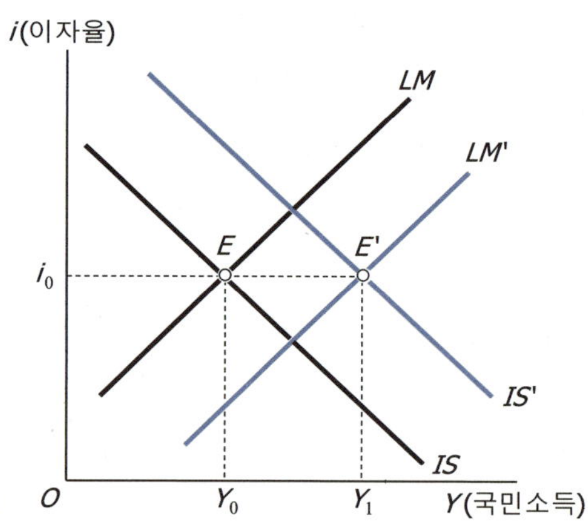

[그림 11] 금리경로 이외의 경로가 함께 작동하는 경우

최근 전통적인 통화정책과 다른 **양적완화정책**(quantitative easing) 즉 비전통적 통화정책이 확산되면서 통화정책의 전달경로에 대한 관심이 높아졌다. 양적완화정책은 나라마다 다양한 방식으로 수행되었기 때문에 한마디로 규정하기는 어렵지만 금리경로 이외의 경로를 통해 금융시장 및 거시경제를 안정시키려는 통화정책이라 정의할 수 있다. 달리 말하면 양적완화정책은 *IS*곡선의 이동을 수반하는 통화정책이라고 표현할 수도 있다.

지금까지 살펴본 네 가지 경로 중 어떤 경로가 더 강력하게 작용하는지는 국가마다 다르고 각 국가가 처한 상황에 따라 다를 수 있다. 이러한 점을 지적하여 일부경제학자들은 통화정책의 전달경로는 마치 블랙박스(black box)와 같다고 이야기한 적이 있다. 현재 경제학자들은 예전에 비해 블랙박스 속의 많은 것들을 들여다 볼 수 있게 되었지만 여전히 많은 부분은 알려지지 않은 채로 있다.

재정정책을 둘러싼 논쟁 03

3.1 재정적자와 국가채무측정상의 문제점

최근에 우리나라의 나랏빚이 급격하게 증가하였다는 말을 많이 들어보았을 것이다. 저량변수인 국가채무는 유량변수인 연도별 재정수지가 적자로 운영됨에 따라 발생한다. 그런데 재정적자 및 국가채무 관련된 첫 번째 문제점은 국가채무와 재정적자의 규모를 정확하게 측정하는 것이 상당히 어렵다는 점이다. 국가채무와 재정적자의 측정이 어려운 데는 다음 몇 가지의 이유가 있다.

첫째, 인플레이션의 문제이다. 인플레이션이 발생하면 명목가치로 측정된 정부채무의 실질가치가 하락하기 때문에 정부의 빚이 실질적으로 감소하는 효과가 있다. 그러나 현재 공식적으로 발표되고 있는 재정적자는 이를 고려하지 않고 있기 때문에 정부채무는 과대평가되는 경향이 있다. 따라서 진정한 재정적자를 측정하기 위해서는 인플레이션으로 인해 채무의 실질가치가 하락한 부분만큼을 제거하여야 한다.

둘째, **자본지출**(capital expenditure)의 문제이다. 자본지출이란 정부지출 중 자본재를 구입하는데 들어간 부분을 말한다. 대표적인 것으로는 도로, 건물, 교량의 건설 등이 있으며 넓게는 연구개발에 사용된 비용도 포함될 수 있다. 이러한 지출은 그 효과가 한 기간에 끝나는 것이 아니라 오랜 기간 지속되기 때문에 어느 시점에서 이를 비용으로 처리해야 할지의 문제가 발생한다. 예를 들어 정부가 100억 원의 공채를 발행하여 100억 원짜리 다리를 하나 건설했다고 하자. 일반적인 지출이라면 100억 원이 모두 재정적자에 포함될 것이다. 하지만 실제 이 다리의 수명이 10년이라면 올해는 다리의 가치 중 10억 원만 사용된 것이라 볼 수도 있기 때문에 10억 원만 재정적자에 포함되어야 한다고 주장할 수도 있다. 이처럼 정부의 지출 중에 자본지출의 성격을 가지는 부분이 많고 자본지출과 일반적 지출(경상지출이라고도 함)의 구분이 불명확하기 때문에 실제로 얼마만큼을 재정적자로 측정해야 할 것인지에 대해서는 논쟁이 발생하게 된다.[9)]

셋째, 숨겨진 부채 또는 **암묵적 부채**의 문제이다. 예를 들어 우리나라의 경우 국민연금이나 건강보험의 적자가 점점 심각해져 갈 것으로 예상되지만 이는 현재 시점의 연도별 재정적자에 포함되지는 않는다. 하지만 결국은 이러한 적자가 현실이 될 것이고 적자가 누적되면 결국 국가의 재정으로 충당될 수밖에 없다. 이 외에도 정부는 중소기업이나 수출기업에 대해 다양한 보증을 서주고 있는데 이때 기업이 부도가 나게 되면 그 빚은 국가의 재정으로 상환해야 한다. 보증채무 역시 실현되기 전까지 연도별 재정적자에 반영되지 않지만 장차 미래세대의 부담이 될 수 있다.

넷째, 재정적자는 경기순환에 의해 자동적으로 영향받는 측면이 있다. 예를 들어 호황이 되면 경제가 활성화되면서 자동적으로 세수가 증가하고 재정이 흑자가 된다. 하지만 이러한 경우에 재정의 균형을 달성하기 위해 정부가 지출을 늘리거나 세율을 인하한다면 경기는 더욱 과열될 수 있다. 반면 불황이 되면 경기가 침체되면서 자동적으로 세수가 감소하여 재정이 적자가 된다. 이때 재정의 균형을 위해 정부가 지출을 줄이거나 세율을 높인다면 경기의 불황을 더욱 심화시킬 수 있다. 이처럼 정부가 재정적자를 측정할 때 경기순환으로 인한 요인이 포함되면 잘못된 판단을 내릴 수 있기 때문에 일부의 경제학자들은 **순환요소가 조정된 재정적자**(cyclically adjusted budget deficit)를 도입해야 한다고 주장한다. 이 방식은 정부지출과 수입을 자연율 수준의 산출량에서 측정하는 방식이므로 재정적자의 측정에 있어 경기순환요소로 인한 잘못된 판단을 막을 수 있다.

---

9) 실제 자본지출을 별도로 다루는 예산방식을 채택한 국가들의 경우 이 제도가 관료들의 방만한 지출을 정당화하는 수단이 된 경우가 많다고 한다.

이런 의미에서 순환요소가 조정된 재정적자를 완전고용재정적자라고 부르기도 한다.

3.2 우리나라 재정적자 증가의 원인

우리나라는 2021년까지 상대적으로 재정이 건전하게 운영되어 왔다. 아래 [표 3]에서 보다시피 우리나라의 국가채무비율은 OECD 여타 국가에 비해 상당히 낮은 편이다.

국 가	국가채무비율(%)	국 가	국가채무비율(%)
일 본	233.7	오스트레일리아	96.9
그리스	236.5	아일랜드	68.4
이탈리아	154.5	대한민국	37.6
벨기에	142.5	룩셈부르크	29.96
프랑스	123.4	에스토니아	13.57

출처 : OECD 2019년 기준

[표 3] 국가별 국가채무비율(국가채무/GDP)

그러나 우리나라의 재정에 대한 전망이 반드시 밝은 것만은 아닌데 그 근거를 몇 가지 들면 다음과 같다. 첫째, 가장 중요한 이유로 인구구조상의 문제 즉 저출산 고령화 현상을 들 수 있다. 고령화 현상이란 인구 구성 중 고령층이 차지하는 비율이 증가하는 현상을 의미하는데 고령화가 심화되는 경우 조세수입은 감소하는 반면 지출은 증가하여 재정적자가 증가한다. 반면 최근에 저출산의 경향이 심각해짐에 따라 정부가 다양한 측면에서 지원책을 내어놓고 있는데 이 역시 재정지출을 증가시키는 원인이 될 수 있다.

둘째, 국가가 운영하는 연금과 보험의 구조상 문제를 들 수 있다. 우리나라의 국민연금이나 건강보험은 이른바 적게 내고 많이 받는 저부담 고급여 구조를 가지고 있다. 이러한 구조는 당장에 큰 문제를 일으키지 않더라도 잠재적으로는 큰 문제가 된다. 연금과 보험의 구조상 문제는 고령화 현상과 맞물려 매우 심각한 재정적자를 유발할 수도 있다.

셋째, 새로운 영역으로의 정부의 역할 증대를 들 수 있다. 현대의 정부는 보건이나 의료, 교육, 환경문제의 해결 등 다양한 영역으로 그 역할이 확대되고 있는데 이는 지속적으로 정부의 지출을 증가시키는 요인으로 작용하고 있다. 특히 최근 가속화되고 있는

지구온난화(global warming)의 문제는 여러 각도에서 정부의 지출과 역할을 증가시키는 요인으로 작용할 것으로 예상된다.

넷째, 세계화가 진행되고 인터넷이 발전함에 따라 정부가 세금을 거두기가 한층 어려워진 측면이 있다. 이러한 상황에서 각국이 외국의 자본이나 인력을 유치하기 위해 경쟁적으로 세율을 인하함에 따라 조세수입이 감소하는 문제가 발생할 수 있다.

그 외에도 선거 때마다 반복되는 인기 위주의 선심성 정책도 하나의 원인이 된다. 한편에서는 불필요한 개발정책을 약속하고 한편에서는 과도한 복지지출을 약속하는 상황이 반복되면 재정은 악화될 수밖에 없다. 또한 금융위기나 팬데믹 위기 같은 사회위기가 발생할 때마다 이를 해결하기 위해 정부가 적극적으로 개입하는 것도 재정적자가 증가하는 원인이 되고 있다.

그렇다면 그러한 문제를 해결하기 위해서 어떤 대책을 마련해야 할까? 첫 번째는 불필요한 지출을 줄여야 한다. 이를 위해서는 정부가 지출의 우선순위를 정하는 것이 매우 중요하다. 이에 대해 일정규모 이상의 국가사업의 경제적 타당성을 검증하는 예비타당성조사를 효과적으로 운용할 필요가 있다. 또한 예산편성과정에서 총액배분자율편성제도(top-down system)를 잘 운용하는 것도 도움이 될 것이다. 총액배분자율편성제도란 중앙예산부서가 각 부서별로 총액을 할당하면 그 금액의 사용방식은 각 부서가 스스로 편성하는 분권화된 자율적 예산시스템이다.

두 번째는 조세수입을 증가시켜야 하는데 이에는 세율(tax rate)을 높이는 방법과 세원(tax base)을 넓히는 방법이 있다. 두 가지 방법 중 경제학자들은 후자의 방법이 바람직하다고 본다. 왜냐하면 세율이 높아지면 많은 형태의 경제적 왜곡을 유발하며 조세탈루가 발생함에 따라 세원이 축소되는 악순환을 겪을 수 있기 때문이다. 반면 세원을 넓게 확보하면 세수를 확보하면서도 세율을 낮게 유지할 수 있어 조세로 인한 왜곡을 감소시키는 선순환을 만들어 낼 수 있다. 따라서 공평성의 입장에서나 효율성의 입장에서나 후자가 모두 바람직하다. 그러나 조세는 상당부분 정치문제이기도 하기 때문에 정답대로 이루어지기 어려운 것이 현실이다.

3.3 재정적자에 대한 논쟁 : 전통적 견해 vs 리카디언 견해

재정적자가 경제에 얼마나 나쁜 것인지, 그리고 왜 나쁜 것인지의 문제는 매우 오래된 논쟁 중의 하나이다. 재정적자가 발생하는 경우는 정부의 지출이 증가한 경우와 조세수입이 감소하는 경우의 두 가지로 나누어 볼 수 있는데 여기서는 재원조달방법에 초점을 맞추어 정부지출은 일정하고 조세수입이 감소함에 따라 재정적자가 발생한 경우를 살펴보기로 한다. 우선 아래의 가정들이 만족된다고 하자.

- **가정 1** : 정부의 연도별 정부구매는 사전에 정해져 있다. 즉 정부지출규모는 재원조달방식과 독립적이다.
- **가정 2** : 재원조달방식으로는 조세징수와 공채발행만을 고려하며 화폐증발은 고려하지 않는다.
- **가정 3** : 편의상 모든 조세수입은 대체효과를 유발하지 않는 정액세의 형태로 거두어진다.
- **가정 4** : 기존 누적 부채는 없다.

재정적자에 대한 **전통적인 견해**(traditional view)에 따르면 감세정책은 민간의 가처분소득을 증가시키므로 소비가 증가하면서 단기적으로 총수요를 확대시키는 효과가 있다. 또한 소비가 증가하면서 국민저축이 감소한다.

$$\text{국민저축} = \text{민간저축} + \text{정부저축} : S = Y - C - G = (Y - T - C) + (T - G)$$

감세로 인해 국민저축이 감소하는 과정을 좀 더 자세히 설명하면 다음과 같다. 감세는 직접적으로 재정적자를 증가시키고 정부저축을 감소시킨다. 반면 가처분소득의 증가로 인해 민간저축은 증가하는데 민간저축의 증가폭은 소비의 반응여부에 따라 달라진다. 만약 전통적인 견해처럼 소비가 가처분소득의 일정비율만큼 증가한다면 민간저축은 조세감소폭보다 작게 증가하므로 총저축은 감소한다.

[그림 12]는 제2장에서 살펴본 대부시장의 균형을 나타내고 있다. 정부의 감세정책으로 저축함수가 좌측으로 이동하면 이자율이 상승하고 결과적으로 투자가 감소한다. 또한 이자율의 상승은 자국자산을 보유하는 매력을 증가시켜 자국 화폐가치를 상승시키고 환율을 하락시키는데 이는 수출 감소 및 경상수지 악화로 이어질 수 있다. 정리하면 전통적 견해에 의할 때 재정적자는 단기적인 총수요 확대효과가 있기는 하지만 장기적으로 거시경제에 나쁜 영향을 미친다.

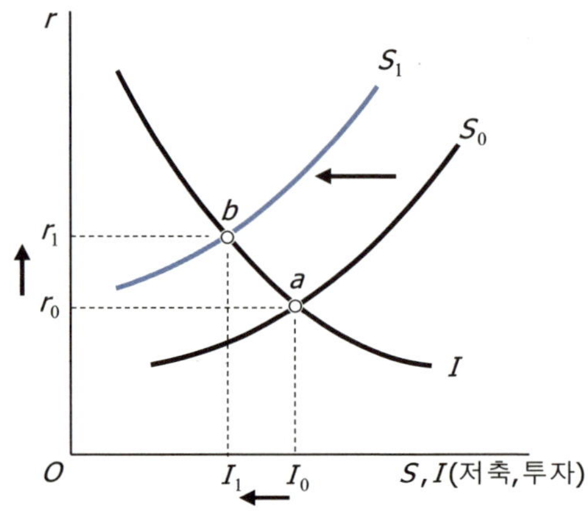

[그림 12] 전통적인 견해

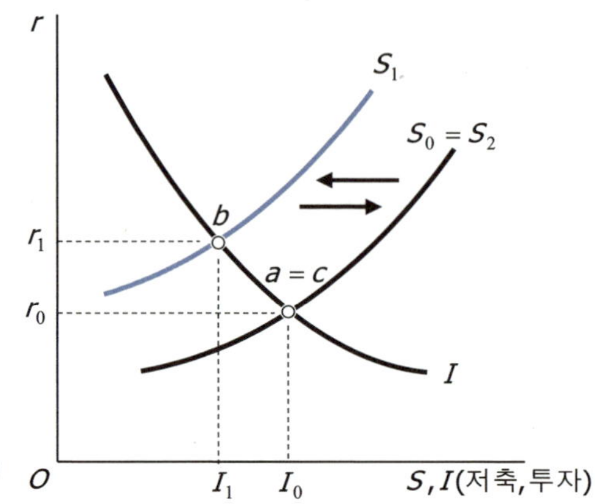

[그림 13] 리카도 대등정리의 견해

많은 경제학자들이 이러한 견해를 받아들이고 있지만 일부의 경제학자들은 이에 반대한다. 이들의 견해를 **리카디언 견해**(Ricardian view)라고 하는데 이들이 근거로 삼는 것이 바로 **리카도 대등정리**(Ricardian equivalent theorem : RET)이다.[10] 이들은 경제주체들이 합리적이라면 정부지출이 불변인 한 현재 세금을 감면해 주더라도 이는 공채의 발행으로 이어지고 결국 미래의 상환기에 동일한 가치의 세금을 납부해야 할 것이란 사실을 충분히 알 수 있다고 주장한다. 예를 들어 현재 이자율이 10%일 때 20의 세금을 깎아주고 같은 크기의 1년 만기 공채를 발행한 경우 내년에는 이를 상환하기 위해 20의 원금과 2의 이자를 세금으로 거두어야 한다. 이러한 조세변화의 순현재가치는 다음과 같다.

$$\text{조세변화의 순현재가치} : -20 + \frac{20+2}{(1+0.1)} = -20 + 20 = 0$$

즉 이상의 예에서 본 것처럼 세금을 깎아주고 그 부담을 내년으로 미루더라도 납세자가 부담해야 할 조세의 현재가치는 아무런 변화가 없다. 즉 감세정책은 절대 공짜가 아니다. 리카도 대등정리란 조세와 공채는 세금을 지금 거둘 것인지 아니면 미래에 거둘 것인지의 차이만 있을 뿐 본질적으로 동일한 것이란 주장이다. 따라서 민간은 비록 감세가 이루어져 가처분소득이 증가하더라도 소비를 증가시키지 않고 미래의 조세증가에 대비하기 위해서 전적으로 저축의 증가로 대응하게 될 것이며 이것이 정부저축의 감소를 상쇄한다면 국민저축의 감소도 발생하지 않을 것이다. 따라서 전통적인 견해가 주장하는 것처럼 이자율 상승이나 투자 감소, 경상수지 악화와 같은 문제점도 발생하지

10) 리카도 동등성정리, 리카도 등가정리 등으로 부르기도 한다.

않을 것이다. 이러한 과정을 대부시장에 나타내면 [그림 13]에서 정부저축의 감소가 민간저축의 증가에 의해 상쇄되어 저축함수가 이동하지 않는다. 재정적자에 대한 전통적인 견해와 리카도 대등정리에 의한 견해를 비교, 정리하면 [표 4]와 같다.

	전통적인 견해	리카도 대등정리
가 정	정부지출은 일정하게 주어져 있을 때 감세로 인해 재정적자가 발생한 경우 즉 부채로 조달된 감세정책(debt funded tax cut) 가정	
정부저축	감소	
가처분소득	증가	
소 비	증가	불변
민간저축	정부저축감소보다 소폭 증가	정부저축감소와 동일 폭 증가
국민저축	감소	불변
이자율	상승	불변
투 자	감소	불변
환 율	하락(평가상승)	불변
경상수지(순수출)	악화	불변
총수요	단기증대, 장기구축	불변
자본축적	저해	불변
세대 간 전가	상환기의 미래세대에 전가	저축 및 상속에 의해 전가효과 상쇄
평 가	단기적 효과에 불구, 장기적으로는 해악	선도 악도 아님, 중요한 것은 정부지출의 규모와 구성
성립조건 또는 비판	1. 현실의 조세는 비례세, 누진세 2. 현실의 경제주체는 근시안적 3. 현실의 자본시장은 차입제약, 유동성제약 존재 4. 현실적으로 세대 간 연계성 완벽하지 않음	1. 모든 조세는 정액세 2. 민간의 완벽한 합리성 3. 완전한 자본시장 4. 세대 간 강한 연계성

[표 4] 재정적자에 대한 두 가지 견해의 비교

리카도 대등정리에 따른다면 재정적자는 그 자체로는 선도 악도 아무것도 아니다. 이 정리에 따르면 정말로 중요한 것은 정부지출의 수준과 그 구성이지 이것을 어떤 식으로 조달하는지는 부차적인 문제에 불과하다. 리카도 대등정리는 재정적자를 바라보는 새로운 시각을 제시해 주었으며 실제로도 상당한 설득력을 가진 견해이다. 그러나 리카도 대등정리가 현실에서 완벽히 성립되기 위해서는 몇 가지 까다로운 조건이 필요하다. 첫째, 리카도 대등정리는 경제주체들의 완벽한 합리성을 전제하고 있다. 현실적으로 감세가 이루어진 경우 자신이 결국 내야 할 세금의 가치에는 변화가 없음에도 불구하고 사람들은 자신의 부가 증가한 것으로 착각하기 쉽다. 이러한 성향을 민간의 **근시안**(myopic view)이라고 하는데 현실의 소비자들은 감세정책을 평생부의 증가로 착각하여 소비를 증가시킬 수 있다.

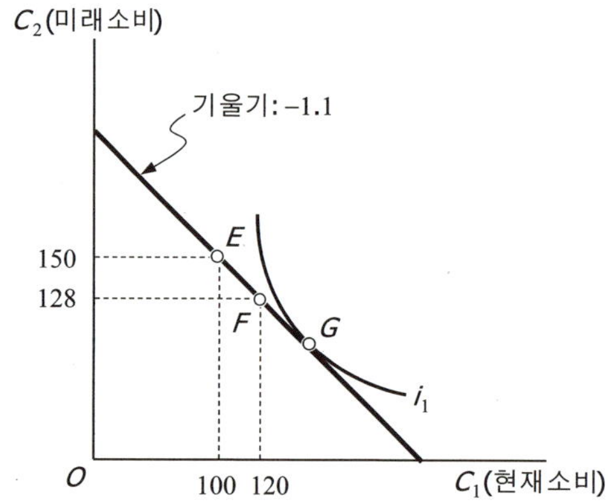

[그림 14] 자본시장이 완전한 경우

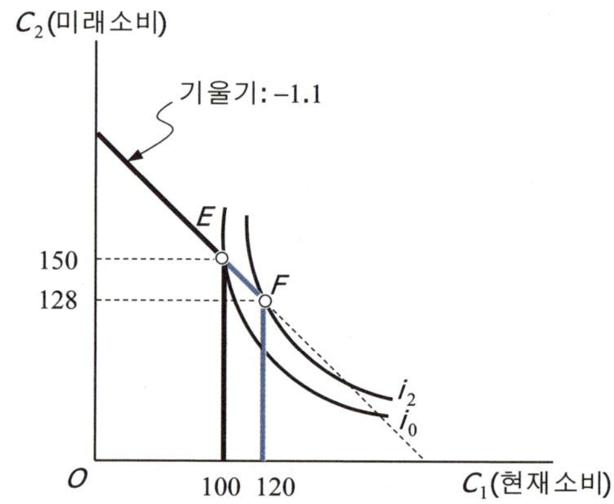

[그림 15] 차입제약이 존재하는 경우

둘째, 리카도 대등정리는 완전한 자본시장을 전제하고 있다. 그러나 현실에 있어 많은 경제주체들이 **유동성제약**(liquidity constraint) 또는 **차입제약**(borrowing constraint)에 직면해 있다. 예를 들어 현재 가처분소득이 100, 미래의 가처분소득이 150으로 주어져 있고 이자율은 10%라고 하자. [그림 14]에서 초기부존점은 E점이며 최적소비점은 G점이 된다. 이때 만약 정부가 현재 세금을 20만큼 깎아준다면 현재 가처분소득은 120으로 증가한다. 그러나 미래가 되면 이를 상환하기 위해 20의 원금과 2의 이자를 세금으로 거두어야 하기 때문에 미래의 가처분소득은 128이 된다. 이 경우 소득부존점은 F점으로 이동하는데 가처분소득의 현재가치가 변하지 않았으므로 이는 원래의 예산선상에 위치하며 차입제약이 없다면 사람들은 여전히 G점을 소비함으로써 자신의 효용을 극대화할 수 있다. 그러나 [그림 15]처럼 차입제약이 존재한다면 사람들은 어쩔 수 없이 자신의 소득부존점인 E점과 F점을 그대로 소비할 수밖에 없다. 즉 차입제약이 존재한다면 감세정책이 가처분소득의 현재가치를 증가시키는 것이 아님에도 불구하고 현재소비를 증가시킨다.

셋째, 이 정리가 성립하기 위해서는 세대간 전가의 문제가 발생하지 않아야 한다. 정부가 현재의 조세를 감면한 후 미래에 조세를 증가시킬 때 현재 세대의 일부는 사망하고 없을 것이다. 따라서 미래세대를 자신과 똑같이 생각하지 않는 한 소비자는 조세의 일부가 전가(shifting)될 것을 고려하여 소비를 증가시킬 것이다. 실제로 많은 경제학자들은 조세를 감면하고 공채를 발행하면 공채의 상환 시에 세금을 거두어야 하기 때문에 재정적자의 부담은 미래세대에 전가되며 리카도 대등정리는 성립하기 힘들다고 생각한다. 반면 리카도 대등정리를 지지하는 경제학자들은 현실적으로 매년 막대한 금액의 상속이 이루어지고 있는 것은 현재세대가 미래세대를 자신들만큼 소중하게 여긴다는 증거로서 사람들은 저축과 상속을 통해 재정적자의 전가효과를 상쇄시키려고 하기 때문에 여전히 리카도 대등정리가 성립한다고 주장한다.

넷째, 이 정리가 성립하기 위해서는 모든 조세가 대체효과를 유발하지 않는 비왜곡적 조세(non distortional tax) 또는 정액세(lump-sum tax)여야 한다. 그러나 현실의 조세가 초과부담을 유발하는 왜곡적 조세라면 리카도 대등정리가 성립하지 않을 수 있다.

3.4 낙수효과와 공급측면 경제학을 둘러싼 논쟁

감세정책에 대한 논쟁에서 빠뜨릴 수 없는 경제이론으로 공급측면 경제학(supply side economics)이 있다. 이는 조세가 총수요에 미치는 효과보다는 총공급에 미치는 효과를 더 강조한다. 이들의 주장은 곧바로 미국 레이건(R. Reagan) 행정부의 정책기조로 자리잡았기 때문에 레이거노믹스(Reaganomics)라고도 불린다.

일반적인 견해에 따르면 조세의 감면은 소비나 투자의 증가를 통해 주로 총수요에 영향을 미친다. 그러나 공급측면 경제학자들의 주장에 따르면 소득세를 감면해 주면 세후 실질임금이 증가하므로 근로자들은 예전보다 더욱 열심히 일하게 되며 더욱 많은 저축을 하게 된다고 한다. 이와 더불어 법인세의 감면은 기업들로 하여금 더욱 많은 투자를 하게 만드는 유인이 된다. 따라서 조세를 감면하면 노동의 공급이 늘고 자본의 축적이 더 빨라져서 총공급곡선이 오른쪽으로 크게 이동할 것이라고 주장한다. 더하여 조세감면이 연구개발을 촉진하면 최장기에 총공급곡선의 이동폭은 더욱 커진다.

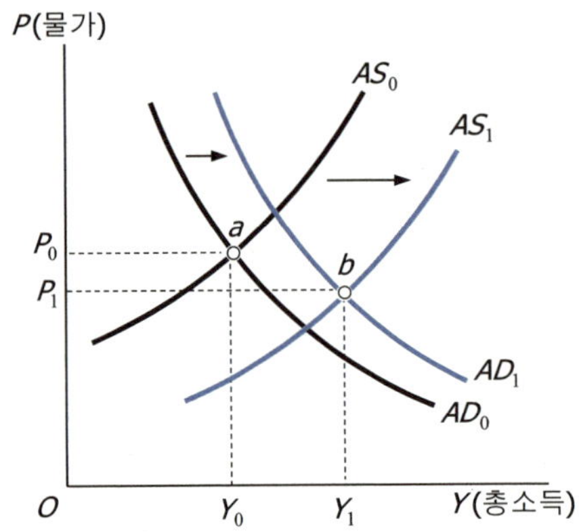

[그림 16] 감세정책의 효과

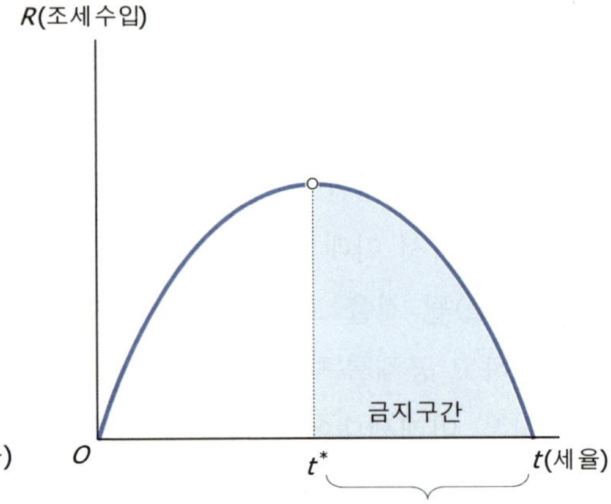

[그림 17] 래퍼곡선과 금지구간

[그림 16]에는 조세감면의 결과 총수요곡선과 총공급곡선이 모두 오른쪽으로 이동해 각각 AD_1과 AS_1이 된 것으로 나타나 있다. 이때 새로운 균형점 b에서 국민소득은 증가하고 물가는 하락하였다. 이것이 사실이라면 조세감면을 통해 인플레이션과 실업을 동시에 감소시킬 수 있다. 이처럼 공급측면 경제학은 감세정책이 직접적으로는 고소득층에게 혜택을 주지만 고소득층이 지출을 늘리고 고용을 늘리면 결국 저소득층도 이득을 본다고 주장하기 때문에 이 이론을 **낙수효과**(trickle down effect)이론이라고 부르기도 한다.

공급측면 경제학자들은 이에서 그치지 않고 세율을 낮춰주면 조세수입이 증가할 것이라는 주장까지 내세웠다. 세율을 낮춘 결과 소득이 큰 폭으로 증가하면 세율이 낮아져도 조세수입은 더 커질 수 있다는 말이었다. 그들이 근거로 삼은 것이 바로 세율과 조세수입 간의 관계를 나타낸 **래퍼곡선**(Laffer curve)이다. 그들은 당시 미국이 실제로 금지구간이라고 부르는 고세율구간에 있기 때문에 감세를 통해 조세수입을 증가시킬 수 있을 것이라 주장하였다.

요약컨대 이들의 주장에 따르자면 조세감면은 만능이다. 실업과 인플레이션을 동시에 감소시킬 뿐만 아니라 조세수입까지 증가시킬 수 있다. 이것이 사실이라면 이보다 더 좋은 것이 또 어디 있겠는가?

하지만 1980년대 초반 미국의 레이건 행정부가 이들의 처방에 따라 소득세와 법인세를 대폭 인하하였을 때 실제로 나타난 것은 물가상승과 폭발적인 재정적자, 그리고 경상수지 적자였다. 노동공급과 저축은 단기에 매우 비탄력적일 뿐 아니라, 투자증가를 통해 자본이 축적되기까지는 오랜 시간이 필요하다는 사실을 이들은 애써 외면했다. 이에 더하여 소득세나 법인세 감면의 혜택은 주로 부유층에게 돌아가 미국사회의 소득분배 상황은 더욱 악화되었다.

공급측면 경제학과 낙수효과이론의 타당성에 대해서는 지금까지도 많은 논쟁이 지속되고 있다. 낙수효과이론을 지지하는 측에서는 1980년대의 감세정책이 1990년대 경제성장의 기반이 되었다고 주장한다. 낙수효과 이론을 비판하는 측에서는 그들이 말하는 효과는 나타나지 않거나 매우 미약했으며 미국경제에 재정적자와 소득분배악화라는 두 가지 불행한 유산을 남겼다고 주장한다.

공급측면경제학에 대한 또 다른 논쟁은 이른바 쌍둥이적자(twin deficit)에 대한 것이다. 이에 대해서는 제18장에서 다시 다룬다.

통화정책과 시간 비일관성모형 / 보론

1. 기본모형

보론에서는 본문에서 살펴본 시간 비일관성모형을 다시 한 번 살펴본다. 본문에서는 민간의 기대인플레이션율과 정부의 실제인플레이션율이 0 또는 1의 값만 가질 수 있다고 단순화하였으나 여기서는 모든 실수값을 가질 수 있다고 일반화한다. 이제 다시 모형을 구성해 보자. 우선 실업과 인플레이션 간의 관계를 나타내는 필립스곡선은 다음과 같다.

필립스곡선 : $u = u_N - \alpha(\pi - \pi^e)$ [식 A-1]

중앙은행의 손실함수는 다음과 같다.

중앙은행의 손실함수 : $L(u, \pi) = u + \beta\pi^2$ [식 A-2]

여기서 매개변수 β는 중앙은행이 실업에 비해 인플레이션을 얼마나 더 싫어하는지를 나타내는지를 나타내는 계수이다. 중앙은행은 손실을 극소화하는 것을 목표로 한다. 마지막으로, 필립스곡선과 손실함수 및 중앙은행이 손실을 극소화하려 한다는 사실은 민간에 알려져 있으며 민간의 합리적 기대를 가정한다.

2. 준칙에 의한 정책

이제 정책이 사전에 정해진 준칙에 따라 이루어지는 경우를 생각해보자. 이는 중앙은행이 먼저 실제인플레이션율을 결정짓고 이에 따라 민간이 기대인플레이션율을 결정짓는 순차게임(sequential game)이 된다. 이 경우 먼저 선택하게 된 중앙은행은 민간의 대응방식을 반영하여 자신의 최적대응을 결정짓는다.

우선 합리적 기대(rational expectation)를 가정할 때 개인은 중앙은행의 목표와 손실함수 및 필립스곡선에 대한 모든 정보를 알고 있으므로 중앙은행이 어떠한 인플레이션을 결정할지도 알 수 있다. 따라서 민간의 최적대응은 다음과 같다.

민간의 최적대응 : $\pi^e = \pi$ [식 A-3]

민간이 [식 A-3]과 같이 기대인플레이션율을 결정한다면 [식 A-1]에서 실업률은 중앙은행이 결정하는 실제인플레이션율과 무관히 항상 u_N이 된다. 이를 반영하여 손실함수를 다시 쓰면 다음과 같다.

$$L(\pi, \pi^e) = u_N + \beta\pi^2 \Rightarrow \text{1계조건} : \frac{\partial L(\pi, \pi^e)}{\partial \pi} = 2\beta\pi = 0 \Rightarrow \pi_1 = 0$$

즉 중앙은행이 손실을 극소화하는 선택은 실제인플레이션율을 0으로 결정하는 것이다. 이러한 경우 $\pi_1 = \pi_1^e = 0$이 되며 중앙은행 손실함수의 값 $L_1 = u_N$이 된다.

3. 재량에 의한 정책

이제 정책이 재량에 의해 결정되는 경우를 생각해보자. 재량의 경우 정부는 언제든지 정책을 변경할 수 있으므로 민간이 먼저 기대인플레이션율을 결정한 후 중앙은행이 실제인플레이션율을 결정하는 순차게임으로 나타낼 수 있다.[11] 이제 중앙은행이 민간의 전략이 주어져 있다고 가정하고 자신에게 가장 유리한 정책을 선택할 경우 최적대응을 구해보자. 우선 [식 A-2]에 [식 A-1]을 대입해서 정리하면 다음과 같다.

중앙은행의 손실함수 : $L(\pi, \pi^e) = u_N - \alpha(\pi - \pi^e) + \beta\pi^2$ [식 A-4]

[식 A-4]에서 중앙은행의 최적대응을 알기 위해 실제인플레이션율로 편미분하면 다음과 같다.

1계조건 : $\frac{\partial L(\pi,\ \pi^e)}{\partial \pi} = -\alpha + 2\beta\pi = 0 \Rightarrow$ 중앙은행의 최적대응 : $\pi_2 = \frac{\alpha}{2\beta}$

특이한 점은 이 모형에서 중앙은행이 결정하는 최적인플레이션율은 민간의 기대인플레이션율과 무관하다는 것이다.[12] 이는 중앙은행의 손실함수가 준선형함수인 것과 밀접히 연관되어 있다. 민간의 최적대응은 [식 A-3]과 같으므로 $\pi_2 = \pi_2^e = \frac{\alpha}{2\beta}$가 된다. 이 경우 실업률은 자연실업률과 같아지며 손실함수의 값 $L_2 = u_N + \frac{\alpha^2}{4\beta}$이 된다. 이상의 결과를 정리하면 [표 A-1]과 같다.

	π	π^e	u	L
준칙균형	0	0	u_N	u_N
재량균형	$\frac{\alpha}{2\beta}$	$\frac{\alpha}{2\beta}$	u_N	$u_N + \frac{\alpha^2}{4\beta}$

[표 A-1] 준칙균형과 재량균형의 비교

4. 평 가

이상의 분석에서 흥미로운 점은 자유로운 선택이 가능한 재량정책의 결과가 선택이

11) 재량에 의한 정책은 중앙은행과 민간이 동시에 최적전략을 선택하는 동시진행게임(simultaneous game)으로 분석할 수도 있다. 어느 경우에나 분석의 결과는 동일하다.

12) 이는 이러한 전략이 게임이론에서 말하는 우월전략(dominant strategy)임을 의미한다.

제한되어 있는 준칙정책의 경우에 비해 열등하다는 것이다. 재량의 경우 중앙은행이 사전에 0의 인플레이션율을 달성하겠다고 약속했다고 하자. 그러나 민간이 이를 믿고 0의 기대인플레이션율을 결정한다면 중앙은행은 실제인플레이션율을 인상함으로서 실업을 감소시킬 유인을 갖게 된다. 즉 중앙은행의 선택에 시간 비일관성이 존재한다. 이처럼 중앙은행이 자신의 약속을 번복하고 싶어지는 유인이 있다는 것을 알고 있는 민간은 중앙은행의 발표를 처음부터 믿지 않는다. 이처럼 신뢰성이 문제가 되는 경우에는 자신의 선택을 스스로 구속하는(tying one's own hands) 준칙이 게임의 결과를 개선시킬 수도 있다.

이상의 모형에서 얻을 수 있는 또 하나의 흥미로운 사실은 일정한 조건이 만족되면 비록 자유재량에 의하더라도 준칙에 의한 경우와 상당히 유사한 결과를 얻을 수 있다는 것이다. 그것은 β값이 매우 큰 경우로서 이는 중앙은행이 인플레이션을 매우 싫어하여 인플레이션을 유발할 유인이 거의 없는 경우이다. 이러한 경우라면 민간의 기대인플레이션율을 0에 가깝게 낮출 수 있으며 손실함수의 값도 u_N에 가까워진다. 이러한 결과는 중앙은행 총재 임명에 있어 유용한 지침을 준다. 비록 고정된 준칙을 택하지 않더라도 인플레이션을 매우 싫어하는 것으로 알려진 보수적인 중앙은행 총재를 임명한다면 준칙을 택한 것과 유사한 결과를 얻을 수 있다는 것이다. 이러한 경우를 위임(delegation)이라고 한다.

이상의 분석과 관련하여 주의할 점 몇 가지를 지적한다. 첫째, 이 모형은 경제환경의 불확실성이나 중앙은행과 민간 사이의 비대칭정보를 고려하지 않았다. 둘째, 이 모형은 암묵적으로 가격변수의 신축성을 전제하고 있으며 가격이나 임금의 비신축성으로 인한 조정의 지연가능성을 고려하지 않고 있다. 셋째, 이상의 예는 준칙에 의한 정책이 재량에 의한 정책보다 나을 수도 있다는 점을 보인 것일 뿐 준칙에 의한 정책이 항상 재량보다 우월하다는 점을 보인 것은 아니다. 넷째, 이 모형은 시간 비일관성 문제의 해결책으로 준칙에 의한 정책을 제시하고 있으나 준칙만이 이 문제에 대한 유일한 해결책은 아니다. 많은 경제학자들이 정책의 신뢰성을 높이기 위한 다른 방안들을 제시한 바 있다. 앞서 언급한 보수적 중앙은행 총재를 임명하는 것은 그 한 예이다.

리카도 대등정리와 정부-민간예산제약식의 통합 / 보론

1. 기본가정

각 기간별 소득 Y_1, Y_2, 각 기간별 정부구매 G_1, G_2, 실질이자율 r은 외생적으로 주어진 것으로 가정한다.

2. 정부예산제약식의 도출

기간 1에 적자가 발생하는 경우 공채를 발행한다면 다음 식이 성립한다.

$$G_1 - T_1 = B \qquad \text{[식 A-5]}$$

기간 2에 공채의 원금과 이자를 상환해야 하므로 다음식이 성립한다.

$$G_2 = T_2 - (1+r)B \qquad \text{[식 A-6]}$$

식 [A-6]에 식 [A-5]를 대입하면,

$$G_2 = T_2 - (1+r)B = T_2 - (1+r)(G_1 - T_1)$$

양변을 $(1+r)$로 나누어 정리하면 정부예산제약식이 도출된다.

$$G_1 + \frac{G_2}{1+r} = T_1 + \frac{T_2}{1+r} \qquad \text{[식 A-7]}$$

[식 A-7]의 좌변은 정부구매의 현재가치를, 우변은 조세의 현재가치를 나타낸다. 즉 이 식은 정부구매의 현재가치와 조세의 현재가치가 일치해야 한다는 조건을 나타낸다.

3. 감세정책과 리카도 대등정리

조세를 명시적으로 반영한 민간 예산제약식은 다음과 같다.

$$C_1 + \frac{C_2}{1+r} = (Y_1 - T_1) + \frac{(Y_2 - T_2)}{1+r} \quad \text{[식 A-8]}$$

[식 A-8]의 좌변은 민간소비의 현재가치, 우변은 가처분소득의 현재가치를 나타낸다. 우변을 소득과 조세로 구분하여 나타내면 다음과 같다.

$$C_1 + \frac{C_2}{1+r} = Y_1 + \frac{Y_2}{1+r} - \left(T_1 + \frac{T_2}{1+r}\right) \quad \text{[식 A-9]}$$

만약 1기에 ΔT_1의 세금을 감면한다면 2기에는 원리금 합계인 $\Delta T_2 = -(1+r)\Delta T_1$의 증세가 이루어져야 한다. 이를 대입하면 다음과 같다.

$$\begin{aligned} C_1 + \frac{C_2}{1+r} &= Y_1 + \frac{Y_2}{1+r} - (T_1 + \Delta T_1) - \frac{T_2 + \Delta T_2}{1+r} \\ &= Y_1 + \frac{Y_2}{1+r} - (T_1 + \Delta T_1) - \frac{T_2 - (1+r)\Delta T_1}{1+r} \\ &= Y_1 + \frac{Y_2}{1+r} - \left(T_1 + \frac{T_2}{1+r}\right) \end{aligned}$$

이는 [식 A-9]과 동일하다. 즉 조세감소에도 불구하고 가처분소득의 현재가치에는 변화가 없으며 민간은 소비를 증가시키지 않고 조세감면분을 모두 저축할 것이다. 이것이 바로 리카도 대등정리가 의미하는 바이다.

4. 민간의 예산제약식과 정부예산제약식의 통합

합리적인 개인들이라면 민간의 제약과 정부의 제약을 함께 고려할 것이다. [식 A-9]에 [식 A-7]을 대입하면 다음과 같다.

$$C_1 + \frac{C_2}{1+r} = Y_1 + \frac{Y_2}{1+r} - \left(G_1 + \frac{G_2}{1+r}\right) \quad \text{[식 A-10]}$$

즉 민간 가처분소득의 현재가치는 조세를 거두는 시점과는 무관하며 정부지출의 현재가치에 의해서만 결정된다.

핵심용어해설

- **적극적 정책** : 경제는 근본적으로 불안정적이므로 정부는 불균형현상인 경기변동의 폭을 감소시켜줄 필요가 있다는 주장
- **소극적 정책** : 경제는 근본적으로 안정적이므로 정부정책은 새로운 경기변동을 유발시키지 않도록 조심해야 한다는 주장
- **시차** : 정책대응이 필요한 충격이 발생한 때부터 실제 정책의 효과가 나타날 때까지의 시간
- **자동안정화장치** : 경기침체가 발생할 때 정부가 별도의 조치를 취하지 않더라도 총수요가 증가하도록 만들어진 제도
- **재량정책** : 정책을 담당자의 판단에 맡기는 방식
- **준칙** : 정책을 사전에 정해진 규칙에 따르게 하는 방식
- **시간 비일관성** : 시간이 흐름에 따라 정책 등의 최적전략이 변하는 현상
- **중간목표** : 최종목표와 밀접한 관련이 있으면서도 각종 정책수단을 활용하여 중앙은행이 직접 통제하기 쉬운 경제 변수
- **근원물가지수** : 소비자 물가지수에서 통제하기 힘들거나 변동성이 높은 국제 원자재 가격이나 농산물 가격 등을 제외한 것
- **인플레이션 타게팅(물가안정목표제)** : 인플레이션 목표치를 설정한 후 실제 인플레이션율을 이에 근접하도록 운영하는 정책
- **통화정책의 전달경로** : 통화정책의 효과가 실물경제에 파급되는 경로
- **금리경로** : 통화정책으로 인한 금리의 변화가 실물경제에 영향을 미치는 경로
- **자산가격경로** : 통화정책으로 인한 자산가격의 변화가 실물경제에 영향을 미치는 경로
- **환율경로** : 통화정책으로 인한 환율의 변화가 실물경제에 영향을 미치는 경로
- **신용경로** : 통화정책으로 인한 은행의 대출규모(신용총액)의 변화가 실물경제에 영향을 미치는 경로

- **자본지출** : 정부지출 중 자본재를 구입하는데 들어간 부분
- **순환요소가 조정된 재정적자** : 정부지출과 수입을 자연율 수준의 산출량에서 측정하는 재정적자의 측정방식
- **국가채무비율** : 국가채무를 GDP로 나눈 비율
- **사회적 고령화 현상** : 사회구성원 중 고령인구의 비율이 증가하는 현상
- **리카도 대등정리** : 조세와 공채는 본질적으로 동일하며 정부의 재원조달방식은 경제에 영향을 미치지 않는다는 견해
- **근시안** : 사람들이 먼 미래의 이익보다는 현재나 가까운 미래의 이익에 집착하는 현상
- **공급측면 경제학** : 감세정책의 효과가 총공급에 미치는 영향을 강조하는 이론
- **낙수효과이론** : 고소득층이 혜택을 보는 감세정책이 고용창출로 이어지면 결국 경제 전체가 이득을 본다는 주장

연습문제

01 일부 경제학자들이 경제에 대한 적극적인 개입을 반대하는 이유는 무엇인가? 대표적인 이유 두 가지를 들어보아라.

02 실업보험이나 누진세제와 같은 자동적 재정정책이 재량적 재정정책에 비해 가지는 장점은 무엇이고 단점은 무엇인가?

03 정부가 임대료 상한제를 도입한다고 하자. 임대료 상한제가 주택투자를 저해하지 않을까 하는 우려가 제기되자 정부는 임대료 상한제는 기존의 주택에만 적용하고 신규주택에는 적용되지 않을 것이라 발표하였다. 시간 비일관성문제에 비추어 볼 때 임대료 상한제가 과연 주택건설억제로 이어질지 그렇지 않을지 평가하시오.

04 통화당국의 목표가 총소득을 안정적으로 유지하는 것이라고 하자. 만약 투자수요에 불확실성이 크다면 통화당국은 단기적으로 이자율을 타게팅하는 것이 바람직한가, 아니면 통화량을 타게팅하는 방법이 바람직한가?

05 인플레이션은 경제에 여러 가지 해악을 유발한다. 따라서 통화당국은 0%의 인플레이션을 목표로 하고 이를 달성시키는 것이 바람직하다는 주장이 제안되고 있다.

(1) 0% 인플레이션을 달성하는 것이 바람직하다는 주장을 평가하라.

(2) 0% 인플레이션을 달성하는 것은 바람직하지 못하다는 주장을 평가하라.

06 제6~7장에서 살펴본 일반적인 *IS−LM*모형은 통화정책의 전달경로 중 특정한 한 가지 경로만을 포함(강조)하고 있다. 그것은 무엇인가? 만약 그 외의 경로들을 포함한다면 *IS−LM*모형에 어떻게 반영할 수 있을까?

07 C국가의 중앙은행은 아래와 같은 통화정책 반응함수에 의하여 이자율을 결정한다. 전기의 인플레이션율은 4%였고 잠재총생산과 실제총생산은 동일하였다. 이번 기에는 인플레이션율이 3%이었고 잠재총생산 대비 경기침체갭이 1% 발생하였다. 이 경우 중앙은행의 금리인상폭 또는 인하폭은 얼마인가?

$$r = 0.02 + 0.5 \times (\pi - 0.02) - \frac{0.5(Y^* - Y)}{Y^*}$$

(단, r은 이자율, π는 인플레이션율, Y^*는 잠재총생산, Y는 실제총생산임)

08 발표된 공식 재정적자가 과대평가되었을 수 있는 이유는 무엇인가? 과소평가되었을 수 있는 이유는 무엇인가?

09 경기후퇴시에 정부가 균형재정을 유지하려고 한다면 어떤 문제점이 생길 수 있을까? 경기확장시에는 어떤 문제가 발생하는가?

10 감세정책에 대한 전통적 견해와 리카디언 견해를 *IS− LM*모형으로 나타내 보아라.

11 다음은 리카도 대등정리(Ricardian equivalence)라고 불리는 주장이다. 빈칸에 증가 또는 감소를 넣어 문장을 완성해 보아라.

> 정부는 현재의 지출을 조달하기 위해 조세를 증가시키거나 채권을 발행해야 한다. 정부가 조세를 증가시키면 민간 가처분소득이 (　　)하므로 소비가 (　　)한다. 정부가 채권을 발행하면 언젠가는 이자와 원금을 지불하기 위해 미래의 조세를 증가시켜야 한다. 그런데 미래의 조세증가를 예측한 사람들은 저축을 (　　)시키려 하기 때문에 현재소비의 (　　)를 초래한다. 따라서 채권발행과 조세증가는 같은 효과를 나타낸다.

12 이번 장 보론의 시간 비일관성모형에서는 재량의 경우보다 준칙의 경우에 더 낮은 손실함수 값을 달성할 수 있었다. 그러나 일정한 조건하에서는 재량에 의한 정책운영방식을 고수하면서도 준칙에 가까운 결과를 얻을 수 있는데 그 조건은 무엇인가?

VI

PART 6

거시경제의 동태적 분석

CHAPTER 15
경기변동이론의 발전

CONTENTS

CHAPTER PREFACE | 들어가며

합리적 기대에 기반한 루카스비판 이후 거시경제학은 크게 새고전학파와 새케인즈학파의 두 갈래로 발전했다. 새고전학파 거시경제학이란 합리적 기대를 받아들이는 동시에 모든 가격이 신축적이라는 고전학파적 가정에 기초하여 경기변동을 설명하는 이론들을 말한다. 새고전학파 거시경제학은 경기변동의 발생원인을 무엇으로 보는지에 따라 화폐적 경기변동이론과 실물적 경기변동이론으로 구분된다. 반면 새케인즈학파 경제학이란 합리적 기대를 받아들이되 경기변동에 있어서 가격과 임금의 경직성을 강조하는 이론들을 말한다. 새케인즈학파 경제학자들은 거시경제를 구성하는 각 시장에서 경제주체들의 최적화행동의 결과로 가격경직성이 존재할 수 있음을 규명해왔다. 이번 장에서는 새고전학파 및 새케인즈학파의 주요이론과 경기변동을 둘러싼 두 학파간의 최근의 논쟁에 대해 살펴본다.

01 새고전학파 경기변동이론의 발전

새고전학파 거시경제학(new classical macroeconomics)이란 합리적 기대를 받아들이는 동시에 모든 가격이 신축적이라는 고전학파적 가정하에 경기변동을 설명하는 이론들을 말한다. 새고전학파 경제학자들은 경기변동이 불균형이 아니라 외부충격에 대해 경제 주체들이 최선의 대응을 해 나가는 일종의 균형현상[1]이라고 본다는 측면에서 이들의 이론을 균형경기변동이론이라고 부르기도 한다. 새고전학파의 경기변동이론은 다시 경기변동을 유발하는 충격이 무엇인지에 따라 화폐적 경기변동이론과 실물적 경기변동이론으로 구분된다.

화폐적 경기변동이론(monetary business cycle theory : MBC)은 프리드먼의 통화주의적 전통을 이어받은 루카스에 의해 발전하였다. 그에 따르면 경기변동의 주된 원인은 정부의 자의적인 통화정책의 변화이며, 이로 인해 민간경제주체들이 물가예상오류를 일으켜 고용과 산출량을 변동시키는 과정을 통해 경기변동이 전파된다. 초기의 화폐적 경기변동이론은 주로 총공급모형 중 노동자오인모형에 근거해 있었으나 이후 불완전정보모형으로 발전한다. 또한 정책무력성의 명제(policy ineffectiveness proposition) 등 중요한 정책적 명제들을 발표한다.

그러나 많은 경제학자들은 자의적 통화정책만으로 현실의 경기변동을 설명하는 접근에 한계가 있다고 생각한다. 그 중 키들랜드(F. Kydland)와 프레스콧(E. Prescott) 등은 루카스의 균형이론적 접근을 받아들이되 경기변동의 주된 원인은 화폐적 충격이 아닌 실물적 충격이라고 주장하였는데 이를 실물적 경기변동이론(real business cycle theory : RBC)이라고 한다. 실물적 경기변동론자들에 따르면 경기변동과정에서 화폐는 큰 영향을 미치지 못하며 실물적 요인 중에서도 공급측면의 기술충격이 경기변동을 유발하는 가장 중요한 요인이라고 한다. 또한 이들에 의하면 경기변동은 자연율 균형으로부터의 이탈(deviation from natural rate)이 아닌 자연율 자체가 변화하는 현상(movement of natural rate)이다. 즉 이들은 경제성장이 불규칙하게 이루어지는 과정이 바로 경기변동

---

1) 연속적인 청산(continuous clearing)의 과정이라 표현하기도 한다.

이라고 파악하고 있으며, 경기변동과 경제성장은 통합적으로 파악해야 할 현상이라고 보고 있다.

그렇다면 기술충격으로 인해 발생한 경기변동은 어떤 식으로 경제전체로 파급되는 것일까? 실물적 경기변동론자들에 따르면 기술충격이 발생하면 현재와 미래 간의 기간 상대임금이 변하고 이에 대해 사람들이 노동시간을 변동시켜 대응하면서 경기변동이 전파되어 나간다고 한다. 이를 **노동의 기간대체**(intertemporal substitution of labor)라고 한다. 또 자본재의 건설에는 상당한 시간이 소요되는데 이를 **투자의 건설기간**(time to build)이라고 한다. 건설기간이 존재하기 때문에 기술충격으로 인해 투자가 변화하게 되면 오랜 기간 동안 생산과 고용에 영향을 미친다고 한다.

실물적 경기변동이론도 화폐적 경기변동이론과 마찬가지로 경기변동은 균형현상의 연속이라고 생각하고 있다. 따라서 이들 이론은 공통적으로 외적인 충격이 그 자체로 바람직한 것은 아니지만 이에 최선을 다해 대응한 결과인 경기변동현상은 효율적인 과정이므로 이를 안정화시키기 위한 정부의 개입은 바람직하지 못하다고 주장한다.

실물적 경기변동이론은 경기변동에 있어 기술충격의 중요성을 밝혀내었다는 측면에서 거시경제학의 발전에 큰 공헌을 하였으며 이를 인정받아 키들랜드와 프레스콧은 2004년에 노벨경제학상을 공동수상하였다.

경기변동이론으로서 실물적 경기변동이론이 가진 주요 과제들을 정리해보면 다음과 같다. 첫째 과제는 우선 현실의 경기변동 중 얼마만큼이 추세로부터의 이탈이며 얼마만큼이 추세 자체의 변화인지를 밝히는 것이다. 두 번째 과제는 경기변동에 있어 기술충격이 얼마나 중요한 역할을 하는지를 규명하고, 이것이 경제전반으로 파급되어가는 메커니즘을 밝히는 것이다. 세 번째 과제는 경기변동에 있어 나타나고 있는 여러 변수들의 규칙적인 움직임을 설명하는 새로운 모형을 구성하는 것이다. 한편 실물적 경기변동론자들에 따르면 경기변동이란 기술충격으로 인해 경제성장이 불규칙하게 이루어지는 과정으로 이해할 수 있다. 따라서 네 번째 과제는 경기변동과 경제성장이 결합된 통합적인 경기변동모형을 개발하는 것이다.

02 실물적 경기변동이론을 둘러싼 논쟁

실물적 경기변동이론이 기존의 경기변동이론들과 구분되는 가장 큰 특징은 경기변동이 자연율로부터의 이탈현상이 아닌 자연율 자체의 변화라고 주장한다는 점이다. 실물적 경기변동이론은 경기변동을 바라보는 새로운 시각을 제시해주었지만 동시에 많은 논쟁거리를 유발하였는데 그 중 대표적인 것은 다음과 같다.

1. 현실의 고용변화 중 얼마만큼이 자발적인 것인가?
2. 경기변동을 유발하는 요인으로서의 기술충격은 얼마나 중요한가?
3. 경기변동과정에서 화폐는 어떤 역할을 하는가?
4. 경기변동과정에서 가격과 임금의 경직성은 어떤 역할을 하는가?

2.1 고용변화의 자발성 논쟁

전통적으로 케인즈학파 경제학자들은 현실의 대규모 고용변화가 가격변수의 경직성으로 인한 비자발적인 조정과정이라고 보았다. 그러나 실물적 경기변동론자들은 현실의 고용변동은 대부분 자발적인 조정에 의한 것이라고 주장한다. 실물적 경기변동이론에 의하면 노동자들은 현재와 미래노동의 보상을 비교하여 스스로 근로시간을 재배분하는데 이를 노동공급의 기간 대체(intertemporal substitution of labor)라고 한다. 실물적 경기변동이론에 의하면 기술충격과 같은 외부의 충격이 기간 간 상대임금에 변동을 일으키면 노동자들은 이에 대응하여 자발적으로 자신의 노동공급을 변화시키며 이로 인해 고용의 변화와 산출의 변화가 발생한다.

$$\text{기간 간 상대임금} = \frac{w_1(1+r)}{w_2}$$

단, w_1은 1기(현재)의 실질임금률, w_2는 2기(미래)의 실질임금률

노동의 기간 대체가설로 현실의 고용변동을 설명하기 위해서는 노동공급이 기간 간 상대임금에 대해 상당히 탄력적이어야 한다. 이에 대해 케인즈학파 경제학자들은 현실의 노동공급은 기간 간 상대임금에 매우 비탄력적이라고 비판한다.[2] 이러한 비판에 대해 실물적 경기변동론자들은 개개인의 노동공급은 기간 간 상대임금에 대해 매우 비탄력적일 수 있지만 노동인구의 증감이 매우 탄력적이라면 경제전체적인 노동공급은 기간 간 상대임금에 상당히 탄력적일 수 있다고 주장한다. 그들은 이러한 해석이 실증연구상 밝혀진 고용의 강한 경기순행성과 실질임금의 약한 경기순행성과도 일치한다고 주장한다.

2.2 경기변동의 원인에 대한 논쟁

기존의 경제이론에 의하면 경기변동은 주로 총수요 측의 심리적 요인 또는 화폐적 충격에 의해 발생한다. 그러나 실물적 경기변동론자에 의하면 경기변동은 주로 총공급 측면의 기술충격으로 인해 유발된다. 그렇다면 기술충격은 어떻게 측정할 수 있을까? 기술충격은 직접 측정하기 어렵기 때문에 대부분 간접적으로 추정해 내는 방법을 쓰는데 그 중 대표적인 방법은 산출량 변동 중 노동과 자본의 변화로부터 비롯한 부분을 제외한 솔로우잔차(Solow residual)를 사용하는 것이다.[3]

$$\text{솔로우잔차} = \frac{\Delta Y}{Y} - \alpha\frac{\Delta K}{K} - (1-\alpha)\frac{\Delta L}{L}$$

[그림 1]은 미국의 산출량변화와 솔로우잔차의 변화를 함께 나타내고 있는데 두 가지 자료는 놀랄 만큼 유사하게 변하고 있음을 알 수 있다. 실물적 경기변동론자들은 솔로우잔차와 생산량 변동 간의 밀접한 연관성은 기술충격이 경기변동의 주된 요인임을 증명하는 중요한 증거라고 주장한다. 이들에 의하면 기술충격과 이에 대응하는 과정이 곧 경기변동과정이다.

2) 미시경제학에서 임금률 변화 시 노동공급의 대체효과와 소득효과가 반대방향으로 작용한다고 배웠던 것을 상기하기 바란다.

3) 솔로우잔차의 도출과정에 대해서는 제16장의 부록을 참고하기 바란다.

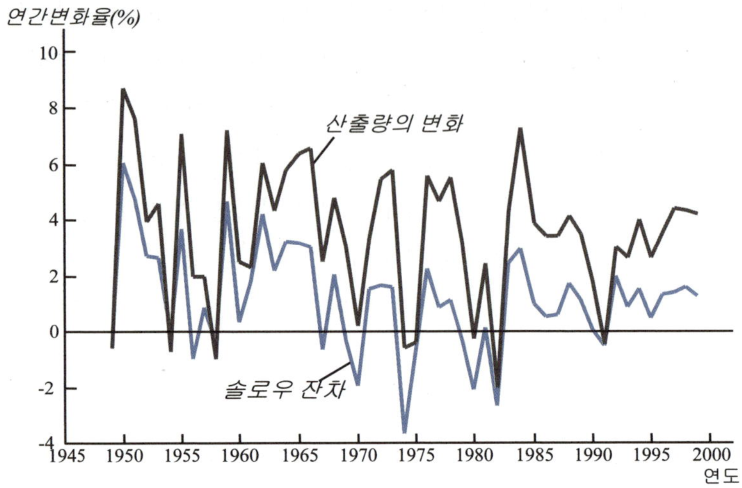

[그림 1] 솔로우 잔차와 산출량의 변화

그러나 새케인즈학파 경제학자들은 실물적 경기변동론자들의 주장은 과장되었으며 이러한 결과는 상당부분 두 가지 측정상의 문제로부터 비롯하였다고 주장한다. 첫째, 기업은 불황기에도 해고 및 재고용에 들어가는 각종 비용(turnover cost)을 고려하여 많은 근로자를 해고하기보다는 일시적으로 고용을 유지하면서 작업강도를 약화시키는 방법을 택하는데 이를 **노동사장**(labor hoarding)이라고 한다. 기업이 노동사장의 방법을 택하는 경우 실제 기술의 후퇴가 발생한 것은 아니지만 솔로우잔차가 하락하는 결과가 관측될 수 있다. 즉 솔로우 잔차는 기술의 변화를 직접적으로 측정한 것이 아니므로 기술변화뿐만 아니라 작업강도의 변화 등 다양한 요인에 의해 영향 받을 수 있다. 둘째, 기업은 불황 시에 각종의 '눈에 보이지 않는 생산'을 만들어낸다. 즉 기업은 불황기에 청소, 기자재 정리 등 눈에 보이지 않는 생산성향상을 위한 노력을 하기 때문에 호황이 왔을 때 긍정적 기술충격이 발생한 것 같은 착시현상을 유발할 수 있다.

또한 비판론자들은 실물적 경기변동론자에 따르면 경기침체기에는 음(−)의 기술충격이 발생해야 하는데 현실적으로 음의 기술충격이란 나타나기 어렵다는 점을 지적한다. 이에 대해 실물적 경기변동론자들은 기술충격을 좁게 정의하지 않고 자연현상, 제도변화 등을 포함하여 생산성에 영향을 미치는 모든 현상으로 포괄적으로 이해한다면 음의 기술충격은 얼마든지 존재할 수 있다고 반박한다.

2.3 화폐의 역할에 대한 논쟁

실물적 경기변동이론이 이전의 경기변동이론과 구분되는 또 다른 특징은 화폐의 역할에 대한 시각이다. 케인즈는 심리적 요인에 의한 화폐수요의 증감이 경기변동에 중요한 영향을 미칠 수 있다고 주장했으며, 통화주의자와 화폐적 경기변동론자들은 자의적인 통화공급의 변화가 경기변동의 주요원인이라고 보았다. 그러나 실물적 경기변동론자들에 의하면 현실경제에서 나타나는 경기변동의 대부분은 실물적 기술충격에 의한 경기변동이며 화폐부분의 역할은 그다지 중요하지 않다고 한다.

이에 대해 실물적 경기변동이론에 대한 비판론자들은 통화공급이 감소하거나 인플레이션율이 하락하는 시기에 대부분 높은 실업이 발생하였다는 점을 지적한다. 즉 화폐는 경기에 순행하며 선행한다는 것이다. 이에 대해 실물적 경기변동론자들은 통화공급과 생산량 간의 내생적 관계로 인한 역의 인과관계(reverse causation)가 나타날 수 있다고 주장한다.

이를 고전학파의 물가결정모형을 사용하여 분석해보자. 제3장에서 살펴본 화폐시장 균형조건은 다음과 같다.

$$\text{화폐시장균형조건}: \frac{M}{P} = L(Y, i) \text{ 또는 } P = \frac{M}{L(Y, i)}$$

유리한 기술충격으로 인해 소득이 증가한다고 하자. 이 경우 화폐수요가 증가하는데 이에 대해 중앙은행이 아무런 대응을 하지 않는다면 화폐시장균형조건에서 물가는 하락한다. 그러나 대부분의 중앙은행은 물가의 큰 변동을 원치 않으므로 통화를 증가시켜 대응할 것이다. 또한 소득증가를 미리 예견했다면 통화증가는 선행적으로 이루어졌을 수도 있다. 이처럼 중앙은행이 물가수준을 안정시키려는 목표를 가지고 있다면 통화량은 내생적으로 변화할 수 있으며 통화량이 경기변동에 대해 경기순행 및 경기선행하는 반응을 보이게 된다. 즉 실물적 경기변동론자들에 의하면 통계상 나타나는 화폐의 비중립성은 환상에 불과하다.

이상의 분석을 그림으로 나타내면 다음과 같다. [그림 2]에서 최초균형점은 a점이며 물가수준이 P_1이었다고 하자. 소득이 증가하면 화폐수요가 증가하면서 명목화폐수요곡선이 우측으로 회전이동하는데 이에 대해 중앙은행이 아무런 대응을 하지 않는다면 균형은 b점으로 이동하고 물가는 하락한다. 이에 대해 중앙은행이 선제적으로 통화량을 늘린다면 균형은 c점이 되어 통화량이 경기변동에 대해 순행하며 선행한다.

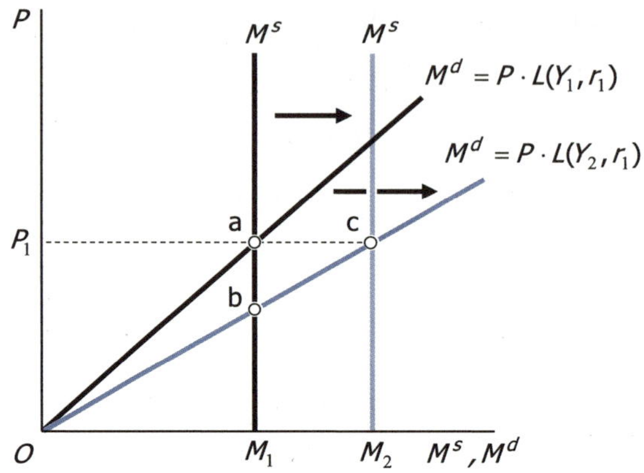

[그림 2] 역의 인과관계

2.4 가격경직성에 대한 논쟁

실물적 경기변동론자들에 따르면 현실의 경기변동의 대부분은 자연율 자체의 변화이며 자연율로부터의 이탈은 그다지 크지 않으므로 현실에 존재하는 가격 및 임금의 비신축성은 경기변동을 설명하는데 그다지 중요하지 않아 무시해도 큰 문제가 되지 않는다고 주장한다. 또한 그들은 가격의 신축성을 가정하는 것이 미시경제학적인 설명과도 일관성이 있다고 주장한다.

이에 대해 비판론자들은 경제주체들의 최적화 행동의 결과로서 임금과 가격의 비신축성이 얼마든지 존재할 수 있으며 가격변수의 경직성이 바로 비자발적 실업과 화폐의 비중립성을 설명할 수 있는 본질적 요인이라고 주장한다. 이러한 비판은 새케인즈경제학의 발전으로 이어졌다.

새케인즈경제학의 주요이론 03

3.1 새케인즈경제학의 등장배경

새케인즈경제학이란 루카스비판 이후 도입필요성이 제기된 최적화 원리와 합리적 기대를 받아들이되 경기변동에 있어서 가격과 임금의 경직성을 강조하는 입장을 가진 이론들을 말한다. 새케인즈학파 경제학자들은 거시경제의 각 시장에서 경제주체들의 최적화 행동의 결과로 가격경직성이 존재할 수 있음을 규명해왔다. 또한 이들은 단기적인 가격변수의 경직성으로 인해 발생하는 자연율로부터의 이탈현상을 제외하고는 현실의 경기변동을 잘 설명할 수 없다는 입장을 가지고 있다.

새케인즈학파 경제학의 등장은 새고전학파 경제학의 도전에 대한 응전의 성격을 갖는다. 새케인즈 경제학의 등장에는 여러 요인이 영향을 미쳤다. 첫째, 합리적 기대를 받아들이지 않은 기존 케인즈학파 거시모형이 이론적인 한계를 가지고 있음이 지적되었다. 둘째, 가격의 신축적 조정을 강조하는 균형경기변동이론과 정책무력성명제의 현실 설명력에 대한 비판이 제기되었다. 셋째, 새고전학파 경제학자들이 주장하는 비개입주의적 정책기조에 대한 비판이 제기되었다.

새케인즈학파 경제학은 다음과 같은 과제를 가진다. 첫째, 가격경직성과 경기변동을 유발하는 시장의 불완전성의 유형과 발생원인을 밝힌다. 둘째, 거시경제의 각 시장에서 경제주체들의 최적화 행동의 결과로서 가격경직성이 존재할 수 있음을 규명한다. 셋째, 시장의 불완전성과 가격변수의 경직성으로 인해 외부적 충격[4]이 주어졌을 때 자연율로부터의 이탈현상으로서 경기변동이 발생할 수 있음을 밝힌다.

구체적으로 재화가격의 경직성을 설명하는 모형으로 메뉴비용모형(menu cost model), 중첩가격결정모형(staggered price setting model), 조정실패모형(coordination failure model)

4) 기존의 케인즈학파 경제학자들은 전통적으로 총수요요인 중 투자의 변동, 또는 화폐수요의 변동이 경기변동을 일으키는 주된 충격기제라고 생각해 왔다. 최근의 새케인즈학파 경제학자들은 이러한 요인들뿐만 아니라 통화공급이나 공급 측 기술충격 역시 경기변동의 원인이 될 수 있다고 한다. 케인즈 경제학자들은 경기변동의 충격기제에 대해 상당히 포괄적인 입장을 취하고 있다.

등이, 명목임금의 경직성을 설명하는 모형으로 장기계약가설(long term wage contract model), 중첩임금결정모형(staggered wage contract model)이, 실질임금 경직성을 설명하는 모형으로서는 효율성임금가설(efficiency wage hypothesis), 내부자-외부자이론(insider-outsider theory), 암묵적 계약가설(implicit contract hypothesis) 등이, 이자율의 경직성을 설명하는 모형으로서는 신용할당이론(credit rationing theory)이 발전되었다.

또 이들은 거시경제에서 기업의 가격변경 등 의사결정이 다른 기업에 미치는 거시경제적 효과에 주목하였는데 이를 총수요 외부효과(aggregate demand externality)라고 한다. 총수요 외부효과가 존재하는 경우라면 개별기업의 최적화 행위가 경제전체의 최적화를 보장하지 못하기 때문에 정부의 개입이 필요하게 된다. 또한 거시경제에 여러 개의 균형이 존재하여 나쁜 균형상태가 지속되는 조정실패(coordination failure)현상이 발생한다면 불황은 매우 오래 지속될 수도 있기 때문에 정부는 적절한 정책대응을 통해 경기변동의 폭을 줄이고, 불황을 제거하여 사회후생을 개선할 수 있다.

재화가격의 경직성	메뉴비용모형, 중첩가격결정모형, 조정실패모형
명목임금의 경직성	장기계약가설, 중첩임금결정모형
실질임금의 경직성	효율성임금가설, 내부자-외부자이론, 암묵적 계약가설
이자율의 경직성	신용할당이론

[표 1] 새케인즈학파의 가격경직성이론

이제 구체적으로 새케인즈경제학파의 이론들을 살펴보며 다음 두 가지 질문에 대해 이들이 어떻게 대답했는지 확인해 보자.

첫째, 합리성과 가격경직성은 양립가능한가?

둘째, 민간 최적행동과 정부개입은 양립가능한가?

3.2 주요이론-I : 장기임금계약가설 및 중첩임금계약가설

새케인즈학파 경제학자들은 시장에서의 가격 또는 임금의 결정과정이 고전학파 경제학자들이 생각하는 것처럼 왈라스적 경매(auction)를 통해 이루어진다기보다는 거래당사자간의 계약(contract)에 의해 이루어진다는 점에 주목하였다.

노동자들에게 해고와 재고용과정은 매우 힘든 과정이므로 노동자들은 고용이 안정적으로 지속되기 바란다. 기업의 입장에서도 노동자들의 근속이 이루어지면 직업교육비용 등의 조정비용을 줄일 수 있고 기업고유기술(firm specific skill)을 기를 수 있기 때문에 근무지속성 여부를 매우 중요하게 생각한다. 또한 실제의 임금협상은 매우 힘들고 많은 시간과 노력을 요하는 일이다. 이러한 이유들로 인해 스탠리 피셔(S. Fischer)는 실제 노동시장에서 장기계약이 상당히 광범하게 존재하며 이로 인해 명목임금 경직성이 유발된다고 주장하였는데 이를 장기임금계약가설(long term wage contract hypothesis)이라고 한다.

또한 존 테일러(John. B. Taylor)는 현실에서 노동자들의 명목임금 조정시기가 일치하지 않는다는 사실이 명목임금경직성을 더욱 심화시킬 수 있다고 주장하였는데 이를 중첩임금계약가설(staggered wage contract hypothesis)이라고 한다. 이를 간단한 예를 통해 설명하면 다음과 같다.

[그림 3]의 (a)에서 모든 노동자들은 매년 1월 1일 W_0의 수준에서 명목임금계약을 맺는다고 가정하자. 이 경우 1월 1일 명목임금계약을 맺은 후 4월 1일에 총수요 감소가 나타나더라도 명목임금은 연말까지 유지된다. 그러나 다음해 1월 1일에는 총수요 후퇴를 반영하여 명목임금이 W_1까지 하락한다. 반면 [그림 3]의 (b)에서 노동자의 1/2인 A그룹은 1월 1일에 명목임금계약을 맺지만, 나머지 1/2인 B그룹은 7월 1일에 명목임금계약을 맺는다고 하자. 이 경우 두 그룹이 모두 W_0의 명목임금계약을 지속해 오고 있었으나 4월 1일에 총수요 감소가 나타날 경우 7월 1일까지는 명목임금이 변하지 않는다. 그러나 7월 1일이 되면 B그룹이 명목임금을 결정하게 되는데 이 경우 명목임금수준은 W_1까지 내려가지 않을 것이다. 행태경제학에서 지적하는 것처럼 현실의 노동자들은 공평성(fairness)에 대한 선호 또는 불공평성에 대한 저항감을 가지기 때문에 다른 그룹의 노동자들이 W_0의 임금을 받고 있는 상황에서 자신들의 임금만 큰 폭으로 하락하는 것을 받아들이지 못할 것이다. 따라서 노사협상 끝에 명목임금이 W_0와 W_1의 사이에서 결정될 것이다. 새로운 해의 1월 1일이 되면 A그룹의 명목임금을 결정하게 되는데 B그룹이 W_1보다 높은 명목임금을 받고 있는 한 A그룹의 명목임금 역시 W_1까지 내려가지 않을 것이다. 즉 임금계약의 기간이 서로 엇갈려 있는 경우 다른 노동자들의 임금수준을 고려하여 자신의 임금수준을 결정하는 임금결정의 상호의존성(interdependence)이 발생한다. 그 결과 동시적인 명목임금결정이 이루어지는 경우에 비해 명목임금의 조정

이 더욱 서서히 이루어진다.

이처럼 명목임금이 경직적인 경우라면 경기변동에 총수요 측 변동이 중요한 영향을 미칠 수 있으며 총수요관리정책이 이를 안정화시키는 역할을 할 수 있다.

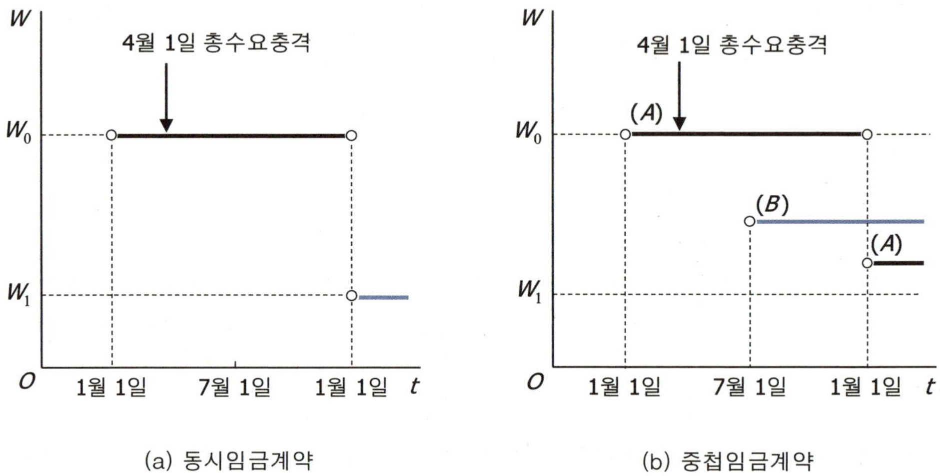

[그림 3] 임금결정시점과 명목임금경직성

3.3 주요이론－2 : 메뉴비용과 경기변동

메뉴비용(menu costs)이란 가격을 변화시키는 데 들어가는 각종의 비용을 비유적으로 표현한 것이다. 맨큐(N. G. Mankiw)에 의하면 메뉴비용은 그리 큰 값이 아니지만 이로 인해 가격경직성이 유발될 수 있으며 이로부터 큰 경기변동으로 발생할 수 있다고 한다.

독점적 경쟁기업의 예를 들어 이를 설명해 보자. 우선 [그림 4]에서 경기후퇴가 발생하기 이전 수요곡선과 한계수입곡선이 각각 D_0와 MR_0로 주어져 있다고 하자. 이 경우 이윤을 극대화하는 생산량은 한계수입과 한계비용이 일치하는 y_0수준이 되며 가격은 P_0가 된다.

[그림 5]에서 $\pi(D_0)$는 수요곡선이 D_0로 주어진 경우 각각의 가격에 대응되는 이윤을 나타낸 것이다. 이 그림은 E_0점에 대응되는 P_0의 가격에서 이윤이 π_0로 극대화됨을 나타내고 있다.

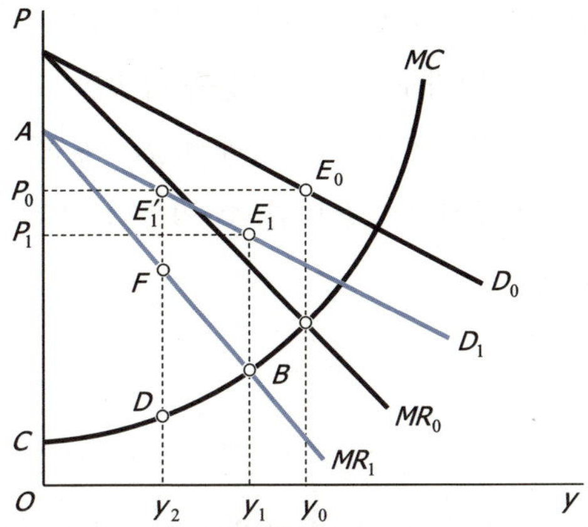

[그림 4] 경기후퇴와 기업의 선택

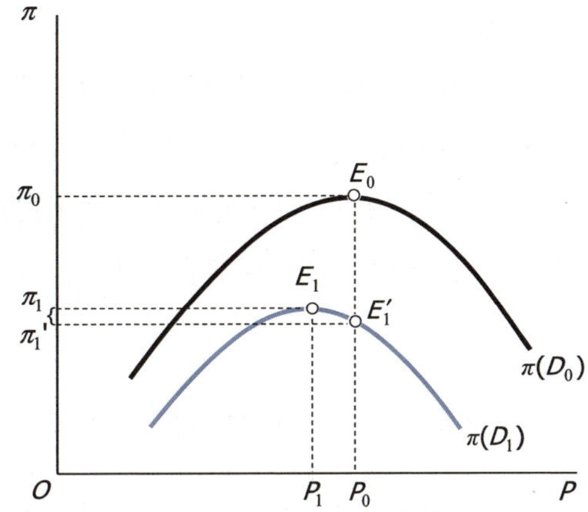

[그림 5] 기업의 선택과 이윤

이제 경기후퇴가 발생하여 [그림 4]에서 이 기업이 직면하는 수요와 한계수입이 D_1과 MR_1으로 축소되었다고 하자. 만약 이 기업이 미시경제학에서 살펴본 바와 같이 가격을 인하하여 대응한다면 새로운 생산량 및 가격은 각각 y_1과 P_1이 된다. 수요곡선이 축소되었으므로 [그림 5]에서 이윤을 나타내는 곡선도 $\pi(D_1)$와 같이 아래로 이동한다. 이 그림은 E_1점에 대응되는 P_1의 가격에서 이윤이 π_1으로 극대화됨을 나타내고 있다.

이제 메뉴비용이 존재할 때 두 가지 전략을 비교해보자. 첫 번째 전략은 가격변경전략인데 경기후퇴가 발생한 경우 메뉴비용 C_M을 부담하고 가격을 인하하는 것이다. 이 경우 매뉴비용을 뺀 순이윤은 $\pi_1 - C_M$이 된다. 두 번째 전략은 가격유지전략인데 경기후퇴에도 불구하고 P_0의 가격을 유지하고 E_1'점을 선택하는 것이다. 이 경우 이윤은 π_1'가 된다. 두 가지 경우 순이윤을 비교하면 다음과 같다.

$$\pi_1 - C_M \gtrless \pi_1' \Rightarrow \pi_1 - \pi_1' \gtrless C_M \Rightarrow \text{가격 } \begin{smallmatrix}\text{인하}\\ \text{유지}\end{smallmatrix} \text{전략이 유리}$$

이 경우 가격변경의 이득은 $\pi_1 - \pi_1'$의 추가이윤이다. 반면 가격변경의 비용은 메뉴비용이다. 따라서 $\pi_1 - \pi_1' < C_M$이 성립하면 기업은 가격을 인하하지 않는다. 즉 메뉴비용이 존재한다면 기업의 최적화된 의사결정의 결과로 가격의 경직성이 유발된다.

이상의 분석에서 메뉴비용이 가격의 경직성을 유발하기 위해서는 그 크기가 가격변화에 따른 한계적 이윤변화인 $\pi_1 - \pi_1'$보다 커야 한다. 그런데 [그림 5]에서 보듯이 E_1

점에서 $E_1{}'$점까지의 구간은 최고점 주변의 구간이므로 그리 가파르지 않아 이윤의 차이가 크지 않다. 따라서 메뉴비용은 그다지 크지 않더라도 가격경직성을 유발할 수 있다. 그러나 이러한 가격경직성의 결과로 산출량의 감소폭은 $y_0 - y_1$에서 $y_0 - y_2$로 증가한다. 즉 아주 작은 메뉴비용이라 할지라도 가격경직성을 유발할 수 있으며 그로 인한 가격경직성이 큰 경기변동을 유발할 수 있다.[5)]

3.4 주요이론－3 : 메뉴비용과 정책개입

이상에서 살펴본 새케인즈학파의 주요모형에 의하면 경직적인 가격과 산출량의 변동도 결국 개별 경제주체의 최적화 행동의 결과이다. 그렇다면 경기변동은 사회적으로도 최적이고 따라서 어떠한 정책개입도 정당화될 수 없는 것일까?

이에 대해 새케인즈학파 경제학자들은 가격결정과정에 외부효과가 존재한다는 점을 지적한다. 총수요 외부효과(aggregate demand externalities)란 한 기업의 가격조정 등 전략변경이 다른 기업들이 생산하는 생산물의 수요에 미치는 거시경제적 효과를 의미한다.

예를 들어 한 기업이 가격을 내리면 전반적인 물가수준이 소폭 하락한다. 이는 실질잔고를 증가시키고 LM곡선이 우측으로 이동하여 총수요를 증가시킴으로써 다른 기업들에게 혜택을 주게 된다. 또한 한 기업의 산출량 증가는 노동자들의 소득증가로 이어져 다른 기업의 제품에 대한 지출을 증가시킨다. 뿐만 아니라 소비자들은 가격하락으로 인해 더 큰 소비자잉여를 얻게 된다.[6)]

이처럼 가격결정에 긍정적 외부효과가 존재한다면 사회적으로는 가격인하가 바람직한데도 불구하고, 메뉴비용의 존재로 인해 개별기업은 가격을 변화시키지 않는 일이 발생한다. 결과적으로 총수요 외부효과가 존재할 때 불황이 지속될 수 있고 개별기업의 최적화 행위가 사회적인 최적상태를 보장하지 못한다. 따라서 외부효과로 인해 발생한 시장실패를 치유하기 위해 정부의 개입이 정당화될 수 있다.

---

5) 이를 증명한 맨큐(G. Mankiw)의 논문 제목이 작은 메뉴비용과 큰 경기변동(small menu cost and large business cycle)이다.

6) 이러한 외부효과 중 총수요 외부효과는 주로 다른 기업에 미치는 긍정적인 효과를 의미한다.

3.5 주요이론－4 : 조정실패와 정책개입

조정실패(coordination failure)란 경제 내에 여러 개의 균형이 존재할 때 모든 사람들이 선호하는 상태가 실현가능함에도 불구하고 이에 도달하지 못한 상태를 의미한다. 이러한 경우 모든 사람들이 동시에 의사결정을 바꾼다면 바람직한 상태를 실현할 수 있지만 현실적으로는 동시에 의사결정을 바꾸는 것이 힘들거나 불가능하기 때문에 모두에게 불리한 상태에 머물게 된다. 이러한 경우 개인의 입장에서 합리적 선택이 사회적인 최적상태를 보장하지 못하는데 이를 다음의 사례를 통해 살펴보자.

기업 1 \ 기업 2	가격인하	높은 가격유지
가격인하	30*, 30*	5, 15
높은 가격유지	15, 5	15*, 15*

[표 2] 조정실패로 인한 경기침체가능성 (*는 최적선택을 의미)

[표 2]에서 각 기업은 '가격인하'와 '높은 가격유지'의 두 전략 중 하나를 선택한다고 하자. 주어진 보수행렬에서 내쉬균형은 두 기업이 모두 가격을 삭감하여 (30, 30)을 얻는 경우와 두 기업이 모두 높은 가격을 유지하여 (15, 15)를 얻는 경우이다. 만약 두 기업이 모두 '높은 가격유지'를 선택하고 있는 경우라면 개별기업의 입장에서는 상대의 전략에 대한 최선의 대응을 하고 있지만 사회전체적으로는 바람직하지 못한 균형에 머물게 된다.[7)]

이 경우 만약 모든 기업이 그들의 가격을 낮춘다면 경기가 회복되면서 두 기업은 모두 이익을 거두는 좋은 균형으로 이동할 수 있다. 그러나 어떤 기업도 다른 기업들이 먼저 가격을 낮추기 전에 자신이 먼저 가격을 낮추려고 하지 않는다. 만약 기업의 수가 적다면 기업들은 조정을 통해 이러한 상황을 벗어날 수 있을지 모른다. 그러나 현실적으로 무수히 많은 기업이 존재하는 경우에 기업들의 조정은 이루어지기 힘들다. 이러한 경우 아무도 원하지 않지만 가격은 계속 높은 수준에 멈추어 있고 불황은 지속된다. 이

7) 조정실패의 사례는 내쉬균형이 2개 존재한다는 면에서 내쉬균형이 1개인 용의자의 딜레마의 사례와 구분된다는 점에 주의하기 바란다. 또한 조정실패의 사례에서는 모든 경기자들에게 이익이 되는 상황도 내쉬균형이지만 용의자의 딜레마의 사례에서는 모든 경기자에게 이익이 되는 상황이 내쉬균형이 되지 않은 점에서도 차이가 있다.

른바 조정실패로 인한 경기침체가 장기화된 불황으로 이어진다.

이처럼 기업간 조정이 현실적으로 이루어지기 힘든 경우라면 정부의 개입이 정당화될 수 있다. 즉 정부는 적절한 개입을 통해 불황을 벗어나도록 할 수도 있고 과도한 경기변동의 폭을 감소시키는 역할을 할 수도 있다.

3.6 주요이론－5 : 효율성임금가설

제4장에서 시장청산수준보다 높은 실질임금이 지속되는 여러 가지 이유를 살펴보았는데 그 중 하나가 효율성임금이었다. 효율성임금(efficiency wage)이란 기업이 스스로 시장이 청산되는 임금, 즉 노동수요와 노동공급이 일치하는 임금보다 높은 임금을 지급하는 것을 말한다. 기업이 스스로 높은 임금을 지급하는 이유는 더 높은 실질임금을 지불하면 노동자들의 근로의욕과 생산효율이 높아지기 때문이라고 하였다. 그렇다면 기업이 지급하는 임금수준은 어떻게 결정되는 것일까?

이를 설명하기 위해 우선 기업은 임금설정자(wage setter)라고 가정하자. 또한 근로의욕 또는 근로효율을 의미하는 e는 실질임금 w의 증가함수라고 가정하자.

근로효율함수 : $e = e(w)$ 　　　단, $\dfrac{de}{dw} > 0$

예를 들어 [그림 5]에는 근로효율함수가 S자형으로 주어져 있다. 이는 실질임금이 높아지면 근로효율이 높아지는데 점점 빠른 속도로 증가하다가 일정수준이 지나면 증가속도가 감소한다고 가정한 것이다. 이제 근로효율을 반영한 생산함수를 다음과 같이 쓸 수 있다.

근로효율을 반영한 생산함수 : $y = f[e(w)L]$

위 생산함수에 의하면 근로효율이 높을수록 동일한 노동을 투입하고도 더 많은 생산이 이루어진다. 따라서 임금률의 상승은 기업의 입장에서 비용 상승요인이지만 동시에 생산증가의 요인도 되기 때문에 두 가지를 비교하여 최적의 임금률을 결정할 것이다.

즉 기업은 $\dfrac{dw}{w} < \dfrac{de}{e}$ 이면 임금인상률보다 효율성상승률이 높기 때문에 임금을 인상

할 것이며, $\frac{dw}{w} > \frac{de}{e}$ 이면 임금인상률보다 효율성상승률이 낮기 때문에 임금을 인하할 것이다. 따라서 최적임금수준은 $\frac{dw}{w} = \frac{de}{e}$ 이 만족될 때의 임금수준이다. 이를 정리하면 다음의 조건을 얻는다.

$$\text{솔로우조건-1}: \frac{de/e}{dw/w} = 1 \qquad \text{[식 1]}$$

이 조건은 근로효율이 실질임금에 영향을 받는 경우 근로효율의 실질임금에 대한 탄력성이 1이 되는 실질임금률이 최적임금이 됨을 의미하는데 이를 솔로우조건(Solow condition)이라고도 한다. [식 1]을 변형하면 다음과 같이 나타낼 수 있다.

$$\text{솔로우조건-2}: \frac{e}{w} = \frac{de}{dw} \qquad \text{[식 2]}$$

[식 2]의 좌변은 [그림 6]에서 원점과 곡선상의 한 점을 이은 선분의 기울기를 의미하며 우변은 곡선상의 한 점에서 측정한 접선의 기울기를 의미한다. 즉 [식 2]는 이 두 직선의 기울기가 일치할 때 이윤이 극대화됨을 의미하는데 이는 A점과 같은 점에 해당한다. 동시에 A점은 원점에서 그은 선분의 기울기가 의미하는 실질임금 단위당 효율성이 극대화되는 점이기도 하다는 것을 확인할 수 있다.

이처럼 노동수요와 노동공급이 일치하는 임금보다 높은 임금을 지급하는 것이 기업의 이윤극대화의 결과라면 [그림 7]에서처럼 임금은 하락하지 않고 초과공급으로서의 실업이 지속될 수 있다.

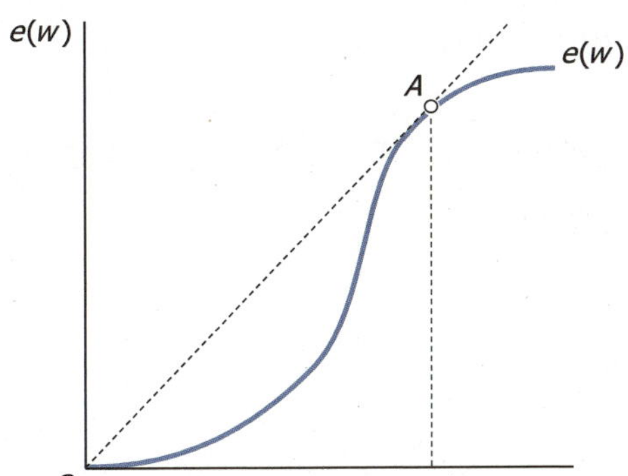

[그림 6] 근로의욕곡선과 효율성임금의 결정

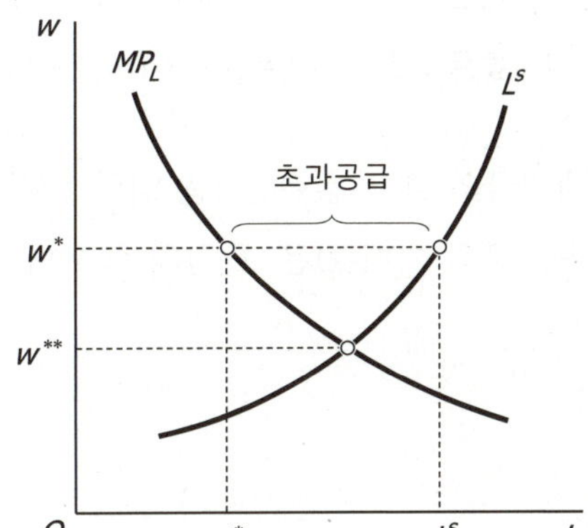

[그림 7] 실질임금 경직성

3.7 주요이론-6 : 암묵적 계약가설

베일리(Martin Baily), 아자리아디스(Costas Azariadis) 등이 제기한 암묵적 계약가설(implicit contract hypothesis)은 실질임금 경직성을 설명하는 또 다른 이론이다. 이들은 현실에서 노동자와 기업가의 위험기피성향이 상이하기 때문에 안정된 실질임금을 지급하기로 하는 암묵적 계약이 성립할 수 있으며 이를 통해 실질임금이 경기에 약하게 순행하며 고용이 경기에 강하게 순행하는 실증자료를 설명할 수 있다고 주장하였다.

편의상 노동자들은 위험기피자이고 기업가들은 위험중립적이라고 가정해 보자. 이 경우 노동자들은 비록 평균보다 약간 낮은 임금이 지급되더라도 확실한 임금을 지급받는 것을 선호할 수 있다. 반면 기업은 평균보다 낮은 임금을 지급할 수 있다면 경기상황과 무관히 안정된 실질임금을 지급하는데 동의할 것이다. 이러한 합의는 명시적으로 계약서에 반영될 수도 있지만 대부분의 경우 암묵적으로 반영된다는 점에서 이를 암묵적 계약이라고 한다. 이와 같이 경기상황과 무관히 노동자와 기업가 사이에 평균임금보다 약간 낮은 수준에서 안정된 실질임금을 지급한다는 암묵적 계약이 성립되면 실질임금은 경직성을 갖게 된다.

암묵적 계약가설을 그림을 사용하여 나타내어 보자. 불황이 나타날 확률을 p라고 하고, 암묵적 계약이 없을 때 불황기에 지급될 실질임금을 w_1이라고 하자. 반면 호황이 나타날 확률을 $(1-p)$라고 하고, 암묵적 계약이 없을 때 호황기에 지급될 임금을 w_2라고 하자. 이때 노동자에게 지급될 평균임금 또는 기대임금(expected wage)과 기대효용(expected utility)은 다음과 같다.

기대임금 : $E(w) = p \cdot w_1 + (1-p) \cdot w_2$

기대효용 : $EU(w) = p \cdot U(w_1) + (1-p) \cdot U(w_2)$

기대임금의 효용 값은 [그림 8]의 C점의 높이에 해당한다. 또한 노동자가 얻게 될 기대효용(효용의 기대값)은 D점의 높이에 해당한다.

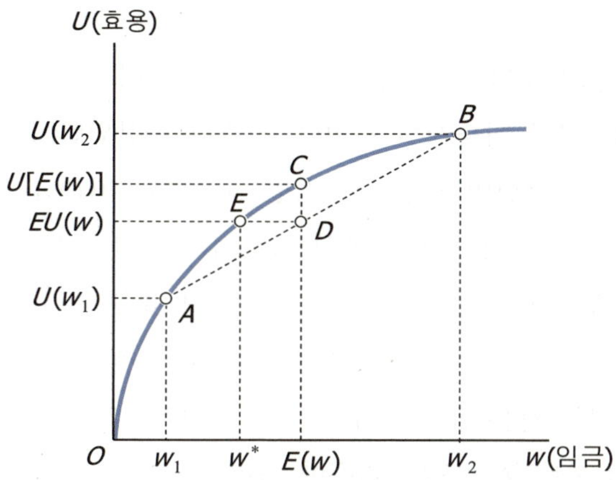

[그림 8] 암묵적 계약가설

노동자들은 위험기피자들이므로 불확실한 기대소득을 얻는 편보다 확실한 금액의 소득을 얻는 편을 선호한다. 이 경우 노동자들은 실질임금을 확실한 금액으로 지급받는다면 E점에 해당하는 금액, 즉 w^*만을 지급받아도 같은 효용을 얻을 수 있다. 이처럼 기대효용과 동일한 효용을 주는 확실한 값을 **확실성 대등액**(certainty equivalent)이라고 한다.

확실성 대등액의 조건 : $U(w^*) = EU(w) = p \cdot U(w_1) + (1-p) \cdot U(w_2)$

결과적으로 만약 w^*와 $E(w)$ 사이의 임금이 지급되는 경우 노동자들은 기대효용의 증가를 얻고, 기업은 기대이윤의 증가를 얻게 된다. 따라서 노동자와 기업 간에 암묵적 계약이 성립할 수 있으며 이는 실질임금 경직성의 또 다른 원인이 된다.

3.8 주요이론－7 : 신용할당과 이자율경직성

금융시장은 비대칭정보로 인한 역선택(adverse selection)과 도덕적 해이(moral hazard)가 두드러지게 나타나는 시장 중 하나이다. 스티글리츠(Joseph E. Stiglitz)와 와이스(A. Weiss)는 은행 측이 대출신청자의 신용위험에 대한 정보를 충분히 갖지 못하기 때문에 인위적으로 낮은 이자율을 결정한 후 별도의 기준에 따라 자금을 배분하는 **신용할당**(credit rationing)이 널리 이루어진다는 점을 지적하였다. 신용할당은 효율성임금과 함께 자생적 비청산거래(non clearing transaction)의 대표적인 사례이다.

간단한 예를 들어 설명해보자. 시장에 안정적인 자금수요자(L type)과 투기적인 자금수요자(H type)이 있다고 하자. 기업들이 파산할 가능성이 없다면 대출에 대한 수요가 증가할 때 은행은 이자율을 상승시킬 것이다. 그러나 파산위험이 존재한다면 이자율을 상승시킬 때 상대적으로 위험이 높은 투기적인 자금수요자(H type)가 차지하는 비중이 높아지는 역선택이 발생하여 은행의 이윤이 오히려 감소할 수도 있다. [그림 9]은 자금에 대한 초과수요가 있을 때 낮은 이자율 r_0수준 보다 높은 이자율 r_1에서 이윤이 감소할 수도 있다는 것을 나타낸 것이다. 이러한 경우라면 은행은 이자율을 인상하여 자금의 배분을 결정짓지 않고 낮은 금리를 유지한 채 인위적으로 초과수요를 유지하며 기업의 신용도나 담보제공여부 등 별도의 기준에 따라 자금을 배분하려 할 것이다. 즉 초과수요가 사라지지 않은 상태에서 비청산거래가 이루어진다.

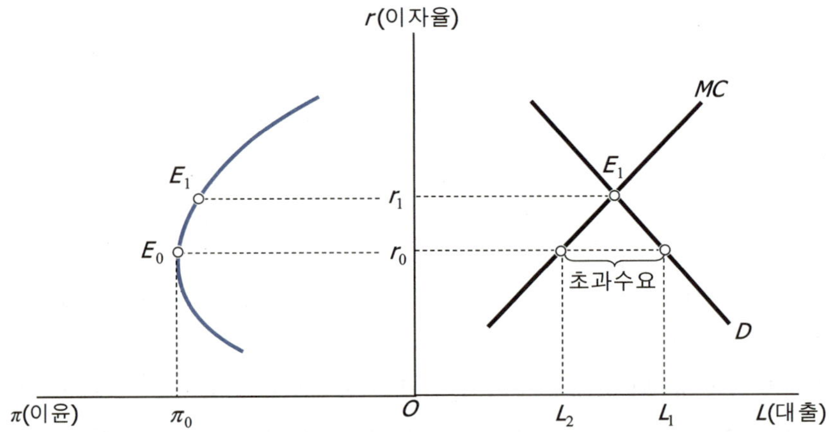

[그림 9] 금융시장의 신용할당

신용할당이론은 정보의 비대칭성 하에서 은행의 이윤극대화 행위의 결과로 이자율이 경직성을 가질 수 있음을 보이고 있다. 이처럼 이자율이 경직성을 갖게 되면 통화정책의 전달경로 중 금리경로(interest rate channel)는 큰 역할을 하지 못하며 대출규모의 변화가 직접 경기변동에 영향을 미치게 되는데 이를 신용경로(credit channel)라고 한다. 신용경로는 주로 경제가 불황일수록, 정보의 비대칭성이 클수록, 경제환경에 대한 비관적 기대가 널리 퍼질수록 강하게 작동한다고 알려져 있다.

3.9 맺음말

이상에서 살펴본 바와 같이 새고전학파와 새케인즈학파는 민간 경제주체들의 합리적 기대와 최적화 행위를 전제로 한다는 측면에서 공통점이 있지만 가격의 신축성 여부, 거시경제의 안정성 여부, 정부개입의 필요성 여부 등 거시경제를 바라보는 기본적인 시각에 있어서는 여전히 뚜렷한 차이점을 보이고 있다. 하지만 두 학파는 분석 기법의 많은 부분을 공유하고 있으며 상호교류를 통해 서로의 좋은 점들을 받아들이고 있다. 앞으로도 이 두 학파의 이론은 합의와 논쟁을 통해 지속적으로 발전해 나갈 것으로 전망된다. 이번 장의 분석을 정리하면 [표 3]과 같다.

<table>
<tr><th></th><th>새케인즈학파</th><th>화폐적 경기변동이론</th><th>실물적 경기변동이론</th></tr>
<tr><td>공통점</td><td colspan="3">민간 경제주체들의 합리적 기대와 최적화행위(미시적 기초)</td></tr>
<tr><td>가격변수</td><td>경직적</td><td colspan="2">신축적</td></tr>
<tr><td>전파과정</td><td>경기변동은 불균형현상
(비청산모형)</td><td colspan="2">경기변동은 균형현상
(청산모형, 노동의 기간대체, 투자의 건설기간)</td></tr>
<tr><td>충격기제</td><td colspan="2">주로 총수요 충격
(소비, 투자의 심리적 요인 강조) ↔ (통화충격강조)</td><td>주로 공급 측
기술충격(실물적 요인)</td></tr>
<tr><td>화폐관</td><td colspan="2">화폐의 비중립성
(임금, 가격 경직성 강조) ↔ (물가에 대한 착각 강조)</td><td>화폐의 중립성
(역의 인과관계 주장)</td></tr>
<tr><td>산출량
변화</td><td colspan="2">잠재적 산출량으로부터의
이탈과 회귀</td><td>잠재적 산출량 자체의
변화</td></tr>
<tr><td>경기변동에
대한 평가</td><td>시장실패</td><td>정부실패</td><td>효율적인 경제현상</td></tr>
<tr><td>고용변화</td><td>비자발적(임금 경직성)</td><td colspan="2">자발적(노동의 기간대체)</td></tr>
<tr><td>정부개입</td><td>필요함
(적극적, 재량)</td><td colspan="2">불필요함
(소극적, 준칙)</td></tr>
</table>

[표 3] 새케인즈학파이론과 새고전학파이론의 비교

핵 | 심 | 용 | 어 | 해 | 설

- **새고전학파 거시경제이론** : 고전학파 경제이론에 미시적 기초 및 합리적 기대를 받아들인 것
- **화폐적 경기변동이론** : 새고전학파 경기변동이론의 한 유형으로서 경기변동의 주된 원인은 정부의 자의적인 통화정책의 변화라는 입장을 가진 이론
- **실물적 경기변동이론** : 새고전학파 경기변동이론의 한 유형으로서 경기변동의 주된 원인은 실물부문의 기술충격이라는 입장을 가진 이론
- **노동의 기간대체가설** : 현실의 고용변화는 대부분 현재와 미래간의 기간상대임금변화에 대해 자발적으로 대응한 결과라는 주장
- **투자의 건설기간** : 자본재의 건설에 소요되는 시간을 의미하며 이로 인해 1회적 기술충격도 오랜 기간 경기변동에 영향을 미침
- **솔로우 잔차** : 산출량 변동 중 노동과 자본의 변화로부터 비롯한 부분을 제외한 것으로 생산성변동을 반영함
- **노동사장** : 불황기에 해고 및 재고용 시의 각종 비용을 고려하여 많은 근로자를 해고하기보다는 일시적으로 고용을 유지하면서 작업강도를 약화시키는 기업의 대응
- **역의 인과관계** : 산출량과 통화량 사이의 정(+)의 관계는 산출량 변동을 예상한 통화당국의 선제적 대응에 의한 것이라는 실물적 경기변동론자들의 주장
- **새케인즈학파 거시경제이론** : 케인즈학파 경제이론에 미시적 기초 및 합리적 기대를 받아들인 것
- **조정실패** : 경기자들이 동시에 의사결정을 변경할 수 없기 때문에 바람직한 균형이 아닌 바람직하지 못한 균형에 머무는 현상
- **총수요 외부효과** : 거시경제에서 기업의 가격변경 등 의사결정이 다른 기업에 미치는 거시경제적 효과
- **암묵적 계약가설** : 노동자와 기업가간에 위험기피성향이 상이하기 때문에 안정된 실질임금을 지급하기로 하는 암묵적 계약이 성립할 수 있다는 이론
- **신용할당** : 은행이 낮은 금리를 유지하며 금리 이외의 기준에 따라 자금을 배분하는 현상

연습문제

01 다음 글의 괄호 안에 들어갈 알맞은 것을 고르고 그 이유를 설명해 보아라.

노동의 기간대체가설은 고용변화의 대부분이 (자발적, 비자발적)임을 전제로 하는 이론이다. 이 이론의 핵심을 이루는 기간상대임금에 의하면 기술충격이 (일시적, 항구적)이고 이자율이 (높은, 낮은) 경우에 노동공급이 증가할 것으로 예상된다.

02 실물적 경기변동이론에 의하면 기술에 대한 영구적 충격과 일시적 충격은 경제에 상이한 영향을 미친다고 한다. 일시적 충격과 영구적 충격 중 어느 쪽이 근로의욕에 더 큰 영향을 미치겠는가?

03 많은 경제학자들은 통화공급의 변동과 생산량의 변동이 정의 관계에 있음을 발견하였다. 화폐의 중립성을 전제하는 실물적 경기변동이론에서는 이러한 현상을 어떻게 설명할 수 있는가?

04 새케인즈경제이론에 의하면 가격 및 임금의 경직성은 개별 경제주체들의 최적화행동의 결과이다. 그렇다면 가격경직성으로 인한 경기변동에 대해 정부의 개입은 아무런 필요가 없는가? 필요하다면 근거는 무엇인가?

05 효율성임금가설에서 최적임금수준을 결정하는 조건을 설명하라. 만약 근로효율의 실질임금에 대한 탄력성이 1보다 크다면 기업은 어떻게 대응하겠는가?

06 암묵적 계약가설에 의하면 노동자와 기업가는 평균보다 낮은 수준에서 안정된 실질임금을 지급하는 것에 대해 암묵적으로 합의하게 된다고 한다. 이러한 암묵적 합의가 이루어지기 위한 조건은 무엇인가?

CHAPTER 16
경제성장이론

CONTENTS

CHAPTER PREFACE | 들어가며

경제성장이란 한 나라 경제의 규모가 지속적으로 증가하는 현상을 말한다. 이번 장에서 다루는 기간은 지금까지 살펴본 단기(short run)나 장기(long run)보다도 훨씬 긴 최장기(very long run)에 해당한다. 경제학자들이나 정부당국자들이 성장률이 1%p만 떨어져도 큰일이 난 것처럼 호들갑을 떠는 것을 본 적이 있을 것이다. 이는 경제성장이 얼마나 중요한 것인지를 보여주는 좋은 예이다. 사실 경제의 성장을 결정짓는 주된 요인이 무엇이며 이를 위해 정부가 어떤 역할을 할 수 있는지 이해하는 것은 거시경제학의 다른 어떤 주제보다 중요하다. 이번 장에서는 경제성장의 기초개념을 설명한 뒤 표준적인 성장모형인 솔로우모형을 상세히 다룰 것이다. 그리고 경제성장의 현실과 관련된 몇 가지 논쟁을 살펴본 후 신성장이론 또는 내생적 성장이론이라고 하는 새로운 성장이론의 등장배경 및 그 의미를 살펴본다.

01 솔로우 이전의 경제성장이론

경제성장이란 무엇인가? 경제성장이란 경제의 규모가 지속적으로 증가하는 현상을 말한다. 경제전체의 규모가 커지더라도 1인당 소득이 감소한다면 국민후생이 증가한다고 볼 수 없으므로 일반적으로 경제성장이라 할 때는 경제의 규모가 확대되면서 1인당 실질 GDP가 지속적으로 증가하는 현상을 의미하는 경우가 많다. 경제성장이 행복한 삶을 보장해주지는 못하지만, 경제성장은 행복한 삶을 살 수 있는 환경을 만들어 주는 가장 중요한 여건이다. 이번 장에서 우리는 경제성장을 설명하는 표준적인 모형인 솔로우모형과 이 모형의 한계를 극복하기 위해 등장한 신성장모형에 대해 배우게 된다. 물론 솔로우성장모형이 등장하기 이전에도 경제성장에 대한 이론들이 있었는데 대표적인 것으로는 맬서스이론, 해로드-도마이론, 마르크스이론 등이 있다.

첫째, 맬서스(T. Malthus)는 「인구론(1798)」에서 '인구는 기하급수적으로 증가하지만, 식량은 산술급수적으로 증가한다'고 말하여 자본주의의 미래는 매우 어두울 수밖에 없다는 점을 강조했다. 그는 식량은 인류의 생존에 필수적이며 남녀간의 애정 역시 필연적이고 이는 변하지 않을 것이므로 인류가 성욕을 억제하지 않는 한 결국 영원히 빈곤에서 벗어나지 못할 것이라 주장하였다. 이러한 맬서스의 이론은 몇 가지 통계적 오류가 있음이 밝혀졌으며 그 이후에 나타난 엄청난 기술진보와 생산성의 향상을 고려하지 못하였다는 한계가 있다. 실제로 현대에도 그가 예언했던 기아와 영양실조의 문제가 발생하기는 하지만 이는 식량 생산량이 부족해서라기보다는 불균등한 소득분배나 정치적 불안정 때문인 경우가 많다.

둘째, 해로드-도마(Harrod-Domar)는 총수요 중심의 이론인 케인즈 이론을 경제성장이론으로 발전시키려 했다. 그들은 '성장하는 경제는 본질적으로 불안정하다'고 주장하였으며 자본주의 경제의 성장과정이 매우 불안정하다는 결론에 이르고 있다. 이들은 인구의 증가율을 자연성장률, 자본의 증가율을 적정성장률이라고 하고 양자가 일치한 상태를 황금시대(golden age)라고 하였는데, 이러한 황금시대는 마치 칼날 위에 선 것처럼 불안정한 성질(knife-edge property)을 가져서 경제가 스스로 이 상태로 회복하는 힘이 없으므로 오래 유지되기 힘들다고 주장하였다.

셋째, 마르크스(Karl Marx)는 자본주의를 설명하면서 생산성 증가를 위한 생산 설비 등 불변자본의 증가는 유기적 구성을 고도화시켜 잉여가치를 줄이고 결국, 이윤율을 저하시킨다는 모순을 지적했다. 이를 '이윤율의 경향적 저하법칙'이라고 한다. 이러한 논리에 따라 마르크스는 자본주의가 필연적으로 붕괴될 것으로 보았다. 하지만, 자본절약적 기술의 발달, 불변자본 요소의 저렴화, 자본회전율의 상승 등으로 이윤율의 경향적 저하를 저지 또는 극복함으로써 자본주의는 지속되고 있다.

02 칼도의 실증연구와 경제성장의 정형화된 사실

칼도(N. Kaldor)는 경제성장에 대한 연구들을 종합하여 자본주의 국가들의 경제성장 과정에서 공통적으로 나타나는 정형화된 사실(stylized facts)을 발표하였다.

- **특징 1** : 1인당 소득(Y/L)은 지속적으로 증가하며 생산성 증가율은 감소하지 않는다.
- **특징 2** : 1인당 자본량(K/L)은 지속적으로 증가한다.
- **특징 3** : 자본의 수익률은 대체로 일정하다.
- **특징 4** : 자본계수(K/Y)는 대체로 일정하다.[1)]
- **특징 5** : 총소득 중 노동소득과 자본소득이 차지하는 비중은 대체로 일정하다.
- **특징 6** : 국가간 생산성 증가율에는 큰 차이가 있다.

이러한 칼도의 연구결과는 자본주의 경제의 성장과정을 매우 잘 묘사하고 있는 것으로 알려져 있으며 기존의 경제성장이론을 평가하는 계기가 되었다. 우선 특징 1과 2에 따르면 자본주의 경제는 지속적으로 성장하며 1인당 생산과 소비는 지속적으로 증가한다. 이는 인류의 생활수준은 생존수준(subsistence level)에서 벗어날 수 없다고 주장했던

1) 자본계수(K/Y)란 한 단위의 국민소득을 만들어 내기 위해 필요한 자본량을 의미한다. 이는 자본의 평균생산성(Y/K)의 역수에 해당하며 자본계수가 일정한 경우 자본의 평균생산성과 한계생산성이 일정하다.

맬서스의 이론이 자본주의 경제의 성장을 설명하는데 적당하지 않다는 점을 확인해 준다. 그리고 특징 4에 따르면 자본주의 경제가 성장하는 과정에서 산출량(Y)과 자본(K) 등의 변수들은 상당히 안정된 관계를 가지고 있다. 이는 자본주의 경제가 본질적으로 불안정적이라고 했던 해로드－도마의 이론이 자본주의 경제성장을 설명하는데 적당하지 않다는 점을 의미한다. 또한 특징 3에 의하면 자본주의 경제가 성장해도 자본의 수익률 또는 이윤율은 저하하지 않으므로 마르크스의 이론 역시 자본주의 경제성장을 설명하는데 적당하지 않다.

칼도의 발표로 인해 경제학자들은 이전의 경제성장이론들을 대체하는 새로운 이론이 필요하다는 점을 공감하게 되었는데 이러한 요구를 만족시키는 모형으로 등장한 것이 솔로우(R. Solow)의 성장모형이다.

03 단순한 솔로우모형

3.1 기본가정

경제성장이론이 고려하는 기간은 최장기(very long run)이다. 최장기란 모든 가격이 신축적으로 조정될 뿐만 아니라 단기 및 장기에 주어져있다고 가정하는 노동 및 자본의 총량과 기술 및 제도까지 변화할 수 있음을 가정하는 매우 긴 기간이다. **신고전파 성장이론**(neoclassical growth model)이라고도 부르는 솔로우모형(Solow model)은 최장기의 거시경제를 분석하는 표준적인 모형으로서 완벽한 이론은 아니지만 훌륭한 출발점이 된다.

솔로우모형을 구성하는 가정들을 살펴보면 다음과 같다. 첫째, 총생산함수는 한계생산이 체감하고 규모수익이 불변이며 요소간 분배비율이 일정하다고 가정한다. 이러한 조건을 만족하는 생산함수는 제2장에서 살펴본 콥－더글러스 생산함수이다.

총생산함수 : $Y = F(K, L) = AK^{\alpha}L^{1-\alpha}$ [식 1]

위 생산함수에서 총생산의 증가는 기술(A)의 진보, 노동(L)의 증가, 자본(K)의 축적에 의해 이루어진다. 편의상 당분간 인구증가와 기술진보는 없다고 가정한다. 생산함수가 규모수익불변의 조건을 만족한다면 임의의 상수 z에 대해 $zY = F(zL, zK)$가 성립한다. 이때 $z = \frac{1}{L}$을 대입하면 $\frac{Y}{L} = F(1, \frac{K}{L})$이 되는데 $y = \frac{Y}{L}$, $k = \frac{K}{L}$로 두고 정리하면 다음과 같다.

1인당 생산함수 : $y = f(k)$ [식 2]

즉, 1인당 생산량($y = \frac{Y}{L}$)은 생산규모와 무관하게 1인당 자본량($k = \frac{K}{L}$)만으로 나타낼 수 있다.

둘째, 저축률은 s로 주어지며 저축된 것은 모두 투자된다고 가정하면 $I = sY$로 나타낼 수 있다. 또한 1인당 투자는 다음과 같이 나타낼 수 있다.

1인당 투자 : $i = sy = sf(k)$ [식 3]

1인당 생산 및 1인당 투자는 [그림 1]처럼 아래에서 볼 때 오목한 형태로 그려진다.

셋째, 편의상 정부부문과 국외부문은 존재하지 않는 것으로 가정한다. 이 경우 총생산은 모두 소비되거나 투자되므로 $Y = C + I$가 성립한다. 이때 1인당 소득, 1인당 소비(c) 및 1인당 투자(i)간의 관계는 다음과 나타낼 수 있다.

1인당 소득, 소비 및 투자 : $y = c + i$ [식 4]

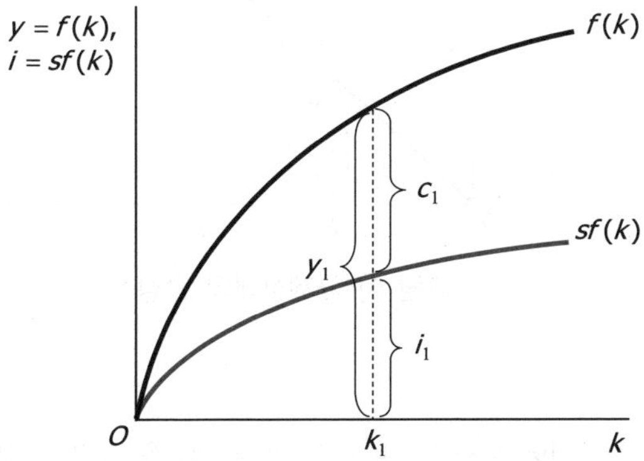

[그림 1] 1인당 생산과 투자

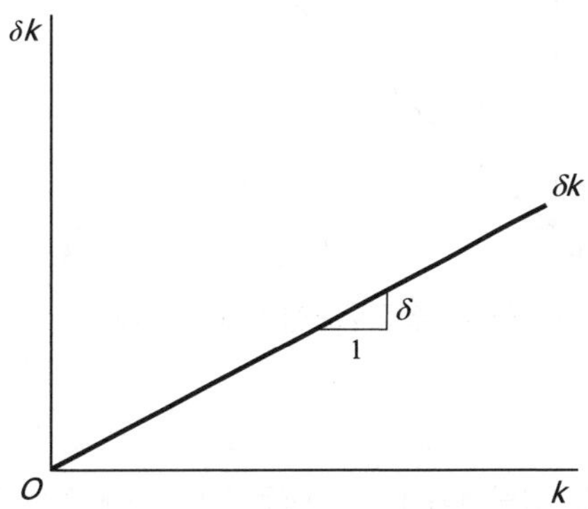

[그림 2] 1인당 감가상각

넷째, 감가상각률이 δ로 일정하다면 1인당 감가상각은 [그림 2]와 같이 직선으로 나타내어진다. 투자는 총자본을 증가시키며 감가상각은 총자본을 감소시키므로 총자본축적방정식 및 1인당 자본축적방정식은 다음과 같이 나타낼 수 있다.

총자본축적방정식 : $\Delta K = I - \delta K = sY - \delta K$

1인당 자본축적방정식-1 : $\Delta k = sf(k) - \delta k$ [식 5]

3.2 균제상태의 조건

이제 실제 1인당 자본이 일정하게 유지되는 경우를 **균제상태**(steady state)라고 정의하자. 1인당 자본이 일정하기 위해서는 노동과 자본이 동일한 비율로 변화해야 하는데, 이러한 경우 규모수익불변인 생산함수에서는 생산량 역시 같은 비율로 변하게 된다. 균제상태란 이처럼 장기균형에서 소득, 소비, 투자 등의 변수가 일정한 관계를 유지하며 변화한다는 뜻에서 붙여진 이름이다. 따라서 균제상태를 나타내는 장기균형의 조건은 다음과 같이 나타낼 수 있다.[2)]

장기균형의 조건 : $\Delta k = sf(k) - \delta k = 0$

솔로우모형에서 균제상태의 자본량은 [그림 3]의 k^*가 된다. 장기균형조건은 인구성장 및 기술진보를 반영함에 따라 약간씩 수정될 것이다.

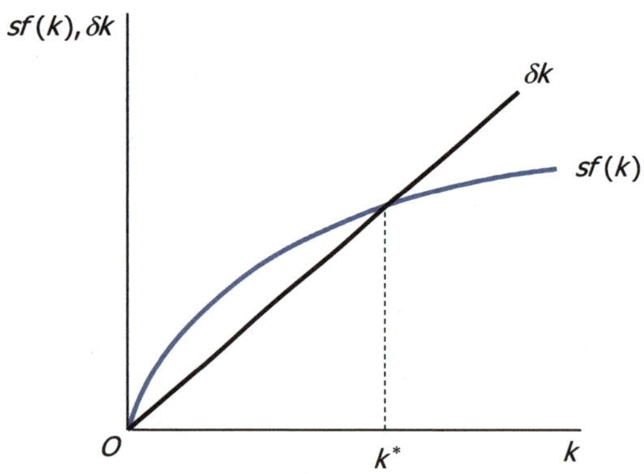

[그림 3] 솔로우모형의 균제상태

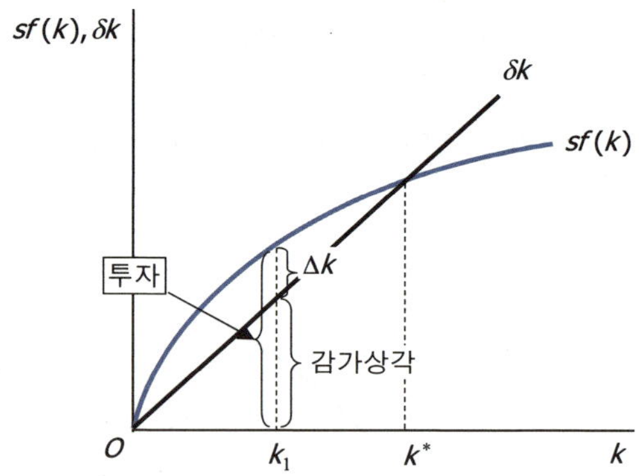

[그림 4] 균제상태의 안정성

---

2) [그림 3]과 [그림 4]에는 [그림 1]에 있는 곡선 중 1인당 투자만 나타내고 1인당 생산은 그리지 않았다. 비록 그림을 그리지 않더라도 1인당 투자함수의 상방에는 항상 1인당 생산함수가 있다는 점에 유의하기 바란다.

3.3 균제상태의 특징

솔로우모형의 균제상태는 몇 가지 특징을 가지고 있다. 첫째, 앞서 살펴본 것처럼 균제상태에서는 소득, 노동, 자본, 소비, 저축 등이 일정한 비율을 유지한다. 둘째, 만약 현재상태가 균제가 아닌 경우 스스로 균제상태로 돌아오는 성질 즉 안정성을 가지고 있다. 예를 들어 [그림 4]에서 1인당 자본량이 k_1인 경우, 1인당 투자가 1인당 감가상각보다 크기 때문에 자본이 축적되어 다시 k^*에 이르게 된다. 즉 약간의 외부적 충격이 있어도 경제가 다시 균제상태로 회복하는 힘이 있다는 점에서 솔로우모형의 균제상태는 안정적(stable)이다. 이러한 특징은 자본주의의 경제성장이 본질적으로 불안정적이라고 말했던 해로드-도마모형과 상이하며 앞서 이야기한 칼도의 정형화된 사실과 일치한다.

셋째, 솔로우 성장모형에서는 균제상태에 이르는 과정에서 자본축적의 감속현상이 나타난다. 이를 설명하기 위해 [식 5]의 장기균형조건의 양변을 k로 나누어보자.

1인당 자본축적방정식-2 : $\dfrac{\Delta k}{k} = \dfrac{sf(k)}{k} - \delta$ [식 6]

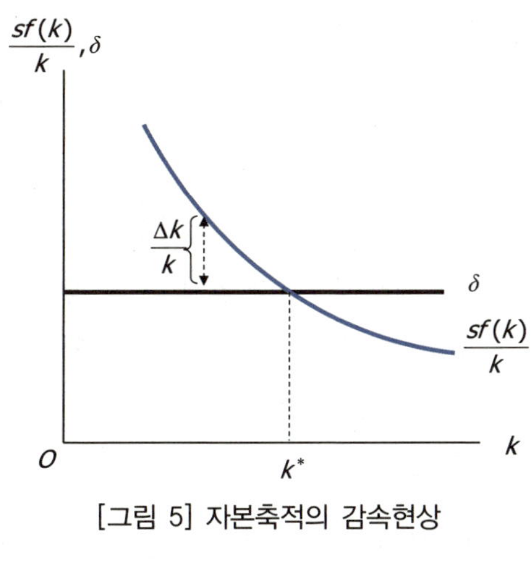

[그림 5] 자본축적의 감속현상

[식 6]의 우변 각 항을 그림으로 나타내면 [그림 5]와 같다. 이 그림에서 $\dfrac{sf(k)}{k}$와 δ가 일치하는 경우 장기균형조건을 만족하는 균제상태가 된다. 또한 $\dfrac{sf(k)}{k}$와 δ가 일치하지 않는 경우에는 그 차이가 자본증가율($\dfrac{\Delta k}{k}$) 즉 자본축적이 이루어지는 속도(비율)

를 의미하게 된다. [그림 5]에 의하면 1인당 자본량이 작을수록 자본의 축적속도가 빠르고 1인당 자본량이 증가함에 따라 자본의 축적속도가 점차 감소함을 알 수 있다. 따라서 성장하는 경제가 균제상태로 이행하는 과정에서 성장률은 점차 감소한다.

3.4 저축률 변화의 효과

솔로우모형에서 저축률(s)은 자본의 수준을 결정하기 때문에 매우 중요하다. 이제 저축률이 변화하면 어떤 변화가 발생하는지 알아보도록 하자.

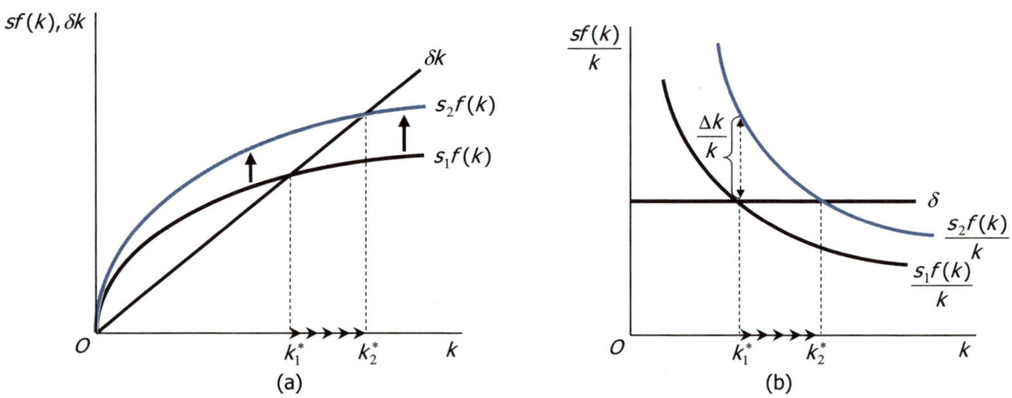

[그림 6] 저축률상승의 효과

[그림 6]에서 현재 균제상태가 k_1^*라고 하자. 이 때 저축률이 s_1에서 s_2로 상승하면 감가상각보다 투자가 많아지기 때문에 1인당 자본 k^*가 증가하고 1인당 소득 y^*도 높아진다. 솔로우모형은 높은 저축률(=투자율)을 가진 국가의 경우 장기적으로 더 높은 1인당 자본량을 갖게 되어 더 높은 1인당 소득을 얻을 수 있게 될 것이라 예측하는데 이는 실증연구의 결과와 잘 일치한다.

그러나 솔로우모형에서 저축률이 1회적으로 상승한 경우 경제는 결국 새로운 균제상태로 수렴하기 때문에 경제성장률을 영구적으로 상승시킬 수는 없다. 즉 저축률의 변화는 수준효과(level effect)는 갖지만 성장률효과(growth effect)를 갖지는 못한다. 이런 결과는 이후 살펴볼 내생적 성장이론에서의 결과와 대조적이다.

황금률과 최적성장이론 04

지금까지 살펴본 솔로우모형에서는 저축률이 높을수록 균제상태의 소득수준이 높다. 그렇다면 저축률은 높을수록 바람직한 것인가? 꼭 그렇지는 않다. 왜냐하면 사회후생은 소비에 의해 결정되는데 저축률이 100%인 경제는 소비가 전혀 이루어지지 않아서 사회후생이 매우 낮을 것이기 때문이다. 따라서 투자와 소비를 조화시키는 최적의 저축률이 있을 것이라고 생각되는데 이를 **황금률 저축률**(golden rule saving rate)이라고 한다.

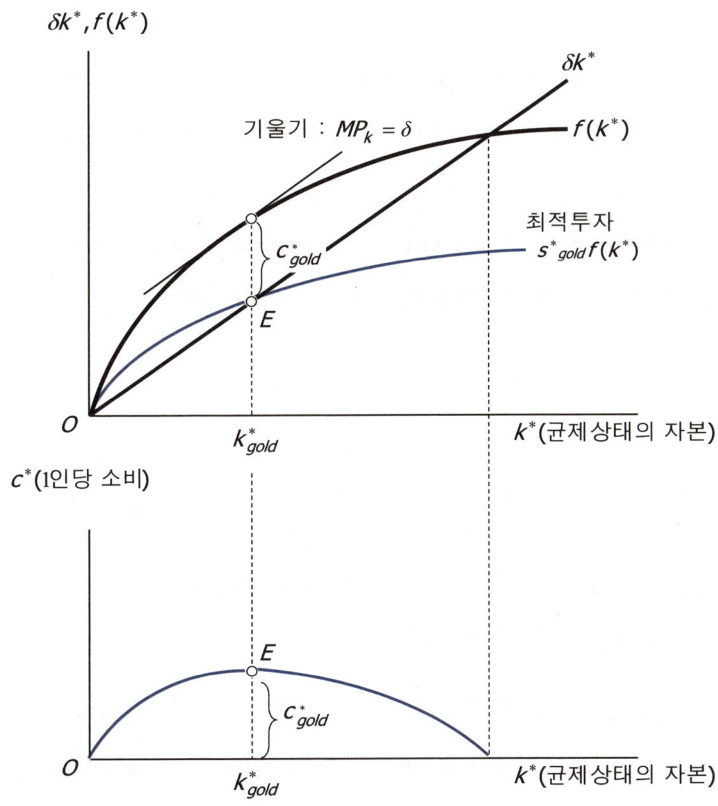

[그림 7] 황금률의 자본수준 및 저축률

이제 황금률수준의 저축률을 구해보자. 우선 사회후생이 1인당 소비수준에 의해 결정되며 사회후생을 극대화하기 위해서는 균제상태에서의 1인당 소비가 극대화되어야 한다고 가정하자. 우선 균제상태의 1인당 소비는 다음과 같이 나타낼 수 있다.

1인당 소비－1 : $c^* = y^* - i^*$

위 식의 각 항에 *를 붙인 것은 우리가 현재 찾는 황금률의 상태가 수많은 균제상태 중 가장 좋은 균제상태를 찾고 있음을 나타내기 위한 것이다. 그런데 $y^* = f(k^*)$이며 균제상태에서 $i^* = sf(k^*) = \delta k^*$가 성립하므로 1인당 소비는 다음과 같이 나타낼 수 있다.

1인당 소비－2 : $c^* = f(k^*) - \delta k^*$

따라서 1인당 소비를 극대화시키는 1인당 자본량은 $f(k^*)$와 δk^*의 차이가 극대화되는 점에서 결정된다. 이러한 조건을 만족하는 황금률의 자본량은 [그림 7]의 k^*_{gold}이며 이를 달성하기 위한 황금률의 저축률은 s^*_{gold}이다. 즉 황금률은 생산함수의 접선의 기울기인 자본의 한계생산과 감가상각선(이후의 모형에서는 필요투자선)의 기울기가 일치할 때 이루어진다. 이를 식으로 나타내면 다음과 같다.

황금률의 조건 : $MP_K - \delta = 0$ 또는 $MP_K = \delta$

황금률의 조건은 이후 인구성장 및 기술진보를 반영함에 따라 약간씩 수정될 것이다.

현실의 저축률이 황금률의 저축률과 일치한다면 사회후생이 극대화되겠지만 실제로는 저축률이 황금률의 저축률과 일치한다는 보장이 없다. 따라서 황금률이 달성되기 위해서는 정부의 인위적인 개입이 필요하다.

구체적으로 [그림 8]에서 저축률이 s_0인 경우에는 황금률수준보다 높은 자본수준에서 균제상태를 맞게 되므로 저축률을 낮춰야 한다. 반대로 저축률이 s_1인 경우에는 황금률수준보다 낮은 자본수준에서 균제상태를 맞게 되므로 저축률을 높여야 한다. 각각의 경우 저축률의 조정 이후 소득, 소비, 투자의 시간경로(time path)를 나타내면 다음과 같다.

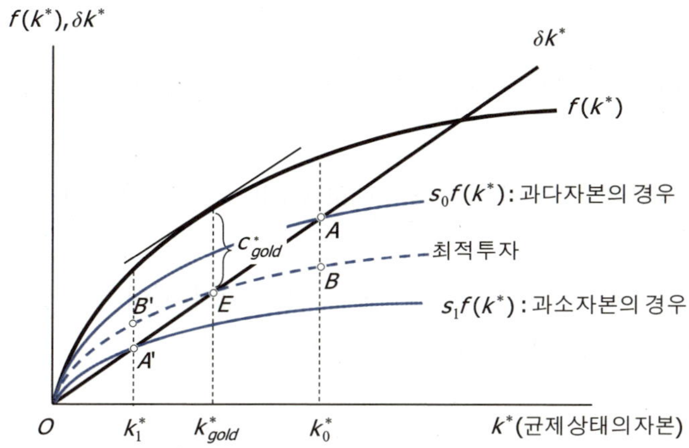

[그림 8] 황금률 달성을 위한 정책

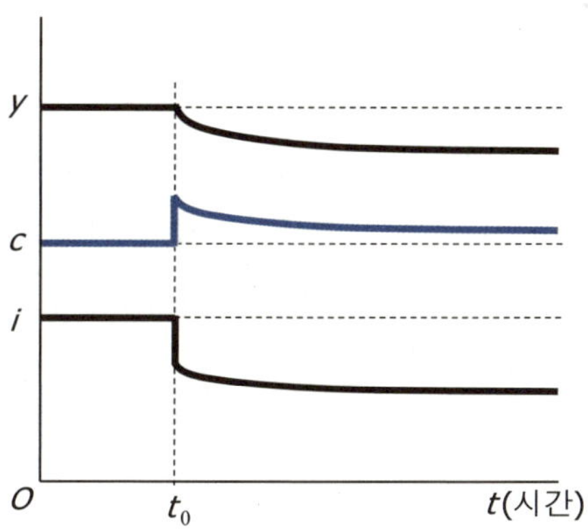

[그림 9] $k^* > k^*_{gold}$인 경우

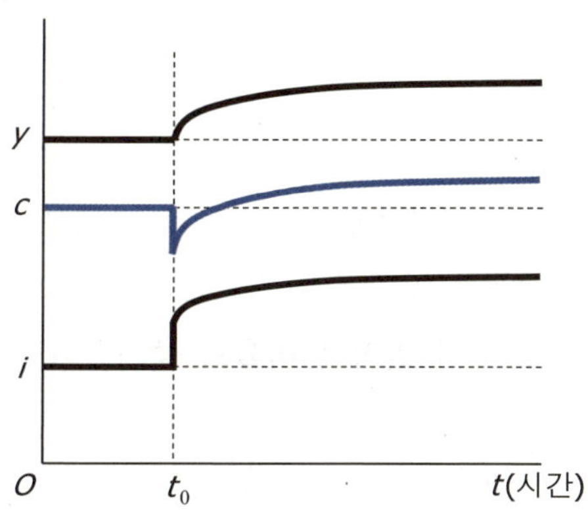

[그림 10] $k^* < k^*_{gold}$인 경우

[그림 9]는 과다자본에서 출발하여 저축률을 낮춘 경우의 시간경로이다. 이 경우 전환기간 중 모든 기간에서 소비는 원래수준보다 높게 유지된다. 따라서 황금률을 달성하는 과정에 어느 세대의 후생도 감소하지 않는다. 이처럼 과다한 자본을 가지고 있는 경우에는 모든 세대의 후생이 동시에 증가하는 세대간 파레토 개선이 가능하기 때문에 **동태적 비효율성**(dynamic inefficiency)을 가진다. 반면 [그림 10]은 과소자본에서 출발하여 저축률을 높인 경우의 시간경로이다. 이 경우 미래세대가 높은 소비의 혜택을 누리기 위해서는 현재세대가 소비수준의 감소를 겪어야 한다. 즉 과소자본상태에서는 세대간 파레토 개선이 불가능하며 동태적 비효율성이 없다. 이러한 경우는 어떤 세대의 후생에 더 높은 가중치를 주는지에 따라 황금률 달성을 위한 정책을 채택할지의 여부가 결정될 것인데, 만약 모든 세대의 후생에 동일한 가중치를 둔다면 저축률을 높이는 것이 바람

직할 것이다.

원래 황금률이라는 이름은 성경의 마태복음 7장 12절에서 비롯하였다.

> '무엇이든지 남에게 대접 받고자 하는 대로 너희도 남을 대접하라'

경제성장이론에 황금률이라는 이름이 붙은 것도 여러 세대의 후생을 똑같은 가중치를 두고 공정하게 판단하라는 의미에서 비롯했다고 한다.

05 인구성장을 고려한 솔로우모형

지금까지의 분석은 인구성장을 고려하지 않았다. 이제 인구성장을 모형에 반영해 보자. 인구성장에 대한 분석은 두 단계로 이루어질 것이다. 우선 인구성장률이 일정한 경우를 살펴볼 것이며 다음으로 인구성장률이 상승하는 경우를 살펴볼 것이다. 먼저 인구가 매년 n의 일정한 비율로 증가한다고 가정하자.

인구성장률 : $n = \dfrac{\Delta L}{L}$ 단, n은 외생변수

이 경우 1인당 자본이 일정하게 유지되기 위해서는 매 기간 감가상각인 δk와 새로 증가한 인구에게 지급되는 자본을 위한 투자인 nk를 합한 $(\delta + n)k$만큼의 투자가 이루어져야 한다. 즉 인구성장이 고려된 경우 1인당 자본을 일정하게 유지하기 위한 **필요투자량**(break even investment)은 $(\delta + n)k$가 된다. 따라서 인구성장이 고려된 솔로우모형에서의 1인당 자본축적방정식은 다음과 같다.

1인당 자본축적방정식 : $\Delta k = sf(k) - (\delta + n)k$

이때 $\Delta k = 0$이면 노동, 자본, 소득이 동일한 비율로 변화하는 균제상태가 된다. 이는 [그림 11]에서의 k^* 수준에 해당한다.

장기균형조건 : $\Delta k = sf(k) - (\delta + n)k = 0$

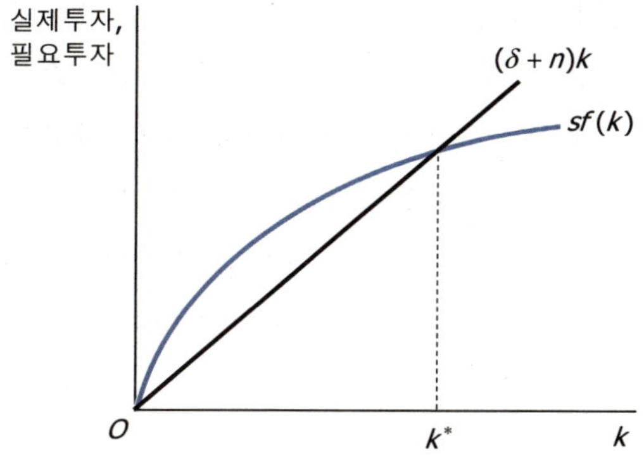

[그림 11] 인구성장을 고려한 솔로우모형

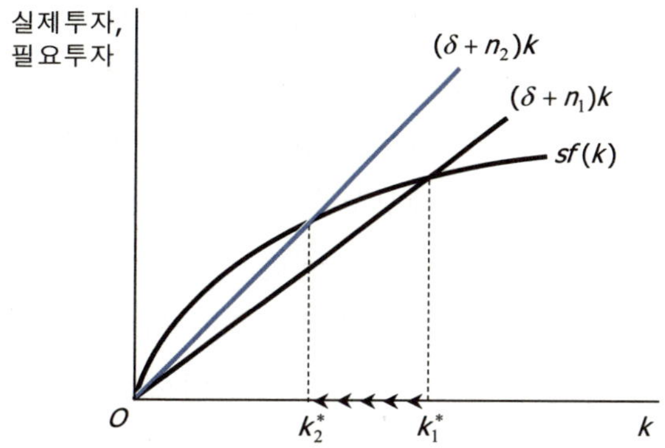

[그림 12] 인구성장률 상승의 효과

이러한 균제상태에서는 노동과 자본이 같은 비율 n으로 증가하며 1인당 자본이 일정하게 유지되고 산출량도 같은 비율로 증가한다. 균제상태의 특징을 정리하면 [표 1]과 같다.[3]

변 수	기 호	장기균형성장률
1인당 자본	$k=K/L$	0
1인당 소득	$y=Y/L$	0
총자본	$K=k\times L$	n
총생산	$Y=y\times L$	n

[표 1] 균제상태에서 주요변수의 변화

이제 인구증가율 상승의 효과를 살펴보자. 인구성장률이 상승하면 필요투자가 증가하므로 1인당 자본이 감소하고 1인당 소득도 감소한다. 결국 새로운 균제상태는 [그림 12]의 k_2^*가 된다. 즉 솔로우모형은 인구성장률이 높은 국가들은 장기적으로 1인당 자본량과 1인당 소득이 낮아질 것이라고 예측하는데 이 역시 실증연구의 결과와 잘 일치한다. 주의할 것은 인구성장률의 상승은 1인당 소득의 수준을 감소시키지만 경제의 규모를 증가시켜 경제전체의 성장률은 상승시킨다는 점이다. 반대로 우리나라와 같이 출산율 감소가 나타나는 나라에서는 1인당 소득은 증가하지만 경제규모의 성장속도는 하락할 것이다.

3) 인구성장이 고려된 모형에서 황금률의 조건은 $MP_K-\delta=n$이 된다.

인구성장을 고려한 솔로우모형은 앞에서 살펴본 단순한 솔로우모형에 비해 보다 현실적이라는 측면에서 진일보하였다. 하지만 이 모형의 균제상태에서 노동, 자본, 총소득이 모두 n의 비율로 증가하여 1인당 자본과 1인당 소득이 일정해진다. 이는 칼도가 말했던 경제성장의 정형화된 특징 4를 설명할 수는 있으나 특징 1과 특징 2를 설명하지 못한다. 즉 인구성장만으로는 자본주의 경제의 장기성장을 제대로 설명할 수 없으며 이러한 문제를 해결하기 위해 새로운 경제성장의 동인(engine of growth)이 고려되어야 하는데 솔로우는 새로운 동인으로 기술진보를 지적하였다.

06 인구성장과 기술진보를 고려한 솔로우모형

지금까지의 분석은 기술진보를 고려하지 않았다. 이제 기술진보를 모형에 반영해 보자. 기술진보에 대한 분석은 두 단계로 이루어질 것이다. 우선 기술진보율이 일정한 경우를 살펴볼 것이며 다음으로 기술진보율이 상승하는 경우를 살펴볼 것이다.

이제 기술진보를 반영하기 위해 총생산함수를 다음과 같이 수정한다.

노동의 효율성의 고려한 총생산함수 : $Y = F(K, E \times L)$ [식 7]

위 총생산함수에서 E는 노동의 효율성을 반영하는 계수이며 $E \times L$은 효율성을 반영한 노동자의 수, 즉 **유효노동자**(effective labor)의 수이다. 이 식에서 E가 상승하면 예전과 동일한 시간을 투입하여 더 많은 생산물을 얻을 수 있으므로 마치 노동력이 증가한 것과 같은 효과를 얻을 수 있다. 따라서 기술진보는 [식 7]에서 E가 상승하는 현상으로 나타낼 수 있다. 이제 E가 g의 일정한 비율로 증가한다고 하자.

기술진보율 : $g = \dfrac{\Delta E}{E}$ 단, g는 외생변수 [식 8]

생산함수가 변화하였으므로 분석의 편의상 지금까지 사용해 오던 변수도 다시 정의하도록 하자. 1인당 소득 및 1인당 자본은 실제노동자 1인이 아닌 유효노동자 1인에 대한 값으로 재정의된다.

유효노동자 1인당 소득 : $\tilde{y}= Y/(E\times L)$ [식 9]

유효노동자 1인당 자본 : $\tilde{k}= K/(E\times L)$ [식 10]

또한 1인당 생산함수 및 1인당 투자는 다음과 같이 나타낼 수 있다.

유효노동자 1인당 생산함수 : $\tilde{y}= f(\tilde{k})$ [식 11]

유효노동자 1인당 투자 : $\tilde{i}= sf(\tilde{k})$ [식 12]

[식 11]과 [식 12]은 [식 2] 및 [식 3]과 유사하지만 각 변수가 재정의되어 있다는 점에 유의하기 바란다. 이처럼 변수가 재정의되었으므로 $\tilde{k}$와 $\tilde{y}$가 일정해지더라도 더 이상 실제 1인당 소득과 1인당 자본이 일정하게 유지되지 않는다. 이 경우 실제 1인당 자본과 소득은 기술진보율 g의 속도로 증가하며, 총자본 및 총생산은 $n+g$의 속도로 증가한다.

이제 유효노동자 1인당 자본이 일정하게 유지되는 경우를 균제상태라고 재정의하자. 인구증가와 기술진보를 모두 반영한 모형에서 유효노동자 1인당 자본이 일정하게 유지되기 위해서는 매 기간 감가상각인 δk와 새로 증가한 인구에게 지급할 nk에 더하여 노동의 효율성이 증가한 것을 반영하는 gk의 투자가 더 이루어져야 한다. 즉 인구성장과 기술진보가 고려된 경우 유효노동자 1인당 자본을 일정하기 유지하기 위한 필요투자는 총 $(\delta+n+g)\tilde{k}$가 된다. 따라서 인구성장과 기술진보가 고려된 경우 솔로우모형에서의 유효노동자 1인당 자본축적방정식은 다음과 같다.

유효노동자 1인당 자본축적방정식 : $\Delta\tilde{k}= sf(\tilde{k})-(\delta+n+g)\tilde{k}$

이때 $\Delta\tilde{k}=0$이면 $\tilde{y}= Y/(E\times L)$와 $\tilde{k}= K/(E\times L)$가 일정하게 유지된다. 이 경우 총소득, 총자본 및 유효노동자의 수가 동일한 비율로 변화하는 균제상태가 된다. 이는 [그림 13]에서의 $\tilde{k}^*$ 수준에 해당한다.

장기균형조건 : $\Delta\tilde{k}= sf(\tilde{k})-(\delta+n+g)\tilde{k}=0$

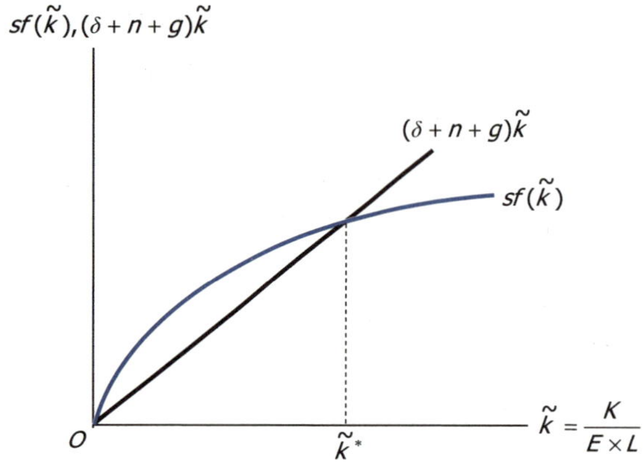

[그림 13] 유효노동자 1인당 자본축적

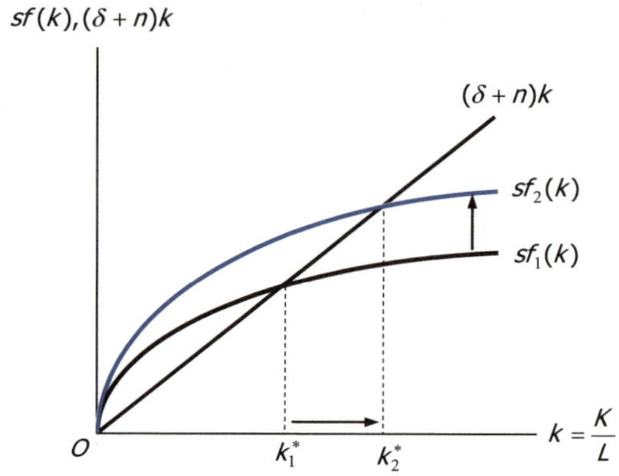

[그림 14] 실제노동자 1인당 자본축적

[그림 13] 및 [그림 14]는 기술진보를 반영한 솔로우모형의 균제상태를 나타내고 있다. [그림 13]처럼 수평축을 유효노동자 1인당 자본으로 나타낸 경우 1인당 투자함수는 이동하지 않고 균제상태는 하나의 점으로 나타내어진다. 그러나 [그림 14]처럼 수평축을 실제노동자 1인당 자본으로 나타낸 경우 1인당 투자함수는 지속적으로 상방이동하며 균제상태는 일정한 비율(g)로 지속적으로 우측이동한다. 주의할 점은 두 가지 그림은 다른 것이 아니라 동일한 현상을 다른 평면에 나타낸 것일 뿐이란 점이다.

이 모형의 균제상태에서 총자본과 총소득은 인구성장률(n)과 기술진보율(g)을 합한 $n+g$의 비율로 증가하는데 이것이 거시경제의 잠재성장률이다. 앞서 제2장에서 잠재성장률의 개념을 정의했지만 그 값이 어떻게 결정되는지는 설명하지 않았었는데, 이제야 마침내 잠재성장률이 어떻게 결정되는지를 설명할 수 있게 되었다. 또한 실제 1인당 자본과 실제 1인당 소득은 g의 비율로 증가한다. 이처럼 기술진보를 고려한 솔로우모형은 칼도가 찾아낸 경제성장의 정형화된 사실을 대부분 잘 설명한다. 또한 경제성장의 진정한 동인은 다름 아닌 기술진보와 생산성 향상이라고 결론을 내릴 수 있다.[4)5)]

---

4) 인구성장과 기술진보가 모두 고려된 모형에서 황금률의 조건은 $MP_K-\delta=n+g$이 된다.

5) 기술진보를 반영한 솔로우모형에서는 앞서 살펴본 실제 1인당자본의 축적식을 사용할 수 없는 것일까? 그렇지는 않다. 분석의 편의상 변수를 재정의했을 뿐 앞서 살펴본 실제 1인당자본에 대해 성립하던 식들은 여전히 타당하다. 즉 새로운 식들이 기존의 식을 대체한 것이 아니라 새로운 식들이 기존의 식을 보완하는 것이다.

변 수	기 호	장기균형성장률
유효노동자 1인당 자본	$\tilde{k}=K/(L\times E)$	0
유효노동자 1인당 소득	$\tilde{y}=Y/(L\times E)$	0
실제 1인당 자본	$(K/L)=\tilde{k}\times E$	g
실제 1인당 소득	$(Y/L)=\tilde{y}\times E$	g
총자본	$K=\tilde{k}\times E\times L$	$n+g$
총생산	$Y=\tilde{y}\times E\times L$	$n+g$

[표 2] 균제상태에서 주요변수의 변화

이제 기술진보를 반영한 솔로우모형에서 기술진보율 상승의 효과를 분석해 보자. [그림 15]에서 기술진보율이 상승하면 필요투자가 증가하므로 균제상태의 유효 1인당 자본이 감소한다. 그러나 [그림 16]에서 볼 수 있듯이 기술진보로 인해 실제투자가 더 빨리 상방으로 이동하게 됨에 따라 균제상태의 실제 1인당 자본은 더욱 빠른 속도로 증가한다.

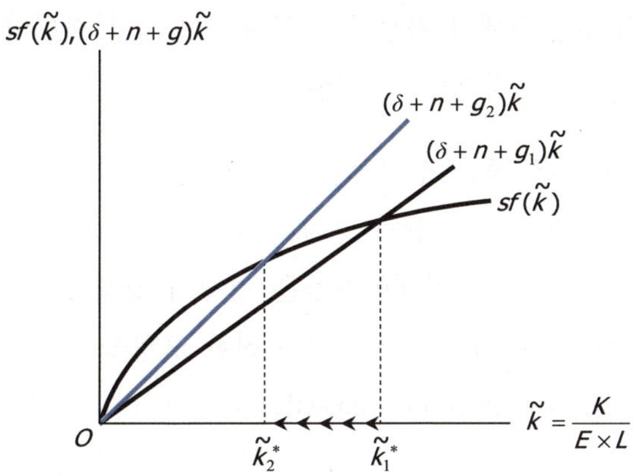

[그림 15] 유효노동자 1인당 자본축적

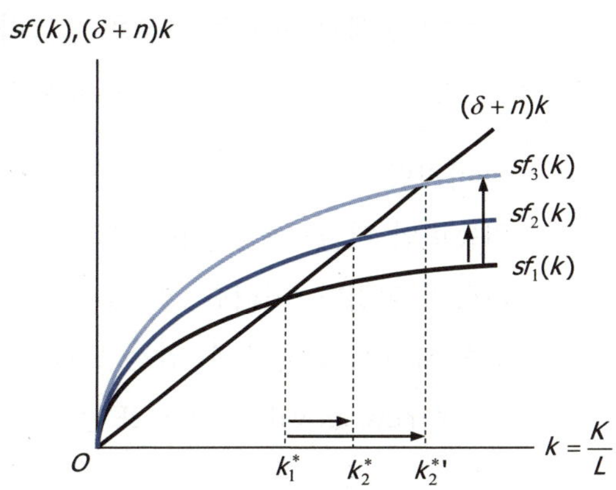

[그림 16] 실제노동자 1인당 자본축적

기술진보를 고려한 솔로우모형의 균제상태에서 주요변수인 저축률, 인구증가율, 기술진보율 등이 변화했을 때의 효과를 정리하면 [표 3]과 같다.

모 형	총소득	총성장률	1인당 소득수준	1인당 성장률
s의 상승	↑	–	↑	–
n의 상승	↑	↑	↓	–
g의 상승	↑	↑	↑	↑

[표 3] 저축률, 인구증가율, 기술진보율의 변화

07 솔로우모형에 대한 중간평가

솔로우모형은 실제투자와 필요투자를 정의하고 양자가 일치할 때 노동(L), 자본(K), 소득(Y)의 관계가 일정하게 유지되는 균제상태가 성립함을 보였다. 또한 인구성장과 기술진보를 고려할 경우 자본주의 경제의 성장의 많은 부분을 잘 설명하고 있다.

솔로우모형은 경제성장의 경로가 안정적이고 변수간의 관계가 균형잡힌 것으로 설명한다는 점에서 이전의 해로드－도마의 모형보다 경제성장의 현실에 가깝다.[6] 또한 자본주의 경제의 지속적 성장을 설명하고 있다는 점에서 자본주의 경제가 정체할 것이라고 예상한 맬서스(Malthus)의 모형보다 바람직한 것으로 평가된다.

이처럼 솔로우모형은 형식적인 측면에서 매우 좋은 성질들을 가지고 있으나 성장의 원동력인 기술진보를 외생적인 것으로 간주하여 경제성장의 본질을 비껴갔다는 비난을 피하기 어렵다. 이러한 한계를 극복하기 위해 이후의 경제학자들은 경제의 성장동인을 모형 내에서 설명할 수 있는 모형들을 발전시켜 나가게 되었는데 이러한 모형들을 **신성장이론**(new growth theory) 또는 **내생적 성장이론**(endogenous growth theory)이라고 한다.

6) 두 모형이 이러한 차이를 갖게 된 것은 두 모형이 채택한 생산함수가 다르기 때문이다. 해로드-도마 모형은 레온티에프 생산함수를 사용하였지만 솔로우모형은 1. 생산요소의 기술적 대체가 가능하며 2. 생산요소가격의 신축적인 조정이 가능한 콥－더글러스 생산함수를 사용한다.

수렴가설의 문제 : 솔로우모형의 실증적 검증 08

솔로우모형은 총생산함수에서 자본의 한계생산이 지속적으로 체감하는 것으로 가정하고 있다. 이러한 총생산함수에 의하면 개도국은 자본의 생산성이 높아 자본의 축적이 빨리 이루어지고 선진국은 자본의 생산성이 체감하여 자본의 축적이 천천히 이루어지게 될 것이다. 이것이 사실이라면 시간이 흐름에 따라 개도국이 점차 선진국을 따라잡는 **추격효과**(catch up effect)가 발생하게 되며 결국 다른 조건이 일정할 때 최장기적으로 부국과 빈국의 소득수준과 생활수준은 동일한 수준으로 접근하게 되는데 이를 **수렴현상**(convergence)이라고 한다.

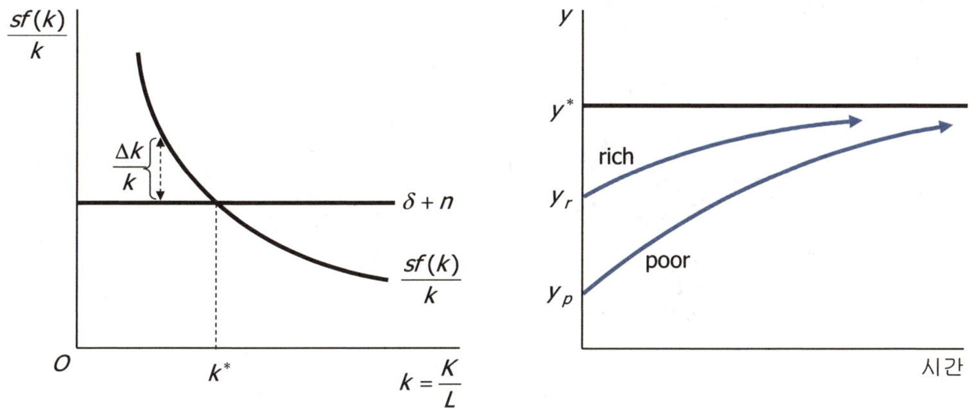

[그림 17] 추격효과와 수렴가설

이러한 수렴현상은 국가간 자본이동이 활발할수록 더 촉진된다. 즉 자본의 생산성이 낮은 선진국의 자본은 자본의 생산성이 높은 개도국으로 이동하려 할 것이며 이렇게 되면 선진국의 성장률은 더욱 감소하고 개도국의 추격속도는 더욱 빨라지기 때문이다.

그렇다면 현실에 있어서 수렴현상은 발생하는가? 1986년 보몰(W. Baumol)은 세계 각국의 소득이 무조건적으로 수렴하는지의 문제를 제시하고 전 세계적으로 소득이 수렴하는 경향이 있다고 발표하였다. 그러나 보몰의 연구는 주로 선진국들만을 대상으로 한 문제가 있는 것으로 알려졌으며 그 이후 이루어진 폴 로머(P. Romer)등의 연구에 의하면 선진국 사이에는 수렴의 경향을 보이지만, 전 세계적으로는 수렴의 증거가 약한 것으로 조사되었다.

사실 국가간 수렴경향이 존재하는지 여부는 대상국가의 범위를 어떻게 잡는지에 따라 여러 가지로 접근할 수 있다. 이제 수렴을 선진국 그룹내에서의 수렴, 개도국 그룹내에서의 수렴, 선진국 그룹과 개도국 그룹간의 수렴으로 구분해 분석해 보자. 세 가지가 모두 의미가 있지만 추격효과의 존재와 관련된 것은 3번째의 경우이다. [그림 18]과 [그림 19]에서 횡축은 미국의 1인당 소득 대비 각 국가의 1인당 소득의 비율을 의미하며 종축은 1인당 성장률을 의미한다. 수렴가설이 성립하기 위해서는 각 집단 내에서 또는 각 집단 간 1인당 소득이 높을수록 1인당 성장률이 낮아지는 우하향하는 관계가 나타나야 한다. [그림 18]에 의하면 선진국 그룹내에서는 우하향하는 관계가 나타난다. 즉 선진국 그룹내에서는 수렴이 성립한다. 그러나 [그림 19]에 의하면 개도국 그룹내에서는 우상향하는 관계가 나타나 수렴이 성립하지 않는다. 또한 [그림 18]에 의하면 선진국 그룹과 개도국 그룹간에도 수렴의 증거가 보이지 않는다.

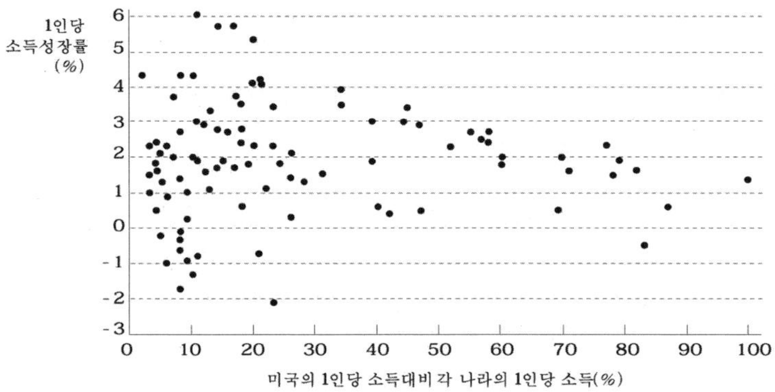

[그림 18] 전 세계적인 소득의 수렴여부

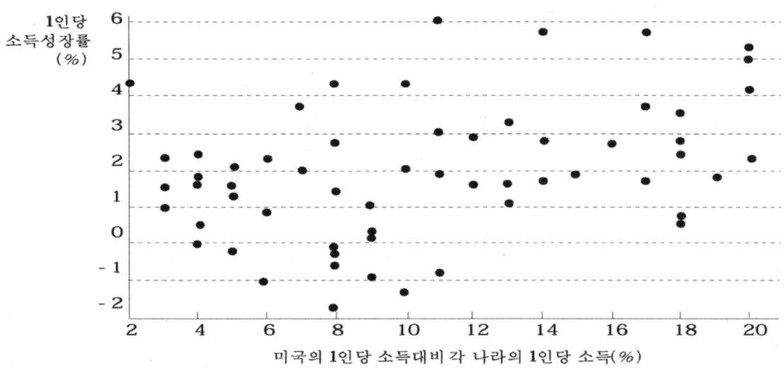

[그림 19] 저소득 국가들의 소득의 수렴여부

살펴본 바 솔로우모형의 예측과 달리 가난한 국가들은 부유한 국가들보다 높은 성장률을 보이지 못하고 있다. 즉 수렴의 증거는 상당히 미약하다. 그렇다면 현실적으로 수렴이 성립하지 않는다는 것은 솔로우모형이 현실을 설명하는 데 실패했다는 것일까? 이에 대해서 두 가지의 상이한 해석이 있다.

우선 솔로우모형을 옹호하는 측에서는 조건부 수렴가설을 제시하였다. **조건부 수렴가설**(conditional convergence hypothesis)이란 국가들의 여건이 다르기 때문에 모든 국가가 동일한 균제상태에 이르러야 할 이유가 없다는 것이다. 예를 들어 [그림 20]에서 저축률이 s_A인 국가는 k_A^*로 수렴하고, 저축률이 s_B인 국가들은 k_B^*로 각각 수렴한다. 즉 각국은 자국의 저축, 인구증가, 교육 등에 따라 서로 상이한 안정상태로 수렴하기 때문에 전 세계적인 수렴이 나타나야 할 이유는 없는 것이다.

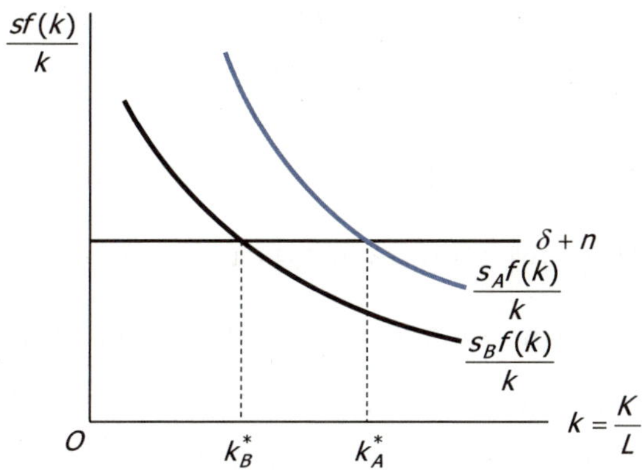

[그림 20] 조건부 수렴가설

조건부 수렴을 주장하는 경제학자들은 저축률, 인구증가율 등 경제기초여건이 비슷한 국가들을 대상으로 한 연구에서 국가간 소득격차가 매년 2%씩 감소하고 있다는 점을 그 근거로 들고 있다.

그러나 수렴가설을 조건부로 해석하더라도 설명되지 않는 많은 부분이 있고 솔로우모형만으로는 현실이 설명되지 않는다고 생각하는 경제학자들은 경제성장을 설명하는 새로운 틀이 필요하다고 생각하였다. 이들에 의하면 국가간의 소득격차가 감소하지 않는 가장 중요한 이유는 경제성장에 있어서 자본의 한계생산이 체감하지 않아 국가간 생산성의 차이가 줄어들지 않기 때문이라고 한다. 이러한 수렴가설에 대한 논쟁은 이후 신성장이론이 등장하는 중요한 계기가 된다.

09 성장회계와 경제성장의 현실

기업의 회계장부를 보면 그 기업이 어디서 이익을 얻었고, 왜 손실을 보게 되었는지 등의 원인을 알 수 있다. 이처럼 **성장회계**(growth accounting)란 한 국가에서 성장의 원인이 된 요인이 무엇인지를 분석하여 설명하여 주는 것을 말한다. 경제성장의 주된 요인이 노동과 자본의 증가 또는 기술의 진보라고 간주할 때 성장회계방정식은 다음과 같다.

성장회계방정식 : $\frac{\Delta Y}{Y} = \frac{\Delta A}{A} + \alpha \frac{\Delta K}{K} + (1-\alpha)\frac{\Delta L}{L}$

총생산증가율 = 총요소생산성의 증가 + (자본의 기여 + 노동의 기여)

= 기술진보의 효과 + 요소축적의 효과

이 식에서 α는 자본의 증가가 GDP의 성장에 기여하는 비율을 나타내며, $(1-\alpha)$는 노동의 증가가 GDP의 성장에 기여하는 비율을 나타낸다. 또한 $\frac{\Delta A}{A}$는 **총요소생산성**(total factor productivity : TFP) 증가율인데 총요소생산성이란 경제전체적인 기술수준 나타내는 대표적인 지표이다. 단 기술충격은 직접 측정하기 어렵기 때문에 대부분 산출량 변동 중 노동과 자본의 변화로부터 비롯한 부분을 제외한 **솔로우잔차**(Solow residual)를 기술충격의 추정치로 사용한다. 이에 대해서는 제15장에서 설명한 바 있다.

여러 국가의 자료에 근거하여 경제성장의 요인들을 분석해 본 결과 경제학자들은 다음과 같은 결론에 이르게 되었다.

첫째, 2차 세계대전 후 미국 등 서구 여러 나라에서는 기술진보 또는 총요소생산성의 증가가 경제성장의 1/3 이상을 설명했다

둘째, 일부 아시아 국가들(싱가포르, 한국 등)에서는 경제성장의 대부분이 노동과 자본의 양적증가에 기인한 것으로 나타났다

셋째, 전통적인 성장요인으로 간주되어온 자본, 노동, 총요소생산성 이외에 한 나라의 인적자본에 대한 투자가 1인당 실질소득과 강한 양(+)의 상관관계를 갖는다.

이처럼 선진국의 경제성장에 비해 아시아의 경제성장은 그 속도는 빠르지만 기술진보보다는 노동과 자본 등의 양적 성장에 치우쳐 있다는 비판이 제기되었는데 이를 **아시아 성장한계론**이라고 한다. 아시아 성장한계론은 한국 경제성장에 대한 일종의 경고로 받아들일 수 있다. 즉 한국을 비롯한 아시아 국가들이 성장을 지속하기 위해서는 요소축적에 치우친 양적 성장이 아니라 생산성을 높여나가는 질적 성장을 이루어가야 한다는 것이다.

신성장이론의 등장 10

10.1 신성장이론의 성격

이상에서 살펴본 것처럼 솔로우모형은 몇 가지 한계가 있다. 첫째, 이론적으로 지속적인 성장을 일으키는 동력인 기술진보율 g가 외생변수로 주어져 있고 무엇이 이를 결정하는지에 대해 아무런 설명이 없다. 일부 경제학자들은 이점을 들어 솔로우모형을 **외생적 성장모형**(exogenous growth model)이라고 비판하였다.

둘째, 실증적으로 국가간 성장률의 격차가 좁혀지지 않는 이유를 충분히 설명하지 못한다. 즉 수렴가설이 현실적으로 성립하지 않는 현상을 설명하지 못한다.

셋째, 정책적으로 성장률을 높이기 위해 정부가 어떤 일을 해야 하는지에 대한 구체적인 언급이 없다.

이러한 문제를 해결하기 위해 등장한 것이 **신성장이론** 또는 **내생적 성장이론**이라고 부르는 이론이다. 사실 신성장이론은 어느 하나의 이론을 일컫는 표현이 아니라 솔로우모형 이후 등장한 다양한 경제성장모형들을 포괄하는 표현이다. 신성장론자들의 일부는 솔로우모형을 대체하려고 하였으며 다른 일부는 솔로우모형을 보완할 방안들을 찾으려 하였다.

신성장모형 중 일부는 솔로우모형에서 외생변수로 간주하는 인구성장률, 저축률, 기술진보율 등을 내생적으로 설명하고자 하였다. 예를 들어 **연구개발모형**은 기술진보를 내생적으로 설명하는 시도에 해당한다.

또한 신성장모형들은 새로운 경제성장의 동인을 모형에 포함시키려 하였는데 예를 들어 지식과 자본의 외부효과를 강조하는 모형, 생산경험 누적에 의한 학습효과(learning by doing : LBD)를 강조하는 모형, 교육과 훈련을 통한 인적자본의 축적을 강조하는 모형 등이 있다.

그 외에도 성장에 영향을 미치는 다양한 환경적 요인을 연구하는 모형들이 있다. 예를 들어 금융시장의 발달정도, 경제의 개방성, 재산권의 보호정도, 부패수준, 정부규제 수준 및 형태 등 다양한 요인이 경제성장에 어떤 영향을 미치는지에 대한 연구가 이루어졌다.

이처럼 신성장모형은 매우 다양한 형태로 발전하였기 때문에 이를 담아낼 공통된 사고의 틀이 필요하다. 이하 많은 신성장모형들이 공통된 사고의 틀로 활용하는 모형인 AK모형을 통해 그 특징을 살펴본다.

10.2 신성장이론의 대표적인 모형 : AK모형

AK모형은 내생적 성장모형의 구체적인 예로 볼 수도 있고, 내생적 성장이론가들의 공통된 사고체계를 대표하는 모형으로 볼 수도 있다. AK모형이 가정하는 생산함수는 다음과 같다.

총생산함수 : $Y = AK$

1인당 생산함수 : $y = Ak$

이 모형에서 A는 자본의 한계생산성을 의미하는데 이는 일정한 값이라고 가정한다. 이는 한계생산이 체감하지도 않으며 외생적 기술진보를 가정하지도 않음을 의미한다. 이제 인구성장률이 n이라고 하고 자본축적방정식과 성장률을 도출하면 다음과 같다.

총자본축적방정식 : $\Delta K = sY - \delta K = sAK - \delta K$

총소득의 성장률 : $\dfrac{\Delta Y}{Y} = \dfrac{\Delta K}{K} = sA - \delta$

1인당 소득의 성장률 : $\dfrac{\Delta y}{y} = \dfrac{\Delta k}{k} = \dfrac{\Delta K}{K} - \dfrac{\Delta L}{L} = sA - (\delta + n)$

1인당 자본축적방정식 : $\Delta k = sy - (\delta + n)k = sAk - (\delta + n)k$

새로운 1인당 자본축적방정식에서 1인당 생산함수인 $f(k)$부분이 Ak로 대체되어 있음을 알 수 있을 것이다. 이를 나타내면 [그림 21] 및 [그림 22]와 같다. [그림 21]에서 $(\delta+n)k$는 솔로우모형에서와 마찬가지로 필요자본량을 나타낸다. 그러나 1인당 실제투자를 나타내는 sAk는 솔로우모형의 $sf(k)$와 달리 직선으로 나타내어져 있다. 이러한 차이로 이 모형에는 솔로우모형과 같은 균제상태가 존재하지 않고 자본축적의 감속현상도 나타나지 않는다. 이 모형에서 총성장률은 $sA-\delta$, 1인당 성장률은 $sA-(\delta+n)$으로 일정하게 유지된다.

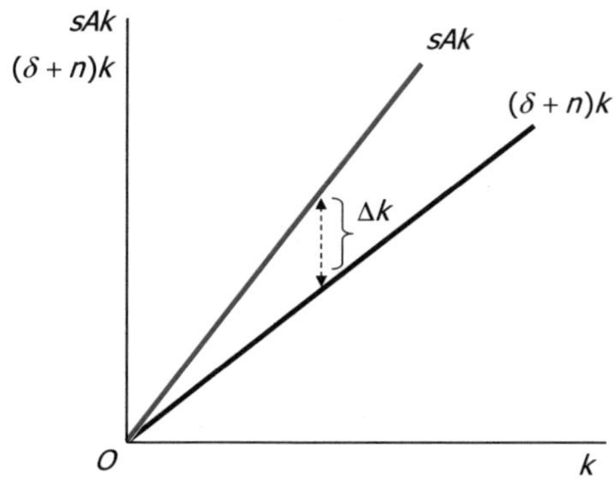

[그림 21] AK모형-1

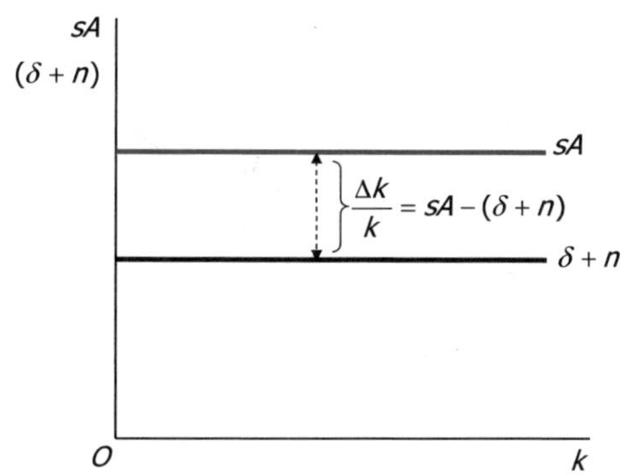

[그림 22] AK모형-2

AK모형은 몇 가지 점에서 솔로우모형과 다른 결론에 이른다. 첫째, $sA>\delta$의 조건이 만족되면 외생적 기술진보를 가정하지 않고도 지속적인 성장을 설명할 수 있다. 둘째, 저축률의 상승이 수준효과뿐만 아니라 성장률효과까지 가진다. 셋째, 시간이 흘러도 국가간의 성장률의 격차가 줄어들지 않는다. 솔로우모형과 AK모형의 차이점을 정리하면 [표 4]와 같다.

AK모형의 타당성은 과연 거시경제에서 실제로 자본의 생산성이 체감하지 않고 일정하게 유지될 수 있는지의 여부에 달려있다. 내생적 성장론자들은 이러한 모형이 정당화될 수 있는 다양한 근거를 제시하고 있는데 대표적인 것은 다음과 같다.

첫째, 자본을 단순한 물적자본이 아닌 인적자본이나 지식자본을 포함하는 광범위한 개념으로 정의한다면 자본의 생산성은 체감하지 않고 일정하게 유지될 수 있다. 둘째, 자본의 축적은 긍정적 외부효과(positive externality)를 가지기 때문에 투자를 하는 개별기업 입장에서는 한계생산이 체감하지만 경제전체적인 총체적 생산함수는 한계생산이 불변하거나 오히려 체증할 수도 있다.

<table>
<tr><th></th><th colspan="2">솔로우모형</th><th>AK 모형</th></tr>
<tr><td>생산함수</td><td colspan="2">$Y=F(K, L)(=AK^{\alpha}L^{1-\alpha})$</td><td>$Y=AK$</td></tr>
<tr><td>한계생산</td><td colspan="2">체감</td><td>일정</td></tr>
<tr><td>1인당 생산함수</td><td colspan="2">$y=f(k)$</td><td>$y=Ak$</td></tr>
<tr><td>1인당 투자</td><td colspan="2">$i=sf(k)$</td><td>$i=sAk$</td></tr>
<tr><td>1인당 자본축적식-1</td><td colspan="2">$\Delta k=sf(k)-(\delta+n)k$
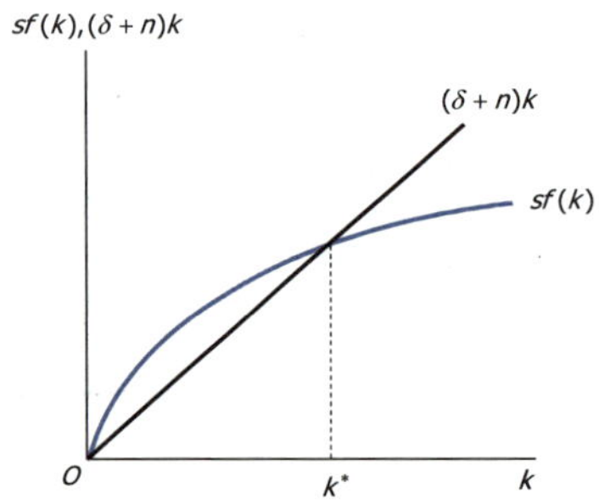</td><td>$\Delta k=sAk-(\delta+n)k$
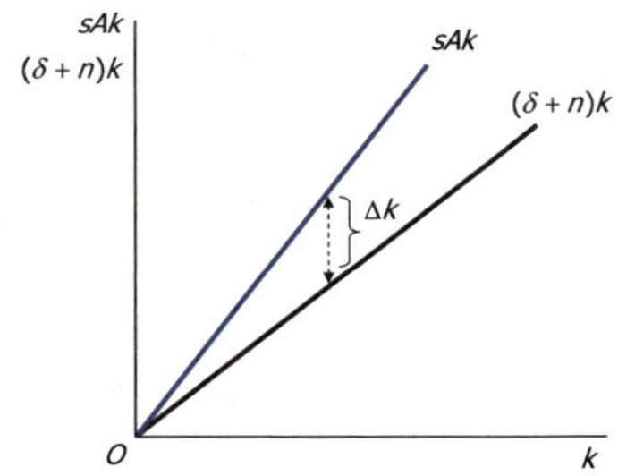</td></tr>
<tr><td>1인당 자본축적식-2</td><td colspan="2">$\frac{\Delta k}{k}=\frac{sf(k)}{k}-(\delta+n)$
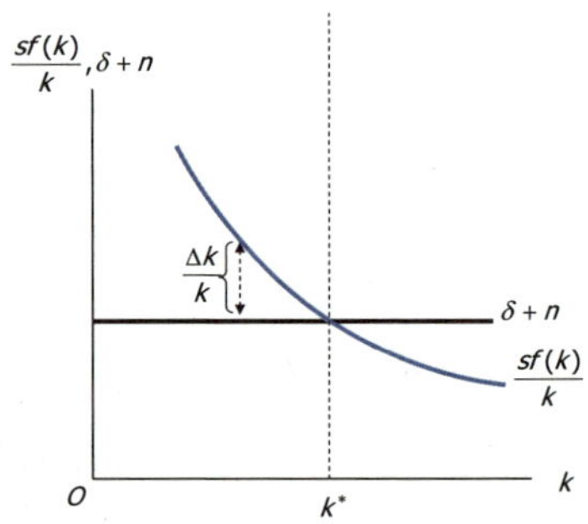</td><td>$\frac{\Delta y}{y}=\frac{\Delta k}{k}=sA-(\delta+n)$
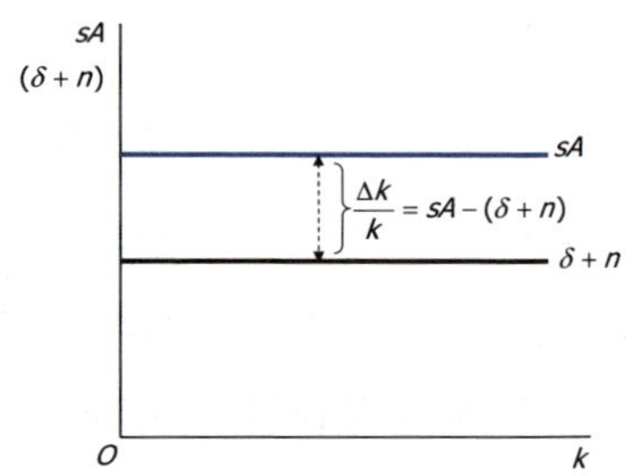</td></tr>
<tr><td>기술진보에 대한 가정</td><td>기술진보 ×</td><td>기술진보 ○</td><td>외생적 기술진보 가정 불필요</td></tr>
<tr><td>균형 총성장률</td><td>n</td><td>$n+g$</td><td>$sA-\delta$</td></tr>
<tr><td>균형 1인당 성장률</td><td>0</td><td>g</td><td>$sA-(\delta+n)$</td></tr>
<tr><td>장기성장동력</td><td colspan="2">외생적 기술진보</td><td>지식자본, 인적자본, 연구개발 등 다양</td></tr>
<tr><td>물적 투자(저축)의 역할</td><td colspan="2">수준효과</td><td>수준효과+성장률효과</td></tr>
<tr><td>수렴가설</td><td colspan="2">성립</td><td>불성립</td></tr>
</table>

[표 4] 솔로우모형과 AK 모형의 비교

10.3 *AK*모형의 응용

앞서 AK모형은 내생적 성장이론가들의 공통된 사고체계를 대표하는 모형으로서 다양한 신성장모형을 AK의 틀에 담을 수 있다고 하였다. 예를 들어 총생산함수가 다음과 같이 인적자본(H)를 포함하는 형태로 주어진다고 하자.

$$Y_t = K_t^{\alpha} H_t^{1-\alpha} \qquad \text{[식 13]}$$

균형상태에서 물적자본 및 인적자본의 한계생산이 동일하다면 다음 조건이 성립한다.

$$MP_K = \alpha K_t^{\alpha-1} H_t^{1-\alpha} = MP_H = (1-\alpha) K_t^{\alpha} H_t^{-\alpha} \qquad \text{[식 14]}$$

[식 14]를 정리하면 $\frac{K}{H} = \frac{\alpha}{1-\alpha}$가 되는데 이를 [식 13]에 대입하면 다음과 같다.

$$Y_t = K_t^{\alpha} \left(\frac{1-\alpha}{\alpha} K_t\right)^{1-\alpha} = \left(\frac{1-\alpha}{\alpha}\right)^{1-\alpha} K_t = AK_t \qquad \text{[식 15]}$$

즉 인적자본과 물적자본의 동시축적을 통해 물적자본의 한계생산성이 체감하지 않는 모형이 구성된다. 이 경우 앞서 살펴본 AK모형의 특징이 그대로 성립한다.

10.4 신성장이론의 평가

신성장이론은 기존의 솔로우모형의 한계를 극복하기 위해 노력하였으며, 이러한 과정에서 경제성장을 이해하는 시각을 크게 넓혔다. 특히 경제성장을 이끌 수 있는 장기적인 동인이 무엇인지를 여러 각도에서 조명하여 경제정책의 방향을 제시하였다는 점에서도 의미가 크다. 신성장이론은 후진국이 빈곤에서 탈출하고 선진국이 성장을 지속시켜 나갈 수 있는 길을 찾기 위해 앞으로도 활발히 연구되고 빠른 속도로 발전할 것으로 기대되는 분야이다.

보론 솔로우모형에서 균제조건의 수식도출

감가상각과 인구증가만을 고려하며 편의상 기술진보율은 고려하지 않는다. 이하 기호는 본문에 사용된 것과 동일하다.

총자본의 기간당 증가분은 투자와 감가상각의 차이에 의해 결정된다.

총자본의 증가분 : $\Delta K = I - \delta K = sY - \delta K$ [식 A–1]

노동력의 기간 당 증가율은 n으로 일정하게 주어져 있다.

인구증가율 : $n = \frac{\Delta L}{L}$ [식 A–2]

1인당 자본 $k = \frac{K}{L}$이므로 이 식을 전미분해서 정리하면 다음 관계를 얻는다.

1인당 자본의 증가율 : $\frac{\Delta k}{k} = \frac{\Delta K}{K} - \frac{\Delta L}{L}$ [식 A–3]

즉 1인당 자본의 증가율은 총자본의 증가율에서 인구증가율을 뺀 값과 같아진다. [식 A–3]에 [식 A–1]과 [식 A–2]를 대입하여 정리하면 다음과 같다.

$$\frac{\Delta k}{k} = \frac{sY - \delta K}{K} - n = s\frac{Y}{K} - (\delta + n)$$ [식 A–4]

[식 A–4]의 양변에 $k = \frac{K}{L}$을 곱하면 다음의 관계식을 얻는다.

1인당 자본축적방정식 : $\Delta k = sy - (\delta + n)k = sf(k) - (\delta + n)k$

이 식에서 $\Delta k = 0$이면 L, K, Y 간의 관계가 일정하게 유지되어 균제상태(steady state)가 성립한다. 따라서 감가상각과 인구성장이 고려된 솔로우모형에서 장기균형조건, 즉 균제조건은 다음과 같다.

솔로우모형의 균제조건 : $\Delta k = sf(k) - (\delta + n)k = 0$

황금률 균제조건의 도출 / 보론

감가상각, 인구증가, 기술진보를 모두 고려한 솔로우모형에서 1인당 생산함수와 균제상태의 조건은 다음과 같다. 단 표기의 편의상 유효노동 1인당소득과 유효노동 1인당 자본을 y와 k로 나타내었다.

1인당 생산함수 : $y = f(k)$ [식 A-5]

균제조건 : $\Delta k = sf(k) - (\delta + n + g)k = 0$ 또는 $i = sf(k) = (\delta + n + g)k$ [식 A-6]

황금률의 조건은 균제상태에서의 1인당 소비를 극대화시키는 것이다.

1인당 소비-1 : $c^* = y^* - i^*$ [식 A-7]

[식 A-7]에 [식 A-5]와 [식 A-6]을 대입하면 다음과 같다.

1인당 소비-2 : $c^* = f(k^*) - (\delta + n + g)k^*$ [식 A-8]

위 식을 k^*로 미분하여 1계조건을 구하면 다음과 같다.

1계조건 : $\dfrac{dc^*}{dk^*} = f'(k^*) - (\delta + n + g) = 0$ [식 A-9]

$f'(k^*) = MP_K$이므로 [식 A-9]를 정리하면 다음과 같다.

황금률의 조건 : $MP_K = \delta + n + g$ 또는 $MP_K - \delta = n + g$

만약 감가상각과 인구증가는 있지만 기술진보가 없는 모형이라면 황금률의 조건은 $MP_K = \delta + n$이 된다. 만약 감가상각만 있고 인구증가와 기술진보가 없는 모형이라면 황금률의 조건은 $MP_K = \delta$이 되며 이것이 본문에서 사용한 가장 단순한 황금률의 조건이다.

보론 성장회계방정식과 솔로우잔차

일반적인 콥-더글러스 생산함수를 가정한다. A는 노동과 자본외에 총생산에 영향을 미치는 모든 요인을 반영하는데 편의상 기술수준을 나타내는 것으로 간주한다.

총생산함수 : $Y = AK^{\alpha}L^{1-\alpha}$ [식 A-10]

위 식을 전미분하면 다음과 같다.

$$dY = K^{\alpha}L^{1-\alpha}dA + \alpha AK^{\alpha-1}L^{1-\alpha}dK + (1-\alpha)AK^{\alpha}L^{-\alpha}dL \qquad \text{[식 A-11]}$$

[식 A-11]을 [식 A-10]으로 나누고 d 대신 Δ로 기호를 바꾸어 정리하면 다음과 같은 성장회계방정식을 얻는다.

성장회계방정식 : $\dfrac{\Delta Y}{Y} = \dfrac{\Delta A}{A} + \alpha\dfrac{\Delta K}{K} + (1-\alpha)\dfrac{\Delta L}{L}$ [식 A-12]

이 식에서 $\dfrac{\Delta A}{A}$는 기술수준 변화율의 추정치가 되는데 이를 직접 구하기 어렵기 때문에 다른 값들을 통해 구하는 방법을 사용하며 이를 솔로우잔차라고 한다.

솔로우잔차 : $\dfrac{\Delta A}{A} = \dfrac{\Delta Y}{Y} - \alpha\dfrac{\Delta K}{K} - (1-\alpha)\dfrac{\Delta L}{L}$ [식 A-13]

핵심용어해설

- **경제성장** : 경제의 규모가 지속적으로 증가하는 현상
- **인적자본** : 근로자들이 교육과 훈련, 경험 등을 통해 습득한 지식과 기술
- **기술지식** : 재화와 서비스를 생산하는 최선의 방법에 대한 이해

- **균제상태** : 자본, 노동, 총소득 등의 변수들이 일정한 관계를 갖게 되는 솔로우모형의 장기균형상태
- **수준효과** : 저축률 등의 변화가 소득의 수준에 미치는 효과
- **성장률효과** : 저축률 등의 변화가 소득의 장기 성장률에 미치는 효과
- **황금률** : 소비와 사회후생을 극대화시키는 경제성장의 방식
- **추격효과** : 빈국이 부국보다 성장률이 높기 때문에 빈국이 부국의 소득수준을 따라잡는 효과
- **수렴가설** : 다른 조건이 일정할 때 부국과 빈국의 소득수준 및 생활수준은 동일한 수준으로 접근하게 된다는 가설
- **성장회계** : 한 국가의 경제성장의 원인이 무엇인지를 밝히는 분석
- **학습효과** : 생산경험을 통한 지식습득
- **신성장이론** : 솔로우모형이 가진 한계를 극복하기 위해 발전된 새로운 성장이론, 내생적 성장이론이라고도 한다.

연 | 습 | 문 | 제

01 경제의 성장은 다양한 방법으로 나타낼 수 있다. 경제성장을 생산가능곡선 및 장기총공급곡선을 사용해서 나타내 보아라.

02 독일과 일본의 2차 대전 이후 급격한 성장을 기적이라고 평가하는 사람들이 있다. 이러한 현상은 기적인가, 솔로우모형으로 설명할 수 있는 현상인가? 이를 위해 솔로우모형에서 전쟁으로 인해 자본이 파괴된 경우 단기적인 자본축적에 미치는 효과를 설명해 보아라.

03 솔로우 성장모형에서 생산함수가 $Y=K^{1/2}L^{1/2}$이고, 인구증가율이 5%, 감가상각률이 10%, 저축률이 30%일 경우 균제상태의 1인당 자본, 1인당 소득, 1인당 소비를 구하라.

04 솔로우 성장모형에서 생산함수가 $Y=K^{1/2}L^{1/2}$이고, 인구증가율이 5%, 감가상각률이 10%일 때 황금률의 조건을 만족하는 1인당 자본량과 저축률을 구하라.

05 OECD 회원국들은 대부분 출산율 감소와 평균수명 연장으로 인해 고령화 사회로 진입하고 있으며, 이들 회원국 중에서도 우리나라의 고령화 속도가 가장 빠르게 나타나고 있다.

(1) 사회적 고령화가 우리나라의 저축률에 미치는 영향을 설명하라.

(2) 솔로우(R. Solow)의 경제성장모형을 이용하여 고령화가 경제의 장기성장률에 미치는 영향을 설명하라. 내생적 성장모형의 예측과 다른 점은 무엇인가?

06 2006년 노벨 경제학상을 수상한 펠프스(Phelps) 교수는 신고전파 경제성장이론에 근거하여 최적의 자본축적의 양은 과연 얼마인지 연구하였다. 스웨덴 왕립과학원은 노벨상 선정 이유의 하나로 펠프스가 "일정한 조건하에서는 저축률을 변화시키면 현재세대와 미래세대가 모두 이익을 볼 수 있다.(All generation may, under certain conditions, gain from changes in the saving rate)."는 것을 보인 점을 들었다. 여기서 말하는 '일정한 조건'이란 무엇인지 설명해 보시오.

07 한 국가의 성장률이 9%이고 자본소득분배율과 노동소득 분배율이 각각 0.3과 0.7이라고 하자. 이때 자본이 10%, 노동이 5% 증가했다고 할 때 총요소생산성의 증가율은?

08 경제성장에 관한 *AK*모형에 대하여 다음 질문에 답하시오.

(1) 아래의 주어진 수식을 이용하여 AK모형을 간단히 설명하고, 1인당 성장률을 구하시오. (단, Y=산출, A=상수, K=자본, s=저축률, δ=감가상각률, L=노동, n=인구성장률이다.)

$$Y = AK, \qquad \Delta K = sY - \delta K, \qquad \Delta L/L = n$$

(2) 우리나라의 1인당 경제성장률 4%를 지속적으로 달성하기 위해서는 저축률이 어느 수준으로 유지되어야 하겠는가? (단, 우리나라의 자본-산출계수(K/Y)는 4이고, GDP 가운데 감가상각이 차지하는 비율은 16%이며, 인구성장률은 2%이다.)

Ⅶ

PART 7

개방경제의 분석

CHAPTER 17
국제무역이론

CONTENTS

CHAPTER PREFACE | 들어가며

오늘날 모든 국가는 긴밀한 관계를 맺고 있으며 더 이상 어떤 국가도 혼자서 살아갈 수 없다. 국가 간의 거래는 국가 간에 상품이나 서비스가 교환되는 경상거래와 각종 금융자산이 거래되는 금융거래로 크게 구분해 볼 수 있다. 이번 장에서는 이 중 국제 경상거래를 중심으로 국가간 무역의 본질적 내용을 살펴본다. 이를 위해 우리는 국제적 무역거래를 산업간 무역과 산업내 무역으로 구분한 후 각 무역유형의 발생원인과 그로 인한 이익이 무엇인지를 살펴본다. 이러한 과정에서 우리는 비교우위와 무역의 이익에 대한 핵심적인 개념들을 공부하게 되는데, 이를 통해 국제무역이 한 국가의 번영을 위해 얼마나 중요한 역할을 하는지 자연스럽게 알게 될 것이다. 이처럼 대부분의 경제학자들이 자유무역의 소중함을 인정하지만 때로는 정부가 무역에 규제를 가해야 할 필요가 인정되는 경우가 있다. 이러한 경우에 정부가 사용하는 대표적인 정책이 관세와 수입할당인데 이 두 가지 정책의 효과를 비교, 평가해본다.

01 국제거래의 종류 및 무역의 이익[1)]

국제거래의 유형은 매우 다양하고 복잡하며 그 거래 대상도 무수히 많다. 그러나 거래 대상을 단순화한다면 재화나 서비스 같은 상품(goods)과 주식, 채권 또는 화폐와 같은 자산(asset)의 두 범주로 크게 구분해 볼 수 있다.

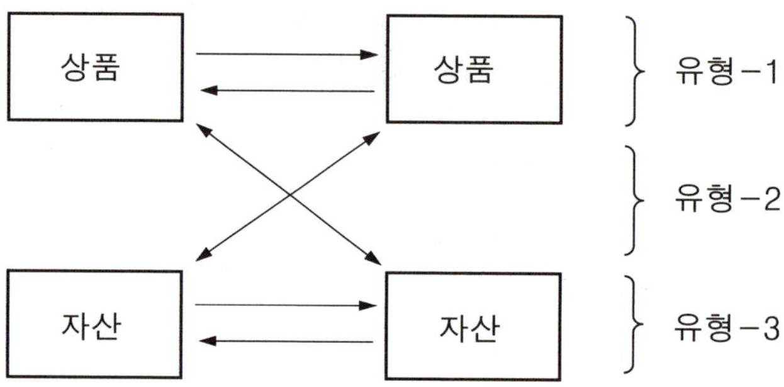

[그림 1] 국제거래의 유형

[그림 1]에 따르면 국제적 거래는 크게 세 가지 유형으로 구분된다. 첫 번째 유형은 국가간에 상품이 서로 교환되는 거래이다. 두 번째 유형은 국가간에 상품과 자산이 교환되는 거래이다. 세 번째 유형은 국가간에 자산이 서로 교환되는 거래이다. 예를 들어 우리나라에서 자동차를 수출하고 받은 돈으로 외국산 포도주를 사온다면 이는 첫 번째 유형의 거래에 속한다. 반면 우리나라에서 자동차를 수출하고 받은 돈으로 외국의 주식이나 채권을 구입한다면 이는 두 번째 유형의 거래에 속한다. 만약 우리나라의 주식이나 채권을 매각하고 받은 돈으로 외국의 주식이나 채권을 구입한다면 이는 세 번째 유형의 거래에 속한다.

이번 장에서는 첫 번째 유형의 거래를 중심으로 국제무역의 본질을 다룬다. 이러한 과정에서는 주로 미시경제학적인 접근방법들이 사용될 것이며 무역의 패턴과 무역의 이익에 대한 내용이 주로 설명된다. 이처럼 개방경제를 미시경제학적으로 접근하는 경

1) 물론 이 외에도 생산요소의 국가간 거래가 이루어질 수도 있다. 그러나 이를 포함하더라도 모든 거래는 동일한 가치를 가지는 두 대상 간의 교환으로 이루어진다는 기본적인 내용이 변경될 이유는 없다.

제학의 분야를 국제무역이론(international trade theory)라고 한다. 반면 제18장에서는 위 세 가지 유형의 거래를 모두 포함하여 보다 현실적인 접근을 시도할 것이다. 이러한 과정에서는 주로 거시경제학적인 접근이 이루어지게 되며 환율, 경상수지, 실업 등의 문제가 다루어진다. 이처럼 개방경제를 거시경제학적으로 접근하는 경제학의 분야를 국제금융이론(international finance theory)이라고 한다.

국제거래의 첫 번째 유형인 상품간 거래는 다시 산업간 무역과 산업내 무역으로 구분된다. 산업간 무역(inter-industry trade)이란 서로 다른 산업 간에 이루어지는 무역을 의미하는 것으로, 예를 들어 농산물－공산품 간의 교역이 이에 해당하며 주로 선－후진국간의 무역이 많다. 반면 산업내 무역(intra-industry trade)이란 동종, 유사한 산업내에서 이루어지는 무역을 의미한다. 예를 들어 대형차－소형차 간의 교역이나 각국의 특산물인 과일의 국가간 교역이 이에 해당하며 대체로 선진국간 무역이 높은 비율을 차지한다.

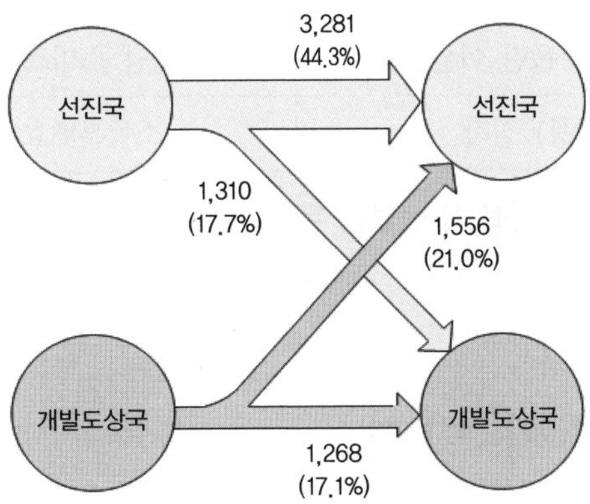

[그림 2] 국제무역의 현실

산업간 무역은 주로 각 국가가 가진 산업별 비교우위(comparative advantage)에 근거하여 발생한다. 반면 산업내 무역은 동종, 유사산업간의 무역이므로 비교우위 외의 요인들에 의해 발생하는데 규모의 경제(economy of scale)나 제품차별화(product differentiation)로부터의 이익이 무역이 발생하는 원인이 된다. 또 산업내 무역은 동종 산업간의 거래이므로 국가간 무역이 이루어지더라도 국내 계층간 이해갈등의 문제가 크지 않다. 반면 산업간 무역의 경우에는 무역으로 인해 이익을 보는 계층과 손해를 보는 계층이 뚜렷하게 나뉘기 마련이며 이로 인한 사회적 갈등이 매우 심각하다. 우리나라가 칠레나 미국과 자유무역협정(free trade agreement : FTA)를 체결할 때 그토록 반대가 거세었던 것도 대체로 이들 국가와의 무역이 주로 산업간 무역으로서의 성격을 갖고 있기 때문이었다.

일반적으로 생각하기에 동종, 유사한 상품을 사고파는 산업내 무역은 상이한 상품을 사고파는 산업간 무역에 비해 그 필요성도 낮고, 그 비율도 낮을 것으로 생각하기 쉽다. 그러나 [그림 2]에서 전 세계적인 무역의 현실을 볼 때 선진국 간의 무역이 선후진국 간의 무역보다도 더 많은 비율을 차지하고 있음을 알 수 있다. 이는 현실에 있어 산업내 무역이 산업간 무역 못지않은 중요성을 가지고 있음을 의미한다. 이상에 언급된 산업간 무역과 산업내 무역의 특징들을 정리하면 아래 [표 1]과 같다.

산업간 무역(inter-industry trade)	산업내 무역(intra-industry trade)
서로 다른 산업 간에 이루어지는 무역	동일, 유사한 산업 내에서 이루어지는 무역
ex) 농산물-공산품 간의 교역	ex) 대형차-소형차 간의 교역
선, 후진국 간 무역	대체로 선진국 간 무역
비교우위로 인한 무역의 이익	비교우위 외의 이익(규모의 경제, 제품차별화)
리카도 이론/헥셔-올린 이론	애덤 스미스 이론/크루그먼 이론
소득분배효과(갈등) 심각	소득분배효과(갈등) 크지 않음

[표 1] 산업간 무역과 산업내 무역

02 고전적 무역이론의 발전

2.1 무역이론의 기본적인 질문들

이제 무역으로 인한 이익이 무엇인지 이해하기 위해 우리가 흔히 접하는 다음과 같은 몇 가지 명제들을 고려해 보자.

1. 무역은 기본적으로 동일한 가치의 물건을 서로 주고받는 것이므로 기본적으로 제로섬 게임(zero-sum game)이며 어느 한쪽이 이득을 얻으면 다른 쪽은 손해를 보게 된다.
2. 모든 산업에서 생산성이 높은 국가나 모든 산업에서 생산성이 낮은 국가는 다른 국가와 거래를 통해 아무런 이익을 얻을 수 없다.

3. 무역의 이익은 대국에 집중되기 마련이며 소국은 무역을 통해 희생을 강요당할 뿐이다.

고전적인 무역이론들을 공부하면 이러한 문제에 대해 논리적으로 답할 수 있게 된다. 이제 고전적인 무역이론들을 설명하기 전에 몇 가지 기초적인 개념들을 살펴본다.

2.2 무역이론의 기초개념

첫 번째 살펴볼 개념은 절대우위와 생산성이다. **절대우위**(absolute advantage)는 한 산업의 우위를 **생산성**(productivity)에 근거하여 평가한 것인데 생산성은 다양한 방법으로 정의할 수 있으나 여기서는 노동자가 동일한 시간에 생산할 수 있는 산출량의 크기로 정의한다. 즉 동일한 재화를 더 적은 노동의 투입으로 생산할 수 있을 때, 또는 동일한 노동으로 더 많은 양을 생산할 수 있을 때 그 산업에 절대우위를 가진다고 정의한다.

두 번째 살펴볼 개념은 비교우위와 기회비용이다. **비교우위**(comparative advantage)는 한 산업의 우위를 **기회비용**(opportunity cost)에 근거하여 평가하는 것이다. 그런데 기회비용이란 어떤 것을 얻기 위해 포기한 다른 무엇을 의미하므로 한 재화를 생산하기 위하여 포기하여야 하는 다른 재화의 양이 적을 때 그 산업에 비교우위를 가진다고 정의할 수 있다. 이러한 기회비용은 생산가능곡선(production possibility curve)의 기울기에 반영되어 있으며 생산가능곡선의 기울기는 '교역이전의 각국의 재화의 상대가격'과 일치한다. 따라서 비교우위는 '교역이전의 각국의 재화상대가격에 근거하여 측정한 산업의 우위'라고 정의하여도 좋다. 즉 P_X/P_Y가 낮은 국가는 X재 산업에 비교우위를, P_X/P_Y가 높은 국가는 Y재 산업에 비교우위를 가진다.

세 번째 살펴볼 개념은 교역조건이다. **교역조건**(terms of trade : TOT)이란 국가 간 거래에 있어서 결정된 상품 간의 가격비율 또는 교환비율으로서, 대체로 수입재 단위로 나타낸 수출재의 상대가격 또는 수출재 한 단위로 얻어 올 수 있는 수입재의 양으로 정의된다.

$$\text{교역조건} = \frac{P_X}{P_M} = \frac{\text{수출재가격}}{\text{수입재가격}} = \text{수출재 1단위와 교환되는 수입재의 양}$$

예를 들어 우리나라의 수출재인 핸드폰(X)의 가격이 2만 원이고 우리나라의 수입재인 포도주(M)의 가격이 1만 원이라고 하자. 이때 교역조건은 2가 되는데 이는 수출품과 수입품 간의 상대가격이면서 동시에 핸드폰(수출재) 한 단위를 수출했을 때 얻어올 수 있는 포도주(수입재)의 수량이기도 하다. 그런데 교역조건의 상승은 자국의 수출재 1단위에 대해 받아올 수 있는 수입재의 양이 늘어남을 의미한다. 따라서 교역조건의 상승을 교역조건의 개선이라고 하고 교역조건의 하락을 교역조건의 악화라고 부르기도 한다.

절대우위, 비교우위 그리고 교역조건 등의 개념이 이해가 되었다면 준비가 된 셈이니 본격적으로 무역이론을 살펴보도록 하자.

2.3 애덤 스미스의 무역이론

애덤 스미스는 사람들이나 국가가 각자 자신이 잘하는 일(절대우위를 갖는 분야)에 특화하여 교역한다면 모두가 이익을 얻을 수 있다고 주장하였다.[2)] 이러한 주장을 이해하기 위해 우선 자국과 외국이 노동만을 투입하여 X재와 Y재를 생산, 소비하는 간단한 모형을 생각해 보자. 또한 자국은 X재 1단위 생산에는 1명의 노동자가 필요하며, Y재 1단위 생산에는 노동 2명이 필요하다고 하자. 반면 외국은 X재 1단위 생산을 위해 2명의 노동자가 필요하며 Y재 1단위 생산을 위해서는 노동자 1명이 필요하다고 하자. 그리고 각국에는 100명의 노동자가 있다고 할 때 이러한 내용을 정리하면 아래 [표 2]와 같다.

	자 국	외 국
X재	$1L$	$2L$
Y재	$2L$	$1L$
총노동량	$100L$	$100L$

[표 2] 단위당 요소사용량

2) 각국이 생산성이 높은 부문에 특화하면 무역의 이익이 발생한다는 스미스의 주장을 절대우위론이라고 한다. 그러나 스미스가 절대우위론을 주장하였고 비교우위론을 틀렸다고 보았다는 식의 표현은 어불성설이다. 스미스가 아직 등장하지도 않은 리카도의 이론을 비판할 수는 없지 않은가 말이다.

이 경우 자국은 X재 생산에 있어 외국에 비해 더 적은 노동을 투입하고도 동일한 수량을 생산할 수 있다. 즉 자국은 X재 생산에 있어 절대우위를 가진다. 반면 외국은 Y재 생산에 있어 자국보다 더 적은 노동을 투입하고도 동일한 수량을 생산할 수 있다. 즉 외국은 Y재 생산에 있어 절대우위를 가진다. 이제 각국이 절대우위를 가지는 상품의 생산에 특화하여 교역할 경우 어떠한 이익이 생기는지 살펴보도록 하자.

현재 자국은 X재 40개와 Y재 30개를, 외국은 X재 30개와 Y재 40개를 생산하여 소비하고 있다고 하자. 이러한 경우라면 양국의 노동은 완전히 고용된 상태임을 쉽게 확인할 수 있을 것이다. 이제 자국은 Y재 생산에 투입된 노동자 중 4명을 뽑아 자국이 절대우위를 가진 X재에 투입하고, 외국은 X재 생산에 투입된 노동자 중 4명을 뽑아 외국이 절대우위를 가진 Y재에 투입하기로 하자. 그리고 자국에서 추가로 생산된 X재 4개 중 3개를 외국에 주고 외국에서 추가로 생산된 Y재 4개 중 3개를 받아오는 거래를 한다고 하자. 이러한 특화와 교역의 과정을 정리한 것이 아래 [표 3]이다.

	자 국				외 국			
	교역 이전	특 화	교 역	교역 이후	교역 이전	특 화	교 역	교역 이후
X재	40	+4	−3	41	30	−2	+3	31
Y재	30	−2	+3	31	40	+4	−3	41

[표 3] 특화 및 교역의 효과

이러한 특화와 교환의 결과 이제 자국은 X재 41개와 Y재 31개를, 외국은 X재 41개와 Y재 31개를 소비할 수 있다. 즉 양국의 소비가능성이 모두 증가하여 모든 국가가 무역으로부터 이익을 얻게 된다.

애덤 스미스는 이러한 예를 통해 교환에 참가한 모든 사람 또는 국가가 함께 이득을 얻을 수 있음을 증명하여 국제무역을 바라보는 새로운 시각을 제시하였다. 그러나 애덤 스미스의 이론은 무역으로 인한 이익이 발생하는 것이 각국이 상이한 산업에 절대우위를 가지는 경우로 한정하였다는 한계가 있는데 이러한 한계는 이후 리카도의 무역이론에 의해 극복된다.

2.4 리카도의 무역이론

리카도는 애덤 스미스의 무역이론을 한층 발전시켜 비록 한 국가가 모든 산업에 절대우위를 가지고 있거나 어떤 산업에도 절대우위가 없는 경우라 하더라도 무역의 이익이 존재할 수 있음을 밝혀내었다. 이러한 주장을 이해하기 위해 이제 자국은 X재 및 Y재 1단위 생산에 각각 1명의 노동자만 투입하면 된다고 하자. 반면 외국은 X재 1단위 생산을 위해 4명의 노동자가 필요하며 Y재 1단위 생산을 위해서는 노동자 2명이 필요하다고 하자. 그리고 자국에는 100명, 외국에는 200명의 노동자가 있다고 하자. 이러한 내용을 정리하면 아래 [표 4]와 같다.

	자 국	외 국
X재	$1L$	$4L$
Y재	$1L$	$2L$
총노동량	$100L$	$200L$

[표 4] 단위당 요소사용량

이러한 경우라면 자국은 두 재화 모두 더 적은 노동을 투입하고도 동일한 수량을 생산할 수 있다. 즉 자국은 X재화 및 Y재화 모두에 있어 절대우위를 가진다. 과연 이러한 경우에도 무역을 하면 이익이 발생하는 것일까?

이를 확인하기 위해 다음과 같은 예를 생각해 보자. 현재 자국은 X재 50개와 Y재 50개를, 외국은 X재 30개와 Y재 40개를 생산하여 소비하고 있다고 하자. 이 경우 역시 양국의 노동자들은 완전히 고용된 상태이다. 이제 자국은 Y재 생산에 투입된 노동자 중 6명을 뽑아 X재에 투입하고, 외국은 X재 생산에 투입된 노동자 중 16명을 뽑아 Y재에 투입하기로 하자. 그리고 자국에서 추가로 생산된 X재 6개 중 5개를 외국에 주고 외국에서 추가로 생산된 Y재 8개 중 7개를 받아오는 거래를 한다고 하자. 이러한 과정을 나타낸 것이 아래 [표 5]이다.

	자국				외국			
	교역 이전	특 화	교 역	교역 이후	교역 이전	특 화	교 역	교역 이후
X재	50	+6	−5	51	30	−4	+5	31
Y재	50	−6	+7	51	40	+8	−7	41

[표 5] 특화 및 교환의 효과

이러한 특화와 교환의 결과 이제 자국은 X재 51개 Y재 51개를, 외국은 X재 31개 Y재 41개를 소비할 수 있다. 즉 양국의 소비가능성이 모두 증가하고 모든 국가가 무역으로부터 이익을 얻게 된다.

리카도는 비록 한 사람이나 국가가 모든 산업에 절대우위가 있거나 절대열위가 있어도 특화와 교역을 통해 이득을 얻을 수 있음을 처음으로 증명하였다. 이러한 리카도의 이론은 애덤 스미스가 밝힌 무역의 이익이 특정한 경우에만 한정되는 것이 아니라 보다 보편적으로 적용될 수 있음을 밝힌 점에 그 의의가 있다.

그러나 우리는 여기서 두 가지 의문을 갖게 된다. 첫째, 자국은 외국에 비해 X재와 Y재 모두에 절대우위를 가지고 있다. 그렇다면 왜 자국은 X재에 특화를 해야 했던 것일까? 둘째, 위의 사례에서 리카도는 X재와 Y재를 5개와 7개의 비율로 교환하기를 제안하고 있다. 즉 교역조건 $p_i = 7/5$인 셈인데 이러한 교역조건은 어떠한 조건을 만족해야 하는 것일까?

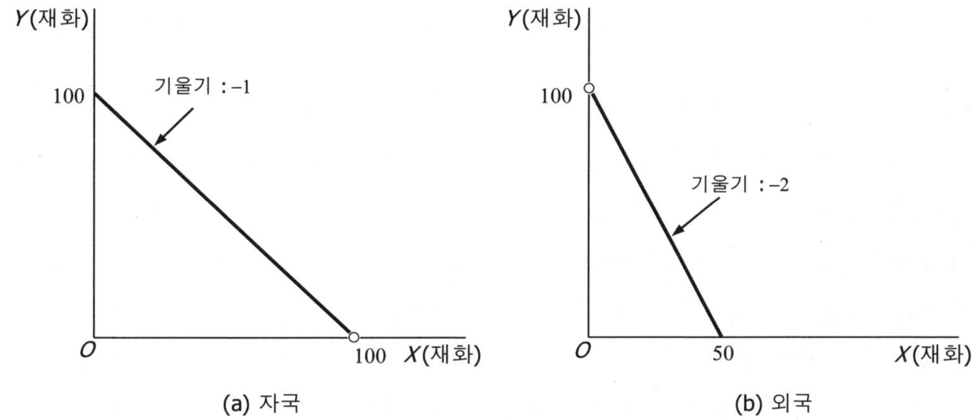

[그림 3] 생산가능곡선

이러한 문제들에 대해 그림을 사용하여 설명해 보도록 하자. [표 4]의 예에서 자국은 사용할 수 있는 노동을 모두 X의 생산에 투입했을 때 100개의 X재를 얻을 수 있다. 같은 식으로 사용할 수 있는 노동을 모두 Y의 생산에 투입했을 때 100개의 Y재를 얻을 수 있다. 이러한 식으로 구해낸 것이 [그림 3]의 (a)에 그려진 자국의 생산가능곡선이다. 그리고 생산가능곡선의 (−)기울기인 1은 자국에서 X를 생산하는 것의 기회비용을 Y재 단위로 나타낸 것이자 자국이 교역에 참여하기 이전의 상대가격비율이 된다. 같은 식으로 외국이 사용할 수 있는 노동을 모두 X의 생산에 투입했을 때 50개의 X재를 얻을 수 있고, 노동을 모두 Y의 생산에 투입했을 때 100개의 Y재를 얻을 수 있다. 이러한 식으로 구해낸 것이 [그림 3]의 (b)에 그려진 외국의 생산가능곡선이다. 그리고 생산가능곡선의 (−)기울기 2는 외국에서 X를 생산하는 것의 기회비용을 Y재 단위로 나타낸 것이자 외국이 교역에 참여하기 이전의 상대가격비율이 된다. 각 재화생산에 소요되는 노동의 양과 각 재화 생산의 기회비용을 다른 재화의 양으로 나타내면 [표 6]과 같다.

	자 국	외 국
X재	$1L\,(1Y)$	$4L\,(2Y)$
Y재	$1L\,(1X)$	$2L\,(\frac{1}{2}X)$
총노동량	$100L$	$200L$

[표 6] 단위당 요소사용량과 기회비용

단, ( ) 안의 값은 다른 재화로 나타낸 생산의 기회비용을 의미

이제 두 가지 의문에 답할 준비가 되었다. 첫째, 자국은 왜 X재에 특화해야 하는 것일까? 자국은 X재 하나를 생산하기 위해서 Y재 1개를 포기하면 되는 반면, 외국은 X재 하나를 생산하기 위해서 Y재를 2개 포기해야 한다. 따라서 자국은 X재 생산에 있어서의 비교우위를 가진다. 반면 자국은 Y재 하나를 생산하기 위해서 X재를 1개 포기해야 하는 반면, 외국은 Y재 하나를 생산하기 위해서 X재를 1/2개만 포기하면 된다. 따라서 외국은 Y재 생산에 있어서의 비교우위를 가진다. 위 사례에서의 특화의 방향은 바로 비교우위에 의해 결정된 것이다. 이처럼 절대우위가 없는 국가라 할지라도 기회비용으로 정의했을 때는 우위가 있는 산업이 있기 마련이므로 이에 특화하여 거래하면 모

든 국가가 이익을 얻을 수 있다. 이것이 바로 비교우위이론의 핵심이다.

둘째, $p_i = 7/5$이란 교역조건은 어떻게 결정된 것일까? 이에 답하기 위해 다음과 같은 매우 단순한 사실에서 출발해 보자. 자유로운 교역이 성립하기 위해서는 양국이 모두 이익을 거둘 수 있어야 한다. 그렇다면 교역조건은 어떤 범위에서 결정되어야 하는가? 양국이 모두 이익을 얻기 위해서는 원래의 생산가능곡선에 비해 양국의 소비가능곡선이 모두 확장되어야 한다. 이러한 조건이 만족되기 위해서는 교역조건이 양국의 교역이전 상대가격 사이에서 결정되어야 한다. 즉 $p_i = 7/5$는 양국의 교역이전 상대가격인 1과 2의 사이에서 결정된 것이다. [그림 4]는 양국이 비교우위를 가지는 산업에 완전특화하고 교역조건이 $1 < p_i < 2$의 범위 안에서 결정된 경우로서 양국이 모두 이익을 얻을 수 있음을 보여주고 있다.[3)]

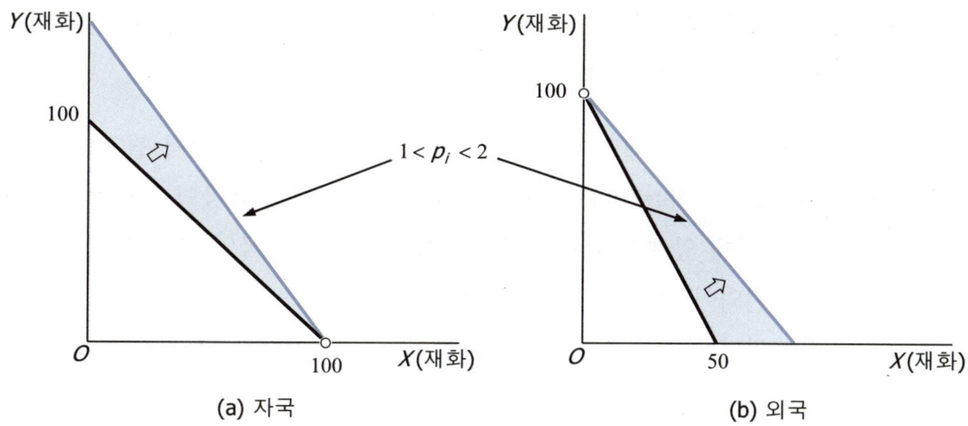

[그림 4] 상호이익이 되는 교역조건의 범위

비교우위이론은 매우 중요하기 때문에 다음 단계로 넘어가기 전에 세 가지 유념할 사항을 지적해 둔다. 첫째, 한 국가가 모든 산업에 절대우위를 가질 수 있지만 모든 산업에 비교우위를 가질 수는 없다. 둘째, 무역에 참가한 모든 국가가 이익을 얻기 위해서는 교역조건이 양국의 교역이전 가격 사이에서 결정되어야 한다. 셋째, 이는 곧 살펴볼 내용이지만 교역조건이 자국의 교역이전 가격에서 멀어질수록 무역의 이익이 크다.

3) 때로는 이 조건에 등호를 붙여서 나타내기도 하는데 그 경우는 무역의 이익이 둘 중 한 국가만 이익을 얻고 나머지 국가는 이익도 손해도 아닌 경우가 된다.

2.5 밀의 무역이론 : 무역의 이익의 국가 간 분배

우리는 이상의 분석에서 무역에 참가한 모든 국가가 이익을 얻을 수 있다는 것을 살펴보았다. 하지만 무역을 통해 상대적으로 더 많이 이익을 보는 국가와 더 적게 이익을 보는 국가가 있기 마련이다. 경제학자이자 철학자였던 존 스튜어트 밀(John Stuart Mill)은 무역의 이익이 국가 간에 어떻게 분배되는지에 관심을 가졌다. 우리는 앞에서 교역조건이 무역으로 인한 이익의 분배에 영향을 미친다고 하였다. 그렇다면 교역조건은 어떻게 결정되는 것일까?

우리는 [그림 4]에서 교역조건이 자국의 교역이전 가격에서 멀어질수록 무역의 이익이 크다는 것을 알 수 있다. 예를 들어 자국의 경우 교역조건 p_i가 2에 가까울수록 무역으로부터 많은 이익을 얻으며 p_i가 1인 경우에는 아무런 이익을 얻지 못한다. 반면 외국의 경우에는 교역조건 p_i가 1에 가까울수록 많은 무역의 이익을 얻게 되며 p_i가 2인 경우에는 아무런 이익을 얻지 못한다.

밀에 의하면 교역조건은 세계전체 공급과 수요가 일치하는 수준에서 결정되며 대국일수록 국제시장에서 차지하는 비중이 크기 때문에 교역조건은 대국의 교역이전가격에 가깝게 결정된다. 그런데 앞에서 살펴본 것처럼 교역조건은 자국의 교역이전 가격에서 멀어질수록 무역의 이익이 크다. 따라서 국제무역에 있어서 소국일수록 더 많은 무역의 이익을 얻게 된다. 이러한 결론을 밀의 역설(Mill's paradox)이라고 한다. 이는 일반적으로 무역을 하게 되면 대국이 더 많은 이익을 가져가서 소국은 얻을 것이 없다고 생각하기 쉽지만 실제로는 이와 반대로 소국일수록 무역으로부터 많은 이익을 얻을 수 있다는 점을 밝히고 있기 때문에 붙여진 이름이다.

2.6 무역이론의 기본적 물음에 대한 대답

지금까지 우리는 스미스, 리카도, 밀에 이르는 고전적 무역이론의 발전과정을 살펴보았다. 이제 이 절의 초반에 제시했던 세 가지의 명제를 다시 살펴보도록 하자.

우선 첫 번째 명제는 무역은 동일한 가치의 물건을 서로 주고받는 것이므로 기본적으로 제로섬 게임이라는 주장이었다. 이에 대해 스미스는 무역이란 참가한 모든 국가가 이익을 얻을 수 있도록 한다는 것을 증명함으로써 무역과 국가 간의 상호관계가 얼마나 중요한지를 밝혔다.

두 번째 명제는 모든 산업에서 생산성이 높은 국가나 모든 산업에서 생산성이 낮은 국가는 다른 국가와 거래를 통해 아무런 이익을 얻을 수 없다는 주장이었다. 이에 대해 리카도는 무역의 이익을 결정짓는 것은 절대우위가 아닌 비교우위이며 절대우위가 없는 국가도 무역에 참여하면 얼마든지 이익을 얻을 수 있다는 것을 밝혔다. 즉 무역의 이익은 특수한 경우에만 존재하는 것이 아니라 매우 보편적으로 존재한다는 것이다.

세 번째 명제는 무역의 이익은 대국에 집중되기 마련이며 소국은 무역을 통해 희생을 강요당할 뿐이라는 주장이었다. 이에 대해 밀은 무역의 이익은 오히려 소국에 집중되는 경향이 있으며 소국일수록 무역에 참여하는 것이 중요하다는 것을 증명하였다.

정리하자면 국제무역은 참여한 모든 국가에게 이익을 주며 그 이익은 특수한 경우에 한정되는 것이 아니라 보편적이다. 또한 소국일수록 무역으로부터 더 많은 이익을 얻을 수 있다. 한마디로 무역은 중요하다.

2.7 비교우위의 발생원인

지금까지 우리는 비교우위로 인해 발생하는 산업간 무역과 이로 인한 무역의 이익이 어떻게 배분되는지를 살펴보았다. 그렇다면 각국의 산업간 비교우위는 어떤 요인에 의해 결정되는 것일까?

비교우위이론을 정립한 리카도는 각국의 생산기술의 차이가 노동생산성의 차이를 유발하고 이러한 노동생산성의 차이가 비교우위의 원인이 된다고 보았다.

반면 헥셔(Eli Filip Heckscher)와 올린(Bertil Ohlin)은 각국이 보유한 부존자원의 차이가 비교우위를 발생시키는 원인이 될 수 있다고 주장하였다. 즉 각국은 자국에 풍부하게 부존된 자원을 집약적으로 사용하는 산업에 우위를 가진다는 주장인데, 중국처럼 노동이 풍부한 국가는 노동을 많이 사용하는 산업에 비교우위를 가지고 미국처럼 자본이 풍부한 국가는 자본을 많이 사용하는 산업에 비교우위를 가지게 된다는 것이다. 이러한 헥셔와 올린의 주장을 헥셔-올린정리(Heckscher-Ohlin theorem)라고 하며 현재 대표적인 산업간 무역이론이 되었다. 이에 대해서는 아래 절에서 별도로 설명한다.

그 외의 요인으로 국가 간 선호의 차이도 비교우위가 발생하는 원인이 될 수 있으며 각국의 특화의 역사와 학습효과 역시 비교우위를 발생시키는 원인이 될 수 있다. 즉 한 국가가 한 상품을 오랫동안 생산하다 보면 이른바 학습효과(learning by doing effect : LBD)가 발생하여 비교우위를 가지게 될 수 있다. 예를 들어 스위스가 시계산업에, 프랑스나 이탈리아가 패션산업에 우위를 가지는 것은 특화의 역사와 학습효과가 중요하게 작용한 대표적인 예이다.

03 헥셔－올린모형 : 자원과 비교우위 그리고 소득분배

3.1 헥셔-올린모형의 네 가지 기본정리

애덤 스미스와 리카도의 무역이론이 고전적 무역이론의 주류를 형성하였다면 근대적인 무역이론은 헥셔－올린이론을 중심으로 발전하였다. 헥셔－올린이론은 비교우위에 의한 무역의 이익을 설명한다는 점에서 리카도이론과 공통점이 있지만 국가간 자원의 차이를 강조한다는 점에서 차이가 있다. 또한 리카도이론이 노동만을 고려하려 국내 소득분배를 설명하기 어려운 점에 비해 헥셔－올린이론은 노동과 자본을 모두 포함하므로 국내소득분배를 잘 설명할 수 있다.

이제 상대적으로 노동을 많이 가진 나라를 노동풍부국, 자본을 많이 가진 나라를 자본풍부국이라고 하자. 또한 상대적으로 노동을 많이 사용하는 재화를 노동집약재, 자본을 많이 사용하는 재화를 자본집약재라고 하자. 헥셔-올린모형을 구성하는 4개의 세부정리를 직관적으로 정리하면 다음과 같다.

첫째, 동일한 조건하에 노동을 풍부하게 가진 국가는 노동을 집약적으로 사용하는 상품을 더 많이 생산할 수 있을 것이다. 이러한 관계를 나타내는 것이 립진스키정리(Rybczynski theorem)이다.

> 립진스키정리 : 재화가격에는 변화가 없고 한 생산요소의 부존량이 증가할 경우 그 요소를 집약적으로 사용하는 재화의 생산이 상대적으로뿐만 아니라 절대적으로도 증가하고 타 요소를 집약적으로 이용하는 재화의 생산이 상대적으로뿐만 아니라 절대적으로도 감소한다.

둘째, 노동이 풍부한 국가가 노동집약재를 많이 생산할 수 있다면 노동집약재를 값싸게 생산하여 수출할 수 있을 것이다. 이러한 관계를 나타내는 것이 **헥셔-올린정리**(Heckscher-Ohlin theorem)이다.

헥셔-올린정리 : 각국은 자국에 풍부하게 부존된 요소 즉 값싼 요소를 집약적으로 사용하는 산업에 비교우위를 가진다.

셋째, 무역이전 노동이 풍부한 국가에서는 임금이 낮았을 것이다. 그러나 무역이 개시되고 노동집약재를 외국에 수출하게 되면 임금은 서서히 상승하여 노동자들의 실질소득이 증가할 것이다. 이러한 관계를 나타내는 것이 **스톨퍼-사무엘슨정리**(Stolper-Samuelson theorem)이다.

스톨퍼-사무엘슨정리 : 요소부존에는 변화가 없고 한 재화의 가격이 상승한 경우 그 재화의 생산에 집약적으로 사용되는 요소의 가격이 상대적으로뿐만 아니라 절대적으로도 상승하고 타 요소의 가격은 상대적으로뿐만 아니라 절대적으로도 하락한다.

넷째, 헥셔-올린정리와 스톨퍼-사무엘슨정리가 성립한다면 무역은 각국에 풍부하게 부존된 요소의 실질소득을 증가시킨다. 그 결과 각국에서 저렴했던 요소의 가격은 상승하고 비쌌던 요소의 가격은 하락하여 결과적으로 양국의 요소가격도 점차 수렴한다. 이러한 관계를 나타내는 것이 **요소가격균등화정리**(factor price equalization theorem)이다.

요소가격균등화정리 : 요소의 국제적 이동이 불가능하다 할지라도 재화의 국제적 이동이 완전히 자유롭다면, 재화의 국가간 교역은 요소의 이동을 대체하여 교역국의 요소가격을 상대적으로뿐만 아니라 절대적으로도 균등화시킨다.

3.2 레온티에프역설

레온티에프는 헥셔-올린정리가 현실의 국제무역을 얼마나 잘 설명할 수 있는지 여부를 실증적으로 검증하고자 하였다. 예를 들어 헥셔-올린모형에 의하면 미국은 자본이 풍부한 국가이므로 자본집약적인 재화를 수출하고 노동집약적인 재화를 수입해야 할 것이다. 그러나 레온티에프의 연구결과에 따르면 미국이 오히려 자본집약적인 재화를 수입하고 있다는 역설적인 결과가 나타났는데 이를 **레온티에프의 역설**(Leontief paradox)이라고 한다.

이러한 결과가 나타난 이유는 무엇일까? 우선 레온티에프는 이러한 역설적 결과는 국가 간 노동의 이질성 때문이라고 보았다. 즉 미국의 노동자는 다른 국가의 노동자에 비해 약 3배의 생산성을 가지고 있기 때문에 사실상 미국은 노동풍부국이란 것이다.

다른 경제학자들은 미국이 석유 등 많은 천연자원들을 수입하는데 천연자원이 대체로 자본집약적으로 생산되기 때문에 자본집약적인 재화를 수입하는 것처럼 보인다고 주장하였다. 즉 레온티에프의 분석에는 포함되지 않은 많은 요소들이 있으며 미국이 천연자원 집약적인 재화를 수입하는 것이 마치 자본집약적인 재화를 수입하는 것처럼 보이게 되었다는 것이다.

또 다른 견해는 인적자본의 역할을 강조한다. 재화의 생산에는 전통적인 의미에서의 노동과 자본뿐만 아니고 노동자들이 교육과 훈련을 통해 체득하는 인적자본도 매우 중요한 역할을 한다. 미국은 인적자본이 매우 풍부하기 때문에 인적자본이 집약적인 상품을 수출하게 되는데 노동과 자본만을 고려하는 모형에서는 이것이 노동집약적인 재화를 수출하는 것으로 보이게 된다.

그 외에도 요소집약도의 역전현상이 발생하기 때문이라는 주장, 국가간 수요편향현상이 존재하기 때문이라는 주장, 무역장벽의 존재 때문이라는 주장 등 다양한 주장이 제기 되었다.

지금 돌이켜보면 당시에 많은 경제학자들은 위기에 빠진 헥셔–올린이론을 구하기 위해서 매우 많은 노력을 하였던 셈이다. 이는 당시에 경제학자들이 국제무역이 대부분 비교우위에 의해 결정되는 산업간 무역이며 이를 설명하는 이론 중 헥셔–올린의 이론적 가정이 가장 타당하다고 믿었기 때문이었다. 그러나 오늘날 무역의 상당부분이 헥셔–올린이 설명하는 비교우위와 무관한 규모의 경제나 제품차별화의 이익을 추구하는 산업내 무역으로 이루어지고 있다는 점을 고려한다면 레온티에프의 검증결과가 반드시 헥셔–올린의 예측과 일치하게 나와야 할 이유가 없었던 셈이다. 지금 생각하면 당시의 경제학자들이 레온티에프의 역설에 대해 지나치게 민감하게 대응했었다고 볼 수도 있다. 반대로 레온티에프 역설은 경제학자들이 산업내 무역의 중요성을 깨닫게 하는 하나의 계기가 된 셈이다.

비교우위 이외의 무역의 이익 04

앞서 우리는 국제무역을 크게 산업간 무역과 산업내 무역으로 나누고, 산업간 무역에서는 비교우위인한 이익을 얻을 수 있고, 산업내 무역에서는 비교우위 외의 다양한 이익을 얻을 수 있다고 하였다. 그렇다면 산업내 무역을 발생시키는 그 외의 요인들로서는 어떤 것들이 있을까?

첫 번째 요인은 **규모의 경제**(economy of scale)를 들 수 있다. 자유무역의 이득으로 규모의 경제를 지적한 학자는 스미스(A. Smith)가 대표적이며 이러한 아이디어는 그 이후에 켐프(H. C. Kemp), 크루그먼(P. Krugman) 등으로 이어졌다. 스미스는 국가의 부는 노동으로부터 창출된다는 노동가치설에 근거하여 주어진 노동을 효율적으로 사용하는 분업의 중요성을 인식하였으며 이 분업의 정도는 시장의 규모에 따라 결정되기 때문에 자유무역을 통해 시장이 확대되면 모든 국가가 이익을 얻을 수 있다고 생각하였다.

두 번째 요인으로는 **제품의 차별화**(product differentiation)로 인한 다양한 소비기회의 제공을 들 수 있다. 즉 국제무역을 통해 다양한 상품을 소비할 수 있게 되는 것도 중요한 이익 중 하나라는 것이다.

세 번째 요인으로는 **독점적 왜곡의 제거**(elimination of monopolistic distortion)와 **경쟁의 촉진**(promotion of competition)을 들 수 있다. 무역이 개시되면 자국의 산업이 독점이었던 국가의 진입장벽이 제거되면서 독점적 왜곡을 제거할 수 있다. 이러한 이익은 특히 시장규모가 작은 소국일수록 더욱 중요하다.

그 외에도 국제무역을 통해 기술의 전파가 더욱 빨라지고 다양한 지식을 얻을 수 있다는 등의 이득이 있다.

05 자유무역과 계층간 이해관계

지금까지 분석에 의하면 자유무역에 참가하는 모든 국가는 이익을 얻게 된다. 그렇다면 현실에 있어 자유무역에 대해 그토록 반대가 심한 이유는 무엇일까? 그것은 무역과 관련한 이해상충의 문제는 실제로 국가 간의 이해관계라기보다는 계층 간의 이해관계의 문제이기 때문이다. 이를 단순한 부분균형모형을 통해 살펴보도록 하자. 부분균형분석은 한 재화만 다룬다는 측면에서 제한적이지만 무역을 둘러싼 갈등의 본질을 보여줄 수 있다.

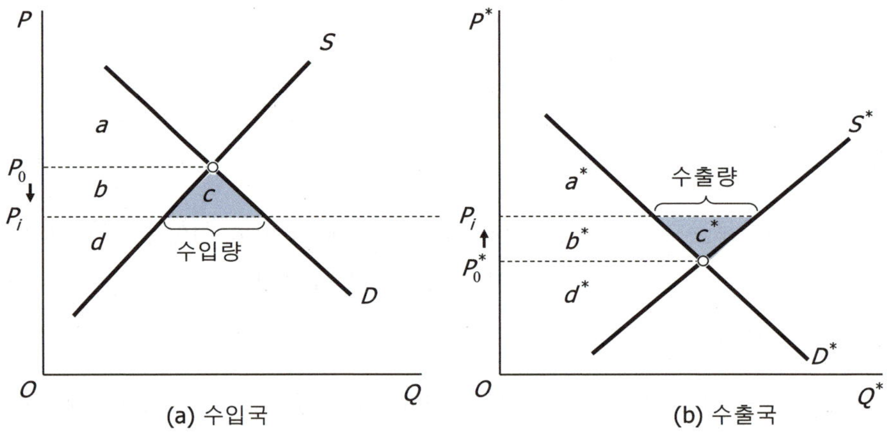

[그림 5] 자유무역과 계층간 이해관계

[그림 5]에서 수입국의 교역이전가격은 P_0이며 수출국의 교역이전가격은 P_0^*로 주어져 있다. 이때 교역이 시작되면 교역조건은 수입량과 수출량이 일치하는 P_i 에서 결정된다.

이때 수입국의 경우 무역이 개시되면서 가격의 하락에 직면하게 된다. 이때 소비자잉여는 $+b+c$만큼 증가하는 반면, 생산자잉여는 b만큼 감소한다. 따라서 이를 합계한 사회적 잉여는 $+c$만큼 증가한다. 반면 수출국의 경우에는 무역이 개시되면서 가격의 상승에 직면한다. 이때 소비자잉여는 b^*만큼 감소하는 반면, 생산자잉여는 $+b^*+c^*$만큼 증가한다. 따라서 이를 합계한 사회적 잉여는 $+c^*$만큼 증가한다. 이러한 변화를 정리하면 [표 7]과 같다.

	수입국	수출국
소비자잉여	$+b+c$	$-b^*$
생산자잉여	$-b$	$+b^*+c^*$
사회적 잉여	$+c$	$+c^*$

[표 7] 자유무역과 후생변화

이상의 분석으로부터 우리는 무역에 대한 좋은 소식 하나와 나쁜 소식 하나를 동시에 접하게 된다. 우선 좋은 소식은 사회후생을 소비자잉여와 생산자잉여의 합으로 정의했을 때 무역을 통해 손해를 보는 국가는 없다는 점이다. 즉 무역은 참여한 모든 국가에게 이득이 된다. 반면 나쁜 소식은 국제무역이 국내의 모든 계층에 이익이 된다는 보장이 없다는 점이다. 이상의 사례에서는 수입국의 생산자와 수출국의 소비자는 손해를 보게 된다. 요약하면, 국제무역에서 발생하는 이해관계의 갈등은 국가 간의 문제라기보다는 국내계층 간의 문제이다.

자유무역으로 인한 이해관계는 단순하지 않기 때문에 사람들은 다들 자기가 유리한 방식으로 해석하는 경향이 있다. 이로 인해 무역에 대한 잘못된 주장들이 넘쳐나고 소모적 갈등이 끊이지 않는다. 무역에 대한 첫 번째 잘못된 주장은 무역은 '국익'에 해롭기 때문에 무역을 해서는 안 된다는 것이다. 이러한 주장은 주로 무역을 통해 손해를 보는 사람들이 하는 경우가 많다. 일부 사람들은 마치 시장을 개방하고 무역에 참여하면 국가 전체적으로 큰 손실이 날 것처럼 이야기한다. 그러나 앞서 살펴본 것처럼 무역은 국가 전체적으로는 이익이 될 가능성이 크다.

무역에 대한 두 번째 잘못된 주장은 무역이 '국익'에 도움되기 때문에 손해보는 사람이 있음에도 불구하고 시장을 개방해야 한다는 것이다. 이러한 주장은 주로 무역을 통해 이익을 보는 사람들이 하는 경우가 많다. 그러나 현실의 무역에는 단순한 모형이 담을 수 없는 많은 사정이 있다. 우선 자유무역은 구조조정으로 인한 조정비용과 일시적인 실업을 유발하며 소득분배에도 영향을 미친다. 만약 자유무역으로 손해를 보는 계층이 저소득층이라면 사회후생이 반드시 개선된다는 보장은 없다.

이처럼 자유무역을 무조건 반대하거나 아무런 대책 없이 시행해야 한다는 주장은 경제학에 대한 무지에 의한 것이든 몰양심에 의한 것이든 대부분 자기가 속한 계층의 이익이 국가 전체의 이익인 것처럼 과장하는 주장일 가능성이 크다.

무역에 대해 올바른 입장은 자유무역에는 밝은 면과 어두운 면이 모두 있다는 것을 사실대로 인정하는 것이다. 자유무역이 장기적으로 경제의 성장에 도움이 되며 전 국민이 자유무역의 잠재적 수혜자가 된다는 사실에 대해 국민들의 공감을 얻어낸다면 구조조정과정에서 발생하는 갈등을 최소화할 수 있을 것이다. 또한 손해를 보는 계층에 대한 적절한 보상 및 신속한 구조조정을 위한 지원대책을 마련한다면 소득분배상의 문제도 최소화할 수 있을 것이다. 이처럼 자유무역은 그렇게 쉽게 얻어지는 것이 아니며 무역의 이익을 실현시키기 위해서는 정부가 상당한 노력을 기울여야 한다.

요약하면 국제무역은 번영으로 가는 길이지만 동시에 갈등의 원인이기도 하다. 그리고 국가의 번영은 그렇게 쉽게 얻어지지 않는다.

06 보호무역론에 대한 논쟁

보호무역을 옹호하는 근거로서 자주 언급되는 것들은 다음과 같다. 첫 번째는 자유무역이 국내 소득분배를 악화시킬 수 있다는 것이다. 앞서 살펴보았듯이 자유무역은 모든 국가에 이익을 주지만 모든 계층에 이익을 주는 것은 아니다. 만약 자유무역으로 피해를 입는 계층이 저소득층이라면 자유무역은 소득분배를 악화시킨다. 만약 소득분배의 악화가 무역으로 인한 이득을 상쇄시킬 만큼 매우 크다면 자유무역이 반드시 바람직하다고 볼 수 없다.

두 번째는 자유무역이 국내의 실업을 증가시키는 원인이 된다는 주장이다. 이러한 주장은 국제무역이 산업간 조정을 유발하고 노동력의 산업간 이동을 유발한다는 점에서 타당한 면이 있다. 또 산업간 조정이 장기화하는 경우에는 실업 역시 장기화할 수 있다. 그러나 국제무역의 본질은 한 국가의 자원을 비효율적인 분야로부터 보다 효율적인 분야로 재배분하는 것이다. 따라서 결국 비교우위가 없는 산업에서 비교우위가 있는 산업으로 고용이 재편되고 나면 오히려 더 많은 일자리가 창출될 가능성이 크다는 점에서

이러한 주장의 타당성이 그다지 크지는 않다.[4)]

세 번째는 자유무역을 통해 중요산업을 국외에 의존하는 경우 유사시 국가 안보에 위협이 될 수 있다는 주장이다. 상당수의 경제학자들도 국가안보에 영향을 미칠 수 있는 국가기간산업이나 식량 등에 대해 일정수준의 보호가 필요하다는 것을 인정한다. 하지만 이러한 주장을 하는 사람들이 대부분 해당 산업의 생산업자들이라는 점에서 그 순수성을 의심할 수밖에 없다. 따라서 주요산업에 대해 보호정책을 고려할 때는 이러한 정책이 가지는 기회비용을 고려하여 신중하게 접근해야 한다.

네 번째는 이른바 유치산업보호론(infant industry argument)으로서 사람도 어렸을 때에는 주위의 특별한 보호가 필요한 것과 마찬가지로 산업의 경우에도 아직 미숙한 단계에 있을 때 외국의 경쟁압력으로부터 보호할 필요가 있다는 주장이다. 이러한 주장은 보호받는 기간 동안 해당산업이 학습효과와 규모의 경제를 통해 경쟁력을 갖추게 되면 모든 국가에 이로운 결과를 만들 수 있다는 것을 근거로 한다. 그러나 이러한 주장의 기본적인 타당성을 인정한다고 하더라도 보호대상이 될 산업을 어떤 기준하에 선정하여야 할 것인지의 문제[5)]와 정부－산업 간의 유착관계가 성립될 경우 보호조치를 철회하기가 어렵다는 문제 등이 한계로 지적된다.

살펴본 바에 의하면 때로 보호무역이 정당화될 수 있는 경우가 있지만 이러한 경우는 매우 제한적임을 알 수 있다. 현실적으로 보호무역이 자유무역의 이익을 포기하는 것을 대가로 한다는 점을 고려한다면 보호무역조치를 취하는 것은 상당히 신중하게 이루어져야 할 것으로 판단된다.

---

4) 앞에서 언급한 것처럼 한 국가는 수입만 하는 것이 아니며 수입과 수출을 동시에 한다는 사실을 잊지 말기 바란다.

5) 이러한 문제를 미래의 승자 맞히기(picking the winner)의 문제라고 한다. 유치산업보호론에 비판적인 사람들은 현실적으로 이것이 거의 불가능에 가까운 일이라고 주장한다.

07 무역규제의 수단 : 관세와 수입할당

7.1 관세의 경제적 효과

각국은 무역에 대한 규제가 정당화된다고 판단할 경우 여러 가지 무역정책을 사용하는데 그 중 가장 많이 사용되는 것이 관세와 수입할당이다. 관세(tariff)는 수입품에 일정 비율 또는 금액의 세금을 부과하는 것으로 무역규제의 여러 방식 중 가장 흔하게 사용되는 방법이며 수입품의 국제가격보다 국내가격을 비싸게 유지함으로써 국내 산업을 보호하는 것을 주된 목적으로 하는 경우가 많다.

관세의 경제적 효과를 설명하기 전에 우선 소국경제와 대국경제의 개념에 대한 정의를 내리도록 하자. 국제경제학에서 소국경제(small economy)란 한 국가가 국제시장에서 차지하는 비중이 매우 낮아서 자국에서 발생한 충격들이 국제가격에 영향을 미치지 못하는 경우를 말한다. 반면 대국경제(large economy)란 그 국가가 국제 시장에서 차지하는 비중이 매우 커서 자국에서 발생한 충격이 국제가격에 영향을 미칠 수 있는 경우를 말한다. 예를 들어 우리나라는 국제 밀가루 시장에서는 소국이지만 국제 반도체 시장에서는 대국이라고 볼 수 있다.

이제 관세부과의 효과를 소국의 경우와 대국의 경우로 나누어 보자. 우선 소국의 경우에는 관세를 부과하더라도 국제가격에는 영향을 미치지 못한다. 따라서 관세를 부과하면 국내가격만 정확히 관세의 크기만큼 상승한다. 즉 관세부과이전의 국제가격을 P_0, 단위당 관세의 크기를 T, 관세부과 이후의 국내가격을 P_1이라고 하면 $P_1 = P_0 + T$의 관계가 성립한다. 예를 들어 원래 국제가격이 100원이었는데 20원의 관세가 부과되었다면 국제가격은 여전히 100원이며 관세 후 국내가격은 120원이 된다. 이런 상태를 나타낸 것이 [그림 6]의 (a)이다.

이 그림에서 관세가 부과되면 국내가격의 상승으로 인해 소비가 Q_3에서 Q_2로 감소하고 소비자잉여는 $-a-b-c-d$의 크기만큼 변화(감소)한다. 반면 생산은 Q_0에서 Q_1으로 증가하고 이에 따라 생산자잉여는 $+a$만큼 변화(증가)한다. 이에 따라 자국의 수입량은 $Q_3 - Q_0$에서 $Q_2 - Q_1$으로 감소하게 되며 이때의 정부가 얻을 수 있는 관세수입의 크기는 $+c$가 된다. 이상의 내용을 정리하면 다음과 같다.

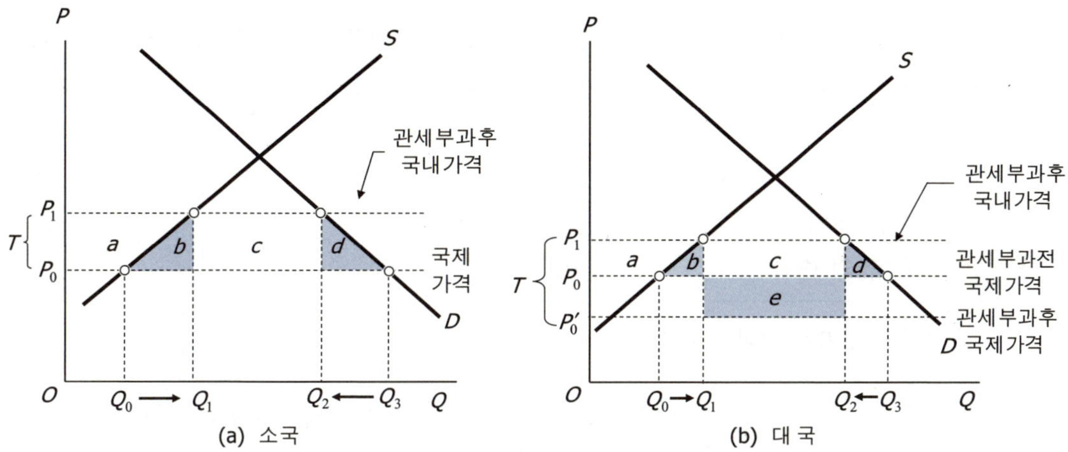

[그림 6] 관세의 경제적 효과

소비자잉여의 변화	:	$-a-b-c-d$
생산자잉여의 변화	:	$+a$
조세수입의 변화	:	$+c$
사회적 잉여의 변화	:	$-b \quad -d$

즉 소국에서 관세를 부과한 결과 $-b-d$에 해당하는 후생의 변화(감소)가 발생한다. 이 중 $-b$에 해당하는 부분은 생산에서의 비효율성을 반영한다. 왜냐하면 b는 이 상품을 국외에서 사오는 것보다 더 비싼 비용으로 국내에서 생산함으로써 발생한 비효율성이기 때문이다. 반면 $-d$에 해당하는 부분은 소비에서의 비효율성을 반영한다. 왜냐하면 d의 크기는 낮은 가격으로부터 얻을 수 있던 소비자잉여 중 더 이상 실현할 수 없게 된 부분이기 때문이다. 이처럼 소국에서 관세가 부과되면 사회후생은 반드시 악화된다.

이제 대국에서 관세를 부과한 경우를 살펴보도록 하자. 대국에서 관세부과의 효과가 소국에서의 효과와 다른 점은 대국에서의 관세부과는 국제가격을 하락시켜 교역조건을 개선시키는 이득을 발생시킨다는 것이다. 예를 들어 관세부과 전 국제가격이 100이었는데 우리나라에서 단위당 20의 관세를 부과하면 수입수요가 감소하면서 국제가격이 90까지 하락한다고 하자. 이 경우 국내가격은 110까지만 상승한다. 이런 상태를 나타낸 것이 [그림 6]의 (b)이다.

이 그림에서 관세가 부과되면 국내가격의 상승으로 인해 소비가 Q_3에서 Q_2로 감소하고 소비자잉여는 $-a-b-c-d$의 크기만큼 변화(감소)한다. 반면 생산은 Q_0에서 Q_1으로 증가하고 이에 따라 생산자잉여는 $+a$만큼 변화(증가)한다. 이에 따라 자국의 수입량은 Q_3-Q_0에서 Q_2-Q_1으로 감소하게 되며 이때의 정부가 얻을 수 있는 관세수입의 크기는 $+c+e$가 된다. 이상의 내용을 정리하면 다음과 같다.[6]

소비자잉여의 변화	:	$-a-b-c-d$	
생산자잉여의 변화	:	$+a$	
조세수입의 변화	:	$+c$	$+e$
사회적 잉여의 변화	:	$-b$	$-d+e$

즉 대국에서 관세를 부과한 결과 총 $-b-d+e$에 해당하는 후생의 변화가 발생하였다. 이 중 $-b$와 $-d$는 소국의 경우와 마찬가지로 각각 생산과 소비에서 발생한 비효율성을 반영한 것으로 볼 수 있다. 반면 $+e$의 크기는 관세부과로 인해 수입품의 국제가격이 낮아지면서 발생한 이득, 즉 교역조건의 개선으로 인한 이득으로 평가할 수 있다. 결과적으로 대국의 경우 관세부과는 소비와 생산의 왜곡을 유발하지만 교역조건의 개선을 통해 얻는 이익 때문에 자국후생이 개선될 수도 있다. 하지만 이러한 경우에도 자국의 후생증가는 외국의 후생감소를 대가로 하는 것이라는 사실을 잊어서는 안 된다.

7.2 수입할당과 수출자율규제의 경제적 효과

수입할당제(import quota)란 어떤 상품에 대해 수입할 수 있는 최대한의 양을 정해 놓고 그 이상의 수입을 금지하는 제도이다. 관세의 부과는 수입품의 가격을 올려 수입량이 줄어들게 하는 데 비해 수입할당제는 수입량을 직접 줄이는 효과를 목표로 한다는 점에서 기본적인 차이가 있다. 이제 소국경제를 가정하고 수입할당을 실시한 경우의 효과를 살펴보기로 하자. 수입할당 실시 이전의 국제가격을 P_0라고 하면 가격이 P_0 이하인 경우에는 국내공급자에 의해서만 공급이 이루어진다. 가격이 P_0에 이르게 되면 국내수입업자에 의해 수입이 시작된다. 만약 수입할당량 만큼의 수입이 이루어지고 나서도 초과수요가 존재한다면 가격이 상승하고 국내 생산업자들이 생산을 늘려 대응하게

6) 물론 [그림 6]의 (a)에서 a~d와 (b)에서 a~d는 기호가 동일하지만 면적이 동일하지는 않다.

될 것이다. 이 경우 공급곡선을 나타내면 [그림 7]과 같이 두 번 꺾인 형태가 되고 균형 가격은 P_1이 된다.

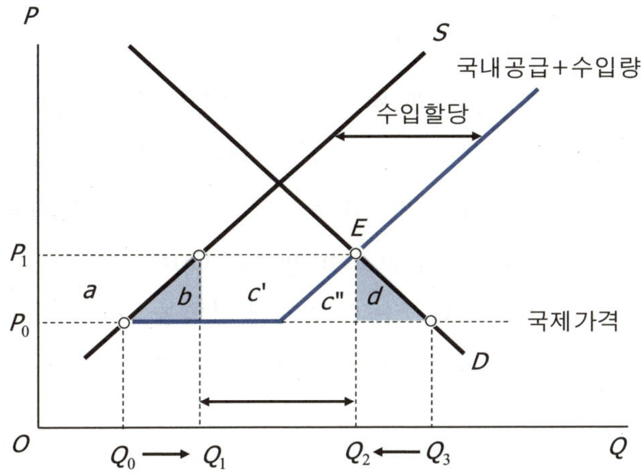

[그림 7] 수입할당의 경제적 효과

이러한 가격상승으로 인해 소비는 Q_3에서 Q_2로 감소하고 소비자잉여는 $-a-b-c'-c''-d$만큼 변화(감소)한다. 반면 생산은 Q_0에서 Q_1으로 증가하는데 이로 인해 생산자잉여는 $+a$만큼 변화(증가)한다. 또한 무역의 규모는 Q_3-Q_0에서 Q_2-Q_1으로 감소한다. 그리고 이때 국내수입업자는 $+c'+c''$라는 일종의 지대(rent)를 얻게 된다. 이를 정리하면 사회적 후생의 변화(감소)는 $-b-d$의 크기에 해당한다. 이상의 내용을 정리하면 다음과 같다.[7]

소비자잉여의 변화	:	$-a-b-c'-c''-d$	
생산자잉여의 변화	:	$+a$	
수입할당권자의 지대	:	$+c'+c''$	
사회적 잉여의 변화	:	$-b$	$-d$

평가하건대 관세와 수입할당은 표면적으로 상이한 제도이지만 동일한 양을 수입하는 관세를 부과하든 수입할당을 부과하든 교역량이나 가격에는 아무런 차이가 없으며 사회전체적인 후생에 미치는 효과도 동일하다. 이처럼 관세와 수입할당이 표면적인 상이

7) 이 그래프를 볼 때 다음 두 가지를 유의하기 바란다. 첫째, b와 c''의 면적이 동일하다. 둘째, $c'+c''$의 면적은 [그림 6]의 (a)에서 c의 면적과 일치한다.

함에도 불구하고 그 효과가 유사하다는 면을 **관세와 수입할당의 동등성**이라고 한다. 하지만 관세의 경우에는 c가 관세수입으로 정부에 귀속되지만 수입할당제 하에서는 동일한 크기인 $c'+c''$는 수입업자가 얻는 일종의 초과이득이 된다는 점에서 두 제도는 소득분배상의 차이가 있다.[8)]

그런데 현재 WTO는 가맹국들에게 원칙적으로 수입할당을 금지하고 있다. 그렇다면 현재에 있어 수입할당에 대한 분석은 무의미한 것일까? 그렇지는 않다. 왜냐하면 수입할당은 여러 다른 형태로 변형되어 여전히 현실에 사용되고 있기 때문이다. 그 중 대표적인 것이 **수출자율규제**(voluntary export restriction : VER)라는 것이다. 이는 수입하는 나라의 정부가 수출하는 나라의 정부 또는 기업에게 압력을 가해 자율적으로 수출물량을 줄이도록 유도하는 정책으로서 국제기관의 간섭을 피할 수 있기 때문에 미국 등 선진국에 의해 종종 사용된다.

수출자율규제는 표면적인 차이점에도 불구하고 그 효과는 수입할당과 거의 동일하다. 단 수입할당을 하는 경우와 달리 수출자율규제는 외국에서 수출량을 줄이는 대신에 값을 올리는 경우가 많은데 이 경우에는 $c'+c''$만큼이 외국의 수출업자에게 귀속된다. 따라서 다른 효과가 동일하다면 수입국의 입장에서 수출자율규제는 수입할당보다 불리하다. 그러나 수입할당이 불가능한 경우 국제기관의 간섭을 피할 수 있는 수단으로서 수출자율규제가 사용된 경우가 많다.

정리하자. 수입관세, 수입할당, 수출자율규제는 자원배분의 측면에서 동일하지만 소득분배의 측면에서는 상이하다.

핵심용어해설

- **산업내 무역** : 동종 유사산업 간의 국제적 무역
- **산업간 무역** : 상이한 산업 간의 국제적 무역
- **절대우위** : 한 산업의 우위를 생산성에 근거하여 평가한 것

8) 현실적으로는 관세는 모든 수입업자를 동등하게 대하지만 수입할당은 할당을 받은 사람만이 수입할 수 있기 때문에 수입과정에서의 효율성에 차이가 있을 수도 있다.

- **비교우위** : 한 산업의 우위를 기회비용에 근거하여 평가한 것
- **교역조건** : 수입품 단위로 나타낸 수출품의 상대가격, 수출품 한 단위로 얻어올 수 있는 수입재의 양을 의미한다.
- **헥셔-올린정리** : 각국은 자국에 풍부하게 부존된 요소를 집약적으로 사용하는 산업에 비교우위를 가지게 된다는 이론
- **레온티에프 역설** : 헥셔-올린 이론의 예측과 달리 자본이 풍부한 미국이 자본집약적인 재화를 수입하고 노동집약적인 재화를 수출하는 현상
- **유치산업보호론** : 아직 미숙한 단계에 있는 국내 산업을 외국의 경쟁압력으로부터 보호할 필요가 있다는 논리
- **관세** : 수입품에 일정 비율의 세금을 부과하는 것, 무역에 대한 가격규제에 해당한다.
- **수입할당** : 수입품에 대해 수입할 수 있는 최대수량을 제한하는 제도, 무역에 대한 수량규제에 해당한다.
- **수출자율규제** : 수입하는 나라의 정부가 수출하는 나라의 정부 또는 기업에게 압력을 가해 자율적으로 수출물량을 줄이도록 유도하는 정책

연습문제

01 다음의 주장이 맞는지 틀리는지 말하고, 각각의 이유를 설명하라.

(1) 한 나라가 다른 나라에 비해 모든 재화의 생산에서 절대우위가 있더라도 두 나라는 교역을 통해 모두 이득을 볼 수 있다.

(2) 어떤 유능한 사람은 다른 사람에 비해 모든 일에서 비교우위가 있다.

(3) 어떤 거래를 통해 한 사람이 이득을 본다면 다른 사람은 이득을 볼 수 없다.

02 현재 우리나라의 교역패턴은 단순 노동집약적 제품을 수입하고 반도체, 철강 등 자본집약적 제품을 수출하는가 하면, 자동차의 경우에는 수출과 수입이 동시에 이루어진다. 교역의 유형을 이렇게 구분할 때 각 유형의 무역으로 얻을 수 있는 이익으로는 어떤 것들이 있는가?

03 한국과 일본은 모두 의류와 자동차를 생산하고 있다. 한국의 근로자는 하루에 의류 50벌이나 자동차 1대를 생산할 수 있다. 일본의 근로자는 하루에 의류 40벌이나 자동차 2대를 생산할 수 있다.

(1) 각 재화에 대해 어느 나라가 절대우위를 지니고 있는가?
(2) 두 나라가 교역을 하다면 각국은 어떤 재화를 수출하겠는가?
(3) 만약 일본 근로자가 하루에 자동차 1대를 생산할 수 있다고 하더라도 여전히 교역을 통해 이득을 볼 수 있을까?

04 자국의 밀 수요곡선은 $D=100-20P$이고, 공급곡선은 $S=20+20P$이다. 반면 외국의 수요곡선은 $D^*=80-20P^*$이고, 공급곡선은 $S^*=40+20P^*$이라 하자. 수송비가 없이 외국과 자국이 서로 무역을 한다고 하자. 자국과 외국에서 밀에 대한 수입수요함수 또는 수출공급함수를 도출하고 자유무역 하의 균형을 그림으로 나타내어라. 세계가격은 얼마인가? 무역량은 얼마인가?

05 우리나라는 1960~1970년대에는 노동집약적인 상품을 주로 수출하였으나 오늘날에는 자본집약적인 상품을 주로 수출하고 있다.

(1) 자유무역이 우리나라 노동자의 임금수준에 미치는 영향이 1960~1970년대와 오늘날에 어떻게 다르게 나타나는지를 설명하시오.
(2) 그리고 위의 결과에 비추어 1960~1970년대에 우리나라의 수출증대가 노동자들의 저임금이라는 희생 위에서 이루어졌다는 주장이 타당한지 생각해 보시오.

06 우리나라의 쌀 시장은 경쟁적인데 월간 수요와 공급은 다음과 같이 측정되었다고 하자. 가격의 단위는 천 원이고 수량의 단위는 '가마/월'이라고 가정한다.

$$Q_d=400-P \qquad\qquad Q_s=-200+2P$$

(1) 현재 쌀의 국제가격은 한 가마당 12만 원이라고 하자. 이때 생산량과 수입량을 구하라.
(2) 이제 정부가 수입되는 쌀 가마당 2만 원의 관세를 부과하기로 하였다고 하자. 이 경우 이로 인한 사회적 자중손실의 규모는 얼마인가?

CHAPTER 18
국제금융이론

CONTENTS

CHAPTER PREFACE | 들어가며

이번 장에서는 개방경제의 대표적인 거시변수인 환율과 국제수지에 대해 살펴본다. 우선 환율과 환율제도에 대한 기초적인 개념을 설명한 후 장기환율결정이론인 구매력평가설과 단기환율결정이론인 이자율평가설을 살펴본다. 다음으로 국제수지의 기초적인 개념과 그 구성을 살펴본 후 개방경제에서의 국민소득항등식을 통해 경상수지의 결정과 관련된 몇 가지 중요한 이론을 살펴본다. 마지막으로 개방경제의 일반균형이론모형인 먼델 – 플레밍모형을 통해 개방거시경제에서의 정책효과를 분석한다. 이러한 분석을 통해 우리는 환율제도 및 자본시장 개방에 대한 선택에 있어서 유의해야 할 중요한 기준을 얻을 수 있을 것이다.

01 환율의 개념 및 환율제도

1.1 명목환율과 실질환율

환율(exchange rate)이란 일국이 세계시장에서 자국의 화폐 또는 상품을 다른 나라의 화폐 또는 상품과 교환할 수 있는 비율을 의미하며 크게 명목환율과 실질환율로 구분해 볼 수 있다. 명목환율(nominal exchange rate)이란 일국의 화폐가 외국의 화폐와 교환되는 비율을 의미하는데 우리가 보통 '환율이 $1당 1,000원이다' 또는 '원/달러 환율이 1,000이다'라고 이야기할 때 의미하는 환율이 바로 명목환율이다. 즉 명목환율이란 외국화폐 1단위와 교환되는 자국화폐의 수량 또는 외국화폐의 상대가치를 나타내는 것으로서 명목환율이 상승한다는 것은 자국화폐의 가치가 외국화폐에 비해 상대적으로 하락한다는 것을 말한다.

명목환율 : e = 외국화폐 1단위와 교환되는 자국화폐의 수량
= 자국화폐로 측정한 외국화폐의 상대적 가치(₩/$)

반면 실질환율(real exchange rate)이란 일국의 상품이 외국의 상품과 교환되는 비율을 의미하는 것으로 다음과 같이 정의된다.

$$\text{실질환율} : \varepsilon = \frac{\text{명목환율} \times \text{외국상품의 가격}}{\text{자국상품의 가격}} = \frac{e \times P^*}{P}$$

실질환율의 개념을 이해하기 위해 간단한 예를 들어보기로 하자. 예를 들어 우리나라와 미국이 모두 사과만 생산한다고 가정하고 우리나라의 사과는 개당 1,000원이고 미국의 사과는 개당 2달러라고 하자. 이때 명목환율이 1달러당 1,000원이라면 실질환율 $\varepsilon = \frac{e \times P^*}{P} = \frac{1{,}000\text{₩}/\$ \times \$2}{\text{₩}1{,}000} = 2$가 된다. 이때 실질환율은 외국의 사과 하나와 교환되는 자국의 사과의 개수이며 동시에 외국상품의 상대가치를 의미한다. 따라서 실질환율을 다음과 같이 정의할 수도 있다.

실질환율 : ε = 외국상품 1단위와 교환되는 자국상품의 수량
= 자국상품으로 측정한 외국상품의 상대적 가치

따라서 실질환율이 상승한다는 것은 자국상품의 가격이 외국상품에 비해 상대적으로 하락하여 수출경쟁력이 상승한다는 것을 의미한다.

참고로 명목환율을 이상에서와 같이 정의하는 것을 직접표시법 또는 **자국화폐표시방법**이라고 한다. 반대로 '환율이 1원당 $\$\frac{1}{1,000}$ 이다' 또는 '달러/원 환율이 $\frac{1}{1,000}$ 이다' 라고 나타낼 수도 있는데 이러한 방법을 간접표시법 또는 **외국화폐표시방법**이라고 한다. 우리나라에서는 특별히 언급이 없는 한 거의 자국화폐표시방법을 사용하고 있으므로 이 책에서도 특별한 언급이 없는 한 환율이라고 할 때는 '자국화폐표시방식 명목환율'을 의미하는 것으로 약속한다.

1.2 외환시장의 균형 및 환율제도

외환(foreign exchange)이란 국제거래에 널리 사용되는 주요국 화폐와 결제수단을 말하며 이들이 거래되는 시장을 외환시장이라고 한다. 환율은 외국화폐 즉 외환의 상대가격이므로 외환에 대한 수요와 공급에 의해 결정된다. [그림 1]은 외환시장에서 균형환율이 결정되는 과정을 보여준다.

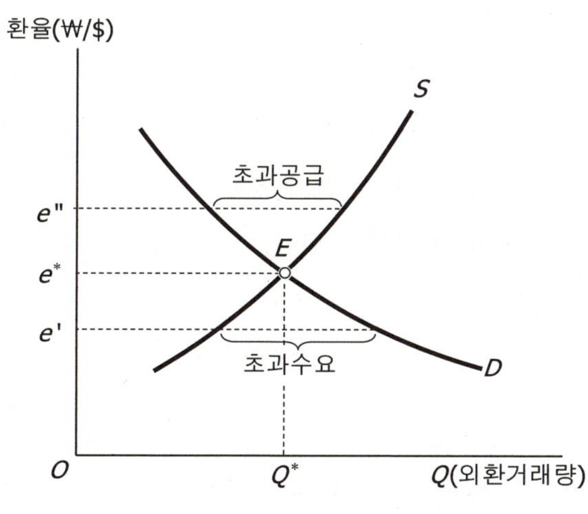

[그림 1] 외환시장의 균형

[그림 1]에서 환율이 e^*수준에 있다면 외환시장의 균형이 이루어지므로 e^*를 균형환율이라고 한다. 반면 환율이 e'수준에 있다면 외환시장의 초과수요가 발생하고 환율이 e''수준에 있다면 외환시장의 초과공급이 발생한다. 환율제도란 이와 같이 외환시장에서 불균형이 발생할 때를 이를 해소하는 방식을 의미한다. 실제 환율제도는 매우 다양해서 IMF는 국제환율제도를 8~9가지로 분류하고 있다. 우리는 이를 단순화하여 가장 극단적인 형태 두 가지, 즉 완전한 고정환율제와 완전한 변동환율제를 주로 살펴볼 것이다.

고정환율제도(fixed exchange rate system)란 국가 간에 약속된 환율을 유지하기 위하여 각국의 중앙은행이 외환시장에 개입하여 불균형을 해소하는 제도이다.[1] 구체적으로 외환시장에 초과공급이 발생하면 중앙은행이 넘치는 만큼의 외환을 매입한다. 반대로 외환시장에 초과수요가 발생하면 중앙은행이 부족한 만큼의 외환을 매도한다. 이러한 경우 국제수지 불균형이 발생할 수 있으며 외환거래의 결과 통화량과 외환보유고의 변화가 나타난다. 때로는 외환매매로 인한 통화량 변동을 막기 위해 반대방향의 매매로서 **불태화정책**(sterilization)[2]을 실시하기도 한다.

반면 **변동환율제도**(flexible exchange rate system)란 중앙은행이 외환시장에 개입하지 않고 외환시장의 수요와 공급에 의해 환율이 자유롭게 조정되도록 하는 제도이다.[3] 이 제도의 가장 큰 장점은 환율의 신속한 조정으로 국제수지가 자동적으로 균형을 달성하며 국내통화량을 대외요인과 독립적으로 관리할 수 있다는 것이다. 각 환율제도의 장, 단점을 정리하면 [표 1]과 같다.

고정환율제도를 채택하고 있는 국가에서 환율은 정책적으로 결정되는 변수가 된다. 이처럼 고정환율제를 채택한 국가에서 환율을 상승시켜 자국화폐의 가치를 하락시키는 것을 **평가절하**(devaluation)라고 한다. 반면 환율을 하락시켜 자국화폐의 가치를 상승시키는 정책을 **평가절상**(revaluation)이라고 한다.

---

1) 고정환율제도의 영문표기로 'pegged exchange rate system'을 사용하기도 한다.

2) 불태화정책을 중화정책이라고 부르기도 한다. 반면 외환시장개입으로 인한 통화량의 증가와 감소에 대해 개입하지 않는 정책을 태화정책(non-sterilization) 또는 비중화정책이라고 한다.

3) 변동환율제도의 영문표기로 'floating exchange rate system'을 사용하기도 한다.

	고정환율제	변동환율제
조정변수	M^s가 조정변수(내생변수) e는 정책변수(외생변수)	e가 조정변수(내생변수) M^s는 정책변수(외생변수)
가격의 안정성으로 인한 무역과 투자의 증가	○	×
대외균형의 자동적 달성과 통화정책의 자주성	×	○
가격기능의 활용과 비교우위의 실현	×	○
대표적인 예	금본위제 / 브레튼우즈체제	킹스턴체제

[표 1] 환율제도의 비교

반면 변동환율제도를 채택하고 있는 국가에서 환율은 정책적으로 결정되는 변수가 아니라 외환시장의 사정에 따라 변동하는 변수이다. 이처럼 변동환율제도를 채택한 국가에서 시장의 수급에 따라 자연스럽게 환율이 상승하며 화폐가치가 하락하는 현상을 환율상승 또는 **평가하락**(depreciation)이라고 한다. 반면 시장의 수급에 따라 환율이 하락하면서 화폐가치가 상승하는 현상을 환율하락 또는 **평가상승**(appreciation)이라고 한다.

정리하자면 평가절하와 평가하락, 평가절상과 평가상승은 각각 자국화폐가치의 하락 및 상승을 의미하고 있다는 점에서 유사한 점이 있다. 그러나 엄밀히 이야기하면 평가절하와 평가절상은 정부가 정책적으로 환율을 변화시키는 것을 지칭하는 반면 평가하락과 평가상승은 시장의 작용에 의한 환율의 변화를 지칭한다는 면에서 차이가 있다.[4]

현실적으로 많은 국가는 고정환율제도와 변동환율제도가 혼합된 형태를 가지고 있다. **관리변동환율제도**란 기본적으로 변동환율제도를 따르되 필요할 때 정부가 개입하는 방식을 의미한다. **조정가능한 고정환율제도**란 기본적으로 고정환율제도를 따르되 필요할 때 정부가 평가를 조정하는 방식을 의미한다. 우리나라의 환율제도는 환율의 자유로운 변동을 허용하는 자유변동환율제를 택하고 있으며 일반적인 경우에는 외환시장에 개입하지 않으며 매우 제한적인 경우에만 외환시장에 개입하는 방식을 취하고 있다.

4) 사실 교과서나 신문기사 등에서는 평가절하와 평가하락, 평가절상과 평가상승을 구분하지 않는 경우가 많다. 따라서 교과서나 신문을 읽을 때 주의하기 바란다.

읽을거리 브레튼우즈체제와 국제금융제도의 변천

▸ 브레튼우즈체제의 주역인 화이트와 케인즈

브레튼우즈체제(Bretton Woods system)는 고정환율제도의 대표적인 예로서 1944년 연합국의 대표들이 미국의 브레튼우즈에 모여 대전이 끝난 후의 세계 경제질서에 대해 논의한 결과 창출된 세계질서이다. 브레튼우즈체제는 1970년대 초반까지 세계경제질서를 주도하였다.

브레튼우즈체제하에서는 미국 달러화의 가치만이 금 1온스당 35달러의 수준에 고정되어 있었고 다른 국가의 화폐는 미국 달러화에 그 가치를 고정시켜, 그 결과 상이한 화폐 사이의 교환비율, 즉 환율이 자동적으로 고정된 결과를 가지게 되었다.5)

브레튼우즈체제가 출범한 직후의 세계 경제는 달러화의 공급이 충분치 않다는 문제 때문에 큰 어려움을 겪었는데 이를 유동성의 문제(liquidity problem)라고 한다. 그러나 1960년대에 들어서면서 미국 경제의 상대적 지위가 약화되고 베트남전쟁 이후 미국의 물가가 급등하며 미국이 지속적인 국제수지 적자를 기록하게 되면서 상황이 바뀌게 된다. 즉 미국이 국제수지 적자를 누적해 감에 따라 달러의 공급량은 급격히 증가하게 되고, 달러에 대한 신뢰가 떨어져 간다는 것이 오히려 문제가 되기 시작하였는데 이를 신뢰성의 문제(credibility problem)라고 한다. 이처럼 브레튼우즈체제하에서는 유동성의 문제와 신뢰성의 문제라는 동시에 해결할 수 없는 문제점을 가지고 있었는데 이를 트리핀의 딜레마(Triffin's dilemma)라고 한다.

미국의 만성적 국제수지 적자가 문제가 되었는데도 흑자국들은 경기를 팽창하는 정책을 쓰거나 환율을 재조정하는 조치를 취하지 않았다. 설상가상으로 달러화의 가치가 떨어질 것을 예상한 환투기자들이 달러화를 대량으로 내다 팔기 시작하면서 미국의 금 보유량은 급격하게 줄기 시작했고, 보유하던 금의 반 이상을 잃게 된 미국의 닉슨 대통령은 1971년 8월 달러화의 평가절하와 함께 금태환의 정지를 선언하여 브레튼우즈체제의 종말을 고하였다.

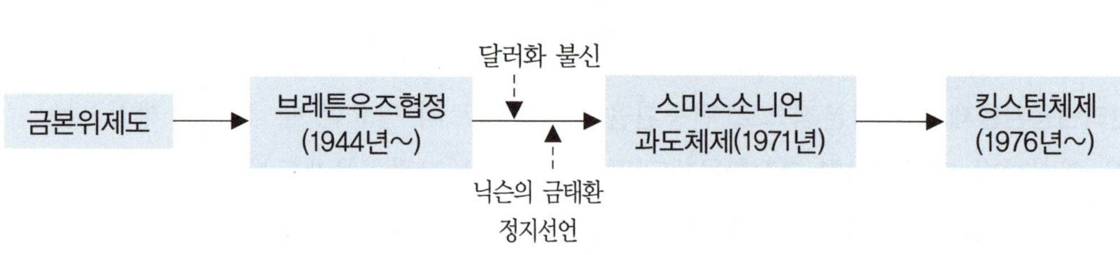

[그림 2] 국제 환율제도의 변천과정

5) 이처럼 금과 달러가 중심을 이룬 브레튼우즈체제를 금환본위고정환율제라고 부르기도 한다.

환율변화의 효과 02

명목환율의 상승은 자국화폐의 가치하락 및 외국화폐의 가치상승을 의미한다. 환율은 매우 다양한 경로를 통해 국민경제에 영향을 미친다. 환율상승은 직접적으로 자국상품과 국외상품의 상대가격에 영향을 미친다.

자국 상품의 국외가격 $= P/e$

외국 상품의 국내가격 $= eP^{*}$

즉 환율이 상승하면 자국상품의 국외가격이 하락하고 외국상품의 국내가격이 상승한다. 이로 인해 수출이 증가하고 수입이 감소함에 따라 순수출이 증가한다.6) 만약 경기회복과 경상수지 개선을 바라는 국가라면 이러한 효과를 긍정적으로 평가할 것이다.

그러나 환율상승에 긍정적인 측면만 있는 것은 아니다. 우선 자국 상품의 국외가격이 하락하고 외국상품의 국내가격이 상승한다면 교역조건은 악화된다. 또한 수입품의 국내가격 상승이 전반적인 물가상승으로 이어질 수 있다. 특히 우리나라처럼 원유, 식료품 등의 상당부분을 외국에서 수입하는 경우에는 환율이 물가에 미치는 영향이 매우 직접적으로 나타난다. 이 경우 환율이 상승함에 따라 수출기업의 이윤은 증가하지만 일반국민들의 구매력은 하락한다. 따라서 환율상승은 소득분배를 악화시킬 가능성이 크다. 요약하면, 환율상승시 순수출이 증가하는 것은 교역조건과 소득분배의 악화를 대가로 한 것이다.

실제 환율이 상승하는 경우를 살펴보면 경기회복효과가 생각만큼 강하지 않은 경우가 많다. 이러한 현상의 원인으로는 몇 가지를 고려할 수 있다. 첫째, 물가가 상승하면 실질통화량이 감소하는데 이것이 경기회복을 더디게 만들 수 있다. 둘째, 소득분배가 악화되면서 지출성향이 높은 저소득층에서 지출성향이 낮은 고소득층으로 구매력이 이전되어 전반적인 지출이 감소할 수 있다. 셋째, 환율이 상승하면 외화로 표시된 채무가치가 상승함에 따라 국내 기업의 재무상황을 악화시킬 수 있다.7) 1997년 외환위기 당

6) 이후에 살펴보겠지만 이는 마샬-러너의 조건이 만족됨을 전제한다.

시 많은 기업들의 재무상태가 급격히 악화된 것도 환율상승의 영향이 컸다. 환율의 변화가 미치는 다양한 영향을 정리하면 [표 2]와 같다.

환율상승(평가절하)	환율하락(평가절상)
자국화폐의 가치하락	자국화폐의 가치상승
자국상품 국외가격 하락	자국상품 국외가격 상승
외국상품 국내가격 상승	외국상품 국내가격 하락
수출의 증가, 수입의 감소	수출의 감소, 수입의 증가
경상수지개선 전망	경상수지악화 전망
경기회복 전망	경기악화 우려
물가상승 우려	물가하락 전망
외화표시 채무의 실질부담증가	외화표시 채무의 실질부담감소
교역조건의 악화	교역조건의 개선
소득분배의 악화	소득분배의 개선

[표 2] 환율상승 및 하락의 효과

03 환율결정이론

3.1 국제적 거래의 유형과 환율결정이론

앞서 환율은 외환의 가격이므로 외환에 대한 수요와 공급에 의해 결정된다고 하였다. 그런데 외환시장에서의 공급은 상품 또는 자산의 수출에서 비롯하며 수요는 상품 또는 자산의 수입에서 비롯한다.

우리는 제17장에서 국제적 거래의 유형을 크게 세 가지로 나눌 수 있다는 점을 살펴

7) 환율의 변화로 재무상황이 개선된 기업의 경우는 당장 큰 영향을 받지 않지만 재무상황이 악화된 기업의 경우에는 직접적 압박을 받을 가능성이 크다.

보았다. 그 세 가지는 각각 상품 간의 무역, 상품과 자산 간의 무역, 자산 간의 무역이었다는 점을 기억할 것이다. 최근 국제거래에 있어 가장 많은 비중을 차지하는 것은 국가간 자본이동이라고 부르는 세 번째 유형의 거래이다.[8] 즉 최근 외환시장에서의 수요와 공급은 대부분 각국에서 다른 나라의 주식이나 채권 등의 금융자산들을 사고파는 거래에서 비롯한 것이다. 따라서 우리가 수일간의 짧은 기간에 환율이 어떻게 변화할지를 예측하기 위해서는 자본거래의 동향을 유심히 살필 필요가 있다. 즉 단기의 환율변화를 예측하기 위해서는 국가간 자본거래의 균형을 살펴야 하는데 이를 분석할 수 있는 대표적인 이론이 **유위험 이자율평가설**(uncovered interest rate parity)이다.

반면 장기적으로는 한 국가가 지속적으로 경상수지 적자, 또는 경상수지 흑자를 유지할 수가 없기 때문에 장기적으로 환율은 국가 간의 경상거래의 균형을 달성시키는 수준에서 결정될 것이라 생각된다. 즉 장기적으로 환율이 회귀할 것으로 예상되는 수준을 예측하기 위해서는 첫 번째 유형의 거래 즉 국가간 경상거래의 균형을 살펴야 하는데 이를 분석할 수 있는 대표적인 이론이 **구매력평가설**(purchasing power parity)이다.

곧 살펴보겠지만 위 두 가지 평가설은 **일물일가의 법칙**(law of one price) 또는 무차익거래조건(no arbitrage condition)을 각각 국가간 상품거래와 국가간 자본거래에 적용한 것이다. 사실 두 이론의 이름에 포함된 평가(平價)라는 표현은 일물일가를 의미하는 다른 표현으로 볼 수도 있다. 따라서 이 이론들의 타당성은 과연 각 시장에서 일물일가의 법칙이 얼마나 타당한 것인가와 밀접히 연관되어 있다.

3.2 경상거래와 장기환율결정이론 : 구매력평가설

환율의 장기적인 변화를 설명하는 대표적인 이론인 구매력평가설은 국가간 무역거래 있어서 일물일가의 법칙이 성립할 것을 전제로 한다. 일물일가의 법칙이란 동일한 거래대상은 하나의 가격으로 거래되어야만 한다는 것으로서 일물일가의 법칙이 성립하기 위해서는 가격에 대한 정보가 완전하고, 거래비용이 낮아서 완전한 차익거래(arbitrage)가 이루어져야 한다.[9] 양국에서 동일한 상품묶음이 동일한 가격에 거래된다면

---

8) 이 절에서 국가간 자본이동은 금융자본이동을 말한다.

9) 완전한 차익거래란 더 이상 차익거래의 여지를 남기지 않는다는 의미로서 재화의 국가 간 거래가 가격변화에 대해 매우 탄력적으로 반응한다고 이해하면 된다.

$P = eP^*$가 성립해야 하는데, 이를 환율에 대해 정리하면 절대적 구매력평가설을 구할 수 있다.

$$\text{절대적 구매력평가설} : e = \frac{P}{P^*} = \frac{\text{자국의 물가수준}}{\text{외국의 물가수준}} \qquad [\text{식 } 1]$$

이 식은 명목환율의 절대적 수준이 양국의 물가수준의 비율에 의해 결정된다는 의미를 담고 있다. [식 1]의 양변에 $\frac{P^*}{P}$를 곱하여 정리하면 다음과 같다.

$$\varepsilon \equiv \frac{eP^*}{P} = 1$$

즉 절대적 구매력평가설이 성립하는 경우의 실질환율은 1이 되는데 이는 구매력평가설의 전제인 일물일가의 법칙에서 비롯한 것이다. 즉 양국상품의 가격이 동일해진다면 실질환율은 당연히 1이 된다. [식 1]을 변화율로 나타내면 다음과 같은데 이를 상대적 구매력평가설이라 한다.

$$\text{상대적 구매력평가설} : \frac{\Delta e}{e} = \frac{\Delta P}{P} - \frac{\Delta P^*}{P^*} = \text{자국물가상승률} - \text{외국물가상승률}$$

상대적 구매력평가설이 성립하는 경우에 실질환율의 변화율을 구하면 0이 된다.

$$\text{실질환율의 변화율} : \frac{\Delta \varepsilon}{\varepsilon} \equiv \frac{\Delta e}{e} - \frac{\Delta P}{P} + \frac{\Delta P^*}{P^*} = 0$$

사실 상대적 구매력평가설이 성립하기 위해서는 실질환율이 꼭 1이 아니더라도 일정한 상수로 유지되면 되기 때문에 상대적 구매력평가설이 절대적 구매력평가설보다 완화된 형태라고 표현하기도 한다. 즉 절대적 구매력평가설이 성립하면 상대적 구매력평가설이 성립하지만 상대적 구매력평가설이 성립한다고 절대적 구매력평가설이 성립하지는 않는다.

구매력평가설은 매우 직관적인 이론이지만 실증자료와 일치하지 않는 경우가 많다. 이러한 한계가 나타나는 이유는 다음과 같다. 첫째, 국가 간 무역장벽의 존재, 수송비 등 거래비용(transaction cost)의 존재, 정보의 불완전성 등으로 인해 차익거래가 제한된다는 점을 들 수 있다. 이러한 경우라면 일물일가의 법칙이 성립하지 못할 수 있다. 둘째, 독과점 등 불완전 경쟁으로 인해 국가간 가격차별(international price discrimination)이 존재한다는 점을 들 수 있다. 독점력을 가진 기업들이 인위적으로 국가마다 다른 가격을 설정한다면 당연히 일물일가의 법칙이 성립하지 못한다. 셋째, 양국에서 거래되는 상품들이 이질적이라면 국가간 거래가 자유롭다고 하더라도 양국 상품의 가격이 상이할 수 있다. 넷째, 비교역재(non tradable goods)의 존재를 들 수 있다. 비록 교역재 간에 차익거래가 완벽하여 일물일가의 법칙이 성립하는 수준에서 환율이 성립되더라도, 물가수준의 결정에는 교역재뿐만 아니라 비교역재도 포함되기 때문에 환율수준이 반드시 물가수준의 비율과 일치할 이유가 없다.

그 외에 각국의 물가지수를 구성하는 상품묶음의 구성이 상이하기 때문에 물가수준을 비교하는 과정에서 문제가 발생할 수 있는데 이러한 문제를 지수의 문제(index problem)라고 한다.

이러한 이유로 인해 구매력평가설은 상품거래에 일물일가의 법칙이 성립하는 특별한 경우의 환율과 물가 간의 관계식으로서 단기환율을 설명하기 보다는 장기환율을 설명하는 데 적합한 이론으로 받아들여지고 있다.

3.3 구매력평가설의 응용 : 빅맥지수

최근에 각국 화폐의 구매력을 평가할 수 있는 척도로서 관심을 큰 끌고 있는 것이 1986년부터 영국의 Economist지가 제공하고 있는 빅맥지수(Big Mac index)이다. 이는 일물일가의 법칙에 근거해 세계 많은 국가에서 거의 같은 조리법으로 제공되고 수요 패턴도 비슷한 맥도날드사의 빅맥 햄버거의 가격을 전 세계적으로 비교함으로써 각국의 화폐가 적절한 환율에 거래되고 있는지를 비교할 수 있게 해 주었다.

	한 국	미 국
빅맥가격	₩2,000	$2
실제환율	$1=₩1,200	

[표 3] 구매력평가설과 빅맥환율

예를 들어 한국과 미국에서 빅맥이 각각 2,000원과 2달러에 판매되고 있다고 하고 하면, 구매력평가환율은 1,000원/달러가 된다. 이때 실제환율이 1,200원/달러라면 실제환율은 구매력평가환율에 비해 달러화를 약 20% 과대평가하고 있다고 볼 수 있으며, 반대로 원화를 같은 비율로 과소평가하고 있다고 평가할 수 있다.[10)]

3.4 자본거래와 단기환율결정이론 : 이자율평가설

환율의 단기적인 변화를 설명하는 대표적인 이론인 **유위험 이자율평가설**(uncovered interest rate parity : UIRP)은 국가간 자본거래(자본이동)에 있어서 일물일가의 법칙이 성립할 것을 전제로 한다. 국가간 자본이동이란 추상적인 개념 같지만 구체적으로는 국가간에 자산을 거래하는 과정을 통해 이루어진다. 즉 우리나라 사람이 외국의 주식이나 채권 등을 구매하게 되면 자본이 유출되었다고 하며 외국사람들이 우리나라의 주식이나 채권 등을 구입하는 경우 자본이 유입되었다고 표현한다.

유위험 이자율평가설의 의미를 이해하기 위해 간단한 예를 들어 보자. 현재 한국에서의 연간 이자율이 10%이고 미국에서의 연간 이자율이 5%라고 하자. 또한 현재 환율이 1,000원/달러로 주어져 있으며 1년 후에는 환율이 1,100원/달러로 상승할 것이라고 예상된다고 하자. 이러한 경우라면 투자자는 한국에 투자하는 것이 유리한가, 미국에 투자하는 것이 유리한가?

단순하게 생각하면 한국에 투자했을 때의 이자율은 10%이고 미국에 투자했을 때의 이자율은 5%이므로 당연히 한국에 투자하는 것이 유리할 것 같다. 그러나 이러한 생각은 중요한 사실을 한 가지 놓치고 있다. 두 가지 수익률이 기초하고 있는 화폐단위가 상이하기 때문에 외국자산을 보유하는 경우의 수익률을 원화기준으로 환산할 경우 환율변화로 인한 손익이 추가될 수 있다는 점이다. 예를 들어 환율이 1,000원/달러인 경우 1,000원을 주고 미국화폐 1달러를 구입하였다고 하자. 이 경우 만약 환율이 1,000원/달러에서 1,100원/달러로 상승했다면 아무런 이자를 받지 않더라도 원화를 기준으로는 10%의 수익을 얻은 셈이 된다. 따라서 현재 투자에 대한 판단은 다음과 같다.

---

10) 이러한 불일치가 일물일가의 법칙과 구매력평가설이 현실적으로 타당하지 못하다는 근거로 사용될 수도 있다.

10%<5%+10% ⇒ 자국이자율<외국이자율+예상환율상승률

위 경우 우리나라에 투자하였을 경우의 수익률을 원화를 기준으로 측정하면 10%이다. 반면 미국에 투자한 경우의 수익률을 원화를 기준으로 측정하면 이자율 5%와 환율상승률 10%를 더한 15%이다. 따라서 미국의 자산에 투자하는 것이 더 유리하다.

그렇다면 국제적인 금융거래에 있어서 균형은 언제 성립할까? 위 경우처럼 어느 한 국가의 자산에 투자하는 것이 더 유리하다면 사람들은 수익률이 높은 자산의 보유량을 지속적으로 늘리려 할 것이다. 따라서 금융거래의 균형은 양국자산의 예상수익률이 일치하는 경우에 성립한다. 이러한 조건을 정리하면 유위험 이자율평가설을 도출할 수 있다.

유위험 이자율평가설 : $i = i^* + \dfrac{e_{+1}^e - e}{e}$

자국이자율=외국이자율+예상환율상승률

단, i는 자국이자율, i^*는 외국이자율, e_{+1}^e는 다음기 예상환율, e는 금기 실제환율

위 식의 좌변과 우변은 각각 자국자산에 투자했을 때의 예상수익률(R)과 외국자산에 투자했을 때의 예상수익률(R^*)을 원화를 기준으로 나타낸 것이다. 그리고 양자가 일치할 때 외환시장의 균형이 성립한다. 이러한 균형조건을 나타내면 [그림 3]과 같다.

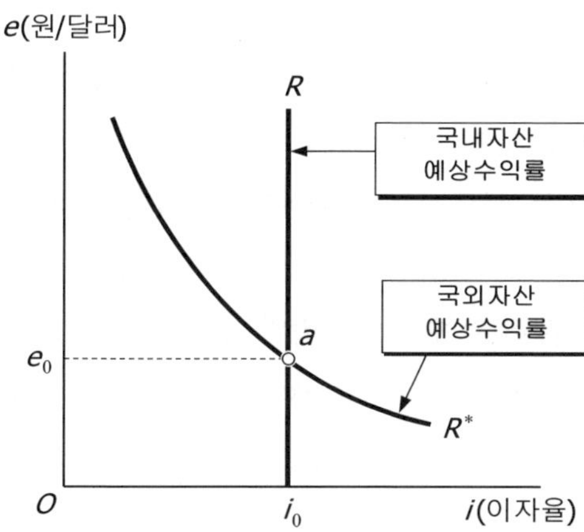

[그림 3] 유위험 이자율평가설

[그림 3]의 수평축은 원화를 기준으로 측정한 수익률을 나타내며 수직축은 환율을 나타내고 있다. R곡선과 R^*곡선이 만나는 a점에서 외환시장의 균형이 성립하며 현재 균

형환율은 e_0이다.[11] 이 모형을 사용하면 양국의 이자율과 환율에 대한 예상의 변화가 현재환율의 변화에 미치는 영향을 설명할 수 있다.

예를 들어 자국의 이자율이 하락했다고 가정하자. 이러한 경우 자국자산의 수익률이 하락함에 따라 [그림 4]에서 R곡선이 좌측으로 이동한다. 이로 인해 균형이 a점에서 b점으로 이동하며 환율이 상승한다. 또 다른 예로 사람들이 환율이 상승할 것으로 예상하게 되면 외국자산의 수익률이 상승함에 따라 [그림 5]에서 R^*곡선이 우측 이동한다. 이로 인해 균형이 a점에서 b점으로 이동함에 따라 환율이 상승한다.

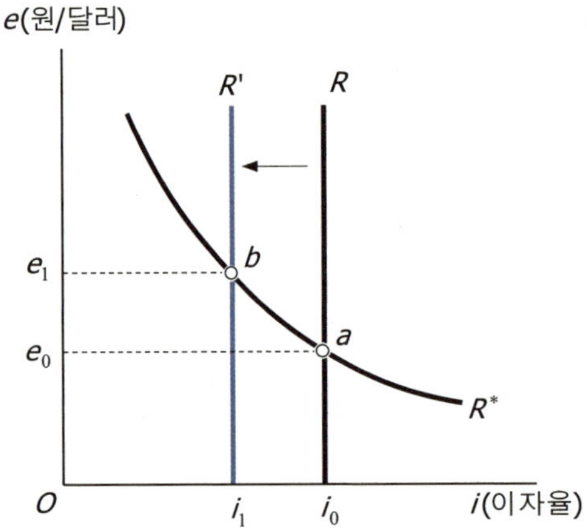

[그림 4] 자국 이자율하락의 효과

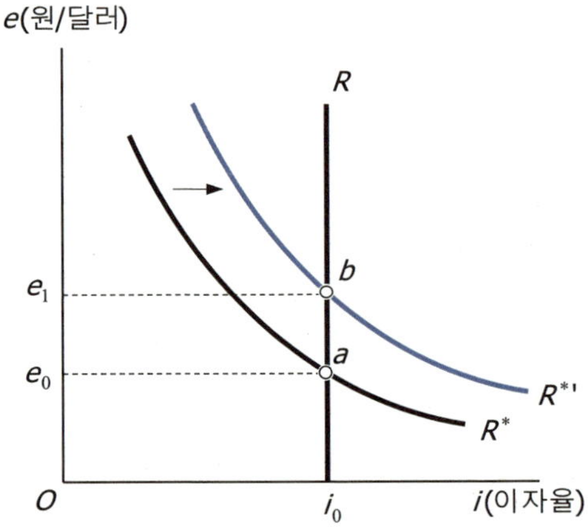

[그림 5] 환율상승을 예상한 경우의 효과

이상의 분석에서는 투자자가 선물시장 또는 선도시장에 참여할 수 있는 가능성을 고려하지 않았다. 따라서 미래시점에서 실제환율이 예상과 다르게 결정될 위험을 피할 수 없다. 그러나 선물시장 또는 선도시장에 참여할 수 있다면 투자자는 현재시점에서 미래에 거래할 환율을 사전적으로 확정할 수 있으므로 달러를 다시 원화로 환전하는 시점에서의 환율의 불확실성을 제거할 수 있다. 만약 선물환율을 f라고 할 때 외환시장의 균형조건을 정리하면 **무위험 이자율평가설**(covered interest rate parity : CIRP)을 도출할 수 있다.

---

11) 외국자산에 투자했을 때의 수익률은 현재 환율수준이 높을수록 낮아진다는 점에 유의하도록 하자. 예를 들어 다음기의 환율이 1,100원/달러가 될 것이라고 예상하고 있을 때 현재 환율이 1,000원/달러이었다면 환율상승으로 인한 수익률을 10%로 측정할 것이지만 현재 환율이 1,050원/달러이었다면 환율상승으로 인한 수익률은 약 5%로 측정될 것이다.

무위험 이자율평가설 : $i = i^* + \frac{f-e}{e}$

자국이자율 = 외국이자율 + 선물환 프리미엄

마지막으로 몇 가지 주의할 점을 언급해 둔다. 첫째, 이자율은 국제자본이동에 중요한 영향을 미치지만 이자율만으로 국제자본이동을 완전히 예측할 수는 없다. 둘째, 다른 조건이 일정하다면 이자율의 변화 또는 이자율의 격차로부터 환율을 예측할 수 있다. 그러나 현실적으로 이자율의 변화 또는 이자율의 격차는 원인이 아니라 결과일 수 있다. 셋째, 현실적으로 국가간 자산의 이질성, 거래비용, 제도적 규제, 정보의 불완전성 등 완전한 자본이동을 가로막는 다양한 요인이 있기 때문에 이자율평가설이 완전히 성립하기는 어렵다.

국제수지의 기초 04

4.1 국제수지의 구성과 국제수지표[12)]

국제수지(balance of payments)란 일정기간 동안 거주자와 비거주자 간의 실물 및 금융거래의 결과를 체계적으로 정리한 것을 말한다. 국제수지의 계정은 크게 경상계정과 자본금융계정으로 구분된다. 후자는 다시 자본계정과 금융계정으로 구분된다.

경상수지(current account balance)는 주로 실물거래의 결과를 기록한 것으로서 상품수지, 서비스수지, 본원소득수지, 이전소득수지로 구성된다. 이 중 상품수지와 서비스수지는 말 그대로 국가간 상품 및 서비스 거래의 결과를 정리한 것이다. 본원소득수지에는 국가간 노동력 및 자본제공의 결과로 이루어진 임금, 배당, 이자 등의 지급과 수취를 기록한다. 이전소득수지에는 아무런 대가없이 제공되는 송금, 무상원조, 국제기구출연금 등을 기록한다.

---

12) 국제수지표는 IMF의 국제수지통계편제기준(balance of payment manual : BPM)에 따라 작성된다. 이하의 내용은 IMF가 2010년 1월 확정, 공표한 국제수지통계편제기준 제6판(BPM6)을 참고하되 출제현황과 국내 교과서의 내용을 우선하였다.

금융수지(financial account balance)는 주로 국가간 금융자산거래의 결과를 정리한 것으로 직접투자수지, 증권투자수지, 파생금융상품수지, 기타투자수지, 준비자산증(−)감(+)으로 구성된다. 직접투자수지에는 경영참가를 목표로 이루어지는 주식의 거래를 기록하며, 증권투자수지에는 경영참가와 무관한 주식거래와 채권거래를 기록한다. 파생금융상품수지는 선물, 옵션, 스왑거래에서 발생한 거래를 기록한 것이며, 기타투자수지는 현금, 예금거래 및 위 분류에 포함되지 않는 거래들을 포괄한다. 준비자산증감은 중앙은행이 보유한 국제준비자산의 변화를 나타낸다. 준비자산의 규모 및 구성은 국제수지의 불균형에 의해 자동적으로 변화하기도 하지만, 통화당국이 환율 또는 국제수지에 영향을 미치려는 적극적인 외환개입에 의해 변화하기도 한다. 주의할 점은 준비자산증감에서 준비자산이 증가하는 경우를 음(−)수로 기록하고, 준비자산이 감소하는 경우를 양(+)수로 기록한다는 점이다. 곧 살펴보겠지만 이로 인해 국제수지를 구성하는 모든 항목의 합이 항상 0이 된다.

자본수지(capital account balance)은 경상계정과 금융계정에 포함되지 않는 국가간 자본이전과 비생산·비금융자산의 국가간 거래를 정리한 것이다. 이 항목의 거래규모는 어느 국가에서나 다른 두 가지에 비해 매우 작다.

국제수지를 체계적으로 정리해 놓은 것을 **국제수지표**라고 한다. 국제수지표는 각 계정별로 차변(좌측)은 외환을 지급하는 거래를 기록하고 대변(우측)에는 외환을 수취하는 거래를 기록한다. 이때 각 계정에서 차변이 큰 경우에는 각 계정별로 국제수지의 적자가 발생했음을 의미하며 대변이 큰 경우는 국제수지의 흑자가 발생했음을 의미한다. 또한 모든 거래는 **복식부기**(double entry bookkeeping)의 원리에 의해 기록되기 때문에 차변과 대변에 한 번씩 기록되며 결과적으로 대변과 차변의 합계는 항상 일치한다. 그러나 현실적으로 통계기관 또는 측정시점의 차이 및 자료누락 등으로 모든 계정의 합이 일치하지 않을 수 있다. **오차 및 누락**에는 이러한 차이가 기록된다. 이상의 분류를 정리하면 [표 4]와 같다.

예를 들어보자. A기업은 자동차를 국외에 수출하고 그 돈으로 미국의 공채를 구입하였다고 하자. 이 경우 자동차의 수출은 상품거래로 인한 외환의 수취를 발생시키므로 상품수지계정의 대변에 기록된다. 동시에 미국 공채의 구입은 경영권과 무관한 기초자산 거래이며 외환의 지급을 유발하므로 증권투자수지계정 차변에 기록된다. 결과적으로 이 거래로 인해 경상수지는 흑자가 되고 자본금융수지는 적자가 되어 차변의 합과

대변의 합은 일치한다.[13)]

이제 B씨가 두바이에서 열심히 일해 번 돈을 한국에 보내고 이 돈으로 그의 남편인 C가 이탈리아산 명품 가방을 구입한 경우를 생각해 보자. 우선 B씨의 소득은 노동의 제공으로 인한 임금의 수취이므로 본원소득계정의 대변에 기록된다. 동시에 남편의 명품 가방의 구입은 상품거래로 인한 지급을 유발하므로 상품수지계정의 차변에 기록된다. 이번에는 본원소득수지는 흑자가 되고 상품수지는 적자가 되어 경상수지의 구성이 바뀌었으나 경상수지의 크기에는 변화가 없고 자본금융수지에도 영향을 미치지 않는다. 따라서 이 경우에도 차변의 합과 대변의 합이 일치한다.

<table>
<tr><th></th><th colspan="2">항 목</th><th>차 변(지급)</th><th>대 변(수취)</th></tr>
<tr><td rowspan="4">경상수지</td><td colspan="2">상품수지</td><td>상품의 수입</td><td>상품의 수출</td></tr>
<tr><td colspan="2">서비스수지</td><td>서비스의 수입</td><td>서비스의 수출</td></tr>
<tr><td colspan="2">본원소득수지</td><td>임금, 이자, 배당 지급</td><td>임금, 이자, 배당 수취</td></tr>
<tr><td colspan="2">이전소득수지</td><td>국외로의 이전지출</td><td>국내로의 이전수입</td></tr>
<tr><td rowspan="3">자본,
금융수지</td><td colspan="2">자본수지</td><td>자본이전 지출
특허권, 상표권 등 매입
국외 토지, 건물 등 매입</td><td>자본이전 수입
특허권, 상표권 등 매각
국내 토지, 건물 등 매각</td></tr>
<tr><td rowspan="2">금
융
수
지</td><td>준비자산증감
을 제외한
금융수지</td><td>직접투자유출
증권투자유출
파생금융상품수지유출
기타투자수지유출
(국외금융자산매입)</td><td>직접투자유입
증권투자유입
파생금융상품수지유입
기타투자수지유입
(국내금융자산매각)</td></tr>
<tr><td>준비자산
증(−)감(+)</td><td>통화당국의
준비자산의 증가</td><td>통화당국의
준비자산의 감소</td></tr>
<tr><td colspan="5">오차 및 누락</td></tr>
</table>

[표 4] 국제수지표와 국제수지의 구성

13) 물론 각각의 거래를 별개로 나타낸다면 기타투자수지의 양변에 동일한 금액에 적히게 되는데 이 과정은 생략하였다.

마지막으로 D씨가 국외로부터 기부금을 받아 그것을 한국은행에서 원화로 바꾸었다고 하자. 이처럼 국가 간에 대가없이 지급되는 거래를 이전거래라고 하는데 이는 이전소득수지계정의 대변에 기록될 것이다. 반면 이 거래의 결과 중앙은행이 보유한 외화자산이 증가하였으므로 이는 준비자산증(−)감(+) 계정의 차변에 기록된다. 그 결과 경상수지는 흑자가 되어 경상계정의 대변이 증가한 반면 자본금융계정은 차변이 증가하여 여전히 차변과 대변의 합은 일치한다. 이처럼 국제수지표에서 차변의 합과 대변의 합은 항상 일치하기 때문에 다음의 항등식이 성립한다.

경상수지 + 자본금융수지 = 경상수지 + 자본수지 + 금융수지 = 0 [식 2]

위 항등식이 성립하는 이유는 금융수지에 포함되어 있는 준비자산증(−)감(+)이 다른 모든 거래를 합한 것과 부호만 달리하는 값이기 때문이다. 왜냐하면 다른 모든 거래에서 흑자가 발생한 경우, 즉 차변의 합보다 대변의 합이 큰 경우 오차 및 누락이 없는 한 동일한 크기의 금액만큼 통화당국의 준비자산이 증가하게 되기 때문이다.

이처럼 모든 계정을 합해서 국제수지를 계산하는 것은 아무런 의미가 없기 때문에 경제학자들은 이 중 일부 계정만을 뽑아서 국제수지를 정의한다. 국제수지의 균형 또는 불균형여부를 판단하는 기준으로 가장 널리 사용되는 것은 다음의 두 가지이다.

첫 번째는 경상수지 개념으로 경상계정에 포함되는 항목만을 합해 흑자 또는 적자여부를 판단하는 것이다. 두 번째는 준비자산증(−)감(+)을 제외한 나머지를 모두 합해 흑자 또는 적자여부를 판단하는 것이다. 본서에서는 후자의 의미로 정의된 국제수지개념을 '국제수지'로 부를 것이다. 따라서 국제수지표 계정간의 관계를 다음과 같이 나타낼 수도 있다.

국제수지 = 경상수지 + 자본금융수지 − 준비자산증(−)감(+)
= 경상수지 + 준비자산증(−)감(+)을 제외한 자본금융수지 [식 3]

이렇게 정의된 국제수지가 흑자인 경우 외환시장에 초과공급이 발생하며, 국제수지가 적자인 경우 외환시장에 초과수요가 발생한다. 따라서 이러한 국제수지의 개념은 향후 환율 또는 통화량 등 거시경제변수가 어떻게 변화할지를 예측하는데 매우 유용한 개념이 된다. 이후 먼델−플레밍모형에서 사용될 국제수지의 개념도 이와 일치한다.

이 부분은 중요하기 때문에 다시 한 번 정리를 해둔다. 첫째, '국제수지'라고 할 경우 다양한 의미로 사용될 수 있으나 특별한 언급이 없는 한 경상수지와 준비자산증감을 제외한 자본금융수지의 합으로 정의한다. 둘째, 자본금융수지라고 할 경우 준비자산증감을 포함하는 경우도 있고 그렇지 않은 경우도 있는데 전자의 경우라면 오차 및 누락이 없을 때 경상수지와 자본금융수지의 합은 항등적으로 0이 된다. 반면 후자의 경우라면 오차 및 누락이 없을 때에도 경상수지와 자본금융수지의 합이 0이 아닐 수도 있다. 이 경우 경상수지와 자본금융수지의 합이 0이 될 조건은 외환시장의 균형조건이 된다.[14)]

4.2 개방경제의 국민소득항등식

이제 개방경제에서의 국민소득항등식을 통해 경상수지의 결정요인에 대해 살펴보기로 하자. 우리는 이미 GDP가 소비, 투자, 정부구매 그리고 순수출로 이루어지며 투자에 계획된 투자와 계획되지 않은 투자를 모두 포함할 경우 다음 관계식이 항등식으로서 성립한다는 것을 살펴보았다.

GDP의 구성 : $Y \equiv C+I+G+(X-M)$ [식 4]

개방경제에서 소비, 투자, 정부구매의 합을 국내총지출 또는 흡수(absorption : A)라고 정의하자.

국내총지출 : $A \equiv C+I+G$ [식 5]

국내총생산(Y)은 자국 내에서 생산된 것이면 자국내에서 사용되었는지 외국에서 의해 사용되었는지는 따지지 않는다. 이에 반해 국내총지출(A)은 자국내에서 사용된 것이면 국내에서 생산되었는지 외국에서 생산되었는지는 따지지 않는다. [식 4]의 우변에 [식 5]를 대입하면 [식 6]을 구할 수 있다.

$Y-A \equiv X-M$ 국내총생산－국내총지출＝수출－수입 [식 6]

---

14) 국제수지통계편제기준 제6판에서는 금융수지 대신 금융계정이라는 표현을 사용하고 있다. 금융계정은 금융자산의 순취득을 의미하므로 금융수지와 크기는 같고 부호만 반대인 값이다. 이에 따르면 국제수지항등식도 '경상수지＋자본수지－금융계정＝0' 또는 '경상수지＋자본수지＝금융계정'으로 수정된다. 단 본서는 수험서이므로 당분간 기존의 방식에 따라 서술하기로 한다.

[식 6]이 의미하는 바는 매우 직관적이다. 예를 들어 국내총생산이 200인 국가가 300을 지출한다면 적자를 경험할 수밖에 없다. 즉 한 경제에 경상수지 적자가 발생하는 것은 소득보다 더 많이 지출하는 것이 원인이 된다는 것으로 개인들이 적자를 경험하는 경우와 차이가 없다. 즉 이 식은 자국에서 생산한 것보다 적게 지출할 때 경상수지 흑자가 발생하며 자국에서 생산한 것 이상으로 지출하려고 하는 경우 경상수지 적자를 경험할 수밖에 없다는 것을 보여주고 있다.

[식 4]를 재정리하면 다음과 같이 나타낼 수도 있다.

$$(Y-C-G)-I \equiv X-M \qquad \text{[식 7]}$$

이 식에서 좌변의 $(Y-C-G)$은 국민저축(S)의 정의와 일치하므로 다음과 같이 정리할 수 있다.

$$S-I \equiv X-M \quad \text{국민저축}-\text{국내투자}=\text{수출}-\text{수입} \qquad \text{[식 8]}$$

이 식은 경상거래와 금융거래가 밀접히 연관되어 있음을 보여준다. 앞에서 우리는 저축이 대부자금의 공급이 되고 투자가 대부자금의 수요가 된다고 하였다. 따라서 위 식의 좌변은 자본의 순공급 또는 **순자본유출**(net capital outflow)이라 할 수 있다. 순자본유출이란 국외자산의 구입을 의미하므로 결국 [식 8]은 경상수지 흑자국은 순국외자산이 증가하고 경상수지 적자국은 순국외자본이 감소한다는 것을 의미한다. 달리 말하면 경상수지 흑자국은 순자본유출국이 되고 경상수지 적자국은 순자본유입국이 된다. 이상에서 살펴본 관계를 정리하면 [표 5]와 같다.

경상수지 흑자	경상수지 균형	경상수지 적자
수출(X) > 수입(M)	수출(X) = 수입(M)	수출(X) < 수입(M)
순수출(NX) > 0	순수출(NX) = 0	순수출(NX) < 0
총생산(Y) > 총지출(A)	총생산(Y) = 총지출(A)	총생산(Y) < 총지출(A)
저축(S) > 투자(I)	저축(S) = 투자(I)	저축(S) < 투자(I)
순대외자산 증가 (순자본유출)	순대외자산 불변	순대외자산 감소 (순자본유입)

[표 5] 경상수지에 관한 여러 표현

경상수지의 흑자가 존재할 때 이는 국민저축을 자국에 투자하지 않고 외국의 자산에 투자한 것이라 볼 수 있다. 따라서 경상수지 흑자를 다른 이름으로 **국외투자**(foreign investment)라고 부르기도 한다. 반면 경상수지의 적자가 존재하는 경우는 자국에 투자를 하기 위한 저축이 부족하여 외국의 저축을 빌려온 것으로 볼 수 있다. 이러한 의미에서 경상수지 적자를 **국외저축**(foreign saving)이라고 부르기도 한다.

마지막으로 [식 8]에 국민저축이 민간저축과 정부저축의 합으로 이루어져 있다는 점을 반영해 보자. 또 정부저축은 정부재정흑자($T-G$)와 일치한다는 점을 반영한다면 이 식은 [식 9]와 같이 변형될 수 있다.

$$X-M \equiv S_p + S_g - I \equiv (S_p - I) + (T-G) \qquad \text{[식 9]}$$

경상수지 = (민간저축 − 국내투자) + 정부재정흑자

이 식은 경상수지 적자가 민간이나 정부가 수입(소득) 이상으로 지출한 결과라는 것을 보여주고 있다.

4.3 레이건 감세정책과 쌍둥이 적자논쟁

1980년대 초반에 미국의 레이건 대통령은 대폭적인 감세정책을 실시하였고 이로 인해 큰 폭의 재정적자가 발생하였다. 그런데 이 당시 거의 같은 시기에 미국은 매우 큰 폭의 경상수지 적자를 경험하게 되었는데 이를 **쌍둥이 적자**(twin deficit)라고 한다.

쌍둥이 적자라는 이름이 붙은 것은 다분히 재정적자가 경상수지 적자의 원인이 되었다는 주장에 근거해 있는데 이러한 주장은 상당한 논리적 근거가 있다. 앞에서 살펴본 국제수지항등식에 의하면 경상수지는 저축과 투자의 차이로 결정된다. 그런데 재정적자로 인해 정부저축이 감소하고 이로 인해 국민저축이 감소한다면 이는 경상수지 적자의 원인이 될 수밖에 없기 때문이다. 대부분의 경제학자들이 이러한 주장에 동의하고 있는데 이러한 견해를 재정적자에 관한 전통적 견해(traditional view)라고 한다.

구 분	$(X-M)$	$=$	(S_P-I)	$+$	$(T-G)$
전통적인 견해	감소		불변 또는 소폭증가		감소
리카도 대등정리	불변		증가		감소

[표 6] 전통적인 견해와 리카도 대등정리의 비교

반면 일부의 경제학자들은 이러한 주장에 반대하고 있다. 이들이 반대의 근거로 삼는 이론이 바로 제14장에서 살펴본 리카도 대등정리(Ricardian equivalence theorem)이다. 이에 따르면 감세가 이루어지면 사람들은 늘어난 가처분소득을 소비하지 않고 모두 저축한다. 이 때 민간저축의 증가가 정부저축의 감소를 상쇄한다면 국민저축은 변화하지 않고 경상수지도 영향받지 않는다. 즉 이들의 주장에 따르면 1980년대 미국에 재정적자와 경상수지 적자가 동시에 발생한 것은 사실이지만 경상수지 적자가 감세정책에서 비롯된 것은 아니다.

05 환율과 경상수지의 관계

지금까지 우리는 환율과 경상수지라는 매우 중요한 두 가지의 변수를 공부하였다. 이제 환율의 변화가 경상수지에 미치는 효과를 살펴보기로 하자. 환율과 경상수지 간의 관계를 간단하게 예상하면 다음과 같다. 우선 실질환율의 정의식을 다시 한 번 상기해 보도록 하자.

$$\text{실질환율}: \varepsilon = \frac{\text{명목환율} \times \text{외국상품의 가격}}{\text{자국상품의 가격}} = \frac{e \times P^*}{P}$$

이 식에서 단기적으로 물가가 일정할 때 명목환율이 상승하면 실질환율도 함께 상승한다. 이러한 실질환율의 상승은 외국 상품에 비해 자국 상품이 저렴해졌음을 의미한다. 따라서 일반적으로 환율이 올라가면 수출이 늘어나고 수입이 줄어들기 때문에 별 의심없이 경상수지가 개선된다고 생각하는 경우가 많다. 그러나 환율과 경상수지 사이의 관계가 그렇게 단순한 것만은 아니다.

환율상승의 효과는 크게 가격효과와 수량효과로 나누어 볼 수 있다. 가격효과(price

effect)란 환율의 상승이 수입품의 국내가격을 상승시키고 수출품의 국외가격을 하락시키는 효과를 의미한다. 따라서 만약 환율상승 후에도 동일한 수량을 수출, 수입한다면 경상수지는 오히려 악화된다. 반면 수량효과(quantity effect)란 환율의 상승이 수출물량을 증가시키고 수입물량을 감소시킴으로서 경상수지를 개선시키는 효과를 의미한다.

따라서 환율의 상승이 경상수지를 개선시키기 위해서는 가격변화로 인한 경상수지 악화보다 더욱 큰 수출의 증가 또는 수입의 감소가 나타나야 한다. 즉 가격효과보다 더 큰 수량효과가 나타나야 한다. 이러한 조건을 정리하면 환율변화에 대한 수입과 수출(외국의 수입)의 탄력성의 합이 1보다 커야 한다고 나타낼 수 있는데 이를 마샬-러너 조건(Marshall-Lerner condition)이라고 한다.

마샬-러너 조건 : $\varepsilon_m + \varepsilon_m^* > 1$

자국의 수입수요탄력성+외국의 수입수요탄력성>1[15)]

그러나 현실적으로는 환율이 상승한 직후에는 오히려 경상수지가 악화되었다가 상당한 시간이 지나서야 경상수지가 개선되는 경우가 많다. 이를 그림으로 나타내면 [그림 6]과 같은 곡선의 형태가 되는데 이를 경상수지의 J-곡선(J-curve)이라고 한다.

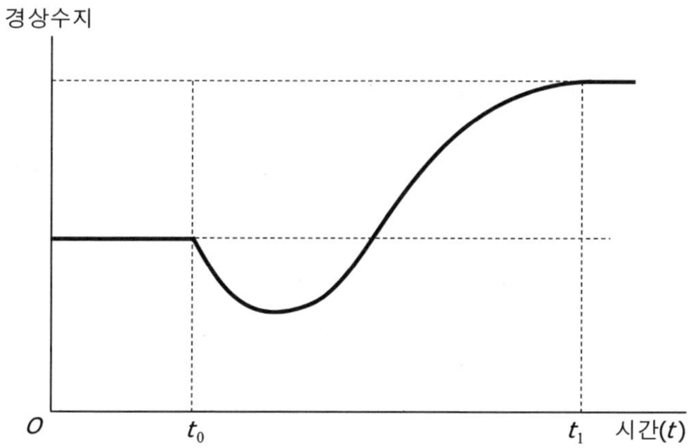

[그림 6] J 곡선 : 환율상승시 실제 경상수지의 변화

그렇다면 환율이 상승한 직후 경상수지가 오히려 악화되거나 개선이 상당기간 지연되는 이유는 무엇일까? 첫째, 가격효과와 수량효과의 시차를 들 수 있다. 마샬-러너조건

15) 외국의 수입이란 자국의 수출과 동일하기 때문에 마샬-러너의 조건을 '양국 수출탄력성의 합계가 1보다 크다' 또는 '수입탄력성+수출탄력성>1'로 나타내기도 한다.

에서 살펴본 바와 같이 환율의 변화는 가격효과와 수량효과의 두 가지 효과를 유발한다. 그런데 가격효과는 환율이 변하면 즉시 발생하는데 반하여 수량효과는 상당한 시간이 소요된 이후에나 발생한다.

두 번째로 불완전한 환율전가의 문제를 들 수 있다. 환율변화가 경상수지를 개선시키기 위해서는 수입품의 국내가격이 상승하여 수입량을 감소시켜야 한다. 그러나 현실적으로 환율변화가 수입품의 국내가격에 즉각 반영되지 않는다. 왜냐하면 상대편 수출업체가 매출의 급격한 감소를 우려해 단기적으로 외화표시 수출가격을 내리는 경우가 많으며, 국내수입업자 역시 원화표시 판매가격의 인상폭을 축소하는 경우가 많기 때문이다. 이러한 이유들로 인해 환율이 상승하더라도 현실적으로는 경상수지의 개선이 나타나지 않거나 상당기간 지연되는 현상이 종종 나타난다.

06 먼델-플레밍모형

6.1 기본성격

먼델-플레밍모형(Mundell-Fleming model) 또는 $IS-LM-BP$모형은 $IS-LM$모형을 개방경제로 확장시킨 모형이다. 따라서 $IS-LM$모형에서의 대부분의 가정은 먼델-플레밍모형에서도 성립하며 외환시장 균형조건인 BP곡선이 추가된다. 먼델-플레밍모형도 $IS-LM$모형과 마찬가지로 물가가 외생변수인 경우 국민소득결정모형이 되며, 물가가 내생변수인 경우 총수요곡선을 도출하는 모형이 된다.

6.2 공통가정

우선 복습을 위해 제6장과 제7장에서 전제한 $IS-LM$모형의 기본가정들을 모아보면 다음과 같다.

- 가정 1 : 단기에 물가는 경직적이며 외생적으로 주어진다.
- 가정 2 : 유휴시설이 충분하여 생산능력에 제한은 없다.

- 가정 3 : 소비는 가처분소득의 함수이며 한계소비성향은 0보다 크고 1보다 작다.
- 가정 4 : 투자는 실질이자율의 감소함수이다.
- 가정 5 : 정부구매와 조세는 외생적으로 결정된다.
- 가정 6 : 실제지출과 계획된 지출이 일치할 때 균형이 성립한다.
- 가정 7 : 화폐공급은 중앙은행이 외생적으로 통제할 수 있다.
- 가정 8 : 화폐수요는 명목이자율의 감소함수이며 총소득의 증가함수이다.
- 가정 9 : 인플레이션 기대는 0이다. 따라서 명목이자율과 실질이자율은 동일하다.

6.3 추가가정

개방경제에서도 여러 가정이 추가된다. 우선 가정 10과 가정 11은 순수출(NX), 즉 경상수지에 대한 것이다. 이는 IS곡선 및 BP곡선에 공통적으로 반영된다.

- 가정 10 : 마샬-러너조건이 만족된다. 따라서 환율이 상승할 때 순수출이 증가한다.[16)]
- 가정 11 : 총소득이 증가하면 수입이 증가한다. 따라서 순수출은 자국총소득의 감소함수이며 외국총소득의 증가함수이다.

가정 12와 가정 13은 국가간 자본이동(CF), 즉 자본금융수지에 대한 것이다. 단 이하 자본금융수지는 준비자산을 제외한 부분을 의미한다.

- 가정 12 : 예상환율변화율[17)]이 0이다.
- 가정 13 : 자국의 이자율이 외국의 이자율보다 높으면 자본이 유입된다. 반대의 경우에는 자본이 유출된다.

원래 국가간 자본이동은 양국 이자율과 예상환율변화율을 모두 고려해야 한다. 만약 예상환율변화율을 0으로 둔다면 양국 이자율의 격차로부터 국가간 자본이동의 방향 및 정도를 나타낼 수 있다. 가정 14은 외환시장의 균형에 대한 것이다.

---

16) 양국 물가가 고정이라 가정할 경우 명목환율과 실질환율의 변화방향은 동일하다.

17) 이를 예상절하율이라고도 한다. 이는 경제가 일단 균형상태에 도달하면 더 이상 환율이 변하지 않을 것이라고 전제하는 것과 같다.

• 가정 14 : 경상수지와 자본금융수지의 합이 0일 때 외환시장의 균형이 성립한다.

외환시장의 균형이 성립되는 과정은 앞서 살펴본 환율제도에 따라 달라질 것이다. 변동환율제의 경우 환율의 자유로운 조정을 통해 균형이 달성될 것이며 고정환율제의 경우 초과수요 및 초과공급이 발생할 때 중앙은행이 외환을 매도 또는 매입하여 외환시장의 균형을 달성한다.

이상의 조건을 정리하면 다음과 같은 $IS-LM-BP$의 연립방정식 모형을 구축할 수 있다.

재화시장균형 *IS* : $Y = C(Y-T) + I(r) + G + NX(\frac{eP^*}{P}, Y, Y^*)$ [식 10]

화폐시장균형 *LM* : $\frac{M}{P} = L(Y, r)$ [식 11]

외환시장균형 *BP* : $NX(\frac{eP^*}{P}, Y, Y^*) + CF(r - r^*) = 0$ [식 12]

이제 각각의 균형조건을 자세히 살펴보자. 폐쇄경제와 비교할 때 IS곡선에는 순수출을 의미하는 NX가 추가되었다. 따라서 국내물가의 하락, 외국소득의 증가, 외국물가의 상승, 환율의 상승 등으로 순수출이 증가할 때 IS곡선이 우측으로 이동한다. 반면 LM곡선은 폐쇄경제와 비교할 때 외형상으로는 별다른 변화가 없다.

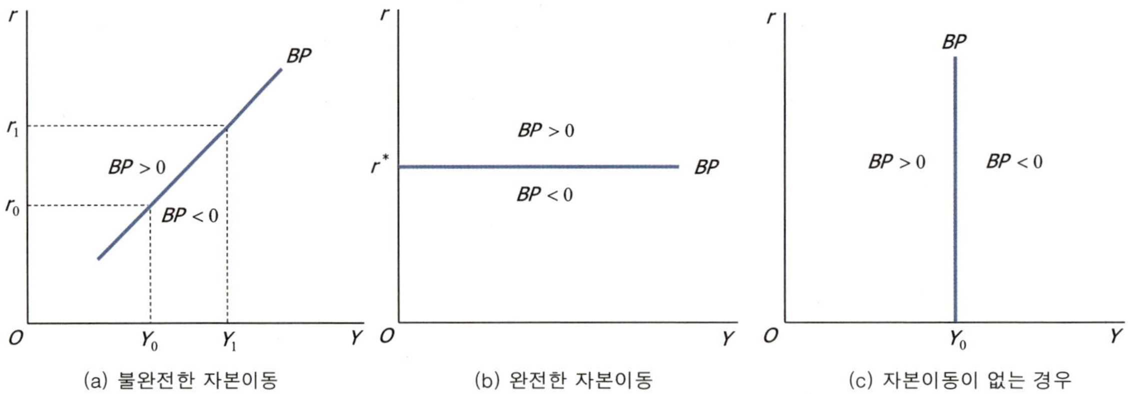

[그림 7] 자본의 이동성에 따른 BP곡선의 형태

이제 새롭게 도입된 BP곡선의 형태 및 특징을 살펴보자. [식 12]에서 NX는 순수출이면서 동시에 경상수지이고 CF는 자본금융수지이기 때문에 외환시장의 균형을 나타내는 BP곡선은 국제수지가 균형을 이룰 조건을 나타내고 있다. 주의할 점은 CF에는 준비자산증(−)감(+)을 포함하지 않는다는 점이다. 준비자산증(−)감(+)을 포함할 경우 경상수지와 자본금융수지의 합이 0이라는 조건은 항등식이 되어 균형식으로서의 의미를 갖지 못하기 때문이다.

BP곡선의 형태는 다음과 같이 구할 수 있다. 우선 외환시장이 균형인 한 점에서 출발하여 소득이 증가한다면 경상수지가 악화되며 국제수지도 적자가 될 것이다. 따라서 균형을 회복하기 위해서는 국내 이자율이 외국 이자율보다 높아져서 자본금융수지가 개선되어야 한다. 따라서 일반적인 경우 BP곡선은 우상향한다.[18]

BP곡선에 관해 유의할 점은 다음과 같다. 첫째, BP곡선의 좌상방은 균형수준에 비해 이자율이 높은 영역이기 때문에 국제수지는 흑자가 되며 외환시장에서 초과공급이 발생한다.[19] 반대로 BP곡선의 우하방은 국제수지 적자가 되며 외환시장에서 초과수요가 발생한다. 둘째, 자국물가의 하락, 외국소득의 증가, 외국물가의 상승, 환율의 상승 등으로 순수출이 증가하면 경상수지가 개선되므로 국제수지 균형을 위해서는 각각의 이자율수준에 대해 더 높은 소득이 대응되어야 한다. 따라서 BP곡선이 우측으로 이동한다.[20] 셋째, BP곡선은 국제적 자본이동성이 높을수록 완만하다. 이는 동일한 소득증가에 대해 자본이동성이 높을수록 이자율이 소폭상승해도 되기 때문이다. 극단적으로 자본이동성이 높은 경우라면 BP곡선은 [그림 7]의 (b)와 같이 수평의 형태가 될 것이다. 반대로 자본의 이동성이 낮을수록 동일한 소득증가에 대해 이자율이 많이 상승해야 하기 때문에 BP곡선은 점점 가팔라지게 될 것이다. 극단적으로 자본이동이 불가능한 경우라면 BP곡선은 [그림 7]의 (c)와 같이 수직의 형태가 될 것이다.

가정 15와 가정 16은 환율제도에 관련된 것이다.

- 가정 15 : 변동환율제도의 경우 중앙은행은 외환시장에 개입하지 않으며 환율은 자유롭게 조정된다.(가정 7 유지)

---

18) BP곡선의 성질을 수식으로 접근한 내용이 보론에 소개되어 있으므로 참고하기 바란다.

19) 균형수준에 비해 소득수준이 낮기 때문에 수입이 수출보다 적어 흑자가 발생한다고 할 수도 있다.

20) 단, BP 곡선이 수평인 경우에는 외견상 변화가 없다.

- 가정 16 : 고정환율제도의 경우 중앙은행은 국가간 약속된 환율을 유지하기 위해 외환시장에 개입하되 불태화정책을 실시하지 않는다.(가정 7 수정)

6.4 완전한 자본이동하에서의 정책효과 분석

6.4.1 완전자본이동의 가정

이제 분석을 단순화시키기 위해 자본이동이 완전한 소규모 개방경제를 가정한다.

- 가정 17 : 소규모개방경제를 가정한다. 즉 국제이자율을 주어진 것으로 받아들인다.
- 가정 18 : 국가간 자본의 이동성이 완전하여 국내이자율과 국제이자율은 일치한다.

이러한 조건하에 BP곡선은 국제이자율과 일치하는 수준에서 수평선이 된다. 따라서 BP곡선은 다음과 같이 단순화시킬 수 있다.

외환시장균형 $BP : r = r^*$

6.4.2 환율제도에 따른 조정과정

먼델-플레밍모형을 구성하는 3개의 방정식은 3개의 내생변수를 가진다. 어떤 변수가 내생변수가 되는지는 환율제도와 관련되어 있다. 변동환율제도를 가정한다면 폐쇄경제와 마찬가지로 M은 외생변수가 되며 Y, r과 더불어 e가 3번째 내생변수가 된다. 반면 고정환율제도를 가정한다면 e는 외생변수가 되며 Y, r과 더불어 M이 3번째 내생변수가 된다.

완전자본이동을 가정하는 먼델-플레밍모형에서의 조정과정은 환율제도에 따라 상이하다. 먼저 변동환율제에서는 환율의 변동으로 대외균형이 달성되므로 IS곡선이 이동하여 균형이 이루어진다. 고정환율제에서는 환율은 고정되어 있는 대신 통화량이 조정되므로 불균형이 발생할 때 LM곡선이 이동하여 균형이 이루어진다. 예를 들어 [그림 8]의 E점과 같이 국제수지가 흑자여서 외환시장 초과공급상태라면 변동환율제하에서는 환율이 하락하고 IS곡선이 좌측으로 이동하여 새로운 균형에 도달한다. 반면 고정환율제하에서는 통화량이 증가하며 LM곡선이 우측으로 이동하여 새로운 균형에 도달한다.

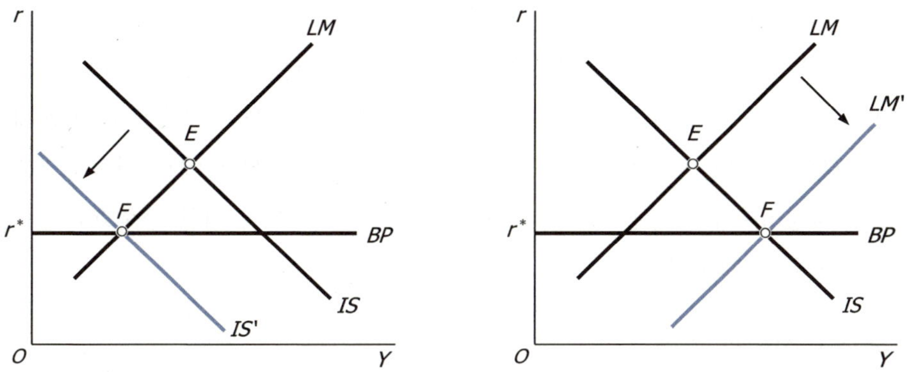

(a) 변동환율하의 조정 (b) 고정환율하의 조정

[그림 8] 대외불균형의 조정과정 : 완전한 자본이동

6.4.3 재정정책의 효과

확장적 재정정책이 실시되면 *IS*곡선이 우측으로 이동한다. 먼저 변동환율제의 경우를 고려해 보자. 이 경우 재화시장과 화폐시장의 동시균형점은 [그림 9]의 *A*점으로 이동한다. *A*점은 *BP*곡선 상방의 점이므로 국제수지 흑자요인, 즉 외환시장 초과공급이 유발된다. 따라서 환율이 하락하고 수출이 감소하여 *IS*곡선이 좌측으로 이동하면 최종균형은 다시 *E*점으로 돌아온다. 자본이동이 완전한 변동환율제하에서 재정정책이 무력해진 것은 재정정책으로 인한 환율하락이 순수출을 감소시키기 때문이다. 이를 개방경제에서의 재정정책 구축효과라고 한다.

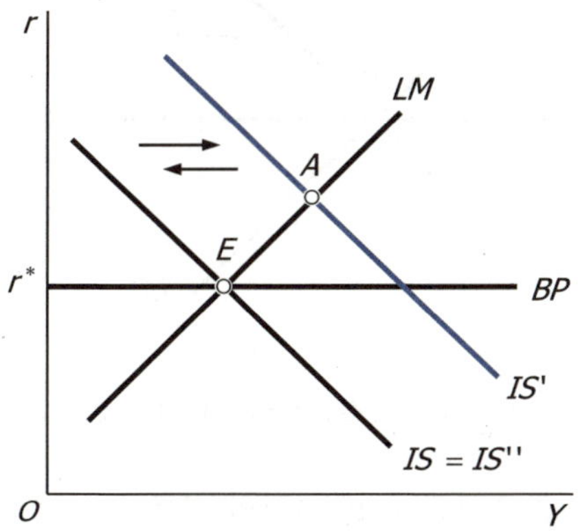

[그림 9] 변동환율제하에서의 재정정책

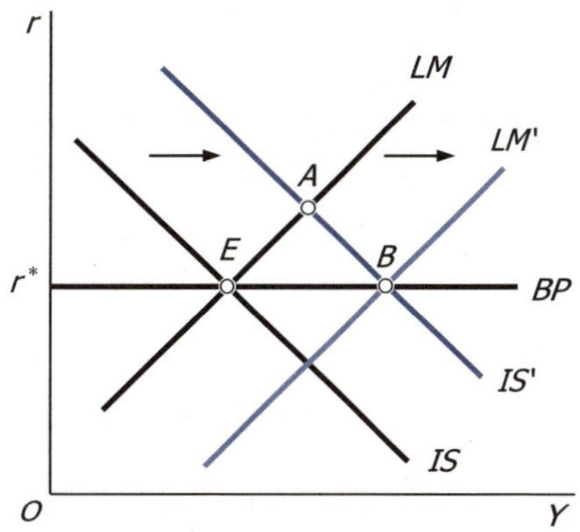

[그림 10] 고정환율제하에서의 재정정책

반면 고정환율제하에서는 환율이 조정되지 못하므로 [그림 10]의 *A*점에서 실제 국제수지 흑자가 발생한다. 국제수지 흑자는 주어진 고정환율하에서 외환시장의 초과공급을 유발하는데 이러한 불균형을 해소하기 위해 중앙은행은 초과공급된 외환을 사들여야 한다. 이때 반대로 통화의 공급은 증가하게 되며 LM곡선이 우측으로 이동해서 최종균형은 B점이 된다. 이처럼 자본이동이 완전한 고정환율제 하에서 재정정책이 강력해진 것은 재정정책에 수반된 통화량의 내생적 증가가 투자에 대한 구축효과를 제거해주는 역할을 했기 때문이다.

6.4.4 통화정책의 효과

확장적 통화정책이 실시되면 LM곡선이 우측으로 이동한다. 먼저 변동환율제의 경우를 고려해 보자. 이 경우 재화시장과 화폐시장의 동시균형점은 [그림 11]의 A점으로 이동한다. A점은 BP곡선 하방의 점이므로 국제수지 적자요인, 즉 외환시장초과수요가 유발된다. 따라서 환율이 상승하고 수출이 증가하여 IS곡선이 우측으로 이동하면 최종 균형은 B점에서 이루어진다. 자본이동이 완전한 변동환율제하에서 통화정책이 강력해진 것은 통화정책으로 인한 환율상승이 순수출을 크게 증가시키기 때문이다. 이를 개방경제의 통화정책 전달경로라고 한다. 즉 자본이동이 완전한 개방경제에서 통화정책의 전달경로는 실질환율 및 순수출의 변화에 의해 나타나는데 이를 **환율경로**(exchange rate channel)라고 한다.

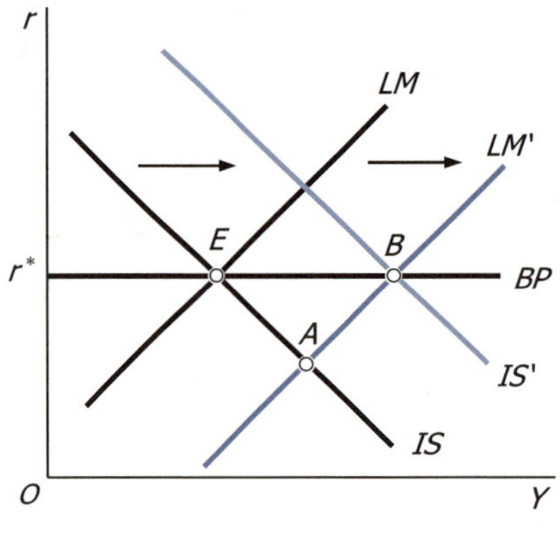

[그림 11] 변동환율제하에서의 통화정책

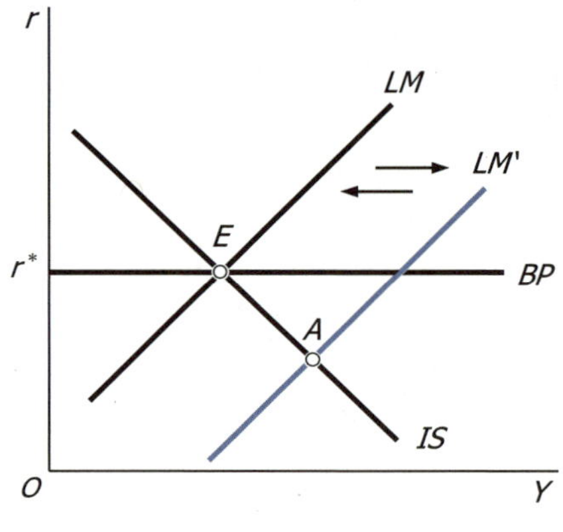

[그림 12] 고정환율제하에서의 통화정책

반면 고정환율제하에서는 환율이 변화할 수 없으므로 [그림 12]의 A점에서 실제 국제수지 적자가 발생한다. 국제수지 적자가 발생하면 중앙은행이 외환을 매도하므로 통화량이 감소하는데 이로 인해 LM곡선이 좌측으로 이동해서 최종균형은 다시 E점에서 이루어진다. 자본이동이 완전한 고정환율제하에서 통화정책이 효과를 거둘 수 없는 이유는 고정환율제 하에서는 통화량이 조정변수(내생변수)이기 때문이다. 이상의 분석을 정리하면 [표 7]과 같다.

환율제도	정 책	국민소득	환 율	경상수지
변동환율제도	재정정책	불변	하락	악화
	통화정책	증가	상승	개선
고정환율제도	재정정책	증가	–	악화(불변)[21]
	통화정책	불변	–	불변

[표 7] 완전자본이동하의 정책효과

6.5 불완전한 자본이동하에서의 정책효과 분석

6.5.1 환율제도에 따른 조정과정

자본의 이동이 불완전한 경우 BP곡선은 우상향한다. 자본의 이동성이 불완전한 경우에도 여러 가지 경우가 있는데 여기서는 자본의 이동성이 상당히 높아 BP곡선이 LM곡선보다 완만한 경우를 가정한다. 이에 따라 가정 18을 다음과 같이 수정한다.

- 가정 18 : 국가간 자본의 이동성이 불완전하지만 이동성이 높아 BP곡선이 LM곡선보다 완만하다.

불완전 자본이동하에서의 조정과정도 환율제도에 따라 상이하다. 변동환율제에서는 환율의 변동으로 대외균형이 달성되는데 불완전한 자본이동하에서는 IS곡선뿐만 아니라 BP곡선도 함께 이동하여 균형이 이루어진다. 반면 고정환율제에서는 여전히 LM곡선만이 이동하여 균형이 이루어진다.

예를 들어 [그림 13]에서 E점과 같이 국제수지가 흑자일 때, 변동환율제하에서는 환율이 하락하며 IS곡선과 BP곡선이 좌측으로 이동하여 균형이 이루어진다. 반면 고정환율제하에서는 통화량이 증가하며 LM곡선이 우측으로 이동하여 균형이 이루어진다.

---

21) 고정환율하에 재정정책이 실시된 경우 순수출이 환율의 증가함수이며 총소득의 감소함수라면 경상수지는 악화된다. 그러나 순수출을 환율만의 함수로 단순화한다면 경상수지가 불변이 된다. 이러한 차이에 대해서는 주어진 문제의 조건을 잘 읽고 대처할 수밖에 없다.

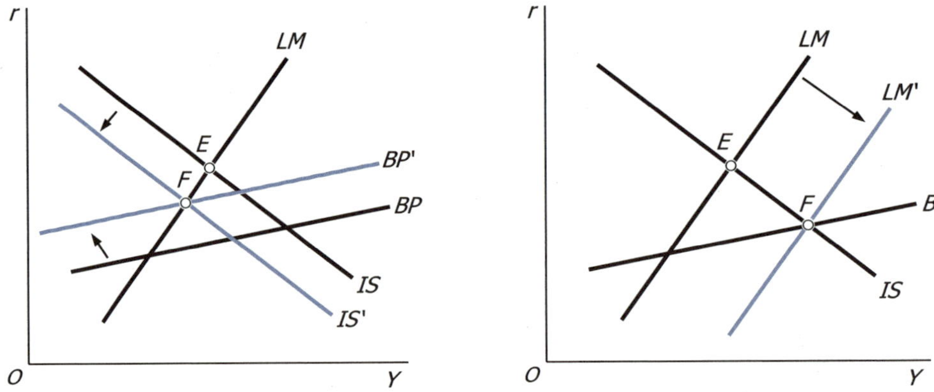

(a) 변동환율하의 조정 (b) 고정환율하의 조정

[그림 13] 대외불균형의 조정과정 : 불완전한 자본이동

6.5.2 재정정책의 효과

확장적 재정정책이 실시되면 IS곡선이 우측으로 이동한다. 먼저 변동환율제의 경우를 고려해 보자. 이 경우 재화시장과 화폐시장의 동시균형점은 [그림 14]의 A점으로 이동한다. A점은 BP곡선 상방의 점이므로 국제수지 흑자요인, 즉 외환시장초과공급이 유발된다. 따라서 환율이 하락하고 수출이 감소하여 IS곡선과 BP곡선이 좌측으로 이동하게 되어 최종균형은 B점이 된다. 자본이동이 불완전한 변동환율제도의 경우에도 재정정책의 효과는 약화되지만 재정정책의 효과가 완전히 무력해지지는 않는다.

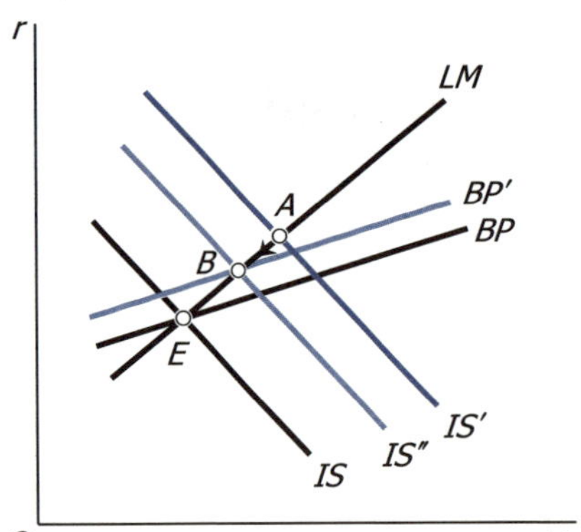

[그림 14] 변동환율제하에서의 재정정책

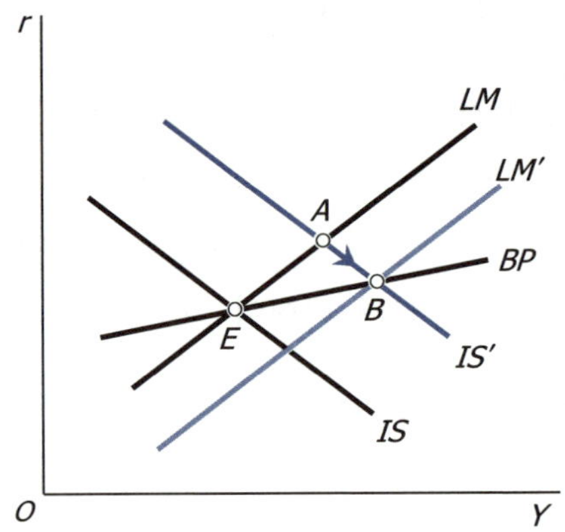

[그림 15] 고정환율제하에서의 재정정책

반면 고정환율제하에서는 환율이 조정되지 못하므로 [그림 15]의 A점에서 실제 국제수지 흑자가 발생한다. 국제수지 흑자가 발생하면 중앙은행이 외환을 매입하므로 통화

량이 증가하는데 이로 인해 LM곡선이 우측으로 이동해서 최종균형은 B점이 된다. 자본이동이 불완전한 고정환율제하에서도 재정정책의 효과는 강력하지만 그 효과는 완전한 자본이동의 경우에 비해서는 작다.

6.5.3 통화정책의 효과

확장적 통화정책이 실시되면 LM곡선이 우측으로 이동한다. 먼저 변동환율제의 경우를 고려해 보자. 이 경우 재화시장과 화폐시장의 동시균형점은 [그림 16]의 A점으로 이동한다. A점은 BP곡선 하방의 점이므로 국제수지 적자요인, 즉 외환시장 초과수요가 유발된다. 따라서 환율이 상승하고 수출이 증가하여 IS곡선 및 BP곡선이 우측으로 이동하게 되어 최종 균형은 B점에서 이루어진다. 자본이동이 불완전한 변동환율제하에서 통화정책은 여전히 강력하지만 그 효과는 완전한 자본이동을 가정한 경우에는 미치지 못한다.

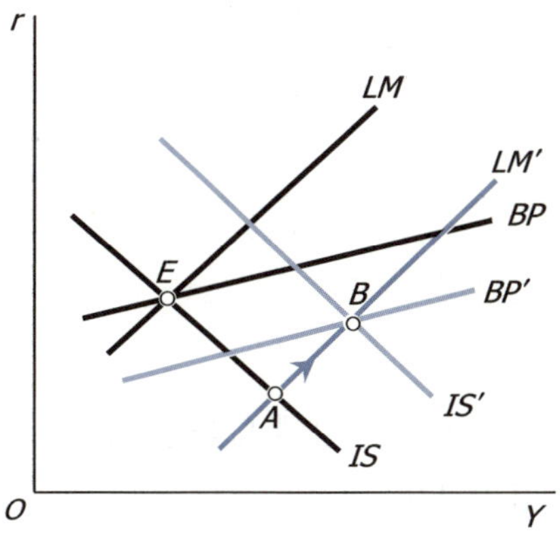

[그림 16] 변동환율제하에서의 통화정책

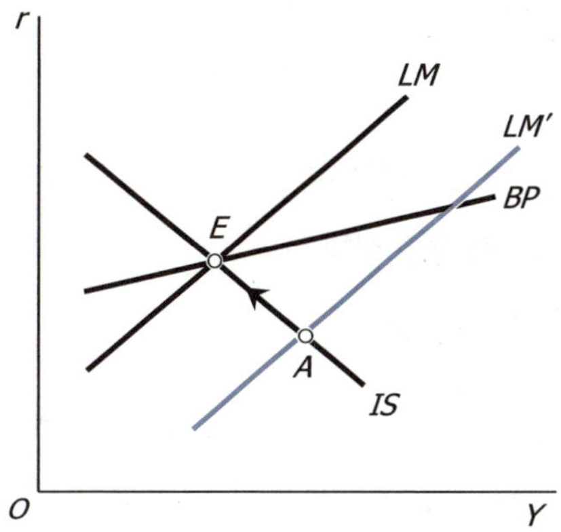

[그림 17] 고정환율제하에서의 통화정책

반면 고정환율제하에서는 환율이 조정되지 못하므로 [그림 17]의 A점에서 실제 국제수지 적자가 발생한다. 국제수지 적자가 발생하면 통화량이 감소하는데 이로 인해 LM곡선이 좌측으로 이동해서 최종균형은 다시 E점에서 이루어진다. 자본이동이 불완전한 고정환율제하에서도 통화정책은 최종적으로는 여전히 무력하지만 E점으로 조정되는 과정은 상대적으로 더 오랜 시간이 걸릴 것이므로 그 과정에서는 일시적인 소득증가가 나타날 수 있다.[22] 이상의 분석을 정리하면 [표 8]과 같다.

22) 또한 고정환율제도를 채택하더라도 불완전한 자본이동하에서는 일정기간 불태화정책을 통해 통화공급을 일정한 수준에서 유지할 수 있다.

환율제도	정 책	국민소득	환 율	경상수지	이자율	투 자
변동환율제도	재정정책	증가(약)	하락	악화	상승	감소
	통화정책	증가(강)	상승	개선	하락	증가
고정환율제도	재정정책	증가(강)	–	악화	상승	감소
	통화정책	효과없음	–	불변	불변	불변

[표 8] 불완전자본이동하의 정책효과

6.6 삼각불가능성의 정리

지금까지 분석에 의하면 우리는 단순하지만 중요한 결론에 이르게 되는데 그것은 아래 세 가지 목표 중 두 가지는 동시에 달성할 수 있지만 세 가지를 동시에 달성할 수 없다는 것이다. 이를 국제금융의 삼각불가능성의 정리(the theorem of impossible trinity) 또는 삼각딜레마(trilemma)라고 한다.

1. 자유로운 자본이동
2. 독자적 통화정책
3. 환율의 안정

이 정리는 두 가지를 얻기 위해 나머지 하나를 포기할 수밖에 없음을 의미하므로 환율제도 및 자본이동성을 선택하는데 중요한 지표가 된다.

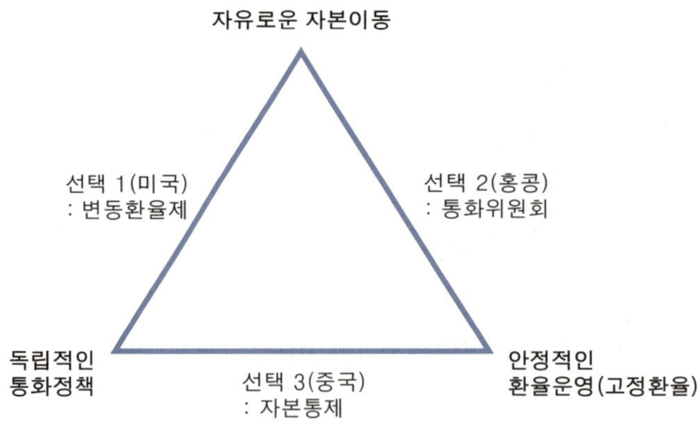

[그림 18] 삼각불가능성의 정리

이를 보다 자세히 살펴보도록 하자. 첫째, [표 9]에서 선택 1은 자본이동이 자유로운 변동환율제인데 이는 [그림 11]로 설명할 수 있다. 이는 완전한 자본이동이 가능한 변동환율제도하에서 통화정책의 효과가 매우 강력함을 나타내고 있다. 즉 선택 1은 '자유로운 자본이동'과 '독자적 통화정책'을 얻는 대신 '환율의 안정'을 포기한 것과 같다. 이러한 체제를 채택하고 있는 대표적인 국가로는 미국과 우리나라를 들 수 있다.

둘째, 선택 2는 자본이동이 자유로운 고정환율제인데 이는 [그림 12]로 설명할 수 있다. 이는 완전한 자본이동이 가능한 고정환율제도하에서 독자적 통화정책을 수행할 수 없음을 나타낸다. 즉 선택 2는 '환율의 안정'과 '자유로운 자본이동'을 얻는 대신 '독자적인 통화정책'을 포기한 것과 같다. 이러한 체제를 채택하고 있는 대표적인 국가로는 홍콩이 있다.

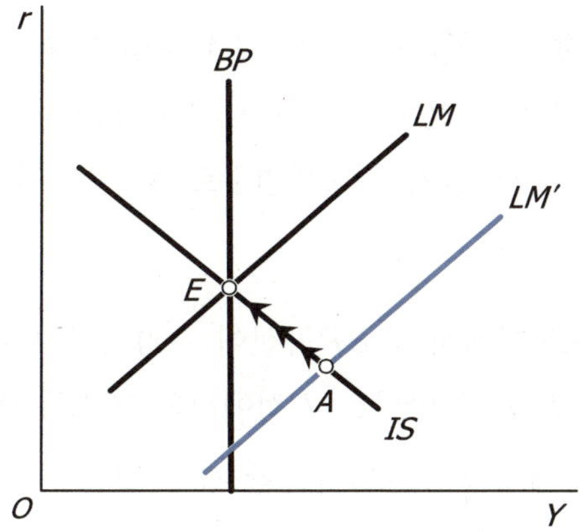

[그림 19] 자본이동이 통제된 고정환율제의 경우

셋째, 선택 3은 자본이동이 통제된 고정환율제인데 이는 [그림 19]로 설명할 수 있다. 이 그림에서 통화정책이 실시된 경우 새로운 대내균형인 A점에서 국제수지 적자가 유발되므로 통화량이 감소하고 결국 균형은 E점으로 복귀한다. 그러나 완전한 자본이동의 경우와 달리 자본이동이 통제된 경우에는 대외불균형이 경상수지에 의해서만 조정되어야 하므로 균형으로 복귀하는 속도가 매우 느릴 것이다. 따라서 이러한 경우 일시적으로는 통화정책이 효과를 거둘 수 있으며 독자적 통화정책수행이 가능하다. 이처럼 '환율의 안정'을 추구하면서 동시에 '독자적인 통화정책'을 수행하려 한다면 '자유로운 자본이동'을 포기하고 자본이동을 제한할 수밖에 없다. 현재 이러한 체제를 유지하고 있는 대표적인 국가로서는 중국이 있다.

	자유로운 자본이동	독자적인 통화정책	안정적인 환율운영	대표적 사례
선택 1	○	○	×	자유변동환율, 미국
선택 2	○	×	○	금본위제, 홍콩
선택 3	×	○	○	브레튼우즈, 중국

[표 9] 가능한 정책목표조합

6.7 개방경제의 총수요곡선과 일반균형

앞서 폐쇄경제모형에서 물가를 외생변수로 둘 경우 $IS-LM$모형은 총소득결정모형이 되지만, 물가를 내생변수로 둘 경우 $IS-LM$모형은 총수요곡선을 도출하는 모형이 되었던 것을 기억할 것이다. 마찬가지로 먼델-플레밍모형도 물가를 외생변수로 둘 경우 총소득결정모형이 되지만, 물가를 내생변수로 둘 경우 총수요곡선을 도출하는 모형이 된다.

편의상 완전자본이동을 가정하여 BP곡선이 수평이라고 가정하자. [그림 20]에서 물가가 P_0인 경우 IS_0와 LM_0가 만나는 E점에서의 총소득 Y_0가 총수요측면의 균형총소득이 된다. 물가가 P_0에서 P_1으로 하락할 경우 실질환율상승을 반영하여 IS곡선이 우측으로 이동하고 실질통화량증가를 반영하여 LM곡선이 우측으로 이동하면 새로운 균형이 F점으로 이동하며 균형총소득은 Y_1이 된다. 즉 총수요측면의 균형이 달성되기 위해 물가수준이 낮을수록 더 높은 총소득수준이 대응되어야 하므로 총수요곡선은 우하향한다.

개방경제의 총수요곡선에 대해 몇 가지 언급해 둔다. 첫째, 완전자본이동을 전제할 때 개방경제의 총수요곡선이 우하향하는 것은 실질환율상승으로 인한 순수출증가를 반영한 것이다. 제8장에서 이를 먼델-플레밍효과라고 불렀던 것을 확인하기 바란다. 둘째, 개방경제의 경우에도 물가의 변화는 총수요곡선상의 이동이며 물가를 제외한 다른 요인들의 변화는 총수요곡선의 이동이 된다. 셋째, 다른 조건이 일정할 때 국가간 수출입이 활발하게 이루어지는 국가일수록 총수요곡선이 완만해질 것이다. 넷째, 개방경제의 총수요곡선과 총공급곡선이 만나는 곳에서 개방경제의 일반균형이 달성된다. 변동환율제를 가정할 경우 일반균형에서 총소득, 물가, 이자율, 환율의 4개의 내생변수가 결정되며, 고정환율제를 가정할 경우 일반균형에서 총소득, 물가, 이자율, 통화량의 4개의 내생변수가 결정된다.

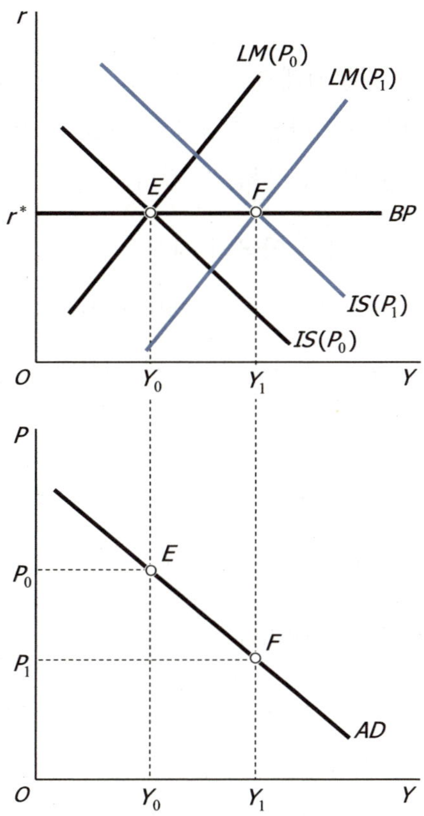

[그림 20] 개방경제의 총수요곡선

지금까지 우리는 4개의 미지수와 4개의 방정식으로 이루어진 거시일반균형모형을 완성하였다. 이 모형에 오쿤의 법칙을 더할 경우 5개의 방정식이 되며 5번째 미지수로 실업률을 설명할 수 있게 된다. 또 피셔방정식을 더할 경우 6개의 방정식이 되며 이자율이 2개로 분리되어 6개의 미지수를 설명할 수 있게 된다. 이러한 방식으로 우리는 얼마든지 더 복잡한 거시경제모형이라도 분석할 수 있다. 이 책을 통해 우리는 거시경제학에 대한 많은 지식들을 배웠지만, 그보다 더 중요한 것은 생각하는 방법을 배운 것이다.

보론 외환시장의 균형 : 유위험 이자율평가설의 도출

이자율평가설이란 국가간 자본거래가 완전할 때, 동일한 화폐로 환산한 기대수익률은 어느 나라에서나 동일해질 것이라는 주장을 의미한다. 이제 이자율평가설을 수식으로 도출해 보자. 도출을 위한 가정은 다음과 같다.

- 가정 1 : 편의상 2국만 존재하며 양국의 자산은 동질적(완전대체적)이다.
- 가정 2 : 국가간 자본이동을 가로막는 거래비용이나 제도적 장벽은 없다.
- 가정 3 : 양국 투자자는 모두 위험중립자로서 위험과 무관히 기대수익률에 의해서만 투자를 결정한다.

다음으로 자국의 이자율을 i, 외국의 이자율을 i^*, 실제환율을 e, 기대환율을 e^e_{+1}라고 하자. 우선 자국화폐 1단위를 가지고 자국에 투자하는 경우 원리금은 다음과 같다.

자국자산 투자시 원화표시 원리금 : $(1+i)$

다음으로 외국자산에 투자하기 위해서는 우선 자국화폐 1단위를 외국화폐로 환전해야 하는데 자국화폐 1단위는 외국화폐 $1/e$ 단위와 같다. 또한 1년 후에 받게 될 금액을 외화로 나타내면 $1/e \times (1+i^*)$가 된다. 이를 원화로 환산한 금액을 구하기 위해 예상환율을 곱하면 다음과 같다.

외국자산 투자시 원화표시 예상원리금 : $\dfrac{e^e_{+1}}{e}(1+i^*)$

균형상태에서 양자가 동일해야 한다.

균형조건 : $(1+i) = \dfrac{e^e_{+1}}{e}(1+i^*) = (1+\widehat{e^e})(1+i^*)$ 단, $\widehat{e^e} = \dfrac{e^e_{+1}-e}{e}$ [식 A–1]

[식 A–1]을 정리하면 다음과 같다.

$$1+i=1+i^*+\widehat{e^e}+i^* \cdot \widehat{e^e} \qquad \text{[식 A–2]}$$

그런데 i^*와 $\widehat{e^e}$는 각각 매우 작은 값이므로 이를 곱한 값은 0에 가까울 것이다. 즉 $i^* \cdot \widehat{e^e} \fallingdotseq 0$이다. 이를 [식 A–2]에 대입하면 유위험 이자율평가설이 도출된다.

$$\text{유위험 이자율평가설}: i=i^*+\widehat{e^e} \ \text{ 또는 } \ i=i^*+\frac{e^e_{+1}-e}{e}$$

화폐시장과 외환시장의 동시균형모형 / 보론

본문에서는 유위험 이자율평가이론을 다룰 때 외환시장만을 고려하고 화폐시장을 별도로 고려하지 않았다. 따라서 이자율은 외생변수로 다루어졌다. 만약 화폐시장에 대한 분석을 포함시키면 환율과 이자율을 모두 내생변수로 다룰 수 있다. 외환시장의 균형식으로는 여전히 유위험 이자율평가설을 사용하고 화폐시장의 균형식으로는 단기이자율 결정모형인 유동성선호설을 사용하기로 하자.

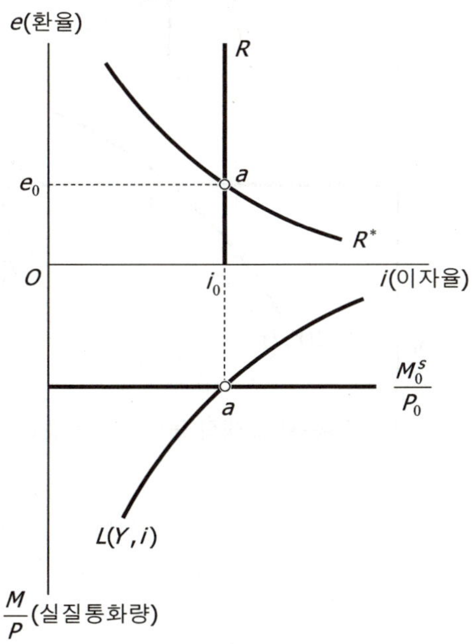

- 외환시장의 균형(유위험 이자율평가설)

$$: i=i^*+\frac{e^e_{+1}-e}{e}$$

- 화폐시장의 균형(유동성선호설)

$$: \frac{M}{P}=L(Y,i)$$

[그림 A–1] 화폐시장과 외환시장의 동시균형모형

[그림 A-1]의 상단은 본문에서 살펴본 유위험 이자율평가설을 나타낸다. 반면 하단은 유동성선호설을 나타내고 있다. 그림의 하단에서 화폐시장의 균형을 달성하는 이자율이 결정되면 이에 의해 외환시장의 균형을 달성하는 환율이 결정된다.

이제 이러한 모형을 사용하여 몇 가지 사례를 분석을 해보자. 첫째, 국내소득이 증가하는 경우 [그림 A-2]의 화폐시장에서 화폐수요가 증가한다. 이는 균형이자율을 i_0에서 i_1으로 상승시키는데 이는 국내자산에 대한 수익률의 상승을 의미하므로 외환시장에서 R곡선이 우측으로 이동한다. 그 결과 환율이 하락하고 자국화폐가치가 상승한다.

둘째, 물가의 외생적 하락이 나타나면 [그림 A-3]의 화폐시장에서 실질화폐공급이 증가한다. 이는 균형이자율을 i_0에서 i_1으로 하락시키는데 이는 국내자산에 대한 수익률의 하락을 의미하므로 외환시장에서 R곡선이 좌측으로 이동한다. 그 결과 환율이 상승하고 자국화폐가치가 하락한다.

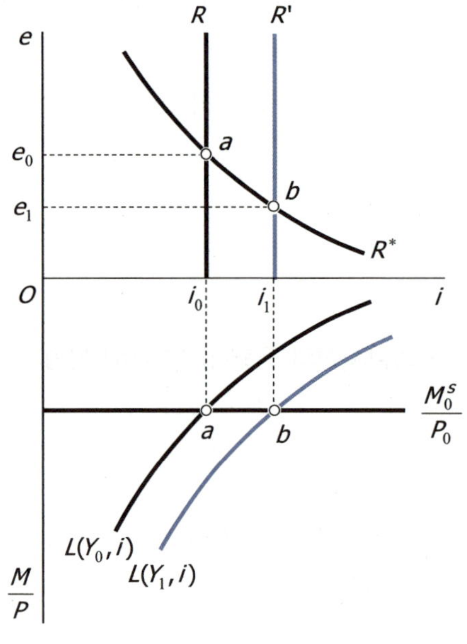

[그림 A-2] 국내소득증가의 효과

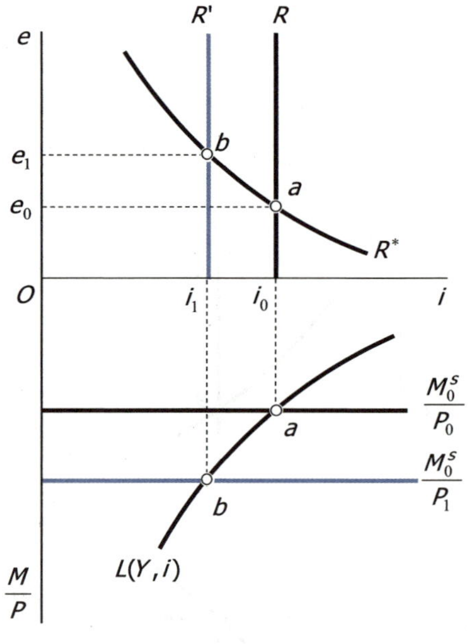

[그림 A-3] 외생적 물가하락의 효과

*BP*곡선의 도출 / 보론

여기서는 본문에서 도출한 BP곡선을 대수식을 사용하여 도출해본다. 본문의 가정을 반영하는 BP곡선의 대수식은 다음과 같다.

$$NX(\frac{eP^*}{P}, Y, Y^*) + CF(r-r^*) = \overline{NX} + \lambda\frac{eP^*}{P} - \mu Y + \mu^* Y^* + \phi(r-r^*) = 0$$

[식 A-3]

[식 A-3]에서 $\overline{NX}$는 환율 및 국민소득 외에 경상수지에 영향을 미치는 요인 즉 독립적 순수출이다. λ는 순수출의 실질환율에 대한 민감도, μ와 μ^*는 양국의 한계수입성향, ϕ는 국가간 이자율 격차에 대한 국제적 자본이동의 민감도이다. [식 A-3]을 정리하면 [식 A-4]와 같다.

$$r - r^* = \frac{\mu}{\phi}Y - \frac{1}{\phi}\left(\overline{NX} + \lambda\frac{eP^*}{P} + \mu^* Y^*\right)$$ [식 A-4]

[식 A-4]에 나타난 BP곡선의 특징을 정리하면 다음과 같다.

첫째, BP곡선의 기울기는 μ/ϕ으로 우상향한다. 또한 BP곡선은 한계수입성향이 클수록 가파르고, 국제적 자본이동성이 높을수록 완만하다. 이 중 한계수입성향은 국가간 큰 차이가 없으므로 본문에서는 BP곡선의 기울기가 국제적 자본이동성에 의해 결정된다고 설명한 것이다.

둘째, BP곡선은 다양한 요인에 의해 이동한다. 예를 들어 환율이 상승하면 BP곡선이 우하방으로 이동하고 물가가 하락하는 경우에도 BP곡선이 우하방으로 이동한다. 환율이 상승하거나 물가가 하락하는 경우에는 순수출이 증가하기 때문에 국제수지 균형이 유지되기 위해서는 동일한 이자율에 더 높은 총소득이 대응되어야 한다고 생각하면 된다.

셋째, 국가간 자본이동이 완전하다면 $\phi = \infty$ 가 된다. 이 경우 BP곡선은 다음과 같이 단순화된다.

$$r = r^*$$

이것이 본문에서 사용한 수평의 BP곡선이다.

핵심용어해설

- **명목환율** : 자국화폐가 외국화폐와 교환되는 비율, 외국화폐의 상대가치
- **실질환율** : 자국상품이 외국상품과 교환되는 비율, 외국상품의 상대가치
- **외환** : 국제거래에 널리 사용되는 주요국 화폐와 결제수단
- **변동환율제도** : 환율의 자유로운 변동을 허용하는 제도
- **고정환율제도** : 약속된 환율이 유지될 수 있도록 중앙은행이 통화를 운영하는 제도
- **관리변동환율제도** : 기본적으로 변동환율제도를 따르지만 필요할 때 정부가 개입하는 제도
- **조정가능고정환율제도** : 기본적으로 고정환율제도를 따르지만 필요할 때 정부가 평가를 조정하는 제도
- **일물일가의 법칙** : 일정한 조건하에 동일한 상품 또는 자산은 하나의 가격으로 거래된다는 법칙
- **구매력평가설** : 장기적으로 환율은 양국 물가수준의 비율과 같은 수준에서 결정된다는 이론
- **유위험 이자율평가설** : 단기적으로 환율은 양국에 투자했을 때 기대되는 수익률이 일치하는 수준에서 결정된다는 이론
- **경상수지** : 대외거래 중 실물거래만을 모아서 정리한 것으로서 상품수지, 서비스수지, 본원소득수지, 이전소득수지로 이루어진다.
- **자본금융수지** : 대외거래 중 금융거래만을 모아서 정리한 것으로서 자본수지와 금융수지로 구분된다.

- **국외저축** : 경상수지 적자의 경우 외국의 저축을 끌어다 쓰게 됨을 일컫는 말
- **국외투자** : 경상수지 흑자의 경우 외국의 자산에 투자하게 됨을 일컫는 말
- **쌍둥이 적자** : 재정적자와 경상수지 적자가 동시에 발생하는 현상
- **마샬-러너조건** : 환율이 상승하였을 때 경상수지가 개선되기 위해서는 양국 수입수요탄력성의 합이 1보다 커야 한다는 조건
- **J-곡선** : 환율이 상승하였을 때 단기적으로 경상수지가 악화되었다가 시간이 지나서야 경상수지가 개선되는 현상을 나타낸 곡선
- **먼델-플레밍모형** : 재화시장, 화폐시장, 외환시장으로 이루어진 개방경제의 총수요모형, 즉 $IS-LM$모형을 개방경제로 확대한 모형
- **소국 개방경제** : 자국에서 발생한 충격이 국제이자율에 영향을 미치지 못하기 때문에 국제이자율을 주어진 것으로 받아들여야 하는 국가의 경제
- ***BP*곡선** : 외환시장균형이 달성되기 위한 국내소득과 국내이자율의 관계식
- **삼각불가능성의 정리** : 안정된 환율, 독자적인 통화정책, 자유로운 자본이동이라는 세 가지 조건을 동시에 달성하는 것이 불가능하다는 정리

연습문제

01 2010년 중 우리나라의 물가상승률은 9(%), 미국의 물가상승률은 5(%) 상승한 반면, 달러화에 대한 원화의 가치가 상승하여 대미명목환율이 10(%) 하락하였다고 할 때 실질환율은 어떻게 변동하였는가?

02 현재 한국의 대미환율이 $1=₩1,000, 한국의 물가수준은 2000, 그리고 미국의 물가수준은 1이라고 가정하자. 구매력평가설이 정확하게 성립되는 한국의 명목환율과 이때의 실질환율은?

03 미국의 1년만기 채권의 연수익률이 5%, 현재 1달러당 환율이 1,200원, 만기시(즉, 1년 후)의 1달러당 예상 환율이 1,250원이라고 가정하자. 다음 중 한국채권에 투자하는 것이 유리한 경우를 모두 골라 보아라.

사 례	한국 채권 연수익률
가	10%
나	9.5%
다	9%
라	8.5%

04 다음 명제를 평가하라.

'무위험 이자율평가는 무위험이 아니다.'

05 다음은 가상 국가의 국제수지표이다. 다음의 (   )안에 들어가는 국제수지의 항목 또는 금액은?

※ 단위 : 억 달러

상품수지	416
서비스수지	6
(A)	−50
이전소득수지	33
자본수지	2
금융수지(준비자산증감포함)	(B)
오차 및 누락	20

06 정부의 재정적자가 GDP의 3.5%, 민간저축이 GDP의 22.3%이고 국내투자가 GDP의 19.8%라고 할 때 경상수지 흑자 또는 적자는 GDP의 몇 %가 되는가? (김인준 저 국제경제학 연습문제)

07 최근 미국은 경상수지 적자를 경험하고 있으며 중국은 경상수지 흑자를 경험하고 있다. 이를 글로벌 불균형(global imbalance)현상이라 하는데 이 경우 순자본유출이 이루어지는 나라는 어느 국가인가?

08 다음 글의 괄호 안에 들어갈 알맞은 것을 고르고 그 이유를 설명해 보아라.

일반적으로 BP곡선은 (우상향, 우하향)한다. 이는 소득이 증가하여 발생한 경상수지의 적자를 자본금융수지가 상쇄하기 위해 이자율이 (상승, 하락)해야 하기 때문이다. 또한 환율이 상승하면 BP곡선은 (우측, 좌측)으로 이동한다. 이는 환율이 상승할 때 경상수지가 개선된 것이 상쇄되기 위해서는 소득이 (증가, 감소)해야 되기 때문인 것으로 이해할 수 있다.

09 완전한 자본이동과 변동환율제도를 가정할 때 다음 명제의 옳고 그름을 판단하라.

명제 1 : 확장적 재정정책은 국민소득 및 경상수지에 아무런 영향을 미치지 못한다.

명제 2 : 변동환율하에서 확장적 통화정책은 투자뿐만 아니라 순수출도 증가시킨다.

명제 3 : 변동환율하에서 확장적 재정정책은 투자뿐만 아니라 순수출도 감소시킨다.

10 A국의 경기변동은 주로 독립적 화폐수요의 변동 같은 화폐부문의 불확실성에서 비롯한다고 하자. 이러한 경우 GDP를 안정화시키는 것이 목표인 정부라면 고정환율제도와 변동환율제도 중 어느 쪽을 선택하는 편이 보다 효과적일까? [단, 완전한 자본이동을 가정한다.]

11 1980년대 후반 우리나라에는 사상 유래없는 '3저호황'이라는 현상이 나타났다. 이때 3저는 저금리, 저유가, 저환율을 의미하는데 각각이 한국 경제에 어떤 영향을 미쳤을지 설명해보아라.

12 삼각불가능성정리에서 3번째 선택 즉 자본이동이 통제된 경우 안정적 환율운용과 독자적 통화정책을 달성할 수 있음을 먼델-플레밍모형을 사용하여 나타내어 보아라.

13 완전한 자본이동을 가정하는 먼델-플레밍 모형에서 국지적 위험프리미엄이 상승한 경우의 효과는 고정환율제와 변동환율제의 경우 어떻게 다른가?

14 국제수지가 적자인 경우 불태화정책은 어떠한 방식으로 이루어지는가? 불태화정책이 영원히 지속될 수 없는 이유는 무엇인가?

약력

- 서울대학교 경제학과 졸업
- 서울대학교 경제학과 대학원 재학 중 행정고시 재경직 합격(제40회)
- 전 행정자치부, 정보통신부 사무관
- 서울대, 연세대, 성균관대, 이화여대 등 다수 대학특강
- EBS 방송강의 경제학 특강
- 현 베리타스법학원 경제학강사(행정, 외교, 입법)

저서

- 재정학 실전문제집(1판, 피데스)
- 재정학 모의고사의 zip(3판, 피데스)
- 국제경제학 모의고사의 zip(4판, 피데스)
- 경제학의 zip(7판, 네오시스)
- 경제학 기출문제의 zip(8판, 네오시스)
- 경제학 실전문제집 시리즈(필통북스, 네오시스)
- 이준구의 재정학 연습문제 해설집(6판, 문우사)
- 김경수, 박대근 거시경제학 연습문제 해설집(6판, 박영사)

번역서

- 크루그먼의 경제학 해법(4판, 시그마프레스)

거시경제학입문 4.0

4판 1쇄 발행 2022년 4월 14일

저 자 김진욱
발 행 인 신창동
발 행 처 fides 도서출판

주 소 서울시 관악구 봉천로 485 삼우빌딩 3층
전 화 02) 876-2246
팩 스 02) 876-2237
이 메 일 fidesbook@naver.com
홈페이지 cafe.naver.com/fidesbook
등록번호 제320-2001-44호

ISBN 978-89-6479-564-4 93320 정가 20,000원
• 저자와의 협의 하에 인지를 생략합니다.